concorsi
superiori

Concorso MINISTERO GIUSTIZIA

5410 POSTI

1060 Tecnici dell'amministrazione

MANUALE + QUIZ

PER LA PROVA SCRITTA

NLD CONCORSI

FINITO DI STAMPARE NEL MESE DI APRILE 2022 DA:
Torgraf
Galatina (LE)

Via San Francesco d'Assisi, n. 51 - 70056 Molfetta (BA)

ISBN **978-88-3358-816-2**

PREMESSA

In data **1 Aprile 2022,** nella Gazzetta Ufficiale della Repubblica Italiana n. 26, sono stati pubblicati n. 2 bandi di concorso per la selezione complessiva **di 5410 figure professionali, a tempo pieno - determinato** da inquadrare tra il personale del **Ministero della giustizia**.

Il concorso si articola nel seguente modo:
- ✓ prova scritta;
- ✓ valutazione titoli.

La prova scritta consiste in un test di n. 40 (quaranta) quesiti a risposta multipla da risolvere nell'arco di sessanti minuti, in materia di:
- diritto amministrativo;
- servizi di cancelleria;
- lingua inglese.

Il presente volume costituisce un valido ed efficace strumento per la preparazione della **Prova Scritta** per i **1060 posti** per il **profilo di Tecnico di Amministrazione** contenendo una sintetica ma dettagliata trattazione teorica delle materie oggetto di prova, accompagnata da una accurata e ricca selezione di quesiti a risposta multipla.
Al fine di agevolare la memorizzazione dei concetti più controversi il testo, talvolta, si serve di **Mappe riassuntive e concettuali.**
Completa il volume l'innovativo **simulatore online** con il quale è possibile esercitarsi con batterie di domande a risposta multipla su tutte le materie del volume, consultabile con apposita password presente nel retro del testo.

Aprile 2022

AUTORI

La parte compendiale sui servizi di cancelleria è stata aggiornata da **Giulia Metallo**, che ha realizzato anche gli schemi di ripasso della suddetta materia

SOMMARIO

PARTE II – NORME GENERALI IN MATERIA DI PUBBLICO IMPIEGO

PARTE I
DIRITTO AMMINISTRATIVO

Capitolo 1 NOZIONI DI DIRITTO AMMINISTRATIVO

SOMMARIO:

1. La nozione di pubblica amministrazione.

Nell'ordinamento italiano manca una definizione normativa generale di pubblica amministrazione (P.A.), in quanto le singole leggi identificano e definiscono le Pubbliche amministrazioni solo in relazione a specifici scopi e limitatamente all'ambito di applicazione di singole norme.
In questo contesto, la nozione di Pubblica amministrazione in senso giuridico va ricostruita volta per volta valorizzando le indicazioni delle differenti norme. A tale fine, si può intendere la Pubblica amministrazione:

- **in senso oggettivo**, la c.d. amministrazione in senso sostanziale, quale amministrazione-attività, finalizzata alla cura degli interessi pubblici e operante nel rispetto dei criteri e nei limiti predeterminati dalla legge;
- **in senso soggettivo**, la c.d. amministrazione-apparato (o organizzazione amministrativa o amministrazione in senso formale), quale insieme delle strutture burocratiche costituite per lo svolgimento delle pubbliche funzioni. Gli apparati amministrativi, accanto allo Stato – inteso anch'esso come amministrazione – costituiscono gli enti pubblici (Regioni, Province, Comuni, Autorità indipendenti, ecc.) che svolgono funzioni e compiti amministrativi.

2. I principi che governano l'attività della Pubblica amministrazione.

Gli articoli 3 e 97 della Costituzione, unitamente all'art. 1 della legge n. 241/1990, recante la c.d. "legge sul procedimento amministrativo" (che disciplina il procedimento amministrativo in tutte le sue fasi), individuano una serie di principi e criteri direttivi che governano l'azione amministrativa, sinteticamente riportati di seguito.

▶ 2.1. Il principio di legalità.

Il **principio di legalità** indica la necessità che l'attività amministrativa rispetti le disposizioni di legge e persegua i fini determinati dalla legge.
Tale principio statuisce il primato della legge e la contestuale **subordinazione dell'attività amministrativa alla legge**, chiarendo che i limiti, i fini, gli interessi e i mezzi attraverso cui l'azione amministrativa si deve realizzare devono essere predeterminati dalla legge.

Le conseguenze applicative di questo principio rispetto all'attività amministrativa sono riscontrabili nella:

- **non contraddittorietà** dell'atto amministrativo rispetto alla legge, che si realizza nella disapplicazione da parte del giudice degli atti eventualmente contrari a quanto disposto dalla legge;
- **conformità formale e sostanziale** dell'atto amministrativo alla legge, da intendersi nel senso che l'atto amministrativo deve essere conforme alla legge sia sotto un profilo estrinseco (conformità formale) che sotto un profilo sostanziale, a pena di nullità o annullabilità dell'atto.

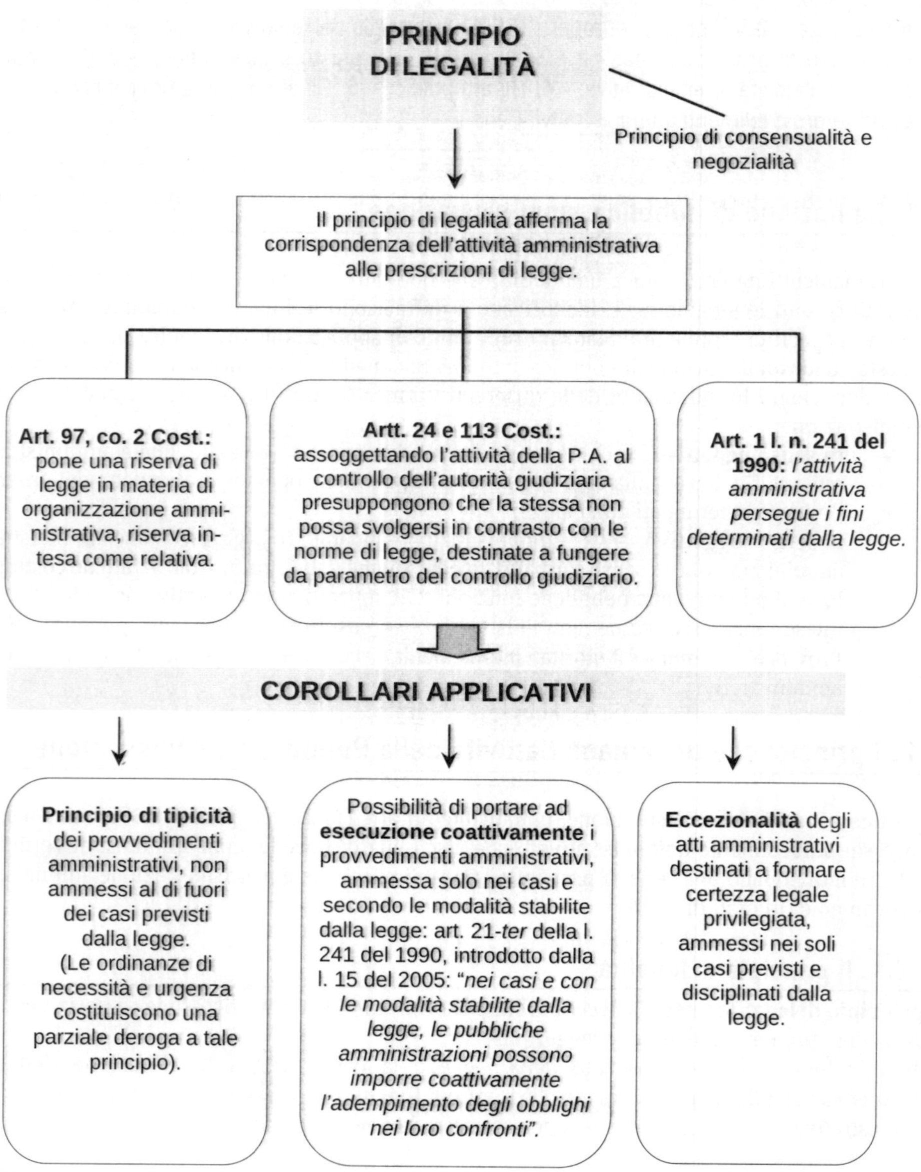

2.2. Il principio di buon andamento.

Il **principio di buon andamento** della P.A. è sancito dall'art. 97, comma 2, della Costituzione, il quale prevede che *"i pubblici uffici sono organizzati secondo disposizioni di legge, in modo che siano assicurati il **buon andamento e l'imparzialità dell'amministrazione**"*.
Nello specifico, il principio del **buon andamento** dell'attività amministrativa si traduce nel perseguimento di un'attività amministrativa che risponda ai seguenti criteri:

- **economicità,** che descrive l'obbligo di raggiungere il miglior risultato possibile in rapporto alle risorse (strumentali, umane e finanziarie) a disposizione;
- **efficacia,** che si misura nel rapporto tra obiettivi programmati e risultati raggiunti e si sostanzia nel raggiungimento degli obiettivi fissati;
- **efficienza**, che mira al raggiungimento dell'obiettivo prefissato attraverso l'utilizzo del minor numero di risorse possibili e con il minor sacrificio delle posizioni soggettive coinvolte.

2.3. Il principio di imparzialità della P.A.

Il **principio di imparzialità** – anch'esso sancito dal richiamato art. 97, comma 2, della Costituzione – stabilisce invece che la P.A., nel perseguire l'interesse pubblico, deve svolgere la propria attività in modo imparziale, ovvero operando in una posizione di equidistanza rispetto a tutti gli interessi coinvolti.
Il termine imparzialità si deve intendere **sia come comportamento negativo**, ovvero divieto di qualsiasi forma di favoritismo o discriminazione degli interessi coinvolti nell'azione amministrativa, **sia come comportamento positivo**, inteso come corretta valutazione e contemperamento degli interessi pubblici o privati sui quali l'attività della P.A. incide.
Tale principio, oltre che dall'art. 97, comma 2, viene richiamato anche da altre disposizioni costituzionali:

- la selezione dei pubblici dipendenti mediante concorso pubblico, ai sensi dell'art. 97 Cost., finalizzata ad ottenere una burocrazia imparziale e non politicizzata;
- l'art. 98 Cost., il quale prevede che "*gli impiegati sono al servizio esclusivo della Nazione*", ponendo come principale obiettivo dei pubblici dipendenti l'obbligo di servire il Paese;
- la parità tra uomo e donna nell'accesso agli uffici pubblici, sancito dall'art. 51, comma 1, Cost.

Il principio di imparzialità – prima richiamato unicamente nell'art. 97 Cost. – è stato poi introdotto espressamente come criterio direttivo dell'azione amministrativa dalla legge n. 69/2009, che ha modificato la legge n. 241/1990, recante la disciplina del procedimento amministrativo.

Principio di Imparzialità

Il principio di imparzialità impone all'amministrazione un'equidistanza rispetto ai soggetti, pubblici o privati, che con essa vengano in contatto e l'obbligo di ponderare comparativamente tutti gli interessi coinvolti dall'azione amministrativa, dando la prevalenza a quello pubblico affidato alle sue cure solo se il sacrificio delle altre posizioni possa dirsi il frutto di una scelta coerente e proporzionata. Da ultimo, *Tar Calabria, Reggio Calabria, sez. I, 19 maggio 2016, n. 517.*

PRINCIPIO DI BUON ANDAMENTO

Tale principio, enunciato dall'art. 97 Cost., indica l'obbligo per i funzionari e per tutti gli agenti dell'amministrazione di uniformarsi, nell'espletamento della propria attività, ai parametri di:

- **Economicità** che implica l'ottimizzazione dei risultati in relazione ai mezzi a disposizione.
- **Efficacia** che, inerendo al rapporto tra obiettivi e risultati, implica che l'azione amministrativa sia idonea a perseguire gli obiettivi prefissati.
- **Efficienza** che, afferendo al rapporto tra risorse impiegate e risultati conseguiti, richiede l'adeguatezza delle risorse impiegate.

2.4. I principi di pubblicità e trasparenza.

I principi di **pubblicità e trasparenza** dell'azione amministrativa mirano a rendere conoscibile l'operato della pubblica amministrazione e, pertanto, si pongono alla base del rapporto tra P.A. e cittadino.

Il principio della **pubblicità**, esplicitamente introdotto dalla legge n. 241/1990, si sostanzia nell'obbligo dell'amministrazione di rendere accessibili notizie e documenti amministrativi agli interessati mediante la pubblicazione degli stessi, garantendo che l'operato della P.A. sia visibile e controllabile all'esterno. Tale principio consente ai cittadini di esercitare un controllo democratico sullo svolgimento delle attività amministrative e sulla conformità di queste alle norme. La pubblicazione dei provvedimenti, degli atti e dei documenti amministrativi rende più semplice l'esercizio del diritto di accesso, garantendone l'effettività per tutti. Essa costituisce, pertanto, uno strumento di attuazione del principio di trasparenza.

La **trasparenza** dell'azione amministrativa si sostanzia nell'immediata e facile controllabilità dell'operato della pubblica amministrazione. Essa si realizza principalmente attraverso l'**accesso ai documenti amministrativi.**

I principi di pubblicità e trasparenza trovano concreta applicazione in diversi istituti che caratterizzano il procedimento amministrativo, fra cui:

- l'obbligo di motivazione del provvedimento amministrativo di cui all'art. 2, della legge n. 241/1990;
- l'obbligo di comunicazione di avvio del procedimento amministrativo, di cui all'art. 2, della legge n. 241/1990;

PER SAPERNE DI PIÙ

◆ L'ACCESSO AI DOCUMENTI AMMINISTRATIVI

Il diritto di accesso costituisce il diritto degli interessati di prendere visione e di estrarre copia di documenti amministrativi (art. 20 e ss. della legge n. 241/1990).
L'accesso ai documenti amministrativi, poste le sue rilevanti finalità di tutela dell'interesse pubblico, costituisce principio generale dell'attività amministrativa, al fine di favorire la partecipazione e di assicurarne l'imparzialità e la trasparenza.
Il legislatore, difatti, prevede che il diritto di accesso ha un oggetto molto ampio: non l'atto amministrativo, ma il documento amministrativo.
Il documento amministrativo è costituito da ogni rappresentazione grafica, fotocinematografica, elettromagnetica o di qualunque altra specie del contenuto di atti, anche interni o non relativi ad uno specifico procedimento, detenuti da una pubblica amministrazione e concernenti attività di pubblico interesse, indipendentemente dalla natura pubblicistica o privatistica della loro disciplina sostanziale.
Ai fini dell'accesso, è necessario che il richiedente abbia un interesse qualificato, ovvero: diretto (ovvero a lui riferibile), concreto e attuale, nonché corrispondente ad una situazione giuridicamente tutelata e collegata al documento del quale è chiesto l'accesso.

Il decreto legislativo n. 33 del 2013 ha, poi, disciplinato due nuove tipologie di accesso:
- l'accesso civico, di cui all'art. 5, comma 1, del d. lgs. 33/2013, come modificato dal d.lgs. n. 97 del 2016. L'accesso civico consente di richiedere i soli documenti e informazioni oggetto di pubblicazione, nei casi in cui sia stata omessa la loro pubblicazione. Solo limitatamente a questi documenti, il soggetto richiedente, anche non titolare di un interesse qualificato, può ottenere copia degli atti che devono essere pubblicati in forza di una norma di legge. Per tale tipologia di accesso, la pubblica amministrazione ha l'obbligo di rispondere entro 30 giorni dalla ricezione della richiesta;
- l'accesso generalizzato, di cui all'art. 5, comma 2, del d.lgs. 33/2013, introdotto in seguito alle modifiche apportate dal d.lgs. n. 97 del 2016. Questo tipo di accesso è finalizzato a favorire forme diffuse di controllo sul perseguimento delle funzioni istituzionali e sull'utilizzo delle risorse pubbliche, nonché a promuovere la partecipazione al dibattito pubblico. A tale fine, chiunque ha diritto di accedere ai dati e ai documenti detenuti dalle pubbliche amministrazioni, ulteriori rispetto a quelli oggetto di pubblicazione, nel rispetto dei limiti relativi alla tutela di interessi giuridicamente rilevanti. L'ufficio competente che detiene i dati, le informazioni o i documenti, avrà l'obbligo di rispondere con provvedimento espresso e motivato nel termine di 30 giorni dalla presentazione dell'istanza, con la comunicazione dell'esito al richiedente e agli eventuali controinteressati.

PER SAPERNE DI PIÙ

◆ IL D.L. SEMPLIFICAZIONI E IL PRINCIPIO DI COLLABORAZIONE E BUONA FEDE

Il **d.l. 16 luglio 2020, n. 76** (c.d. **decreto semplificazioni**), convertito, con modificazioni, dalla l. 11 settembre 2020, n. 120, ha introdotto, nell'art. 1 della l. n. 241/1990, i **principi di collaborazione e buona fede,** con il nuovo comma **2-bis**, il quale dispone: «***I rapporti tra il cittadino e la pubblica amministrazione sono improntati ai principi della collaborazione e della buona fede***». L'ingresso in questa sede del principio di collaborazione e di buona fede nei rapporti con i cittadini produce un potente effetto perché allude a una relazione in cui i cittadini sono visti come portatori di risorse per le amministrazioni e non più solamente come soggetti destinatari della sua attività o come portatori di bisogni da soddisfare. Il comma 2-bis segue i commi 1, 1-bis e 1-ter dell'art. 1 della legge menzionata, quelli cioè che delineano i regimi dell'attività amministrativa, che possono essere sia di diritto pubblico sia di diritto privato. Il che vuol dire che collaborazione e buona fede non trovano applicazione solo quando l'amministrazione agisce come un qualunque altro soggetto privato, ma anche quando esercita funzioni attraverso il procedimento amministrativo.

principio di pubblicità

Il principio di **pubblicità** impone all'amministrazione di rendere visibile e controllabile dall'esterno il proprio operato. È inerente al rapporto tra governanti e governati, che attribuisce a questi ultimi un potere di valutazione della legalità dell'azione amministrativa.

principio di trasparenza

Il principio di **trasparenza** sta ad indicare la conoscibilità esterna dell'azione amministrativa e la sua controllabilità.

Conoscibilità e **controllabilità** sono assicurate dalla L. n. 241 del 1990 con la disciplina:

- della motivazione;
- del responsabile del procedimento;
- dell'avvio del procedimento;
- della partecipazione;
- dell'accesso.

La **trasparenza** assume particolare rilievo nel settore degli **appalti,** con particolare riferimento al **principio della non discriminazione,** secondo il quale le amministrazioni devono rendere nota con mezzi idonei la loro intenzione di indire una gara e le condizioni di svolgimento della stessa.

- **Art. 29, d.lgs. 18 aprile 2016, n. 50:** tutti gli atti delle Amministrazioni aggiudicatrici e degli enti aggiudicatori relative alla programmazione di lavori, opere, servizi e forniture, nonché alle procedure di affidamento di appalti pubblici di servizi, forniture, lavori e opere devono essere pubblicati e aggiornati sul profilo del committente, nella sezione "Amministrazione trasparente".
- Principio già enunciato dalla Corte di Giustizia dell'Unione Europea: *sentenza 7 dicembre 2000, C-324/98, Teleaustria c. Post & Telekom Austria.*

LA TRASPARENZA È STATA DA ULTIMO DISCIPLINATA DAL D.LGS. 14 MARZO 2013 N. 33
(*Riordino della disciplina riguardante gli obblighi di pubblicità, trasparenza e diffusione di informazioni da parte delle pubbliche amministrazioni*)

Modificato dall'**art. 29, comma 3, d.l. 21 giugno 2013, n. 69** (c.d. *decreto del fare*), conv., con mod., dalla l. 9 agosto 2013, n. 98 (adottato in attuazione della l. c.d. "anticorruzione" 6 novembre 2012, n. 190).

Modificato successivamente dall'**art. 8, d.l. 24 aprile 2014, n. 66** (*Misure urgenti per la competitività e la giustizia sociale*), conv. con mod., dalla l. 23 giugno 2014, n. 89.

Modificato ancora dall'**art. 24-*bis*, d.l. 24 giugno 2014, n. 90** (*Misure urgenti per la semplificazione e la trasparenza amministrativa e per l'efficienza degli uffici giudiziari*) conv. con mod. dalla l. 11 agosto 2014, n. 114.

Modificato da ultimo dal **d.lgs. 25 maggio 2016, n. 97** recante "*Revisione e semplificazione delle disposizioni in materia di prevenzione della corruzione, pubblicità e trasparenza*".

ASPETTI PIÙ RILEVANTI

- La definizione del concetto di trasparenza e la precisazione delle finalità che tale principio mira a realizzare.
- L'accessibilità delle informazioni (il c.d. diritto alla conoscibilità) e l'attività amministrativa necessaria ad assicurarla.
- Il fondamentale ruolo attribuito alle tecnologie dell'informazione e della comunicazione.
- L'introduzione di un sistema di valutazione della trasparenza da parte di organismi indipendenti.
- La catalogazione delle informazioni che devono essere pubblicate.
- La previsione di un quadro di sanzioni conseguenti al mancato adempimento degli obblighi di pubblicazione.
- L'inserimento della trasparenza amministrativa in un sistema generale di programmazione e di verifica, mediante l'adozione di un Programma triennale per la trasparenza e l'integrità da aggiornare annualmente, nonché la nomina di un responsabile per la trasparenza, da identificarsi, di regola, con il responsabile per la prevenzione della corruzione.
- In merito alla distinzione tra diritto di accesso ex l. 241 del 1990 e accesso generalizzato di cui al d.lgs. n. 33 del 2013 e ss.mm. e ii., si v. da ultimo ***Cons. St., Sez. VI, 31 gennaio 2018, n. 651* e *Cons. St., A.P., 2 aprile 2020, n. 10.***

2.5. I principi europei.

Accanto ai richiamati principi, disciplinati dall'ordinamento giuridico nazionale, vi sono alcuni principi di derivazione europeistica, che hanno avuto un espresso riconoscimento nel diritto nazionale, in quanto richiamati (espressamente o meno) dalla legge n. 241/1990.

2.5.1. Il principio del legittimo affidamento.

Il più rilevante tra tali principi è sicuramente il **principio del legittimo affidamento**; principio nato e consolidato nella giurisprudenza comunitaria, che impone all'amministrazione l'attenta salvaguardia delle situazioni giuridiche soggettive che si sono consolidate per effetto di atti o comportamenti amministrativi idonei a creare un ragionevole affidamento da parte del destinatario.
Tale principio trae origine dall'assunto che gli atti e i provvedimenti della P.A. o anche una condotta materiale tenuta dalla stessa possono ingenerare nei privati un legittimo affidamento circa il conseguimento o il mantenimento di una situazione giuridica di vantaggio.
Il principio del legittimo affidamento presuppone, tendenzialmente, la sussistenza di **tre elementi**:

- **l'elemento oggettivo**, ovvero l'adozione da parte della P.A. di un determinato provvedimento che determina un vantaggio chiaro e univoco per il destinatario;
- **l'elemento soggettivo**, ovvero che sussista la buona fede del destinatario e che la convinzione di avere diritto alla situazione di vantaggio sia plausibile;
- **l'elemento temporale**, ovvero che sia trascorso un lasso di tempo sufficiente da creare nel destinatario la convinzione che il vantaggio raggiunto sia definitivo.

Una eventuale rimozione dell'atto amministrativo che ha ingenerato la situazione di vantaggio (anche nei casi di illegittimità dello stesso), deve essere giustificata da un interesse pubblico concreto e attuale che, dal confronto con gli altri diritti coinvolti, deve risultare maggiormente meritevole di tutela.

2.5.2. Il principio di proporzionalità.

Oltre al principio del legittimo affidamento, la giurisprudenza comunitaria ha sancito anche il **principio di proporzionalità** in virtù del quale l'azione amministrativa, e con essa i provvedimenti adottati, deve conformarsi a criteri di razionalità, al fine di evitare l'assunzione di decisioni non necessarie, arbitrarie, irrazionali e non dirette al raggiungimento dello scopo al quale l'autorità amministrativa è preposta.
In sintesi, tale principio comporta che l'azione amministrativa si basi su scelte ragionevoli. Le autorità amministrative non possono, pertanto, imporre con atti normativi o amministrativi, obblighi o restrizioni ai diritti dei privati in misura superiore a quella strettamente necessaria.

2.5.3. Il principio del giusto procedimento.

Il **principio del giusto procedimento**, anch'esso di origine europeistica, si sostanzia nel diritto dei privati ad essere ascoltati nel corso del procedimento amministrativo.
Esso è stato sancito dalla Corte di Giustizia quale diritto di ogni soggetto a poter partecipare a qualsiasi procedimento amministrativo che possa sfociare in un atto lesivo della propria posizione giuridica.
Tale principio è riprodotto nel nostro ordinamento attraverso la disciplina di istituti che consentono la partecipazione degli interessati al procedimento amministrativo, quali: la comunicazione di avvio del procedimento e il preavviso di rigetto.

I PRINCIPI EUROPEI.

"L'attività amministrativa persegue i fini determinati dalla legge ed è retta… dai principi dell'ordinamento comunitario"

(art. 1, comma 1, l. n. 241 del 1990, come modificato dalla l. n. 15 del 2005).

Principio di certezza del diritto, volto a garantire la conoscibilità e prevedibilità delle situazioni soggettive e dei rapporti giuridici rientranti nella sfera del diritto comunitario, al fine di far seguire alla violazione di una norma le conseguenze previste e disciplinate dalla norma stessa.

Principio di legittimo affidamento, volto a tutelare le situazioni soggettive consolidatesi per effetto di atti o comportamenti della P.A. tali da ingenerare un ragionevole affidamento nel destinatario.

Principio del giusto procedimento, quale diritto per gli interessati e i controinteressati a partecipare alle procedure prodromiche all'emanazione degli atti e provvedimenti amministrativi, al fine di rappresentare e far valere le proprie ragioni e posizioni.

Principio di buona amministrazione, che impone la celerità dell'azione amministrativa e l'imparzialità della stessa.

Principio di precauzione, che trova origine nei procedimenti comunitari posti a tutela dell'ambiente e consente all'amministrazione di adottare provvedimenti nel caso si prospetti il rischio di una lesione di un interesse tutelato ancorché manchi la certezza in merito al prodursi, in assenza dell'intervento amministrativo, di un effettivo pregiudizio, (sul punto, cfr. *Cons. St., sez. IV, 18 luglio 2017, n. 3559).*

Principio di proporzionalità, che vieta alle amministrazioni di comprimere la sfera giuridica dei destinatari della propria azione in misura diversa ed ultronea rispetto a quanto necessario per il raggiungimento dello scopo cui l'azione stessa è preordinata.

3. L'attività politica e l'attività amministrativa.

La definizione di **attività amministrativa** può essere ricavata, a contrario, dal raffronto con la funzione politica.

L'attività politica si sostanzia nell'insieme di atti attraverso cui si realizza, in sede di indirizzo politico, la **direzione suprema della "cosa pubblica"**, quale coordinamento e controllo delle singole attività svolte dalla P.A.

L'attività amministrativa consiste, invece, nella realizzazione degli obiettivi determinati dal potere politico, che costituiscono:

- il fine che la pubblica amministrazione deve realizzare;
- il vincolo sotto cui l'azione si deve realizzare.

Ciò premesso, il confine che separa l'attività amministrativa da quella politica è costituito dall'esistenza o meno di un **vincolo funzionale**: mentre l'attività amministrativa è funzionalmente vincolata al raggiungimento del fine determinato dall'organo politico, la funzione politica è scevra da tale vincolo.
Sussiste, dunque, una stretta correlazione fra le due funzioni in ragione della quale l'identificazione di un atto quale amministrativo o politico assume un rilievo fondamentale.

4. Gli atti politici.

Gli atti politici costituiscono **espressione della libertà politica**, affidata dalla Costituzione ai supremi organi decisionali dello Stato.
La dottrina prevalente identifica gli atti politici come gli atti in cui si estrinsecano: l'attività di direzione suprema della cosa pubblica e l'attività di coordinamento e di controllo delle singole manifestazioni in cui la direzione stessa si realizza.
Il carattere politico dell'atto si desume da tre elementi che l'atto deve contenere:

- **l'elemento soggettivo,** in quanto deve provenire da un organo di massimo livello preposto all'indirizzo e alla direzione della cosa pubblica (come: Governo, Parlamento, Presidente della Repubblica, ecc.);
- **l'elemento oggettivo,** ovvero la necessità che l'atto riguardi la costituzione, la salvaguardia e il funzionamento dei pubblici poteri nella loro struttura organica e coordinata applicazione;
- **la libertà nella scelta del fine**, che costituisce la maggiore distinzione rispetto agli atti amministrativi, i quali sono sempre vincolati ai fini istituzionali attribuiti alla P.A. che li adotta. Gli atti politici devono, invece, armonizzarsi solo con la Costituzione e con le direttive in essa contenute.

In relazione alla loro forma, gli atti politici possono distinguersi in:

- **atti aventi forza di legge** (come le leggi, i decreti-legge, i decreti legislativi e le leggi regionali);
- **atti aventi forza giurisdizionale** (come le sentenze della Corte Costituzionale);
- **atti formalmente amministrativi privi di forza legislativa o giurisdizionale** (come la proposta di nomina di un Ministro, la dichiarazione dello stato di guerra, le nomine dei sottosegretari, ecc.).

Per completezza, va detto che tale classificazione (oggi comunemente accettata dalla dottrina prevalente) non trova riscontro nella giurisprudenza del Consiglio di Stato, che continua a considerare atti politici i soli atti di indirizzo politico emanati dal Governo nell'esercizio del potere politico e che non rivestano natura amministrativa.

PER SAPERNE DI PIÙ

◆ **LA TUTELA NEI CONFRONTI DEGLI ATTI POLITICI**
GLI ATTI POLITICI, ESSENDO ATTI LIBERI NEL FINE, SONO INSINDACABILI, OVVERO SOTTRATTI AL SINDACATO DELL'AUTORITÀ GIURISDIZIONALE.

L'art. 7, comma 1, del Codice del processo amministrativo (d.lgs. n. 104/2010) esclude espressamente il ricorso al giudice amministrativo contro gli atti e i provvedimenti emanati dal Governo nell'esercizio del potere politico.
In ragione di tale peculiarità, la giurisprudenza prevalente, al fine di limitare al massimo il *deficit* di tutela per i soggetti destinatari di atti politici, ha optato per un'interpretazione restrittiva del concetto di atto politico, riconducendo i casi dubbi alla figura degli atti di alta amministrazione, per loro natura sindacabili in sede giurisdizionale.
L'insindacabilità degli atti politici è, in ogni caso, sottoposta a diversi limiti:
- costituzionali, nel senso che è sempre possibile far valere la contrarietà dell'atto ai precetti costituzionali;
- comunitari, in quanto il principio del primato del diritto comunitario assoggetta non solo l'attività amministrativa ma anche quella legislativa al rispetto dei vincoli comunitari;
- leggi-provvedimento, ovvero negli atti attraverso cui lo Stato o le regioni pongono in essere atti legislativi sotto il *nomen* di atti politici, dando forma di legge ad un atto amministrativo;
- controlli politici, ad opera del corpo elettorale e del Parlamento che possono decidere di non riconfermare gli organi che hanno posto in essere tale attività (per il corpo elettorale) o di censurare, attraverso il voto di sfiducia, se si tratta del controllo parlamentare.

5. Gli atti di alta amministrazione.

Gli **atti di alta amministrazione** si configurano come una **speciale categoria di atti amministrativi** che svolgono un'attività di raccordo fra funzione politica e funzione amministrativa. Essi si collocano, pertanto, in una posizione intermedia tra gli atti politici e gli atti amministrativi.
A differenza degli altri atti amministrativi, gli atti di alta amministrazione sono caratterizzati da un **elevato tasso di discrezionalità**, in quanto la norma che li disciplina si limita a fissare solo il fine del potere esercitato, senza precisarne i presupposti.
Per quanto attiene alla loro disciplina e alla tutela giurisdizionale, gli atti di alta amministrazione sono analoghi agli atti amministrativi:
- ad essi si applica la normativa sul procedimento amministrativo, salvo diversa indicazione (ad esempio, l'art. 13 della legge n. 241/1990 esclude dalle norme sulla partecipazione al procedimento amministrativo *"l'attività della pubblica amministrazione diretta alla emanazione di atti normativi, amministrativi generali, di pianificazione e di programmazione"*);
- avverso gli stessi è sempre possibile la tutela giurisdizionale. Al riguardo, va però rilevato che, essendo comunemente gli stessi *direttive* o *atti programmatici*, difficilmente sono oggetto di impugnazione in quanto, di regola, non sono idonei a incidere direttamente su posizioni giuridiche soggettive.

6. Atti e provvedimenti amministrativi. Cenni.

Nel nostro ordinamento manca una definizione legislativa di atto e di provvedimento amministrativo. Tali nozioni, pertanto, sono state elaborate dalla dottrina che, muovendo da alcune disposizioni normative (fra cui l'art. 1 della legge n. 241/1990 e l'art. 26 del Testo unico delle leggi del Consiglio di Stato, approvato con r.d. n.1054/1924) ha riconosciuto che l'atto amministrativo è l'atto adottato:

- da una **pubblica amministrazione**;
- nell'esercizio di una **potestà amministrativa riconosciuta dalla legge**;
- per la cura di un **interesse pubblico**.

Specificando ulteriormente, si può affermare che l'atto amministrativo è, quindi, lo strumento di cui l'amministrazione si serve per garantire la cura degli interessi pubblici concreti, determinati in sede di indirizzo politico, attraverso una manifestazione autoritaria di volontà e giudizio.
All'interno della macrocategoria degli atti amministrativi, possiamo distinguere: gli atti amministrativi e i provvedimenti amministrativi.
Gli **atti amministrativi**, che comprendono ogni dichiarazione di volontà, di desiderio, di conoscenza e di giudizio posta in essere da un soggetto appartenente all'amministrazione pubblica nell'esercizio di una potestà amministrativa.
Tali atti sono interni al procedimento (c.d. **endoprocedimentali**) e, di regola, strumentali rispetto allo stesso (si pensi, ad esempio, ai pareri facoltativi o obbligatori richiesti dalla pubblica amministrazione al fine di adottare un provvedimento).
Essi, di regola, non sono idonei ad esplicare effetti verso l'esterno e, pertanto, ad incidere (positivamente o negativamente) su situazioni giuridiche soggettive.

I **provvedimenti amministrativi** sono un peculiare tipo di atti amministrativi. Essi consistono in una manifestazione di volontà, adottata dall'amministrazione all'esito di un procedimento amministrativo, indirizzata alla cura di un concreto interesse pubblico e diretta a produrre unilateralmente effetti giuridici nei rapporti esterni con i destinatari.
In sintesi, i provvedimenti amministrativi costituiscono l'atto finale del procedimento attraverso cui la P.A., dopo aver valutato la situazione concreta, gli interessi meritevoli di tutela e l'interesse pubblico, adotta la propria decisione mediante un atto (il provvedimento amministrativo, appunto) idoneo a produrre effetti giuridici verso l'esterno.

Capitolo 2 LE SITUAZIONI GIURIDICHE SOGGETTIVE

SOMMARIO:

1. Le situazioni giuridiche soggettive nel nostro ordinamento.

Al fine di definire il concetto di situazione giuridica soggettiva, appare preliminare definire la nozione di rapporto giuridico.
Il **rapporto giuridico** è una relazione tra due o più soggetti (detti "parti"), prevista e disciplinata dal diritto: un soggetto "attivo" titolare di una posizione di vantaggio (come: diritto soggettivo o interesse legittimo) e un soggetto "passivo" titolare di una posizione di svantaggio (come: obbligo o dovere).
La **situazione giuridica soggettiva** è la situazione di sostanziale interesse di un soggetto nell'ambito di un determinato rapporto giuridico e alla quale l'ordinamento giuridico riconosce una forma di tutela.
La situazione giuridica soggettiva può essere:

- **attiva** o **di vantaggio**, e consistere quindi nell'attribuzione di una posizione favorevole al relativo titolare, ponendolo in una posizione di prevalenza rispetto ad altri interessi;
- **passiva** o **di svantaggio**, implicando l'attribuzione di una posizione sfavorevole al titolare e determinando una subordinazione dell'interesse di quest'ultimo rispetto a quello di altri soggetti.

Il nostro ordinamento – pur non distinguendole espressamente – tutela due distinte posizioni giuridiche soggettive: il diritto soggettivo e l'interesse legittimo.

PER SAPERNE DI PIÙ

◆ STATUS E SITUAZIONE GIURIDICA

Il concetto di situazione giuridica va tenuto separato da quello di status. La situazione giuridica, sia essa attiva o passiva, attiene a specifici e determinati rapporti, mentre lo status costituisce una condizione, anch'essa relativa ad un determinato soggetto, ma nell'ambito un determinato gruppo. Un esempio può essere l'appartenenza ad un nucleo familiare che determina nei suoi componenti l'acquisizione di uno status, cui sono riconducibili una serie di diritti e obblighi.

2. Il diritto soggettivo.

Il **diritto soggettivo** è la posizione giuridica soggettiva di vantaggio che l'ordinamento attribuisce ad un determinato soggetto in relazione ad un determinato bene (es: diritto di proprietà).
Essa sussiste in tutti i casi in cui il soggetto titolare del diritto non necessita dell'intermediazione dell'amministrazione per esercitarlo, in quanto vi è una norma che consente al soggetto di godere in

modo pieno e immediato del diritto stesso.
La tutela dei diritti soggettivi è rimessa, di regola, al **giudice ordinario** e – solo in casi tassativamente previsti – alla giurisdizione esclusiva del giudice amministrativo.

3. L'interesse legittimo.

L'**interesse legittimo** è la situazione giuridica soggettiva di cui è titolare un soggetto privato in relazione all'esercizio di un potere amministrativo.
Essa è stata riconosciuta nel nostro ordinamento con la legge n. 5992/1889, che ha istituito la IV sezione del Consiglio di Stato quale giudice degli interessi sostanziali diversi dai diritti soggettivi e che, fino a quel momento, erano rimasti sprovvisti di tutela.
In assenza di una chiara e puntuale definizione normativa dell'interesse legittimo, la dottrina ha elaborato diverse teorie al riguardo e, in particolare, ha affermato che l'interesse legittimo è il potere riconosciuto al privato di influire sull'esercizio del potere amministrativo e, dunque, sull'esercizio del potere da parte della P.A., al fine di tutelare la propria posizione giuridica.
A differenza del diritto soggettivo – che costituisce una posizione autonoma e trova compiuto e completo riconoscimento in una norma di legge, senza necessità di intermediazione da parte della pubblica amministrazione – l'interesse legittimo costituisce una posizione giuridica soggettiva "non autonoma", ma necessariamente **correlata all'esercizio del potere amministrativo**, che può ampliare (ad esempio, con il rilascio di un permesso di costruire) o restringere (ad esempio, con un provvedimento espropriazione di proprietà privata) la posizione giuridica soggettiva dell'interessato.

PER SAPERNE DI PIÙ

◆ **INTERESSI LEGITTIMI PRETENSIVI E OPPOSITIVI**

In relazione alla posizione giuridica vantata, la dottrina è solita distinguere tra due diverse categorie di interessi legittimi:
- interessi legittimi pretensivi, che si configurano ove l'esercizio del potere amministrativo potrebbe determinare un ampliamento della sfera giuridica del destinatario del provvedimento;
- interessi legittimi oppositivi, nel caso in cui l'esercizio del potere amministrativo potrebbe determinare una restrizione della posizione giuridica soggettiva dell'interessato.

4. La tutela delle posizioni giuridiche soggettive.

L'art. 103 della Costituzione dispone espressamente che "*il Consiglio di Stato e gli altri organi di **giustizia amministrativa** hanno **giurisdizione** per la tutela nei confronti della pubblica amministrazione degli **interessi legittimi** e, in **particolari** materie **indicate** dalla legge, **anche dei diritti soggettivi***".
In ragione di tale disposizione costituzionale, diversi sono stati i criteri di riparto di giurisdizione elaborati per stabilire la competenza del giudice amministrativo ovvero del giudice ordinario a decidere su una determinata controversia, in relazione alla posizione giuridica soggettiva vantata.

I **principali criteri** adoperati per identificare il tipo di situazione giuridica soggettiva lesa e quindi la competenza della giurisdizione amministrativa o ordinaria sono:
- **criterio dell'attività**, in funzione del quale ad un'attività discrezionale della P.A. può corrispondere solo una violazione di un interesse legittimo, mentre ad una attività vincolata può

corrispondere solamente la violazione di un diritto soggettivo;

- **criterio della norma violata,** in relazione al quale dalla violazione di una norma di azione (che disciplina l'azione della P.A. occupandosi, solo in via indiretta degli interessi dei destinatari) può corrispondere solamente una violazione di un interesse legittimo, mentre alla violazione di una norma di relazione (che regola l'azione della P.A. all'interno di rapporti paritari con altri soggetti) corrisponderebbe la violazione di un diritto soggettivo;
- **criterio degli atti**, principalmente seguito dalla giurisprudenza, in ragione del quale gli atti di imperio incidono su una situazione giuridica soggettiva qualificata come interesse legittimo e gli atti di gestione su una situazione giuridica inquadrata nel diritto soggettivo;
- **criterio del binomio cattivo uso/assenza di potere** che, ponendo l'accento sulla necessaria sussistenza di un potere pubblico ai fini della sussistenza della giurisdizione amministrativa, determina la competenza del giudice amministrativo nei casi in cui si contesti alla P.A. l'uso scorretto di un potere che determini la "degradazione" della posizione soggettiva del privato a interesse legittimo e la giurisdizione del giudice ordinario nei casi in cui il privato neghi l'esistenza potere (c.d. assenza di potere) della P.A. Questo ultimo criterio appare ad oggi quello più idoneo a superare i conflitti di giurisdizione fra giudice amministrativo e giudice ordinario.

PER SAPERNE DI PIÙ

◆ **LE POSIZIONI GIURIDICHE SOGGETTIVE NEL DIRITTO COMUNITARIO**

Il diritto comunitario non riconosce la distinzione fra diritto soggettivo e interesse legittimo, lasciando libera discrezionalità agli Stati Membri circa eventuali disposizioni nazionali da applicare al fine di rendere maggiormente effettiva la tutela delle posizioni giuridiche soggettive di coloro che, a vario titolo, si interfacciano con la P.A.

5. Interessi semplici e interessi di fatto.

L'**interesse semplice** è la pretesa del singolo a che la P.A., nell'esercizio del suo potere discrezionale, si attenga a quei criteri di opportunità, convenienza e buona amministrazione che afferiscono al c.d. merito amministrativo e che sono tutelati dalle c.d. norme di buona amministrazione.
L'interesse semplice si differenzia dall'interesse legittimo in quanto riceve tutela esclusivamente a livello amministrativo (ad esempio mediante l'esercizio dei ricorsi gerarchici, ovvero rivolgendosi all'organo amministrativo sovraordinato rispetto a quello che ha adottato l'atto).
Diversamente, **l'interesse di fatto** si sostanzia in un interesse non qualificato e non differenziato a che la P.A. osservi i doveri giuridici posti a suo carico e che determinano un vantaggio per la collettività, come ad esempio la manutenzione delle strade. Questo tipo di interesse non riceve alcun tipo di tutela, ma sussiste unicamente la possibilità per il privato di sollecitare l'operato dell'amministrazione tramite mere denunce, a fronte delle quali la P.A. non ha però nessun obbligo di intervenire.
L'unica eccezione a questa assenza di tutela è costituita dalle residuali e tassative ipotesi in cui l'ordinamento riconosce la possibilità di ricorrere all'**azione popolare**.

PER SAPERNE DI PIÙ

L'AZIONE POPOLARE

L'azione popolare mira a garantire una tutela di tipo oggettivo al soggetto privato, al quale, in deroga al generale principio della personalità dell'interesse ad agire in giudizio, è conferita la legittimazione a promuovere un giudizio strumentale alla difesa di un interesse pubblico proprio della collettività. Attraverso questa azione, infatti, sono legittimati ad agire una cerchia indefinita di soggetti in ragione dell'appartenenza del soggetto ad una categoria identificata o generalizzata a priori dalla legge.
In tali casi tassativi, la legge consente ai cittadini di agire in giudizio o di ottenere la correzione ad errori della P.A. nella tutela di interessi generali.
L'azione popolare può essere:
- **correttiva**, nei casi in cui l'azione è diretta contro la P.A. e mira a correggere errori e illegittimità compiute dalla P.A. stessa. Esempio di queste azioni sono quelle in materia di operazioni elettorali, come quelle di cui all'art. 70 del d.lgs. n. 267/2000;
- **suppletiva**, attraverso cui i cittadini sono legittimati a sostituirsi alla rappresentanza dell'ente rimasto inerte nel far valere, nei confronti di un terzo, un diritto o un interesse radicato in capo all'ente stesso. In questi casi, l'azione del cittadino si contrappone all'inerzia dell'amministrazione tenuta, per legge, alla tutela di determinati interessi o diritti. Un esempio è costituito dall'art. 9, comma primo, del d.lgs. n. 267/2000 ai sensi del quale "*ciascun elettore può far valere in giudizio le azioni e i ricorsi che spettano al comune e alla provincia*";
- **atipiche**, ovvero non previste specificamente da una norma dell'ordinamento, ma generate da innovative interpretazioni della giurisprudenza amministrativa.

6. Interessi collettivi e interessi diffusi.

Le posizioni soggettive possono assumere anche una dimensione "superindividuale", come nel caso degli interessi collettivi e diffusi.
Gli **interessi diffusi** costituiscono interessi adespoti, ovvero privi di titolari e, pertanto, non riferibili ad una pluralità determinata di individui ma, al contrario, comuni a tutti gli individui di una collettività, non organizzata e non individuabile autonomamente. Questi interessi riguardano beni insuscettibili di appropriazione individuale, per i quali tutti i soggetti vantano diritti (come la salute, l'ambiente e la qualità della vita).
Gli **interessi collettivi** sono interessi comuni a più soggetti che si associano come categoria o gruppo omogeneo per realizzare i fini del gruppo cui appartengono. Questi interessi sono suscettibili di tutela giurisdizionale in quanto la titolarità della tutela di questi diritti è posta in capo ad enti dotati di capacità di agire, che si distinguono sia dai singoli sia dalla collettività (è il caso degli ordini professionali, delle associazioni private riconosciute, etc.). Tali interessi sono quindi:

- **differenziati**, ovvero riferibili ad una organizzazione o categoria differenziata che, come si è detto, si distingue dalla collettività e dal singolo;
- **qualificati**, nel senso che per essi l'ordinamento prevede una forma di tutela, in quanto la lesione dell'interesse legittima al ricorso l'organizzazione o la categoria interessata che, pertanto, può agire per la tutela dell'interesse del gruppo (e non del singolo).

Affinché l'ente sia effettivamente rappresentativo, lo stesso deve possedere:

- **finalità statutarie**, si deve quindi poter desumere dallo statuto dell'ente la finalità dello stesso alla tutela del bene o dell'interesse sovra individuale;
- **stabilità dell'assetto organizzativo**, in quanto è chiamato a svolgere un'attività continuativa per la protezione della collettività che intende rappresentare;
- la c.d. ***vicinitas*** rispetto all'interesse che mira a tutelare, localizzato o localizzabile in un ambiente relativamente circoscritto.

PER SAPERNE DI PIÙ

◆ **LA GIURISPRUDENZA DEL CONSIGLIO DI STATO IN MATERIA DI INTERESSI DIFFUSI**

Il Consiglio di Stato, sez. IV, 9 gennaio 2014, n. 36, ha evidenziato la differenza tra interessi diffusi ed interessi collettivi (che costituiscono una "derivazione" dei primi) nel fatto che la definizione di "interesse collettivo" può essere proficuamente utilizzata per definire la posizione giuridica "propria" di un ente che vede la partecipazione (necessitata o volontaria) di singoli non costituenti una aggregazione meramente seriale ed occasionale, ma identificabili in relazione ad un vincolo che, in quanto afferente ad una realtà territoriale o a una medesima manifestazione non occasionale della vita di relazione si presenti come concreto e temporalmente persistente; al contrario, la definizione di interessi diffusi denota interessi latenti nell'ordinamento che si presentano adespoti, indifferenziati, ontologicamente omogenei e la cui "selezione" deriva dal riconoscimento e dalla tutela, costituzionalmente garantiti, di valori imprescindibili della "forma di Stato".
Sempre il Consiglio di Stato, sez. IV, 18 novembre 2013, n. 5451, ha dichiarato che l'interesse collettivo – per esso intendendosi l'interesse diffuso comune a tutti i soggetti facenti parte della collettività e dall'ente rappresentati – proprio perché comune si soggettivizza, con la conseguenza, per un verso, che non costituisce né può mai costituire posizione soggettiva dei singoli ma sorge quale posizione sostanziale direttamente e solo in capo all'ente esponenziale; per altro verso, soggettivizzandosi in capo all'ente esponenziale, costituisce posizione propria (e solo) di questo, e non posizione parallela di un interesse legittimo comunque ascrivibile anche in capo ai singoli componenti della collettività. Di conseguenza, gli enti collettivi, oltre ad avere caratteristiche diverse quanto alla personalità giuridica, possono, al pari dei soggetti singoli, essere titolari sia di posizioni giuridiche proprie (diritti soggettivi ed interessi legittimi), sia di posizioni giuridiche collettive (appunto, interessi collettivi).

7. L'azione di classe (class action).

L'art. 140-*bis* d.lgs. 6 settembre 2005, n. 206, recante il c.d. **"Codice del consumo"**, art. abrogato dalla l. 12 aprile 2019, n. 31, a decorrere dal 19 maggio 2021 (tuttavia, l'art. 7 della l. n. 31/2019, contiene una disposizione transitoria: *Le disposizioni della presente legge si applicano alle condotte illecite poste in essere successivamente alla data della sua entrata in vigore. Alle condotte illecite poste in essere precedentemente continuano ad applicarsi le disposizioni vigenti prima della medesima data di entrata in vigore*), regola l'istituto della *class action,* disponendo che i diritti individuali omogenei dei consumatori e degli utenti, nonché gli interessi collettivi **sono tutelabili** anche attraverso l'azione di classe.
Essa costituisce uno strumento generale di tutela nel quadro delle misure nazionali volte alla disciplina dei diritti dei consumatori e degli utenti, conformemente ai principi stabiliti dalla normativa comunitaria volti ad innalzare i livelli di tutela.
Lo strumento della *class action* consente a chiunque sia titolare di un diritto uguale a quello di un numero indefinito di altre persone di ricorrere in giudizio nella tutela non solo dell'interesse (proprio) ma anche di quello di tutti gli altri componenti della "classe" che vogliano ottenere la tutela giurisdizionale.
La tutela collettiva della *class action* si realizza per i diritti individuali omogenei dei consumatori e degli utenti i quali, singolarmente o anche conferendo mandato ad associazioni o comitati cui appartengono, possono chiedere l'instaurazione di un giudizio volto ad identificare la sussistenza della responsabilità e l'eventuale tutela risarcitoria ad essa connessa.

La ***class action* tutela:**

- i **diritti contrattuali** di una pluralità di consumatori e utenti che versano nei confronti di

una stessa impresa in situazione omogenea, inclusi i diritti relativi a contratti stipulati ai sensi degli artt. 1341 e 1342 c.c.;
- i **diritti omogenei** spettanti ai consumatori finali di un determinato prodotto o servizio nei confronti del relativo produttore, anche a prescindere da un diretto rapporto contrattuale;
- i **diritti omogenei** al ristoro del pregiudizio derivante agli stessi consumatori e utenti da pratiche commerciali scorrette o da comportamenti anticoncorrenziali.

In caso di **accoglimento** del ricorso da parte del tribunale, lo stesso pronuncia una sentenza di condanna con cui **liquida**, ovvero fissa, le somme definitive dovute a coloro che hanno aderito all'azione o stabilisce un criterio omogeneo per il calcolo delle liquidazioni.
Una **peculiarità** della *class action* consiste nell'impossibilità per i soggetti interessati di proporre una nuova *class action* nei confronti del medesimo destinatario e per gli stessi fatti a seguito della scadenza del termine fissato dal giudice per l'adesione alla prima *class action*.
Naturalmente, la sentenza che interviene a seguito della proposizione della *class action* produce i suoi **effetti nei soli confronti degli aderenti** salvo il caso di rinunce o transazioni intervenute tra le parti che, ad ogni modo non pregiudicano i diritti degli aderenti che non vi hanno espressamente acconsentito.

PER SAPERNE DI PIÙ

LA "NUOVA" AZIONE DI CLASSE

È entrata in vigore il 19 maggio 2021 (dopo tre rinvii), **la riforma della azione di classe** (c.d. "class action"), introdotta con legge n. 31 del 12 aprile 2019, che si applicherà alle condotte illecite poste in essere a partire, appunto, dal 19/05/2021.
Si tratta di una riforma volta a rilanciare l'azione collettiva già prevista dall'art. 140-*bis* del Codice del Consumo. **La nuova disciplina, infatti, ne amplia l'ambito di applicazione** dal punto di vista **sia oggettivo** (si supera il limite dei rapporti di consumo, della responsabilità del produttore e di quella per pratiche commerciali scorrette e per pratiche anticoncorrenziali), **sia soggettivo** (non più solo consumatori ma qualunque soggetto giuridico, incluse le imprese, titolare di diritti individuali omogenei) collocando il rimedio nell'ambito del codice di procedura civile.
La **domanda** per l'azione di classe si propone con **ricorso** e la legge prevede che al procedimento si applichino le norme del **procedimento sommario di cognizione**, nonostante vi siano molteplici e rilevanti differenze rispetto a tale rito.
Il procedimento è articolato in **tre fasi**: le prime due, di competenza del Tribunale delle imprese (più specificamente, la sezione specializzata ove ha sede l'impresa o l'ente convenuto), attengono all'ammissibilità dell'azione ed alla decisione sul merito; la terza fase riguarda la liquidazione delle somme dovute nei confronti degli aderenti alla classe ed è affidata ad un giudice delegato, che pronuncia con decreto.
È previsto che, in caso di **inadempimento** delle obbligazioni di pagamento, sia possibile avviare la procedura di **esecuzione forzata**, esercitabile anch'essa in forma collettiva.
Mentre nel Codice del consumo era possibile **aderire all'azione di classe** solamente subito dopo l'ordinanza che ammetteva l'azione, la riforma ora prevede che sia possibile aderire sia nella fase immediatamente seguente all'ordinanza che ammette l'azione, sia pure in una fase successiva, dopo la pronuncia della sentenza che definisce il giudizio, e dunque dopo che è già stata accertata la responsabilità del resistente. In entrambi i casi, il tribunale dovrà fissare un termine per l'adesione.
Tra le **altre novità** che la legge prevede vi sono: un regime probatorio tale da offrire al giudice la possibilità di avvalersi di **dati statistici e di presunzioni semplici**, nonché di **poteri istruttori rafforzati**, funzionali all'accertamento dei fatti costitutivi del diritto azionato (ad esempio, possibilità di applicare una sanzione amministrativa pecuniaria alla parte che, senza giustificato motivo, non adempie all'ordine di esibizione documentale); la possibilità per le parti di concludere **accordi 39**

transattivi; un ampio ricorso alle tecnologie dell'informazione e della comunicazione a fini di **pubblicità** della procedura; l'introduzione del c.d. compenso di "quota lite".
La "**quota lite**" consiste in un compenso che l'impresa o l'ente convenuto in giudizio, in caso di soccombenza, è tenuto a corrispondere a coloro che svolgono la funzione di rappresentante della classe ed ai legali del ricorrente, in aggiunta alla somma dovuta a ciascun aderente a titolo risarcitorio. L'ammontare di questa somma dovrà essere calcolato come una percentuale rispetto all'importo complessivo che il soccombente dovrà pagare a tutti gli aderenti a titolo di risarcimento, tale percentuale è inversamente proporzionale al numero dei componenti della classe (dunque, cala al loro aumentare).
È stata inoltre prevista la possibilità, per "chiunque vi abbia interesse", di esperire, accanto alla *class action*, un'**azione inibitoria collettiva** (art. 840 sexiesdecies c.p.c.) nei confronti di chi pone in essere condotte pregiudizievoli per una pluralità di individui o enti: sarà, infatti, possibile agire per ottenere una pronuncia del giudice che ordini a imprese o enti gestori di servizi di pubblica utilità la cessazione o il divieto di reiterare una condotta commissiva od omissiva realizzata nello svolgimento delle loro attività.
Per il dettaglio, si rinvia agli artt. 840-bis e ss. del c.p.c.

▶ 7.1. La *class* action contro la Pubblica Amministrazione.

La *class action* pubblica riguarda il rapporto tra i cittadini e la pubblica amministrazione e interviene sullo stesso processo di produzione del servizio.
In questo caso, la **giurisdizione** è rimessa esclusivamente al **giudice amministrativo** chiamato a giudicare sulla lesione di interessi giuridicamente rilevanti per una pluralità di utenti, perpetrata da parte di una P.A. o un concessionario di pubblici servizi attraverso la **violazione degli standard di qualità, economicità, tempestività.**
Tali peculiari **violazioni**, si possono sostanziare in:

- **violazione dei termini** che, come specificato dal *Tar Lazio, Roma, sez. II quater, 26 febbraio 2014, n. 2257,* deve essere **costante** in relazione ai tempi di conclusione dei procedimenti amministrativi;
- **mancata emanazione di atti amministrativi generali obbligatori**, a carattere non normativo, e da emanarsi entro i termini indicati da una legge o da un regolamento;
- **violazione degli obblighi contenuti nelle carte dei servizi;**
- **violazione di standard qualitativi ed economici.**

I **presupposti** per l'introduzione di una *class action* contro la P.A. sono riconducibili all'art. 4 della legge delega 4 marzo 2009, n. 15, c.d. **riforma Brunetta**, in attuazione della quale è stato emanato il d.lgs. 20 dicembre 2009, n.198.
Questa *class action* ha alcune **peculiarità**:

- riguarda violazioni e mancanze da cui derivi una **lesione diretta concreta e attuale** degli interessi che l'azione mira a tutelare;
- il giudice **non può pronunciare condanna al risarcimento** ma può solo limitarsi a ordinare alla P.A. o al concessionario del servizio di porre rimedio, entro un termine, alle inefficienze;
- la legittimazione ad agire attiene ai titolari di **interessi giuridicamente rilevanti ed omogenei per una pluralità di utenti e consumatori**;
- l'azione **non può essere proposta** nei confronti delle Autorità amministrative indipendenti, gli organi giurisdizionali, le assemblee legislative e gli altri organi costituzionali e la Presidenza del Consiglio dei Ministri.

Capitolo 3 L'AMMINISTRAZIONE IN SENSO SOGGETTIVO

SOMMARIO:

1. Modello costituzionale.

La Costituzione prende in considerazione la nozione di pubblica amministrazione in senso soggettivo, delineando tre modelli di organizzazione amministrativa, nessuno dei quali può assurgere a modello principale:

- **P.A. come apparato servente del Governo**: l'art. 95 Cost. enuncia il principio di responsabilità dei Ministri per gli atti dei rispettivi dicasteri, considerati quali settori specifici dell'amministrazione, intesa come organizzazione strumentale;
- **P.A. come apparato indipendente dal potere politico e regolato direttamente dalla legge**: l'art. 97 Cost. esprime il principio della riserva di legge nell'organizzazione dei pubblici uffici, i principi di buon andamento e di imparzialità, il principio del concorso per il reclutamento, nonché, così come introdotti dalla legge cost. n. 1/2012, i principi del pareggio di bilancio e di coerenza della P.A. con l'ordinamento dell'U.E. Inoltre, l'art. 98 pone i pubblici impiegati al servizio esclusivo della Nazione, affiancandosi al principio di responsabilità dei pubblici dipendenti *ex* art. 28 Cost.;
- **P.A. come apparato autonomistico e comunitario, decentrato territorialmente**: gli artt. 5, 114 e 118 Cost., tracciando le coordinate del pluralismo istituzionale, enunciano i principi dell'autonomia e del decentramento amministrativo in favore degli enti locali, nonché i principi di sussidiarietà, adeguatezza e differenziazione.

2. L'organizzazione amministrativa statale: il pluralismo della P.A.

Per la realizzazione di fini istituzionali via via più ampi ed eterogenei, l'organizzazione amministrativa italiana si è trasformata nel tempo sotto il profilo delle strutture e dei modelli, perdendo il suo iniziale carattere unitario (riferibile ad una nozione di P.A. che faceva perno unicamente sullo Stato-apparato) e acquistando in via definitiva un carattere pluralistico (riferibile ad una nozione di P.A. che poggia, oltre che sullo Stato, anche su altri soggetti dotati di capacità giuridica di diritto pubblico, volti al perseguimento di finalità di pubblico interesse).
Essa si struttura in **organizzazione diretta**, quando le strutture operative appartengono direttamente allo Stato, e in **organizzazione indiretta**, quando poggia su soggetti giuridici pubblici, diversi dallo Stato, ai quali sono attribuite funzioni amministrative.
L'organizzazione diretta a sua volta si articola in:

a) **centrale ordinaria**, che realizza il sistema dell'accentramento burocratico; in essa vanno compresi gli organi attivi (Presidenza del Consiglio, Ministeri e Agenzie), consultivi (Consiglio di Stato, Avvocatura dello Stato, CNEL) e di controllo (Corte dei Conti), destinati ad operare sull'interro territorio nazionale;
b) **centrale speciale**, che realizza il c.d. decentramento funzionale di servizi di interesse pubblico, attraverso aziende autonome (oggi in gran parte privatizzate), con competenza nazionale, in posizione di autonomia amministrativa, contabile e finanziaria;
c) **locale o periferica**, che realizza il c.d. decentramento burocratico attraverso l'attribuzione di funzioni proprie degli organi centrali a sedi distaccate a livello periferico, che operano in determinate parti del territorio nazionale (es. Prefetture-Uffici territoriali del Governo, Sindaco in qualità di ufficiale di Governo).

L'organizzazione indiretta realizza il c.d. **decentramento autarchico** tipicamente attraverso:
a) **enti pubblici istituzionali**, che svolgono, con un certo grado di autonomia, una specifica funzione di interesse generale e possono essere sia a carattere nazionale (es. INPS) che locale (es. Camere di Commercio);
b) **enti pubblici territoriali**, che svolgono diverse funzioni su una porzione del territorio nazionale, esprimendo gli interessi della collettività ivi stanziata. Per questi enti il territorio non rappresenta soltanto l'ambito spaziale delle relative attività, ma un vero e proprio elemento costitutivo che ne legittima l'esistenza (es. Regioni, Città metropolitane, Province, Comuni).

La più tangibile manifestazione di questo pluralismo amministrativo è l'attuale compresenza di almeno quattro modelli organizzativi: a) quello **ministeriale**; b) quello dell'**ente pubblico**; c) quello dell'**autorità amministrativa indipendente**; d) quello del **soggetto privato controllato** (società *in house*, società miste).

3. Il modello ministeriale

L'organizzazione per Ministeri è ancora oggi il modello tipico dell'**organizzazione amministrativa diretta**. Ma è un modello nettamente diverso da quello uniforme e gerarchico-piramidale, introdotto da Cavour con le leggi del 1853.

Non è uniforme perché i ministeri di oggi, grazie soprattutto alle riforme degli anni '90 del XX secolo, sono uffici complessi, dotati di personale e mezzi propri, diversificati non solo in base alle funzioni e alle dimensioni, ma anche alle strutture organizzative. Essi, come previsto dal d.lgs. n. 300/1999, si possono infatti organizzare secondo due modelli divisionali differenti:

- **modello dipartimentale**, in cui le articolazioni di primo livello sono i dipartimenti che abbracciano grandi aree di materie omogenee (es. dipartimento del tesoro e dipartimento delle finanze, nell'ambito del Ministero dell'economia e delle finanze). Ciascun dipartimento è guidato dal relativo capo del dipartimento, da cui dipendono gli uffici dirigenziali generali funzionali (solitamente denominati direzioni generali) e il quale è sottoposto al c.d. *spoil system*;
- **modello per direzioni generali**, in cui le articolazioni di primo livello sono le direzioni generali cui vengono affidati ambiti di materie tendenzialmente più ridotti e più specifici rispetto ai dipartimenti (es. direzione generale per la tutela della proprietà industriale nell'ambito del Ministero dello sviluppo economico). Tutte le direzioni generali, suddivise a loro volta in uffici dirigenziali non generali funzionali (solitamente denominati divisioni), sono coordinate nella loro attività dal segretario generale del ministero, il quale opera alle dirette dipendenze del ministro.

Non è gerarchico-piramidale perché – sebbene al vertice del dicastero resti la figura del ministro,

il quale non solo è capo di amministrazione, ma, allo stesso tempo, è anche componente del Consiglio dei ministri – il legislatore, da ultimo con il d.lgs. n. 165/2001, nel distinguere chiaramente tra le funzioni del ministro e quelle dei dirigenti, ha accentuato l'autonomia amministrativa nei limiti dell'indirizzo politico e del controllo. Al ministro spettano, infatti, i soli poteri di definizione degli obiettivi e dei programmi da attuare e di verifica della rispondenza dei risultati raggiunti; mentre, ai dirigenti spettano i poteri di gestione finanziaria, tecnica e amministrativa (tra i quali spicca, in particolare, il potere di adottare gli atti che impegnano l'amministrazione verso l'esterno).
L'organizzazione statale diretta, accanto ai ministeri, conosce un altro modello: quello delle **agenzie**, disciplinate dal d.lgs. n. 300/99 e sottoposte ai poteri di indirizzo e di vigilanza del ministro. Le agenzie, nello svolgimento della loro attività a carattere tecnico-operativo di interesse nazionale, sono dotate di autonomia organizzativa e funzionale e, pur mancando di personalità giuridica, dispongono di propri organi di gestione e di controllo interno ed operano al servizio non solo del ministero cui sono collegate, ma di tutte le amministrazioni pubbliche, comprese quelle regionali e locali. Va rilevato che un ordinamento del tutto proprio ed un regime speciale sono dettati per le agenzie fiscali (dotate, invece, di personalità giuridica), che sono le agenzie delle entrate, delle dogane e dei monopoli e del demanio.

4. Il modello dell'ente pubblico

Il modello "ente pubblico" è il modello tipico dell'**organizzazione amministrativa indiretta**. Vi rientrano tutti gli enti pubblici funzionali non economici, che, a differenza degli enti pubblici economici, agiscono in regime di diritto amministrativo. Si tratta di una categoria di enti vasta ed eterogenea la cui qualificazione pubblicistica non sempre è chiaramente esplicitata per legge. Per questo motivo la giurisprudenza ha elaborato una serie di indici di riconoscimento della natura pubblica di tali enti:

- titolarità di poteri autoritativi (come certificazioni, riscossioni di tributi, sanzioni);
- istituzione da parte dello Stato o di altro ente pubblico (c.d. costituzione ad iniziativa pubblica);
- assoggettamento ad un sistema di controlli pubblici;
- ingerenza dello Stato o di altra P.A. nella nomina e nella revoca dei dirigenti dell'ente e/o nella sua amministrazione;
- partecipazione dello Stato o della diversa P.A. alle spese di gestione dell'ente;
- esercizio, da parte dello Stato o della diversa P.A., di un potere di direttiva sugli organi dell'ente, ai fini del perseguimento di determinati obiettivi;
- corresponsione di finanziamenti pubblici (fruizione di agevolazioni o di privilegi tipici delle amministrazioni statali);
- riconoscimento della c.d. operatività necessaria (impossibilità che i compiti attribuiti siano espletati da altro soggetto ovvero impossibilità di fallimento o di estinzione volontaria).

Tali enti si caratterizzano per un regime giuridico peculiare, tradizionalmente riassunto in quattro caratteristiche:

1. **autarchia**: che consiste nel potere di amministrare i propri interessi attraverso un'attività avente gli stessi caratteri e la stessa efficacia dell'attività amministrativa dello Stato;
2. **autotutela**: che indica il potere di risolvere autonomamente i conflitti, attuali o potenziali, relativi ai propri provvedimenti o alle proprie pretese, salvo comunque il sindacato giurisdizionale;
3. **autonomia**: che indica la libertà di determinazione di cui gode l'ente nella cura dei propri interessi, nonché l'indipendenza che caratterizza l'esercizio di alcune delle sue attività;
4. **autogoverno**: che si realizza quando gli organi di governo dell'ente sono composti da soggetti scelti dagli stessi governati.

5. Il modello dell'Autorità amministrativa indipendente

Un modello atipico di amministrazione indiretta è rappresentato dal fenomeno complesso ed eterogeno delle Autorità amministrative indipendenti. Si tratta infatti di enti od organi pubblici che si caratterizzano per una sostanziale **indipendenza** dal Governo, sia perché sottratte al controllo del potere politico-governativo e ai relativi indirizzi sia per la tendenziale equidistanza e **neutralità** rispetto agli interessi su cui la loro attività incide, nonché per l'**alto tasso di competenza tecnica** richiesta nell'esercizio delle competenze loro assegnate.

La loro istituzione risponde ad almeno tre ragioni, oltre che talvolta a veri e propri vincoli di derivazione europea, riconducibili:

1. al fenomeno che si suole indicare con l'espressione di "**crisi della legge**", intesa come incapacità della stessa di predefinire – in settori caratterizzati da elevato tecnicismo e soggetti a continua evoluzione – un sistema completo e preciso di regole e di comportamenti tali da consentire ai destinatari di valutare *ex ante* i propri e gli altrui comportamenti in termini di liceità o illiceità;

2. all'esigenza di svincolare la gestione di determinati **settori sensibili** – implicante una posizione, non già di imparzialità amministrativa, quanto di **neutralità** rispetto agli interessi in gioco – dal **condizionamento degli organi politici**, onde la necessità di assegnare funzioni, spesso non amministrative in senso classico, ma di tipo regolatorio, contenzioso e sanzionatorio, a soggetti in grado di assicurarne un esercizio "terzo", tecnicamente adeguato;

3. al processo di **progressiva abdicazione** dello **Stato** dall'**intervento diretto** nell'**economia mediante l'assunzione del diverso ruolo di arbitro e regolatore**.

Le funzioni attribuite alle Autorità indipendenti non sono sussumibili all'interno di un'unica categoria. Le Autorità, infatti, sono titolari di **funzioni**:

- **amministrative in senso proprio** (es. rilascio di autorizzazioni), in passato attribuite alle amministrazioni in senso classico (in specie, i Ministeri);
- **arbitrali e contenziose (o semi-contenziose)**, utili anche nella prospettiva di filtrare, a scopi deflattivi, l'accesso alla giurisdizione (queste funzioni hanno alimentato il dibattito circa la natura giuridica delle Autorità all'esito del quale la giurisprudenza di legittimità ne ha riconosciuto la natura di pubblica amministrazione);
- **normative, cc.dd. di regolamentazione**, nell'esercizio delle quali le Autorità adottano misure generali volte agli operatori, in settori di alto tecnicismo e privi di una puntuale disciplina legislativa, nel rispetto delle garanzie del giusto procedimento e del controllo giurisdizionale;
- **ausiliarie,** esercitate nei confronti di organi costituzionali (in specie il Parlamento e il Governo) attraverso pareri, segnalazioni e relazioni periodiche nelle materie rientranti nelle loro competenze (c.d. attività di *moral suasion*).

In sintesi, le Autorità indipendenti sono titolari di poteri: ispettivi e di indagine; sanzionatori e di sollecitazione; decisori; regolamentari.

Tra le Autorità amministrative indipendenti che operano nel nostro ordinamento è possibile distinguere:

- **Autorità di settore**, preposte, in via esclusiva, ad uno specifico settore economico (es. Consob, Ivass, Autorità per le garanzie nelle comunicazioni);
- **Autorità trasversali**, dotate, invece, di competenze non limitate a singoli comparti, in quanto riconosciute a tutela di specifici interessi pubblici di portata generale (es. Autorità garante della concorrenza e del mercato, Garante per la protezione dei dati personali, Commissione di garanzia per l'attuazione della legge sullo sciopero nei servizi pubblici essenziali).

6. Il modello delle società a partecipazione pubblica

Dopo essersi manifestato, in passato, prima nelle forme dell'amministrazione autonoma, poi in quelle dell'ente pubblico economico, oggi lo "Stato-imprenditore" si manifesta principalmente nella forma societaria delle società a partecipazione pubblica.

6.1 Natura giuridica

Con riferimento a questi soggetti – che, pur rivestendo una forma tipicamente privatistica, sono sottoposti ad una disciplina per larga parte derogatoria rispetto a quella del codice civile – si è posto il problema della natura giuridica, pubblica o privata.
Secondo l'**impostazione privatistica**, lo scopo lucrativo non viene mai meno nelle società in mano pubblica: la "pubblicizzazione" delle stesse potrebbe ammettersi solo allorché sia la legge stessa ad escludere espressamente la causa lucrativa; secondo l'**impostazione pubblicistica**, oggi prevalente, occorre prendere atto della cosiddetta **neutralità del modello societario** rispetto alle finalità perseguite. Ciò che rileva, dunque, sarebbe lo speciale regime giuridico cui sono sottoposte; al riguardo, si sono registrati due fondamentali indirizzi:

- per l'**orientamento estensivo**, va riconosciuta natura pubblicistica a tutte le società per azioni istituite con atto legislativo che ne determini la denominazione, lo scopo e la necessaria pertinenza ad un soggetto pubblico per una quota almeno maggioritaria;
- per l'**orientamento più restrittivo**, non appare sufficiente l'istituzione per legge o la determinazione in via legislativa di denominazione e scopo, o la partecipazione pubblica maggioritaria, ma è necessario che il regime giuridico cui la singola società è sottoposta si caratterizzi per la previsione di regole che, oltre a costituire una consistente alterazione del modello societario tipico (con compressione dell'autonomia funzionale e statutaria degli organismi societari), ne rivelino, al tempo stesso, la completa attrazione nell'orbita pubblicistica.

6.2. La disciplina recata dal T.U. società partecipate (d.lgs. n. 175/2016)

Con il d.lgs. **19 agosto 2016, n. 175**, il legislatore ha raccolto in un unico testo la disciplina organica del fenomeno, caratterizzato fino a quel momento da una abbondante stratificazione normativa, con l'obiettivo di ridurre il numero delle società partecipate e, al contempo, razionalizzare il quadro delle regole vigenti.
Quanto all'**ambito di applicazione soggettivo**, le disposizioni del testo unico si applicano "*alla costituzione di società da parte di P.A., nonché all'acquisto e alla gestione di partecipazioni, da parte di tali amministrazioni, in società a totale o parziale partecipazione pubblica diretta o indiretta*". Il decreto distingue poi tra **società controllate** e **società partecipate**: sono controllate da una P.A. tutte le società che si trovino in una delle situazioni di controllo descritte dall'art. 2359 del c.c.; viceversa, una società può definirsi "partecipata" da una P.A. qualora quest'ultima sia titolare di "*rapporti comportanti la qualità di socio in società o la titolarità di strumenti finanziari che attribuiscono diritti amministrativi*", potendo detta partecipazione anche essere indiretta, qualora sia detenuta per il tramite di una società o di un altro organismo sottoposto al controllo della medesima Pubblica amministrazione.
Quanto al **regime giuridico**, il testo unico registra una decisiva spinta verso il modello privatistico nella misura in cui dispone che tutte le società partecipate "*sono disciplinate secondo le norme sulle società contenute nel codice civile e le norme generali di diritto privato, salve le espresse deroghe previste dal decreto*".
Per quanto concerne il **perimetro delle attività consentite**, il testo unico vieta alle PP.AA., direttamente o indirettamente, di costituire società aventi per oggetto attività di produzione di beni e

servizi **non strettamente necessarie** per il perseguimento dei propri scopi istituzionali, né acquisire o mantenere partecipazioni, anche di minoranza, in tali società. Una ricognizione, in positivo, delle attività strettamente necessarie è offerta dallo stesso decreto che annovera:

a) la produzione di un servizio di interesse generale;
b) la progettazione e realizzazione di un'opera pubblica sulla base di un accordo di programma fra Amministrazioni pubbliche;
c) la realizzazione e gestione di un'opera pubblica ovvero l'organizzazione e la successiva gestione di un servizio d'interesse generale attraverso un contratto di partenariato con un imprenditore privato selezionato con una procedura di gara a doppio oggetto;
d) l'autoproduzione di beni o servizi strumentali all'ente o agli enti pubblici partecipanti;
e) servizi di committenza, ivi incluse le attività di committenza ausiliarie, apprestati a supporto di enti senza scopo di lucro e di amministrazioni aggiudicatrici.

7. I soggetti pubblici di matrice europea

La natura pubblica di una struttura societaria può anche conseguire alla riconduzione della stessa in talune figure soggettive pubbliche di derivazione comunitaria, ormai da tempo entrate a far parte della disciplina nazionale. Si tratta: dell'**organismo di diritto pubblico**; dell'**impresa pubblica**; dei **soggetti *in house***.

▶ 7.1 Organismi di diritto pubblico

Riproducendo il contenuto delle direttive 2014/23/UE, 2014/24/UE, 2014/25/UE, l'art. 3, comma 1, lett. d) del d.lgs. n. 50/2016 individua le caratteristiche del c.d. "organismo di diritto pubblico", quale soggetto incluso nella categoria delle c.d. "Amministrazioni aggiudicatrici".
In particolare, gli organismi di diritto pubblico:

a. sono istituiti per soddisfare specificatamente **esigenze di interesse generale**, aventi carattere non industriale o commerciale;
b. sono dotati di **personalità giuridica**;
c. sono finanziati per la maggior parte dallo Stato, dalle autorità regionali o locali o da altri organismi di diritto pubblico; o la loro gestione è posta sotto la vigilanza di tali autorità o organismi; o il loro organo di amministrazione, di direzione o di vigilanza è costituito da membri più della metà dei quali è designata dallo Stato, da autorità regionali o locali o da altri organismi di diritto pubblico (requisito della c.d. **influenza pubblica** dominante).

Secondo il costante insegnamento della CGUE (inaugurato con la sentenza C-44/96, Mannesman), abbracciato dalle Sezioni Unite della Corte di Cassazione da ultimo con la pronuncia n. 8673 dell'8 marzo 2019, tali elementi (personalità giuridica, influenza pubblica dominante e requisito teleologico) devono sussistere necessariamente in modo cumulativo, sicché in assenza di una sola di tali tre condizioni, un organismo non può essere considerato di diritto pubblico, e dunque operare come amministrazione aggiudicatrice.

▶ 7.2 Imprese pubbliche

La nozione di **impresa pubblica**, invece, viene in rilievo in relazione all'ambito soggettivo di applicazione della disciplina comunitaria e nazionale degli appalti nei c.d. settori speciali ed è l'"*impresa su cui le amministrazioni aggiudicatrici possono esercitare, direttamente o indirettamente, un'influenza dominante o perché ne sono proprietarie, o perché vi hanno una partecipazione finanziaria, o in virtù delle norme che disciplinano dette imprese. L'influenza dominante è presunta quando le amministrazioni aggiudicatrici, direttamente o indirettamente,*

riguardo all'impresa, alternativamente o cumulativamente:
1) detengono la maggioranza del capitale sottoscritto;
2) controllano la maggioranza dei voti cui danno diritto le azioni emesse dall'impresa;
3) possono designare più della metà dei membri del consiglio di amministrazione, di direzione o di vigilanza dell'impresa;" (art. 3, co. 1, lett. t), d. lgs. n. 50 del 2016).
A differenza di quanto previsto per l'organismo di diritto pubblico, quindi, si prescinde in questo caso dal fine perseguito (che può anche essere lucrativo), riconoscendosi valenza decisiva al legame tra l'impresa e la Pubblica amministrazione "dominante".

7.3 Soggetti in house

L'*in house providing* è un istituto di origine europea, che rappresenta una **modalità alternativa** all'applicazione della disciplina comunitaria di evidenza pubblica in materia di appalti e servizi pubblici.
È un **modello organizzatorio** per mezzo del quale la P.A., al fine di reperire determinati beni e servizi ovvero per erogare alla collettività prestazioni di pubblico servizio, si avvale di un soggetto sottoposto al suo penetrante controllo, cioè di un ente strumentale, distinto sul piano formale, ma non su quello sostanziale, per cui l'ente può essere considerato parte integrante e prolungamento organizzativo della P.A.
Frutto dell'elaborazione giurisprudenziale della Corte di Giustizia UE (a partire dalla sentenza **Teckal**, causa C-107/98), l'istituto è stato codificato ad opera delle direttive 2014/24/UE, 2014/23/UE e 2014/25/UE ed è stato, poi, recepito in sede nazionale con l'**art. 5 del d.lgs. n. 50 del 2016** (c.d. **Codice dei contratti**).
Le condizioni di ammissibilità dell'*in house providing* ricorrono quando:

1. l'amministrazione aggiudicatrice eserciti sul soggetto aggiudicatario un "**controllo analogo**" a quello esercitato sui propri servizi (**elemento strutturale**): il Codice considera un siffatto controllo sussistente esclusivamente ove l'Amministrazione aggiudicatrice "*esercìti un'influenza determinante sia sugli **obiettivi strategici** che sulle **decisioni significative** della persona giuridica controllata*";
2. il soggetto aggiudicatario svolga la **maggior parte della propria attività in favore dell'ente pubblico di appartenenza** (**elemento funzionale**): il Codice ritiene necessario, a tal riguardo, che il soggetto affidatario svolga almeno l'80% delle proprie attività in esecuzione di compiti ad esso affidati dall'Amministrazione aggiudicatrice controllante o da altri soggetti a propria volta controllati dal medesimo soggetto pubblico;
3. la **partecipazione pubblica** sia **quasi totalitaria:** sul punto, il Codice richiede che, nella persona giuridica controllata, non vi sia alcuna partecipazione diretta di capitali privati, ad eccezione di forme di partecipazione di capitali privati previste dalla legislazione nazionale, in conformità dei trattati, che non esercitino un'influenza determinante sulla persona giuridica controllata.

Il **d.l. 31 maggio 2021, n. 77, pubblicato in GU n. 129 del 31 maggio 2021, c.d. decreto semplificazioni**, all'art. 10, rubricato "Misure per accelerare la realizzazione degli investimenti pubblici", prevede delle modifiche in tema di società *in house*.
In particolare, nell'intento di «sostenere la definizione e l'avvio delle procedure di affidamento ed accelerare l'attuazione degli investimenti pubblici in particolare di quelli previsti dal PNRR e dai cicli di programmazione nazionale e comunitaria 2014-2020 e 2021-2027», si prevede la possibilità per le «amministrazioni interessate», tramite apposite convenzioni, di avvalersi del supporto tecnico-operativo di società *in house*, qualificate ai sensi dell'art. 38 del c.c.p.
Tale attività di supporto riguarda «anche le fasi di definizione, attuazione, monitoraggio e valutazione

degli interventi e comprende azioni di rafforzamento della capacità amministrativa, anche attraverso la messa a disposizione di esperti particolarmente qualificati».
La norma in esame legittima fra l'altro le Regioni, le Province autonome di Trento e di Bolzano e gli enti locali, per il tramite delle amministrazioni centrali dello Stato, ad avvalersi del supporto tecnico-operativo delle società *in house* per la promozione e la realizzazione di progetti disviluppo territoriale finanziati da fondi europei e nazionali.

Capitolo 4 L'AMMINISTRAZIONE IN SENSO OGGETTIVO

SOMMARIO:

1. Attività amministrativa attiva, consultiva e di controllo.

L'attività amministrativa è la manifestazione della funzione pubblica, esercitata nei limiti del potere normativamente attribuito, mediante la quale i soggetti preposti dall'amministrazione provvedono alla cura concreta degli interessi pubblici.

Come anticipato al secondo capitolo, l'individuazione del fine da perseguire, la sua qualificazione come pubblico e l'assegnazione della tutela dello stesso alla P.A. sono operate in sede di indirizzo politico.

L'attività amministrativa si occupa, invece, di curare direttamente gli interessi pubblici alla cui tutela ogni ente pubblico è preposto sulla base delle competenze attribuitegli dalla legge.

Essa si svolge secondo **criteri organizzativi** volti a differenziare e ripartire le singole attribuzioni al fine di assicurare i necessari livelli di competenza e specializzazione e di evitare l'accentramento del potere in capo ad un solo organo.

L'attività amministrativa costituisce un fenomeno unitario: i suoi criteri organizzativi e la predetta ripartizione delle funzioni non danno quindi luogo a differenti qualifiche giuridiche dei soggetti o degli atti attraverso i quali è posta in essere.

Ciononostante, è possibile distinguere, dal punto di vista teorico, le seguenti **tipologie di attività amministrativa**:

- **amministrazione attiva,** costituita da tutte le attività attraverso cui la pubblica amministrazione realizza i propri fini nel rispetto delle indicazioni fornite dagli organi politici e di governo (principalmente: attività deliberative ed esecutive);
- **amministrazione consultiva,** che comprende le attività – realizzate nelle forme di pareri, direttive, orientamenti, chiarimenti – che l'amministrazione fornisce ai diversi soggetti dell'amministrazione attiva o di controllo;
- **amministrazione di controllo,** che si realizza nelle attività con cui l'amministrazione esprime un giudizio (sindacato) in relazione alle attività dei soggetti che svolgono funzioni di amministrazione attiva. Quando il sindacato è espresso secondo diritto, si avrà un *controllo di legittimità*, se, invece, è espresso secondo le regole della buona amministrazione, si avrà un *controllo di merito*.

Nello svolgimento delle predette attività amministrative, la pubblica amministrazione può porre in essere diverse tipologie di atto:

- **di diritto pubblico,** che la pubblica amministrazione realizza in qualità di soggetto dotato

di poteri di imperio, ovvero di poteri che lo pongono in posizione di supremazia rispetto ai destinatari dell'atto;
- **di diritto privato,** ovvero i diversi negozi di diritto privato in cui l'amministrazione agisce in posizione pari ordinata rispetto ai destinatari dell'atto.

2. L'attività discrezionale e vincolata.

Come più volte detto, il potere amministrativo trova il proprio fondamento nella legge. La subordinazione dell'attività amministrativa alla legge (principio di legalità) implica che l'azione dell'amministrazione non sia mai completamente libera, perché vincolata al raggiungimento dell'interesse pubblico perseguito.
Dipendentemente dalle modalità con cui le disposizioni di legge vincolano l'esercizio del potere amministrativo, la dottrina distingue tra: **attività vincolata e attività discrezionale**.

Si parla di **attività vincolata** quando la legge indica specificamente le modalità di esercizio dell'attività amministrativa, senza lasciare all'amministrazione alcuna possibilità di scegliere quale possa essere il provvedimento più idoneo da adottare ai fini del raggiungimento dell'interesse pubblico.
In tal caso, è la legge stessa che (a monte) opera un contemperamento di interessi, indicando all'amministrazione che tipologia di provvedimento adottare a fronte di determinati accadimenti (ad esempio, nel caso in cui per la violazione di una disposizione del codice della strada, la legge disponga l'applicazione di una sanzione amministrativa, non lasciando discrezionalità all'amministrazione in ordine alla tipologia di provvedimento da adottare per contrastare il comportamento vietato).

Diversamente, la **discrezionalità amministrativa** si sostanzia nella facoltà dell'amministrazione di scegliere tra più comportamenti giuridicamente leciti per il soddisfacimento dell'interesse pubblico.
In tal caso, spetta all'amministrazione operare (a valle) una ponderazione comparativa degli interessi secondari (pubblici e privati) ai fini del raggiungimento di un interesse primario: l'interesse pubblico tutelato dalla norma di legge.
La discrezionalità si pone quindi come modalità di interazione fra l'azione pubblica e la legge, e presuppone uno spazio valutativo e decisionale che la pubblica amministrazione esercita nello svolgimento delle proprie funzioni.
A seconda del margine di discrezionalità attribuito all'amministrazione dalla legge, possono essere individuati quattro oggetti su cui l'amministrazione può esercitare (in tutto o in parte) la propria discrezionalità:
- l'***an***, ovvero la scelta circa l'emanazione o meno di un provvedimento amministrativo;
- il ***quid***, inteso quale contenuto del provvedimento;
- il ***quomodo***, ovvero le modalità di adozione e la forma del provvedimento;
- il ***quando***, ossia il momento in cui adottare il provvedimento.

La discrezionalità amministrativa viene esercitata principalmente nel corso della fase istruttoria del procedimento amministrativo, durante la quale l'amministrazione effettua una ponderazione degli interessi pubblici e privati coinvolti.
Come evidenziato nel tempo dalla giurisprudenza del Consiglio di Stato, la discrezionalità amministrativa deve, comunque, rispettare determinati limiti:
- **interesse pubblico**, ovvero l'interesse della collettività, fissato dalla legge;
- **principio di imparzialità e ragionevolezza**, il quale impone che le scelte dell'amministrazione siano adottate in posizione di equidistanza tra i diversi interessi

coinvolti e che perseguano l'interesse pubblico attraverso il minor sacrificio possibile delle posizioni giuridiche contrapposte;
- **principio dell'esatta e completa informazione,** il quale presuppone che il provvedimento amministrativo sia il risultato di un completo processo istruttorio composto dall'esame di diversi documenti e atti intermedi e che dovrebbe determinare un risultato (tendenzialmente) privo di errori.

3. Legittimità e merito dell'azione amministrativa.

A fronte della distinzione tra attività vincolata e discrezionale della pubblica amministrazione, l'impostazione tradizionale contrappone i concetti di legittimità e merito dell'azione amministrativa.
La **valutazione della legittimità** riguarda la corrispondenza fra l'atto e le norme che regolano l'esercizio del potere amministrativo in forza del quale l'atto è stato adottato e si sostanzia nella conformità dell'atto rispetto alle disposizioni di legge. La violazione dei criteri di legittimità determina un vizio dell'atto (vizio di legittimità) che espone lo stesso al sindacato del giudice amministrativo.
La valutazione di legittimità, in quanto conformità del provvedimento alle norme di legge, può avvenire sia ove l'amministrazione eserciti un'attività vincolata, che nei casi in cui sussista discrezionalità amministrativa.

La **valutazione del merito** dell'azione amministrativa riguarda, invece, la conformità della scelta discrezionale operata dalla P.A. alle regole non giuridiche di buona amministrazione, che attengono ai profili di opportunità e convenienza dell'atto amministrativo.
Il problema di una valutazione di merito del provvedimento si pone con specifico riferimento all'esercizio della discrezionalità amministrativa: ovvero nei casi in cui il contemperamento tra interessi pubblici e privati coinvolti nel procedimento amministrativo non sia avvenuto *ex lege*, ma residui in capo all'amministrazione procedente.

La legge n. 241/1990, avendo codificato le regole del giusto procedimento, ha attratto espressamente i criteri di economicità, efficienza ed efficacia dell'azione amministrativa nell'alveo della legittimità dell'atto: una eventuale violazione delle stesse, quindi, non rappresenta più un problema di inopportunità del provvedimento, bensì una vera e propria illegittimità dell'atto amministrativo, adottato in violazione di legge.

3.1. La discrezionalità tecnica.

Nell'ambito della discrezionalità amministrativa, la giurisprudenza ha distinto il concetto di **discrezionalità tecnica** intesa quale esame di fatti o situazioni, da parte della pubblica amministrazione (non sulla base di regole che appartengono al diritto ma) sulla base di cognizioni tecniche e scientifiche di carattere specialistico, quali la medicina, la fisica, l'ingegneria (es. valutazione della fatiscenza di un ponte).
L'esercizio della discrezionalità tecnica è caratterizzato dalla sussistenza di una specifica fase di giudizio, nell'ambito della quale la pubblica amministrazione procede all'analisi dei fatti e sceglie il **criterio scientifico** da utilizzare al fine di adottare la decisione.
Nelle ipotesi in cui la P.A. eserciti allo stesso tempo discrezionalità tecnica e amministrativa, si parla di **discrezionalità mista**. In tal caso, effettuata la verifica tecnica (esaminati gli atti e individuato il criterio tecnico da applicare), l'autorità amministrativa competente non è vincolata nell'atto da adottare, ma ha il potere di scegliere l'atto più idoneo alla cura dell'interesse pubblico primario.

PER SAPERNE DI PIÙ

◆ IL SINDACATO GIURISDIZIONALE

A seguito del susseguirsi di posizioni divergenti, la dottrina prevalente afferma che la discrezionalità tecnica e la discrezionalità mista possano essere sindacabili dal giudice amministrativo (Cons. Stato, sent. n. 601 del 1999).
Tale sindacabilità può avvenire anche attraverso lo strumento della consulenza tecnica d'ufficio che consente al giudice amministrativo di valutare la correttezza delle decisioni tecniche.
Naturalmente, le valutazioni espressione di discrezionalità tecnica potranno essere sindacabili in sede giurisdizionale sia sotto un profilo estrinseco e formale, sia sotto un profilo sostanziale, qualora risulti palese la loro inattendibilità sotto un profilo tecnico.

Attività di diritto pubblico e attività di diritto privato.

l'attività amministrativa può essere definita come l'attività con cui la P.A. provvede in concreto alla cura degli interessi ad essa affidati.

1) Atti di diritto pubblico

La P.A. agisce adottando **provvedimenti unilaterali** che, in quanto espressione di una posizione di supremazia dell'amministrazione, sono destinati a modificare la sfera giuridica del destinatario anche in assenza o contro la sua volontà.

2) Atti di diritto privato

Alla P.A. è riconosciuta **capacità di diritto privato** potendo la stessa ricorrere allo strumento negoziale che la pone così in posizione di parità con gli altri soggetti dell'ordinamento, tendenzialmente alla stregua delle ordinarie regole proprie del diritto civile.

L'amministrazione dispone di un duplice strumentario concorrente per l'esercizio di un'attività pure assoggettata ad un vincolo di scopo: quello del potere autoritativo e quello del diritto civile[1].

Per la giurisprudenza **l'intera attività dell'amministrazione** – al di là della veste soggettiva dell'autore e della forma giuridica degli atti – **è funzionalizzata**, in quanto volta al perseguimento dell'interesse pubblico, così ricadendo sotto il governo dell'art. 97 Cost.

[1] SANDULLI, *Manuale di diritto amministrativo,* Napoli, 1989, vol. II, 942.

Classificazione.

AMMINISTRAZIONE

attiva

Comprende tutte le attività attraverso le quali la P.A. mira a **realizzare i propri fini**, in fase sia deliberativa che esecutiva.

consultiva

Consiste nell'emanazione di **pareri**, ossia di consigli, direttive, orientamenti e chiarimenti in favore di organi o autorità chiamati a provvedere in ordine ad un determinato oggetto.

di controllo

Consiste nel **sindacato delle attività di amministrazione attiva**, effettuato secondo diritto (controllo di legittimità) o in applicazione delle regole della buona amministrazione (controllo di merito).

attività neutre → Sono quelle attività non riconducibili alle categorie indicate in quanto non esclusive del potere esecutivo e comuni anche a quello legislativo e giurisdizionale (ad es. notifiche, registrazioni).

ATTIVITÀ

- **Sostanziale**: finalizzata alla cura degli interessi affidati all'amministrazione.
- **Organizzativa**: finalizzata all'individuazione e alla disciplina di strutture che tali interessi devono soddisfare.

- **Giuridica:** con la quale sono posti in essere atti e negozi giuridici di diritto pubblico e privati.
- **Materiale:** volta a dare esecuzione alle disposizioni contenute in atti amministrativi.

Limiti

L'azione amministrativa, in quanto funzionalizzata ai fini previsti dalla legge, è assoggettata ai limiti di cui l'amministrazione deve tener conto.

- **negativi**: volti a garantire il rispetto della liceità dell'azione.
- **positivi**: diretti a mantenere l'attività nell'ambito dei fini pubblicistici.

a) Fissati in modo rigoroso e puntuale.
In ordine alla natura della riserva di legge, da ultimo il ***Cons. St., sez. IV, 30 marzo 2015, n. 1532.***

↓ ATTIVITÀ VINCOLATA

b) Disciplinati in modo elastico, lasciando alla P.A. un ambito di valutazione più o meno vasto.

↓ ATTIVITÀ DISCREZIONALE

4. L'atto amministrativo.

L'atto amministrativo è qualsiasi manifestazione di volontà, di conoscenza e di giudizio posta in essere da un'autorità amministrativa **nell'esercizio di una funzione amministrativa** per un caso concreto e per destinatari determinati o determinabili.
Tali atti si caratterizzano per la loro **strumentalità**, in quanto di regola sono adottati nel corso di un procedimento amministrativo (c.d. **atti endoprocedimentali**) finalizzato all'emanazione di un provvedimento amministrativo (si pensi, ad esempio, ai pareri facoltativi o obbligatori richiesti dalla pubblica amministrazione al fine di adottare un provvedimento).
Essi, di regola, non sono idonei ad esplicare effetti verso l'esterno e, pertanto, ad incidere (positivamente o negativamente) su situazioni giuridiche soggettive.

L'atto amministrativo, per essere considerato tale, deve essere composto dai seguenti elementi essenziali:

- **soggetto**; l'atto amministrativo deve essere necessariamente adottato da un soggetto che, per la sua natura pubblica o per i poteri ad esso conferiti dalla legge, sia titolare di un potere amministrativo. Non sono, quindi, atti amministrativi gli atti degli organi costituzionali, nonché gli atti adottati dagli organi amministrativi al di fuori delle competenze agli stessi attribuiti;
- **l'oggetto**; la situazione giuridica e materiale su cui l'atto è destinato a produrre i propri effetti, che può essere costituito da un comportamento, da un fatto o da un bene;
- **contenuto**; è peculiare per ogni atto, varia in relazione alle ragioni per cui l'atto viene chiesto all'amministrazione;
- **finalità**; lo scopo perseguito dall'atto al fine di tutelare l'interesse pubblico primario (ad esempio infliggere una sanzione);
- **forma**; è il modo di manifestazione, verso l'esterno, dell'atto stesso.
- **destinatario**; è l'organo pubblico o il soggetto privato nei cui confronti il provvedimento produce effetti.

Di regola, l'atto amministrativo adottato completo dei richiamati **elementi essenziali** è da considerarsi **perfetto** e, pertanto, **valido.**

5. I pareri.

Tra gli atti amministrativi che non costituiscono provvedimenti amministrativi, particolare rilevanza assumono i **pareri**.
Essi sono **manifestazioni di giudizio** con cui gli organi consultivi dell'amministrazione esprimono ad un altro organo la loro posizione su determinate questioni, atti o fatti, affinché il secondo possa emanare i provvedimenti amministrativi di propria competenza.
I pareri non costituiscono provvedimenti amministrativi, in quanto non sono idonei ad esplicare autonoma efficacia verso l'esterno.
Essi sono atti **privi di autonomia funzionale**, emanati nell'ambito di un procedimento amministrativo, ai fini dell'adozione del successivo provvedimento conclusivo del procedimento.

In relazione alla necessità o meno di acquisire un parere, i pareri si distinguono in facoltativi e obbligatori.
Si parla di **pareri facoltativi**, quando l'espressione di un parere non è richiesta dalla legge, ma l'amministrazione procedente che ha facoltà di richiederlo. Una volta richiesti essi entrano a far parte degli atti istruttori da valutare ai fini dell'emanazione del provvedimento conclusivo e, pertanto, la

P.A. deve tenerne conto.
I pareri facoltativi devono essere resi nel **termine massimo di 20 giorni** dal ricevimento della richiesta e, nel caso in cui non siano resi nei termini, l'amministrazione ha **l'obbligo di proseguire** l'*iter* procedimentale, prescindendo dall'espressione del parere.

I **pareri** sono **obbligatori** quando la legge impone all'amministrazione procedente di acquisire un parere ai fini del corretto esercizio dell'attività amministrativa di competenza.
Anche in tal caso, il parere deve essere reso **entro 20 giorni** dal ricevimento della richiesta, ma il mancato rilascio dello stesso determina solo **la facoltà** (e non l'obbligo) dell'amministrazione di proseguire l'*iter* procedimentale anche in assenza del parere.

I richiamati termini non si applicano (e, quindi, la P.A. deve attendere che il parere venga reso) ai pareri che devono essere rilasciati da amministrazioni preposte alla **tutela ambientale, paesaggistica, territoriale e della salute dei cittadini**. In tali casi, in relazione ai rilevanti interessi da valutare nell'ambito del procedimento amministrativo, non è previsto un termine di 20 giorni per l'adozione del parere.

Inoltre, nel caso in cui l'organo che debba rendere il parere abbia rappresentato esigenze istruttorie, i termini citati possono essere **interrotti per una sola volta** e il parere deve essere reso definitivamente **entro 15 giorni** dalla ricezione degli elementi istruttori da parte delle amministrazioni interessate.

I pareri obbligatori, in relazione al valore giuridico che possono assumere nel procedimento amministrativo nell'ambito del quale sono resi, si distinguono in:

- **vincolanti**, nel caso in cui l'organo amministrativo obbligato a richiedere il parere sia anche tenuto ad uniformarsi ad esso. Essi costituiscono, di fatto, **atti decisori** (e non meramente consultivi), in quanto l'amministrazione procedente ha l'obbligo di provvedere conformandosi al parere e non può discostarsi dallo stesso. Pertanto, i pareri vincolanti, una volta adottati, determinano il contenuto del provvedimento amministrativo;
- **non vincolanti**, ove l'organo di amministrazione attiva sia tenuto unicamente a richiedere il parere, ma possa anche discostarsi dallo stesso fornendo adeguata motivazione nel provvedimento amministrativo.

PER SAPERNE DI PIÙ

COSA ACCADE SE UN PARERE È VIZIATO?

Come sopra anticipato, il parere costituisce un atto amministrativo endoprocedimentale, che si colloca nell'ambito di un più ampio procedimento amministrativo e che viene reso ai fini dell'adozione del provvedimento conclusivo del procedimento.
Il parere – sia esso obbligatorio o facoltativo – costituisce un presupposto della decisione finale e di esso l'organo amministrativo tiene conto per l'adozione del provvedimento amministrativo.
Pertanto, un parere viziato può inficiare tutto il procedimento amministrativo, determinando che anche il provvedimento conclusivo del procedimento risulti viziato.
Nel caso in cui il parere sia viziato – di regola – lo stesso non può autonomamente essere impugnato, in quanto è un atto amministrativo endoprocedimentale e, come tale, non può direttamente ledere la sfera giuridica dei destinatari.
Naturalmente, tale considerazione cambia se il parere è vincolante: in questo caso, il parere potrà essere autonomamente impugnato, in quanto non lascia alcuna discrezionalità all'organo amministrativo in ordine ai contenuti del provvedimento conclusivo del procedimento.

6. Il provvedimento amministrativo.

Il provvedimento amministrativo costituisce l'atto amministrativo per eccellenza. Esso, benché la legge non ne fornisca una nozione espressa, è comunemente definito dalla dottrina come quell'atto amministrativo consistente in una manifestazione di volontà diretta alla **cura di un interesse pubblico** e idonea a **produrre unilateralmente effetti giuridici** nei rapporti con i destinatari dello stesso. Pertanto, come anticipato, non sussiste perfetta coincidenza tra gli atti amministrativi e i provvedimenti amministrativi.

Il provvedimento amministrativo rientra nella più ampia categoria degli atti amministrativi, ma differisce dagli stessi perché è l'unico atto amministrativo idoneo ad incidere unilateralmente sulla sfera giuridica dei destinatari.

6.1. Le caratteristiche del provvedimento amministrativo.

Precisamente, i provvedimenti amministrativi si distinguono dai meri atti amministrativi perché dotati delle caratteristiche di seguito indicate.

A) Unilateralità.

Il provvedimento amministrativo è caratterizzato dal perseguimento unilaterale di interessi pubblici e da una decisione unilaterale della pubblica amministrazione in ordine agli effetti da determinare nella sfera giuridica di privati.

B) Autoritarietà (o imperatività).

La autoritarietà (o imperatività) si sostanzia nella "forza giuridica" del provvedimento amministrativo, ovvero nella capacità di imporre unilateralmente modificazioni nella sfera giuridica dei destinatari.

L'autoritarietà comporta che il provvedimento amministrativo possa determinare l'estensione, la modifica o la restrizione della sfera giuridica dei destinatari, senza che sia necessario il consenso degli stessi.

C) Esecutività

L'**esecutività** si sostanzia nella capacità dell'atto amministrativo di produrre immediatamente tutti gli effetti voluti dal provvedimento.

Tale caratteristica consente che la modificazione giuridica prodotta dal provvedimento si verifichi immediatamente, senza che sia necessario attendere l'esito di ricorsi amministrativi o giurisdizionali.

Al riguardo, la legge n. 241/1990:

- all'art. 21-*bis*, prevede espressamente che il **provvedimento limitativo della sfera giuridica dei privati** acquista efficacia nei confronti di ciascun destinatario con la **comunicazione** allo stesso effettuata anche nelle forme stabilite per la notifica agli irreperibili nei casi previsti dal codice di procedura civile. Qualora per il numero dei destinatari la comunicazione personale non sia possibile o risulti particolarmente gravosa, l'amministrazione provvede mediante **forme di pubblicità** idonee di volta in volta stabilite dall'amministrazione medesima. Il provvedimento limitativo della sfera giuridica dei privati non avente carattere sanzionatorio può contenere una motivata clausola di immediata efficacia. I provvedimenti limitativi della sfera giuridica dei privati aventi carattere cautelare ed urgente sono immediatamente efficaci;
- all'art. 21-*quater*, dispone che i provvedimenti amministrativi efficaci **sono eseguiti immediatamente**, salvo che sia diversamente stabilito dalla legge o dal provvedimento medesimo.

D) Esecutorietà

L'esecutorietà consiste nel potere dell'amministrazione di imporre coattivamente – nei casi e con le modalità previste dalla legge – l'adempimento di un determinato obbligo ai soggetti destinatari.
L'esecutorietà si distingue sia dall'**efficacia**, intesa quale produzione degli effetti giuridici, sia dall'**esecuzione**, ovvero dall'attività e dagli atti che la pubblica amministrazione deve porre in essere per dare attuazione al provvedimento.
Essa si sostanzia nella pretesa dell'amministrazione a che il destinatario del provvedimento tenga un determinato comportamento. Difatti, un determinato provvedimento – seppur efficace – potrebbe restare privo del suo scopo ed essere inutile se il privato non si conformasse ad esso.
Al fine di consentire l'esecutorietà, il provvedimento dovrà indicare il **termine e le modalità di esecuzione** dell'obbligo da parte del soggetto obbligato. Qualora l'interessato non ottemperi, le pubbliche amministrazioni, previa **diffida**, possono provvedere all'esecuzione coattiva del provvedimento nei casi e con le modalità previste dalla legge.
L'art. 21-*ter* legge n. 241/1990 stabilisce, infatti, che nei casi e con le modalità stabiliti dalla legge, le pubbliche amministrazioni possono imporre coattivamente l'adempimento degli obblighi nei loro confronti.

6.2. La forma del provvedimento amministrativo.

L'ordinamento non prevede una disposizione generale sulla forma che devono avere gli atti amministrativi, per i quali, pertanto, è prevista la **libertà di forma**. Ad ogni modo, l'atto amministrativo – in coerenza con il principio di trasparenza dell'attività amministrativa – deve essere reso conoscibile ai destinatari e, pertanto, è necessaria un'**esternazione** dello stesso.
Pertanto, normalmente, gli atti sono adottati in forma scritta, anche al fine di garantirne la **impugnabilità** e la **sindacabilità** dell'atto.
La dottrina e la giurisprudenza hanno, poi individuato, alcune tipologie di atto amministrativo che esigono la forma scritta, tra cui:

- gli atti per i quali la forma scritta è imposta dalla legge, o mediante una disposizione espressa o attraverso la richiesta di inserire elementi quali la denominazione, la data o la sottoscrizione;
- gli atti soggetti a controllo da parte di un'altra autorità;
- i pareri, affinché possano essere resi noti e consultati dall'organo competente ad adottare il provvedimento conclusivo del procedimento;
- i provvedimenti autorizzativi, in quanto devono essere conservati dagli interessati, rappresentando il titolo abilitativo a svolgere una determinata attività;
- gli atti per cui è prevista una qualsiasi forma di pubblicità.

6.3. La struttura del provvedimento amministrativo.

Il provvedimento amministrativo, salvo diversa e specifica disposizione di legge, ha una struttura per lo più standardizzata, composta da:

- **intestazione**; è l'indicazione specifica dell'autorità che ha emanato il provvedimento;
- **preambolo**; contiene le norme di legge o i regolamenti in base ai quali il provvedimento è stato adottato, nonché il riferimento ad eventuali atti endoprocedimentali, preparatori e presupposti rispetto allo stesso, che sono stati esaminati nel corso dell'istruttoria;
- **motivazione**; è la parte descrittiva del provvedimento, in cui l'autorità che lo emana valuta e pondera gli interessi da contemperare nell'adozione della decisione e indica le ragioni per le quali ritiene che un interesse pubblico primario debba prevalere su altri interessi (pubblici o privati) secondari;
- **dispositivo**; è la parte precettiva dell'atto, e costituisce la volontà della pubblica

amministrazione;
- **luogo**; di emanazione del provvedimento;
- **data**; di emanazione del provvedimento;
- **sottoscrizione**; la firma dell'autorità che emana il provvedimento o di quella delegata all'emanazione dello stesso.

L'erronea o mancante indicazione dell'intestazione, del luogo o della data del provvedimento può determinare una mera **irregolarità** dello stesso.
Diversamente, la mancata o erronea indicazione della motivazione ne può determinare l'**illegittimità**.
Il provvedimento privo di sottoscrizione dell'organo amministrativo che lo ha emanato è invece affetto da **nullità** insanabile per vizio di forma.
Una volta perfezionato, completo di tutti i suoi elementi essenziali, il provvedimento amministrativo diviene **valido**.
La validità del provvedimento amministrativo – intesa come il perfezionamento dello stesso – non coincide necessariamente con l'efficacia. Difatti, un provvedimento potrebbe essere valido, ma non efficace.

▶ 6.4. La motivazione del provvedimento amministrativo.

Prima dell'entrata in vigore della legge n. 241/1990 non esisteva nell'ordinamento giuridico una norma che imponesse un obbligo generale di motivazione del provvedimento amministrativo.
L'art. 3 della legge n. 241/1990, in coerenza con il principio di trasparenza dell'azione amministrativa e al fine di garantire la pienezza della tutela giurisdizionale, prevede **l'obbligo** della P.A. **di motivare** ogni provvedimento amministrativo.
L'obbligo di motivazione del provvedimento trova la sua *ratio* nell'esigenza di garantire agli interessati la conoscenza del percorso logico-deduttivo che ha portato l'amministrazione ad adottare un determinato provvedimento, permettendo, al contempo, di verificare la correttezza del ragionamento operato dalla P.A.
La **motivazione** costituisce, difatti, la parte del provvedimento amministrativo in cui la P.A. condivide e rende pubblici i presupposti di fatto e le ragioni giuridiche che hanno portato all'emanazione di un dato provvedimento.
I **presupposti di fatto** sono gli elementi e i dati fattuali acquisiti nel corso della fase istruttoria del procedimento, che sono stati oggetto di valutazione da parte dell'amministrazione.

Le **ragioni giuridiche** sono tutte le argomentazioni che la P.A. ha condotto sul piano del diritto – ovvero tutte le norme che l'amministrazione ha considerato applicabili al caso concreto e la relativa interpretazione – e che hanno condotto all'adozione del provvedimento.
Ai sensi dell'art. 3, comma 3, legge n. 241/1990, la P.A. adempie all'obbligo di motivazione anche attraverso la c.d. ***motivazione per relationem***, ovvero nei casi un provvedimento sia motivato facendo riferimento alla motivazione presente in altro provvedimento amministrativo, richiamato nel nuovo provvedimento e reso disponibile ai destinatari.

L'obbligo di motivazione **si applica** ad ogni provvedimento amministrativo, compresi i provvedimenti concernenti l'organizzazione amministrativa, lo svolgimento dei concorsi pubblici e il personale.
Al contrario, non necessitano di motivazione gli atti normativi e quelli a contenuto generale (art. 3, comma 2, legge n. 241/1990).

PER SAPERNE DI PIÙ

LA MOTIVAZIONE NELLE PROVE CONCORSUALI

L'art. 3 della legge n. 241/1990 prevede che l'obbligo di motivazione si applica anche alle prove concorsuali.
La norma però non entra nel dettaglio delle modalità con cui adempiere a tale obbligo e, in particolare, non indica se per motivare la valutazione degli elaborati del candidato sia sufficiente il voto numerico o sia necessario un giudizio descrittivo che motivi le ragioni di una determinata votazione.
La questione è stata risolta dalla giurisprudenza amministrativa – poi avallata anche dalla Corte Costituzionale (sent. 8 giugno 2011, n. 175) – la quale ha affermato che il punteggio numerico – anche alla luce dei criteri di valutazione delle prove previamente adottati dalla Commissione – esterna una valutazione che si traduce in una motivazione, seppure sintetica, del giudizio di sufficienza o insufficienza adottato dalla Commissione.
Pertanto, il voto numerico, rendendo palese il giudizio più o meno positivo che la Commissione abbia ritenuto di attribuire ad un determinato candidato, si traduce in un giudizio complessivo sulla prova di concorso.
Tale giudizio, espresso mediante l'attribuzione di un punteggio, è stato ritenuto dalla giurisprudenza idoneo a garantire il rispetto dell'obbligo di motivazione, nonché un eventuale sindacato giurisdizionale sull'operato della Commissione.

6.5. L'efficacia del provvedimento amministrativo.

L'**efficacia** consiste nell'attitudine di un atto amministrativo a produrre effetti, che possono essere:

- **costitutivi**, nel caso in cui facciano sorgere *ex novo* situazioni giuridiche in capo ai soggetti destinatari degli stessi, ovvero modifichino o estinguano situazioni giuridiche già esistenti;
- **dichiarativi**, se si limitano ad accertare o chiarire una situazione giuridica già esistente in capo al destinatario del provvedimento stesso;
- **ampliativi**, ove determinino un ampliamento della situazione giuridica soggettiva del destinatario;
- **restrittivi**, nel caso in cui siano sfavorevoli per il destinatario.

Il provvedimento amministrativo, di regola, non diviene efficace con l'adozione, bensì a seguito del positivo completamento della fase integrativa dell'efficacia, attraverso il controllo da parte degli organi preposti ovvero a seguito della comunicazione dell'atto al destinatario (c.d. atti recettizi, i cui effetti decorrano unicamente dalla comunicazione degli stessi al destinatario).
Ad ogni modo, per gli atti amministrativi vige il generale **principio dell'irretroattività** degli effetti, nel senso che non possono disporre "ora per allora", acquisendo efficacia retroattiva.

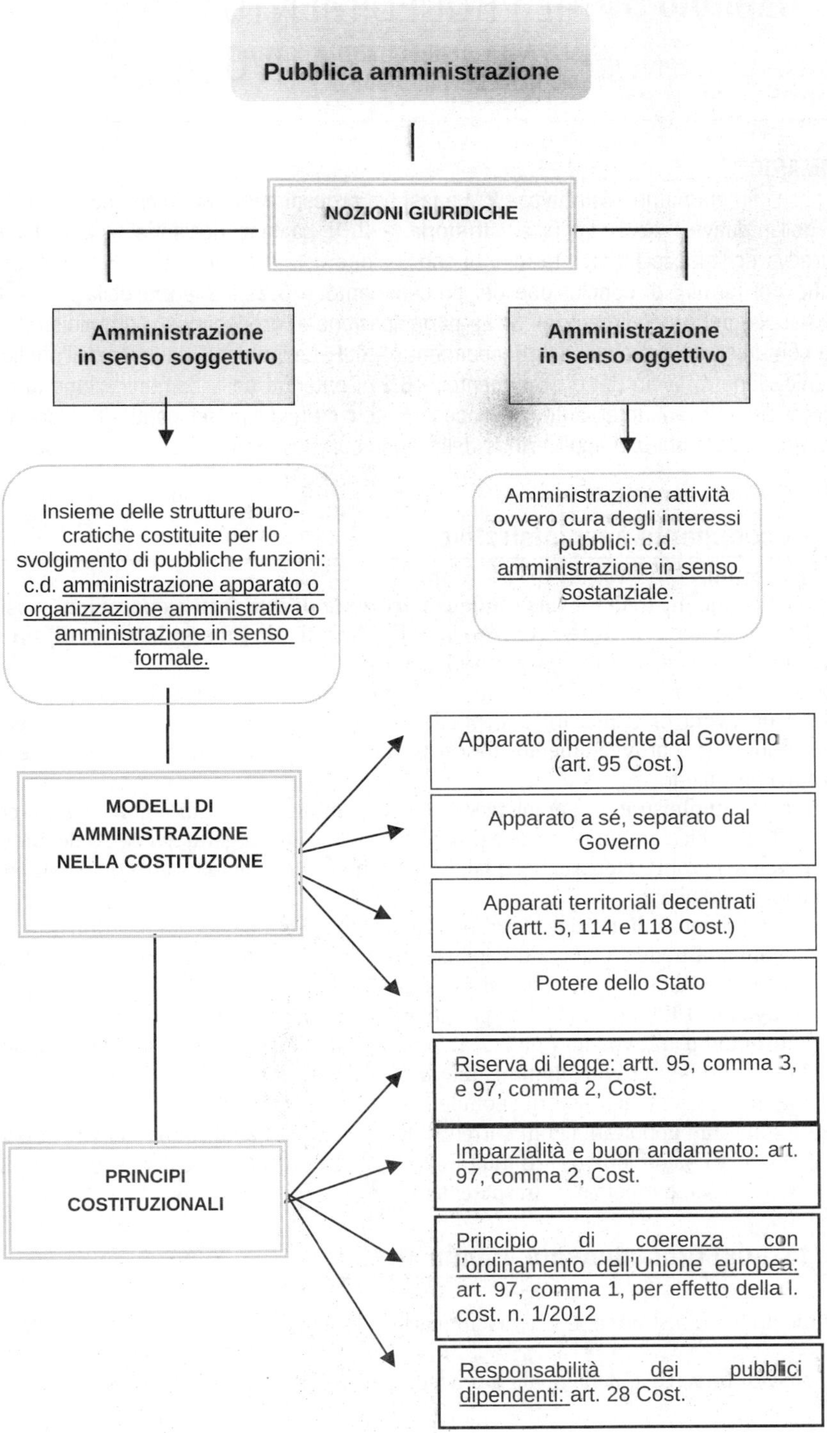
Pubblica amministrazione
NOZIONI GIURIDICHE
Amministrazione in senso soggettivo
Amministrazione in senso oggettivo
Insieme delle strutture burocratiche costituite per lo svolgimento di pubbliche funzioni: c.d. amministrazione apparato o organizzazione amministrativa o amministrazione in senso formale.
Amministrazione attività ovvero cura degli interessi pubblici: c.d. amministrazione in senso sostanziale.
MODELLI DI AMMINISTRAZIONE NELLA COSTITUZIONE
Apparato dipendente dal Governo (art. 95 Cost.)
Apparato a sé, separato dal Governo
Apparati territoriali decentrati (artt. 5, 114 e 118 Cost.)
Potere dello Stato
PRINCIPI COSTITUZIONALI
Riserva di legge: artt. 95, comma 3, e 97, comma 2, Cost.
Imparzialità e buon andamento: art. 97, comma 2, Cost.
Principio di coerenza con l'ordinamento dell'Unione europea: art. 97, comma 1, per effetto della l. cost. n. 1/2012
Responsabilità dei pubblici dipendenti: art. 28 Cost.

Capitolo 5 IL PROCEDIMENTO AMMINISTRATIVO

SOMMARIO:

1. Il procedimento amministrativo.

Il procedimento amministrativo è una **sequenza ordinata di atti, fatti e operazioni**, posti in essere da più uffici o organi, **collegati tra loro e finalizzati al conseguimento di un risultato: l'emanazione di un provvedimento amministrativo**.

La circostanza che l'attività della pubblica amministrazione si realizzi in forma procedimentale deriva dalla necessità di realizzare una ponderazione e un contemperamento di interessi prima dell'emanazione di un provvedimento, destinato ad incidere unilateralmente nella sfera giuridica soggettiva dei destinatari.

Il procedimento amministrativo garantisce, inoltre, la partecipazione di coloro nei cui confronti la decisione della pubblica amministrazione produrrà effetti. Tali soggetti, nel corso del procedimento, possono far valere i propri interessi, dei quali l'amministrazione dovrà tenere conto nell'adozione del provvedimento conclusivo.

Sino al 1990, a differenza di altri Paesi europei, l'Italia non si era dotata di una normativa generale sul procedimento amministrativo, che era disciplinato da una serie di nome di settore e da alcuni principi generali elaborati dalla giurisprudenza amministrativa e costituzionale.

La **legge 7 agosto 1990, n. 241**, ha, per la prima volta, dettato una disciplina generale sul procedimento amministrativo, improntata ai **principi di trasparenza e partecipazione**, che ha facilitato il controllo dell'attività amministrativa da parte degli interessati e il sindacato sulla stessa ad opera degli interessati e dell'autorità competente.

A tale legge sono stati apportati alcuni correttivi nel corso degli anni (in particolare con la legge 11 febbraio 2005, n. 15 e con la legge 18 giugno 2009, n. 69), tesi ad incentivare il nuovo modello di azione amministrativa: partecipata e trasparente.

2. Le fasi del procedimento amministrativo.

Il procedimento amministrativo, come disciplinato dalla legge n. 241/1990, è strutturato in **quattro fasi**:

- **fase di iniziativa**, nella quale il procedimento amministrativo ha inizio;

- **fase istruttoria**, in cui il responsabile del procedimento analizza i fatti e gli interessi rilevanti ai fini della decisione;
- **fase decisoria**, nella quale viene determinato il contenuto del provvedimento amministrativo conclusivo del procedimento;
- **fase di integrazione dell'efficacia**, che è una fase eventuale che si realizza quando è apposta una condizione all'efficacia del provvedimento.

2.1. La fase dell'iniziativa.

La prima fase è quella di **iniziativa**, ovvero la fase propulsiva, nella quale il procedimento amministrativo ha inizio.
La fase di iniziativa può essere attivata:

- **su iniziativa di parte**, ovvero quando un soggetto privato, interessato all'emanazione di un provvedimento amministrativo, attiva il procedimento attraverso la presentazione di un'**istanza** alla P.A.
- **d'ufficio**, quando l'iniziativa è avviata da un organo amministrativo: su impulso della stessa amministrazione decidente oppure di un'amministrazione terza che presenta una richiesta o una proposta (che, a differenza della mera richiesta, contiene anche una valutazione sul contenuto che dovrebbe avere il provvedimento amministrativo conclusivo del procedimento).

L'iniziativa è **autonoma**, nei casi in cui l'organo che da inizio al procedimento è lo stesso competente all'emanazione del provvedimento, ed **eteronoma** quando l'organo che da inizio al procedimento è diverso da quello chiamato ad emanare il provvedimento conclusivo.

PER SAPERNE DI PIÙ

◆ CASI IN CUI DALL'ISTANZA DI UN PRIVATO NASCE UN OBBLIGO PER L'AMMINISTRAZIONE DI PROVVEDERE

In merito al procedimento amministrativo avviato su iniziativa di parte, va specificato che non ogni istanza fa automaticamente nascere in capo all'amministrazione un obbligo di avviare un procedimento amministrativo ai fini dell'adozione di un provvedimento amministrativo (c.d. "obbligo di provvedere").

Di regola, l'obbligo di provvedere nasce quando la legge espressamente disciplini il potere del privato di presentare un'istanza, riconoscendogli la titolarità di una situazione giuridica qualificata e differenziata.

2.2. La fase istruttoria.

La seconda fase è quella dell'**istruttoria**, durante la quale l'amministrazione procedente acquisisce gli elementi istruttori, ovvero acquisisce gli atti e prende conoscenza dei fatti e degli interessi (pubblici e privati) pertinenti o rilevanti, da esaminare ai fini dell'emanazione del provvedimento conclusivo del procedimento.
Tra gli atti istruttori, acquisiti ai fini della decisione finale, meritano particolare attenzione i pareri.
La fase istruttoria deve consentire l'esame completo degli atti, fatti e interessi di cui tenere conto, ma deve concludersi in tempo per consentire all'amministrazione di adottare il provvedimento conclusivo nel rispetto del termine di conclusione del procedimento amministrativo.

2.3. La fase decisoria.

La terza fase è quella **decisoria**, nella quale si determina il contenuto, si forma e si emana il provvedimento finale, alla luce delle risultanze della fase istruttoria.
La fase decisoria può essere:

– **semplice**, nel caso in cui l'amministrazione decidente sia una (come, ad esempio, un decreto direttoriale o ministeriale);
– **pluristrutturata**, ovvero articolata da una pluralità di manifestazioni di volontà, adottate da diverse amministrazioni decidenti, e tra loro collegate.

Tra le decisioni pluristrutturate hanno particolare rilevanza: i concerti e le intese.

Si parla di **concerto** quando il provvedimento amministrativo è formato dalle manifestazioni di volontà di organi amministrativi in posizione di parità tra loro (es. decreto del Ministro della salute, di concerto con il Ministro dell'economia e delle finanze). In tal caso l'amministrazione procedente adotta il provvedimento amministrativo conclusivo del procedimento, unicamente dopo aver acquisito il concerto (ovvero la manifestazione di volontà) da parte dell'altra amministrazione competente. In assenza di concerto, il provvedimento non può essere adottato.

Le **intese**, invece, costituiscono manifestazioni di volontà rese da enti diversi. Anche in questo caso, il provvedimento amministrativo non può essere adottato in mancanza dell'intesa.

2.4. La fase integrativa dell'efficacia.

La quarta e ultima fase è quella **dell'integrazione dell'efficacia**. È una fase meramente eventuale, nella quale il provvedimento amministrativo emanato al termine della fase decisoria acquista efficacia.
Tale fase è eventuale in quanto vi sono dei casi in cui il provvedimento è efficace sin dal momento della sua emanazione, senza che occorrano ulteriori condizioni.
In altri casi, invece, l'ordinamento prevede che, affinché il provvedimento possa produrre i propri effetti, è necessario che abbiano esito positivo alcune forme di controllo ovvero che lo stesso sia portato a conoscenza dei destinatari. Ciò avviene attraverso:

- il **controllo**, ovvero la verifica dei contenuti del provvedimento amministrativo, che viene esercitata dagli organi competenti e solitamente esterni all'amministrazione che ha emanato l'atto. In tal caso, solo all'esito positivo del controllo il provvedimento può divenire efficace;
- la **comunicazione** ai destinatari, nei casi degli atti c.d. recettizi, in cui la comunicazione agli interessati costituisca presupposto indispensabile per l'efficacia del provvedimento.

PER SAPERNE DI PIÙ

GLI ATTI DI CONTROLLO

Il controllo degli atti consiste nel riesame, ovvero nella sottoposizione ad una seconda valutazione, dei provvedimenti adottati dall'amministrazione, al fine di accertarne la conformità alle norme giuridiche (c.d. controllo di legittimità) o di corrispondenza ai criteri di opportunità e convenienza cui la P.A. deve attenersi nell'esercizio dei suoi poteri discrezionali (c.d. controlli di merito).
I controlli possono intervenire in momenti diversi e, pertanto, si distinguono in:

– **controlli preventivi**, che intervengono prima che il provvedimento spieghi i suoi effetti verso i destinatari e che costituiscono condizione di efficacia del provvedimento;

- **controlli successivi**, che intervengono dopo che il provvedimento formato sia divenuto efficace;
- **controlli sostitutivi**, nel caso in cui l'autorità gerarchicamente superiore a quella competente ad emanare il provvedimento e dotata del potere di sostituzione, accerta l'inerzia dell'organo competente e lo emana in sostituzione di quest'ultimo.

3. I termini di conclusione del procedimento.

Il "tempo" dell'azione amministrativa è stato, nel corso degli anni, al centro di un crescente interesse da parte del legislatore nazionale, interessato a disincentivare l'inerzia della P.A., ritenuta causa di inefficienza e di mancato sviluppo, e a sancire il **principio della certezza temporale** dell'attività amministrativa, in attuazione del più ampio principio del giusto procedimento.

L'art. 2 della legge n. 241/1990 disciplina l'obbligo della P.A. di concludere il procedimento amministrativo con un **provvedimento espresso** – sia nel caso in cui il provvedimento abbia avuto origine dall'istanza del privato, sia nel caso in cui sia stato avviato d'ufficio – entro **un termine certo e predefinito**.

La richiamata disposizione prevede che – salvo diversa previsione contenuta nella legge o nei provvedimenti in cui l'amministrazione definisce i termini di conclusione del procedimento – i procedimenti amministrativi di competenza delle amministrazioni statali e degli enti pubblici nazionali devono concludersi nel termine di **trenta giorni**.

Viene prevista, per le amministrazioni statali e per gli enti pubblici nazionali, la possibilità di allungare tale termine; e, precisamente:

- di regola, possono essere individuati termini non superiori a **90 giorni** per la conclusione dei procedimenti;
- in presenza di **particolari presupposti** – tenendo conto della sostenibilità dei tempi sotto il profilo dell'organizzazione amministrativa, della natura degli interessi pubblici tutelati e della particolare complessità del procedimento – e ove sia **indispensabile**, il termine può essere prorogato **fino 180 giorni**.

In entrambi i casi, i termini di conclusione del procedimento superiori a 30 giorni possono essere individuati con uno o più decreti del Presidente del Consiglio dei Ministri, da adottarsi su proposta dei Ministri competenti e di concerto con il Ministro per la pubblica amministrazione e la semplificazione.

La norma non si applica alle autorità di garanzia e di vigilanza, che disciplinano in conformità ai propri ordinamenti i termini per la conclusione dei provvedimenti di rispettiva competenza.

I termini per la conclusione del procedimento **decorrono** dall'inizio del procedimento, se d'ufficio, o dal ricevimento dell'istanza se il procedimento è ad impulso di parte.

Essi **possono essere sospesi**, per una sola volta e per un periodo non superiore a 30 giorni, per l'acquisizione di informazioni o di certificazioni relative a fatti, stati o qualità non attestati in documenti già in possesso dell'amministrazione o non direttamente acquisibili presso altre pubbliche amministrazioni.

3.1. Il mancato rispetto dei termini di conclusione del procedimento.

La **violazione dei termini** di conclusione del procedimento si verifica quando la pubblica amministrazione non adotta il provvedimento entro il termine di conclusione dello stesso e può dar luogo alla mancata o tardiva emanazione del provvedimento (dipendentemente dal fatto che la P.A. adotti o meno il provvedimento successivamente allo scadere del termine di conclusione del procedimento).

Il legislatore, al fine di disincentivare l'inerzia della pubblica amministrazione, è più volte intervenuto sulla

disciplina vigente al fine di introdurre una serie di strumenti finalizzati a favorire il rispetto dei termini di conclusione del procedimento e deflazionare i ritardi della P.A.
A fronte di tali interventi integrativi e modificativi delle norme in materia di inerzia della P.A., la vigente disciplina prevede quanto segue.

Innanzitutto, l'art. 2, comma 9, della legge n. 241/1990 prevede che: la mancata o tardiva emanazione del provvedimento nei termini costituisce elemento per la valutazione della **performance individuale**, nonché di **responsabilità disciplinare** e **amministrativo-contabile** del dirigente o del funzionario inadempiente.
Al fine di ovviare all'inerzia della P.A., l'art. 2, commi 9-*bis* e 9-*ter* (modificati di recente dal d.l. n. 77/2021), prevede poi che l'organo di Governo individua, nell'ambito delle figure apicali dell'amministrazione, il **soggetto** cui attribuire il **potere sostitutivo in caso di inerzia**. In caso di omessa individuazione da parte dell'organo di governo, il responsabile del potere sostitutivo è individuato nel dirigente generale o, in mancanza, nel dirigente preposto all'ufficio, o in mancanza, nel funzionario di più elevato livello presente nell'amministrazione. Tale soggetto, in caso di ritardo, comunica senza indugio il nominativo del responsabile, ai fini della valutazione dell'avvio del procedimento disciplinare, secondo le disposizioni del proprio ordinamento e dei contratti collettivi nazionali di lavoro, e, in caso di mancata ottemperanza di dette disposizioni, assume la sua medesima responsabilità oltre a quella propria.
Il **nominativo** di tale soggetto **è pubblicato** – per ciascun procedimento amministrativo, in formato tabellare e con collegamento ben visibile alla *home page* – **sul sito *internet* dell'amministrazione**.
Il titolare del potere sostitutivo interviene a "sanare" i casi di ritardo o inerzia della P.A. Difatti, decorso inutilmente il termine per la conclusione del procedimento, **il privato può rivolgersi al responsabile del potere sostitutivo** affinché, entro un termine pari alla metà di quello originariamente previsto, concluda il procedimento attraverso le strutture competenti o con la nomina di un commissario.
Il comma 9-*quater* del medesimo art. 2 dispone, inoltre, che il responsabile del potere sostitutivo, entro il 30 gennaio di ogni anno, **comunica all'organo di governo i procedimenti**, suddivisi per tipologia e strutture amministrative competenti, **nei quali non è stato rispettato il termine di conclusione** previsto dalla legge o dai regolamenti.

Il comma 9-*quinques* prevede che, nei provvedimenti rilasciati in ritardo su istanza di parte sono **espressamente indicati il termine previsto** dalla legge o dai regolamenti **e quello effettivamente impiegato**.

Per i casi in cui sia accertato l'inadempimento da parte della P.A., è stato inoltre previsto che le sentenze passate in giudicato che accolgono il ricorso proposto avverso il silenzio inadempimento dell'amministrazione siano **trasmesse**, in via telematica, **alla Corte dei Conti** (art. 2, co. 8, legge n. 241/1990).

Infine, l'art. 328, comma 2, c.p., prevede anche una **responsabilità penale** per il pubblico ufficiale o l'incaricato di un pubblico servizio che non adotti un provvedimento nel termine prescritto dalla legge e non risponda per esporre le ragioni del ritardo. Tale condotta, che configura il reato di **omissione non motivata di atti richiesti**, è punita con la reclusione fino ad un anno o con la multa fino a milletrentadue euro.

Si segnala come il recente **d.l. n. 76/2020** (c.d. decreto semplificazioni) abbia introdotto un comma 4-*bis* all'art. 2 legge n. 241/90, il quale prevede che le pubbliche amministrazioni misurino e rendano pubblici i tempi effettivi di conclusione dei procedimenti amministrativi di maggiore impatto per i cittadini e per le imprese, comparandoli con i termini previsti dalla normativa vigente. Inoltre, entro il 31 dicembre 2020, le amministrazioni e gli enti pubblici statali sono chiamate a provvedere, a verificare e a rideterminare, in riduzione, i termini di durata dei procedimenti di loro competenza.

3.2. Il silenzio della P.A.

Nei casi di mancato rispetto dei termini di conclusione del procedimento, si forma il **c.d. "silenzio" della pubblica amministrazione**, che può avere effetti diversi, dipendentemente dal significato che le disposizioni di legge, di volta in volta, gli attribuiscono.
Il silenzio della P.A. può, pertanto, distinguersi in:

- **silenzio assenso**, che si configura in tutti i casi in cui la legge attribuisca all'inerzia dell'amministrazione il valore di accoglimento di una determinata istanza. Pertanto, nel caso in cui l'amministrazione non adotti il provvedimento nel termine previsto da disposizioni di legge (o di natura regolamentare), il decorso del tempo equivale ad accoglimento dell'istanza del privato. Il **d.l. n. 77/2021** ha modificato il comma 2-*bis* dell'art. 20 della legge 7 agosto 1990, n. 241, prevedendo l'obbligo da parte della P.A., di rilasciare entro 10 giorni dalla richiesta dell'interessato, un'attestazione rilasciata in via telematica, che dimostri l'avvenuta formazione del silenzio assenso. In caso di inutile decorso di tale termine, l'attestazione è sostituita da una dichiarazione del privato ai sensi dell'art. 47 del d.P.R. n. 445 del 2001;
- **silenzio diniego**, quando la legge conferisce all'inerzia della P.A. il significato di diniego dell'istanza del privato;
- **silenzio inadempimento**, che si verifica nelle ipotesi in cui l'inerzia dell'amministrazione non è disciplinata da alcuna norma che attribuisca alla stessa un peculiare significato. Il silenzio-inadempimento costituisce, di fatto, un rimedio di origine giurisprudenziale, che presuppone l'interesse di un soggetto all'emanazione di un atto e consiste nella possibilità di ricorrere al giudice amministrativo per ottenere l'attuazione coattiva del dovere di provvedere della P.A.

4. Il responsabile del procedimento.

L'art. 4 legge n. 241/1990 ha previsto l'obbligo per l'amministrazione pubblica di individuare, per ogni procedimento amministrativo (ove non sia già direttamente definito dalla legge o da regolamento), l'unità organizzativa responsabile dell'istruttoria e di ogni altro adempimento procedimentale, nonché dell'adozione del provvedimento finale.
Una volta individuata l'unità organizzativa competente, il dirigente della stessa provvede ad individuare il responsabile del procedimento, assegnando la responsabilità dell'istruttoria **a sé o ad altro dipendente**.
Il responsabile del procedimento costituisce il titolare della responsabilità della istruttoria e di ogni altro adempimento inerente al singolo procedimento, nonché, eventualmente, dell'adozione del provvedimento finale.
L'unità organizzativa competente e il nominativo del responsabile del procedimento sono comunicati agli interessati nella comunicazione di avvio del procedimento, nonché – su richiesta – a chiunque vi abbia interesse.

Il responsabile del procedimento costituisce la figura centrale dell'*iter* procedimentale, a cui vengono assegnati **compiti istruttori**, ma anche **predecisori**, dovendo lo stesso redigere e trasmettere all'organo competente per l'adozione della decisione finale un atto contenente l'esame e la valutazione delle risultanze istruttorie, dal cui contenuto l'organo decidente può discostarsi solo motivatamente.

In particolare, il responsabile del procedimento svolge i seguenti compiti:

- **valutare**, ai fini istruttori, le condizioni di ammissibilità, i requisiti di legittimazione ed i presupposti che siano rilevanti per l'emanazione di provvedimento;
- **accertare** d'ufficio i fatti, disponendo il compimento degli atti necessari, e adottare ogni misura per l'adeguato svolgimento dell'istruttoria. In particolare, può chiedere il rilascio di dichiarazioni e la rettifica di dichiarazioni o istanze, può esperire inoltre accertamenti tecnici ed ispezioni, nonché ordinare l'esibizione di documenti;
- **proporre** o, avendone la competenza, convocare le conferenze di servizi di cui all'art. 14 della legge n. 241/1990;
- **curare** le comunicazioni, le pubblicazioni e le notificazioni previste dalle leggi e dai regolamenti;
- **adottare**, ove ne abbia la competenza, il provvedimento finale, ovvero trasmettere gli atti all'organo competente per l'adozione. L'organo competente per l'adozione del provvedimento finale, se diverso dal responsabile del procedimento, non può discostarsi da quanto emerso dall'istruttoria, se non indicandone la motivazione nel provvedimento finale.

Data la centralità del responsabile del procedimento nell'*iter* procedimentale, l'art. 6-*bis*, della legge n. 241/1990, detta specifiche previsioni per i casi di **conflitto di interesse**. Precisamente, dispone che il responsabile del procedimento – nonché i titolari degli uffici competenti ad adottare i pareri, le valutazioni tecniche, gli atti endoprocedimentali e il provvedimento finale – devono **astenersi** da tali attività in caso di conflitto di interessi, **segnalando** ogni situazione di conflitto, anche potenziale, al fine di garantire la trasparenza dell'azione della P.A.

5. La partecipazione al procedimento amministrativo.

Il Capo III della legge n. 241/1990, titolato "*Partecipazione al procedimento amministrativo*", disciplina gli strumenti con cui il legislatore garantisce la partecipazione dei privati al procedimento, improntando lo stesso al dialogo e al contraddittorio tra parte pubblica e parte privata, ai fini di un confronto collaborativo.

La partecipazione rientra, pertanto, nel concetto di "**giusto procedimento**" amministrativo, condotto in maniera trasparente, con un'istruttoria completa e in contraddittorio tra le parti, in coerenza con i principi di buon andamento e imparzialità della pubblica amministrazione.

La partecipazione al procedimento avviene principalmente mediante: la comunicazione di avvio del procedimento, l'intervento nel procedimento, la garanzia dei diritti dei partecipanti al procedimento; il preavviso di rigetto.

Le disposizioni in materia di partecipazione **non si applicano** nei confronti dell'attività amministrativa della pubblica amministrazione diretta all'emanazione di atti normativi, amministrativi generali, di pianificazione e programmazione, nonché ai procedimenti tributari, per i quali sussistono specifiche norme che ne regolano la formazione.

6. La comunicazione di avvio del procedimento.

La comunicazione di avvio del procedimento (art. 7 della legge n. 241/1990) costituisce il primo strumento con il quale la pubblica amministrazione consente la partecipazione degli interessati al procedimento amministrativo.

La comunicazione ha, difatti, la funzione di portare il privato a conoscenza dell'avvio di un procedimento amministrativo potenzialmente idoneo a incidere sulla propria sfera giuridica.

Garantendo la partecipazione e il contraddittorio la norma mira a facilitare la completezza dell'istruttoria e la conoscenza da parte della pubblica amministrazione degli interessi privati in gioco. Ciò anche ai fini del contemperamento tra interessi pubblici e privati e della realizzazione dell'interesse pubblico con il minor sacrifico degli interessi privati, in applicazione dei principi di proporzionalità e adeguatezza dell'azione amministrativa.

I soggetti a cui l'amministrazione è tenuta a dare comunicazione di avvio del procedimento possono essere distinti in tre diverse categorie:

- **soggetti nei confronti dei quali il provvedimento finale è destinato a produrre effetti diretti**, che possono essere costitutivi, modificativi o estintivi di situazioni giuridiche preesistenti;
- **soggetti che per legge debbono intervenire nel procedimento**, come, ad esempio, gli enti esponenziali di interessi diffusi (come in materia ambientale);
- **soggetti individuati o facilmente individuabili, diversi dai diretti destinatari**, qualora dal provvedimento possa derivare loro un pregiudizio.

▶ 6.1. Le ipotesi di esonero dall'obbligo di comunicazione di avvio del procedimento.

Ai sensi dell'art. 7 della legge n. 241/1990, l'amministrazione procedente può omettere di comunicare ai soggetti sopra individuati l'avvio del procedimento amministrativo:

1. nelle ipotesi in cui sia necessario procedere all'immediata adozione di **provvedimenti cautelari**;
2. ove sussistano ragioni di impedimento derivanti da **particolari esigenze di celerità** del procedimento.

Per quanto attiene all'adozione di **provvedimenti cautelari**, è necessario che l'amministrazione procedente indichi nel provvedimento cautelare le ragioni di urgenza che hanno impedito di trasmettere al destinatario la comunicazione di avvio del procedimento e fornisca congrua motivazione delle ragioni che hanno determinato il sacrificio delle garanzie partecipative del privato.
Ad ogni modo, l'adozione di un provvedimento cautelare non esonera l'amministrazione dal comunicare l'avvio del procedimento amministrativo successivo all'adizione del provvedimento e necessario per stabilizzare gli effetti cautelari.
Le **particolari esigenze di celerità** devono, invece, sostanziarsi in un'urgenza qualificata (anche se non di natura cautelare), dalla quale si evinca un'assoluta necessità dell'immediatezza del provvedimento amministrativo, tale da "sacrificare" il diritto alla partecipazione al procedimento.
L'esigenza di celerità deve essere anch'essa congruamente motivata e può sussistere ad esempio, nel caso di:

- adozione di ordinanze contingibili e urgenti (Cons. Stato, sez. V, 29 agosto 2006, n. 5058);
- revoca dell'affidamento di un appalto, da adottare a seguito dell'informativa prefettizia dalla quale risultino tentativi di infiltrazione mafiosa (Cons. Stato, sez. V, 28 febbraio 2006, n. 851).

La giurisprudenza ha, in alcuni casi, escluso l'obbligo della P.A. di comunicare l'avvio del procedimento anche per i **provvedimenti vincolati**, ovvero nei casi in cui non sussista alcuna discrezionalità dell'amministrazione nella definizione del contenuto del provvedimento e non sia necessario effettuare alcun contemperamento degli interessi in gioco (contemperamento che già è stato effettuato a monte, dalla disposizione di legge che indica alla P.A. che provvedimento adottare).
Ad ogni modo, tale osservazione non è sempre valida in quanto, talvolta, la partecipa-zione del privato è utile anche nei procedimenti vincolati, ad esempio, per l'accertamento dei fatti o per un contraddittorio sulle disposizioni applicabili al caso di specie.

Come tutte le disposizioni in materia di partecipazione, la P.A. non deve comunicare l'avvio del procedimento nei casi di adozione di **atti normativi, amministrativi generali, di pianificazione e programmazione**, nonché nei **procedimenti tributari**, per i quali sussistono specifiche norme che ne regolano la formazione.

6.2. Contenuti della comunicazione di avvio del procedimento.

Al fine di consentire la piena partecipazione degli interessati al procedimento amministrativo, l'art. 8 della legge n. 241/1990, elenca i contenuti della comunicazione di avvio del procedimento, individuati nei seguenti:

a) l'**amministrazione competente**;
b) l'**oggetto** del procedimento promosso;
c) **l'ufficio, il domicilio digitale dell'amministrazione e la persona responsabile del procedimento**;
c-bis) **la data entro la quale**, secondo i termini previsti dall'articolo 2, commi 2 o 3, deve **concludersi** il procedimento e i rimedi esperibili in caso di inerzia dell'amministrazione;
c-ter) nei procedimenti ad iniziativa di parte, la data di presentazione della relativa **istanza**;
d) le modalità con le quali, attraverso il punto di accesso telematico di cui all'articolo 64-bis del decreto legislativo 7 marzo 2005, n. 82 o con altre modalità telematiche, è possibile **prendere visione degli atti**, accedere al fascicolo informatico di cui all'articolo 41 dello stesso decreto legislativo n. 82 del 2005 ed esercitare in via telematica i diritti previsti dalla presente legge;
d-bis) l'ufficio dove è possibile prendere visione degli atti che non sono disponibili o accessibili con le modalità di cui alla lettera d) (lettera aggiunta dal d.l. n. 76/2020).

La medesima disposizione prevede che la comunicazione di avvio sia **personale**. Qualora per il numero dei destinatari la comunicazione personale non sia possibile o risulti particolarmente gravosa, l'amministrazione provvede a rendere noti gli elementi contenuti nella comunicazione di avvio mediante forme di pubblicità ritenute più idonee.
L'omissione di taluno degli elementi sopracitati può essere fatta valere solo dal soggetto interessato alla comunicazione.
Di regola, l'omissione della comunicazione di avvio del procedimento, rende il provvedimento illegittimo per violazione di legge.

7. Intervento nel procedimento e diritti dei partecipanti.

Gli artt. 9 e 10 legge n. 241/1990, in attuazione del principio di "giusto procedimento" e al fine di garantire la partecipazione al e la trasparenza del procedimento amministrativo, disciplinano rispettivamente l'intervento degli interessati nel procedimento e i diritti dei partecipanti al procedimento.

In ragione di tali disposizioni **qualunque soggetto**, pur non essendo un destinatario del provvedimento, bensì portatore di interessi pubblici o privati, ovvero portatore di interessi diffusi (costituto in associazioni o comitati), cui possa derivare un pregiudizio dal provvedimento, ha **facoltà di intervenire nel procedimento**.

Tutti i soggetti partecipanti al procedimento – sia quelli a cui è stata inviata la comunicazione di avvio del procedimento, sia i portatori di interessi – hanno diritto:

- di **prendere visione degli atti del procedimento**, salvo nei casi in cui la legge prevede che gli atti siano esclusi dal diritto di accesso;
- di **presentare memorie scritte e documenti**, che l'amministrazione ha l'obbligo di valutare ove siano pertinenti all'oggetto del procedimento.

8. Il preavviso di rigetto.

Nell'ottica di ridurre il contenzioso fra i cittadini e l'amministrazione, rafforzando al con-tempo la trasparenza dell'azione amministrativa, la legge n. 15 del 2005 ha introdotto l'art. 10-*bis* della legge n. 241/1990, che disciplina il **preavviso di rigetto**.
Il preavviso di rigetto costituisce una seconda comunicazione – successiva alla comunicazione di avvio del procedimento e diversa da quest'ultima – che la P.A. trasmette all'interessato, nel caso in cui debba adottare un provvedimento amministrativo di diniego dell'istanza e prima dell'adozione di tale provvedimento.
A differenza della comunicazione di avvio del procedimento, che ha la finalità di rendere noto agli interessati l'avvio della fase istruttoria, il preavviso di rigetto è finalizzato a comunicare **l'esistenza di motivi che ostano all'accoglimento dell'istanza**.
Esso costituisce un atto **endoprocedimentale** – non idoneo a sostituire il successivo provvedimento amministrativo – nel quale l'amministrazione illustra le ragioni (e quindi la motivazione) per le quali intende rigettare l'istanza del privato.
A seguito di tale comunicazione, gli interessati hanno la facoltà di presentare, **entro dieci giorni** dal ricevimento della stessa, **memorie e documenti** che, ove pertinenti, l'amministrazione sarà tenuta a valutare.
Nel caso in cui, a seguito della valutazione degli elementi integrativi, l'amministrazione decida comunque di adottare un provvedimento di diniego, dovrà darne motivazione nel provvedimento medesimo; qualora, successivamente, il provvedimento venga annullato in giudizio, nell'esercitare nuovamente il suo potere l'amministrazione non può addurre per la prima volta motivi ostativi già emergenti dall'istruttoria del provvedimento annullato.

Il preavviso di rigetto si applica unicamente **ai procedimenti avviati su istanza di parte**.
Inoltre, per espressa disposizione di legge sono **esclusi** dall'ambito di applicazione di tale istituto:
- le **procedure concorsuali**, come i concorsi per l'assunzione nel pubblico impiego e le procedure selettive per il conseguimento dell'idoneità per l'iscrizione negli albi professionali;
- i **procedimenti in materia previdenziale e assistenziale** sorti a seguito di istanza di parte e gestiti dagli enti previdenziali.

9. L'ambito di applicazione della legge sul procedimento amministrativo.

La legge n. 241/1990 si applica alle amministrazioni statali e agli enti pubblici nazionali, nonché alle società con totale o prevalente capitale pubblico, limitatamente all'esercizio delle funzioni amministrative.
Tale legge, invece, **non si applica direttamente alle regioni e agli enti locali**, che regolano le materie disciplinate dalla legge n. 241/1990, nel rispetto dell'autonomia loro riconosciuta dalla Costituzione e delle garanzie del cittadino nei riguardi dell'azione amministrativa.

Tuttavia, va segnalato che alcune disposizioni della legge n. 241/1990 attengono ai livelli essenziali delle prestazioni di cui all'art. 117, comma 2, lettera m), Costituzione e, pertanto, devono essere applicate in modo uniforme su tutto il territorio nazionale (anche dalle regioni e dagli enti locali).
Tali disposizioni sono quelle, di cui si tratterà di seguito, che attengono principalmente a:
- partecipazione dell'interessato al procedimento amministrativo;
- individuazione di un responsabile del procedimento;
- termini di conclusione del procedimento;

- accesso alla documentazione amministrativa.

Le regioni e gli enti locali, nel disciplinare i procedimenti amministrativi di propria competenza, **non possono stabilire garanzie inferiori** a quelle assicurate ai privati dalle disposizioni attinenti ai livelli essenziali delle prestazioni, ma possono unicamente prevedere **livelli ulteriori di tutela**.

FUNZIONE E NOZIONE DI PROCEDIMENTO AMMINISTRATIVO.

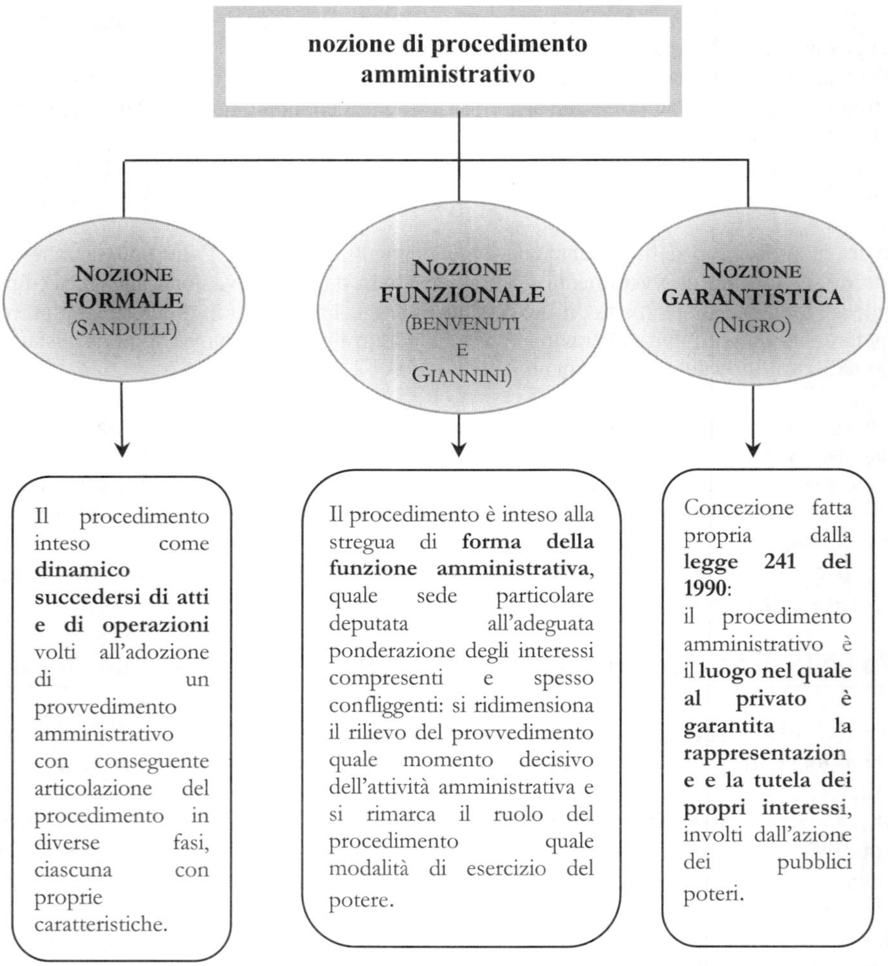

LE FASI DEL PROCEDIMENTO AMMINISTRATIVO.

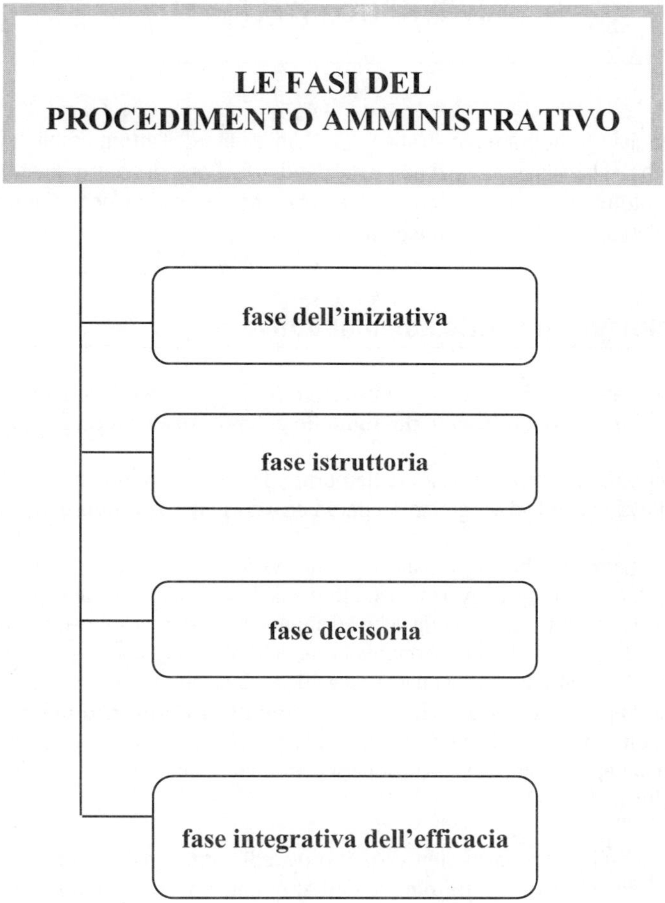

Capitolo 6 LA PATOLOGIA DELL'ATTO AMMINISTRATIVO

SOMMARIO:

1. I profili patologici dell'atto amministrativo.

Si fa riferimento alla patologia dell'atto amministrativo (o del provvedimento amministrativo) ogni volta che l'atto amministrativo **è difforme dal modello astratto previsto dalle norme**.

La difformità dell'atto dal modello previsto dalle norme può assumere due livelli di gravità diversa e, in ragione della rilevanza della divergenza dal parametro normativo di riferimento, può sostanziarsi in una:

- **mera irregolarità**, che si sostanzia in un **vizio marginale** e non rilevante dell'atto amministrativo, allorché la diversità della forma dell'atto rispetto a quella prevista dalla legge o la non perfetta osservanza di un qualche adempimento endoprocedimentale, oltre a non essere esplicitamente sanzionati con la comminatoria dell'invalidità, non impediscono in concreto il raggiungimento dell'interesse al quale la specifica azione amministrativa è preordinata;
- **invalidità**, nel caso in cui **il vizio riguarda uno degli elementi o dei requisiti essenziali** dell'atto, non consente di ritenere tutelato l'interesse al quale la specifica azione amministrativa è preordinata e, pertanto, viene sanzionato con la comminatoria dell'invalidità (per nullità o annullabilità dell'atto).

Tenuto conto che una mera irregolarità non vizia il provvedimento finale e non lo rende annullabile in sede giurisdizionale, si parla di **patologia** dell'atto unicamente quando il vizio sia tale da comportare **l'invalidità** dello stesso.

2. L'invalidità dell'atto amministrativo.

La **legge n. 15/2005**, che ha modificato la legge n. 241/1990, ha introdotto, tra l'altro, gli articoli 21-*septies* e seguenti, disciplinando l'invalidità del provvedimento amministrativo. In particolare, tale legge ha:

- positivizzato, ovvero trasferito nell'ordinamento giuridico, gli istituti – già precedentemente definiti dalla giurisprudenza – della **nullità** e **dell'annullabilità** dell'atto amministrativo;
- introdotto la disciplina dei **c.d. vizi non invalidanti**, ovvero delle ipotesi di illegittimità formale o procedimentale dell'atto, che non comportano la nullità dell'atto stesso.

L'invalidità – che si verifica quanto un atto è difforme da quanto previsto dalle norme che lo disciplinano – determina la "sanzione" dell'**inefficacia definitiva** dello stesso.
Tale "sanzione" può determinarsi:

- **in modo automatico**, come nel caso della nullità, che opera di diritto;

- **a seguito di una pronuncia giudiziale**, come nelle ipotesi di annullabilità, che non opera di diritto, ma deriva da una decisione del giudice, adottata a seguito di apposito ricorso di parte.

Come più ampiamente descritto nei paragrafi seguenti, le due forme di invalidità determinano due effetti diversi:
- **l'atto nullo** è inefficace "di diritto", non è idoneo a produrre effetti nella sfera giuridica dei destinatari e viene considerato *tamquam non esset*, ovvero come se non fosse mai esistito;
- **l'atto annullabile** è un atto idoneo a produrre effetti, che permangono nell'ordinamento giuridico fin quando e solo se, su istanza di parte, non venga dichiarata, in via giudiziale, l'illegittimità dell'atto stesso.

3. La nullità.

L'**art. 21-*septies*** della legge n. 241/1990 ha codificato l'istituto della nullità del provvedimento amministrativo, prevedendo espressamente le ipotesi di nullità.
Ai sensi del richiamato art., un provvedimento amministrativo è nullo quando:
- **è privo degli elementi essenziali**. La disposizione non indica espressamente quali siano gli elementi essenziali del provvedimento, ma, secondo la ricostruzione operata dalla giurisprudenza, vanno considerati quali elementi essenziali del provvedimento amministrativo: la qualità di pubblica amministrazione in capo al soggetto che emette il provvedimento; l'individuazione del soggetto o dell'oggetto nei cui confronti il provvedimento ha effetti; la possibilità, determinatezza e liceità del contenuto; la volontà della pubblica amministrazione di adottare l'atto; la forma, laddove prescritta dalla legge;
- **è viziato da difetto assoluto di attribuzione**, ovvero nei casi di "carenza in astratto del potere", cioè di mancanza della norma giuridica che attribuisce (al soggetto che ha adottato il provvedimento) il potere esercitato con il provvedimento amministrativo. Ciò può avvenire quando il provvedimento viene adottato da un'amministrazione del tutto priva del potere di emanarlo (o perché il potere di provvedere appartiene ad un'amministrazione radicalmente diversa o perché l'esercizio del potere è precluso ad ogni amministrazione e riservato ad un altro potere dello Stato, giurisdizionale o legislativo);
- **è adottato in violazione o esclusione del giudicato**. La violazione di giudicato si ha quando l'atto emanato è in palese contrasto con una precedente sentenza intervenuta sullo stesso oggetto del provvedimento; si ha elusione di giudicato quando l'amministrazione formalmente esegue le disposizioni della sentenza ma, sostanzialmente, la aggira per continuare a perseguire il fine che la sentenza non ha voluto tutelare e reiterando di fatto la violazione per la quale era intervenuta la sentenza stessa;
- **in tutti gli altri casi previsti dalla legge**, i c.d. casi di nullità testuali, ovvero tutti i casi in cui la legge prescrive specificamente la nullità dell'atto.

La nullità del provvedimento comporta specifici effetti, che sono:
- **inesistenza giuridica**, nel senso che il provvedimento è considerato *tamquam non esset*, ovvero come se non fosse stato mai emanato;
- **inefficacia**, nel senso che il provvedimento non è idoneo a produrre alcun effetto giuridico;
- **inesecutorietà**, perché l'atto nullo è inefficace e non può essere eseguito.

La nullità può essere fatta valere dall'interessato dinanzi al giudice. Precisamente, l'art. 31 del Codice del processo amministrativo disciplina (anche) **l'azione di nullità**, prevedendo che l'azione (di accertamento) debba essere proposta nel termine, di natura decadenziale, di 180 giorni e che la nullità dell'atto possa sempre essere opposta dalla parte resistente o essere rilevata d'ufficio dal giudice.

PER SAPERNE DI PIÙ

◆ NULLITÀ E INESISTENZA DELL'ATTO AMMINISTRATIVO

La nullità dell'atto amministrativo non va confusa e deve essere tenuta distinta dall'inesistenza dell'atto.
Si parla di inesistenza giuridica dell'atto quando un atto è c.d. "abnorme", ovvero manca in maniera eclatante dei requisiti essenziali prescritti. Si pensi, ad esempio, ad un atto predisposto per scherzo (atto *loci causa*) o in sede didattica (atto *docendi causa*). Tale atto è inesistente e improduttivo di effetti.
Diversamente l'atto nullo è esistente e "astrattamente idoneo" a produrre effetti, in quanto la nullità costituisce una sanzione per i casi di grave difformità dell'atto da quanto prescritto dalla legge.
Pertanto, ai fini pratici – a differenza dell'atto inesistente – l'atto nullo può essere, ad esempio, oggetto di autotutela da parte della P.A.

4. L'annullabilità.

L'atto amministrativo esistente, che presenta c.d. "vizi di legittimità", è **illegittimo** e, come tale, è **annullabile**.
L'art. **21-*octies*** della legge n. 241/1990 disciplina l'annullabilità del provvedimento amministrativo, prevedendo che è annullabile il provvedimento amministrativo adottato in violazione di legge o viziato da eccesso di potere o da incompetenza.
Con riferimento ai singoli vizi di legittimità, va evidenziato quanto segue.
L'art. 21-*octies* fa riferimento alla c.d. **incompetenza relativa**, che si ha quando un organo amministrativo invade la sfera di competenza di un altro organo appartenente allo stesso settore amministrativo o, comunque, allo stesso ente. L'incompetenza può riguardare:

- la materia, quando un organo provvede su una materia riservata ad un altro;
- il grado, quando un organo esercita le competenze di un organo a sé sovraordinato;
- il territorio su cui agisce l'amministrazione, nel caso in cui l'atto viene adottato dall'organo territorialmente non competente.

L'**eccesso di potere** non è espressamente definito dall'art. 21-*octies* e costituisce la figura più importante e discussa dei vizi di legittimità, sulla quale si sono ampiamente espresse la dottrina e la giurisprudenza. Esso si sostanzia nella **scorrettezza della scelta discrezionale** operata dall'amministrazione e può verificarsi quando:

- l'amministrazione debba esercitare un **potere discrezionale**, poiché negli atti vincolati, essendone predeterminato per legge il contenuto, non può riscontrarsi un vizio della volontà della P.A.;
- avvenga uno **sviamento di potere**, ovvero l'amministrazione eserciti il potere per **fini diversi** da quelli stabiliti dal legislatore con la norma attributiva dei poteri.

Costituiscono esempi di eccesso di potere l'illogicità manifesta dell'atto o la violazione del principio di proporzionalità.
La **violazione di legge** – terzo e ultimo motivo di annullabilità dell'atto – si sostanzia in un **contrasto tra l'atto amministrativo adottato e l'ordinamento giuridico**.
Essa costituisce una **categoria residuale** dei vizi di annullabilità dell'atto amministrativo, in quanto

comprende tutti i vizi che non rientrano nelle due categorie precedenti. Tale categoria è interpretata in senso molto ampio, in quanto per "legge", si intendono tutti gli atti di normazione primaria, secondaria e comunitaria (TAR Lazio, sez. III, sent. 1834/1996).

A differenza dell'atto nullo, l'**atto illegittimo** per la presenza di vizi di legittimità – seppur annullabile – è immediatamente efficace e, **fino a quanto non viene annullato, esiste, è efficace ed è esecutorio**: pertanto può essere eseguito dalla P.A. in via diretta e coattiva.
L'atto illegittimo può, quindi, essere rimosso unicamente con una pronuncia costitutiva del giudice amministrativo ovvero attraverso un intervento da parte della stessa P.A., ossia con un procedimento in autotutela.
L'**art. 29** del Codice del processo amministrativo disciplina l'azione di annullamento dell'atto amministrativo, prevedendo che la stessa debba essere proposta nel termine di decadenza di **60 giorni.**

5. I vizi non invalidanti.

L'art. 21-*octies* della legge n. 241/1990, al comma 2, disciplina i c.d. **vizi non invalidanti**, ovvero vizi dell'atto considerati minori e, quindi, non determinanti l'illegittimità (e la conseguente annullabilità) dell'atto amministrativo.
Precisamente, tale disposizione prevede che non è annullabile il provvedimento:

- adottato in **violazione delle norme sul procedimento o sulla forma** degli atti qualora, per la **natura vincolata del provvedimento**, sia palese che il suo contenuto dispositivo non avrebbe potuto essere diverso da quello in concreto adottato (eccezion fatta per i provvedimenti addottati in violazione dell'art. 10-*bis*);
- per **mancata comunicazione dell'avvio del procedimento** qualora l'amministrazione dimostri in giudizio che **il contenuto del provvedimento non avrebbe potuto essere diverso** da quello in concreto adottato.

Le due fattispecie, che potrebbero sembrare simili, in realtà si differenziano per un elemento fondamentale: mentre **nel primo caso**, ai fini della mancata annullabilità dell'atto, è necessario che il provvedimento sia **vincolato** e che, pertanto, sia palese l'obbligatorietà del suo contenuto; **il secondo caso**, che attiene alla sola comunicazione di avvio del procedimento, si applica anche alle ipotesi di attività amministrativa **discrezionale** e unicamente ai casi in cui l'amministrazione (a cui spetta l'onere della prova) dimostri in giudizio che il contenuto del provvedimento non avrebbe potuto essere diverso da quello adottato.
Tale disposizione – impugnata anche dinanzi alla Corte Costituzionale, che ha ritenuto manifestamente inammissibili le questioni di costituzionalità sollevate – opera un importante bilanciamento tra garanzia della partecipazione al procedimento amministrativo ed esigenza di dotare di stabilità il provvedimento amministrativo. Il legislatore decide, pertanto, che ove il rispetto delle norme sul procedimento amministrativo non avrebbe potuto incidere sui contenuti del provvedimento amministrativo, lo stesso non debba considerarsi annullabile.

6. I rimedi contro gli atti illegittimi e inopportuni: l'autotutela.

Un atto amministrativo viziato può essere:

- **conservato**, attraverso l'adozione, da parte della pubblica amministrazione, di un provvedimento che elimini i vizi di legittimità del provvedimento medesimo;
- **eliminato**, attraverso una sentenza dell'autorità giurisdizionale amministrativa (T.A.R. e Consiglio di Stato), una decisione amministrativa provocata da un ricorso dell'interessato e un atto amministrativo spontaneo della P.A., diretto a ritirare l'atto viziato.

Nelle ipotesi in cui l'amministrazione interviene al fine di conservare ovvero eliminare un provvedimento amministrativo viziato, si parla di **autotutela.**

L'autotutela amministrativa costituisce il **potere dell'amministrazione di rimuovere unilateralmente**, ovvero senza che intervengano altri soggetti (nemmeno i diretti interessati), **ed autonomamente** gli ostacoli che impediscano la realizzazione dell'interesse pubblico per cui il potere è conferito dalla legge all'amministrazione.
Attraverso il potere di autotutela l'amministrazione può intervenire autonomamente per risolvere i conflitti che possono insorgere in relazione a propri provvedimenti o proprie pretese.
Pertanto, l'amministrazione può adottare, in via di autotutela, un provvedimento amministrativo che incida su provvedimenti precedentemente emanati, nei casi in cui – a seguito di un riesame e di un nuovo contemperamento degli interessi pubblici e privati venuti in rilievo in sede di istruttoria – sussista una nuova valutazione delle situazioni di fatto e di diritto che sono alla base di un determinato provvedimento amministrativo avente natura discrezionale.

PER SAPERNE DI PIÙ

ATTI DI RITIRO E LEGITTIMO AFFIDAMENTO

Ove la pubblica amministrazione, nell'esercizio del potere di autotutela, intervenga a ritirare un provvedimento amministrativo precedentemente adottato deve tenere conto dell'affidamento ingenerato nel cittadino circa la validità e l'efficacia del provvedimento da ritirare, oggetto dell'autotutela amministrativa.
Pertanto, l'interesse pubblico a ritirare un determinato provvedimento deve necessariamente essere bilanciato con l'interesse privato alla conservazione del provvedimento stesso.
Tale interesse è tanto più forte quanto maggiore è il lasso di tempo in cui il provvedimento oggetto del ritiro ha esplicato la sua efficacia.
Pertanto, maggiore è il tempo decorso dall'adozione del provvedimento, maggiore sarà l'affidamento ingenerato nel privato e, di conseguenza, maggiormente difficoltoso sarà l'esercizio del potere di ritiro dello stesso da parte della pubblica amministrazione.

6.1. Il riesame con esito demolitorio: la revoca e l'annullamento d'ufficio.

A seguito del riesame di un determinato provvedimento amministrativo, la pubblica amministrazione può decidere di adottare **un atto di ritiro**.
Tra le diverse tipologie di atti, qualificati dalla dottrina come atti di ritiro, i più rilevanti sono: l'annullamento d'ufficio e la revoca.

L'annullamento d'ufficio è disciplinato dall'art. **21-*nonies*** della legge n. 241/1990.
Esso si sostanzia in un provvedimento amministrativo di secondo grado con il quale viene ritirato, **con efficacia retroattiva (*ex tunc*),** ossia dalla data della sua emanazione, un atto amministrativo illegittimo, per la presenza di vizi di legittimità originari dell'atto stesso.
Pertanto – senza che sia necessario un provvedimento giudiziale – in questa ipotesi la pubblica amministrazione interviene autonomamente e su propria iniziativa per provvedere all'annullamento di un provvedimento amministrativo illegittimo, esercitando il proprio discrezionale potere di autotutela. Tale annullamento va, pertanto, tenuto distinto da quello di cui all'art. 21-*octies*, che presuppone l'emanazione di un provvedimento giudiziale.
L'art. 21-*nonies* dispone che un provvedimento amministrativo illegittimo (per violazione di legge, eccesso di potere o incompetenza) può essere annullato d'ufficio dall'organo che lo ha emanato o da altro organo previsto dalla legge, alle seguenti condizioni:

- ove sussistano **ragioni di interesse pubblico**, ovvero sussista un interesse diretto, concreto e attuale al ritiro dell'atto;
- nel termine massimo di diciotto mesi, ridotto a **dodici mesi** dal d.l. n. 77/2021, dall'emanazione del provvedimento, ovvero entro un **lasso di tempo ragionevole**;
- tenendo conto **degli interessi di destinatari e controinteressati**.

Naturalmente, sono annullabili d'ufficio unicamente quei provvedimenti per i quali la pubblica amministrazione abbia ancora il potere di provvedere. Di conseguenza, non sono annullabili:
- **gli atti di controllo**, in quanto l'esercizio del potere di controllo comporta la consumazione del relativo potere;
- **gli atti preparatori** adottati nell'ambito di un procedimento amministrativo, una volta comunicati agli organi destinatari.

La **revoca** è un provvedimento amministrativo di secondo grado, disciplinato dall'art. 21-*quinquies* della legge n. 241/1990, con il quale la pubblica amministrazione ritira, con **efficacia non retroattiva (*ex nunc*)** un atto inficiato da vizi di merito, in base ad una nuova valutazione degli interessi pubblici e privati posti alla base dello stesso.
La revoca, pertanto, può essere esercitata a prescindere dall'esistenza di vizi di legittimità (violazione di legge, eccesso di potere e incompetenza relativa) del provvedimento revocato. Essa trova la sua *ratio* nell'esigenza della pubblica amministrazione di adeguarsi ai mutamenti, che incidono sull'interesse pubblico.
In sintesi, essa esprime lo ***jus poenitendi*** della pubblica amministrazione, la quale può "pentirsi" di un provvedimento adottato in precedenza, sostituendolo con un altro contenente una manifestazione di volontà contraria o diversa.
La pubblica amministrazione può esercitare il potere di revoca al verificarsi di uno dei seguenti tre presupposti:
- **sopravvenuti motivi di interesse pubblico**;
- **mutamento della situazione di fatto** esistente al momento dell'adozione del provvedimento da revocare, ovvero il sopravvenire di una nuova circostanza alla luce della quale il provvedimento adottato non sia più idoneo a tutelare l'interesse pubblico;
- **nuova valutazione dell'interesse pubblico originario**, diversa o contraria rispetto alla valutazione operata con il primo provvedimento.

A differenza dell'annullamento, la revoca ha efficacia non retroattiva: **gli effetti dell'atto revocato cessano dal momento della revoca**, mentre sopravvivono gli effetti prodotti in precedenza.
Ciò in quanto, la revoca è adottata sulla base di una **nuova valutazione** da parte della pubblica amministrazione, e quindi non esclude che la valutazione alla base del provvedimento revocato fosse adeguata alla situazione esistente nel momento in cui l'atto è stato adottato.
La mancata retroattività della revoca consente, inoltre, di tutelare il legittimo affidamento da parte dei destinatari dell'atto, in attuazione del principio di certezza del diritto e di giusto procedimento.
Nei casi in cui la revoca comporti un pregiudizio in capo ai destinatari, l'amministrazione ha l'obbligo di provvedere all'erogazione di un **indennizzo**, la cui valutazione è rimessa alla giurisdizione esclusiva del giudice amministrativo.

6.2. Il riesame con esito conservativo.

Nei paragrafi precedenti sono stati esaminati alcuni casi in cui la pubblica amministrazione, a seguito del riesame di un provvedimento amministrativo illegittimo (in quanto viziato da vizi di legittimità), decide di adottare un provvedimento di ritiro.

Nelle ipotesi in cui la pubblica amministrazione decida di non ritirare un provvedimento illegittimo, la stessa può decidere di sanarlo e mantenerlo in vita, eliminando il vizio di legittimità inficiante il provvedimento (c.d. **convalescenza** dell'atto amministrativo). Tra tali provvedimenti conservativi, possono sicuramente essere annoverate: la convalida, la ratifica e la sanatoria.

La **convalida** è un provvedimento autonomo e di carattere costitutivo, con il quale la pubblica amministrazione elimina i vizi di legittimità di un atto invalido, precedentemente emanato dalla stessa autorità.
Ad esempio, con la convalida può essere: integrata la motivazione di un provvedimento, inserito un elemento mancante, eliminato un contrasto tra motivazione e dispositivo).
Il provvedimento di convalida deve contenere:

- l'atto che si intende convalidare;
- l'indicazione precisa e puntuale del vizio di legittimità dal quale l'atto è inficiato e che si intende rimuovere;
- la manifestazione della volontà dell'amministrazione di provvedere alla convalida dell'atto (c.d. *animus convalidandi*);
- la necessità di una adeguata **motivazione** in ordine all'interesse pubblico che giustifica la convalida stessa.

Il potere di **convalida** dell'amministrazione può essere esercitato unicamente su **atti annullabili**, e quindi illegittimi, allorché il vizio possa essere rimosso e la pubblica amministrazione sia ancora dotata del potere di incidere sull'atto adottato (nel senso che non deve aver "esaurito" il proprio potere di provvedere).

La **ratifica** è un provvedimento autonomo e di carattere costitutivo, con il quale viene eliminato il vizio di incompetenza relativa di un provvedimento amministrativo. Precisamente, il provvedimento di ratifica viene adottato dall'autorità competente, al fine di sanare un provvedimento emesso da un'autorità incompetente dello stesso ramo dell'amministrazione.
Pertanto, la ratifica differisce dalla convalida unicamente per due ragioni:

- la ratifica viene adottata **da un'amministrazione diversa** da quella che ha adottato l'atto, mentre la convalida è adottata dalla medesima autorità amministrativa che ha emesso il provvedimento originario;
- il vizio di legittimità che può essere sanato con la ratifica è unicamente **l'incompetenza relativa**, mentre la convalida consente di sanare tutti e tre i vizi di legittimità.

La **sanatoria** avviene quando l'amministrazione acquisisce successivamente un atto endoprocedimentale che doveva essere emesso e acquisito prima della conclusione del procedimento amministrativo.
A differenza della convalida e della revoca, la sanatoria non costituisce un provvedimento nuovo ed autonomo, ma si identifica con l'atto che è stato omesso e che viene successivamente acquisito.

PRINCIPI GENERALI.

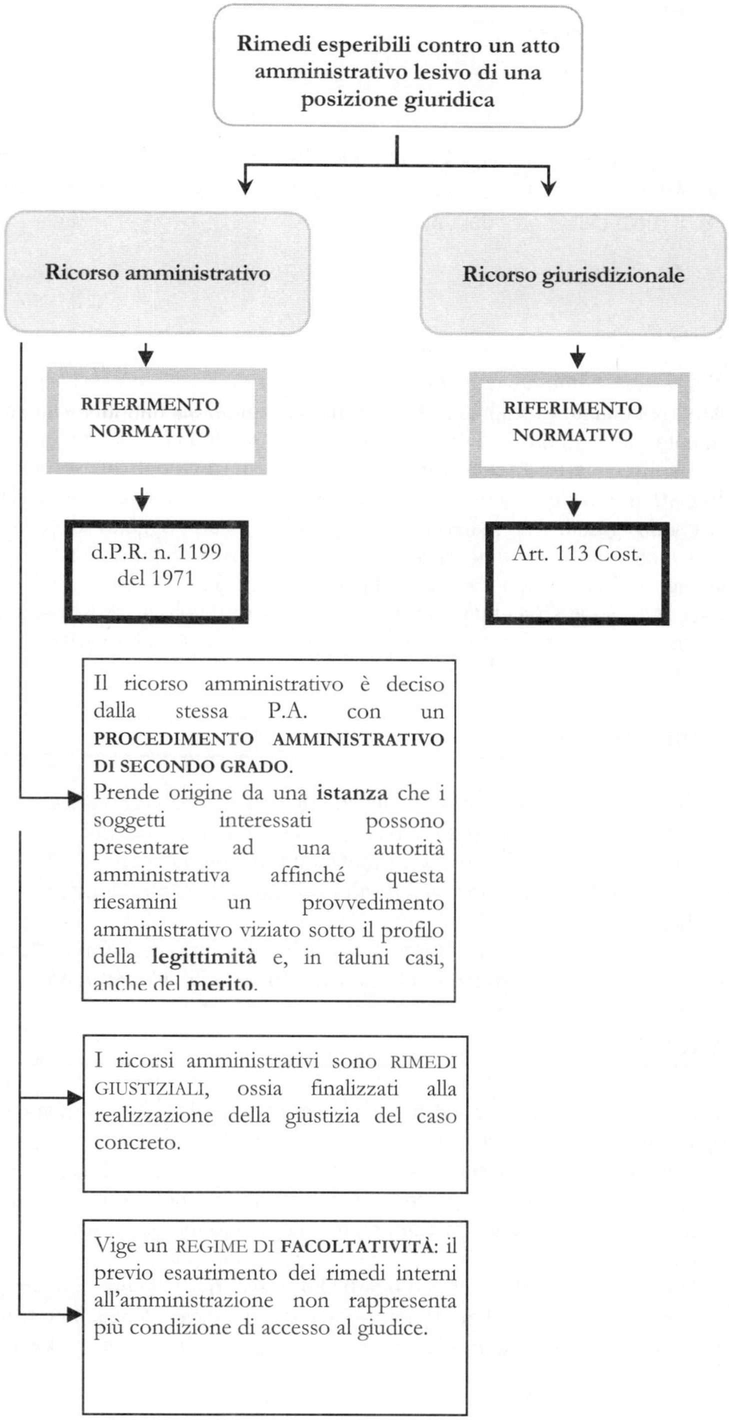

Capitolo 7 | I CONTROLLI

1. Nozione

L'attività di controllo è una componente indefettibile ed una modalità d'estrinsecazione della funzione amministrativa, in quanto preordinata a garantirne la **regolarità formale e sostanziale** e a stimolare l'adeguamento di singoli atti o dell'attività complessiva rispetto a determinati interessi/valori ed al pubblico interesse. Tale attività, pertanto, ha **natura polifunzionale** ed assume **carattere accessorio e strumentale** rispetto a quella di amministrazione attiva, concretizzandosi in provvedimenti di secondo grado. La materia dei controlli è stata oggetto di una profonda trasformazione dovuta tanto alle importanti riforme costituzionali degli ultimi lustri, quanto alle modifiche intervenute nell'organizzazione dell'amministrazione. In generale, volendo dare atto delle linee di tendenza prescelte, si è registrata una contrazione dei controlli volti a verificare la legittimità dei singoli atti ed un corrispondente potenziamento di quelli consistenti nella verifica dei risultati delle gestioni pubbliche.

2. I controlli amministrativi

Possono delinearsi differenti tipologie di controllo, facendo ricorso a diversi criteri di classificazione. Il criterio più usato è quello relativo all'**oggetto** in base al quale i controlli possono riguardare:

- gli **atti**; concernenti la legittimità o l'opportunità amministrativa degli stessi;
- gli **organi**; finalizzati a verificarne la legittimità del funzionamento (compresa la condotta del soggetto fisico che vi è preposto);
- la **gestione**; volti ad assicurare la verifica di conformità dell'attività complessiva dell'organo controllato ai **parametri** di **efficienza**, **efficacia** ed **economicità**.

3. I controlli sugli atti

In sede di controllo sugli atti, si verifica la conformità a legge del singolo provvedimento (**controllo di legittimità**) o l'opportunità amministrativa dello stesso (**controllo di merito**). Nello specifico, i controlli di legittimità sono espressione di **poteri di vigilanza** e sono volti a verificare la conformità dell'atto al diritto oggettivo, mentre quelli di merito sono il risultato dell'esercizio dei **poteri di autotutela** e finalizzati a scongiurare l'adozione di un provvedimento inopportuno.
La verifica può intervenire:

- prima che l'atto cominci a produrre effetto (**controllo preventivo**). Il controllo preventivo può essere, a sua volta: a) (preventivo) **antecedente**, se posto in essere prima del perfezionamento dell'atto; b) (preventivo) **susseguente**, se interviene dopo il perfezionamento dell'atto, ma prima che lo stesso produca i suoi effetti. In quest'ultimo caso, il controllo si inserisce nella c.d. fase integrativa dell'efficacia dell'atto, atteggiandosi, così, il controllo quale *condicio iuris* sospensiva dell'efficacia dell'atto;

- quando l'atto è già perfetto ed efficace (**controllo successivo**).

I controlli sugli atti possono essere distinti anche in controlli: **esterni** (controllo intersoggettivo o extragerarchico) e **interni** (controllo interorganico).

Con riferimento, poi, alle singole tipologie di atti di controllo sugli atti vengono in rilievo:

a. il **visto** (atto di controllo preventivo di legittimità) con cui l'autorità competente verifica, prima che l'atto acquisti efficacia, se è affetto da vizi di legittimità. Il visto è una forma di controllo vincolato e non discrezionale;
b. l'**approvazione** (atto di controllo preventivo di merito) implicante una manifestazione di volontà dell'organo controllante, chiamato a verificare non solo la legittimità ma anche l'opportunità e la convenienza dell'atto controllato;
c. l'**autorizzazione** (atto di controllo preventivo di legittimità e di merito) finalizzata alla rimozione di un limite legale all'esercizio di un diritto o di un potere già rientrante nella sfera giuridica del soggetto che la richiede. A differenza del visto, l'autorizzazione è condizione di validità e non di efficacia dell'atto;
d. l'**omologazione** (atto di controllo preventivo di legittimità o di merito): è un atto di controllo di legittimità, quando è basato su di un mero accertamento o valutazione tecnica sull'esistenza dei requisiti richiesti dalla legge; di merito, quando l'atto è adottato in sostituzione o in aggiunta all'approvazione, costituendo in quest'ultimo caso un ulteriore controllo;
e. l'**annullamento d'ufficio in sede di controllo** (atto di controllo successivo di legittimità) che interviene dopo che l'atto ha acquisito efficacia.

4. I controlli sugli organi

I controlli sugli organi sono finalizzati a verificare la legittimità del funzionamento di un organo amministrativo, in modo da uniformarne l'operato alla legge e al principio del buon andamento *ex* art. 97, comma 2, Cost. Alla categoria appartengono:

a) il **controllo ispettivo**; che si concretizza nella attività di ispezione, non supportata dal conferimento all'organo controllante di poteri sostitutivi o repressivi;
b) il **controllo repressivo**; a seguito del quale, l'autorità controllante è legittimata a irrogare sanzioni amministrative o disciplinari;
c) il **controllo sostitutivo**; di tipo semplice, se la P.A. è legittimata a sostituirsi all'organo controllato di cui sia stata acclarata l'inerzia, anche nominando, all'occorrenza, un commissario ad acta (controllo sostitutivo semplice); di tipo repressivo se la stessa può esercitare, cumulativamente, entrambi i poteri, sostitutivo e sanzionatorio (controllo sostitutivo repressivo).

5. Il controllo di gestione

Il controllo di gestione è finalizzato a raffrontare **obiettivi programmati** e **risultati effettivamente raggiunti**, in un'ottica collaborativa, più che sanzionatoria secondo un modello di amministrazione non più "**per atti**" bensì "**per risultati**". Le differenze fra il controllo di gestione e quello di legittimità attengono: all'oggetto, individuato nella complessiva attività dell'ente e non più nei singoli atti; al parametro del sindacato, volto a verificare *ex post* la rispondenza dei risultati raggiunti agli obiettivi

programmati, piuttosto che la mera conformità *ex ante* dell'atto alla legge; all'esito, non più consistente in provvedimenti eliminativo-sanzionatori, ma in interventi di carattere collaborativo.
Questo tipo di controllo può essere: a) **interno** di gestione, affidato a un organo interno alla stessa P.A. da controllare, con carattere permanente volto ad assicurare un più razionale sfruttamento delle risorse umane e materiali assegnate in relazione agli obiettivi da raggiungere; b) **esterno** sulla gestione, esercitato da un ente esterno, in specie dalla Corte dei Conti.

5.1. Il controllo interno di gestione

Il sistema dei controlli interni di gestione, delineato dal d.lgs. n. 286/1999, si struttura su quattro livelli:

1) il controllo interno di regolarità amministrativa e contabile;
2) il controllo di gestione sull'efficienza, l'efficacia e l'economicità dell'azione amministrativa;
3) la valutazione del rendimento dei dirigenti;
4) il controllo strategico sull'amministrazione in relazione agli obiettivi finali in sede politica.

Per garantire l'ottimale funzionamento del sistema, i quattro livelli sono amministrati da uffici diversi i quali, peraltro, hanno l'obbligo di predisporre opportuni meccanismi di coordinamento.
Il legislatore è più volte intervenuto per potenziare e riordinare il sistema, onde garantire la trasparenza dell'azione amministrativa, migliorare l'efficienza dei diversi livelli della P.A. e perseguire l'ottimizzazione delle performance degli enti pubblici.
Importanti novità sono state introdotte dal d.lgs. 150/2009, come modificato dal d.lgs. n. 74/2017. In particolare, la disciplina sulla valutazione della dirigenza (*ex* art. 5 d.lgs. 286/1999) è stata sostituita da quella relativa alla **misurazione e valutazione della *performance* organizzativa e individuale**, mentre la funzione di controllo strategico è confluita nell'ambito delle competenze di un **Organismo indipendente di valutazione** della *performance,* cui spetta il monitoraggio del funzionamento complessivo del sistema della valutazione, della trasparenza e integrità dei controlli interni.

5.2. Il controllo esterno sulla gestione.

La legge n. 20/1994 ha introdotto un controllo esterno della Corte dei Conti volto a verificare la legittimità e la regolarità delle gestioni di tutte le pubbliche amministrazioni, ivi compresi le Regioni e gli altri enti locali, nonché il funzionamento dei controlli interni a ciascuna amministrazione.
Nell'esercizio di questa funzione, la Corte dei Conti può richiedere alle amministrazioni pubbliche ed agli organi di controllo interno qualsiasi atto o notizia e può effettuare e disporre ispezioni ed accertamenti diretti.
A differenza del controllo preventivo di legittimità, l'esito del controllo non consiste nel mancato perfezionamento dell'efficacia di un atto, ma nella predisposizione di relazioni e osservazioni destinate alle amministrazioni controllate. Scopo del controllo è, infatti, quello di verificare se l'azione amministrativa sia stata economica, efficiente ed efficace ed abbia raggiunto gli obiettivi stabiliti. In caso di giudizio negativo, le amministrazioni saranno sollecitate ad attivarsi per eliminare i fattori di scarsa efficacia della gestione e migliorare la propria azione.

6. Il ruolo della Corte dei Conti.

Il complesso sistema delle funzioni di controllo svolte dalla Corte dei Conti nel nostro ordinamento si ricava dalla lettura combinata della Costituzione e di alcune leggi ordinarie.
La Corte dei conti in base alla Costituzione svolge:

- un **controllo preventivo di legittimità sugli atti del governo** (es. provvedimenti emanati su deliberazione del Consiglio dei Ministri, tranne decreti-legge e decreti legislativi; atti che, comportando una spesa, determinano rilevanti incidenze sul bilancio);

- un **controllo successivo sulla gestione del bilancio dello Stato** (c.d. giudizio di parificazione del rendiconto generale dello Stato), riferendo direttamente al Parlamento sul tipo di riscontro eseguito;
- un **controllo sulla gestione finanziaria degli enti cui lo Stato contribuisce in via ordinaria**, esercitato, secondo le modalità e con i limiti previsti dalla l. 21 marzo 1958, n. 259, nei confronti di enti che ricevono, sotto qualsiasi denominazione e con carattere di continuità, somme a carico di un'amministrazione dello Stato o di altri enti pubblici (sovvenzione diretta), o che sono destinatari di tributi (sovvenzione indiretta), nonché gli enti che ricevono dallo Stato apporti al capitale o garanzie finanziarie .

Si tratta di un controllo esterno e neutrale svolto in posizione di assoluta imparzialità rispetto agli interessi di volta in volta perseguiti dal governo o dall'amministrazione. Accanto a dette funzioni, ve ne sono altre, introdotte da leggi ordinarie, che trovano il loro fondamento costituzionale nell'art. 97 Cost. (principio del buon andamento degli uffici pubblici), nell'art. 81 Cost. (rispetto degli equilibri di bilancio) e nell'art. 119 Cost. (coordinamento della finanza pubblica). In particolare, la già citata l. n. 20/1994 ha attuato una riforma completa delle funzioni di controllo della Corte dei conti, riducendo il numero degli atti sottoposti al controllo preventivo di legittimità ed introducendo, oltre alla già esaminata forma di controllo successivo sulla gestione, il controllo successivo sulle gestioni fuori bilancio e sui fondi di provenienza comunitaria, improntati sempre ai parametri di economicità ed efficacia.

Altre leggi sono intervenute attribuendo alla Corte dei conti importanti funzioni di controllo/referto quali:

- il controllo sulla copertura finanziaria delle leggi di spesa (art. 11 ter della legge 5 agosto 1978 n. 468);
- referti speciali (es., referto sul costo del lavoro pubblico ed altri referti speciali);
- certificazione finanziaria dei contratti collettivi di lavoro (art. 51 del decreto legislativo n. 29 del 1993 e successive modifiche);
- referti sulla finanza regionale e locale.

PER SAPERNE DI PIÙ

◆ DIFFERENZE TRA CONTROLLO DI LEGITTIMITÀ SUGLI ATTI E CONTROLLO SULLA GESTIONE

Fra i due tipi di controllo vi sono differenze circa:

- l'oggetto (singoli atti o attività amministrativa nel suo complesso);
- il parametro (conformità *ex ante* dell'atto a norme di legge, verifica *ex post* dei risultati raggiunti rispetto agli obiettivi programmati);
- l'esito (inefficacia dell'atto, attivazione di meccanismi di adeguamento ed auto correzione da parte dell'amministrazione controllata).

Capitolo 8 LA RESPONSABILITÀ DELLA P.A.

SOMMARIO:

1. La responsabilità: nozione generale

Con il termine responsabilità si indica la capacità di un soggetto di prevedere e, quindi, rispondere delle conseguenze derivanti da un proprio comportamento.
Si distinguono tre tipi di responsabilità:
- **civile**, che sorge per inadempimento di un obbligo *ex* art. 1218 c.c. (responsabilità contrattuale), ovvero per qualunque atto illecito, doloso o colposo, che abbia arrecato ad altri un danno ingiusto (responsabilità extracontrattuale): si distinguono ipotesi di responsabilità diretta e responsabilità indiretta (anche detta oggettiva);
- **penale**, la quale discende dall'infrazione di precetti posti dall'ordinamento a presidio di particolari interessi pubblici e giustifica l'esercizio della potestà punitiva da parte dello Stato;
- **amministrativa**, involgente sia quella dell'amministrazione pubblica verso altri soggetti, sia quella dei funzionari nei confronti di terzi (responsabilità diretta, per illeciti dovuti a titolo di dolo o colpa grave) o dell'amministrazione stessa (responsabilità disciplinare, se il funzionario viene meno a un dovere d'ufficio, e responsabilità patrimoniale, se arreca un danno all'amministrazione).

Altri tipi di responsabilità sono quella:
- **internazionale**, riguardante il rapporto tra lo Stato imputabile di un illecito internazionale e lo Stato nei cui confronti l'illecito è stato perpetrato;
- **politica**, la quale, nel sistema costituzionale italiano, concerne la responsabilità del Governo verso il Parlamento, che si concretizza nell'obbligo del primo di dimettersi quando non abbia più la fiducia del secondo.

2. La responsabilità della P.A. nella Costituzione

La responsabilità della P.A. rinviene il proprio fondamento costituzionale nell'**art. 28** della Carta, in base al quale "*I funzionari e i dipendenti dello Stato sono direttamente responsabili secondo le leggi penali, civili e amministrative degli atti compiuti in violazione dei diritti*" (comma 1). La medesima norma aggiunge significativamente che "*in tali casi la responsabilità civile si estende allo Stato e agli enti pubblici*" (comma 2). L'art. 28 Cost. pone formalmente in primo piano la **responsabilità personale del dipendente pubblico** e solo in via subordinata, per estensione, la **responsabilità civile dello Stato-apparato**. In senso maggiormente garantista per il cittadino, la responsabilità della P.A.

è stata tuttavia intesa come solidale e diretta, in virtù del rapporto organico che si instaura tra il singolo dipendente e l'Amministrazione di appartenenza. Dunque, il modello recepito nel nostro ordinamento assegna primaria rilevanza alla responsabilità dell'apparato anziché a quella personale dell'agente pubblico.

3. La natura della responsabilità della P.A.

La questione relativa alla natura giuridica della responsabilità civile della P.A. è apparsa in dottrina e in giurisprudenza di non facile soluzione. Un approccio sintetico delle varie soluzioni prospettate consente di affermare che la responsabilità della P.A. è stata, alternativamente, sussunta nei seguenti paradigmi.

▶ 3.1. Responsabilità extracontrattuale.

Si tratta dell'indirizzo, ancora oggi prevalente, seguito dalle Sezioni Unite della Corte di Cassazione nella storica sentenza n. 500 del 1999, con la quale - superando il pregresso orientamento che identificava l'ingiustizia del danno *ex* art. 2043 c.c. con la lesione dei soli diritti soggettivi - si affermò per la prima volta che la situazione soggettiva lesa dalla condotta della P.A potesse essere anche l'interesse legittimo, definito come la "*posizione di vantaggio riservata ad un soggetto in relazione ad un bene della vita oggetto di un provvedimento amministrativo*". In tale ottica, per affermare la responsabilità della P.A. sono necessari i seguenti elementi: *a) elemento oggettivo*, costituito dall'evento dannoso e dalla necessità di stabilire se il danno sia qualificabile come danno ingiusto, in relazione all'interesse leso, che può assumere, indifferentemente, sia la consistenza del *diritto soggettivo* che dell'*interesse legittimo*; *b) nesso causale* tra la condotta (commissiva o omissiva) della P.A. e l'evento dannoso; *c) elemento soggettivo*, costituito dal dolo (riferibile non alla P.A., ma al singolo agente) o dalla colpa (in violazione delle regole di imparzialità, di correttezza e di buona amministrazione) della P.A.

▶ 3.2. Responsabilità contrattuale.

Si tratta dell'indirizzo che ritiene la responsabilità della P.A. assimilabile a quella di tipo contrattuale in quanto derivante da un "contatto qualificato" tra privato e P.A., instauratosi con l'avvio del **procedimento amministrativo**. Da un siffatto contatto "qualificato" nascerebbero, in capo alla P.A., obblighi di protezione, *ex* art. 1173 c.c., della sfera giuridica del privato.

▶ 3.3. Responsabilità precontrattuale.

Si tratta di un modello che, valorizzando i doveri di buona fede, correttezza, lealtà e diligenza, *ex* art. 1337 c.c., che la P.A. deve osservare nello svolgimento delle trattative e nella formazione dei contratti con i privati, trova riconoscimento in alcuni particolari ambiti, come nel caso in cui venga espletata una procedura ad evidenza pubblica: ipotesi tipica è quella della revoca degli atti della gara, disposta dalla stazione appaltante nell'esercizio del potere di autotutela. Tale forma di responsabilità precontrattuale della P.A. implica la limitazione del risarcimento del danno al c.d. "interesse negativo", consistente nelle perdite derivate dall'aver fatto affidamento nella conclusione del contratto e nei mancati guadagni verificatisi in conseguenza delle altre occasioni contrattuali perdute.

▶ 3.4. Responsabilità sui generis.

Con questo indirizzo, minoritario in giurisprudenza, si fa riferimento ad una responsabilità destinata a partecipare di volta in volta delle peculiarità proprie dell'una e dell'altra delle forme di responsabilità conosciute nel diritto civile.

4. Le tecniche risarcitorie

Le forme di riparazione invocabili contro l'amministrazione ritenuta responsabile sono due:
- **Risarcimento per equivalente**: aderendo alla tesi delle responsabilità extracontrattuale, per i criteri di **quantificazione del danno** vengono in considerazione l'art. 1223 c.c. che, nell'individuare le due componenti del danno emergente e del lucro cessante, si atteggia a norma generale in materia, nonché gli artt. 1225, 1226 e 1227 c.c. Inoltre, l'art. 30, comma 3, c.p.a., dispone che *"nel determinare il risarcimento il giudice valuta tutte le circostanze di fatto e il comportamento complessivo delle parti e, comunque, esclude il risarcimento dei danni che si sarebbero potuti evitare usando l'ordinaria diligenza"*.
- **Risarcimento mediante reintegrazione in forma specifica**: è una figura di risarcimento del danno, prevista sempre dall'art. 30 c.p.a., alternativa rispetto al risarcimento per equivalente (nel settore degli appalti, al contrario, la tutela in forma specifica è prevalente rispetto alla tutela per equivalente, che assume carattere sussidiario ed eventuale). In quanto tale, è caratterizzata dalla rimozione della fonte e delle sue conseguenze pregiudizievoli ed è volta a ristabilire la situazione giuridica esistente al momento in cui si è verificato il danno, con l'attribuzione, al danneggiato, della medesima utilità giuridico-economica lesa dalla condotta illecita. Il risarcimento in forma specifica è condizionato, quanto ad ammissibilità, ai **presupposti** della *possibilità* e della *non eccessiva onerosità per il debitore*, di cui all'**art. 2058 c.c.**

5. La responsabilità del pubblico dipendente

La responsabilità dei dipendenti della P.A. per danni cagionati a terzi trova il proprio fondamento costituzionale nell'**art. 28 Cost.**, secondo il quale il privato danneggiato, a fronte di un illecito civile del pubblico dipendente, può decidere di agire, in via risarcitoria, **nei confronti della P.A.** o direttamente **nei confronti del dipendente** autore dell'illecito. Nel primo caso, la P.A., condannata al risarcimento, può poi rivalersi nei confronti del pubblico dipendente, chiamato a rispondere innanzi alla Corte dei Conti del danno erariale indirettamente cagionato.
In ordine al concetto di **"dipendenti"** dello Stato e degli altri enti pubblici, è prevalsa un'interpretazione estensiva, volta a ricondurre nella previsione non solo i pubblici dipendenti in senso stretto, legati cioè alla P.A. da un rapporto di impiego, ma anche le persone comunque funzionalmente legate all'ente da un rapporto di servizio, anche al di fuori di un rapporto di impiego.
Quanto, invece, al lato passivo dell'obbligo risarcitorio, dal disposto dell'art. 28 Cost., risulta evidente che il pubblico dipendente è responsabile nei confronti della stessa P.A., sotto forma di: **responsabilità contabile**, intesa come responsabilità di quei soggetti che, avendo avuto in consegna, a vario titolo, denaro, beni o altri valori pubblici o, comunque, avendone avuto la disponibilità materiale, non adempiano all'obbligo di restituzione che a loro incombe; **responsabilità amministrativa**, che si ha quando, a causa di **inosservanza dolosa** (la prova del dolo richiede, comunque la dimostrazione della volontà dell'evento dannoso) **o gravemente colposa** dei propri obblighi di servizio, il dipendente abbia cagionato un **pregiudizio alla P.A**. La responsabilità amministrativa del pubblico dipendente – anche nota come **responsabilità per "danno erariale"**, poiché presuppone un pregiudizio alle finanze pubbliche – è assoggettata alla giurisdizione della Corte dei Conti *ex* art. 103, comma 2, Cost. e ai sensi dell'art. 1 legge 14 gennaio 1994, n. 20. Uno dei principali principi caratterizzanti tale forma di responsabilità è quello della "*compensatio lucri cum damno*" prevista dall'art. 1, comma 1-*bis*, l. n. 20 del 1994, secondo cui "*nel giudizio di responsabilità, fermo restando il potere di riduzione, deve tenersi conto dei*

vantaggi comunque conseguiti dall'amministrazione di appartenenza, o da altra amministrazione, o dalla comunità amministrata in relazione al comportamento degli amministratori o dei dipendenti pubblici soggetti al giudizio di responsabilità".

Il **d.l. n. 76/2020** (c.d. Decreto Semplificazioni) ha introdotto, limitatamente ai fatti commessi dalla data di entrata in vigore del decreto e fino al 31 luglio 2021, una forte limitazione della responsabilità dei soggetti sottoposti alla giurisdizione della Corte dei conti in materia di contabilità pubblica per l'azione di responsabilità di cui all'art. 1 della legge 14 gennaio 1994, n. 20, in quanto risponderanno solo per danni cagionati con dolo, non anche per colpa grave.

▶ 5.1 Elementi costitutivi della responsabilità amministrativa

Possono considerarsi **elementi costitutivi** della responsabilità amministrativa:

- il vincolo funzionale tra il soggetto che ha cagionato il danno e la P.A.;
- la violazione dei doveri d'ufficio e l'inosservanza di obblighi di servizio per il tramite di una condotta attiva od omissiva;
- l'imputabilità a titolo di dolo o colpa grave;
- il verificarsi del danno erariale, ossia di un pregiudizio economicamente valutabile nei confronti della P.A. che può consistere nel depauperamento patrimoniale (danno emergente) o nella mancata acquisizione di incrementi patrimoniali che la P.A. avrebbe potuto conseguire in assenza della condotta illecita (lucro cessante);
- il nesso di causalità tra fatto del dipendente e danno all'erario.

Il danno erariale può, inoltre, essere **diretto** (il dipendente pubblico commette un illecito che arreca un danno direttamente lesivo della sfera giuridica della P.A.) od **indiretto** (la P.A., in forza del vincolo di solidarietà obbligatoria passiva di cui all'art. 28 Cost., viene condannata a risarcire il terzo danneggiato dalla condotta illecita del proprio agente nell'esercizio delle sue funzioni o comunque durante l'attività di servizio).

▶ 5.2 Tipologie di danno erariale

Passando alle tipologie di danno erariale, la Corte dei Conti ha identificato:

- un **danno erariale "atipico" di natura patrimoniale**;
- un **danno da disservizio**, inteso come "spreco" qualitativo delle risorse pubbliche conseguente al mancato raggiungimento di quell'utilità che sarebbe stata perseguita ove il servizio fosse stato legalmente espletato;
- un **danno all'immagine della P.A.,** il quale incide in via immediata sulla fiducia che lega la cittadinanza agli amministratori ed in via mediata sulla capacità di realizzazione dei fini istituzionali. Con riferimento ai profili che attengono all'*an* del danno all'immagine, si chiarisce che: sul piano oggettivo, la condotta deve contraddistinguersi per una sua **intrinseca capacità offensiva**; sul piano soggettivo, deve essere sostenuta dal **dolo**, se non penale almeno contrattuale; sul piano teleologico, deve avere ad oggetto un **bene-valore particolarmente sensibile**, quale la giustizia, la salute, l'ordine pubblico, la sicurezza; sul piano sociale, infine, la condotta deve procurare un certo **allarme tra i consociati** (c.d. *clamor fori*).

PER SAPERNE DI PIÙ

◆ **LA RESPONSABILITÀ PER DANNO ALL'IMMAGINE E LA PREGIUDIZIALE PENALE**

Mentre in passato la proposizione dell'azione risarcitoria per danni all'immagine dell'ente pubblico da parte della procura contabile era possibile solo in presenza di "*delitti dei pubblici ufficiali contro la pubblica amministrazione*" (art. 17, co. 30- *ter*, d.l. 1° luglio 2009, n. 78), oggi, in seguito all'abrogazione di tale art. 17, co 30-*ter*, operata dal Codice di giustizia contabile (d.lgs. n. 174/2016) si deve ritenere che qualsiasi delitto commesso in danno della P.A., accertato con sentenza penale definitiva, è idoneo a configurare il presupposto per l'eventuale promovimento dell'azione risarcitoria per il danno all'immagine, senza più alcuna limitazione tipologica.
L'ordinamento conosce, tuttavia, due ipotesi autonome e tipizzate di responsabilità per danno all'immagine, per le quali, invece, non opera la pregiudiziale penale:

1. quella derivante dal reato di falsa attestazione della presenza in servizio (c.d. assenteismo fraudolento), di cui all'art. 55-*quinquies*, d.lgs. n. 165 del 2001);
2. quella derivante dalla violazione degli obblighi di pubblicità e trasparenza previsti dalla normativa vigente e dal rifiuto, dal differimento e dalla limitazione dell'accesso civico (art. 46, d.lgs. n. 33 del 2013).

PRINCIPALI QUESTIONI.

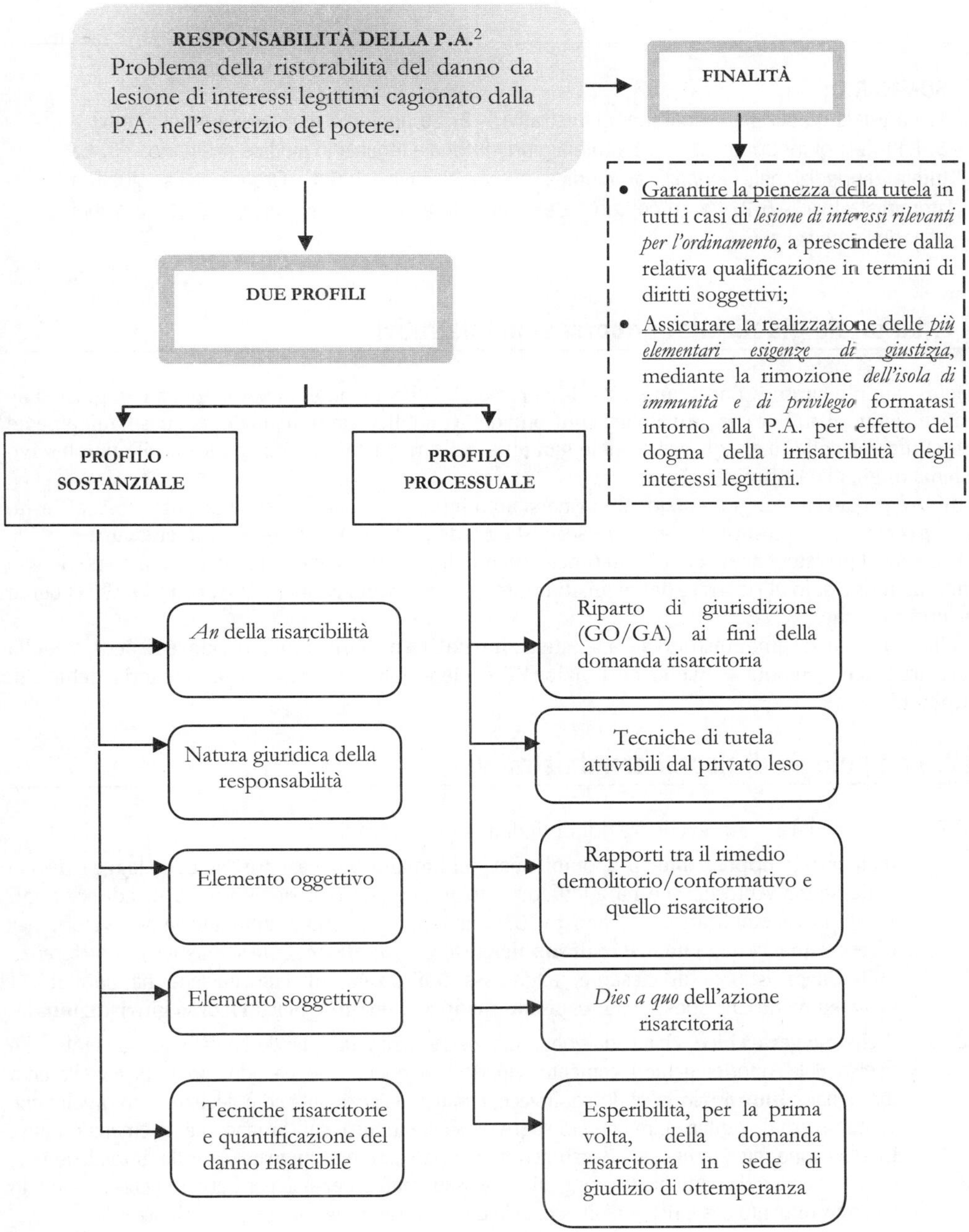

Capitolo 9 LA GIUSTIZIA AMMINISTRATIVA

SOMMARIO:

1. La tutela giustiziale: i ricorsi amministrativi

I ricorsi amministrativi sono i rimedi giuridici previsti dall'ordinamento per la tutela c.d. giustiziale (o in via amministrativa) del privato nei confronti della pubblica amministrazione: questi, unitamente agli strumenti della tutela giurisdizionale garantita dall'art. 113 Cost., costituiscono il complessivo sistema di giustizia amministrativa.
A differenza dei rimedi giurisdizionali, i ricorsi amministrativi sono decisi dalla stessa P.A. all'esito di un **procedimento amministrativo di secondo grado** attivato ad istanza dell'interessato.
L'istanza del privato, che dà impulso al procedimento di riesame, può essere qualificata come ricorso amministrativo solo al ricorrere dei requisiti minimi previsti dalla legge (**d.P.R. n. 1199/1971**) per la sua proposizione.
Quella offerta in via amministrativa è una tutela **alternativa o, comunque, ulteriore** rispetto a quella giurisdizionale garantita a livello costituzionale e viene fatta rientrare nella categoria della c.d. **autodichia**.

2. Le tipologie di ricorsi amministrativi

Il d.P.R. n. 1199 del 1971 prevede tre tipi di ricorsi amministrativi:

1. il **ricorso in opposizione**; proponibile nei soli limitatissimi casi previsti dalla legge e deciso dalla stessa Autorità che ha adottato l'atto impugnato (es. ricorso al Provveditore degli studi, previsto dall'art. 2, l. 9 agosto 1978, n. 463, in materia di graduatorie provvisorie per il conferimento degli **incarichi di supplenze al personale docente** scolastico). A differenza della mera istanza di riesame, anch'essa indirizzata all'Autorità che ha adottato il provvedimento, l'opposizione **sospende e riapre il termine per il ricorso giurisdizionale**;
2. il **ricorso gerarchico**; che a sua volta, può essere: **proprio**, quando ha carattere generale ed è deciso dall'Autorità gerarchicamente superiore a quella che ha adottato il provvedimento impugnato; **improprio**, quando ha, invece, carattere eccezionale ed è deciso da un organo che ha un potere di vigilanza, ma non di supremazia gerarchica, sull'organo che ha emanato l'atto. La decisione intervenuta sul ricorso gerarchico può essere impugnata, in sede giurisdizionale, dal ricorrente o da parte di altri soggetti interessati, fatta eccezione per l'autorità che ha adottato il provvedimento base, rispetto alla quale la decisione assume carattere vincolante;
3. il **ricorso straordinario al Capo dello Stato**; che ha carattere generale ed è deciso con decreto dal Presidente della Repubblica, su proposta del Ministero competente conforme al

parere (obbligatorio e vincolante) del Consiglio di Stato. L'eventuale decisione di accoglimento produce l'effetto di annullare *ex tunc* il provvedimento impugnato e obbliga l'amministrazione al ripristino dello ***status quo ante***; contro il decreto è ammesso il ricorso in sede giurisdizionale, ma solo per *errores in procedendo*.

Il **ricorso gerarchico**, sia proprio che improprio, e il **ricorso in opposizione**, sono proponibili, di regola entro il termine decadenziale di 30 giorni, solo avverso atti non definitivi, per far valere sia vizi di legittimità che vizi di merito (c.d. ricorsi ordinari); sono entrambi rimedi **facoltativi** rispetto ai ricorsi giurisdizionali, con la conseguenza che il ricorrente in sede amministrativa può, qualora sia ancora nei termini, proporre ricorso giurisdizionale, con conseguente rinuncia alla definizione del primo gravame, che diviene improcedibile.

Il **ricorso straordinario** è invece ammesso, entro il termine decadenziale di 120 giorni, solo avverso provvedimenti definitivi della p.a., per far valere esclusivamente vizi di legittimità: è un rimedio **alternativo** rispetto al ricorso giurisdizionale, con la conseguenza che, in ossequio al principio del *ne bis in idem*, l'esperimento di entrambi i rimedi comporta l'inammissibilità di quello proposto per secondo.

3. La tutela giurisdizionale

Il sistema italiano di tutela giurisdizionale è caratterizzato da una **doppia giurisdizione** (c.d. doppio binario), nella quale il riparto di giurisdizione, tra giudice ordinario e giudice amministrativo, è principalmente affidato alla consistenza di *diritto soggettivo* o di *interesse legittimo* della posizione soggettiva dedotta in giudizio dal cittadino nei confronti dell'amministrazione (artt. 24, 103 e 112 Cost.):

- laddove venga in rilievo la lesione di un *diritto soggettivo*, la giurisdizione appartiene al **giudice ordinario (G.O.)**, il quale può solo disapplicare l'atto amministrativo che risulti illegittimo;
- nel caso in cui emerga la lesione di un *interesse legittimo*, la giurisdizione spetta al **giudice amministrativo (G.A.)**, che può annullare gli atti amministrativi illegittimi (giurisdizione di legittimità) e, nei casi espressamente previsti dalla legge, sostituirli o riformarli (giurisdizione di merito), salvo le ipotesi di giurisdizione esclusiva, in cui il sindacato del G.A. si estende anche ai diritti soggettivi.

4. La tutela giurisdizionale innanzi al giudice ordinario

L'ambito della giurisdizione del G.O., in relazione agli atti amministrativi, è determinata dagli ancora vigenti artt. 2, 4 e 5 della l. n. 2248 del 1865, all. E, abolitrice del contenzioso amministrativo (c.d. L.A.C.).

L'art. 2 L.A.C. pone i cc.dd. **limiti esterni** della giurisdizione ordinaria devolvendole "tutte le cause per contravvenzioni e tutte le materie nelle quali si faccia questione d'un diritto civile o politico, comunque vi possa essere interessata la Pubblica amministrazione, e ancorché siano emanati provvedimenti del potere esecutivo o dell'autorità amministrativa". In deroga all'art. 2 L.A.C., non sono affidate alla sfera cognitiva del G.O. le materie attribuite alla giurisdizione di giudici speciali, quali la Corte dei Conti in ambito pensionistico, o alle Commissioni tributarie o i casi di arbitraggi obbligatori, nonché le controversie involgenti diritti soggettivi affidate alla giurisdizione esclusiva del G.A.

Gli artt. 4 e 5 L.A.C., presupponendo già risolto il riparto di giurisdizione in favore del G.O., pongono invece i cc.dd. **limiti interni**, individuando i poteri di cognizione e di decisione dallo stesso esercitabili.

Quanto ai **poteri di cognizione**, il G.O. può conoscere degli effetti dell'atto "in relazione all'oggetto" dedotto in giudizio. Ne deriva che la pronuncia del giudice non ha efficacia *erga omnes*, ma vale soltanto

per il caso deciso ed *inter partes*. Il giudizio ha ad oggetto non già la legittimità dell'atto in quanto tale, ma la lesione di un diritto prodotta da un atto amministrativo, sicché il G.O. si disinteressa dell'atto in sé, non avendo la sua sorte alcuna rilevanza al di fuori del processo. Quanto all'ampiezza del sindacato del G.O. sull'atto amministrativo, lo stesso può essere di sola legittimità, senza estendersi al merito.
Quanto ai **poteri di decisione**, il G.O. può soltanto **disapplicare** l'atto amministrativo illegittimo: non può, in altre parole, incidere direttamente sull'atto, annullandolo, revocandolo o modificandolo. Se ne fa discendere il divieto per il G.O. di ordinare un *facere* alla P.A.; divieto, peraltro, che non trova applicazione quando siano in contestazione: atti paritetici posti in essere dalla P.A. *iure privatorum*; comportamenti meramente materiali della P.A.; condotte poste in essere *sine titulo*.
Disapplicare significa per il G.O. considerare l'atto amministrativo illegittimo come se non esistesse (*tamquam non esset*) ai fini della decisione della causa, e dunque conoscerne senza efficacia di giudicato: al di fuori di tale ambito, cioè, l'atto conserva la sua validità ed efficacia.

5. La tutela giurisdizionale innanzi al giudice amministrativo

L'ambito della tutela giurisdizionale amministrativa è determinato dall'art. 7 del codice del processo amministrativo (c.p.a.) che devolve alla giurisdizione del G.A. le controversie nelle quali si faccia questione di interessi legittimi e, nelle particolari materie indicate dalla legge, di diritti soggettivi concernenti l'esercizio o il mancato esercizio del potere amministrativo, riguardanti: provvedimenti e atti; accordi; comportamenti riconducibili anche mediatamente all'esercizio di tale potere.

► 5.1. Organi della giustizia amministrativa.

Sono organi della giustizia amministrativa:

- i **tribunali amministrativi regionali (T.A.R.)**, che giudicano in primo grado: istituiti con la l. 6 dicembre 1971, n. 1034, hanno di regola sede nel capoluogo di regione; trovano specifico fondamento costituzionale nell'art. 125 Cost. e non sono dotati di funzioni consultive;
- il **Consiglio di Stato**, che giudica in grado di appello: istituito nel 1831, si compone oggi di quattro sezioni giurisdizionali (Sezioni III, IV, V e VI), che compiono, ai sensi degli artt. 103 Cost. e 6 c.p.a., il giudizio di appello sulle sentenze dei T.A.R. su ricorso dei privati o dell'Amministrazione soccombenti in primo grado, e di due sezioni consultive (Sezioni I e II) che svolgono la funzione consultiva prevista dall'art. 100 Cost. sotto forma di pareri;
- il **Consiglio di Giustizia amministrativa per la Regione siciliana**, a cui sono attribuite le stesse funzioni - consultive e giurisdizionali - del Consiglio di Stato in ordine agli atti delle autorità della Regione siciliana.

► 5.2. Le articolazioni della giurisdizione amministrativa.

La giurisdizione amministrativa si articola in:

- **giurisdizione generale di legittimità**; ha **carattere generale** ed ha ad oggetto le controversie relative ad atti, provvedimenti o omissioni delle pubbliche amministrazioni, comprese quelle relative al risarcimento del danno per lesione di interessi legittimi ed agli altri diritti patrimoniali conseguenziali, pure se introdotte in via autonoma. La l. n. 205/2000 ha ampliato i poteri del giudice con riferimento sia alla disponibilità dei mezzi di prova (generalizzando il potere del G.A. di disporre consulenza tecnica), sia alla capacità decisionale (potendo il G.A. valutare la risarcibilità del danno causato dall'atto illegittimo della P.A. e condannare l'amministrazione ad un obbligo di reintegrazione in forma specifica).

- **giurisdizione esclusiva**; ha **carattere eccezionale**, poiché limitata ai soli casi indicati dalla legge, e si ha quando il legislatore, ai sensi dell'art. 103 Cost., devolve, in particolari materie, al G.A. la cognizione in via principale delle controversie a prescindere dalla circostanza che si deduca la lesione di interessi legittimi o di diritti soggettivi. Una ricognizione (non esaustiva perché fa salve ulteriori previsioni di legge) di materie devolute alla giurisdizione esclusiva del G.A. si trova nell'art. 133 c.p.a. A titolo esemplificativo, si segnalano le controversie in materia di: diritto di accesso ai documenti amministrativi; urbanistica ed edilizia, concernente tutti gli aspetti dell'uso del territorio; rapporti di lavoro del personale in regime di diritto pubblico.
- **giurisdizione estesa al merito**; anche questa ha **carattere eccezionale** e si ha quando al G.A. è consentito sindacare non solo la legittimità, ma anche il merito (l'opportunità) dell'atto amministrativo, se del caso annullandolo, riformandolo o sostituendolo. Una ricognizione tassativa dei casi di giurisdizione di merito si trova nell'art. 134 c.p.a. che contempla cinque ipotesi: a) l'attuazione delle pronunce giurisdizionali esecutive o del giudicato nell'ambito del giudizio di cui al Titolo I del Libro IV (giudizio di ottemperanza); b) gli atti e le operazioni in materia elettorale, attribuiti alla giurisdizione amministrativa; c) le sanzioni pecuniarie la cui contestazione è devoluta alla giurisdizione amministrativa, comprese quelle applicate dalle Autorità amministrative indipendenti, nonché le sanzioni alternative *ex* art. 123 c.p.a.; d) le contestazioni sui confini degli enti territoriali; e) il diniego di rilascio di nulla osta cinematografico.

▶ 5.3. Le azioni esperibili innanzi al G.A.

Il Codice del processo in attuazione dei principi costituzionali e comunitari in materia di pienezza ed effettività della tutela giurisdizionale, ha ampliato le tecniche di tutela dell'interesse legittimo mediante l'introduzione del principio della pluralità delle azioni. Le azioni amministrative che il privato può attivare innanzi al G.A. sono:

- **azione di annullamento**; è uno strumento di tutela accordato al privato contro il cattivo uso del potere da parte della P.A., consistente nell'annullamento dell'atto amministrativo in relazione ai vizi di incompetenza, violazione di legge ed eccesso di potere. Ai sensi dell'art. 29 c.p.a., l'azione di annullamento si propone nel termine di decadenza di sessanta giorni, che decorre dalla notificazione, comunicazione o piena conoscenza dell'atto e per gli atti per i quali non è richiesta la notifica individuale, dal giorno in cui sia scaduto il termine per la pubblicazione dell'atto se prevista dalla legge;
- **azione di condanna al risarcimento del danno**; l'art. 30 c.p.a. riconosce la tutelabilità risarcitoria dei danni da lesione di interesse legittimo, sperimentabile anche autonomamente, senza essere condizionata sul piano processuale dalla previa impugnativa dell'atto amministrativo. È esperibile entro il termine decadenziale di 120 giorni;
- **azione avverso il silenzio-inadempimento**; l'art. 31 c.p.a. prevede l'azione avverso l'inerzia non qualificata della pubblica amministrazione, volta ad ottenere l'accertamento dell'inadempimento della p.a. e l'ordine di provvedere, ovvero, quando si tratti di attività vincolata o quando non residuino ulteriori margini di esercizio della discrezionalità, l'accertamento della fondatezza della pretesa dedotta in giudizio e la conseguente condanna dell'amministrazione resistente all'adozione del provvedimento richiesto dal privato. L'azione può essere proposta fintanto che perdura l'inadempimento e, comunque, non oltre un anno dalla scadenza del termine di conclusione del procedimento;

- **azione di nullità**; la nullità *ex* art. 21-*septies* l. n. 241/1990, può essere fatta valere mediante azione di nullità, esperibile di regola entro il termine di decadenza di centoottanta giorni, ai sensi dell'art. 31, co. 4, c.p.a. La nullità dell'atto può essere sempre opposta dalla parte resistente o essere rilevata d'ufficio dal giudice;
- **azione di esatto adempimento**; essa si traduce in una domanda di condanna ad un *facere* specifico e, quindi, all'adozione di un determinato provvedimento. L'art. 34, co. 1, lett. c), c.p.a. prevede che tale azione di condanna possa essere esercitata contestualmente all'azione di annullamento del provvedimento di diniego o all'azione avverso il silenzio ed entro limiti di cui all'art. 31, co. 3, c.p.a.

Capitolo 10 L'INFORMATIZZAZIONE NELLA PUBBLICA AMMINISTRAZIONE

SOMMARIO:

1. L'informatizzazione delle pubbliche amministrazioni.

Il processo di informatizzazione della P.A. si è sviluppato, a partire dagli anni 90, sull'idea che l'introduzione delle tecnologie dell'informazione e della comunicazione (ICT) nell'operato dell'Amministrazione potesse tradursi in un **risparmio economico** e in un **accrescimento complessivo dell'efficienza**.

Sotto il primo punto di vista, la capacità di risparmio è infatti criterio privilegiato da tenere in conto per la decisione circa gli investimenti in informatizzazione (art. 15, co. 2-*ter*, d.lgs. 8 marzo 2005, n. 82, *Codice dell'Amministrazione Digitale - CAD*, introdotto dal decreto legislativo 30 dicembre 2010, n. 235).

Nel secondo senso, il principio dell'efficienza è, tra l'altro, espressamente menzionato nella disciplina del procedimento amministrativo (legge 7 agosto 1990, n. 241), proprio all'art. 3-*bis*, che si occupa appunto dell'uso della telematica per il procedimento.

Tappe fondamentali del processo di informatizzazione sono state:

- il decreto legislativo 3 febbraio 1993, n. 29, che, nel disciplinare la riforma del pubblico impiego, ha affrontato il nodo dell'informatizzazione degli uffici pubblici, prevalentemente in chiave interna;
- le c.d. leggi Bassanini (legge 15 marzo 1997, n. 59 e seguenti), che hanno in particolare disciplinato la comunicazione tra P.A. e cittadini e interpretato l'informatizzazione come strumento di semplificazione);
- il Codice dell'Amministrazione Digitale (CAD), che ha regolato ad ampio spettro i possibili impieghi pubblici dell'informatizzazione, raccogliendo in un unico testo la precedente normativa anche in materia di documentazione;
- le riforme che hanno collegato efficientamento dell'amministrazione e informatizzazione (le c.d. Riforme Brunetta del 2009-2010);
- la serie di interventi normativi in tema di trasparenza, quali il decreto legislativo 14 marzo 2013, n. 33, recante "Riordino della disciplina riguardante gli obblighi di pubblicità, trasparenza e diffusione di informazioni da parte delle pubbliche amministrazioni", e le misure per l'attuazione della c.d. Agenda digitale.

In particolare, il d.lgs. n. 33 del 2013 (**c.d. decreto trasparenza**) è stato oggetto di una **significativa revisione** con l'entrata in vigore del decreto legislativo 25 maggio 2016, n. 97, mediante il quale il legislatore (in attuazione dei principi fissati dalla legge 7 agosto 2015, n. 124, c.d. Legge Madia) ha inteso adeguare la normativa italiana sulla trasparenza al **modello del c.d. FOIA *(Freedom of Information Act)***, adottato da tempo sia a livello internazionale che europeo.

A livello di utilizzo delle nuove tecnologie nelle relazioni tra cittadini e Amministrazione, sono identificabili almeno tre diverse fasi:

- le prime esperienze di amministrazione digitale si sono avute nel corso degli anni Novanta, in particolare con le **reti civiche**, pensate per mettere in rapporto i soggetti del territorio (dagli enti locali fino alle associazioni e sindacati), il cui coordinamento è stato poi affidato all'Ufficio Relazioni con il Pubblico (URP) dall'art. 8 della legge 7 giugno 2000, n. 150;
- in una seconda fase il processo è proseguito, a livello nazionale, con il ***c.d. E-government*** (si pensi al Piano nazionale d'azione del 2000 del governo Amato e ai diversi progetti che, a legislazione invariata, hanno fatto affidamento su dei comuni capofila per la sperimentazione di fornitura di servizi *online*);
- nella terza fase le politiche di azione sono andate sotto la definizione di ***Open Government***, e si sono caratterizzate per un potenziale accesso aperto alle informazioni e una possibile maggiore interazione tra amministrazione e cittadini.

Gli attuali risultati del processo di informatizzazione appaiono però modesti.
Anche per questo, un'ulteriore caratteristica della normativa nazionale consiste nel passaggio **da un approccio promozionale ad uno di tipo impositivo-sanzionatorio**: se infatti il sopra richiamato art. 3-*bis* della legge n. 241/1990, dispone che le amministrazioni incentivino la comunicazione telematica interna e con i cittadini, con valenza quindi unicamente programmatica, e nel CAD registriamo il continuo riferimento al concetto di promozione delle nuove tecnologie, le norme più recenti, invece, pongono precise responsabilità a carico dei dirigenti (si veda, ad es., l'art. 12, co. 1-*ter* del "nuovo" CAD) e stabiliscono sanzioni o automatismi per imporre l'informatizzazione (ad es., il d.P.C.M. 22 luglio 2011 che ha imposto che le P.A. non potranno più accettare o effettuare le comunicazioni in forma cartacea nei rapporti con le imprese).

2. L'Agenda digitale.

Con il termine Agenda digitale si intendono un insieme di specifiche **politiche volte al potenziamento delle tecnologie dell'informazione e della comunicazione**.
L'Agenda digitale europea è stata presentata dalla Commissione Europea il 19 maggio 2010 con lo scopo di **sfruttare al meglio il potenziale delle tecnologie** dell'informazione e della comunicazione **per favorire l'innovazione, la crescita economica e la competitività**.
L'Agenda rappresenta una delle sette "iniziative faro" della Strategia per la crescita "Europa 2020" e si propone di:

- realizzare un mercato unico digitale;
- garantire un Internet "veloce" e "superveloce" accessibile a tutti e a prezzi competitivi, attraverso reti di nuova generazione;
- favorire gli investimenti privati e raddoppiare le spese pubbliche nello sviluppo delle tecnologie dell'informazione e della comunicazione.

Il 20 settembre 2010, la Commissione europea ha presentato un pacchetto di misure di attuazione dell'Agenda, con l'obiettivo di assicurare entro il 2020 l'accesso ad *Internet* a tutti i cittadini con una velocità di connessione superiore a 30 Mbitps e per almeno il 50% delle famiglie con velocità superiore a 100 Mbitps.
Nel quadro dell'Agenda digitale assume un particolare rilievo la promozione di reti mobili di comunicazione di nuova generazione e, in particolare, la **banda larga.**

A livello nazionale, al fine di attuare le politiche dell'Agenda digitale, è stata istituita nel 2012

l'**Agenda digitale italiana** che si sostanzia nella relativa Cabina di regia (**decreto-legge n. 5/2012**) e nell'Agenzia per l'Italia digitale (**AgID - decreto-legge n. 83/2012**).
L'attuazione dell'Agenda digitale italiana richiede il coordinamento di molteplici azioni in capo alla Pubblica amministrazione, alle imprese e alla società civile e necessita di una gestione integrata delle diverse fonti di finanziamento nazionali e comunitarie (a livello centrale e territoriale).
A tal fine l'Agenzia per l'Italia Digitale ha il compito di redigere il Piano triennale per l'informatica nella Pubblica amministrazione
Il **Piano Triennale per l'Informatica nella Pubblica amministrazione 2017-2019** è il documento di indirizzo strategico ed economico con cui - per la prima volta - è stato definito il modello di riferimento per lo sviluppo dell'informatica pubblica italiana e la strategia operativa di trasformazione digitale del Paese.
Approvato dal Presidente del Consiglio dei Ministri, il Piano - realizzato da AgID e dal Team per la Trasformazione Digitale - coordina la gestione dei circa 4,6 miliardi di euro che provengono da finanziamenti nazionali e comunitari, stanziati per il raggiungimento degli obiettivi fissati dalla **strategia Crescita Digitale** rispetto alla **riqualificazione della spesa ICT**.
In linea con la **legge di stabilità 2016**, il Piano ha dato il via al percorso di accompagnamento che dovrà consentire a livello nazionale di adeguarsi entro la fine del triennio 2016-2018 all'obiettivo di risparmio del 50% della spesa annuale per la gestione corrente del settore informatico anche grazie all'adozione delle **c.d. piattaforme abilitanti**. Le indicazioni rappresentano inoltre, per il mercato, un quadro di riferimento in materia ICT.
Nel marzo 2019 è stato approvato il **Piano triennale per l'informatica nella pubblica amministrazione 2019-2021** che ha definito le linee operative di sviluppo dell'informatica pubblica. Tra i requisiti strategici da soddisfare, viene considerato prioritario il principio del "*digital by default*", ovvero "digitale per definizione": le pubbliche amministrazioni devono fornire servizi digitali come opzione predefinita. Tale Piano triennale **è stato aggiornato per il 2021-2023**. L'aggiornamento 2021-2023 rappresenta la naturale evoluzione della precedente edizione. In particolare: consolida l'attenzione sulla realizzazione delle azioni previste e sul monitoraggio dei risultati; introduce alcuni elementi di novità connessi all'attuazione PNRR e alla vigilanza sugli obblighi di trasformazione digitale della PA.
Le aspettative dei cittadini e delle imprese per l'accesso a servizi pubblici digitali semplici ed efficaci sono, in Italia, al centro del processo di trasformazione digitale che si trova delineato nella Strategia per la crescita digitale 2014 - 2020 e nel **Piano Nazionale per la Banda Ultralarga**, approvati dal Consiglio dei Ministri, nel rispetto dell'Accordo di partenariato 2014 - 2020. Queste iniziative nazionali accolgono la programmazione dell'Agenda digitale europea, una delle sette iniziative faro della Strategia Europa 2020, la quale si propone di sfruttare al meglio il potenziale delle tecnologie ICT per favorire l'innovazione, la crescita economica e il progresso.

PER SAPERNE DI PIÙ

◆ LE PIATTAFORME ABILITANTI

Le Piattaforme abilitanti sono "soluzioni che offrono funzionalità fondamentali, trasversali e riusabili nei singoli progetti, uniformandone le modalità di erogazione".
Tra quelle che riguardano i servizi digitali a cittadini e imprese, già sviluppate e in fase di adozione presso i vari soggetti della PA, ricordiamo ad esempio: la Cie (Carta di identità elettronica), Spid (Sistema elettronico identità digitale), PagoPa (Piattaforma pagamenti elettronici Pa), Fatturazione elettronica, Anpr (Anagrafe nazionale della popolazione residente).
In fase di progettazione ci sono invece sistemi abilitanti come: ComproPA (sistema nazionale di e-procurement); Sistema di avvisi e notifiche di cortesia; il nuovo Sistema informativo sulle operazioni degli enti pubblici (Siope); il nuovo Sistema di gestione del personale che eroga servizi stipendiali alle PA (NoiPA).

L'AgID ha il compito di guidare le amministrazioni nella fase di adeguamento alle indicazioni contenute nel Piano. Entro il mese di settembre di ogni anno viene pubblicata la versione aggiornata - a fini di collaborazione con tutti gli *stakeholders* - del Piano, al fine di indirizzare le azioni per l'anno successivo.
Il Piano propone un modello sistemico, diffuso e condiviso, di gestione e di utilizzo delle tecnologie digitali più innovative, improntato a uno stile di *management* agile ed evolutivo, e basato su una chiara *governance* dei diversi livelli della Pubblica amministrazione.

La sinergia e l'equilibrio tra le tre direttrici (tecnologie innovative, stile di *management* agile e modello di *governance* chiaro ed efficace) garantiscono al sistema Paese un più efficace sfruttamento dei benefici delle nuove tecnologie e assicurano ai cittadini un vantaggio in termini di semplicità di accesso e miglioramento dei servizi digitali esistenti.
Il Piano deve indirizzarsi a una realtà complessa, con livelli di delega di competenze e di capacità operativa molto diversificate, e caratterizzata da elevata frammentazione. In particolare:

- 32.000 dipendenti pubblici nell'ICT, di cui circa 18.000 nelle Pubbliche amministrazioni centrali (PAC) e 14.000 nelle Pubbliche amministrazioni locali (PAL), a cui si aggiungono circa 6.000 dipendenti delle società in house locali e più di 4.000 nelle società in house centrali;
- stima di circa 5,7 miliardi di euro di spesa esterna ICT;
- stima di circa 11.000 data center delle Pubbliche amministrazioni;
- circa 160.000 basi di dati presenti nel catalogo delle basi di dati della P.A. di AgID e oltre 200.000 applicazioni che utilizzano tali dati secondo quanto rilevato dal censimento svolto su 13.822 Amministrazioni;
- oltre 25.000 siti *web*.

Il Modello strategico di evoluzione del sistema informativo della Pubblica amministrazione costituisce il quadro di riferimento su cui innestare e rendere operativi i progetti, le piattaforme e i programmi descritti nel documento **Strategia per la crescita digitale 2014-2020**, nel quale sono indicati i requisiti strategici da soddisfare ovvero:

- facilitare il coordinamento di tutti gli interventi di trasformazione digitale e l'avvio di un percorso di centralizzazione della programmazione e della spesa pubblica in materia;
- considerare prioritario il principio di "digitale per definizione" (*digital first*), progettando e implementando i servizi al cittadino, a partire dall'utilizzo delle tecnologie digitali;
- agevolare la modernizzazione della pubblica amministrazione partendo dai processi, superando la logica delle regole tecniche e delle linee guida rigide emesse per legge, che dovranno essere dinamiche e moderne e puntare alla centralità dell'esperienza e ai bisogni dell'utenza;
- adottare un approccio architetturale basato sulla separazione dei livelli di *back and front end*, con logiche aperte e standard pubblici che garantiscano ad altri attori, pubblici e privati, accessibilità e massima interoperabilità di dati e servizi;
- promuovere soluzioni volte a stimolare la riduzione dei costi e a migliorare la qualità dei servizi, contemplando meccanismi di remunerazione che possano anche incentivare i fornitori a perseguire forme sempre più innovative di composizione, erogazione e fruizione dei servizi.

La Strategia per la crescita digitale evidenzia la necessità di un radicale ripensamento della strategia di progettazione, gestione ed erogazione dei servizi pubblici in rete che preveda, tra l'altro, l'adozione delle architetture a più livelli (*multi-layer architecture*) e dei principi che hanno determinato l'affermazione del modello di *business* della cosiddetta *API economy*.
Il Modello strategico è stato quindi pensato per superare l'approccio a "silos" storicamente adottato dalla Pubblica amministrazione e per favorire la realizzazione di un vero e proprio sistema

informativo della Pubblica amministrazione (di seguito "Sistema informativo della PA") che:

- consideri le esigenze dei cittadini e delle imprese come punto di partenza per l'individuazione e la realizzazione di servizi digitali moderni e innovativi (servizi di *front office*);
- uniformi e razionalizzi le infrastrutture e i servizi informatici utilizzati dalla pubblica amministrazione (servizi di *back office*);
- favorisca la creazione di un nuovo mercato per quelle imprese private che saranno in grado di operare in maniera agile in un contesto non più basato su grossi progetti monolitici e isolati ma su servizi a valore aggiunto. Tali servizi dovranno rispettare le linee guida del Piano triennale, essere sempre disponibili su dispositivi mobili (approccio *mobile first*) ed essere costruiti con architetture sicure, scalabili, altamente affidabili e basate su interfacce applicative (API) chiaramente definite;
- valorizzi le risorse esistenti della pubblica amministrazione al fine di salvaguardare gli investimenti già realizzati, anche incoraggiando e creando le condizioni per il riuso del software e delle interfacce di qualità già esistenti;
- non disperda le esperienze maturate nei precedenti progetti di digitalizzazione del Paese con l'obiettivo di prendere a modello i casi di successo (*success stories*) e non ripetere errori commessi nel passato;
- migliori la sicurezza grazie ad un'architettura a più livelli che assicuri la separazione tra *back end* e *front end* e permetta l'accesso ai back end solo in modo controllato e tramite API *standard*;
- promuova la realizzazione di nuovi servizi secondo il principio di sussidiarietà (ad es. tramite interazioni API), riducendo tempi di realizzazione e impegni economici per le amministrazioni sia in fase di sviluppo sia in fase di aggiornamento;
- agevoli il controllo delle spese relative alle tecnologie digitali della Pubblica amministrazione, integrando meccanismi per la misurazione dello stato di avanzamento delle attività programmate (ad es. tramite sistemi di *project management* condivisi);
- abiliti politiche *data-driven* per la pianificazione delle attività future, basate sull'ottimizzazione delle spese e degli investimenti.

3. Le strutture di governo per l'innovazione digitale.

Nel corso degli ultimi anni si sono susseguiti alcuni interventi normativi e amministrativi volti a **razionalizzare le strutture organizzative** funzionali al perseguimento degli obiettivi di *e-Government.*

In un primo momento, si è provveduto a riorganizzare il **Centro nazionale per l'informatica nella pubblica amministrazione** (CNIPA). In particolare, il d.lgs. n. 177/2009 ha provveduto a trasformare il CNIPA in **DigitPA,** ente pubblico non economico che opera secondo le direttive e sotto la vigilanza del Presidente del Consiglio o di un Ministro da lui delegato.

Con gli art. 19, 20, 21 e 22 del decreto-legge 83/2012 si è ulteriormente provveduto a **razionalizzare il complesso delle funzioni** in materia di innovazione tecnologica e di digitalizzazione della pubblica amministrazione, creando a tal fine un organismo unico, denominato **Agenzia per l'Italia digitale** al posto della pluralità di amministrazioni e di enti fino ad allora competenti in materia. Tale profonda riorganizzazione è stata funzionale a garantire l'attuazione della c.d. Agenda digitale italiana, progetto di derivazione europea volto ad incrementare fino al 50% l'uso dei servizi *e-government* da parte dei cittadini dell'UE e fino all'80% da parte delle imprese dell'UE entro il 2015. All'Agenzia sono **attribuite le funzioni precedentemente espletate da DigitPA e dall'Agenzia per la diffusione delle tecnologie per**

l'innovazione (enti che sono stati contestualmente soppressi), nonché quelle facenti capo al **Dipartimento per la digitalizzazione** della pubblica amministrazione e l'innovazione tecnologica della Presidenza del Consiglio dei Ministri, destinato ad essere riorganizzato con successivo decreto del Presidente del Consiglio dei Ministri.
Con il d.P.C.M. 19 giugno 2019 è stato istituito il Dipartimento **per la trasformazione digitale** quale struttura generale della Presidenza del Consiglio dei ministri, in attuazione di quanto previsto all'art. 8 del decreto-legge "Semplificazioni" (n. 135 del 14 dicembre 2018), convertito, con modificazioni, dalla legge 11 febbraio 2019, n.12.
In particolare l'art. 8, comma 1-*ter*, del citato decreto-legge ha previsto che «*a decorrere dal 1° gennaio 2020, al fine di garantire l'attuazione degli obiettivi dell'Agenda digitale italiana, anche in coerenza con l'Agenda digitale europea, le funzioni, i compiti e i poteri conferiti al commissario straordinario per l'attuazione dell'Agenda digitale dall'art. 63 del decreto legislativo 26 agosto 2016, n. 179, sono attribuiti al Presidente del Consiglio dei ministri o al Ministro delegato che li esercita per il tramite delle strutture della Presidenza del Consiglio dei ministri dallo stesso individuate*».
Con il c.d. decreto-legge "Semplificazioni" la gestione della piattaforma tecnologica "**pagoPA**" per i pagamenti digitali verso la Pubblica Amministrazione, quale *asset* fondamentale per la digitalizzazione del Paese, è stata trasferita sotto il controllo diretto della Presidenza del Consiglio, che si avvale del Commissario Straordinario per l'attuazione dell'Agenda Digitale (art. 8, comma 1, d.l. n. 138/2018).
Per rendere capillare la diffusione di pagoPA, è stata disposta la costituzione di una società per azioni partecipata dallo Stato e vigilata dal Presidente del Consiglio dei ministri o del Ministro delegato incaricata di gestire l'ulteriore sviluppo della piattaforma e la sua industrializzazione (art. 8, comma 2, d.l. n. 138/2018).
Nasce, quindi, **PagoPA S.p.A.** il cui scopo è quello di diffondere il sistema di pagamenti online e i servizi digitali nel Paese, attraverso la gestione della piattaforma "pagoPA" e attraverso la gestione di progetti innovativi legati ai servizi pubblici come **IO**, l'*app* per i servizi pubblici, e la Piattaforma digitale nazionale dati (PDND).

PER SAPERNE DI PIÙ

◆ PAGOPA

PagoPA è un sistema di pagamenti elettronici realizzato da AgID in attuazione dell'art. 5 del Codice dell'Amministrazione Digitale e del decreto-legge n.179/2012 per rendere più **semplice**, **sicuro** e **trasparente** qualsiasi pagamento verso la Pubblica Amministrazione. È un modo diverso, più naturale e immediato per i cittadini di pagare la Pubblica Amministrazione, il cui utilizzo comporta un risparmio economico per il Paese.
PagoPA **non è un sito dove pagare**, ma una nuova modalità per eseguire tramite i **Prestatori di Servizi di Pagamento (PSP)** aderenti, i **pagamenti verso la Pubblica Amministrazione** in modalità standardizzata. Si possono effettuare i pagamenti direttamente **sul sito o sull'applicazione mobile dell'Ente** o attraverso i canali sia fisici che online di banche e altri Prestatori di Servizi di Pagamento (PSP), come ad esempio:

- **Presso le agenzie** della banca
- Utilizzando l'***home banking*** del PSP (riconoscibili dai loghi **CBILL** o **pagoPA**)
- Presso gli **sportelli ATM** abilitati delle banche
- Presso i punti vendita di **SISAL**, **Lottomatica** e **Banca 5**
- Presso gli **Uffici Postali**.

L'obiettivo è quello di permettere al cittadino di scegliere metodi di pagamento moderni, a minima frizione, e al mercato di poter integrare lo strumento, aggiungendo facilmente nuovi strumenti di pagamento innovativi, rendendo il sistema più aperto e flessibile.

4. Il Codice dell'Amministrazione Digitale.

Il Codice dell'Amministrazione Digitale (CAD) è un testo unico che riunisce e organizza le norme riguardanti l'informatizzazione della P.A. nei rapporti con i cittadini e le imprese.
Introdotto con il decreto legislativo 7 marzo 2005, n. 82, è stato successivamente modificato e integrato, dapprima con il **decreto legislativo 22 agosto 2016 n. 179** e successivamente con il **decreto legislativo 13 dicembre 2017 n. 217**, con l'obiettivo di creare una Carta della cittadinanza digitale che permetta l'accesso in maniera digitale di cittadini e imprese ai dati e servizi delle pubbliche amministrazioni.
Tra i più recenti interventi di modifica del d.lgs. n. 82/2005, si ricordano:
- d.l. 31 maggio 2021, n. 77, c.d. **Decreto semplificazioni**;
- d.l. 6 novembre 2021, n. 152, recante ***Disposizioni urgenti per l'attuazione del Piano nazionale di ripresa e resilienza (PNRR)*** *e per la prevenzione delle infiltrazioni mafiose;*
- legge 30 dicembre 2021, n. 234, c.c. **Legge di bilancio 2022**

I principi alla base del nuovo codice si fondano sull'esigenza di garantire, in materia di erogazione di servizi da parte delle pubbliche amministrazioni, **il diritto di accesso dei cittadini e delle imprese ai dati, documenti e servizi di loro interesse in modalità digitale**, nonché la semplificazione dell'accesso ai servizi alla persona, riducendo la necessità di accesso fisico agli uffici pubblici.
Il CAD ha introdotto una serie di misure volte a garantire:

- un **livello minimo di erogazione dei servizi on line** da parte amministrazioni pubbliche;
- la **piena applicazione del principio del *digital first***, in base al quale il digitale è il canale principale per tutte le attività delle P.A.;
- la **partecipazione con modalità telematiche ai processi decisionali pubblici**;
- l'utilizzo del c.d. **PIN unico**;
- la promozione dell'elezione del **domicilio digitale**;
- l'adeguamento alle norme europee in materia di **identificazione elettronica** e servizi fiduciari per le transazioni elettroniche;
- la diffusione dei **pagamenti digitali**.

In ordine alla partecipazione elettronica democratica, il nuovo CAD ha espressamente previsto l'obiettivo di **migliorare la qualità degli atti amministrativi** anche con forme di consultazione preventiva e per via telematica. In attuazione di tale disposizione il Governo ha adottato le "Linee guida sulla consultazione pubblica in Italia" (**Direttiva n. 2/2017**).
Inoltre, le citate modifiche al CAD hanno coinvolto i meccanismi e le strutture di *governance* del settore, prevedendo, tra l'altro, la semplificazione dei procedimenti di adozione delle regole tecniche (deregolamentazione), che deve risultare più rapida e reattiva rispetto all'evoluzione tecnologica, il rafforzamento del ruolo di impulso del Presidente del Consiglio attraverso la Conferenza permanente per l'innovazione tecnologica, la ridefinizione delle competenze dell'ufficio dirigenziale generale unico istituito nelle pubbliche amministrazioni centrali con funzioni di coordinamento in materia digitale, la possibilità, per il Presidente del Consiglio dei ministri, in sede di prima attuazione del medesimo decreto legislativo, di nominare, per un periodo non superiore a tre anni, con proprio decreto, un Commissario straordinario per l'attuazione dell'Agenda digitale.
Successivamente, sono state adottate ulteriori disposizioni integrative al CAD, come previsto dalla norma di delega (**D.lgs. n. 217/2017**).

Il provvedimento integra e modifica alcune disposizioni del CAD al fine di accelerare l'attuazione dell'agenda digitale europea.
Le linee del nuovo intervento legislativo sono state in sintesi:

- proseguire nell'opera di razionalizzazione delle disposizioni contenute nel Codice dell'amministrazione digitale e di deregolamentazione già avviata con il precedente intervento;
- rafforzare la natura di "carta di cittadinanza digitale" della prima parte del Codice, concentrando in essa le disposizioni che attribuiscono a cittadini e imprese il diritto a una **identità** (SPID) e a un **domicilio digitale** (indirizzo PEC o un indirizzo di recapito certificato), quello alla fruizione di servizi pubblici online in maniera semplice e mobile-oriented, quello a partecipare effettivamente al procedimento amministrativo per via elettronica e quello a effettuare pagamenti online;
- promuovere integrazione e interoperabilità tra i servizi pubblici erogati dalle diverse amministrazioni;
- garantire maggiore certezza giuridica in materia di formazione, gestione e conservazione dei documenti digitali;
- rafforzare l'applicabilità dei diritti di cittadinanza digitale e accrescere il livello di qualità dei servizi pubblici e fiduciari in digitale;
- promuovere un processo di valorizzazione del patrimonio informativo pubblico e garantire un utilizzo più efficace dei dati pubblici attraverso moderne soluzioni di *data analysis*.

PER SAPERNE DI PIÙ

SPID

SPID è il Sistema Pubblico per l'Identità Digitale promosso dall'AgID che permette a cittadini e imprese di accedere con un unico *login* a tutti i servizi online di pubbliche amministrazioni e imprese aderenti. SPID nasce per favorire la diffusione dei servizi online e agevolarne l'utilizzo da parte di cittadini e imprese.

SPID si basa su un modello federato e collaborativo di aziende private. I "gestori delle identità digitali" sono, infatti, aziende private accreditate dall'AgID per la fornitura dei servizi di identità digitale. Cittadini e imprese possono scegliere liberamente il proprio gestore delle identità digitale preferito.
Nel novembre 2019 tutti i Gestori di Identità Digitale si sono impegnati a fornire per sempre le credenziali SPID di livello 1 e 2 ai cittadini gratuitamente.

Il primo passo ufficiale dello SPID è stato mosso a fine 2014 con un provvedimento di attuazione, il decreto della Presidenza del Consiglio dei Ministri del 24 ottobre 2014. A metà 2015 sono stati emanati i regolamenti attuativi e dal 15 settembre 2015 è iniziato l'accreditamento degli *Identity Provider* all'Agid. Dal 15 marzo 2016 sono attivi i primi servizi.
I servizi della pubblica amministrazione a cui si può già accedere sono molteplici: dal pagamento della Tasi al bollo auto, dalle prestazioni sanitarie al fascicolo dell'Inps, dal riscatto della laurea alla richiesta degli assegni familiari, dalla consultazione del CU alla richiesta bollettini, dal saldo di tributi regionali al pagamento della mensa scolastica e ticket sanitari via *web*. A questi servizi si aggiungono tutti i servizi per le persone giuridiche e i liberi professionisti.

Al 3 settembre 2020 sono state rilasciate 10.030.461 identità digitali SPID.

Nel periodo dal 1° gennaio 2020 al 31 luglio 2020 lo SPID è stato utilizzato per effettuare accessi a servizi in rete oltre 55 milioni di volte.

A seguito del completamento della procedura di notifica dello SPID, ultimato dall'AgID con la pubblicazione nella Gazzetta Ufficiale dell'Unione Europea (GUUE C318 e GUUE C344 del 2018), a decorrere dal 10 settembre 2019 l'identità digitale SPID potrà essere usata per l'accesso ai servizi in rete di tutte le pubbliche amministrazioni dell'Unione Europea. Questo diritto, introdotto dal regolamento eIDAS, potrà essere anticipato dagli Stati membri che potranno decidere se consentire l'accesso anche ai propri servizi che prevedono l'uso di credenziali di livello 1. Per l'accesso a servizi che prevedono l'uso di credenziali di livello 2 e 3, è prevista l'obbligatorietà di consentire l'accesso con le credenziali SPID di pari livello.

5. P.A. digitale e diritti dei cittadini e imprese.

Il CAD prevede una serie di norme che definiscono **diritti e doveri della "nuova" Pubblica amministrazione digitale** verso cittadini e imprese; quali:

a) il **diritto all'uso delle tecnologie** (art. 3), secondo il quale i cittadini e le imprese hanno diritto di usare, in modo accessibile ed efficace, le soluzioni e gli strumenti previsti dal Codice nei rapporti con le pubbliche amministrazioni, con i gestori di pubblici servizi statali e con le società a controllo pubblico anche ai fini dell'esercizio dei diritti di accesso e della partecipazione al procedimento amministrativo, fermi restando i diritti delle minoranze linguistiche riconosciute;

b) il **diritto all'identità digitale e domicilio digitale** (art. 3-*bis*), in virtù del quale chiunque ha il diritto di accedere ai servizi *on-line* offerti dalle pubbliche amministrazioni e dai gestori di pubblici servizi tramite la propria identità digitale. Ogni cittadino ha la possibilità di indicare al Comune di residenza un domicilio digitale (l'indirizzo di posta elettronica certificata o altro servizio di recapito certificato qualificato secondo le norme eIDAS, che consente la prova al momento della ricezione) come canale esclusivo di comunicazione con l'amministrazione;

c) il **diritto di effettuare pagamenti con modalità informatiche** (art. 5), il quale prevede le pubbliche amministrazioni e i gestori di pubblici servizi sono obbligati ad accettare i pagamenti spettanti a qualsiasi titolo attraverso sistemi di pagamento elettronico;

d) la disciplina delle **comunicazioni tra imprese e amministrazioni pubbliche** (art. 5-*bis*), prevedendo che la presentazione di istanze, dichiarazioni, dati e lo scambio di informazioni e documenti, anche a fini statistici, tra le imprese e le amministrazioni pubbliche avviene esclusivamente utilizzando le tecnologie dell'informazione e della comunicazione. Con le medesime modalità le amministrazioni pubbliche adottano e comunicano atti e provvedimenti amministrativi nei confronti delle imprese;

e) **utilizzo del domicilio digitale** (art. 6), ovvero: le comunicazioni elettroniche trasmesse ad uno dei domicili digitali di cui all'art. 3-*bis* producono, quanto al momento della spedizione e del ricevimento, gli stessi effetti giuridici delle comunicazioni a mezzo raccomandata con ricevuta di ritorno ed equivalgono alla notificazione per mezzo della posta salvo che la legge disponga diversamente;

f) il **diritto a servizi online semplici e integrati** (art. 7), per il quale chiunque ha diritto di fruire dei servizi erogati dalle pubbliche amministrazioni, dai gestori di pubblici servizi statali e dalle società a controllo pubblico in forma digitale e in modo integrato, tramite gli strumenti telematici messi a disposizione dalle pubbliche amministrazioni, anche attraverso dispositivi mobili. Le pubbliche amministrazioni, i gestori di pubblici servizi statali e le società a controllo pubblico provvedono alla riorganizzazione e all'aggiornamento dei servizi resi, sulla base di una preventiva analisi delle reali esigenze degli utenti e rendono disponibili online i propri servizi nel rispetto degli standard di qualità periodicamente aggiornati;

g) la **partecipazione democratica elettronica** (art. 9): le pubbliche amministrazioni, i gestori di pubblici servizi statali e le società a controllo pubblico favoriscono ogni forma di uso delle nuove tecnologie per promuovere una maggiore partecipazione dei cittadini, anche residenti all'estero, al processo democratico e per facilitare l'esercizio dei diritti politici e civili e migliorare la qualità dei propri atti, anche attraverso l'utilizzo, ove previsto e nell'ambito delle risorse disponibili a legislazione vigente, di forme di consultazione preventiva per via telematica sugli schemi di atto da adottare.

PER SAPERNE DI PIÙ

◆ IL REGOLAMENTO EIDAS (ELECTRONIC IDENTIFICATION AUTHENTICATION AND SIGNATURE)

Il Regolamento eIDAS - Regolamento UE n. 910/2014 sull'identità digitale - è stato emanato il 23 luglio 2014 (e ha piena efficacia dal 1° luglio del 2016), con l'obiettivo di fornire una base normativa a livello comunitario per i servizi fiduciari e i mezzi di identificazione elettronica degli stati membri. Il Regolamento eIDAS fornisce una base normativa comune per interazioni elettroniche sicure fra cittadini, imprese e pubbliche amministrazioni e incrementa la sicurezza e l'efficacia dei servizi elettronici e delle transazioni di *e-business* e commercio elettronico nell'Unione Europea.

Il Regolamento:

- fissa le condizioni a cui gli Stati membri riconoscono i mezzi di identificazione elettronica delle persone fisiche e giuridiche che rientrano in un regime notificato di identificazione elettronica di un altro Stato membro;
- stabilisce le norme relative ai servizi fiduciari, in particolare per le transazioni elettroniche;
- istituisce un quadro giuridico per le firme elettroniche, i sigilli elettronici, le validazioni temporali elettroniche, i documenti elettronici, i servizi elettronici di recapito certificato e i servizi relativi ai certificati di autenticazione di siti web.

Rispetto ai sistemi di identificazione elettronica, eIDAS prevede che ciascuno stato membro possa notificare i sistemi di identificazione elettronica forniti ai cittadini e alle aziende per consentire un reciproco riconoscimento.
Particolare rilevanza assume anche la piena interoperabilità a livello comunitario di particolari tipologie di firme elettroniche e dei sistemi di validazione temporale note in Italia rispettivamente come firma digitale e marca temporale.

Il Regolamento (art. 25, comma 3) prescrive che: "una firma elettronica qualificata basata su un certificato qualificato rilasciato in uno Stato membro è riconosciuta quale firma elettronica qualificata in tutti gli altri Stati membri." I formati che queste firme elettroniche qualificate devono possedere sono definiti nella Decisione di esecuzione (UE) 2015/1506 della Commissione dell'8 settembre 2015: fra quelli previsti, anche il formato PDF. Per verificare la validità delle firme elettroniche qualificate basate su certificati rilasciati da tutti i soggetti autorizzati in Europa, la Commissione europea ha reso disponibile un'applicazione open source che AgID rende disponibile per l'utilizzo online.

6. Gli strumenti della P.A. digitale.

Al fine di ottenere la piena realizzazione dei diritti su richiamati, la **P.A. digitale si avvale di numerosi strumenti**, tra i quali rivestono importanza primaria:

a) la **posta elettronica certificata**, finalizzata, da un lato, a dare certezza giuridica alle comunicazioni e, dall'altro, ad abbattere i costi delle tradizionali raccomandate andata/ritorno;

b) la **firma digitale**, anch'essa utilizzata per garantire l'identificazione del soggetto che firma, la sua volontà di sottoscrivere e dare validità giuridica alle attestazioni che coinvolgono privati o P.A.;
c) i **documenti informatici**, per la cui archiviazione il Codice impone la tenuta dell'archivio elettronico, con enormi vantaggi in termini di spazio e tempi di ricerca;
d) le **carte elettroniche** (carta di identità elettronica e carta nazionale dei servizi), che fungono da strumento di autenticazione ed accesso ai servizi in rete della P.A.;
e) i **siti internet della P.A.**, i quali diventano delle vere e proprie piattaforme di accesso per qualsiasi cittadino, caratterizzate da reperibilità, chiarezza nel linguaggio, affidabilità, semplicità, omogeneità. All'interno di ogni sito internet, secondo le disposizioni del Codice, devono essere presenti taluni contenuti fondamentali, quali l'organigramma, gli indirizzi e-mail utili, i servizi forniti in rete, i bandi di gara, i procedimenti a carico di ciascun ufficio nonché il loro responsabile.

▶ 6.1. In particolare: la posta elettronica certificata.

La posta elettronica certificata (PEC) viene definita dal Codice dell'amministrazione digitale (CAD) come il **sistema di comunicazione in grado di attestare l'invio e l'avvenuta consegna di un messaggio di posta elettronica e di fornire ricevute opponibili ai terzi**.
Il decreto-legge n. 185/2008, con l'intento di portare a regime l'uso della PEC quale ordinario e tendenzialmente unico strumento di comunicazione alternativo all'invio postale di documenti cartacei, ha esteso a **tutte le amministrazioni pubbliche l'obbligo di istituire una casella di posta elettronica certificata**, o analogo indirizzo di posta elettronica. Il medesimo provvedimento ha previsto anche l'attribuzione gratuita di una casella di posta elettronica certificata - PEC a tutti i cittadini che ne facciano richiesta.
L'indirizzo di PEC consente **l'invio di documenti informatici per via telematica con valenza legale** ed è strumento valido giuridicamente ai fini dei rapporti con le pubbliche amministrazioni, che sono tenute ad utilizzarlo per le comunicazioni e le notificazioni aventi come destinatari i dipendenti della stessa o di altra amministrazione.
Si è disposto, inoltre, che la posta elettronica certificata venga usata con effetto equivalente, ove necessario, alla notificazione avvenuta per mezzo della posta ordinaria. La definizione delle modalità di rilascio e di uso della casella di PEC assegnata ai cittadini è stata operata con il D.P.C.M. 6 maggio 2009.
La legge n. 69/2009 ha, poi, rafforzato tali interventi, attribuendo **anche alle pubbliche amministrazioni locali e regionali** la facoltà di assegnare caselle di posta elettronica certificate ai cittadini residenti nel loro territorio, mentre il d.lgs. n. 235/2010, riformulando il CAD nella parte relativa a tali strumenti, ha stabilito che tutte le amministrazioni pubbliche, nonché le società interamente partecipate da enti pubblici o con prevalente capitale pubblico, provvedano a istituire e **pubblicare nell'indice degli indirizzi della PA almeno una casella di PEC per ciascun registro di protocollo**.
In sintesi, a seguito delle modifiche che hanno interessato il CAD, le pubbliche amministrazioni sono tenute a utilizzare la PEC ai fini della trasmissione telematica di comunicazioni che necessitano di una ricevuta di invio e di una di consegna a soggetti che abbiano preventivamente dichiarato il proprio indirizzo; la trasmissione del documento informatico tramite PEC equivale, altresì, alla notificazione a mezzo posta, salvo che la legge disponga diversamente.
L'implementazione delle funzioni della PEC è stata perseguita anche da altri provvedimenti tra i quali:

- il d.P.C.M. 22 luglio 2011, ai sensi del quale, a decorrere dal 1° luglio 2013, la presentazione di istanze, dichiarazioni, dati e lo scambio di informazioni e documenti,

anche a fini statistici, tra le imprese e le amministrazioni pubbliche avvengono esclusivamente in via telematica;
- il decreto-legge n. 5/2012 che, tra l'altro, ha reso sufficiente, ai fini della validità dell'invio telematico di istanze e dichiarazioni presentate alle pubbliche amministrazioni, la sottoscrizione mediante la firma elettronica qualificata;
- il decreto-legge 179/2012, recante norme volte a rendere più cogenti le previsioni vigenti circa la trasmissione di documenti per via telematica;
- il d.l. 76/2020 (c.d. decreto semplificazioni) ha introdotto il concetto di "*domicilio digitale*", più ampio di quello di "*posta elettronica certificata*".

▶ 6.2. In particolare: la carta di identità elettronica.

La carta di identità elettronica (CIE), introdotta dalla legge n. 127/1997, è definita dal Codice dell'amministrazione digitale (CAD) come **il documento d'identità munito di elementi per l'identificazione fisica del titolare**, rilasciato su supporto informatico dalle amministrazioni comunali.
Si tratta di uno degli strumenti principali del processo di informatizzazione della pubblica amministrazione. Infatti, la CIE, oltre a mantenere la funzione del documento cartaceo attestante l'identità della persona, ha **anche la funzione di strumento di accesso ai servizi innovativi** che le pubbliche amministrazioni locali e nazionali mettono a disposizione per via telematica.
L'art. 10, comma 1, del decreto-legge n. 70/2011 ha riservato al **Ministero dell'interno** la responsabilità, in precedenza attribuita ai comuni, sul processo di produzione e rilascio della CIE. Successivamente, l'art. 40 del decreto-legge n. 1/2012 ha previsto la definizione di una **tempistica graduale per il rilascio della carta d'identità elettronica** a partire dai Comuni identificati con apposito decreto interministeriale. Inoltre, ha stabilito che le carte d'identità elettroniche devono essere munite anche della **fotografia** e delle **impronte digitali** della persona a cui si riferiscono.
Un ulteriore aspetto oggetto di interventi legislativi (non sempre del tutto coerenti tra loro) è quello legato alla **possibilità di unificare i documenti in formato elettronico**. In particolare, l'art. 10, comma 3, del decreto-legge n. 70/2011, come modificato dal decreto-legge n. 179/2012 (art. 1, comma 2) ha demandato ad un d.P.C.M. la definizione dell'ampliamento delle possibili utilizzazioni della carta d'identità elettronica anche in relazione **all'unificazione**, sul medesimo supporto, **con la tessera sanitaria**. La conseguente definizione delle modalità tecniche di produzione, distribuzione e gestione del documento unificato è rinviata all'adozione di un decreto interministeriale. Lo stesso decreto-legge n. 179/2012 ha disposto un finanziamento aggiuntivo di 60 milioni di euro per il 2013 e di 82 milioni di euro a decorrere dal 2014, per la realizzazione e il rilascio gratuito del documento unificato. **In attesa della realizzazione del documento unificato, si mantiene comunque attivo il rilascio della carta d'identità elettronica.**

Capitolo 11 LA LEGISLAZIONE IN MATERIA DI CONTRATTI PUBBLICI

1. La capacità di diritto privato della P.A.

Ad oggi, in seguito ad un lungo dibattito, si è accolta la tesi che riconosce capacità **generale di diritto privato** alla Pubblica amministrazione. Nell'esercizio della sua attività, la stessa è infatti soggetta alle regole di diritto comune ed ai limiti che dalle stesse derivano. Ciò che rileva, come si desume anche dall'art. 1 della L. 241/1990, è che nel compimento della sua attività la P.A. persegua l'interesse pubblico attribuitole dalla legge, rimanendo libera nella scelta degli strumenti più adeguati al suo perseguimento. Nell'esercizio dell'attività negoziale, la giurisdizione si radica in capo al G.O.

2. Classificazione dei contratti della Pubblica Amministrazione.

Con riferimento alla contabilità, i contratti conclusi dalla Pubblica amministrazione vengono abitualmente distinti in:

- **attivi** (comportanti un'entrata);
- **passivi** (produttivi di una spesa).

Relativamente alla disciplina, alla luce delle indicazioni giurisprudenziali in materia, i contratti posti in essere dalla P.A. si suddividono in tre categorie principali:

- **contratti ordinari o di diritto comune** (ad es. compravendita, locazione) in cui la P.A. agisce *iure privatorum*, spogliandosi della sua veste autoritativa e ponendosi sullo stesso piano di un soggetto privato;
- **contratti di diritto speciale**. In tali fattispecie, la P.A. si pone su un piano solo tendenziale di

parità con il contraente privato, che giustifica l'applicazione delle norme privatistiche derivanti dalla legislazione speciale (es. contratti di trasporto ferroviario).

- **contratti ad oggetto pubblico** che si sostanziano nelle fattispecie negoziali in cui la P.A., in veste autoritativa, si pone in posizione di supremazia rispetto alla controparte e dalla tendenziale commistione, in termini di disciplina applicabile, tra provvedimento e contratto. La dottrina distingue tale attività contrattuale della P.A. in contratti ad oggetto pubblico, contratti accessivi, ausiliari e sostitutivi di provvedimento amministrativo.

3. I contratti atipici.

Si ammette da tempo in giurisprudenza la possibilità per la P.A. di stipulare contratti atipici essendo alla stessa riconosciuta l'autonomia negoziale di cui all'art. 1322, comma 2, c.c., purché siano strettamente funzionali alla realizzazione del fine pubblico perseguito dall'ente (vincolo di scopo). Ci si è a lungo interrogati in merito all'applicabilità, allorché la P.A. intenda concludere contratti atipici, della disciplina pubblicistica che impone l'osservanza delle procedure di evidenza pubblica per la scelta del contraente. I principali contratti atipici stipulati dalla P.A. sono:

A) Il contratto di brokeraggio

Questo si instaura tra l'assicurando (che non si esclude possa essere una P.A.) e un professionista-imprenditore, per lo svolgimento di una prestazione di contenuto misto, in parte di consulenza e in parte di intermediazione nel mercato assicurativo. Si tratta di un contratto oneroso, essendo posta a carico della P.A., sotto forma di compenso indiretto – attraverso un caricamento nel premio assicurativo della provvigione del broker – la percentuale dovuta al broker per la sua attività di intermediazione; lo stesso è quindi assoggettato alle regole pubblicistiche dettate per l'affidamento degli appalti di servizi dal Codice dei contratti pubblici.

B) I contratti che l'amministrazione conclude con l'Advisor

L'Advisor è il consulente di cui si avvale la P.A. per l'individuazione del proprio interlocutore in una data operazione economica, quale la scelta del socio privato di una s.p.a. in una procedura di privatizzazione.

C) Il contratto di sponsorizzazione

Si tratta di un contratto in cui un soggetto (detto *sponsee* o sponsorizzato) assume, normalmente verso corrispettivo, l'obbligo di associare a proprie attività il nome o il segno distintivo di altro soggetto (detto *sponsor* o sponsorizzatore), divulgandone così l'immagine o il marchio presso il pubblico. Si tratta di un contratto atipico, consensuale, normalmente a titolo oneroso e a prestazioni corrispettive.

D) Il leasing pubblico

È il contratto con il quale una parte, dietro corrispettivo di un canone periodico determinato in relazione al recupero del prezzo ed al conseguimento di un utile, concede il godimento di un bene all'altra, con facoltà di questa, alla scadenza del termine fissato, di restituirlo o di acquistarlo per una specificata somma residua. Si suole distinguere tra:

- **leasing operativo**, in cui si realizza un'operazione bilaterale, venendo a coincidere nello stesso soggetto le figure di produttore e locatore;
- **leasing finanziario**, in cui si attua, invece, un rapporto trilaterale, essendo coinvolte, oltre al soggetto utilizzatore, l'impresa venditrice del bene e la società di leasing, che, dopo aver acquistato il bene da quest'ultima, lo concede in godimento all'utilizzatore.

Nell'ambito dei rapporti con la p.a. opera esclusivamente il **leasing finanziario**, la cui applicazione risulta ulteriormente circoscritta nella prassi ai beni immobili, riguardando prevalentemente opere pubbliche da realizzare ed integrando così la figura del cd. leasing in costruendo. Inoltre, per la scelta del contraente deve essere rispettata la procedura ad evidenza pubblica, posto che il Codice dei contratti pubblici ha ricondotto alla nozione di "appalti pubblici" quelli "aventi ad oggetto l'acquisto, la locazione finanziaria, la locazione o l'acquisto a riscatto, con o senza opzione per l'acquisto, di prodotti".

E) I contratti di disponibilità

Sono contratti previsti dall'art. **3, lett. hhh), d.lgs. n. 50 del 2016**, con cui il privato **costruisce** e **mette a disposizione della P.A. un'opera**, che resta di proprietà del privato.
Attraverso l'introduzione di tale nuovo strumento si intende incentivare l'apporto di capitale privato per la costruzione di opere destinate all'utilizzo pubblico, in tal modo ampliandosi il ventaglio degli strumenti di partenariato pubblico-privato. La "messa a disposizione" avviene **dietro corrispettivo**, di volta in volta individuato in un canone di disponibilità o in un contributo in corso d'opera o ancora in un prezzo di trasferimento. Il rischio della costruzione e della gestione tecnica dell'opera per il periodo di messa a disposizione dell'amministrazione aggiudicatrice ricade sull'affidatario. L'art. 188 d.lgs. n. 50/2016, disciplina la procedura di gara, stabilendo che il bando indica i criteri in base ai quali si procede alla valutazione comparativa tra le diverse offerte, secondo il criterio dell'offerta **economicamente più vantaggiosa**. Il controllo della stazione appaltante sull'attività del privato è esercitato attraverso il collaudo, a seguito del quale, si può disporre, se del caso, la riduzione del canone.

4. Il quadro normativo in tema di contratti pubblici: il ruolo del diritto dell'Unione europea.

Le prime direttive in materia di appalti pubblici

La nozione di appalto pubblico rinviene la propria origine nell'ambito della legislazione comunitaria.

Il primo intervento normativo, in tal senso, risale alla **Direttiva 71/304**, concernente la soppressione delle restrizioni alla libera prestazione dei servizi in materia di appalti di lavori pubblici ed all'aggiudicazione degli appalti di lavori pubblici tramite agenzie o succursali, e alla **Direttiva 71/305**, relativa al coordinamento delle procedure di aggiudicazione degli appalti di lavori pubblici. Tali Direttive furono poi modificate con successivi provvedimenti normativi quali le Direttive 89/440 e 93/37 che avevano comunque ad oggetto il settore degli appalti pubblici di lavori, mentre il settore degli appalti di servizi fu disciplinato dalla Direttiva 92/50. Il settore degli appalti di forniture fu, invece oggetto della Direttiva 88/295.
Tali provvedimenti erano relativi agli appalti nei cosiddetti settori ordinari, mentre con Direttive 90/531 e 93/38 vennero emanate disposizioni relative alle procedure di appalti nei settori cd. esclusi: ossia quei settori di mercato che erano espressamente esclusi dall'ambito di applicazione delle altre disposizioni comunitarie già emanate. Inizialmente, il diritto comunitario aveva escluso dal proprio ambito di applicazione una serie di fattispecie contrattuali caratterizzate dal fatto che la prestazione del servizio in questione era diretta a favore della collettività ed in cui il prestatore del servizio in molti casi era un soggetto a partecipazione pubblica. Tali contratti relativi ai settori "esclusi" furono, successivamente, presi in considerazione dalla disciplina comunitaria in forza di una specifica direttiva, vendo così ad assumere la qualificazione di appalti relativi ai settori "speciali". Il legislatore comunitario ha, poi, emanato due nuove Direttive **(2004/17 e 2004/18)** relative l'una agli **appalti di lavori servizi e forniture nei settori ordinari** e all'altra agli **appalti di lavori, servizi e forniture nei settori speciali**.
La Commissione europea, nell'ambito delle iniziative volte a favorire il completamento del mercato unico europeo prospettate nel Single Market Act – Atto per il mercato unico del 13 aprile 2011, ha presentato il cd. pacchetto direttive appalti pubblici, in materia di appalti pubblici e concessioni. Ad

essa ha fatto seguito la pubblicazione sulla Gazzetta Ufficiale dell'Unione europea del 28 marzo 2014, di **tre nuove direttive** da recepire entro il 18 aprile del 2016: la direttiva **2014/23/UE** sull'aggiudicazione dei contratti di concessione; la direttiva **2014/24/UE** sugli appalti pubblici; la direttiva **2014/25/UE** sulle procedure d'appalto degli enti erogatori nei settori dell'acqua, dell'energia, dei trasporti e dei servizi postali.

4.1. I Regolamenti Ue del 2021: le nuove soglie comunitarie.

Rinviando ai paragrafi successivi (*v. infra, par. 7 e ss.*) l'analisi della disciplina nel dettaglio, appare utile evidenziare sin da subito che nella Gazzetta Ufficiale dell'Unione Europea n. L 398 del 11 novembre 2021 sono stati pubblicati **quattro regolamenti** che modificano le **soglie** di applicazione della normativa europea in materia di procedure di aggiudicazione degli appalti pubblici e delle concessioni, Nel dettaglio, si tratta:

– **Regolam. Comm. UE 10/11/2021, n. 1950, che modifica la Direttiva 2009/81/CE sugli appalti nei settori della difesa e della sicurezza;**

– **Regolam. Comm. UE 10/11/2021, n. 1951, che modifica la Direttiva 2014/23/UE sulle concessioni;**

– **Regolam. Comm. UE 10/11/2021, n. 1952, che modifica la Direttiva 2014/24/UE sugli appalti nei settori ordinari;**

– **Regolam. Comm. UE 10/11/2021, n. 1953, che modifica la Direttiva 2014/25/UE sugli appalti nei settori speciali.**

Per effetto dei suddetti Regolamenti le **nuove soglie** sono le seguenti:

SETTORI ORDINARI

- euro **5.382.000** per gli appalti pubblici di lavori e per le concessioni;
- euro **140.000** per gli appalti pubblici di forniture, di servizi e per i concorsi pubblici di progettazione aggiudicati dalle amministrazioni aggiudicatrici che sono autorità governative centrali indicate nell'allegato III; se gli appalti pubblici di forniture sono aggiudicati da amministrazioni aggiudicatrici operanti nel settore della difesa, la soglia si applica soltanto agli appalti concernenti i prodotti menzionati nell'allegato VIII;
- euro **215.000** per gli appalti pubblici di forniture, di servizi e per i concorsi pubblici di progettazione aggiudicati da amministrazioni aggiudicatrici sub-centrali; la soglia si applica anche agli appalti pubblici di forniture aggiudicati dalle autorità governative centrali che operano nel settore della difesa, allorché tali appalti concernono prodotti non menzionati nell'allegato VIII;

SETTORI SPECIALI

- euro **5.382.000** per gli appalti di lavori;
- euro **431.000** per gli appalti di forniture, di servizi e per i concorsi pubblici di progettazione;

DIFESA E SICUREZZA

- euro **5.382.000** per gli appalti di lavori;
- euro **431.000** per gli appalti di forniture, di servizi e per i concorsi pubblici di progettazione;

CONCESSIONI

- euro **5.382.000**.

5. La disciplina nazionale e il Codice dei contratti pubblici.

A) La cornice normativa nazionale

Nell'ambito della categoria dei contratti pubblici, numerose sono gli interventi normativi degli ultimi anni, soprattutto a livello europeo. La normativa nazionale rappresenta, infatti, il risultato del cammino di conformazione del diritto interno alle prescrizioni del Trattato di Roma ed al diritto comunitario derivato in materia di appalti come interpretato dalla Corte di Giustizia UE.

L'incidenza del diritto UE nel settore degli appalti ha riguardato, in particolare:

- i soggetti tenuti all'osservanza della disciplina pubblicistica, tramite l'elaborazione comunitaria della nozione di organismo di diritto pubblico, sconosciuta al diritto nazionale ed introdotta dal legislatore comunitario;
- la connotazione del procedimento di evidenza pubblica.

La conformazione del diritto interno al diritto UE è proseguita con il recepimento delle direttive nn. 23, 24 e 25 del 2014 che hanno condotto all'emanazione del nuovo **Codice dei contratti pubblici (d.lgs. 18 aprile 2016, n. 50)** che ha abrogato il previgente Codice (d.lgs. n. 163 del 2006) – il quale continua però a regolare lo svolgimento delle procedure di evidenza pubblica indette prima del 19 aprile 2016.

B) Con il decreto Correttivo al Codice Appalti, pubblicato in Gazzetta Ufficiale del 5 maggio 2017 – sono state introdotte importanti correzioni e/o modifiche in molteplici istituti, che rappresentano, come previsto dalla legge delega n. 11 del 28 gennaio 2016 (art. 1, co. 12, lett. e), la fase di perfezionamento ed assestamento del Codice Appalti a circa un anno dalla sua entrata in vigore.

C) Con il **decreto-legge 18 aprile 2019, n 32**, (in GU n. 92 del 18 aprile 2019) **c.d. sblocca cantieri**, recante "*Disposizioni urgenti per il rilancio del settore dei contratti pubblici, per l'accelerazione degli interventi infrastrutturali, di rigenerazione urbana e di ricostruzione a seguito di eventi sismici*" sono state disposte rilevantissime modifiche al Codice Appalti. Il decreto-legge 18 aprile 2019, n. 32, è stato convertito in legge, con modificazioni, con l. 14 giugno 2019, n. 55, pubblicata in Gazz. Uff. 17 giugno 2019, n. 140, ed è entrato in vigore il giorno successivo alla pubblicazione.
Il provvedimento normativo (più volte modificato, tra gli interventi più rilevanti si possono citare: **d.l. 16 luglio 2020, n. 76**, c.d. **Decreto Semplificazioni**; **d.l. 14 agosto 2020, n. 104**, c.d. **Decreto Agosto**; **d.l. 31 dicembre 2020, n. 183**, c.d. **Decreto Milleproroghe**; **d.l. 31 maggio 2021, n. 77**, c.d. **Decreto Semplificazioni e PNRR; d.l. 20 luglio 2021, n. 103; d.l. 10 settembre 2021, n. 121, c.d. Decreto infrastrutture e mobilità sostenibili; L. 23 dicembre 2021, n. 238,** c.d. **Legge Europea 2019-2020**) introduce numerose e significative modifiche al Codice Appalti, in particolare, come si vedrà infra, interviene sul sistema delle fonti di attuazione del codice appalti **superando, nei termini ivi indicati, il sistema delle Linee Guida Anac a favore di un Regolamento di attuazione unico del Codice**; modifica fortemente l'art. 36 in relazione agli appalti sotto soglia, interviene sui criteri di aggiudicazione; introduce **importanti modifiche in tema di subappalto,** per adeguarsi alle istanze dell'ordinamento comunitario **reintroduce in via sperimentale l'appalto integrato.**
Il **nuovo art. 1** (modificato da ultimo dalla **Legge Europea 2019-2020**, pubbl. in G.U. n. 12 del 17-1-2022) rubricato "*Modifiche al codice dei contratti pubblici e sospensione sperimentale dell'efficacia di disposizioni in materia di appalti pubblici e in materia di economia circolare*" prevede ora sia modifiche permanenti al codice sia modifiche temporanee.
Al comma 1 (modificato dal d.l. 16 luglio 2020, n. 76, e dal d.l. 31 maggio 2021, n. 77), è prevista forse la maggiore innovazione, vale a dire la **sospensione sperimentale** (sino al 30 giugno 2023) **dell'efficacia di talune disposizioni** in materia di appalti pubblici e in materia di economia circolare con l'obiettivo dichiarato di rilanciare gli investimenti pubblici e di facilitare l'apertura dei cantieri per la realizzazione delle opere pubbliche.
Più nel dettaglio, si prevede che: *Al fine di rilanciare gli investimenti pubblici e di facilitare l'apertura dei cantieri per la realizzazione delle opere pubbliche, per le procedure per le quali i bandi o gli avvisi con cui si indice la procedura di scelta del contraente siano pubblicati successivamente alla data di entrata in vigore del presente decreto, nonché, in caso di contratti senza pubblicazione di bandi o di avvisi, per le procedure in relazione alle quali, alla data di entrata in vigore del presente decreto, non siano ancora stati inviati gli inviti a presentare le offerte, nelle more della riforma complessiva del*

settore e comunque nel rispetto dei princìpi e delle norme sancite dall'Unione europea, in particolare delle direttive 2014/23/UE, 2014/24/UE e 2014/25/UE del Parlamento europeo e del Consiglio, del 26 febbraio 2014, ***fino al 30 giugno 2023, non trovano applicazione, a titolo sperimentale, le seguenti norme del codice dei contratti pubblici****, di cui al decreto legislativo 18 aprile 2016, n. 50:*

a) ***articolo 37, comma 4****, per i comuni non capoluogo di provincia, quanto all'obbligo di avvalersi delle modalità ivi indicate, limitatamente alle procedure non afferenti agli investimenti pubblici finanziati, in tutto o in parte, con le risorse previste dal Regolamento (UE) 2021/240 del Parlamento europeo e del Consiglio del 10 febbraio 2021 e dal Regolamento (UE) 2021/241 del Parlamento europeo e del Consiglio del 12 febbraio 2021, nonché dalle risorse del Piano nazionale per gli investimenti complementari di cui all'articolo 1 del decreto - legge 6 maggio 2021, n. 59. Nelle more di una disciplina diretta ad assicurare la riduzione, il rafforzamento e la qualificazione delle stazioni appaltanti, per le procedure afferenti alle opere PNRR e PNC, i comuni non capoluogo di provincia procedono all'acquisizione di forniture, servizi e lavori, oltre che secondo le modalità indicate dal citato articolo 37, comma 4, attraverso le unioni di comuni, le province, le città metropolitane e i comuni capoluogo di provincia;*

b) ***articolo 59, comma 1, quarto periodo****, nella parte in cui resta vietato il ricorso all'affidamento congiunto della progettazione e dell'esecuzione di lavori;*

c) ***articolo 77, comma 3****, quanto all'obbligo di scegliere i commissari tra gli esperti iscritti all'Albo istituito presso l'Autorità nazionale anticorruzione (ANAC) di cui all'articolo 78, fermo restando l'obbligo di individuare i commissari secondo regole di competenza e trasparenza, preventivamente individuate da ciascuna stazione appaltante.*

D) Il Codice dei Contratti pubblici e il suo ambito applicativo.

Il Codice dei contratti pubblici, di cui al d.lgs. 50 del 2016, rappresenta a livello primario la fonte principale di disciplina degli appalti pubblici, integrato dalla legge sul procedimento amministrativo e dal diritto privato.

Il testo del Codice appalti è strutturato in sei parti: la prima (artt. 1 – 34) dedicata ai Principi generali e all'individuazione dei "contratti esclusi" dalla puntuale applicazione del Codice; la seconda (artt. 35 – 163) dedicata agli appalti; la terza (artt. 164 – 178) tesa a regolamentare le concessioni; la quarta (artt. 179 – 199) dedicata al partenariato pubblico-privato e al contraente generale; la quinta (artt. 200 – 203) sulle infrastrutture e sugli insediamenti prioritari; la sesta (artt. 204 – 220), recante disposizioni finali e transitorie.

Quanto all'ambito applicativo del nuovo Codice è mantenuta la distinzione tra:

- settori ordinari;
- settori esclusi;
- e settori speciali.

Per quanto attiene ai settori **ordinari,** è posta la regola dell'applicazione generalizzata della normativa contenuta nel Codice a tutti gli appalti di servizi, lavori e forniture; anche per i contratti esclusi, il d.lgs. n. 50/2016 prescrive il rispetto dei principi di economicità, efficacia, imparzialità, parità di trattamento, trasparenza e proporzionalità, tutela dell'ambiente ed efficienza energetica (art. 4); ai **settori speciali** (concernenti i settori del gas, energia elettrica, elettricità, acqua, servizi di trasporto, portuali e aeroportuali, servizi postali generali, estrazione di gas, prospezione ed estrazione di carbone o di altri combustibili solidi) è dedicata una disciplina in parte divergente da quella prevista per i settori ordinari richiamandosi solo alcune delle norme contenute nel Codice.

Il Codice, all'art. 30, distingue:

1. i **principi** aventi valenza **generalizzata** ed applicabili sia alla fase (pubblicistica)

dell'affidamento che a quella (privatistica) dell'esecuzione di garanzia della qualità delle prestazioni, economicità, efficacia, tempestività e correttezza;

2. i **principi** applicabili alla fase di **affidamento dell'appalto di libera concorrenza**, parità di trattamento, non discriminazione e trasparenza, proporzionalità e pubblicità.

Il Codice del 2016 è orientato a garantire la pubblicità per tutte le operazioni di gara, compresa la comunicazione dell'eventuale anomalia dell'offerta (art. 97).

E) Il Codice dei Contratti pubblici e le norme della legge europea 2019-2020.

L'articolo 10 della **legge 23 dicembre 2021, n. 238** (legge europea 2019-2020) reca una serie di **modifiche al Codice dei contratti pubblici**.

In primo luogo, viene modificato l'articolo 80, commi 1 e 5, del Codice, in materia di **motivi di esclusione dalla partecipazione di un operatore economico** ad una procedura per l'assegnazione di un appalto pubblico, al fine di eliminare la possibilità che un operatore economico possa essere escluso da una procedura di gara, quando la causa di esclusione riguardi non già l'operatore medesimo, bensì un suo subappaltatore, nei casi di obbligo di indicare la terna di subappaltatori in sede di offerta o, indipendentemente dall'importo a base di gara, che riguardino le attività maggiormente esposte a rischio di infiltrazione mafiosa.

Conseguentemente agli interventi recati ai commi 1 e 5 dell'art. 80, è stato modificato il comma 7 dell'art. 80 del Codice, al fine di limitare al solo operatore economico (escludendo quindi il subappaltatore) la possibilità, in caso di ravvedimento operoso dopo un giudizio definitivo per determinati reati, di essere ammesso a partecipare alle procedure di appalto.

In secondo luogo, con le modifiche all'articolo 105, commi 4 e 6, del Codice, il concorrente non è più obbligato ad indicare la **terna di subappaltatori in sede di offerta**, per appalti di lavori, servizi e forniture di importo pari o superiore alle soglie UE, o, indipendentemente dall'importo a base di gara, per le attività maggiormente esposte a rischio di infiltrazione mafiosa. Viene inoltre stabilito che, a dimostrare l'assenza in capo ai subappaltatori dei motivi di esclusione, sia il medesimo subappaltatore e non già il concorrente che subappalta le attività.

Per quanto riguarda la disciplina del **subappalto** nei **contratti di concessione** previsti dal Codice, con le modifiche all'articolo 174, commi 2 e 3 del Codice, i "grandi" operatori economici non sono più obbligati ad indicare, in sede di offerta, la terna di nominativi di subappaltatori.

Conseguentemente, per effetto delle modifiche introdotte nel Codice dall'articolo in esame, si dispone l'**abrogazione della disciplina transitoria relativa al subappalto**, recata dall'art. 1, comma 18, del D.L. 32/2019.

Si stabilisce poi, con una modifica al D.M. 192/2017 che disciplina le procedure di scelta del contraente e l'esecuzione del contratto da svolgersi all'estero, la possibilità per gli eventuali subappalti di superare complessivamente il trenta per cento dell'importo totale del contratto.

E' stata introdotta, inoltre, una modifica all'art. 46 del Codice dei contratti pubblici, volta ad includere, tra i soggetti ammessi a partecipare alle procedure di affidamento dei **servizi attinenti all'architettura e all'ingegneria**, anche altri soggetti abilitati in forza del diritto nazionale a offrire sul mercato i medesimi servizi, ed è stata integrata la normativa prevista all'art. 113-*bis* del Codice dei contratti pubblici, introducendo una dettagliata disciplina relativa agli adempimenti a carico del direttore dei lavori, dell'esecutore e del responsabile unico del procedimento (RUP), in materia di adozione dello stato di avanzamento dei lavori (SAL) e del relativo certificato di pagamento.

Si prevede inoltre che le modifiche recate al Codice trovino applicazione alle procedure dei bandi o degli avvisi di gara pubblicati successivamente alla data di entrata in vigore della presente legge, nonché, in caso di contratti senza pubblicazione di bandi o avvisi, alle procedure in cui, alla medesima data, non sono ancora stati inviati gli inviti a presentare le offerte o i preventivi.

Sono inoltre introdotte ulteriori modifiche al Codice dei contratti pubblici al fine di: individuare gli ulteriori incarichi che il progettista può subappaltare a soggetti terzi; specificare che l'ammissione degli operatori economici per l'affidamento dei servizi di architettura e ingegneria debba rispettare il principio di non discriminazione fra i diversi soggetti sulla base della forma giuridica assunta; introdurre nell'elenco degli operatori per l'affidamento dei servizi di architettura e ingegneria altri soggetti abilitati in forza del diritto nazionale a offrire sul mercato servizi di ingegneria e di architettura, prevedendone con decreto ministeriale i requisiti minimi; intervenire sui motivi di esclusione per irregolarità del concorrente, relativamente al pagamento di imposte e tasse ovvero di contributi previdenziali.

5.1. Il ruolo del Codice dei Contratti pubblici: le linee guida e il regolamento unico di attuazione a seguito delle modifiche del d.l. sblocca cantieri.

A livello sub-primario, il Codice dei contratti pubblici del 2016 ha attribuito un ruolo centrale alle **Linee Guida ANAC**, innovativi atti di regolazione flessibile, *lato sensu* normativi.
Il recente **decreto-legge 18 aprile 2019, n 32**, (in GU n. 92 del 18 aprile 2019) recante "*Disposizioni urgenti per il rilancio del settore dei contratti pubblici, per l'accelerazione degli interventi infrastrutturali, di rigenerazione urbana e di ricostruzione a seguito di eventi sismici*", **c.d. sblocca cantieri,** convertito, con modificazioni dalla l. 14 giugno 2019, n. 55, ha introdotto nel Codice dei contratti pubblici il nuovo **comma 27-*octies*** all'articolo **216, *segnando, così, l'abbandono del sistema delle linee guida vincolanti a favore*** **del regolamento attuativo unico del Codice dei contratti pubblici** la cui approvazione dovrà avvenire entro 180 giorni dall'entrata in vigore del citato decreto legge. **Con l'approvazione del regolamento tutte le linee guida ANAC vincolanti ed i decreti attuativi finora adottati cesseranno di essere in vigore.**
Ne deriva che nella pratica nel regime transitorio dovranno coesistere norme approvate in periodi diversi con possibili problemi interpretativi.

A) Le linee guide ANAC e nuovo regolamento unico di attuazione previsto dal c.d. sblocca cantieri
Il rinvio, operato in numerose disposizioni dal d.lgs. n. 50 del 2016 nella formulazione originaria, alle linee guida ANAC è sostituito da quello al **Regolamento unico di attuazione del codice appalti**, previsto dal nuovo **articolo 216, comma 27-*octies*** del Codice, come modificato dal d.l. **sblocca cantieri** n. 32 del 2019.

Il nuovo **art. 216 del Codice Appalti, al comma 27-octies**, ad esito della conversione in legge prevede che "*Nelle more dell'adozione, **entro centottanta giorni** dalla data di entrata in vigore della presente disposizione, ai sensi dell'articolo 17, comma 1, lettere a) e b), della legge 23 agosto 1988, n. 400, su proposta del Ministro delle infrastrutture e dei trasporti di concerto con il Ministro dell'economia e delle finanze, sentita la Conferenza permanente per i rapporti tra lo Stato, le regioni e le province autonome di Trento e di Bolzano, di un regolamento unico recante disposizioni di esecuzione, attuazione e integrazione del presente codice, **le linee guida e i decreti adottati in attuazione delle previgenti disposizioni** di cui agli articoli 24, comma 2, 31, comma 5, 36, comma 7, 89, comma 11, 111, commi 1 e 2, 146, comma 4, 147, commi 1 e 2, e 150, comma 2, **rimangono in vigore o restano efficaci fino alla data di entrata in vigore del regolamento** di cui al presente comma, in quanto compatibili con il presente codice e non oggetto delle procedure di infrazione nn. 2017/2090 e 2018/2273*".
La disposizione prevede, inoltre, che ***"Ai soli fini dell'archiviazione delle citate procedure di infrazione, nelle more dell'entrata in vigore del regolamento, il Ministro delle infrastrutture e dei trasporti e l'ANAC sono autorizzati a modificare rispettivamente i decreti e le linee guida adottati in materia"***.
Infine la disposizione indica le **materie su sui il regolamento** dovrà intervenire prevedendo che ***"Il regolamento reca, in particolare, disposizioni nelle seguenti materie**: a) nomina, ruolo e compiti del responsabile del procedimento; b) progettazione di lavori, servizi e forniture, e verifica del progetto; c) sistema di qualificazione e requisiti degli esecutori di lavori e dei contraenti generali; d) procedure di affidamento e realizzazione dei contratti di lavori, servizi e forniture di importo inferiore alle soglie comunitarie; e) direzione dei lavori e dell'esecuzione; f) esecuzione dei contratti di lavori, servizi e*

forniture, contabilità, sospensioni e penali; g) collaudo e verifica di conformità; h) affidamento dei servizi attinenti all'architettura e all'ingegneria e relativi requisiti degli operatori economici; i) lavori riguardanti i beni culturali. A decorrere dalla data di entrata in vigore del regolamento cessano di avere efficacia le linee guida di cui all'articolo 213, comma 2, vertenti sulle materie indicate al precedente periodo nonché quelle che comunque siano in contrasto con le disposizioni recate dal regolamento.

* Si segnala che il PNRR prevede un **processo di riforma** in due macro-tappe del settore dei **contratti pubblici**: una prima tappa, attuata in via d'urgenza con il d.l. 77/2021, e una seconda tappa da attuare mediante lo strumento della legge delega e da completare entro il giugno 2023. Al fine di dare seguito a tali impegni, il Governo ha presentato al Senato il disegno di legge n. 2330 recante "***Delega al Governo in materia di contratti pubblici***".

Tanto premesso, fino all'approvazione del Regolamento unico di attuazione, restano in vigore le **linee guida ANAC vincolanti in quanto adottate** in funzione integrativa per la regolamentazione di alcuni aspetti di dettaglio accanto alla disciplina codicistica **e i decreti attuativi.** Il carattere della vincolatività distingue le linee guida dal cd. "soft laws" (quali bandi-tipo e capitolati-tipo) che, pur avendo natura normativa, possono essere disapplicate dalla stazione appaltante previa adeguata motivazione.

È stata discussa la natura giuridica di siffatte linee guida:

A. secondo un primo orientamento, alle linee guida ANAC va riconosciuta **natura normativa** in senso stretto in quanto atti idonei ad innovare l'ordinamento giuridico.
B. Per opposta impostazione, si tratterebbero di **atti amministrativi generali**.

Quest'ultima impostazione, seguita dal Cons. St., sez. cons., 1° aprile 2016, n. 855, che ne inferisce la natura di atto di regolazione stante la natura dell'ANAC, di vera e propria Autorità amministrativa indipendente.
È opportuno sottolineare che con parere della commissione speciale **del 30 marzo 2017, n. 782** – reso dal Consiglio di Stato sullo schema del decreto correttivo – si è distinta la natura giuridica delle Linee guida a seconda che siano approvate o meno con decreti ministeriali o interministeriali: (i) nel primo caso, le stesse avendo efficacia innovativa e caratteri di generalità ed astrattezza, dovrebbero essere assimilate a "regolamenti ministeriali" ex art. 17, comma 3 L. n. 400/1988; (ii) diversamente le linee guida a carattere vincolante adottate direttamente dall'Autorità sono considerate prive di carattere c.d. normativo e, pertanto, qualificabili come atti di regolazione. Il Consiglio di Stato ha previsto, inoltre, un terzo modello di atti attuativi costituito dalle **linee guida non vincolanti**. Queste ultime, ascritte nell'ambito degli atti amministrativi generali, perseguono lo scopo di fornire indirizzi e istruzioni operative alle stazioni appaltanti.
Il **Decreto Sblocca-Cantieri non ha inciso sul potere dell'ANAC di predisporre Linee Guida, non vincolanti,** allo scopo di garantire "*la promozione dell'efficienza, della qualità dell'attività delle stazioni appaltanti, cui fornisce supporto anche facilitando lo scambio di informazioni e la omogeneità dei procedimenti amministrativi e favorisce lo sviluppo delle migliori pratiche*" di cui all'art. 213 comma 2 Codice Appalti.

Occorre segnalare come con il correttivo appalti l'Autorità nazionale Anticorruzione (Anac) non potrà più prescrivere alle Stazioni Appaltanti la correzione di eventuali atti di gara ritenuti illegittimi in quanto, in accoglimento delle perplessità espresse sull'argomento dal Consiglio di Stato è stato abrogato il comma 2 dell'articolo 211 del Codice dei Contratti Pubblici. I pareri di precontenzioso, richiesti dalla Stazione Appaltante o da una delle parti, restano invece vincolanti.

6. I contratti pubblici: le *species*.

Nell'ampia categoria dei contratti pubblici, gli **appalti pubblici** – come già anticipato sopra – si qualificano come passivi, in contrapposizione ai cd. contratti attivi. Tale distinzione si ricava dall'art. 3, r.d. 18 novembre 1923, n. 2440.
I contratti **attivi** sono quelli dai quali derivi un'entrata per lo Stato e che devono essere preceduti da pubblici incanti, salvo che per particolari ragioni la P.A. non intenda far ricorso alla licitazione o, nei casi di necessità, alla trattativa privata. I contratti attivi (vendite, locazioni attive) trovano la loro disciplina, oltre che in leggi speciali, nelle norme di contabilità pubblica (r.d. 18 novembre 1923, n. 2440), derogatoria rispetto al diritto comune.
I contratti **passivi** sono, invece, quelli dai quali derivi una spesa per lo Stato e che devono essere preceduti da gare mediante pubblico incanto o licitazione privata, a giudizio discrezionale della P.A. Diversa è la normativa di riferimento per le due tipologie di contratti. I cd. contratti passivi, mediante i quali la P.A. si procura beni e servizi, sono attualmente disciplinati dal d.lgs. n. 50/2016 che rinvia al c.c. per i profili non regolati.
Nella categoria dei contratti pubblici, il Codice ritaglia la nozione di appalto pubblico, assoggettandola ad una disciplina peculiare. La relativa nozione è contenuta nell'art. 3, comma 1, lett. ii), del nuovo Codice dei contratti pubblici. L'appalto è dunque un contratto.
Due, ancora, i tratti fondamentali dell'appalto pubblico:

- sul piano **soggettivo**, rilevano le nozioni di appaltatore e di amministrazione aggiudicatrice. L'appaltatore può essere, per gli appalti di servizi e forniture, il "prestatore di servizi o forniture", quindi una persona fisica o giuridica, ed anche un ente pubblico, salvi i limiti di compatibilità fra oggetto dell'appalto ed i fini istituzionali dell'ente; deve essere, inoltre, per quanto riguarda i lavori, un "imprenditore", con esclusione quindi degli enti pubblici. L'amministrazione aggiudicatrice coincide sostanzialmente con la figura di organismo di diritto pubblico.
- Dal punto vista **oggettivo**, si richiede che il contratto sia a titolo **oneroso.**

Quanto all'oggetto si distingue tra appalto:

A. di lavori;
B. di forniture;
C. di servizi.

Nella categoria dei contratti pubblici il Codice ricomprende anche i contratti di **concessione**. Più specificamente la categoria ricomprende:

- la **concessione di lavori pubblici** ossia il contratto a titolo oneroso, concluso in forma scritta, in virtù del quale una o più stazioni appaltanti affidano l'esecuzione di lavori ad uno o più operatori economici riconoscendo a titolo di corrispettivo unicamente il diritto di gestire le opere oggetto del contratto o tale diritto accompagnato da un prezzo, con assunzione in capo al concessionario del rischio operativo legato alla gestione delle opere (art. 3 comma 1, lett. uu), d.lgs. 50/2016);
- la **concessione di servizi** è un contratto che presenta le stesse caratteristiche di un appalto pubblico di servizi, ad eccezione del fatto che il corrispettivo della fornitura di servizi consiste unicamente nel diritto di gestire i servizi o in tale diritto accompagnato da un prezzo (art. 3, c. 1, lett. vv), d.lgs. n. 50/2016).

In definitiva, la distinzione tra appalto e concessione è individuata nel c.d. "**rischio di gestione**"; invero il corrispettivo consiste unicamente nel diritto di gestire l'opera o in tale diritto accompagnato

da un prezzo (nella concessione di lavori) o nel diritto di gestire i servizi o in tale diritto accompagnato da un prezzo (nella concessione di servizi).
La concessione instaura, così, un rapporto **trilaterale** tra amministrazione, concessionario ed utenti. Nell'appalto al contrario il prezzo grava essenzialmente sulla stazione committente.

Quanto alla disciplina applicabile, mentre in passato il d.lgs. n. 163/2016 distingueva tra concessioni di lavori pubblici e concessioni di servizi, invece gli artt. 164 e ss. del d.lgs. n. 50 del 2016 introducono una disciplina unitaria disponendo che ai medesimi contratti si applicano, per quanto compatibili, le disposizioni recate dalla I e dalla II Parte del Codice.
Connessa al tema della disciplina applicabile alle concessioni è la questione avente ad oggetto l'assoggettabilità delle controversie in materia di concessioni di servizi al c.d. rito appalti (di cui agli artt. 119 ss. c.p.a.). La questione è stata risolta in senso affermativo dal Cons. St., A.P. 27 luglio 2016, n. 22.
Negli **appalti misti**, invece, si commissionano ad un tempo lavori e/o servizi e/o forniture. Nel dettaglio, l'art. 14, d.lgs. n. 163/2006, individuava, al co. 2, nell'accessorietà il criterio da osservare nel determinarne la disciplina applicabile. Si tratta di un criterio qualitativo-funzionale, ancorato alla qualità delle prestazioni da svolgere. A livello comunitario l'art. 3 della recente direttiva 24/2014 detta una disciplina dei contratti misti, sostanzialmente distinguendo a seconda che le prestazioni dedotte in contratto siano o meno separabili. Nel secondo caso il regime giuridico applicabile è definito sulla base dell'oggetto principale del contratto. A tale criterio si è confermato successivamente il legislatore all'art. 28 del d.lgs. n. 50/2016. Fra i contratti misti un particolare rilievo ha assunto il c.d. *global service*: si tratta dell'operazione contrattuale con la quale il privato si obbliga nei confronti della P.A. ad una pluralità di attività, consistenti nella gestione di un'opera, nelle forniture periodiche che occorrono per utilizzarla e nella sua manutenzione.

7. La rilevanza delle soglie: i contratti sopra e sottosoglia.

A) Il Codice dei contratti pubblici distingue tra:
- appalti pubblici **sopra soglia;**
- ed appalti pubblici **sottosoglia**.

La disciplina europea trova infatti applicazione esclusivamente per quei contratti pubblici il cui valore stimato è pari o superiore a determinate soglie.
Pertanto, gli appalti sottosoglia sono a stretto rigore esclusi dall'applicazione delle direttive. Prima la **giurisprudenza comunitaria**, poi quella **nazionale** hanno progressivamente esteso il campo di applicazione dei principi fondamentali in materia di tutela della concorrenza anche agli appalti sottosoglia.
In particolare, la Corte di Giustizia (Corte giust. UE, 7 dicembre 2000, causa C-324, Teleaustria) ha sostenuto che anche quando un **contratto** è **escluso** dalla sfera di **applicazione** delle **direttive**, le **amministrazioni aggiudicatrici** sono comunque tenute al **rispetto** dei principi di **parità di trattamento, non discriminazione, proporzionalità e trasparenza**.
Di tale evoluzione pretoria ha tenuto conto il **"nuovo" Codice dei contratti pubblici (d.lgs. n. 50/2016)** che dedica agli **appalti sottosoglia** il Titolo I della parte II, prevedendo che **si applicano le medesime norme riguardanti i contratti oltre soglia anche ai contratti sottosoglia nei settori ordinari**, con le sole deroghe e specificazioni espressamente previste.

Art. 35 codice dei contratti pubblici, Soglie di rilevanza comunitaria e metodi di calcolo del valore stimato

degli appalti[2].

1. (...) <u>le soglie di rilevanza comunitaria sono</u>:
   a) **euro 5.225.000** per gli appalti pubblici di lavori e per le concessioni;
   b) **euro 135.000** per gli appalti pubblici di forniture, di servizi e per i concorsi pubblici di progettazione aggiudicati dalle amministrazioni aggiudicatrici che sono autorità governative centrali indicate nell'allegato III; se gli appalti pubblici di forniture sono aggiudicati da amministrazioni aggiudicatrici operanti nel settore della difesa, questa soglia si applica solo agli appalti concernenti i prodotti menzionati nell'allegato VIII;
   c) **euro 209.000** per gli appalti pubblici di forniture, di servizi e per i concorsi pubblici di progettazione aggiudicati da amministrazioni aggiudicatrici sub-centrali; tale soglia si applica anche agli appalti pubblici di forniture aggiudicati dalle autorità governative centrali che operano nel settore della difesa, allorché tali appalti concernono prodotti non menzionati nell'allegato VIII;
   d) **euro 750.000** per gli appalti di servizi sociali e di altri servizi specifici elencati all'allegato IX.

2. <u>Nei settori speciali</u>, le soglie di rilevanza comunitaria sono:
   a) euro 5.225.000 per gli appalti di lavori;
   b) euro 418.000 per gli appalti di forniture, di servizi e per i concorsi pubblici di progettazione;
   c) euro 1.000.000 per i contratti di servizi, per i servizi sociali e altri servizi specifici elencati all'allegato IX.

---

[2] L'importo di «**5.225.000 euro**» è da intendersi sostituito, a decorrere dal 1° gennaio 2018, con «5.548.000 euro» ai sensi di quanto disposto dal regolamento (UE) n. 2365/2017 e dal regolamento (UE) n. 2366/2017 che modificano, rispettivamente, la direttiva 2014/24/UE e la direttiva 2014/23/UE. Successivamente, l'importo di «5.548.000 euro » è da intendersi sostituito, a decorrere dal 20 novembre 2019 e con effetto dal 1° gennaio 2020, con «5.350.000 euro» ai sensi di quanto disposto dal regolamento (UE) n. 1828/2019 e dal regolamento (UE) n. 1827/2019 che modificano, rispettivamente, la direttiva 2014/24/UE e la direttiva 2014/23/UE. Infine, l'importo di «**5.350.000 euro** » è da intendersi sostituito, a decorrere dal 1° dicembre 2021 e con effetto dal 1° gennaio 2022, con «5.382.000 euro» ai sensi di quanto disposto dal regolamento (UE) n. 1952/2021 e dal regolamento (UE) n. 1951/2021 che modificano, rispettivamente, la direttiva 2014/24/UE e la direttiva 2014/23/UE.

L'importo di «**135.000 euro**» è da intendersi sostituito, a decorrere dal 1° gennaio 2018, con «144.000 euro» ai sensi di quanto disposto dal regolamento (UE) n. 2365/2017 che modifica la direttiva 2014/24/UE. Successivamente, l'importo di «144.000 euro » è da intendersi sostituito, a decorrere dal 20 novembre 2019 e con effetto dal 1° gennaio 2020, con «139.000 euro» ai sensi di quanto disposto dal regolamento (UE) n. 1828/2019 che modifica la direttiva 2014/24/UE. Infine, l'importo di «**139.000 euro** » è da intendersi sostituito, a decorrere dal 1° dicembre 2021 e con effetto dal 1° gennaio 2022, con «140.000 euro» ai sensi di quanto disposto dal regolamento (UE) n. 1952/2021 che modifica la direttiva 2014/24/UE.

L'importo di «**209.000 euro**» è da intendersi sostituito, a decorrere dal 1° gennaio 2018, con «221.000 euro» ai sensi di quanto disposto dal regolamento (UE) n. 2365/2017 che modifica la direttiva 2014/24/UE. Successivamente, l'importo di «221.000 euro» è da intendersi sostituito, a decorrere dal 20 novembre 2019 e con effetto dal 1° gennaio 2020, con «214.000 euro» ai sensi di quanto disposto dal regolamento (UE) n. 1828/2019 che modifica la direttiva 2014/24/UE. Infine, l'importo di «**214.000 euro** » è da intendersi sostituito, a decorrere dal 1° dicembre 2021 e con effetto dal 1° gennaio 2022, con «215.000 euro» ai sensi di quanto disposto dal regolamento (UE) n. 1952/2021 che modifica la direttiva 2014/24/UE.

L'importo di «**5.225.000 euro**» è da intendersi sostituito, a decorrere dal 1° gennaio 2018, con «5.548.000 euro» ai sensi di quanto disposto dal regolamento (UE) n. 2364/2017 che modifica la direttiva 2014/25/UE. Successivamente, l'importo di «5.548.000 euro» è da intendersi sostituito, a decorrere dal 20 novembre 2019 e con effetto dal 1° gennaio 2020, con «5.350.000 euro» ai sensi di quanto disposto dal regolamento (UE) n. 1829/2019 che modifica la direttiva 2014/25/UE. Infine, l'importo di «**5.350.000 euro** » è da intendersi sostituito, a decorrere dal 1° dicembre 2021 e con effetto dal 1° gennaio 2022, con «5.382.000 euro» ai sensi di quanto disposto dal regolamento (UE) n. 1953/2021 che modifica la direttiva 2014/25/UE.

L'importo di «**418.000 euro**» è da intendersi sostituito, a decorrere dal 1° gennaio 2018, con «443.000 euro» ai sensi di quanto disposto dal regolamento (UE) n. 2364/2017 che modifica la direttiva 2014/25/UE. Successivamente, l'importo di «443.000 euro» è da intendersi sostituito, a decorrere dal 20 novembre 2019 e con effetto dal 1° gennaio 2020, con «428.000 euro» ai sensi di quanto disposto dal regolamento (UE) n. 1829/2019 che modifica la direttiva 2014/25/UE. Infine, l'importo di «**428.000 euro** » è da intendersi sostituito, a decorrere dal 1° dicembre 2021 e con effetto dal 1° gennaio 2022, con «431.000 euro» ai sensi di quanto disposto dal regolamento (UE) n. 1953/2021 che modifica la direttiva 2014/25/UE.

La Commissione europea, come anticipato, con quattro distinti regolamenti delegati (UE), pubblicati sulla **GUCE dell'11 novembre 2021 n. 398,** ha modificato le soglie di rilevanza comunitaria sugli appalti pubblici previste all'**art. 35 del d.lgs. n. 50/2016** (Codice dei contratti pubblici). Le nuove soglie si applicheranno a decorrere dal **1° gennaio 2022** e avranno validità per il **biennio 2022-2023**.

Per effetto dei citati regolamenti, le **nuove soglie aggiornate** risulteranno le seguenti:

SETTORI ORDINARI
- euro **5.382.000 (fino al 31.12.2021 € 5.350.000)** per gli appalti pubblici di lavori;
- euro **140.000 (fino al 31.12.2021 € 139.000,00)** per gli appalti pubblici di forniture, di servizi e per i concorsi pubblici di progettazione aggiudicati dalle amministrazioni aggiudicatrici che sono autorità governative centrali indicate nell'allegato III; se gli appalti pubblici di forniture sono aggiudicati da amministrazioni aggiudicatrici operanti nel settore della difesa, la soglia si applica soltanto agli appalti concernenti i prodotti menzionati nell'allegato VIII;
- euro **215.000 (fino al 31.12.2021 € 214.000,00)** per gli appalti pubblici di forniture, di servizi e per i concorsi pubblici di progettazione aggiudicati da amministrazioni aggiudicatrici sub-centrali; la soglia si applica anche agli appalti pubblici di forniture aggiudicati dalle autorità governative centrali che operano nel settore della difesa, allorché tali appalti concernono prodotti non menzionati nell'allegato VIII;

SETTORI SPECIALI
- euro **5.382.000 (fino al 31.12.2021 € 5.350.000,00)** per gli appalti di lavori;
- euro **431.000 (fino al 31.12.2021 € 428.000,00)** per gli appalti di forniture, di servizi e per i concorsi pubblici di progettazione;
- euro **1.000.000** (resta inalterato l'odierno importo di 1.000.000 euro) per i contratti di servizi, per i servizi sociali e altri servizi specifici elencati all'allegato IX.

DIFESA E SICUREZZA
- euro **5.382.000 (fino al 31.12.2021 € 5.350.000,00)** per gli appalti di lavori;
- euro **431.000 (fino al 31.12.2021 € 428.000,00)** per gli appalti di forniture, di servizi e per i concorsi pubblici di progettazione;

CONCESSIONI
- euro **5.382.000 (fino al 31.12.2021 € 5.350.000,00).**

B) I contratti sottosoglia

Lo sblocca cantieri d.l. n. 32 del 2019 interviene sull'art. 36 del codice dei contratti pubblici (art. modificato, da ultimo, dal D.L. 31 maggio 2021, n. 77, convertito, con modificazioni, dalla L. 29 luglio 2021, n. 108) **in relazione alle modalità di affidamento degli appalti di importo inferiore alla soglia comunitaria.**

L'art. 36 del codice dei contratti pubblici, fortemente inciso dal decreto sblocca-cantieri e dalla successiva legge di conversione 14 giugno 2019 n. 55, **prevede ora che**:

a) **per affidamenti di importo inferiore a 40.000 euro**, mediante **affidamento diretto** anche **senza** previa consultazione di due o più operatori economici o per i lavori in amministrazione diretta. La pubblicazione dell'avviso sui risultati della procedura di affidamento non è obbligatoria;
b) **per affidamenti di importo pari o superiore a 40.000 euro e inferiore a 150.000 euro per i lavori**, o alle soglie di cui all'articolo 35 per le forniture e i servizi, mediante affidamento

diretto **previa valutazione di tre preventivi**, ove esistenti, per i lavori, e, per i servizi e le forniture, **di almeno cinque operatori economici** individuati sulla base di indagini di mercato o tramite elenchi di operatori economici, nel rispetto di un criterio di rotazione degli inviti. I lavori possono essere eseguiti anche in amministrazione diretta, fatto salvo l'acquisto e il noleggio di mezzi, per i quali si applica comunque la procedura di cui al periodo precedente. L'avviso sui risultati della procedura di affidamento contiene l'indicazione anche dei soggetti invitati;

c) **per affidamenti di lavori di importo pari o superiore a 150.000 euro e inferiore a 350.000 euro**, mediante la **procedura negoziata** di cui all'articolo 63 previa consultazione, ove esistenti, di **almeno dieci operatori economici**, nel rispetto di un criterio di rotazione degli inviti, individuati sulla base di indagini di mercato o tramite elenchi di operatori economici. L'avviso sui risultati della procedura di affidamento contiene l'indicazione anche dei soggetti invitati;

c-bis) **per affidamenti di lavori di importo pari o superiore a 350.000 euro e inferiore a 1.000.000 di euro**, mediante la **procedura negoziata** di cui all'articolo 63 previa consultazione, ove esistenti, di **almeno quindici operatori economici**, nel rispetto di un criterio di rotazione degli inviti, individuati sulla base di indagini di mercato o tramite elenchi di operatori economici. L'avviso sui risultati della procedura di affidamento contiene l'indicazione anche dei soggetti invitati;

d) **per affidamenti di lavori di importo pari o superiore a 1.000.000 di euro e fino alle soglie di cui all'articolo 3**5, mediante ricorso alle **procedure** di cui all'articolo 60, fatto salvo quanto previsto dall'articolo 97, comma 8.

Con l'introduzione del **comma 9-bis nell'articolo 36** e della lettera b-bis al comma 3 e del **comma 10-bis nell'articolo 95** del Codice dei contratti viene, infine, stabilito che: le stazioni appaltanti procedono all'aggiudicazione dei contratti **sulla base del criterio del minor prezzo** senza obbligo di motivare la scelta (in tal senso disponeva il decreto-legge 32 del 2019 nell'impianto originario). In tal modo sembra che il criterio del minor prezzo e quello dell'offerta economicamente più vantaggiosa (OEPV) si pongono sullo stesso piano. Nei casi di cui all'art. 95 comma 3, rimane la regola dell'OEPV. Si tratta dei contratti relativi ai **servizi sociali e di ristorazione** ospedaliera, assistenziale e scolastica, nonché ai servizi **ad alta intensità di manodopera.** Inoltre, vi sono i contratti relativi all'affidamento dei servizi di ingegneria e architettura e degli altri **servizi di natura tecnica e intellettuale** di importo pari o superiore a 40.000 euro. Con lo sblocca cantieri è esteso **il criterio di aggiudicazione dell'offerta economicamente più vantaggiosa anche per** i contratti di servizi e le forniture di importo pari o superiore a 40.000 euro caratterizzati da **notevole contenuto tecnologico o che hanno un carattere innovativo.**

Nel criterio di aggiudicazione dell'offerta economicamente più vantaggiosa è **eliminato il tetto del 30% per il punteggio economico.**

La legge di conversione 14 giugno 2019, n. 55 ha disposto l'abrogazione del comma 5 dell'art. 36 che nella versione riscritta dall'originario decreto-legge n. 32 del 2019 sblocca – cantieri, prevedeva, in maniera innovativa, che **le stazioni appaltanti possono decidere che le offerte siano esaminate prima della verifica della documentazione relativa al possesso dei requisiti di carattere generale e di quelli di idoneità e capacità degli offerenti.** Tale facoltà può essere esercitata **se specificamente prevista dal bando di gara o nell'avviso con cui si indice la procedura.** Se si avvalgono di tale facoltà, le stazioni appaltanti verificano in maniera imparziale e trasparente che nei confronti del miglior offerente non ricorrano motivi di esclusione e che sussistano i requisiti e le capacità di cui all'art. 83 stabiliti dalla stazione appaltante: tale controllo è esteso a campione, anche sugli altri partecipanti, secondo le modalità indicate nei documenti di gara. Sulla base dell'esito di tale verifica si procede eventualmente a ricalcolare la soglia di anomalia di cui all'art. 97. Resta salva dopo l'aggiudicazione, la verifica sul possesso dei requisii richiesti ai fini della stipula del contratto.

Sul punto, giova, al contempo evidenziale, l'ulteriore modifica apportata dalla legge di conversione del decreto sblocca cantieri (comma 3, dell'art. 1 del d.l. 32 del 2019, modificato, prima dal **d.l. 16 luglio 2020, n. 76** e successivamente dal **d.l. 31 maggio 2021, n. 77**) costituita dall'estensione **anche per i settori ordinari, fino al 30 giugno 2023** (prima della modifica del d.l. n. 76/2020 il termine era per il 31 dicembre 2020 e prima della modifica del d.l. n. 77/2021 il termine era per il 31 dicembre 2021), dell'applicazione della disposizione dettata, per i settori speciali, dall'art. 133, comma 8, del codice dei contratti pubblici che consente gli enti aggiudicatori limitatamente alle **procedure aperte, di decidere che le offerte saranno esaminate prima della verifica dell'idoneità degli offerenti**. Tale facoltà può essere esercitata se specificamente prevista nel bando di gara o nell'avviso con cui si indice la gara. Se si avvalgono di tale possibilità, le amministrazioni aggiudicatrici garantiscono che la verifica dell'assenza di motivi di esclusione e del rispetto dei criteri di selezione sia effettuata in maniera imparziale e trasparente, in modo che nessun appalto sia aggiudicato a un offerente che avrebbe dovuto essere escluso (a norma dell'articolo 136) o che non soddisfa i criteri di selezione stabiliti dall'amministrazione aggiudicatrice.

8. Il riparto di competenze legislative in materia di contratti pubblici.

Nella materia degli appalti pubblici si è posto il problema della ripartizione delle competenze normative tra Stato e regioni.
Il delicato nodo interpretativo nasce per effetto della **mancata previsione**, nell'art. 117 Cost., **della materia dei contratti pubblici né tra quelle attribuite alla legislazione esclusiva dello Stato né tra quelle oggetto di competenza legislativa concorrente**. Il legislatore ha offerto una soluzione normativa alla questione delle interferenze della disciplina statale con gli ambiti di competenza delle Regioni, attraverso l'art. 2 del nuovo Codice, stabilendo che:

- *le disposizioni contenute nel presente codice sono adottate nell'esercizio della **competenza legislativa esclusiva statale** in materia di tutela della concorrenza, ordinamento civile, nonché nelle altre materie cui è riconducibile lo specifico contratto;*
- *Le Regioni a statuto ordinario esercitano le proprie funzioni nelle materie di competenza regionale ai sensi dell'articolo 117 della Costituzione;*
- *le regioni a statuto speciale e le Province autonome di Trento e di Bolzano adeguano la propria legislazione secondo le disposizioni contenute negli statuti e nelle relative norme di attuazione.*

9. Il procedimento ad evidenza pubblica.

Attraverso il procedimento di evidenza pubblica il contraente pubblico forma e manifesta la volontà di addivenire alla stipula di un determinato contratto, "evidenziando" i motivi di pubblico interesse che intende perseguire con quello specifico atto negoziale.

Discussa la **natura giuridica** degli atti dell'evidenza pubblica:
- secondo la concezione pubblicistica, la procedura ad evidenza pubblica va intesa alla stregua di un iter volto all'individuazione della persona dell'altro contraente;
- secondo la concezione privatistica-negoziale, invece, la procedura ad evidenza pubblica è considerata una fase pre-negoziale, antecedente la stipula del contratto, assimilabile alla fase delle trattative precontrattuali.

In realtà, le due prospettive ermeneutiche non sono inconciliabili, ritenendosi che l'evidenza pubblica dia luogo ad una "fattispecie a doppio stadio", la fase pubblicistica accompagnando parallelamente, in un certo senso "doppiando", la fase di diritto privato (PICONE). Quanto alla struttura, la procedura ad evidenza pubblica si articola in **diverse fasi**, in specie quelle:

- della determinazione a contrarre;
- della pubblicazione del bando di gara;
- della scelta del contraente;
- dell'aggiudicazione e stipula del contratto;
- dell'approvazione e degli eventuali controlli.

10. La deliberazione a contrarre.

La **delibera a contrarre** è l'atto caratterizzante la fase preliminare del procedimento di evidenza pubblica, con il quale la P.A., esponendo **le ragioni di pubblico interesse** che supportano la decisione, esprime l'intento di addivenire alla stipula di un contratto di un certo tipo e contenuto. La delibera a contrarre deve contenere (art. 32 del Codice dei contratti pubblici):

- gli elementi essenziali del contratto;
- i criteri di selezione degli operatori economici e delle offerte, in conformità all'ordinamento dell'amministrazione aggiudicatrice ed ai suoi atti di programmazione.

La norma, inoltre, colloca la determinazione, in un **momento anteriore all'avvio della procedura di affidamento.** La delibera a contrarre si configura come **atto meramente interno**, inidoneo a far nascere alcuna situazione soggettiva tutelabile in capo a terzi potenzialmente interessati, che non potranno, quindi, pretendere che la medesima venga necessariamente eseguita. Fino alla pubblicazione del bando o all'inoltro delle lettere di invito ai vari concorrenti la delibera è **revocabile *ad nutum* da parte della P.A.** Tuttavia, la sua mancanza determina illegittimità di tutti gli atti della sequenza procedimentale per invalidità derivata.

A mente dell'art. 32 cod., co. 1 e 2, "*Le procedure di affidamento dei contratti pubblici hanno luogo nel rispetto degli* ***atti di programmazione*** *delle stazioni appaltanti previsti dal presente codice o dalle norme vigenti. Prima dell'avvio delle procedure di affidamento dei contratti pubblici, le stazioni appaltanti, in conformità ai propri ordinamenti,* ***decretano o determinano di contrarre****, individuando gli elementi essenziali del contratto e i criteri di selezione degli operatori economici e delle offerte. Nella procedura di cui all'articolo 36, comma 2, lettere a) e b), la stazione appaltante può procedere ad affidamento diretto tramite* ***determina a contrarre, o atto equivalente****, che contenga, in modo semplificato, l'oggetto dell'affidamento, l'importo, il fornitore, le ragioni della scelta del fornitore, il possesso da parte sua dei requisiti di carattere generale, nonché il possesso dei requisiti tecnico-professionali, ove richiesti*".

11. Il bando di gara.

Il bando di gara (art. 129 del Codice dei contratti pubblici), costituisce, da un lato:

A. l'atto di attuazione della delibera a contrarre;
B. dall'altro, l'atto strumentale e preparatorio rispetto al successivo provvedimento di aggiudicazione, destinato a concludere la procedura di evidenza pubblica.

Con esso la P.A. indice la gara attraverso la sua pubblicazione, rende nota l'intenzione di aggiudicare un appalto pubblico (art. 129). Occorre rilevare che l'art. 71 del nuovo Codice dei contratti impone che tutte le procedure di scelta del contraente siano indette mediante bandi di gara e si affida all'ANAC l'adozione di bandi tipo alla cui conformità le stazioni appaltanti sono tenute ad adeguarsi, salva diversa motivazione resa nota nella delibera a contrarre.

Controversa la **natura giuridica** del bando di gara:
- secondo la concezione **privatistica-negoziale**, il bando è **un'offerta al pubblico** o, nell'impostazione più recente, un invito ad offrire, mancando in esso l'indicazione del prezzo, non può infatti valere come proposta contrattuale;
- secondo la concezione **pubblicistica**, il bando di gara è un **tipico atto amministrativo**, il cui scopo non è solo quello di manifestare l'intento della P.A. di stipulare un contratto, ma soprattutto quello di dare inizio e regolare la fase procedimentale volta all'accertamento dell'offerta.

Si qualifica così il bando di gara come atto **amministrativo generale**.
Degli atti normativi difetterebbero, quindi, i tradizionali ed indispensabili requisiti della:
1. generalità → bandi sono invero rivolti a **soggetti** che, sebbene non determinabili ex ante, divengono **individuabili ex post;**
2. innovatività → bandi sono volti a disciplinare non già l'attività della PA nel suo complesso, bensì il **singolo procedimento**;
3. astrattezza → le regole fissate dal bando non sono suscettibili di indefinita ripetibilità, in quanto volte a disciplinare lo svolgimento della singola gara.

L'adesione all'una o all'altra prospettiva ha rilevanti implicazioni: l'ascrizione della natura provvedimentale reca con sé l'esclusione della disapplicabilità del bando ed il suo assoggettamento al regime di impugnazione proprio degli atti amministrativi.

12. L'impugnazione delle clausole del bando.

La natura strumentale e preparatoria del bando di gara implica che le disposizioni in esso contenute **non presentino normalmente un'immediata incisività sulle posizioni giuridiche soggettive**, destinate a risultare lese solo a seguito dell'aggiudicazione. Prima di tale momento, la lesione della posizione soggettiva del privato ha carattere solo potenziale. Quanto osservato ha indotto la giurisprudenza a concludere per la **non impugnabilità immediata delle clausole del bando**, contestabile, quindi congiuntamente all'atto applicativo, il solo destinato a determinare una lesione attuale (**c.d. impugnativa differita**).
La regola dell'impugnazione differita soffre, tuttavia, **un'eccezione**, allorché vengano in considerazione **clausole del bando immediatamente idonee a sortire effetti lesivi**: per queste vale la diversa regola che impone l'impugnazione immediata (Cons. St., Ad. Pl., 29 gennaio 2003, n. 1; in senso contrario si esprime, il Con. St., sez. VI, ord. 1° febbraio 2013, n. 634).

Nel dettaglio, l'Adunanza plenaria ha ritenuto l'onere dell'immediata impugnazione del bando di gara soltanto relativamente alle **clausole che**, prescrivendo per la partecipazione taluni requisiti, **precludano l'accesso dell'interessato alla procedura** e per quelle che prescrivano **oneri assolutamente incomprensibili o manifestamente sproporzionati.**

Si è posto anche il problema della necessità o meno della domanda di partecipazione alla gara quale condizione di impugnabilità del bando. Al riguardo, la giurisprudenza prevalente sostiene che la **partecipazione ad una procedura selettiva** costituisce la **condizione necessaria** per radicare **l'interesse a ricorrere contro i provvedimenti conclusivi della relativa procedura**, atteso che solo la partecipazione alla gara evidenzia un interesse specifico e differenziato a contestare le modalità di svolgimento della procedura, con riguardo alla legittimità della valutazione delle offerte e alla correttezza delle operazioni selettive. Anche in tal caso, sono state individuate alcune eccezionali ipotesi in cui la partecipazione alla gara non costituisce requisito di legittimazione a ricorrere (Cons. St., sez. V, 25 agosto 2008, n. 4059; confermato da Cons. St., Ad. Pl., 7 aprile 2011, n. 4). Si tratta essenzialmente:

- dell'ipotesi in cui il ricorrente lamenta proprio la violazione delle regole di pubblicità del bando;
- del caso in cui l'interessato contesti la decisione della P.A. di indire la gara;
- del caso in cui si contesti una clausola che impedisce la partecipazione di determinate categorie di soggetti.

È opportuno evidenziare che la questione relativa all'immediata impugnabilità delle clausole del bando, è ad oggi ancora oggetto di discussione. Ed infatti, Consiglio di Stato (Cons. St., sez. III, ordinanza 7 novembre 2017, n. 5138) ha rimesso all'Adunanza Plenaria la questione avente ad oggetto l'opportunità di rileggere i principi espressi all'A.P. 1/2003 (e sopra richiamati), prevedendo l'onere di impugnazione immediata del bando anche per il caso di erronea adozione del criterio del prezzo più basso, il luogo del miglior rapporto tra qualità e prezzo:

- alla luce della direttiva ricorsi, in quanto nella disciplina eurounitaria manca una puntuale indicazione del momento in cui deve essere consentito alla parte l'esercizio del diritto al ricorso, prevalendo un indirizzo propenso a anticipare l'ambito di legittimazione e di interesse ad impugnare, in ottica di protezione generale della concorrenza;
- alla luce della normativa nazionale, ed in particolare:
  I) dell'espressa comminatoria di nullità delle clausole espulsive autonomamente previste dalla stazione appaltante (comma 1-bis dell'art. 46, d.lgs. n.163/2006 e dell'art. 83, comma 8 d.lgs. 50/2016) inteso come "indizio della vocazione generale ed autonoma dell'*interesse partecipationis*";
- alla luce della normativa nazionale, ed in particolare:
  I) dell'espressa comminatoria di nullità delle clausole espulsive autonomamente previste dalla stazione appaltante (comma 1bis dell'art. 46, d.lgs. n.163/2006 e dell'art. 83, comma 8 d.lgs. 50/2016) inteso come "indizio della vocazione generale ed autonoma dell'*interesse partecipationis*";
  II) della previsione dell'onere di immediata impugnazione dell'altrui ammissione alla procedura di gara (art. 120 c.p.a., commi 2 *bis* e 6 bis);
  III) dell'istituto delle raccomandazioni vincolanti ANAC di cui all'art. 211, comma 2 d.lgs. 50/2016 e, dopo la sua abrogazione, della legittimazione di ANAC ad impugnare bandi ed atti generali e provvedimenti relativi a contratti di rilevante impatto, emessi da qualsiasi stazione appaltante, qualora ritenga che violino le norme in materia di contratti pubblici relativi a lavori, servizi e forniture.

Tali disposizioni evidenzierebbero la necessità di assicurare il corretto svolgimento delle procedure di appalto nell'interesse di tutti i partecipanti e di quello collettivo dei cittadini a prescindere dall'interesse del singolo partecipante all'aggiudicazione. Ne deriverebbe, secondo la sezione rimettente, che se l'ordinamento introduce nuovi strumenti processuali volti a garantire la corretta competizione per l'aggiudicazione dei contratti pubblici, sarebbe irragionevole ipotizzare carenze di legittimazione al ricorso e di interesse al ricorso nei confronti del soggetto potenzialmente leso da una clausola del bando.

Tale interpretazione, tuttavia, non è stata accolta **dall'Adunanza Plenaria n. 4 del 26 aprile 2018** (conf. Cons. Stato, Sez. V, 27 novembre 2019, n. 8087). L'Alto Consesso, infatti, non rinvenendo motivi per discostarsi dall'orientamento tradizionale cristallizzato con l'Adunanza Plenaria n. 1/2003, **ha affermato che le clausole del bando che non rivestono portata escludente, come le clausole attinenti ai criteri di valutazione, devono essere impugnate unitamente al provvedimento lesivo e possono essere impugnate unicamente dall'operatore economico che abbia partecipato alla gara o manifestato formalmente il proprio interesse alla procedura.**

Si è a lungo discusso in dottrina ed in giurisprudenza circa l'effetto dispiegato **dall'annullamento del bando di gara**, che contenga clausole immediatamente lesive, sulla sorte degli atti successivi al bando stesso, con l'intento di verificare se tale annullamento abbia **effetto caducante** o **meramente viziante**. Allo stato è prevalente, in giurisprudenza, la tesi secondo cui l'impugnazione del bando immediatamente lesivo non obbliga il ricorrente ad impugnare anche gli atti procedimentali, automaticamente travolti per effetto della caducazione del bando di gara, al fine di evitare al ricorrente il gravoso onere di dover ricercare tutti i "controinteressati successivi". Tuttavia, la più recente giurisprudenza amministrativa ha precisato che la possibilità immediata di impugnazione dell'atto lesivo non si deve tradurre in un esonero dal dovere di impugnazione anche dell'atto finale (Cons. St., sez. V, 10 maggio 2010, n. 2766). Tale posizione, si spiega, invece, per l'esigenza di tutelare i terzi controinteressati al mantenimento degli atti successivi della procedura.
Ulteriore profilo inerente al regime dei bandi di gara riguarda la possibilità di **disapplicare le clausole del bando**. Una parte minoritaria della giurisprudenza, prendendo le mosse dalla qualificazione dei bandi di gara sub specie di atti normativi, ne ha ammesso la disapplicazione. La tesi è ripudiata da chi, invece, assume la natura amministrativa dei bandi. L'orientamento giurisprudenziale prevalente è quindi nel senso che il bando di gara non può essere mai disapplicato (Cons. St., sez. V, 23 giugno 2014, n. 3150; Id., sez. IV, 16 giugno 2015, n. 2988; CGUE, 27 febbraio 2003, C-327/2000, Santex).

13. La partecipazione alla procedura di gara e i requisiti soggettivi.

A) Requisiti soggettivi e cause di esclusione

Il Codice prevede una serie di requisiti soggettivi che legittimano a partecipare alla gara di appalto, distinti in requisiti di:

- ordine morale
- formale
- economico-finanziario e tecnico.

Coerentemente, l'art. 80 dello stesso Codice disciplina le **c.d. cause di esclusione dalla partecipazione alle gare,** conseguenti al mancato possesso dei requisiti soggettivi di cui tutti i concorrenti devono disporre per poter contrattare con la P.A.
La **legge 23 dicembre 2021, n. 238** (legge europea 2019-2020), ha modificato l'articolo 80, commi 1 e 5, del Codice al fine di **eliminare** la possibilità che un operatore economico possa essere escluso da una procedura di gara, quando la causa di esclusione riguardi non già l'operatore medesimo, bensì un suo **subappaltatore**, nei casi di obbligo di indicare la terna di subappaltatori in sede di offerta o, indipendentemente dall'importo a base di gara, che riguardino le attività maggiormente esposte a rischio di infiltrazione mafiosa. Conseguentemente agli interventi recati ai commi 1 e 5 dell'art. 80, è stato modificato il comma 7 dell'art. 80 del Codice, al fine di limitare al solo operatore economico (escludendo quindi il subappaltatore) la possibilità, in caso di ravvedimento operoso dopo un giudizio definitivo per determinati reati, di essere ammesso a partecipare alle procedure di appalto.

I requisiti soggettivi, tradizionalmente definiti anche "**di ordine pubblico o di moralità**", consistono essenzialmente in condizioni soggettive del concorrente suscettibili, ove insussistenti, di precluderne la partecipazione alla gara; qualora a procedura in corso vengano meno, la stazione appaltante può quindi rifiutarsi di attendere alla stipulazione del contratto.
Il nuovo Codice ha esteso il requisito della "**gravità**", relativa alle violazioni eventualmente commesse dal concorrente alla gara, anche ad ipotesi per le quali, in precedenza, esso non era determinante ai fini della valutazione da parte della stazione appaltante.
L'art. 80, comma 5, lett. c), d.lgs. 50/2016, che individua i c.d. "**gravi illeciti professionali**" dell'operatore economico, **rappresenta una disposizione innovativa** rispetto alla previgente disciplina

perché abbraccia molteplici fattispecie, anche diverse dall'errore o negligenza, e include condotte che intervengono non solo in fase di esecuzione contrattuale, ma anche in fase di gara (parere della Commissione speciale del Cons. St., 3 novembre 2016, n. 2286, Cons. St., Sez. V, 4 dicembre 2017, n. 5704). **Secondo il Cons. St., Sez. V, 2 marzo 2018, n. 1299,** l'elencazione contenuta nell'art. 80, comma 5, lett. c) ha carattere meramente esemplificativo, rimettendo alla stazione appaltante la possibilità di individuare ulteriori ipotesi non espressamente contemplate. Ciò è confermato dall'utilizzo dell'espressione "tra questi rientrano". Questa interpretazione è stata condivisa anche dall'ANAC.
Da ultimo, il Cons. St., Sez. V, ord., 23 agosto 2018, n. 5033, e Cons. St., Sez. V, ord., 3 maggio 2018, n. 2639 hanno rimesso alla Corte di giustizia UE la questione se il diritto dell'Unione europea osti ad una normativa nazionale, quale l'art. 80, comma 5, lett. c), d.lgs. 18 aprile 2018, n. 50, che, definita quale causa di esclusione obbligatoria di un operatore economico il "grave illecito professionale", stabilisce che, nel caso in cui l'illecito professionale abbia causato la risoluzione anticipata di un contratto d'appalto, l'operatore può essere escluso solo se la risoluzione non è contestata o è confermata all'esito di un giudizio. La Sezione ha, infatti, chiarito che la norma interna fa dipendere dalla scelta dell'operatore economico – se impugnare la risoluzione – la decisione dell'amministrazione; a fronte di "gravi illeciti professionali" simili, allora, un operatore sarà escluso in quanto non ha proposto impugnazione giurisdizionale della risoluzione e l'altro, per averla proposta, non potrà essere escluso.

Occorre infine evidenziare come il nuovo Codice, innovando significativamente rispetto alle precedenti disposizioni, impone al concorrente di **dichiarare tutte le condanne penali disposte nei suoi confronti**, ivi comprese quelle per le quali abbia beneficiato della non menzione.
Altra novità è **l'ampliamento del catalogo di reati** che, in caso di condanna definitiva o sentenza ex art. 444 c.p.p. determinano l'esclusione dalla gara del titolare o di altri rappresentanti dell'impresa.
Con riguardo ai requisiti di capacità economico-finanziaria e tecnico-organizzativa (e non anche a quelli di ordine generale), è attribuito alla stazione appaltante il potere di controllare, nel corso della procedura di affidamento, che le imprese partecipanti posseggano effettivamente i requisiti dichiarati.
La documentazione comprovante il possesso dei requisiti di carattere generale, tecnico-organizzativo ed economico-finanziario per la partecipazione alle procedure è acquisita presso la Banca dati nazionale dei contratti pubblici istituita presso l'Autorità nazionale anticorruzione e prevista dall'art. 213 d.lgs. n. 50 del 2016.
Per quanto riguarda la disciplina introdotta dal nuovo Codice dei contratti pubblici, ai sensi dell'art. 83, comma 9, d.lgs. n. 50 del 2016, le carenze di qualsiasi elemento formale della domanda possono essere sanate **attraverso la procedura di soccorso istruttorio**.
La previsione di un soccorso istruttorio a "pagamento" è stata eliminata dal d.lgs. 19 aprile 2017, n. 56.
In particolare, in caso di **mancanza, incompletezza e di ogni altra irregolarità essenziale degli elementi e del documento di gara unico europeo** di cui all'articolo 85, con esclusione di quelle afferenti all'offerta economica e all'offerta tecnica, la stazione appaltante assegna al concorrente un termine, non superiore a dieci giorni, perché siano rese, integrate o regolarizzate le dichiarazioni necessarie, indicandone il contenuto e i soggetti che le devono rendere. In caso di inutile decorso del termine di regolarizzazione, il concorrente è escluso dalla gara. Costituiscono irregolarità essenziali **non sanabili le carenze della documentazione che non consentono l'individuazione del contenuto o del soggetto responsabile della stessa.**
Secondo il Cons. St, A.P., sent. 27 luglio 2016, n. 19, per le **gare bandite anteriormente** all'entrata in vigore del nuovo Codice dei contratti pubblici e delle concessioni, approvato con d.**lgs. 18 aprile 2016, n. 50** (che ora risolve la questione prevedendo espressamente, all'art. 95, c. 10, l'obbligo di indicare gli oneri di sicurezza), nelle ipotesi in cui l'obbligo di indicazione separata dei costi di

sicurezza aziendale non sia stato specificato dalla legge di gara, e non sia in contestazione che dal punto di vista sostanziale l'offerta rispetti i costi minimi di sicurezza aziendale, l'esclusione del concorrente non può essere disposta se non dopo che lo stesso sia stato invitato a regolarizzare l'offerta dalla stazione appaltante nel doveroso esercizio dei poteri di soccorso istruttorio.

A-BIS) Controlli semplificati per i mercati elettronici per i sotto-soglia

Sono previsti controlli semplificati per i mercati elettronici a seguito delle modifiche apportate all'art. 36 ad opera del decreto sblocca-cantieri.

L'art. 36 prevede che per lo svolgimento delle procedure di affidamento le stazioni appaltanti possono procedere attraverso un mercato elettronico che consenta acquisti telematici basati su un sistema che attua procedure di scelta del contraente interamente gestite per via elettronica. Il Ministero dell'economia e delle finanze, avvalendosi di CONSIP S.p.A., mette a disposizione delle stazioni appaltanti il mercato elettronico delle pubbliche amministrazioni.

La novella del comma 6-bis (modificato dal **d.l. 31 maggio 2021, n. 77**) stabilisce che ai fini dell'ammissione e della permanenza degli operatori economici nei mercati elettronici (di cui al comma 6), il soggetto responsabile dell'ammissione **verifica l'assenza dei motivi di esclusione** (di cui all'articolo 80) su un campione significativo di operatori economici. Dalla data di entrata in vigore del provvedimento (di cui all'articolo 81, comma 2), tale verifica è effettuata attraverso la **Banca dati nazionale dei contratti pubblici** (di cui all'articolo 81), anche mediante interoperabilità fra sistemi. I soggetti responsabili dell'ammissione possono consentire l'accesso ai propri sistemi agli operatori economici per la consultazione dei dati, certificati e informazioni disponibili mediante la Banca dati per la predisposizione della domanda di ammissione e di permanenza nei mercati elettronici.

Un'altra modifica rilevante è l'introduzione del comma 6-ter il quale dispone che "*Nelle procedure di affidamento effettuate nell'ambito dei mercati elettronici di cui al comma 6, la stazione appaltante verifica esclusivamente il possesso da parte dell'aggiudicatario dei requisiti economici e finanziari e tecnico-professionali, ferma restando la verifica del possesso dei requisiti generali effettuata dalla stazione appaltante qualora il soggetto aggiudicatario non rientri tra gli operatori economici verificati a campione ai sensi del comma 6-bis*". Dunque, la verifica dei requisiti generali degli operatori economici resta ai soggetti che gestiscono i mercati elettronici (CONSIP S.p.A. e gli altri soggetti aggregatori)

B) Partecipazione in forma associata alla gara: i raggruppamenti temporanei di impresa

In un'ottica di massima apertura alla partecipazione, l'ordinamento (art. 48 d.lgs. n. 50/2016) consente la partecipazione associata alla gara, riconoscendo l'accesso ai **raggruppamenti temporanei di imprese** (RTI o anche ATI).

Il raggruppamento può essere:

A. **orizzontale,** quando le riunioni di concorrenti sono finalizzate a realizzare i lavori della stessa categoria (art. 48, co. 1) o ad eseguire il medesimo tipo di prestazione nell'appalto di fornitura o servizi (art. 48, co. 2);
B. **verticale** quando la suddivisione è qualitativa (art. 48, co. 1) o quando il mandatario esegua le prestazioni di servizi o di forniture indicate come principali anche in termini economici e i mandanti quelle indicate come secondarie (art. 48, c. 2). Sul punto, il Cons. St., **Sez. V, 7 dicembre 2017, n. 5772**, sulla scia dell'Ad. Plen. 13 giugno 2012, n. 22, ha chiarito che si configura la possibilità di dar vita a raggruppamenti di tipo verticale, solo laddove la stazione appaltante abbia preventivamente individuato negli atti di gara, con chiarezza, le prestazioni "principali" e quelle "secondarie", con la conseguenza che è precluso al partecipante alla gara procedere di sua iniziativa alla scomposizione del contenuto della prestazione, distinguendo fra prestazioni "principali" e "secondarie", onde ripartirle all'interno di un raggruppamento di tipo verticale.

Sul piano del regime della responsabilità, nelle **ATI orizzontali** ciascuna delle imprese riunite è responsabile **solidalmente** nei confronti della stazione appaltante, mentre nelle **ATI verticali** le mandanti rispondono **ciascuna per le prestazioni assunte** e la mandataria risponde in via solidale con ciascuna delle imprese mandanti in relazione alle rispettive prestazioni secondarie. La disciplina dei raggruppamenti d'impresa in materia di contratti pubblici è finalizzata a consentire, mediante **il principio del cumulo dei requisiti**, la partecipazione congiunta di una pluralità di operatori economici anche di ridotte dimensioni a gare di appalti di notevole entità e, al contempo, permette la realizzazione dell'appalto nell'interesse della stazione appaltante con la valorizzazione dell'unione delle risorse e delle capacità tecnico-organizzative ed economico-finanziarie di più imprese, con ampliamento delle garanzie per la stessa stazione appaltante.
Ai fini della qualificazione alla gara assume rilevanza **la "sommatoria" dei requisiti tecnici ed economici** delle imprese raggruppate, secondo i parametri specificati dalla legge e dai regolamenti attuativi. Il raggruppamento temporaneo di imprese non istituzionalizza un soggetto diverso dalle singole imprese che aggregano le proprie potenzialità economiche. La singola impresa è, quindi, titolare in corso di gara di una posizione di interesse legittimo al regolare svolgimento della procedura, che può tutelare anche in caso di inerzia delle altre imprese associate a proporre congiunta impugnativa (Consiglio di Stato, sez. VI, 8 febbraio 2013, n. 714). In ogni caso, ai raggruppamenti sono imposte rigorose disposizioni in ordine alla quota di qualificazione, quale misura dell'effettiva capacità dell'impresa di eseguire correttamente la prestazione.
L'elemento centrale del raggruppamento di imprese è il **mandato**: le imprese riunite conferiscono, infatti, alla capogruppo un mandato collettivo, gratuito ed irrevocabile, in forza del quale l'impresa mandataria è abilitata a concorrere alla gara in nome e per conto di tutte le imprese raggruppate, assumendo la piena ed esclusiva rappresentanza delle stesse nei confronti della stazione appaltante per tutta la durata dell'appalto, fino all'estinzione del rapporto contrattuale con la P.A. Non è prevista la costituzione di un organismo comune tra le imprese riunite, fra le quali intercorre quindi **soltanto un accordo temporaneo**. Tuttavia, la stazione appaltante è tutelata dalla previsione per cui dalla presentazione dell'offerta consegue la **responsabilità solidale delle imprese** raggruppate nei suoi confronti, oltre che dei subappaltatori e dei fornitori del RTI aggiudicatario. Sempre a tutela dell'affidabilità del RTI, è posto divieto di modifica della composizione del RTI rispetto a quella risultante dall'impegno presentato in sede di offerta. La disciplina prevista per la qualificazione delle a.t.i. si applica anche ai consorzi ordinari, ammessi a partecipare alle gare di appalto, oggi anche di servizi e forniture; gli stessi si distinguono dal RTI, in quanto forniti di autonoma soggettività giuridica.

C) Il contratto a rete

Il contratto di rete ha trovato una disciplina positiva nell'art. 3, co. 4-ter e ss., d.l. 10 febbraio 2009, n. 5, modificato dall'art. 36, comma 4, d.l. 18 ottobre 2012, n. 179, convertito, con modificazioni, in l. 17 dicembre 2012, n. 221, che ne definisce **elementi ed obiettivi principali**. Il comma 14 dell'art. 48 d.lgs. n. 50 del 2016 stabilisce l'estensione, per quanto compatibile, della disciplina dettata per i RTI ed i consorzi.
Con tale tipologia di contratto il legislatore ha inteso creare un **nuovo strumento aggregativo** che favorisca la **collaborazione strategica tra imprese per il raggiungimento di comuni obiettivi di sviluppo**, senza incidere sulla rispettiva autonomia imprenditoriale. Esso si affianca, pertanto, ai tradizionali strumenti sinora impiegati a tal fine, quali il contratto di società o di consorzio, ma se ne differenzia per una maggiore snellezza e flessibilità. Per completezza, si deve osservare che per gli **anni 2020 e 2021**, il contratto di rete può essere stipulato per favorire il mantenimento dei livelli di occupazione delle imprese di filiere colpite da crisi economiche in seguito a situazioni di crisi o stati di emergenza dichiarati con provvedimento delle autorità competenti. Rientrano tra le finalità perseguibili l'impiego di lavoratori delle imprese partecipanti alla rete che sono a rischio di perdita

del posto di lavoro, l'inserimento di persone che hanno perso il posto di lavoro per chiusura di attività o per crisi di impresa, nonché l'assunzione di figure professionali necessarie a rilanciare le attività produttive nella fase di uscita dalla crisi (nuovo comma 4-sexies, introdotto dal **d.l. 19 maggio 2020, n. 34**, convertito, con modificazioni, dalla l. 17 luglio 2020, n. 77, e, successivamente, modificato dal **d.l. 31 dicembre 2020, n. 183**, convertito, con modificazioni, dalla l. 26 febbraio 2021, n. 21).

D) Il contratto di avvalimento

Il contratto di avvalimento è un contratto **atipico** assimilabile al mandato, per mezzo del quale l'impresa ausiliaria pone a disposizione dell'impresa partecipante alla gara la propria azienda, intesa notoriamente quale complesso di beni organizzato per l'esercizio delle attività di impresa (cfr. art. 2555 c.c.); il contratto concluso dalle parti ben può essere configurato quale contratto unilaterale con obbligazioni assunte da una sola delle parti e nel quale la presunzione di onerosità può essere superata da una prova contraria o dalla prassi. Con tale istituto si riconosce la possibilità di servirsi, per partecipare alla gara, dei requisiti prestati da altri soggetti, distinti dal concorrente ma allo stesso legati da una relazione giuridica qualificata. Si realizza, così, **il possesso *per relationem* dei requisiti per concorrere:** si parla anche di "qualificazione indiretta".

La nuova disciplina codicistica (**art. 89**) è caratterizzata, per un verso, da un ampio riconoscimento dell'istituto in questione (applicabile a tutti gli appalti, di servizi, lavori o forniture), e per altro verso, dalla previsione di rigide limitazioni, quest'ultime dettate dalla necessità di evitare, attraverso l'avvalimento, l'affidamento degli appalti pubblici ad imprese che costituiscano "scatole vuote", la cui partecipazione non è corredata dalla dimostrazione di aver acquisito nel tempo e con risultati concreti un'effettiva affidabilità tecnica ed economico-finanziaria.

L'avvalimento non può essere utilizzato per supplire alla carenza di qualsiasi requisito in capo al concorrente, essendo il suo **ambito applicativo limitato ai requisiti oggettivi di ordine speciale, economico-finanziari e tecnico-organizzativi,** ivi compresa l'attestazione SOA per i lavori pubblici purché in quest'ultimo caso, tra l'impresa che si avvale dei requisiti e l'impresa ausiliaria esista un rapporto di controllo.

L'art. 89, comma 3, del d.lgs. 50/2016, prevede che la stazione appaltante verifica se i soggetti della cui capacità l'operatore economico intende avvalersi, soddisfano i pertinenti criteri di selezione o se sussistono motivi di esclusione e, in caso negativo, impone all'operatore economico di sostituire i soggetti che non soddisfano un pertinente criterio di selezione o per i quali sussistono motivi obbligatori di esclusione. Al riguardo, il Cons. St., Sez. V, 26 aprile 2018, n. 2527 ha chiarito che tale sostituzione, pur costituendo una deroga al principio dell'immodificabilità soggettiva del concorrente nel corso della procedura, risponde all'esigenza superiore di evitare l'esclusione dell'operatore per ragioni a lui non direttamente riconducibili. Il d.lgs. 19 aprile 2017, n. 56 ha poi previsto che il contratto di avvalimento, a pena di nullità, contiene la specificazione dei requisiti forniti e delle risorse messe a disposizione da parte dell'impresa ausiliaria.

E) Il subappalto

Per effetto dell'art. **105** del Codice (modificato, da ultimo, dalla Legge Europea 2022), la stazione appaltante, già nel progetto e nel bando di gara, deve precisare quali saranno le prestazioni subappaltabili.

I soggetti affidatari dei contratti di norma eseguono in proprio le opere o i lavori, i servizi le forniture compresi nel contratto che non può essere ceduto a pena di nullità. Tuttavia, è ammesso il subappalto e cioè il contratto con il quale **l'appaltatore affida a terzi l'esecuzione di parte delle prestazioni o lavorazioni oggetto del contratto di appalto**. Costituisce subappalto qualsiasi contratto avente ad oggetto attività del contratto di appalto ovunque espletate che richiedono l'impiego di manodopera. Precisamente, **il subappalto è il contratto con il quale l'appaltatore affida a terzi l'esecuzione di parte delle prestazioni o lavorazioni oggetto del contratto di appalto**. Costituisce, comunque, subappalto qualsiasi contratto avente ad oggetto attività ovunque espletate che richiedono l'impiego di manodopera, quali le forniture con posa in opera e i noli a caldo, **se singolarmente di importo superiore al 2 per cento dell'importo delle prestazioni affidate o di importo superiore a 100.000 euro e qualora l'incidenza del costo della manodopera e del personale sia superiore al 50 per cento dell'importo del contratto da affidare**. Le stazioni appaltanti, nel rispetto dei principi di cui all'articolo 30, previa adeguata motivazione nella determina a contrarre, eventualmente avvalendosi del parere delle Prefetture competenti, indicano nei documenti di gara le prestazioni o le lavorazioni oggetto del contratto di appalto da eseguire **a cura dell'aggiudicatario** in ragione delle specifiche caratteristiche dell'appalto, ivi comprese quelle di cui all'articolo 89, comma 11, dell'esigenza, tenuto conto della natura o della complessità delle prestazioni o delle lavorazioni da effettuare, di rafforzare il controllo delle attività di cantiere e più in generale dei luoghi di lavoro e di garantire una più intensa tutela delle condizioni di lavoro e della salute e sicurezza dei lavoratori ovvero di prevenire il rischio di infiltrazioni criminali, a meno che i subappaltatori siano iscritti nell'elenco dei fornitori, prestatori di servizi ed esecutori di lavori di cui al comma 52 dell' articolo 1 della legge 6 novembre 2012, n. 190, ovvero nell'anagrafe antimafia degli esecutori istituita dall'articolo 30 del decreto-legge 17 ottobre 2016, n. 189, convertito, con modificazioni, dalla legge 15 dicembre 2016, n. 229. **L'affidatario comunica alla stazione appaltante**, prima dell'inizio della prestazione, per tutti i sub-contratti che non sono subappalti, stipulati per l'esecuzione dell'appalto, il nome del sub-contraente, l'importo del sub-contratto, l'oggetto del lavoro, servizio o fornitura affidati. Sono, altresì, comunicate alla stazione appaltante eventuali modifiche a tali informazioni avvenute nel corso del sub-contratto. E' altresì fatto obbligo di acquisire nuova autorizzazione integrativa qualora l'oggetto del subappalto subisca variazioni e l'importo dello stesso sia incrementato nonché siano variati i requisiti di cui al comma 7 (comma 2, art. 105, modif. dal d.l. sblocca-cantieri e dalla l. di conversione e, a decorrere dal 1° novembre 2021, si v. l'art. 49, comma 2, lett. a), d.l. 31 maggio 2021, n. 77, convertito, con modificazioni, dalla **l. 29 luglio 2021, n. 108**).

Il subappalto attiene alle vicende **esecutive** dell'appalto aggiudicato, infatti, le prestazioni sono eseguite dal subappaltatore attraverso il complesso organizzato di beni e persone che costituisce la sua azienda; si realizza pertanto un'eccezione alla regola, sancita dall'art. 105, co. 1, secondo la quale i soggetti affidatari dei contratti pubblici sono tenuti ad eseguire in proprio le opere ed i lavori.

Giova ricordare che l'art. 1, comma 18, della legge di conversione del decreto sblocca cantieri dettava la disciplina transitoria in tema di subappalto stabilendo che: "*Fino al **31 dicembre 2023**, sono altresì sospese l'applicazione del comma 6 dell'articolo 105 e del terzo periodo del comma 2 dell'articolo 174, nonché le verifiche in sede di gara, di cui all'articolo 80 del medesimo codice, riferite al subappaltatore*".

La Legge Europea 2022 (l. n. 238/2021) è intervenuta in materia di subappalto nei **contratti di concessione** previsti dal Codice, con le modifiche all'articolo 174, commi 2 e 3 del Codice, i "grandi" operatori economici non sono più obbligati ad indicare, in sede di offerta, la terna di nominativi di subappaltatori. Conseguentemente, per effetto delle modifiche introdotte nel Codice dall'articolo in esame, si dispone l'**abrogazione della disciplina transitoria relativa al subappalto**, recata dall'art. 1, comma 18, del d.l. 32/2019.

14. I sistemi di aggiudicazione e la selezione delle offerte.

Procedure di affidamento

Con il Codice dei contratti pubblici la terminologia nazionale utilizzata per indicare i sistemi di aggiudicazione è stata adeguata alla nomenclatura comunitaria. Così, pur senza apportare sostanziali modifiche, sono state abbandonate le tradizionali definizioni di asta pubblica, licitazione privata e trattativa privata, risalenti alla legge di Contabilità di Stato del 1923 e conservate nella successiva legislazione, ed è stata sancita la ripartizione tra procedure di affidamento degli appalti pubblici (e delle concessioni) "aperte", "ristrette" e "negoziate":

- procedure **aperte** sono quelle in cui ogni operatore economico interessato può presentare un'offerta;
- procedure **ristrette** sono quelle in cui possono presentare un'offerta soltanto gli operatori invitati dalle stazioni appaltanti. In tal caso, la gara si realizza soltanto tra le imprese già selezionate dall'amministrazione aggiudicatrice attraverso la lettera di invito;
- procedure **negoziate** sono quelle in cui le stazioni appaltanti consultano gli operatori economici scelti e negoziano con uno o più degli stessi le condizioni dell'appalto.

Il nuovo Codice dei contratti pubblici disciplina le procedure di scelta del contraente nei settori ordinari dagli artt. 59 a 65 d.lgs. n. 50 del 2016, mentre l'art. 36 disciplina le modalità di aggiudicazione negli appalti sottosoglia.
Il comma 1 dell'articolo 59 sancisce la regola secondo cui nell'aggiudicazione degli appalti le stazioni appaltanti possono utilizzare le procedure aperte o ristrette, previa pubblicazione di un bando o avviso di indizione di gara. Il nuovo Codice dei contratti consente alle stazioni appaltanti di fare ricorso ad altre procedure secondo quanto previsto dalle singole norme.

Secondo l'articolo 59, comma 1, quarto periodo, Cod. contr. pubbl., è **vietato** il ricorso all'**affidamento congiunto** (c.d. **appalto integrato**), della progettazione e dell'esecuzione di lavori ad esclusione dei casi di affidamento a contraente generale, finanza di progetto, affidamento in concessione, partenariato pubblico privato, contratto di disponibilità, locazione finanziaria, nonché delle opere di urbanizzazione a scomputo di cui all'articolo 1, comma 2, lettera e).
Con il **d.l. sbocca-cantieri** è stato introdotto in via sperimentale l'**appalto integrato** prevedendo (all'art. 216, comma 4-bis, Cod. contr. pubbl.) che "*il divieto di cui all'articolo 59, comma 1, quarto periodo, non si applica per le opere i cui progetti definitivi risultino definitivamente approvati dall'organo competente alla data di entrata in vigore del presente codice con pubblicazione del bando entro dodici mesi dalla data di entrata in vigore della presente disposizione*" (il comma 4-bis è stato inserito dal d.lgs. 19 aprile 2017, n. 56. Successivamente era stato modificato dall'art. 1, comma 1, lett. mm), n. 3), d.l. 18 aprile 2019, n. 32; **tale modifica non è stata confermata dalla legge di conversione**, l. 14 giugno 2019, n. 55. L' art. 1, comma 2, della citata legge n. 55/2019 ha disposto che restino validi gli atti e i provvedimenti adottati e siano fatti salvi gli effetti prodottisi e i rapporti giuridici sorti sulla base dell'art. 1 del suddetto d.l. n. 32/2019).
Sempre in materia di affidamento congiunto di progettazione e realizzazione (c.d. **appalto integrato**) viene stabilito che le imprese attestate per prestazioni di **progettazione e costruzione** documentino i requisiti per lo svolgimento della progettazione esecutiva laddove i predetti requisiti non siano dimostrati dal proprio staff di progettazione (art. 59, comma 1-bis). Inoltre, viene inserito nell'articolo 59 oggetto di novella un **nuovo comma 1-quater**, in base al quale nei casi in cui in cui l'operatore economico **si avvalga** di uno o più soggetti **qualificati alla realizzazione del progetto**, la stazione appaltante indica nei documenti di gara le modalità per la **corresponsione direttamente al progettista** della **quota del compenso**.
In sede di conversione in legge sono stati introdotti ulteriori commi all'art. 1 del decreto sblocca-cantieri. In particolare, il comma 4 (modificato da ultimo dal d.l. n. 77/2021) prevede che limitatamente agli anni 2019 e 2023 che i soggetti attuatori di opere per le quali deve essere realizzata la progettazione possono avviare le relative procedure di affidamento anche in caso di disponibilità di finanziamenti limitati alle sole attività di progettazione. Le opere la cui progettazione è stata realizzata ai sensi del periodo precedente sono considerate prioritariamente ai fini dell'assegnazione dei finanziamenti per la loro realizzazione.
Inoltre il comma 6 dell'art. 1 del decreto sblocca-cantieri, limitatamente agli anni 2019 e 2023 prevede

che i **contratti di lavori di manutenzione ordinaria e straordinaria**, ad esclusione degli interventi di manutenzione straordinaria che prevedono il rinnovo o la sostituzione di parti strutturali delle opere o di impianti, possono essere affidati, nel rispetto delle procedure di scelta del contraente previste dal decreto legislativo 18 aprile 2016, n. 50, sulla base del progetto definitivo costituito almeno da una relazione generale, dall'elenco dei prezzi unitari delle lavorazioni previste, dal computo metrico-estimativo, dal piano di sicurezza e di coordinamento con l'individuazione analitica dei costi della sicurezza da non assoggettare a ribasso. L'esecuzione dei predetti lavori può prescindere dall'avvenuta redazione e approvazione del progetto esecutivo (c.d. **appalto integrato per manutenzioni).**

Consiglio superiore dei lavori pubblici
Delle disposizioni di dettaglio sono dedicate interamente al Consiglio superiore dei Lavori Pubblici.
In particolare si segnala **l'art. 215 del cod. dei contratti pubblici, che prevede**:
1. E' garantita la piena autonomia funzionale e organizzativa, nonché l'indipendenza di giudizio e di valutazione del Consiglio superiore dei lavori pubblici quale massimo organo tecnico consultivo dello Stato.
2. Con decreto del Presidente della Repubblica, su proposta del Ministro delle infrastrutture e dei trasporti, previa deliberazione del Consiglio dei ministri, possono essere attribuiti nuovi poteri consultivi su materie identiche o affini a quelle già di competenza del Consiglio medesimo. Con il medesimo decreto si provvede a disciplinare la rappresentanza delle diverse amministrazioni dello Stato e delle Regioni nell'ambito del Consiglio superiore dei lavori pubblici, nonché a disciplinare la composizione dei comitati tecnici amministrativi, senza nuovi o maggiori oneri a carico della finanza pubblica. Sono fatte salve le competenze del Consiglio nazionale per i beni culturali e ambientali.
*3. **Il Consiglio superiore dei lavori pubblici esprime parere obbligatorio sui progetti definitivi di lavori pubblici di competenza statale, o comunque finanziati per almeno il 50 per cento dallo Stato, di importo superiore ai 50 milioni di euro, prima dell'avvio delle procedure** di cui alla parte seconda, Titolo III, del decreto legislativo 3 aprile 2006, n. 152, delle procedure di cui agli articoli 14, 14-bis e 14-ter della legge 7 agosto 1990, n. 241, delle procedure di cui all'articolo 3 del decreto del Presidente della Repubblica 18 aprile 1994, n. 383, e, laddove prevista, prima della comunicazione dell'avvio del procedimento di cui all'articolo 11 del decreto del Presidente della Repubblica 8 giugno 2001, n. 327, **nonché parere sui progetti delle altre stazioni appaltanti** che siano pubbliche amministrazioni, sempre superiori a tale importo, ove esse ne facciano richiesta. Per i lavori pubblici di importo inferiore a 50 milioni di euro, le competenze del Consiglio superiore sono esercitate dai comitati tecnici amministrativi presso i Provveditorati interregionali per le opere pubbliche. Qualora il lavoro pubblico di importo inferiore a 50 milioni di euro, presenti elementi di particolare rilevanza e complessità il provveditore sottopone il progetto, con motivata relazione illustrativa, al parere del Consiglio superiore.*
4. Le adunanze delle sezioni e dell'assemblea generale del Consiglio superiore dei lavori pubblici sono valide con la presenza di un terzo dei componenti e i pareri sono validi quando siano deliberati con il voto favorevole della maggioranza assoluta dei presenti all'adunanza.
5. Il Consiglio superiore dei lavori pubblici esprime il parere entro novanta giorni dalla trasmissione del progetto. Decorso tale termine, il parere si intende reso in senso favorevole.

14.1. Diversi meccanismi di affidamento.

Il Codice dei contratti, recependo la Direttiva Unica Appalti, introduce nuovi meccanismi di affidamento alternativi alle procedure aperte e ristrette, volti a perseguire obiettivi diversi ed in grado di conciliare le diverse esigenze che di volta in volta le stazioni appaltanti vogliono realizzare.

14.1.1. L'accordo quadro.

Esso viene concluso tra una Stazione appaltante ed uno o più operatori economici, con lo scopo di stabilire le clausole relative agli appalti da aggiudicare durante un dato periodo (non superiore a 4 anni e 8 nei settori speciali), in particolare per quanto riguarda i prezzi e (eventualmente) le quantità previste; esso viene di solito utilizzato per i lavori di manutenzione o per servizi e forniture reiterate connotati da servizi e forniture reiterate, non agevolmente definibili prima della realizzazione dell'appalto. Il limite dei lavori di manutenzione non è stato però riprodotto nel codice degli appalti del 2016. Gli appalti basati sull'accordo quadro possono essere stipulati aggiudicati esclusivamente agli operatori economici che sono parti dell'accordo quadro che, ai sensi dell'art. 54, devono essere individuati tramite gara.

14.1.2. I sistemi dinamici di acquisizione, elettronica.

Si tratta di un sistema usato per l'acquisto di beni e servizi di uso corrente, le cui caratteristiche generalmente disponibili sul mercato soddisfano le esigenze della Stazione appaltante, limitato nel tempo (di durata non superiore a quattro anni) e aperto a qualsiasi operatore che soddisfi i criteri di selezione e che abbia presentato un'offerta indicativa conforme al capitolato d'oneri; ai sensi dell'art. 55 del Codice, l'operatore economico ammesso (in conformità al bando di gara semplificato) al sistema dinamico di acquisizione è poi invitato dalla stazione appaltante a partecipare al confronto concorrenziale presentando un'offerta finale per ogni appalto specifico da aggiudicare nell'ambito del sistema.

14.1.3. L'asta elettronica.

Si tratta di una particolare modalità di svolgimento della gara pubblica, espletata mediante l'utilizzo combinato di mezzi informatici e telematici, capaci di consentire lo snellimento delle procedure concorsuali e di assicurare la razionalizzazione della spesa pubblica; ai sensi degli art. 3 comma 1 lett. ffff) e 56 del Codice, non costituisce una procedura autonoma ed alternativa alla procedura tradizionale ma rappresenta una nuova fase delle normali procedure di gara le quali seguono regole ordinarie fino alla presentazione delle offerte, che saranno presentate e gestite per via elettronica. Si tratta di una particolare modalità di svolgimento della gara pubblica espletata attraverso l'uso combinato di mezzi informatici e telematici in grado di consentire lo snellimento delle procedure concorsuali ed assicurare la razionalizzazione della spesa pubblica. Può essere usata in caso di gare bandite con il metodo della procedura aperta ristretta e negoziata, in caso di rilancio di un confronto competitivo in occasione di un accordo quadro o in caso di appalti indetti per mezzo di sistema dinamico di acquisizione. Non può invece utilizzarsi per gli appalti di lavori e servizi aventi ad oggetto prestazioni intellettuali. Il vantaggio principale sta nella contestualizzazione e concentrazione delle operazioni di offerta che possono subire rilanci immediati in tempo reale. Le stazioni appaltanti, dopo avere dichiarato chiusa l'asta elettronica, che si svolge in un'unica seduta, aggiudicano l'appalto in funzione dei risultati della stessa individuando la migliore offerta finale con il criterio del presso più basso o dell'offerta economicamente più vantaggiosa.

14.1.4. Il dialogo competitivo.

Oggi è disciplinato dall'art. 64 del Codice dei contratti pubblici (in conformità con l'art. 30 della Direttiva 24/2014). È uno strumento di aggiudicazione dei contratti pubblici, che consente di coniugare la flessibilità di un dialogo preventivo con i partecipanti alla procedura alle irrinunciabili garanzie tipiche di un confronto concorrenziale, meglio adattandosi perciò alla realizzazione di progetti particolarmente complessi. La procedura mira, pertanto, al coinvolgimento dei privati nella realizzazione della migliore soluzione progettuale da offrire alle Pubbliche Amministrazioni, procedendo il dialogo, ai sensi dell'art. 64 comma 9, fino a quando le stazioni appaltanti non sono in grado d'individuare le soluzioni o la soluzione in grado di soddisfare le loro necessità e gli obiettivi. Il provvedimento con cui le stazioni appaltanti decidono di ricorrere al dialogo competitivo deve essere motivato circa l'esistenza dei presupposti per il ricorso a tale istituto. La procedura si articola pertanto in fasi distinte e successive nel corso delle quali l'amministrazione prima individua le soluzioni tecniche, giuridiche e finanziare più idonee al soddisfacimento dei bisogni e successivamente procede all'aggiudicazione dell'appalto pubblico o del servizio. Esaurita tale fase la PA avvia il dialogo con i candidati individuati onde definire i mezzi più idonei a soddisfare la necessità o gli obiettivi della stazione appaltante. Nella fase del dialogo possono discutersi con i partecipanti tutti gli aspetti dell'appalto e l'amministrazione deve garantire la parità di trattamento tra tutti i candidati, fermo il divieto per la stazione di rivelare agli altri partecipanti le soluzioni proposte o altre informazioni riservate. Alla fase del dialogo segue quella della gara vera e propria, con la presentazione delle offerte, all'esito della quale l'amministrazione potrà aggiudicare l'appalto esclusivamente con il criterio dell'offerta economicamente più vantaggiosa. Sono previsti una serie di limiti al ricorso a tale procedura che la rendono pertanto di carattere eccezionale e residuale rispetto a quelle aperte e ristrette. Oltre alla complessità dell'appalto da affidare è infatti necessaria la valutazione negativa da parte della PA circa la possibilità di aggiudicare l'appalto attraverso una procedura aperta o ristretta. È la legge, inoltre, che stabilisce quando l'appalto è particolarmente complesso con riferimento ad una serie di requisiti, tra cui l'impossibilità per la PA di specificare l'impostazione tecnica, giuridica o finanziaria del progetto indicando nella motivazione tali presupposti.

15. Il partenariato pubblico privato.

Ai sensi dell'art. 3 lett. eee) per contratto di partenariato pubblico privato si intende il contratto a titolo oneroso stipulato per iscritto con cui una o più stazioni appaltanti conferiscono a uno o più operatori economici per un periodo determinato in funzione della durata dell'ammortamento dell'investimento o delle modalità di finanziamento fissate, un complesso di attività consistenti nella realizzazione, trasformazione, manutenzione e gestione operativa di un'opera in cambio della sua disponibilità, o del suo sfruttamento economico, o della fornitura di un servizio connesso all'utilizzo dell'opera stessa, con assunzione di rischio secondo modalità individuate nel contratto, da parte dell'operatore. Si tratta di un fenomeno che sta avendo una diffusione sempre più ampia in ragione della possibilità che ha la Pubblica Amministrazione, attraverso di esso, di realizzare grandi opere senza addossarsi totalmente i costi di realizzazione. Nel PPP, infatti, i costi vengono per lo più sostenuti da un operatore privato, remunerato attraverso gli introiti che derivano dalla gestione dell'opera stessa. Il partenariato si caratterizza inoltre per il fatto di potere essere realizzato attraverso una pluralità di modelli negoziali quali la costituzione di una società mista in cui confluiscono capitale pubblico e privato o il *project financing*. Malgrado i costi sostenuti il PPP costituisce senz'altro un'opportunità di guadagno per l'operatore privato e questo comporta la necessaria applicazione del principio di concorrenza con conseguente obbligo di procedere all'affidamento mediante procedura ad evidenza pubblica come espressamente enunciato dall'art. 181 codice appalti. Dalla lettera dell'art. 3 si ricava poi che il rischio deve essere effettivo e che lo stesso si atteggia in modo diverso a seconda che l'opera realizzata sia definibile come calda, fredda, o tiepida.

- Per opera **calda** si intende un'opera provvista di intrinseca capacità di generare reddito e come tale in grado di remunerare l'operatore dei costi sostenuti per la sua realizzazione.
- L'opera è definita **tiepida** se il guadagno copre solo parzialmente i costi sostenuti richiedendosi in tal caso un contributo pubblico aggiuntivo onde rendere appetibile l'affidamento. La necessità di mantenere un effettivo grado di rischio in capo al privato fa sì

che il denaro pubblico da corrispondere vada modulato in base al rispetto di certi standards di gestione obiettivamente misurabili.

- L'opera **fredda** si caratterizza invece per il fatto di prevedere che la fornitura del servizio venga svolto esclusivamente nei confronti della PA che quindi è tenuta a remunerare integralmente l'operatore. Non si parla quindi di rischio di gestione, espressione usata quando l'ammontare degli introiti dipende esclusivamente dalla fruizione dell'opera da parte dell'utenza ma di rischio di disponibilità in quanto l'operatore vedrà modificati i propri introiti in base alla capacità di rispetto degli standards qualitativi e di risultato determinati dal soggetto pubblico affidante.

Eventuali avvenimenti non riconducibili all'operatore economico, tali da incidere sull'equilibrio del piano economico finanziario, possono comportare la sua revisione da attuare mediante la rideterminazione delle condizioni di equilibrio e che dovrà comunque consentire la permanenza dei rischi trasferiti in capo all'operatore economico e delle condizioni di equilibrio economico finanziario relative al contratto.

▶ 15.1. Il *project financing*.

Si tratta di una forma di partenariato pubblico privato che riguarda specificamente il settore dei lavori pubblici e consiste in una complessa operazione negoziale plurilaterale, in base alla quale un soggetto privato (cd. promotore) propone alla P.A. la realizzazione di un'opera di pubblico interesse o di pubblica utilità, accollandosi il relativo onere economico (artt. 183 ss. del Codice dei contratti). Il vantaggio che trae il privato dall'operazione sta nel fatto che, dopo aver realizzato l'opera a proprio carico, ottiene dalla P.A. il diritto di gestirla mentre la P.A. realizza il fine pubblico senza tuttavia sostenerne i relativi costi. La nuova disciplina dettata dal d.lgs. n. 50 /2016 si presenta più snella rispetto alle previsioni del Codice del 2006, pur ricalcandone sostanzialmente la disciplina. Tra le differenze normative di maggior rilievo si rileva la nuova figura del progetto di fattibilità (che sostituisce il precedente studio di fattibilità) e l'attribuzione della fase della progettazione preliminare, in precedenza nella disponibilità dell'offerente privato, di regola all'amministrazione, oltre all'eliminazione della procedura a doppia gara con diritto di prelazione a favore del promotore e della procedura su iniziativa del privato per le opere inserite nella programmazione.
L'operazione di project financing è complessa e coinvolge diversi soggetti poiché oltre alla P.A. vengono in rilievo le figure del promotore e della società di progetto: il primo promuove la realizzazione dell'iniziativa sino alla fase gestionale e fornisce il capitale di rischio mentre alla seconda è affidata la gestione dell'opera una volta realizzata.

16. La selezione delle offerte: i criteri di aggiudicazione, le novità introdotte dal d.lgs. n. 50 del 2016.

I criteri di aggiudicazione sono i metodi che, all'esito della gara, permettono l'individuazione dell'offerta aggiudicataria. La relativa disciplina è contenuta negli artt. **95-97, d.lgs. n. 50/2016**, che hanno riguardo:

- ai criteri del prezzo più basso
- dell'offerta economicamente più vantaggiosa.

Una delle principali novità del nuovo codice si rinviene nel **superamento della equiordinazione dei criteri di aggiudicazione** pur se posta in discussione dalle modifiche intervenute con il decreto c.d. sblocca cantieri.

L'art. 95, co. 2, prevede quale ordinario criterio di aggiudicazione quello **dell'offerta economicamente più vantaggiosa**, mentre eccezionale diviene il criterio del prezzo più basso.
È opportuno sottolineare che il decreto sblocca-cantieri per gli appalti sottosoglia ha modificato l'art. 36 prevedendo di regola il criterio del prezzo più basso e come eccezione quello dell'OEPV senza obbligo di motivare in ordine alla scelta effettuata.
Il comma 3 prevede che **sono aggiudicati esclusivamente sulla base del criterio dell'offerta economicamente più vantaggiosa individuata sulla base del miglior rapporto qualità/prezzo:**

a) i contratti relativi ai servizi sociali e di ristorazione ospedaliera, assistenziale e scolastica, nonché ai servizi ad alta intensità di manodopera, come definiti all'articolo 50, comma 1, fatti salvi gli affidamenti ai sensi dell'articolo 36, comma 2, lettera a);
b) i contratti relativi all'affidamento dei servizi di ingegneria e architettura e degli altri servizi di natura tecnica e intellettuale di importo pari o superiore a 40.000 euro;
b-bis) i contratti di servizi e le forniture di importo pari o superiore a 40.000 euro caratterizzati da notevole contenuto tecnologico o che hanno un carattere innovativo.

Invece al comma 4 si prevede la possibilità di utilizzare il criterio del minor prezzo: per i servizi e le forniture con caratteristiche standardizzate o le cui condizioni sono definite dal mercato, fatta eccezione per i servizi ad alta intensità di manodopera di cui al comma 3, lettera a).
Il nuovo assetto è coerente con l'adunanza plenaria del consiglio di Stato n. 8/2019 che ha chiarito che i servizi ad alta intensità di manodopera dovessero essere affidati con il criterio dell'OEPV.
Dall'art. 95 possono in particolare ricavarsi una serie di principi fondamentali tra cui:

- quello di uniformità, in forza del quale i criteri di aggiudicazione sono identici per gli appalti di tutti i settori, di lavori, servizi e forniture;
- quello di specificità dei criteri di aggiudicazione per cui la stazione appaltante può scegliere di volta in volta tra i due criteri ma non in modo arbitrario, bensì in ragione delle caratteristiche del singolo contratto da stipulare;
- il principio di pubblicità per cui il criterio di aggiudicazione va indicato già in sede di offerta.

Proprio al fine di assicurare l'imparzialità nella selezione delle offerte, la Commissione deve fare particolare attenzione alla conservazione dei plichi che la contengono anche se, secondo la giurisprudenza, la mancata e pedissequa indicazione in ciascun verbale delle operazioni finalizzate alla custodia dei plichi non può tradursi in effetto viziante della procedura concorsuale, implicitamente collegando all'insufficienza della verbalizzazione il pregiudizio alla segretezza ed all'integrità delle offerte. È necessario, infatti, che sia dimostrata la sussistenza di circostanza che effettivamente hanno inciso sulla genuinità dell'offerta, che va preservata in ogni gara.
Nel criterio di aggiudicazione dell'offerta economicamente più vantaggiosa è **eliminato il tetto del 30% per il punteggio economico,** introdotto dal decreto correttivo dell'aprile 2017.

17. Le offerte anomale.

Per offerte anomale si intendono quelle che, in quanto troppo basse rispetto all'entità delle prestazioni richieste dal bando, suscitano il sospetto della scarsa serietà dell'offerente e di una possibile non corretta esecuzione della prestazione contrattuale, le stesse non assicurando all'imprenditore un profitto (o un adeguato profitto).
A fronte di offerte siffatte è imposta alla stazione appaltante un'attenta verifica della loro serietà. Il procedimento amministrativo di individuazione delle offerte anomale nelle pubbliche gare si configura pertanto come un **sub-procedimento**, collocato dopo la fase dell'apertura delle buste e prima dell'aggiudicazione dell'appalto.

Lo stesso si articola in quattro distinti momenti:

A) L'**individuazione** delle offerte sospettate di anomalia (primo momento); l'art. 95 del codice indica criteri diversi per le gare a seconda del criterio utilizzato.
Quando il criterio di aggiudicazione è quello del **prezzo più basso e il numero delle offerte ammesse è pari o superiore a quindici**, la congruità delle offerte è valutata sulle offerte che presentano un ribasso pari o superiore ad una soglia di anomalia determinata; al fine di non rendere predeterminabili dagli offerenti i parametri di riferimento per il calcolo della soglia di anomalia, il RUP o la commissione giudicatrice procedono come segue:

a) calcolo della somma e della media aritmetica dei ribassi percentuali di tutte le offerte ammesse, con esclusione del 10 per cento, arrotondato all'unità superiore, rispettivamente delle offerte di maggior ribasso e di quelle di minor ribasso; le offerte aventi un uguale valore di ribasso sono prese in considerazione distintamente nei loro singoli valori; qualora, nell'effettuare il calcolo del 10 per cento, siano presenti una o più offerte di eguale valore rispetto alle offerte da accantonare, dette offerte sono altresì da accantonare;
b) calcolo dello scarto medio aritmetico dei ribassi percentuali che superano la media calcolata ai sensi della lettera *a)*;
c) calcolo della soglia come somma della media aritmetica e dello scarto medio aritmetico dei ribassi di cui alla lettera *b)*;
d) la soglia calcolata alla lettera *c)* è decrementata di un valore percentuale pari al prodotto delle prime due cifre dopo la virgola della somma dei ribassi di cui alla lettera *a)* applicato allo scarto medio aritmetico di cui alla lettera *b)*.

Quando il criterio di aggiudicazione è quello del **prezzo più basso e il numero delle offerte ammesse è inferiore a quindici**, la congruità delle offerte è valutata sulle offerte che presentano un ribasso pari o superiore ad una soglia di anomalia determinata; ai fini della determinazione della congruità delle offerte, al fine di non rendere predeterminabili dagli offerenti i parametri di riferimento per il calcolo della soglia di anomalia, il RUP o la commissione giudicatrice procedono come segue:

a) calcolo della media aritmetica dei ribassi percentuali di tutte le offerte ammesse, con esclusione del 10 per cento, arrotondato all'unità superiore, rispettivamente delle offerte di maggior ribasso e di quelle di minor ribasso; le offerte aventi un uguale valore di ribasso sono prese in considerazione distintamente nei loro singoli valori; qualora, nell'effettuare il calcolo del 10 per cento, siano presenti una o più offerte di eguale valore rispetto alle offerte da accantonare, dette offerte sono altresì da accantonare;
b) calcolo dello scarto medio aritmetico dei ribassi percentuali che superano la media calcolata ai sensi della lettera *a)*;
c) calcolo del rapporto tra lo scarto medio aritmetico di cui alla lettera *b)* e la media aritmetica di cui alla lettera *a)*;
d) se il rapporto di cui alla lettera *c)* è pari o inferiore a 0,15, la soglia di anomalia è pari al valore della media aritmetica di cui alla lettera *a)* incrementata del 20 per cento della medesima media aritmetica;
e) se il rapporto di cui alla lettera *c)* è superiore a 0,15 la soglia di anomalia è calcolata come somma della media aritmetica di cui alla lettera *a)* e dello scarto medio aritmetico di cui alla lettera *b)*.

Quando il criterio di aggiudicazione è quello dell'**offerta economicamente più vantaggiosa** la congruità delle offerte è valutata sulle offerte che presentano sia i punti relativi al prezzo, sia la somma dei punti relativi agli altri elementi di valutazione, entrambi pari o superiori ai quattro quinti dei corrispondenti punti massimi previsti dal bando di gara. Il calcolo di cui al primo periodo è effettuato ove il numero delle offerte ammesse sia pari o superiore a tre.
I suddetti calcoli sono effettuati ove il numero delle offerte ammesse sia pari o superiore a cinque.

B) La richiesta delle **giustificazioni dell'offerta** da parte dell'amministrazione aggiudicatrice (secondo momento).

C) La **presentazione dei chiarimenti**, precisazioni e degli eventuali elementi giustificativi dell'offerta da parte della ditta la cui offerta è stata sospettata di anomalia (terzo momento). La fase delle acquisizioni delle giustificazioni fornite dal concorrente: è la fase in cui si realizza il **contraddittorio procedimentale** dando all'impresa la possibilità di fornire delle giustificazioni circa l'anomalia riscontrata. Tuttavia, le giustificazioni non sono ammesse rispetto a certe categorie di materie quali i trattamenti salariali minimi inderogabili stabiliti dalla legge o da fonti autorizzate dalla legge ed agli oneri di sicurezza di cui al piano di sicurezza e coordinamento.

D) La **verifica e valutazione delle giustificazioni** e dei chiarimenti da parte dell'amministrazione aggiudicatrice (quarto momento). Ove la stazione appaltante rilevi che l'anomalia deriva da un aiuto di Stato può escludere l'offerta per tale ragione solo dopo aver consultato l'offerente e sempre che quest'ultimo non sia in grado di dimostrare la compatibilità con il mercato interno. La valutazione delle anomalie delle offerte è espressione di **discrezionalità tecnica** dell'Amministrazione. Ne consegue che il giudice amministrativo, chiamato a pronunciarsi sulla legittimità del giudizio di anomalia, può sindacare le valutazioni rese dalla Pubblica Amministrazione solo sotto i profili di logicità e ragionevolezza, carenza di istruttoria ed erroneità dei fatti, senza che possa procedere autonomamente alla verifica di congruità, sovrapponendo la propria idea tecnico-discrezionale al giudizio non erroneo né illogico dell'organo amministrativo, cui la legge attribuisce la tutela dell'apprezzamento dell'interesse pubblico nel caso concreto.

Si assiste, pertanto, al **ripudio dei criteri di esclusione automatica delle offerte anormalmente basse**. Unica eccezione è rappresentata da quanto previsto dall'art. 97, co. 8, del nuovo Codice che ripropone in particolari casi la facoltà di esclusione automatica delle offerte anomale, al ricorrere di taluni presupposti.
Il procedimento di verifica dell'anomalia può concludersi con un provvedimento di esclusione dell'offerta adeguatamente motivato, stante l'esigenza di rendere trasparente la scelta della P.A. e le ragioni del giudizio di inaffidabilità dell'offerta.

18. L'aggiudicazione, la stipulazione del contratto e l'approvazione.

A) Natura giuridica dell'aggiudicazione

La fase di scelta del contraente culmina nell'**aggiudicazion**e che costituisce l'atto finale dei procedimenti di gara pubblica.
Formalmente è l'atto amministrativo mediante il quale, in base alle risultanze della gara, è accertato e proclamato il vincitore.

La **natura giuridica** dell'aggiudicazione è oggetto di dibattito:

A. secondo una prima tesi, di stampo pubblicistico, **all'aggiudicazione va riconosciuta natura provvedimentale**, con la stessa l'amministrazione aggiudicatrice limitandosi a selezionare l'impresa con la quale stipulerà, in seguito, il contratto d'appalto.
B. Per differente approccio, invece, l'aggiudicazione ha natura anche **negoziale**.
C. La stessa presenterebbe una duplice veste, amministrativa e negoziale.

L'art. **32, co. 6**, del nuovo Codice dei contratti pubblici a tenore del quale (come già previsto dal d.lgs. n. 163/2006) **l'aggiudicazione** definitiva **non equivale all'accettazione dell'offerta,** realizzando sul piano negoziale soltanto l'effetto di rendere irrevocabile la proposta fino al termine indicato per la stipulazione del contratto. Chiara pertanto l'intenzione del legislatore di tenere nettamente **separate** la fase di **scelta del contraente**, che culmina nell'aggiudicazione, la quale si carica di una spiccata valenza autoritativa, e la **stipulazione del contratto**, che determina l'insorgenza del diritto soggettivo dell'aggiudicatario all'esecuzione del contratto.

B) Le fasi dell'aggiudicazione

Fino all'entrata in vigore del nuovo Codice degli appalti, la fase dell'aggiudicazione si articolava ulteriormente nella fase dell'aggiudicazione provvisoria e definitiva. L'aggiudicazione provvisoria consisteva nella dichiarazione di individuazione del miglior contraente all'esito della procedura di selezione. L'aggiudicazione diveniva, invece, definitiva soltanto a seguito dell'approvazione dell'aggiudicazione provvisoria da parte dell'organo competente della stazione appaltante, previo compimento dei necessari controlli.
Quanto ai rapporti tra i due atti, si rimarcava costantemente in giurisprudenza l'autonomia dell'aggiudicazione definitiva rispetto a quella provvisoria. La giurisprudenza riteneva, inoltre, immediatamente impugnabile anche l'aggiudicazione provvisoria, in quanto idonea ad inibire all'impresa non aggiudicataria l'ulteriore partecipazione al procedimento e a determinare, pertanto, un arresto procedimentale.
Il legislatore del 2016 ha eliminato tale dicotomia prevedendo esclusivamente una "**proposta di aggiudicazione**" che precede l'aggiudicazione vera e propria (art. 33, co, 1, d.lgs. n. 50/2016). In altre parole, la "proposta di aggiudicazione" ha sostituito "l'aggiudicazione provvisoria". La proposta di aggiudicazione, in quanto priva di contenuto decisorio e provvedimentale, è destinata ad essere assorbita nell'atto terminale della procedura, cioè l'aggiudicazione, che resta così l'unico provvedimento autonomamente impugnabile. La non impugnabilità immediata della proposta di aggiudicazione è confermata dall'art. 120 c.p.a. che esclude l'impugnazione della proposta di aggiudicazione e degli atti endoprocedimentali privi di immediata lesività.

C) L'approvazione, lo *stand still* e la stipula del contratto

L'aggiudicazione e la stipula del contratto, laddove già intervenuta, non diventano efficaci fino a quando non si sia esaurita positivamente la fase del controllo. L'approvazione è *conditio juris* di efficacia del contratto. L'art. **33** del **nuovo Codice** introduce una norma generale dedicata ai controlli sugli atti della procedura di affidamento degli appalti.
La **proposta di aggiudicazione diviene efficace solo dopo la verifica del possesso dei prescritti requisiti per la partecipazione alla gara**; è inoltre previsto un controllo sull'approvazione del contratto, che segue i termini e le procedure dettate con riferimento alla proposta di aggiudicazione. Con una norma di chiusura, inoltre, il legislatore stabilisce che l'approvazione del contratto è sottoposta ai controlli previsti dai rispettivi ordinamenti delle stazioni appaltanti. È infine previsto un meccanismo di silenzio-assenso in forza del quale, decorsi i termini stabiliti dalla stazione appaltante o, in assenza, il termine generale di 30 giorni, la proposta di aggiudicazione si intende comunque approvata.
Ai sensi dell'art. 32, c. 9, d.lgs. n. 50 del 2016, il contratto non può comunque essere stipulato prima di **trentacinque giorni** dall'invio dell'ultima delle comunicazioni del provvedimento di aggiudicazione, salve motivate ragioni di particolare urgenza che non consentono all'amministrazione di attendere il decorso del predetto termine. Il termine di **stand still** è stato così coordinato con il termine di ricorso giurisdizionale, in modo che quando viene adito il giudice il contratto non è ancora stato stipulato. La disciplina dello stand still subisce alcune deroghe previste dal c. 10 dell'art. 32, d.lgs. n. 50/2016.
Nel caso di **inosservanza della regola dello stand still**, è prevista una responsabilità risarcitoria e l'irrogazione di sanzioni alternative ex art. 123 c.p.a. (sanzioni pecuniarie e riduzione della durata del contratto). In modo pressoché unanime, la giurisprudenza nega che la **violazione** degli obblighi

di *stand still* possa comportare invece l'illegittimità dell'aggiudicazione o l'inefficacia del contratto. In ogni caso, ai sensi dell'art. 32, comma 8, d.lgs. n. 50 del 2016, il contratto deve essere stipulato entro **60 gg.** da quando l'aggiudicazione è divenuta definitiva, con atto pubblico notarile informatico, ovvero, in modalità elettronica secondo le norme vigenti per ciascuna stazione appaltante, in forma pubblica amministrativa a cura dell'Ufficiale rogante della stazione appaltante, o mediante scrittura privata in caso di procedura negoziata, ovvero, per gli affidamenti di importo non superiore a 40.000 euro mediante corrispondenza secondo l'uso del commercio consistente in un apposito scambio di lettere, anche tramite posta elettronica certificata o strumenti analoghi negli altri Stati membri.
È prevista la nullità del contratto per l'ipotesi di mancato rispetto delle forme di stipula.
Giova, infine, considerare che nelle procedure di aggiudicazione di appalti pubblici, mentre la **revoca** resta impraticabile dopo la stipula del contratto d'appalto, dovendo utilizzarsi, in quella fase, il diverso strumento del **recesso**, prima del perfezionamento del documento contrattuale, al contrario, **l'aggiudicazione è pacificamente revocabile**. Anche con l'entrata in vigore del nuovo Codice di contratti pubblici la revoca di un'aggiudicazione legittima postula la sopravvenienza di ragioni di interesse pubblico (o una rinnovata valutazione di quelle originarie) particolarmente consistenti e preminenti sulle esigenze di tutela del legittimo affidamento ingenerato nell'impresa che ha diligentemente partecipato alla gara, rispettandone le regole e organizzandosi in modo da vincerla, ed esige, quindi, una motivazione particolarmente convincente circa i contenuti e l'esito della necessaria valutazione comparativa dei predetti interessi; il paradigma legale di riferimento resta l'art. **21-quinquies, l. 7 agosto 1990 n. 241**, e non anche la disciplina speciale dei contratti, che si occupa, infatti, di regolare esecuzione, recesso e la risoluzione del contratto, e non anche la revoca dell'aggiudicazione degli appalti (ma solo delle concessioni).
Allorché la revoca dell'aggiudicazione sia disposta con riferimento alle caratteristiche dell'oggetto dell'appalto, il ripensamento dell'Amministrazione, per legittimare il provvedimento di ritiro dell'aggiudicazione, deve fondarsi sulla sicura verifica dell'inidoneità della prestazione descritta nella *lex specialis* a soddisfare le esigenze contrattuali che hanno determinato l'avvio della procedura (v. Cons. St., Sez. III, 29 novembre 2016, n. 5026).

D) L'esecuzione del contratto ed il recesso della p.a.

La fase che ha inizio con la stipulazione del contratto e prosegue con l'attuazione del rapporto negoziale è disciplinata da norme civilistiche in materia contrattuale. Rispetto alla disciplina previgente, il Codice dei contratti pubblici contiene specifiche disposizioni che regolano la fase esecutiva, quali: il collaudo, le garanzie definitive, le modifiche del contratto in corso di esecuzione, la sospensione, la risoluzione e il recesso.

Il collaudo, disciplinato dall'art. 102 del Codice dei contratti, deve certificare che l'oggetto del contratto sia stato realizzato ed eseguito nel rispetto delle previsioni contrattuali e delle pattuizioni concordate in sede di aggiudicazione o affidamento.
Il certificato di collaudo deve avere luogo non oltre sei mesi dall'ultimazione dei lavori o delle prestazioni (salvi i casi di particolare complessità dell'opera o delle prestazioni da collaudare, per i quali il termine può essere elevato sino ad un anno) e conserva carattere provvisorio fino a due anni dalla sua emissione.
Decorso tale termine, il collaudo si intende tacitamente approvato ancorché l'atto formale di approvazione non sia stato emesso entro due mesi dalla scadenza del medesimo termine.

Le garanzie: nella fase esecutiva del contratto non di rado si possono verificare aspetti patologici che possono risolversi in un danno per la stazione appaltante, da qui la necessità di prevedere la prestazione di garanzie per l'esecuzione, disciplinata dall'art. 103 del Codice dei contratti. La norma, in particolare, prevede l'obbligo di prestare una c.d. garanzia definitiva, nella forma di cauzione o di fidejussione, a copertura dell'adempimento di tutte le obbligazioni del contratto e del risarcimento dei danni derivanti dall'eventuale inadempimento delle obbligazioni stesse, nonché a garanzia del rimborso delle somme pagate in più all'esecutore rispetto alle risultanze della liquidazione finale.

Le modifiche del contratto in corso di esecuzione sono disciplinate **dall'art. 106 del Codice dei contratti**. La ratio della norma è quella di evitare che le disposizioni caratterizzanti la fase di selezione del contraente siano eluse mediante un uso distorto delle rinegoziazioni in fase esecutiva. A tal fine, la norma elenca specifici casi in cui sia ammissibile la modifica del contratto di appalto senza una nuova procedura di affidamento. Anche la durata del contratto può essere modificata nel caso in cui nel bando e nei documenti di gara sia stata prevista un'opzione di proroga. La proroga è limitata al tempo strettamente necessario alla conclusione delle procedure necessarie per l'individuazione del nuovo contraente.

La sospensione del contratto è regolata dall'art. 107 del Codice. La norma prevede quattro ipotesi di sospensione dell'esecuzione del contratto:

- la sospensione disposta dal direttore dei lavori per circostanze speciali che impediscono in via temporanea che i lavori procedano a regola d'arte e che non siano prevedibili al momento della stipulazione del contratto;
- la sospensione disposta dal RUP per ragioni di necessità o di pubblico interesse, tra cui l'interruzione di finanziamenti per esigenze sopravvenute di finanza pubblica;
- successivamente alla consegna dei lavori, la sospensione parziale dei lavori non eseguibili, disposta dal RUP per cause imprevedibili o di forza maggiore che impediscono parzialmente il regolare svolgimento dei lavori;
- la sospensione richiesta dall'esecutore e decisa dal RUP in ragione della sussistenza di cause non imputabili all'esecutore e che non rendano possibile l'esecuzione dei lavori nel termine fissato.

La risoluzione e il recesso sono regolate rispettivamente agli artt. 108 e 109 del Codice dei contratti.

La risoluzione del contratto può essere disposta dalla stazione appaltante quando:

il contratto ha subito una modifica sostanziale che avrebbe richiesto una nuova procedura di appalto;

sono state superate le soglie di modificabilità del contratto previste dalle disposizioni del Codice dei contratti, oppure le soglie stabilite dalle stazioni appaltanti in materia di modifiche non sostanziali, ovvero le soglie previste in tema di errori od omissioni del progetto esecutivo;

l'aggiudicatario si è trovato, al momento dell'aggiudicazione dell'appalto in una delle situazioni di cui all'articolo 80, comma 1, sia per quanto riguarda i settori ordinari sia per quanto riguarda le concessioni e avrebbe dovuto pertanto essere escluso dalla procedura di appalto o di aggiudicazione della concessione, ovvero ancora per quanto riguarda i settori speciali avrebbe dovuto essere escluso a norma dell'articolo 136, comma 1;

l'appalto non avrebbe dovuto essere aggiudicato in considerazione di una grave violazione degli obblighi derivanti dai trattati, come riconosciuto dalla Corte di giustizia dell'Unione europea in un procedimento ai sensi dell'articolo 258 TFUE.

Il medesimo art. 108 prevede poi due specifiche ipotesi in cui la stazione appaltante deve obbligatoriamente risolvere un contratto pubblico durante il periodo di efficacia dello stesso qualora:

nei confronti dell'appaltatore sia intervenuta la decadenza dell'attestazione di qualificazione per aver prodotto falsa documentazione o dichiarazioni mendaci;

nei confronti dell'appaltatore sia intervenuto un provvedimento definitivo che dispone l'applicazione di una o più misure di prevenzione di cui al codice delle leggi antimafia e delle relative misure di prevenzione, ovvero sia intervenuta sentenza di condanna passata in giudicato per i reati di cui all'articolo 80.

Con riferimento al recesso, l'art. 109 del Codice dei contratti prevede la possibilità per la stazione appaltante di recedere dal contratto in qualunque momento previo il pagamento dei lavori eseguiti o delle prestazioni relative ai servizi e alle forniture eseguiti, nonché del valore dei materiali utili esistenti in cantiere nel caso di lavoro o in magazzino nel caso di servizi o forniture, oltre al decimo dell'importo delle opere, dei servizi o delle forniture non eseguite.
L'esercizio del diritto di recesso deve essere preceduto da una formale comunicazione all'appaltatore da darsi con un preavviso non inferiore a venti giorni, decorsi i quali la stazione appaltante prende in consegna, i lavori, i servizi, o forniture ed effettua il collaudo definitivo e verifica la regolarità dei servizi e delle forniture.
Il recesso rappresenta l'unico strumento che consente alla stazione appaltante di sciogliersi dal vincolo contrattuale per ragioni di opportunità una volta stipulato il contratto con l'aggiudicatario, non potendo la stessa ricorrere al generale potere di revoca di cui all'art. 21-quinquies della L. 241/1990. L'Ad. Plen. n. 14/2014 ha chiarito, infatti, che con la stipula del contratto si esaurisce la fase pubblicistica retta dai poteri amministrativi e si avvia una fase in cui la pubblica amministrazione si trova in una posizione di parità con il contraente Il decreto **sblocca cantieri ha dettato all'art.** 2 disposizioni sulle procedure di affidamento in caso di crisi di impresa e ha proceduto alla sostituzione dell'art. 110 del codice Appalti dedicato ora alle "**Procedure di affidamento in caso di fallimento dell'esecutore o di risoluzione del contratto e misure straordinarie di gestione**" prevedendo che, **le stazioni appaltanti, in caso di fallimento, di liquidazione coatta e concordato preventivo, ovvero di risoluzione del contratto ai sensi dell'articolo 108 ovvero di recesso dal contratto ai sensi dell'articolo 88, comma 4-ter, del decreto legislativo 6 settembre 2011, n. 159, ovvero in caso di dichiarazione giudiziale di inefficacia del contratto, interpellano progressivamente i soggetti che hanno partecipato all'originaria procedura di gara, risultanti dalla relativa graduatoria, al fine di stipulare un nuovo contratto per l'affidamento dell'esecuzione o del completamento dei lavori, servizi o forniture.** In tali casi l'affidamento avviene alle medesime condizioni già proposte dall'originario aggiudicatario in sede in offerta. Rimane salvo il potere del curatore della procedura di fallimento, autorizzato all'esercizio provvisorio dell'impresa, di eseguire i contratti già stipulati dall'impresa fallita con l'autorizzazione del giudice delegato.
L'impresa ammessa al concordato preventivo non necessita di avvalimento di requisiti di altro soggetto.

19. Annullamento dell'aggiudicazione e sorte del contratto.

Da sempre spinoso il tema relativo alle conseguenze sul contratto stipulato con l'aggiudicatario dell'annullamento del provvedimento di aggiudicazione.

- Emerge, da un lato, l'interesse alla **stabilità** e **certezza dei rapporti contrattuali** di cui è parte la P.A.;
- dall'altro, quello del **privato**, che abbia vittoriosamente proposto **ricorso avverso gli atti di gara**, ad ottenere una tutela non formale, ma effettiva e sostanziale.
- Infine, vi è l'interesse di cui è portatore lo stesso **aggiudicatario illegittimo**, spesso vittima di illegittimità verificatesi nel corso della procedura di evidenza pubblica, a lui non imputabili, ma addebitabili, per contro, alla sola stazione appaltante.

In caso di "**violazioni gravi**", il giudice è tenuto a dichiarare **l'inefficacia del contratto.** Ricorrono tali gravi violazioni, ai sensi dell'art. **121 C.p.a.**:

- se l'aggiudicazione definitiva è avvenuta senza previa pubblicazione del bando o avviso con cui si indice una gara nella G.U. dell'Unione europea o nella G.U. della Repubblica italiana, quando tale pubblicazione è prescritta dal decreto;

- se l'aggiudicazione definitiva è avvenuta con procedura negoziata senza bando o con affidamento in economia fuori dai casi consentiti e questo abbia determinato l'omissione della pubblicità del bando o avviso;
- se il contratto è stato stipulato senza rispettare il termine di stand still;
- se il contratto è stato stipulato senza rispettare la sospensione obbligatoria del termine per la stipulazione derivante dalla proposizione del ricorso giurisdizionale avverso l'aggiudicazione definitiva qualora tale violazione, aggiungendosi a vizi propri dell'aggiudicazione definitiva, abbia influito sulle possibilità del ricorrente di ottenere l'affidamento. Tra le esigenze imperative rientrano quelle imprescindibili di carattere tecnico o di altro tipo, tali da rendere evidente che i residui obblighi contrattuali possono essere rispettati solo dall'esecutore attuale.

Fuori dai casi di "violazioni gravi", l'art. 122 c.p.a. dispone che il giudice che annulla l'aggiudicazione definitiva stabilisce **se dichiarare inefficace il contratto**, fissandone in tal caso la decorrenza, tenendo conto, in particolare:

- degli interessi delle parti,
- dell'effettiva possibilità per il ricorrente di conseguire l'aggiudicazione alla luce dei vizi riscontrati,
- dello stato di esecuzione del contratto,
- della possibilità di subentrare nel contratto,
- dei casi in cui il vizio dell'aggiudicazione non comporti l'obbligo di rinnovare la gara e la domanda di subentrare sia stata proposta.

20. Rimedi giurisdizionali.

In materia di appalti, è previsto un **rito speciale** agli artt. **119** e **120** c.p.a. che espressamente fanno riferimento alle controversie relative agli atti delle procedure di affidamento di lavori, servizi e forniture. Si tratta di previsioni con cui si è inteso improntare il rito dei contratti pubblici a canoni di forte accelerazione e concentrazione.
Il d.lgs. n. 50/2016 ha eliminato l'istituto dell'informativa preventiva dell'intenzione del privato di proporre il ricorso.
L'art. 119 c.p.a. dispone che gli atti delle procedure di affidamento devono essere impugnati entro **trenta giorni** dalla loro conoscenza.

Il d.lgs. n. 50/2016, intervenendo sul testo dell'art. 120 c.p.a., ha introdotto significative novità quanto ai termini di proposizione del ricorso avverso specifici atti delle procedure di affidamento, in specie le esclusioni e le ammissioni, inducendo a parlare di un nuovo rito "**super-speciale**" o "**super-accelerato"** che è stato **abrogato dal decreto-legge sblocca-cantieri n. 32 del 18 aprile 2019.**
Ai sensi del **c. 2-bis dell'art. 120 c.p.a.,** nella formulazione originaria, invero, prevedeva che: *il provvedimento che determina le esclusioni dalla procedura di affidamento e le ammissioni ad essa all'esito della valutazione dei requisiti soggettivi, economico-finanziari e tecnico-professionali va impugnato nel termine di* ***trenta giorni****, decorrente dalla sua pubblicazione sul profilo del committente della stazione appaltante,* ***ai sensi dell'articolo 29, comma 1, del codice dei contratti pubblici, come novellato dal correttivo.***
La disposizione stabiliva inoltre che **in caso di mancata impugnazione il concorrente non può essere ammesso a far valere l'illegittimità derivata dei successivi atti delle procedure di affidamento, anche con ricorso incidentale.**
La Corte di giustizia UE, da ultimo (Corte giust. comm. ue., sez. IV, **ord. 14 febbraio 2019 C-54/2018), ha affermato la compatibilità con il diritto europeo della disciplina processuale nazionale**

relativa alla immediata impugnazione, entro un breve termine decadenziale, delle ammissioni ed esclusioni dalle procedure di gara (art. 120, comma 2 bis, c.p.a.), a condizione che i vizi di legittimità degli atti siano conoscibili dagli interessati.
Con il decreto-legge sbocca-cantieri è prevista la **totale abolizione del rito super accelerato**. Infatti, si prevede l'abrogazione dei commi 2-bis e 6-bis, di cui all'articolo 120 del decreto-legislativo 2 luglio 2010, n. 104 (codice del processo amministrativo). Tale modifica si applica ai processi iniziati dopo l'entrata in vigore del decreto è stata confermata in sede di conversione in legge.
Il nuovo art. 2-bis dell'art. 76 del cod. dei contratti pubblici prevede che **è dato avviso ai candidati e ai concorrenti,** con le modalità di cui all'articolo 5-bis del decreto legislativo 7 marzo 2005, n. 82, recante il Codice dell'amministrazione digitale o strumento analogo negli altri Stati membri, del **provvedimento che determina le esclusioni dalla procedura di affidamento e le ammissioni ad essa all'esito della verifica della documentazione attestante l'assenza dei motivi di esclusione di cui all'articolo 80**, nonché la sussistenza dei requisiti economico-finanziari e tecnico-professionali, indicando l'ufficio o il collegamento informatico ad accesso riservato dove sono disponibili i relativi atti.
Infine, è dichiarata inammissibile l'impugnazione della proposta di aggiudicazione, ove disposta, e degli altri atti endo-procedimentali privi di immediata lesività.

APPROFONDIMENTO

◆ LA RESPONSABILITÀ PRECONTRATTUALE

Fin dai primi anni Sessanta, la giurisprudenza ha manifestato la tendenza a recepire l'insegnamento secondo cui "ciò che si chiede al giudice non è di valutare se il soggetto amministrativo si sia condotto da corretto amministratore, ma se si sia condotto da corretto contraente" (Nigro). In tale prospettiva si è riconosciuto che la rottura delle trattative, senza motivi, costituisce per la P.A. fonte di responsabilità precontrattuale, concretando una lesione dell'obbligo di buona fede. Più in particolare, si è progressivamente affermata la sindacabilità del recesso dalle trattative, ex art. 1337 c.c., ove l'ente pubblico sia venuto meno ai doveri di buona fede, correttezza, lealtà e diligenza, in rapporto anche all'affidamento ingenerato nel privato circa il perfezionamento del contratto, a prescindere dalle ragioni che abbiano indotto il primo a interrompere le trattative o a rifiutare la conclusione del negozio (Cass. civ., S.U., 27 aprile 2017, n. 10413).
Trattasi di un modello che, seppur non applicabile all'attività amministrativa nel suo complesso, trova riconoscimento in alcuni particolari ambiti, come nel caso in cui venga espletata una procedura ad evidenza pubblica: ipotesi tipica è quella della revoca degli atti della gara, disposta dalla stazione appaltante nell'esercizio del potere di autotutela. Il ricorso allo schema *della culpa in contrahendo* ha, così, consentito il risarcimento del danno subito in conseguenza di comportamenti contrari a buona fede, lealtà e correttezza da parte dell'amministrazione aggiudicatrice, anche nel caso di legittimo provvedimento di revoca della gara. La qualificazione della responsabilità della P.A. per lesione di interessi legittimi in termini di responsabilità precontrattuale implica la limitazione del risarcimento del danno al c.d. "interesse negativo", consistente nelle perdite derivate dall'aver fatto affidamento nella conclusione del contratto e nei mancati guadagni verificatisi in conseguenza delle altre occasioni contrattuali perdute (v. T.A.R. Lazio, Roma, sez. II, 9 luglio 2013, n. 7628; Cons. St., sez. V, 14 aprile 2015, n. 1864).
Occorre osservare, tuttavia, che una recente pronuncia del Consiglio di Stato (Cons. St., Sez. III, 24 novembre 2017, n. 5492 ha investito l'Adunanza Plenaria della questione relativa all'esatta individuazione dei confini della responsabilità precontrattuale della Pubblica amministrazione. In particolare, i quesiti formulati nella predetta ordinanza attengono alla circostanza se la violazione delle regole di correttezza che presiedono alla formazione del contratto possa assumere rilevanza solo dopo l'espletamento della fase pubblicistica, con la relativa individuazione del soggetto aggiudicatario o se, di contro, possa ravvisarsi una responsabilità anche anteriormente alla scelta del contraente, atteso che anche rispetto alla generalità dei soggetti partecipanti alla gara residua un interesse legittimo al corretto esercizio dei poteri pubblici. Inoltre, nel caso fosse da preferire tale seconda opzione, il collegio ha domandato al Supremo Consesso se la responsabilità precontrattuale debba riguardare esclusivamente il comportamento dell'amministrazione anteriore al bando, pubblicato nonostante la P.A. conosceva o avrebbe dovuto conoscere la mancanza dei suoi presupposti indefettibili, o se piuttosto debba ricomprendere ogni comportamento attinente alla procedura di evidenza pubblica, ancorché successivo alla pubblicazione del bando, che pregiudichi il corretto espletamento della gara.
L'Adunanza Plenaria, intervenuta sul punto con sentenza del 4 maggio 2018 n. 5, ha chiarito che la responsabilità precontrattuale della P.A. si può configurare anche precedentemente all'aggiudicazione definitiva, potendo venire in rilievo sia prima che dopo la pubblicazione del bando. Tale conclusione è imposta dalla rilevanza che il nostro ordinamento riconosce ai principi di buona fede e correttezza, i quali, in quanto posti a presidio della libertà di autodeterminazione dei privati cittadini, sono espressione dei valori costituzionali della solidarietà e della libertà di iniziativa economica e come tali devono

permeare l'intero procedimento amministrativo. Tuttavia, ha specificato che affinché il privato possa invocare il risarcimento del danno deve provare non solo il proprio affidamento incolpevole (c.d. buona fede soggettiva), ma altresì un comportamento, imputabile al dolo o alla colpa della P.A., che sia oggettivamente contrario ai doveri di correttezza, oltre alla effettiva lesione della propria libertà contrattuale, alle perdite economiche che ne sono derivate, nonché alla sussistenza del nesso causale tra la condotta lesiva e i danni conseguenza subiti.
In merito al riparto di giurisdizione, la giurisprudenza amministrativa ha devoluto alla giurisdizione del giudice ordinario la controversia in merito alla domanda risarcitoria proposta, in via riconvenzionale, dall'Amministrazione al fine di far valere la responsabilità precontrattuale del privato, per i danni da essa sofferti a causa del coinvolgimento in trattative rivelatesi inutili (vd. T.A.R. Lombardia Milano, sez. III, 12 ottobre 2018, n. 2267).

SCHEMA DI RIEPILOGO

LE FASI DELLA PROCEDURA A EVIDENZA PUBBLICA

<u>Le fasi della procedura a evidenza pubblica:</u>
- della delibera a contrarre (individuazione degli elementi essenziali del contratto e deli criteri di selezione degli operatori economici e delle offerte)
- della pubblicazione del bando di gara;
- della scelta del contraente;
- dell'aggiudicazione (efficacie dopo la verifica del possesso dei requisiti);
- clausola di standstill (35 giorni);
- stipula del contratto (entro 60 giorni successivi all'aggiudicazione);
- dell'approvazione degli eventuali controlli.

Fasi del procedimento amministrativo di individuazione delle **<u>offerte anomale</u>** (che svolge dopo l'apertura delle buste e prima dell'aggiudicazione):
- l'individuazione delle offerte sospettate di anomalia;
- la richiesta delle giustificazioni dell'offerta da parte dell'amministrazione aggiudicatrice;
- la presentazione dei chiarimenti, precisazioni e degli eventuali elementi giustificativi dell'offerta da parte della ditta la cui offerta è stata sospettata di anomalia;
- la verifica e valutazione delle giustificazioni e dei chiarimenti da parte dell'amministrazione aggiudicatrice.

<u>Impugnazioni:</u>
- Atti delle procedure di affidamento: entro **30 giorni** dalla loro conoscenza mediante ricorso al TAR (art. 119 c.p.a.).
- Provvedimenti che determinano le esclusioni dalla procedura di affidamento e le ammissioni ad esse all'esito dei requisiti soggettivi, economico-finanziari e tecnico professionali: **30 giorni** dalla pubblicazione degli stessi sul profilo del committente, a pena di decadenza, mediante ricorso al TAR.

L'elencazione dei casi di "<u>violazioni gravi</u>" a seguito delle quali il giudice che annulla l'aggiudicazione definitiva è tenuto a dichiarare **l'inefficacia del contatto** è contenuta nell'art. 121 c.p.a. Negli altri casi, il giudice che annulla l'aggiudicazione definitiva stabilisce <u>se</u> dichiarare inefficace il contratto, fissandone la decorrenza, tenendo conto degli interessi delle parti, della possibilità per il ricorrente di conseguire l'aggiudicazione alla luce dei vizi riscontrati, dello stato di esecuzione del contratto, della possibilità di subentrare nel contratto.

QUIZ DIRITTO AMMINISTRATIVO

1. **Un collegio si dice perfetto**
   A. Quando il quorum strutturale è uguale alla metà più uno dei membri
   B. Quando il quorum strutturale è uguale a due terzi dei membri
   C. Quando il quorum strutturale coincide con la totalità dei suoi Membri
   D. Quando il Presidente del collegio possiede poteri di veto

2. **Qual è il significato di "pubblica amministrazione"?**
   A. L'insieme delle norme che disciplinano i rapporti tra Stato ed enti pubblici
   B. L'insieme degli organi e degli uffici pubblici con funzione amministrativa
   C. L'insieme degli organi cui è demandata l'esecuzione dei provvedimenti giudiziari
   D. L'attività di individuazione e scelta dei fini dello stato

3. **Cosa sono gli atti politici?**
   A. Sono atti dei vertici del potere esecutivo liberi nei fini
   B. Sono le espressioni di voto dei politici
   C. Sono atti di alta amministrazione
   D. Sono atti amministrativi speciali

4. **In cosa consiste l'autotutela?**
   A. Nella tutela giudiziaria concessa ai pubblici dipendenti
   B. Nel potere del ministro di risolvere i conflitti tra organi subordinati gerarchicamente
   C. Nella giurisdizione amministrativa
   D. Nel potere spettante agli organi amministrativi dello Stato e degli enti pubblici di eliminare i provvedimenti viziati

5. **Cosa si intende per ente pubblico autonomo?**
   A. Che non è soggetto a controlli amministrativi
   B. Che nel rispetto e nei limiti delle norme statali esso ha il potere di emanare norme generali con forza cogente
   C. Che è dotato del potere di autogovernarsi
   D. Che quell'ente non ammette ingerenze di altri organi dello Stato

6. **Cosa si intende per ente pubblico autarchico?**
   A. I dipendenti di quell'ente non soggiacciono alle norme generali che regolano il rapporto di impiego pubblico
   B. L'ente è in grado di operare senza riferirsi alle norme dell'ordinamento statale
   C. Si tratta di un ente che ha il potere di amministrare i propri interessi nell'ambito del proprio territorio
   D. L'ente è economicamente indipendente

7. **Cosa significa il concetto di competenza?**
   A. È il potere che viene attribuito a ciascun dipendente
   B. È il grado di discrezionalità concesso a coloro che esercitano un pubblico servizio
   C. La quota di poteri e funzioni pubbliche attribuite ad un determinato organo della PA
   D. È l'attività degli enti pubblici economici

8. **In quali atti si concretizza la funzione consultiva?**
   A. Nel fornire pareri agli organi dell'amministrazione attiva
   B. Nello studio dei problemi della difesa legale dello Stato e degli enti pubblici
   C. Nel controllo di merito sugli atti amministrativi degli enti locali
   D. Nel fornire pareri agli organi giudiziari sulle controversie nelle quali è interessata la pubblica amministrazione

9. La funzione amministrativa è finalizzata:
- A. Al riconoscimento di fini pubblici
- B. Alla tutela dei fini pubblici dello Stato
- C. All'individuazione dei fini pubblici che lo Stato deve perseguire
- D. Al perseguimento dei fini pubblici dello Stato

10. Cosa si intende per discrezionalità amministrativa?
- A. La capacità di scelta tra comportamenti illeciti consentiti dalla legge
- B. La capacità di scelta partendo dalle regole di opportunità e convenienza amministrativa
- C. La capacità di scelta tra comportamenti leciti per soddisfare l'interesse pubblico
- D. La capacità di scelta partendo dai criteri di scienza e tecnica

11. Quali forme fondamentali può assumere l'azione amministrativa?
- A. Attività di normazione e di giurisdizione
- B. Attività di diritto pubblico e di diritto privato
- C. Atti di gestione primaria e secondaria
- D. Atti politici e atti interni

12. Quali sono gli enti territoriali autonomi?
- A. La Prefettura, il Comitato regionale di controllo e l'ufficio Distrettuale dell'Avvocatura di Stato
- B. Le sezioni regionali della Corte dei conti e quelle dell'Avvocatura di Stato
- C. Le Regioni, le Province e i Comuni
- D. Le circoscrizioni comunali e i Consigli provinciali

13. Cosa s'intende per atto amministrativo?
- A. Il potere esercitato dal Governo nei settori di sua competenza
- B. Una manifestazione di volontà dello Stato o di un ente pubblico nell'esplicazione di una potestà amministrativa
- C. Un atto giuridico posto in essere da un'autorità amministrativa nell'esercizio di una sua funzione amministrativa
- D. Un atto di normazione primaria avente rilevanza immediata nella attività locale

14. Quali sono gli elementi essenziali dell'atto amministrativo?
- A. La competenza territoriale dell'organo dal quale l'atto è emanato
- B. Il soggetto, l'oggetto, la causa e la forma dell'atto
- C. L'istanza, la richiesta, il sollecito e l'ordine
- D. La pubblicazione e la notificazione

15. Che cosa si deve intendere per procedimento amministrativo?
- A. Un insieme di atti che precedono l'emanazione della decisione giurisdizionale
- B. Il procedimento penale in tema di reati contro la pubblica amministrazione
- C. Una serie di attività destinate a concludersi con la formazione di un atto amministrativo provvedimentale
- D. Pareri emanati dagli organi consultivi su richiesta di un organo dell'amministrazione attiva

16. Quali sono le fasi del procedimento amministrativo?
- A. Indagini preliminari, decisione e notificazione
- B. Fase informativa, consultiva, giurisdizionale
- C. Fase di iniziativa, istruttoria e dispositiva
- D. Il procedimento non si articola in più fasi, ma si realizza con un unico atto

17. Che cosa significa discrezionalità nell'attività amministrativa?
- A. Libera scelta dei fini da parte degli organi amministrativi
- B. La facoltà degli organi di controllo di annullare gli atti viziati
- C. La facoltà di scelta in ordine all'adozione di un determinato provvedimento e ai suoi contenuti
- D. L'obbligo di rispettare la legge nell'emanazione degli atti amministrativi

18. Quali sono le parti che compongono la struttura formale di un atto amministrativo?
A. I soggetti, l'oggetto e la forma
B. L'intestazione, il preambolo, la motivazione, il dispositivo e la sottoscrizione
C. La premessa, l'istruttoria, la decisione e la notificazione
D. Il contenuto e la clausola di esecutorietà

19. Quale significato può assumere il "silenzio" in materia di provvedimenti amministrativi?
A. Nessun significato
B. Significato di assenso o di rigetto
C. Invito a sollecitare il provvedimento amministrativo
D. Accoglimento della domanda

20. A quali tra questi principi si ispirano le leggi sul procedimento amministrativo?
A. Sussidiarietà e consunzione
B. Legalità, economicità, efficacia
C. Immediatezza, revocabilità, segretezza
D. Utilità, solidarietà, uguaglianza

21. Ai sensi della legge 241/1990, quale indicazione deve contenere la comunicazione di avvio del procedimento amministrativo?
A. il mese entro il quale presumibilmente avrà termine il procedimento
B. la data entro la quale presumibilmente avrà inizio il procedimento
C. la documentazione prodotta dalla pubblica amministrazione precedente
D. la data entro la quale, secondo i termini previsti dalla legge, deve concludersi il procedimento

22. Ai sensi della Legge 241/1990, quando può essere convocata la conferenza di servizi preliminare?
A. sempre in presenza di un progetto definitivo, su richiesta dell'interessato al fine di verificare se vi siano le condizioni per ottenere, alla presentazione dell'istanza, i necessari pareri
B. sempre nel caso di progetti di particolare complessità, in presenza di un progetto definitivo, al fine di esaminare la fattibilità del progetto
C. nel caso di progetti di particolare complessità e di insediamenti produttivi di beni e servizi, su motivata richiesta dell'interessato al fine di verificare quali siano le condizioni per ottenere, alla loro presentazione, i necessari atti di consenso
D. nel caso di progetti di scarsa complessità che possono essere risolti con una conferenza agevolata dal punto di vista procedimentale

23. Con riferimento alle fasi del procedimento amministrativo, nella fase d'iniziativa si può distinguere tra procedimenti:
A. a iniziativa individuale e a iniziativa generale
B. a iniziativa d'ufficio e a iniziativa automatica
C. a istanza di parte e a iniziativa d'ufficio
D. a presa d'atto privata e a iniziativa d'ufficio

24. Ai sensi della Legge 241/1990, rientra nella competenza del responsabile del procedimento amministrativo:
A. accertare d'ufficio i fatti, disponendo il compimento degli atti all'uopo necessari
B. in presenza di diversi interessi pubblici concomitanti, valutare quale di essi sia prevalente
C. adottare in ogni caso il provvedimento finale
D. vietare l'indizione di conferenze di servizi, ravvisandone l'eventuale inutilità ai fini del procedimento

25. Quale tra i seguenti compiti rientra tra quelli propri del responsabile del procedimento, ai sensi della Legge 241/1990?
A. validare, ai fini decisori, i presupposti rilevanti per l'emanazione del

provvedimento
B. valutare, ai fini ordinatori, i presupposti rilevanti per l'emanazione del provvedimento
C. valutare, ai fini giudiziari, i presupposti rilevanti per l'emanazione del provvedimento
D. valutare, ai fini istruttori, i presupposti rilevanti per l'emanazione del provvedimento

26. **Come può essere definito un provvedimento amministrativo?**
A. un atto unilaterale emanato da un'autorità amministrativa, nell'esercizio di un potere autoritativo previsto dalla legge
B. un atto non definitivo in attesa dell'attestazione statale
C. un atto emanato da un'autorità esclusivamente statale
D. una qualunque comunicazione da parte della pubblica amministrazione

27. **Ai sensi della Legge 241/1990, l'ufficio responsabile del procedimento deve essere specificato nella comunicazione di avvio del procedimento?**
A. no, non deve essere mai indicato
B. no, ma può essere indicato a discrezione dell'ente procedente
C. si, obbligatoriamente, ma non deve essere indicato alcun nome di persone fisiche responsabili del procedimento
D. si, obbligatoriamente, con la specifica indicazione della persona responsabile del procedimento

28. **Ai sensi della Legge 241/1990, nella comunicazione personale di avvio del procedimento la pubblica amministrazione deve indicare:**
A. la data entro la quale deve concludersi il procedimento e il nome del responsabile
B. la data entro la quale deve concludersi il procedimento, se tale richiesta è specificata nell'istanza
C. tra l'altro, la data entro la quale deve concludersi il procedimento
D. esclusivamente la data di inizio dell'istruttoria da parte dell'ente

29. **Ai sensi dell'art. 8 della Legge 241/1990, nella comunicazione personale di avvio del procedimento la pubblica amministrazione deve indicare l'amministrazione competente?**
A. no, mai
B. sì, se si tratta di un procedimento per il quale, per il numero dei destinatari, la comunicazione personale non sia possibile
C. no, salvo il caso in cui sia un procedimento derivante da una conferenza di servizi
D. si, sempre

30. **Un procedimento amministrativo deve essere svolto secondo criteri di economicità?**
A. si, a norma di legge
B. si, nel caso in cui si tratti di un procedimento relativo ad attività produttive
C. no, in nessun caso
D. solo nel caso in cui il procedimento si svolga presso un ente pubblico economico

31. **Ai sensi della Legge 241/1990, la pubblica amministrazione può aggravare il procedimento:**
A. solo con riferimento all'adozione di atti tributari
B. in ogni caso, a sua discrezione
C. solo per straordinarie e motivate esigenze imposte dallo svolgimento dell'istruttoria
D. per esigenze sorte a seguito della decisione dell'istruttoria, senza obbligo di motivazione

32. **Ai sensi dell'art. 3, comma 1 della legge 14 gennaio 1994, n. 20, su quali dei seguenti atti la Corte dei conti esercita un controllo preventivo di legittimità?**
A. provvedimenti di disposizione del demanio e del patrimonio immobiliare
B. atti di gestioni fuori bilancio

C. in nessuno dei casi indicati nelle altre risposte
D. atti di aziende o amministrazioni autonome

33. Il provvedimento amministrativo con cui la P.A. conferisce “ex novo” posizioni giuridiche attive al destinatario, ampliandone così la sfera giuridica, è detto:
A. autorizzazione
B. nulla osta
C. requisizione
D. concessione

34. In base alla legge 7 agosto 1990, n. 241, la prima riunione della conferenza di servizi è convocata:
A. entro 15 giorni ovvero, in caso di particolare complessità dell’istruttoria, entro 30 giorni dalla data di indizione
B. entro 15 giorni ovvero, in caso di particolare complessità dell’istruttoria, entro 20 giorni dalla data di indizione
C. entro 30 giorni ovvero, in caso di particolare complessità dell’istruttoria, entro 60 giorni dalla data di indizione
D. entro 30 giorni ovvero, in caso di particolare complessità dell’istruttoria, entro 90 giorni dalla data di indizione

35. Ai sensi della legge 241/1990, il provvedimento amministrativo, carente degli elementi essenziali, è:
A. imperfetto
B. annullabile
C. nullo
D. irregolare

36. Il provvedimento mediante il quale la Pubblica Amministrazione, nell’esercizio di un’attività discrezionale in funzione preventiva, provvede alla rimozione di un limite legale, che si frappone all’esercizio di un’attività inerente a un diritto soggettivo, è definito:
A. concessione
B. annullamento
C. autorizzazione
D. revoca

37. Qual è l’atto con il quale un organo dell’amministrazione decide di esercitare, sulla base di ragioni di ordine organizzativo e funzionale, un potere attribuito alla competenza di un altro organo gerarchicamente subordinato?
A. l’avocazione
B. la delegazione
C. la revoca dell’incarico
D. la direttiva

38. Al fine di assicurare l’imparzialità della P.A., la Costituzione italiana impone che:
A. i regolamenti governativi stabiliscano norme apposite
B. i funzionari di grado più elevato abbiano autonomia organizzativa
C. la legge stabilisca norme apposite per l’organizzazione dei pubblici uffici
D. tutti i provvedimenti della P.A. siano tipizzati

39. Il provvedimento amministrativo può essere revocato?
A. sì, per sopravvenuti motivi di pubblico interesse, ma mai nel caso di nuova valutazione dell’interesse pubblico originario
B. sì, nel caso di nuova valutazione dell’interesse pubblico originario, ma mai per sopravvenuti motivi di pubblico interesse
C. no, mai
D. sì, nel caso di provvedimento ad efficacia durevole, per sopravvenuti motivi di pubblico interesse ovvero nel caso di nuova valutazione dell’interesse pubblico originario

40. Nella legge sul procedimento amministrativo vige:
A. il divieto di interventi di carattere consultivo facoltativo
B. il divieto di aggravare il procedimento se non per straordinarie e motivate esigenze imposte dallo svolgimento dell’istruttoria
C. il divieto inderogabile di aggravare il procedimento

D. l'obbligo di aggravare i procedimenti aventi un valore superiore a quello determinato nel regolamento di contabilità di ciascun ente

41. **L'art. 90 del D.lgs. 18 aprile 2016, n. 50 prevede che i concorrenti iscritti in elenchi ufficiali di prestatori di servizi o di fornitori possano presentare alla stazione appaltante, per ogni appalto:**
A. l'iscrizione stessa e la relativa classificazione
B. un certificato d'iscrizione indicante le referenze che consentono l'iscrizione negli elenchi
C. il solo certificato di iscrizione alla Camera di commercio
D. una relazione tecnica giurata indicante le referenze di cui sono in possesso un'attestazione della società di revisione

42. **Ai sensi dell'art. 48 del D.lgs. 18 aprile 2016, n. 50, nel caso di lavori, si intendono lavori scorporabili quelli:**
A. nessuna delle altre alternative è corretta
B. non appartenenti alla categoria prevalente e così definiti nel bando di gara
C. appartenenti alla categoria prevalente
D. che non possono essere affidati in subappalto

43. **Secondo quanto disposto dall'art. 3 D.lgs. 18 aprile 2016, n. 50, il termine "prestatore di servizi" designa:**
A. in via esclusiva, la persona giuridica o un ente senza personalità giuridica che offra sul mercato la prestazione di servizi
B. una persona fisica, o una persona giuridica, o un ente senza personalità giuridica che offra sul mercato la prestazione di servizi
C. una persona fisica o giuridica che offra sul mercato pubblico la prestazione di beni o servizi
D. esclusivamente la persona fisica che offra sul mercato la prestazione di servizi

44. **Il codice dei contratti, di cui al D.lgs. 18 aprile 2016, n. 50, stabilisce che, per ogni acquisizione in economia, le stazioni appaltanti operano attraverso:**
A. il direttore dei lavori
B. il responsabile unico del procedimento
C. il direttore dell'esecuzione del contratto
D. l'ANAC

45. **Ai sensi del D.lgs. 18 aprile 2016, n. 50, la progettazione dei lavori pubblici si articola, nel rispetto dei vincoli esistenti, preventivamente accertati, e dei limiti di spesa prestabiliti, secondo livelli di successivi approfondimenti tecnici, in:**
A. preliminare, autorizzatoria ed esecutiva
B. preliminare, esecutiva e di accertamento della conformità
C. preliminare, definitiva ed esecutiva
D. preliminare e successiva

46. **Un atto amministrativo è:**
A. un atto unilaterale
B. un atto esternalizzato
C. un atto non unilaterale
D. un contratto pubblico

47. **Secondo quanto disposto dall'art. 3 della L. 241/1990, nell'atto amministrativo, la parte valutativa della motivazione è la parte:**
A. in relazione alle risultanze dell'istruttoria
B. in cui la P.A. indica le norme di legge in base alle quali l'atto è stato adottato nella quale la P.A. indica soltanto gli interessi privati non rilevanti
C. che individua soltanto gli interessi pubblici non rilevanti
D. nella quale la P.A. indica i presupposti di fatto e le ragioni giuridiche che hanno determinato la decisione

48. **Secondo quanto disposto dal D.lgs. 18 aprile 2016, n. 50, le aziende sanitarie pubbliche sono obbligate ad osservare le norme riguardanti gli appalti di lavori pubblici?**
A. no, in quanto aziende dotate di capacità

imprenditoriali

B. si, ma solo a partire dal 1° gennaio 1999

C. si, ma solo a partire dal 1° gennaio 1948

D. si, in quanto aziende pubbliche

49. All'interno del procedimento amministrativo, la "fase d'iniziativa" è:

A. la fase diretta ad accertare i presupposti dell'atto da emanare

B. la fase ove si determina il contenuto dell'atto da adottare e si provvede alla formazione e all'emanazione dello stesso

C. la fase ove si acquisiscono tutti gli atti istruttori per l'emanazione del provvedimento

D. la fase di impugnazione dell'atto

50. Nei contratti pubblici, ai sensi del D.lgs. 18 aprile 2016, n. 50, fatte salve le disposizioni legislative, regolamentari o amministrative relative alla remunerazione di servizi specifici, la migliore offerta è selezionata:

A. solo con il criterio del prezzo più basso

B. solo con il criterio del prezzo più basso; per i contratti da stipulare parte a corpo e parte a misura, il prezzo più basso è determinato mediante offerta a prezzi unitari

C. con il criterio del prezzo più basso o con il criterio dell'offerta economicamente più vantaggiosa

D. solo con il criterio dell'offerta economicamente più vantaggiosa

RISPOSTE

1.	C	**26.**	A
2.	B	**27.**	D
3.	A	**28.**	C
4.	D	**29.**	D
5.	B	**30.**	A
6.	C	**31.**	C
7.	C	**32.**	A
8.	A	**33.**	D
9.	D	**34.**	A
10.	C	**35.**	C
11.	B	**36.**	C
12.	C	**37.**	A
13.	C	**38.**	C
14.	B	**39.**	D
15.	C	**40.**	B
16.	C	**41.**	B
17.	C	**42.**	B
18.	B	**43.**	B
19.	B	**44.**	B
20.	B	**45.**	C
21.	D	**46.**	A
22.	C	**47.**	D
23.	C	**48.**	D
24.	A	**49.**	A
25.	D	**50.**	C

PARTE II
NORME GENERALI IN MATERIA DI PUBBLICO IMPIEGO

Capitolo 1 IL PUBBLICO IMPIEGO

1. Definizione, caratteristiche ed evoluzione normativa del pubblico impiego.

Per **pubblico impiego** (*rectius*: lavoro alle dipendenze della pubblica amministrazione), si intende quel rapporto in forza del quale una persona fisica pone **volontariamente**, **continuativamente** e **dietro retribuzione** le proprie energie lavorative a disposizione di una pubblica amministrazione, assumendo in tal modo uno specifico *status*, connotato da peculiari diritti e doveri.
Tale rapporto di lavoro presenta le seguenti caratteristiche:

- è **volontario**, poiché per la sua costituzione occorre sia la volontà della p.a. che del lavoratore;
- è **strettamente personale,** in quanto le capacità intellettuali e tecniche del lavoratore rivestono importanza primaria nella costituzione e nello svolgimento del rapporto stesso;
- ha **carattere bilaterale**;
- implica una particolare condizione di **subordinazione gerarchica e disciplinare** del prestatore di lavoro.

Il rapporto di pubblico impiego era soggetto in passato ad una disciplina eminentemente **unilaterale** e **pubblicistica** in ogni sua fase ed aspetto: veniva instaurato con un provvedimento amministrativo di nomina, era gestito attraverso atti amministrativi, ogni controversia ad esso relativa era devoluta alla giurisdizione del giudice amministrativo (d.p.r. 10 gennaio 1957, n. 3).
Tale impianto è stato radicalmente scardinato attraverso una serie di riforme normative che – attraverso una serie di tappe intermedie - hanno realizzato un progressivo processo di **contrattualizzazione** e **privatizzazione** del pubblico impiego (d.lgs. 3 febbraio **1993, n. 29** – d.lgs. 31 marzo **1998, n. 80**).
Attualmente, il rapporto di pubblico impiego:

- è costituito attraverso un **contratto di diritto comune**;
- è regolato dalle norme del **Codice civile** e delle **leggi speciali** in materia di lavoro subordinato nell'impresa;
- è gestito dalla p.a. con i **poteri** e le **capacità del privato datore di lavoro** (c.d. atti di micro-

organizzazione);
- ogni sua controversia è, tendenzialmente, devoluta alla cognizione del **giudice ordinario** (per il riparto di giurisdizione, *infra*: par. 8).

La materia trova ora compiuta disciplina dal **Testo unico del pubblico impiego,** d.lgs. 30 marzo **2001, n. 165** (oggetto di successive riforme ad opera, *ex plurimis*, del d.lgs. 27 ottobre **2009, n. 150** – c.d. riforma **Brunetta** –, del d.lgs. 1 agosto **2011, n. 141,** del d.l. 31 agosto **2013, n. 101,** conv. in l. 30 ottobre **2013, n. 125,** della riforma cd. **"Madia"**, legge n. **124** del **2015**).

2. L'ambito di applicazione della privatizzazione del pubblico impiego.

Per **amministrazioni pubbliche**, destinatarie della normativa del Testo Unico, si devono intendere (art. 1, co. 2):
- **tutte le amministrazioni dello Stato**, ivi compresi gli istituti di ogni ordine e grado, le istituzioni educative, le aziende ed amministrazioni dello Stato ad ordinamento autonomo;
- le **Regioni**, le **Province**, i **Comuni**, le **Comunità montane**;
- le **istituzioni universitarie**;
- gli **Istituti autonomi case popolari**;
- le **Camere di commercio**;
- tutti gli **enti pubblici non economici** nazionali, regionali e locali;
- le amministrazioni, aziende ed enti del **Servizio Sanitario Nazionale**;
- l'Agenzia per la Rappresentanza Negoziale delle Pubbliche amministrazioni (**ARAN**);
- il **CONI**, fino alla revisione organica della disciplina di settore.

Continuano ad essere regolamentati dai **regimi pubblicistici** previsti nei rispettivi ordinamenti (art. 3):
- i **magistrati** ordinari, amministrativi e contabili;
- gli **avvocati e procuratori dello Stato**;
- il personale **militare** e delle **Forze di polizia**;
- il personale **diplomatico e prefettizio**;
- i dipendenti delle **Autorità Amministrative Indipendenti**;
- il personale del **Corpo nazionale dei vigili del fuoco**;
- il personale della **carriera dirigenziale penitenziaria**;
- i **professori e ricercatori universitari**.

3. La costituzione del rapporto di lavoro.

Agli impieghi pubblici si accede di regola mediante **concorso** (art. 97, co. 3 Cost.), che costituisce garanzia dell'imparzialità ed efficienza dell'agire amministrativo, in quanto strumento che consente di assumere i soggetti più capaci e meritevoli.

L'art. 35 T.U. prevede che l'assunzione nelle p.a. avvenga mediante **procedure selettive** volte all'accertamento della professionalità richiesta, ad eccezione:
- delle qualifiche e dei profili per cui è richiesto il **solo requisito della scuola dell'obbligo**. In tal caso, l'assunzione avviene mediante **avviamento degli iscritti nelle liste di collocamento**;
- delle assunzioni obbligatorie dei **disabili**, alle quali si procede attraverso **chiamata numerica degli iscritti nelle liste di collocamento**, previa verifica della compatibilità dell'invalidità rispetto alle mansioni da svolgere.

Per le qualifiche che richiedono titoli superiori rispetto alla sola scuola dell'obbligo, le assunzioni avvengono in ogni caso tramite concorsi pubblici, nei quali i lavoratori appartenenti alle categorie protette hanno diritto alla riserva di un numero di posti fino al 50% del totale dei posti messi a bando.
A norma del d.l. 31 agosto **2013, n. 101**, conv. in l. 30 ottobre **2013, n. 125**, le pubbliche amministrazioni sono tenute a rideterminare il numero delle assunzioni obbligatorie delle categorie protette ed, anche se in situazione di soprannumero, a procedere all'assunzione a tempo indeterminato di un numero di lavoratori tale da colmare il divario tra il numero così riqualificato e quello dei disabili allo stato in organico.

Il medesimo d.l. n. 101/13 ha previsto che, fino al 31 dicembre 2016, l'avvio di **nuove procedure concorsuali** sia subordinato:

- alla verifica dell'**avvenuta immissione in servizio** di tutti i **vincitori** collocati nelle graduatorie vigenti di concorsi per assunzioni a tempo indeterminato (salve comprovate e non temporanee necessità organizzative adeguatamente motivate) e dell'**assenza di idonei** collocati nelle graduatorie in corso di validità;
- alla previa attivazione della **procedura di mobilità** di cui all'art. 33 T.U.

Peraltro, è disposto che, a partire dal 1° febbraio 2014, il reclutamento dei dirigenti e delle figure professionali comuni a tutte le amministrazioni pubbliche debba avvenire mediante **concorsi unici** indetti dal Dipartimento della funzione pubblica della Presidenza del Consiglio dei ministri.

4. Lo svolgimento del rapporto di lavoro: diritti e doveri del pubblico dipendente.

4.1. I diritti del pubblico dipendente. Il diritto allo svolgimento delle mansioni.

I diritti dei pubblici dipendenti possono essere distinti in **patrimoniali** e **non patrimoniali**.
Tra i primi riveste un ruolo fondamentale il **diritto alla retribuzione**, ossia a quel complesso di emolumenti che il dipendente percepisce periodicamente come corrispettivo per il lavoro prestato.
La retribuzione si articola in un trattamento economico fondamentale (lo stipendio tabellare, parametrato alla posizione giuridica dell'impiegato) e in un trattamento accessorio (costituito da voci variabili ed eventuali, quali i **trattamenti collegati alla *performance*** introdotti dalla c.d. "riforma Brunetta").
Tra i diritti non patrimoniali, è opportuno ricordare:

- il **diritto all'ufficio**, da intendersi come diritto alla permanenza nel rapporto di lavoro;
- il **diritto alla progressione**, sia giuridica (progressione verticale) che economica (progressione orizzontale);
- il **diritto alle pari opportunità** (art. 57, d.lgs. 27 ottobre 2009, n. 150);
- il **diritto alla riservatezza**, con le pubbliche amministrazioni che devono osservare peculiari condizioni per il trattamento dei dati sensibili dei dipendenti, ed in particolare per ciò che concerne i dati relativi allo stato di salute;
- il diritto alle **ferie**, al **riposo**, all'**aspettativa** (per servizio militare, per comprovati motivi personali o di famiglia, per mandato elettorale o sindacale) e ad **assentarsi dal lavoro** (per malattia, maternità, infortunio sul lavoro o malattie professionali);
- il c.d. **diritto alla funzione** (art. 52), ossia allo svolgimento:
  - delle **mansioni** per le quali il dipendente è stato assunto;
  - delle mansioni **equivalenti** nell'ambito della stessa area di inquadramento;
  - o delle mansioni corrispondenti alla **qualifica superiore** che abbia successivamente

acquisito per effetto di **procedure concorsuali**.

L'**assegnazione temporanea** a mansioni superiori può avvenire solo in caso di **vacanza** di posto in organico o di **sostituzione** di dipendente assente con diritto alla conservazione del posto, senza che ciò abbia effetto ai fini dell'inquadramento del lavoratore o dell'assegnazione degli incarichi di direzione. Al di fuori di tali casi, l'adibizione a mansioni superiori è **nulla**, ma il dipendente ha comunque diritto al **trattamento retributivo** corrispondente alla qualifica superiore.

A) La giurisprudenza di merito e le mansioni superiori nel pubblico impiego.

In una controversia sorta tra i portieri di un ente pubblico e quest'ultimo si è posto il problema del loro inquadramento nel profilo C1, ossia in quello degli operatori dell'Urp, cui anelavano i ricorrenti. La decisione ripercorre l'istituto delle mansioni superiori nel pubblico impiego sia in dottrina che in giurisprudenza. In particolare il **Trib. di Prato, con la sentenza del 25 novembre 2014** ha stabilito che "nel pubblico impiego privatizzato l'esercizio di mansioni superiori è disciplinato dall'art. 52 del d.lgs. n. 165/2001 in modo differente dall'art. 2103 c.c. per il lavoro privato. **In particolare nel pubblico impiego in nessun caso il lavoratore adibito a mansioni superiori può conseguire la qualifica superiore, come avviene nel rapporto di lavoro privato, dove il lavoratore impiegato in mansioni superiori per un periodo superiore a tre mesi, ha diritto all'assegnazione definitiva delle stesse, salvo che essa avvenga per sostituzione di un lavoratore assente con diritto alla conservazione del posto**. Esigenze di contenimento e controllo della spesa ed il principio del concorso pubblico, di cui all'art. 97, co. 3, Cost., hanno impedito la piena integrazione tra normativa dettata per il rapporto di lavoro privato e quello alle dipendenze della p.a.. Poiché lo svolgimento di mansioni superiori non determina l'attribuzione della superiore qualifica, il dipendente che svolga tali mansioni conserva la qualifica di appartenenza e non ha diritto di percepire in modo definitivo il relativo trattamento economico: tali diritti sorgono esclusivamente a seguito della qualifica superiore acquisita per effetto di sviluppo professionale o di procedure concorsuali o selettive. Nel caso in cui il lavoratore venga **adibito "di fatto"** a mansioni superiori, ossia in assenza di un formale inquadramento da parte della p.a. e al di fuori delle ipotesi previste dall'art. 52, co. 2, del d.lgs. 165/2001, queste restano, comunque, irrilevanti ai sensi del co. 1 dell'art. 52 suindicato mentre il co. 5 di quest'ultimo articolo fa salvo il diritto del lavoratore alla superiore retribuzione esclusivamente con riferimento all'adibizione disposta in violazione delle causali giustificatrici di cui al co. 2, senza nulla specificare per l'ipotesi dell'esercizio di "fatto" delle mansioni: la giurisprudenza prevalente ritiene che **al lavoratore debba essere riconosciuto il diritto alle differenze retributive anche in assenza di un formale provvedimento, tenuto conto che la Corte Costituzionale, con la decisione n. 331 del 30 marzo 1995, ha sancito che "la spettanza al lavoratore del trattamento retributivo corrispondente alle funzioni di fatto espletate" è un precetto "la cui applicabilità all'impiego pubblico non può essere messa in discussione"**: la previsione dell'irrilevanza ai fini dell'inquadramento dell'esercizio di fatto delle mansioni superiori di cui al co. 1 va letta in riferimento all'acquisizione definitiva della superiore qualifica e non al trattamento economico per il periodo di effettivo svolgimento di tali compiti. La Cassazione, con la **decisione n. 20692 del 2004**, ha affermato, in particolare, che "in materia di pubblico impiego, ai sensi dell'art. 56, co. terzo, del d.lgs. 3 febbraio 1993, n. 29 può considerarsi svolgimento di mansioni superiori "soltanto l'attribuzione in maniera prevalente, sotto il profilo qualitativo, quantitativo e temporale, dei compiti di dette mansioni". Ne consegue che a tal fine il giudice di merito deve procedere a una penetrante ricognizione di tutto il contenuto delle mansioni svolte e all'esame delle declaratorie generali delle categorie di inquadramento coinvolte nella controversia e dei profili professionali pertinenti. (Nella specie, la S.C. ha cassato la sentenza di merito che, senza adeguata motivazione, aveva riconosciuto in favore di una dipendente di un'azienda sanitaria lo svolgimento di mansioni proprie della superiore categoria C- ex sesto livello- in relazione allo svolgimento di compiti di informazione agli utenti oltre che di attività di sportello)". **L'attribuzione delle mansioni superiori secondo i prescritti caratteri deve essere provata dal lavoratore** il quale dovrà allegare e provare l'assegnazione definitiva e piena alle mansioni superiori, sicché essa dovrà comportare in concreto lo svolgimento di tutti i compiti di contenuto qualitativo più elevato, sia l'assunzione di quelle responsabilità e l'esercizio di quell'autonomia che connotano la mansione superiore in concreto considerata. Nel caso di specie i ricorrenti non hanno provato di aver svolto in maniera prevalente e continuativa le mansioni superiori a cui anelavano.

▶ 4.1.1. La dirigenza.

La riforma Brunetta ha inciso in materia significativo sulla disciplina applicabile alla **dirigenza pubblica**, alla quale spettano compiti di **gestione** finanziaria, tecnica, amministrativa, del personale, e sulla quale grava **una più accentuata responsabilità**.
In attuazione del **principio di separazione tra politica ed amministrazione** (artt. 4 – 14 del d.lgs. 165/01):

- gli **obiettivi ed i programmi generali di indirizzo politico - amministrativo** vengono definiti dagli organi di governo, ai quali è fatto divieto di revocare, riformare, riservare o avocare a sé od altrimenti adottare provvedimenti o atti di competenza dei dirigenti;
- l'attuazione di tali direttive attraverso **atti o provvedimenti concreti e puntuali** che impegnano l'amministrazione verso l'esterno è riservata ai dirigenti.

L'incarico dirigenziale viene **conferito,** in relazione alla natura ed alle caratteristiche degli obiettivi prefissati, per un periodo non inferiore a **3 anni** e non superiore a **5**, tenendo conto delle attitudini, delle capacità professionali, dei risultati, delle specifiche competenze organizzative, delle esperienze di direzione del singolo dirigente (art. 19).
In caso di mancato raggiungimento degli obiettivi o di inosservanza delle direttive impartite:

- l'incarico **non** potrà essere **rinnovato**;
- l'amministrazione può **revocare** l'incarico stesso;
- la p.a. può **recedere** dal rapporto.

Qualora subentri una nuova compagine governativa, è stabilita la decadenza dai più alti incarichi dirigenziali (c.d. "***spoil system***"), che, come ha chiarito la Corte Costituzionale, è legittima solo qualora riguardi le posizioni effettivamente apicali a supporto dell'attività di indirizzo politico – amministrativo e non invece gli incarichi dirigenziali di diretta gestione amministrativa *(Corte cost., 23 marzo 2007, n. 103; Corte cost., 11 aprile 2011, n. 124).*

A) La riforma "Madia" della pubblica amministrazione: la dirigenza.

La legge n. 124 del 7 agosto 2015 intende, nuovamente, riorganizzare il delicatissimo settore della dirigenza pubblica prevedendo, all'art. 11, che il Governo è delegato ad adottare, entro 12 mesi dalla data di entrata in vigore della presente legge, uno o più decreti legislativi in materia di dirigenza pubblica e di valutazione dei rendimenti dei pubblici uffici. Tra i principi e criteri direttivi cui si dovrà attenere il Governo nell'esercizio del potere legislativo delegato spiccano, in particolare, **l'istituzione del sistema della dirigenza pubblica, articolata in ruoli unificati e coordinati, con requisiti omogenei di accesso e procedure analoghe di reclutamento**. I principi cardine saranno quelli del merito, dell'aggiornamento, della formazione continua. I dirigenti pubblici, pertanto, salvo alcune eccezioni, saranno ricompresi in tre ruoli unici: dei dirigenti dello Stato, delle regioni e degli enti locali, in cui confluiranno altresì le funzioni oggi attribuite ai segretari comunali (che cesseranno come funzione). L'accesso ai tre ruoli della dirigenza pubblica sarà consentito per corso-concorso o per concorso. Viene inoltre semplificata e ampliata la mobilità della dirigenza tra amministrazioni pubbliche e tra queste ed il settore privato; gli incarichi dirigenziali avranno durata quadriennale (con facoltà di rinnovo per ulteriori due anni senza

procedura pubblica purché motivata e a fronte di una valutazione positiva) e saranno rinnovabili previa partecipazione ad una procedura di avviso pubblico. Particolare rilievo viene dato nella legge alla valutazione dei dirigenti ai fini del conferimento degli incarichi prevedendo, in un successivo decreto legislativo, a un riordino delle norme in tema di responsabilità dirigenziale, amministrativa, disciplinare ed erariale del dirigente. L'obiettivo di queste norme, secondo il Legislatore, è quello di creare un mercato della dirigenza di ruolo, valorizzandone la formazione e l'aggiornamento e incentivandone la mobilità attraverso appositi interpelli che tengano conto anche delle valutazioni ottenute dai dirigenti negli incarichi precedenti. La Corte Costituzionale, con la decisione n. **251** del **25 novembre 2016** ha dichiarato parzialmente incostituzionale la legge n. 124 del 7 agosto 2015 nella parte relativa alla riforma delle pubbliche amministrazioni e alla riorganizzazione della dirigenza pubblica in quanto lesiva del rapporto di leale collaborazione tra Stato e Regioni.
Allo stato dell'arte la delega conferita al governo dalla "legge Madia" non ha ancora trovato attuazione.

▶ 4.2. I doveri del pubblico dipendente. la responsabilità disciplinare.

La definizione dei doveri dei pubblici dipendenti spetta alla **legge**, alle disposizioni della **contrattazione collettiva**, al **codice di comportamento** (d.m. 28 novembre 2000, recepito in allegato in diversi contratti collettivi). I principali doveri dell'impiegato pubblico possono così sintetizzarsi:

- doveri di **diligenza, fedeltà, ubbidienza** gravanti anche sul prestatore di lavoro privato;
- obblighi di **imparzialità, correttezza, collaborazione e trasparenza** (ex art. 97 Cost.);
- dovere di rispettare il **segreto d'ufficio** (art. 28, l. 7 agosto 1990, n. 241);
- dovere di **esclusività:** ai sensi dell'art. 60, d.p.r. 10 gennaio 1957, n. 3, il pubblico dipendente non può esercitare il commercio, l'industria o la professione, né assumere impieghi alle dipendenze di privati o accettare cariche in società (a meno che l'impiego pubblico sia a tempo parziale con orario di lavoro inferiore del 50% di quello a tempo pieno);
- dovere di tenere una **condotta consona all'ufficio ricoperto** (ex artt. 54 – 98 Cost.: dovere di adempiere alle pubbliche funzioni con onore ed al servizio esclusivo della Nazione).

La violazione di siffatti doveri comporta **responsabilità disciplinare**. La materia è stata fortemente riformata ad opera del **d.lgs. 27 ottobre 2009, n. 150** che, in nome di una maggiore efficienza della sanzione disciplinare e di una più intensa responsabilizzazione dei pubblici dipendenti, ha delineato un sistema basato sui seguenti principi:

- **tipizzazione** delle infrazioni e delle sanzioni ad opera della legge o dei contratti collettivi;
- **procedimenti disciplinari più agili**, con possibilità di pubblicazione del codice disciplinare sul sito telematico istituzionale, perentorietà dei termini procedimentali e competenza attribuita direttamente ai dirigenti per l'irrogazione delle sanzioni meno gravi;
- possibilità di intimare il **licenziamento disciplinare** per:
  - **falsa attestazione della presenza** in servizio;
  - giustificazione dell'assenza dal servizio mediante una **certificazione medica falsa**;
  - **assenza non giustificata** per più di 3 giorni (anche non continuativi) nell'arco del biennio o per più di 7 giorni nel corso degli ultimi 10 anni;
  - **ingiustificato rifiuto del trasferimento** disposto dall'amministrazione per motivate esigenze di servizio;

- **falsità** documentali o dichiarative ai fini od in occasione dell'**instaurazione del rapporto** di lavoro o della **progressione in carriera**;
- reiterazione nell'ambiente lavorativo di **gravi condotte aggressive o moleste o minacciose o ingiuriose o lesive** dell'onore o della libertà personale altrui;
- **condanna penale definitiva** in relazione alla quale è prevista l'interdizione perpetua dai pubblici uffici o l'estinzione del rapporto di lavoro;
- **rendimento insufficiente.**

Di recente il legislatore, con **d.lgs. 75/17** (con le norme di cui agli articoli 12-17), è intervenuto ad integrare e modificare la disciplina relativa alla **responsabilità disciplinare nel pubblico impiego.**
L'art. 12 del suddetto decreto legislativo reca modifiche **all'articolo 55 del T.U.P.I.**, disponendo che al comma 1 (che qualifica come norme imperative le disposizioni contenute negli articoli da 55 a 55-*octies*) è aggiunto il seguente periodo ***"La violazione dolosa o colposa delle suddette disposizioni costituisce illecito disciplinare in capo ai dipendenti preposti alla loro applicazione"***.
In questo modo il legislatore delegato ha ulteriormente "tipizzato" gli illeciti disciplinari, ribadendo la necessità dell'elemento soggettivo – doloso o colposo – in capo al pubblico dipendente, affinché questi possa essere considerato responsabile sul piano disciplinare.
Ancora, **l'art. 13 del d.lgs. n. 75 del 2015** introduce modifiche **all'art. 55-*bis* del T.U.P.I.**, che regola le modalità ed i termini del procedimento disciplinare.
Tale norma così prevede:
a) il comma 1 è sostituito dal seguente: «1. Per le infrazioni di minore gravità, per le quali è prevista l'irrogazione della sanzione del rimprovero verbale, il procedimento disciplinare è di competenza del responsabile della struttura presso cui presta servizio il dipendente. Alle infrazioni per le quali è previsto il rimprovero verbale si applica la disciplina stabilita dal contratto collettivo.»;
b) il comma 2 è sostituito dal seguente: «2. Ciascuna amministrazione, secondo il proprio ordinamento e nell'ambito della propria organizzazione, individua l'ufficio per i procedimenti disciplinari competente per le infrazioni punibili con sanzione superiore al rimprovero verbale e ne attribuisce la titolarità e responsabilità.»;
c) il comma 3 è sostituito dal seguente: «3. Le amministrazioni, previa convenzione, possono prevedere la gestione unificata delle funzioni dell'ufficio competente per i procedimenti disciplinari, senza maggiori oneri per la finanza pubblica.»;
d) il comma 4 è sostituito dal seguente: «4. Fermo restando quanto previsto dall'articolo 55-quater, commi 3-bis e 3-ter, per le infrazioni per le quali è prevista l'irrogazione di sanzioni superiori al rimprovero verbale, il responsabile della struttura presso cui presta servizio il dipendente, segnala immediatamente, e comunque entro dieci giorni, all'ufficio competente per i procedimenti disciplinari i fatti ritenuti di rilevanza disciplinare di cui abbia avuto conoscenza. L'Ufficio competente per i procedimenti disciplinari, con immediatezza e comunque non oltre trenta giorni decorrenti dal ricevimento della predetta segnalazione, ovvero dal momento in cui abbia altrimenti avuto piena conoscenza dei fatti ritenuti di rilevanza disciplinare, provvede alla contestazione scritta dell'addebito e convoca l'interessato, con un preavviso di almeno venti giorni, per l'audizione in contraddittorio a sua difesa. Il dipendente può farsi assistere da un procuratore ovvero da un rappresentante dell'associazione sindacale cui aderisce o conferisce mandato. In caso di grave ed oggettivo impedimento, ferma la possibilità di depositare memorie scritte, il dipendente può richiedere che l'audizione a sua difesa sia differita, per una sola volta, con proroga del termine per la conclusione del procedimento in misura corrispondente. Salvo quanto previsto dall'articolo 54-bis, comma 4, il dipendente ha diritto di accesso agli atti istruttori del procedimento. L'ufficio competente per i procedimenti disciplinari conclude il procedimento, con l'attodi archiviazione o di irrogazione della sanzione, entro centoventi giorni dalla contestazione dell'addebito. Gli atti di

avvio e conclusione del procedimento disciplinare, nonché l'eventuale provvedimento di sospensione cautelare del dipendente, sono comunicati dall'ufficio competente di ogni amministrazione, per via telematica, all'Ispettorato per la funzione pubblica, entro venti giorni dalla loro adozione. Al fine di tutelare la riservatezza del dipendente, il nominativo dello stesso è sostituito da un codice identificativo.»;
e) il comma 5 è sostituito dal seguente: «5. La comunicazione di contestazione dell'addebito al dipendente, nell'ambito del procedimento disciplinare, è effettuata tramite posta elettronica certificata, nel caso in cui il dipendente dispone di idonea casella di posta, ovvero tramite consegna a mano. In alternativa all'uso della posta elettronica certificata o della consegna a mano, le comunicazioni sono effettuate tramite raccomandata postale con ricevuta di ritorno. Per le comunicazioni successive alla contestazione dell'addebito, è consentita la comunicazione tra l'amministrazione ed i propri dipendenti tramite posta elettronica o altri strumenti informatici di comunicazione, ai sensi dell'*articolo 47*, comma 3, secondo periodo, del *decreto legislativo 7 marzo 2005, n. 82*, ovvero anche al numero di fax o altro indirizzo di posta elettronica, previamente comunicati dal dipendente o dal suo procuratore.»;
f) al comma 6, le parole «il capo della struttura o l'ufficio per i procedimenti disciplinari possono acquisire da altre amministrazioni pubbliche» **sono sostituite dalle seguenti**: «l'Ufficio per i procedimenti disciplinari può acquisire da altre amministrazioni pubbliche»;
g) al comma 7, la parola «lavoratore» è soppressa, dopo le parole «alla stessa» sono inserite le seguenti: «o a una diversa», le parole «o ad una diversa» sono soppresse, e le parole «dall'autorità disciplinare» sono sostituite dalle seguenti: «dall'Ufficio disciplinare»;
h) al comma 8, primo periodo, le parole «concluso o» **sono sostituite dalle seguenti**: «concluso e» **e l'ultimo periodo è sostituito dai seguenti**: «In caso di trasferimento del dipendente in pendenza di procedimento disciplinare, l'ufficio per i procedimenti disciplinari che abbia in carico gli atti provvede alla loro tempestiva trasmissione al competente ufficio disciplinare dell'amministrazione presso cui il dipendente è trasferito. In tali casi il procedimento disciplinare è interrotto e dalla data di ricezione degli atti da parte dell'ufficio disciplinare dell'amministrazione presso cui il dipendente è trasferito decorrono nuovi termini per la contestazione dell'addebito o per la conclusione del procedimento. Nel caso in cui l'amministrazione di provenienza venga a conoscenza dell'illecito disciplinare successivamente al trasferimento del dipendente, la stessa Amministrazione provvede a segnalare immediatamente e comunque entro venti giorni i fatti ritenuti di rilevanza disciplinare all'Ufficio per i procedimenti disciplinari dell'amministrazione presso cui il dipendente è stato trasferito e dalla data di ricezione della predetta segnalazione decorrono i termini per la contestazione dell'addebito e per la conclusione del procedimento. Gli esiti del procedimento disciplinare vengono in ogni caso comunicati anche all'amministrazione di provenienza del dipendente.»;
i) il comma 9 è sostituito dal seguente: «La cessazione del rapporto di lavoro estingue il procedimento disciplinare salvo che per l'infrazione
commessa sia prevista la sanzione del licenziamento o comunque sia stata disposta la sospensione cautelare dal servizio. In tal caso le determinazioni conclusive sono assunte ai fini degli effetti giuridici ed economici non preclusi dalla cessazione del rapporto di lavoro.»;
j) dopo il comma 9 sono aggiunti i seguenti:
«9-bis. Sono nulle le disposizioni di regolamento, le clausole contrattuali o le disposizioni interne, comunque qualificate, che prevedano per l'irrogazione di sanzioni disciplinari requisiti formali o procedurali ulteriori rispetto a quelli indicati nel presente articolo o che comunque aggravino il procedimento disciplinare.
9-ter. La violazione dei termini e delle disposizioni sul procedimento disciplinare previste dagli articoli da 55 a 55-quater, fatta salva l'eventuale responsabilità del dipendente cui essa sia imputabile, non determina la decadenza dall'azione disciplinare né l'invalidità degli atti e della

sanzione irrogata, purché non risulti irrimediabilmente compromesso il diritto di difesa del dipendente, e le modalità di esercizio dell'azione disciplinare, anche in ragione della natura degli accertamenti svolti nel caso concreto, risultino comunque compatibili con il principio di tempestività. Fatto salvo quanto previsto dall'articolo 55-quater, commi 3-bis e 3-ter, sono da considerarsi perentori il termine per la contestazione dell'addebito e il termine per la conclusione del procedimento.

9-quater. Per il personale docente, educativo e amministrativo, tecnico e ausiliario (ATA) presso le istituzioni scolastiche ed educative statali, il procedimento disciplinare per le infrazioni per le quali è prevista l'irrogazione di sanzioni fino alla sospensione dal servizio con privazione della retribuzione per dieci giorni è di competenza del responsabile della struttura in possesso di qualifica dirigenziale e si svolge secondo le disposizioni del presente articolo. Quando il responsabile della struttura non ha qualifica dirigenziale o comunque per le infrazioni punibili con sanzioni più gravi di quelle indicate nel primo periodo, il procedimento disciplinare si svolge dinanzi all'Ufficio competente per i procedimenti disciplinari.».

L'art. 14 del d.lgs. 75/17 reca poi modifiche anche **all'art. 55-*ter* del d.lgs. 165 del 2001**, relativo ai rapporti tra procedimento disciplinare e procedimento penale, apportando le seguenti modificazioni:

a) al comma 1, il secondo periodo è soppresso; al terzo periodo, le parole da «Per le infrazioni» a «l'ufficio competente» sono sostituite dalle seguenti: «Per le infrazioni per le quali è applicabile una sanzione superiore alla sospensione dal servizio con privazione della retribuzione fino a dieci giorni, l'ufficio competente per i procedimenti disciplinari» e le parole da «, salva la possibilità» a «del dipendente.» sono sostituite dalle seguenti: «. Fatto salvo quanto previsto al comma 3, il procedimento disciplinare sospeso può essere riattivato qualora l'amministrazione giunga in possesso di elementi nuovi, sufficienti per concludere il procedimento, ivi incluso un provvedimento giurisdizionale non definitivo. Resta in ogni caso salva la possibilità di adottare la sospensione o altri provvedimenti cautelari nei confronti del dipendente.»;

b) al comma 2 le parole «l'autorità competente» sono sostituite dalle seguenti: «l'ufficio competente per i procedimenti disciplinari»;

c) al comma 3 le parole «l'autorità competente» sono sostituite dalle seguenti: «l'ufficio competente per i procedimenti disciplinari»;

d) il comma 4 è sostituito dal seguente: «4. Nei casi di cui ai commi 1, 2 e 3, il procedimento disciplinare è, rispettivamente, ripreso o riaperto, mediante rinnovo della contestazione dell'addebito, entro sessanta giorni dalla comunicazione della sentenza, da parte della cancelleria del giudice, all'amministrazione di appartenenza del dipendente, ovvero dal ricevimento dell'istanza di riapertura. Il procedimento si svolge secondo quanto previsto nell'articolo 55-bis con integrale nuova decorrenza dei termini ivi previsti per la conclusione dello stesso. Ai fini delle determinazioni conclusive, l'ufficio procedente, nel procedimento disciplinare ripreso o riaperto, applica le disposizioni dell'articolo 653, commi 1 e 1-bis, del codice di procedura penale.». **L'art. 15 del decreto legislativo** in esame modifica invece **il disposto dell'art. 55-quater del T.U.P.I.** che regola il licenziamento disciplinare, così statuendo:

a) al comma 1, dopo la lettera f) sono inserite le seguenti: «f-bis) gravi o reiterate violazioni dei codici di comportamento, ai sensi dell'articolo 54, comma 3;

f-ter) commissione dolosa, o gravemente colposa, dell'infrazione di cui all'articolo 55-sexies, comma 3;

f-quater) la reiterata violazione di obblighi concernenti la prestazione lavorativa, che abbia determinato l'applicazione, in sede disciplinare, della sospensione dal servizio per un periodo complessivo superiore a un anno nell'arco di un biennio;

f-quinquies) insufficiente rendimento, dovuto alla reiterata violazione degli obblighi concernenti la prestazione lavorativa, stabiliti da norme legislative oregolamentari, dal contratto collettivo o

individuale, da atti e provvedimenti dell'amministrazione di appartenenza, e rilevato dalla costante valutazione negativa della performance del dipendente per ciascun anno dell'ultimo triennio, resa a tali specifici fini ai sensi dell'articolo 3, comma 5-bis, del *decreto legislativo n. 150 del 2009.*»;
b) il comma 2 è abrogato;
c) al comma 3, è aggiunto, in fine, il seguente periodo: «Nei casi in cui le condotte punibili con il licenziamento sono accertate in flagranza, si applicano le previsioni dei commi da 3-bis a 3-quinquies.».
Ulteriori modifiche sono poi introdotte **all'articolo 55-*quinquies* T.U.P.I.** (relativo alle false attestazioni o certificazioni) **dall'art. 16 del d.lgs. 75/17** che prevede:
a) al comma 2, le parole «il danno all'immagine subiti dall'amministrazione.» sono sostituite dalle seguenti: «il danno d'immagine di cui all'articolo 55-quater, comma 3-quater.»;
b) dopo il comma 3 è aggiunto il seguente: «3-bis. Fermo restando quanto previsto dall'articolo 55-quater, comma 1, lettere a) e b), i contratti collettivi nazionali individuano le condotte e fissano le corrispondenti sanzioni disciplinari con riferimento alle ipotesi di ripetute e ingiustificate assenze dal servizio in continuità con le giornate festive e di riposo settimanale, nonché con riferimento ai casi di ingiustificate assenze collettive in determinati periodi nei quali è necessario assicurare continuità nell'erogazione dei servizi all'utenza.».
Infine, **l'art. 17 del d.lgs. 75 del 2017** reca altresì modifiche **all'art. 55-*sexies* T.U.P.I.** in ordine alla responsabilità disciplinare per condotte pregiudizievoli per l'amministrazione e limitazione della responsabilità per l'esercizio dell'azione disciplinare.
Si prevede ora quanto segue:
a) il comma 1 è sostituito dal seguente: «1. La violazione di obblighi concernenti la prestazione lavorativa, che abbia determinato la condanna dell'amministrazione al risarcimento del danno, comporta comunque, nei confronti del dipendente responsabile, l'applicazione della sospensione dal servizio con privazione della retribuzione da un minimo di tre giorni fino ad un massimo di tre mesi, in proporzione all'entità del risarcimento, salvo che ricorrano i presupposti per l'applicazione di una più grave sanzione disciplinare.»;
b) il comma 3 è sostituito dal seguente: «3. Il mancato esercizio o la decadenza dall'azione disciplinare, dovuti all'omissione o al ritardo, senza giustificato motivo, degli atti del procedimento disciplinare, inclusa la segnalazione di cui all'articolo 55-bis, comma 4, ovvero a valutazioni manifestamente irragionevoli di insussistenza dell'illecito in relazione a condotte aventi oggettiva e palese rilevanza disciplinare, comporta, per i soggetti responsabili, l'applicazione della sospensione dal servizio fino a un massimo di tre mesi, salva la maggiore sanzione del licenziamento prevista nei casi di cui all'articolo 55-quater, comma 1, lettera f-ter), e comma 3-quinquies. Tale condotta, per il personale con qualifica dirigenziale o titolare di funzioni o incarichi dirigenziali, è valutata anche ai fini della responsabilità di cui all'articolo 21 del presente decreto. Ogni amministrazione individua preventivamente il titolare dell'azione disciplinare per le infrazioni di cui al presente comma commesse da soggetti responsabili dell'ufficio di cui all'articolo 55-bis, comma 4.».

Il d.lgs. n. 75 del 2017 reca poi il Capo VIII, **"Polo unico per le visite fiscali"**, che contiene l'**art. 18**, rubricato "*Modifiche all'articolo 55-septies del decreto legislativo 30 marzo 2001, n. 165*".
A tale norma, che regolamenta **i controlli sulle assenze**, sono apportate le seguenti modificazioni.
Al comma 1 è aggiunto, in fine, il seguente periodo: «I controlli sulla validità delle suddette certificazioni (giustificativa dell'assenza per malattia per un periodo superiore a 10 giorni) restano in capo alle singole amministrazioni pubbliche interessate.»; da ciò consegue che
Al comma 2, invece, la parola «inoltrata» è sostituita dalle seguenti: «resa disponibile» e dopo le parole «all'amministrazione interessata.» è inserito il seguente periodo: «L'Istituto nazionale della previdenza sociale utilizza la medesima certificazione per lo svolgimento delle attività di cui al successivo comma 3 anche mediante la trattazione dei dati riferiti alla diagnosi. I relativi certificati

devono contenere anche il codice nosologico.»;
Dopo il comma 2 è ora **inserito il nuovo comma 2-bis** che così prevede: «**Gli accertamenti medico-legali sui dipendenti assenti dal servizio per malattia sono effettuati**, sul territorio nazionale, **in via esclusiva dall'Inps** d'ufficio o su richiesta con oneri a carico dell'Inps che provvede nei limiti delle risorse trasferite delle Amministrazioni interessate. Il rapporto tra l'Inps e i medici di medicina fiscale è disciplinato da apposite convenzioni, stipulate dall'Inps con le organizzazioni sindacali di categoria maggiormente rappresentative in campo nazionale. L'atto di indirizzo per la stipula delle convenzioni è adottato con decreto del Ministro del lavoro e delle politiche sociali, di concerto con il Ministro per la semplificazione e la pubblica amministrazione e con il Ministro della salute, sentito l'Inps per gli aspetti organizzativo-gestionali e sentite la Federazione nazionale degli Ordini dei medici chirurghi e degli odontoiatri e le organizzazioni sindacali di categoria maggiormente rappresentative. Le convenzioni garantiscono il prioritario ricorso ai medici iscritti nelle liste di cui all'*articolo 4*, comma 10-bis, del *decreto-legge 31 agosto 2013, n. 101*, convertito, con modificazioni, dalla *legge 30 ottobre 2013, n. 125*, per tutte le funzioni di accertamento medico-legali sulle assenze dal servizio per malattia dei pubblici dipendenti, ivi comprese le attività ambulatoriali inerenti alle medesime funzioni. Il predetto atto di indirizzo stabilisce, altresì, la durata delle convenzioni, demandando a queste ultime, anche in funzione della relativa durata, la disciplina delle incompatibilità in relazione alle funzioni di certificazione delle malattie.»;
Infine, il comma 5-bis è così sostituito: «**Al fine di armonizzare la disciplina dei settori pubblico e privato**, con decreto del Ministro per la semplificazione e la pubblica amministrazione, di concerto con il Ministro del lavoro e delle politiche sociali, **sono stabilite le fasce orarie di reperibilità entro le quali devono essere effettuate le visite di controllo e sono definite le modalità per lo svolgimento delle visite medesime e per l'accertamento, anche con cadenza sistematica e ripetitiva, delle assenze dal servizio per malattia**. Qualora il dipendente debba allontanarsi dall'indirizzo comunicato durante le fasce di reperibilità per effettuare visite mediche, prestazioni o accertamenti specialistici o per altri giustificati motivi, che devono essere, a richiesta, documentati, è tenuto a darne preventiva comunicazione all'amministrazione che, a sua volta, ne dà comunicazione all'Inps.».
Ad ogni modo, per le visite personali di controllo nel settore privato si rimanda alla Parte I, Cap. VIII, Sez. I, Par. 3.

▶ 4.3. La tutela del lavoratore che segnali reati o irregolarità conosciuti nell'ambito del rapporto di lavoro.

Nell'ottica di favorire l'emersione e, di conseguenza, l'accertamento e la punizione di eventuali condotte irregolari o penalmente illecite serbate dai pubblici dipendenti nell'ambito del rapporto di lavoro, il legislatore ha introdotto **nel Testo Unico del Pubblico Impiego (d.lgs. n. 165 del 2001)** una disciplina volta a proteggere il pubblico impiegato che segnali alle autorità competenti i reati o le irregolarità di cui sia venuto a conoscenza nell'ambito del proprio rapporto di lavoro.
In particolare, l'arti. 54-bis del sopracitato Testo Unico, rubricato "Tutela del dipendente pubblico che segnala illeciti", mutua la disciplina di ordinamenti, specie anglosassoni, che apprestano una peculiare protezione al **c.d. "whistleblower"** (tradotto letteralmente: "colui che soffia nel fischietto"), ovvero al segnalante illeciti di cui abbia appreso nel corso del rapporto di lavoro, purché non incorra in responsabilità – penale e civile – per aver calunniato o diffamato altri.
A tal proposito l'art. 54-bis del d.lgs. 165/01 prevede che il dipendente pubblico che segnali illeciti all'Autorità giudiziaria, alla Corte dei Conti o all'ANAC, ovvero riferisca al superiore gerarchico, **non può essere sanzionato, licenziato o sottoposto a misura discriminatoria (diretta o indiretta) avente effetti sulle condizioni di lavoro per motivi collegati direttamente o indirettamente alla denuncia.**

Il secondo comma della predetta norma **garantisce poi l'anonimato del segnalante, la cui identità non può essere rivelata, senza il suo consenso, nell'eventuale procedimento disciplinare a carico del soggetto segnalato, purché la contestazione dell'addebito disciplinare sia fondata su accertamenti distinti ed ulteriori rispetto alla segnalazione**.
Soltanto laddove tali ulteriori accertamenti manchino, oppure l'identità del "whistleblower" sia assolutamente indispensabile per garantire il diritto costituzionale di difesa dell'incolpato, può essere rivelata l'identità del segnalante.
Tali cautele sono state predisposte onde incentivare i pubblici dipendenti onesti e fedeli a denunciare qualsiasi illecito o irregolarità commessi da colleghi, onde poter porre rimedio a tali situazioni illecite ed alle relative disfunzioni cagionate alla p.a.; in tal senso, dunque, anche l'anonimato circa l'identità del segnalante assicura a tutti coloro che vogliano denunciare di evitare di incorrere in possibili "rappresaglie" dei colleghi.
Al fine di migliorare una disciplina da molti ritenuti inadeguata, il Parlamento è intervenuto con **legge n. 179 del 30 novembre 2017** a recare *"Disposizioni per la tutela degli autori di segnalazioni di reati o irregolarità di cui siano venuti a conoscenza nell'ambito di un rapporto di lavoro pubblico o privato"*; già dalla rubrica della novella normativa, dunque, emerge come **l'ambito applicativo della tutela dei "whistleblowers" sia stata estesa anche al settore del lavoro privato**.
L'art. 1 della succiata legge 179/17 ha sostituito l'art. 54-bis, recante la regolamentazione delle tutele poste a presidio del "whistleblower", con il seguente articolo:
1. Il pubblico dipendente che, nell'interesse dell'integrità della pubblica amministrazione, segnala al responsabile della prevenzione della corruzione e della trasparenza di cui all'articolo 1, comma 7, della legge 6 novembre 2012, n. 190, ovvero all'Autorità nazionale anticorruzione (ANAC), o denuncia all'autorità giudiziaria ordinaria o a quella contabile, condotte illecite di cui è venuto a conoscenza in ragione del proprio rapporto di lavoro non può essere sanzionato, demansionato, licenziato, trasferito, o sottoposto ad altra misura organizzativa avente effetti negativi, diretti o indiretti, sulle condizioni di lavoro determinata dalla segnalazione. **L'adozione di misure ritenute ritorsive, di cui al primo periodo, nei confronti del segnalante è comunicata in ogni caso all'ANAC dall'interessato o dalle organizzazioni sindacali maggiormente rappresentative nell'amministrazione nella quale le stesse sono state poste in essere**. L'ANAC informa il Dipartimento della funzione pubblica della Presidenza del Consiglio dei ministri o gli altri organismi di garanzia o di disciplina per le attività e gli eventuali provvedimenti di competenza.
2. Ai fini del presente articolo, per dipendente pubblico si intende il dipendente delle amministrazioni pubbliche di cui all'articolo 1, comma 2, ivi compreso il dipendente di cui all'articolo 3, il dipendente di un ente pubblico economico ovvero il dipendente di un ente di diritto privato sottoposto a controllo pubblico ai sensi dell'articolo 2359 del codice civile. La disciplina di cui al presente articolo si applica anche ai lavoratori e ai collaboratori delle imprese fornitrici di beni o servizi e che realizzano opere in favore dell'amministrazione pubblica.
3. L'identità del segnalante non può essere rivelata. Nell'ambito del procedimento penale, l'identità del segnalante è coperta dal segreto nei modi e nei limiti previsti dall'articolo 329 del codice di procedura penale. Nell'ambito del procedimento dinanzi alla Corte dei conti, l'identità del segnalante non può essere rivelata fino alla chiusura della fase istruttoria. Nell'ambito del procedimento disciplinare l'identità del segnalante non può essere rivelata, ove la contestazione dell'addebito disciplinare sia fondata su accertamenti distinti e ulteriori rispetto alla segnalazione, anche se conseguenti alla stessa. Qualora la contestazione sia fondata, in tutto o in parte, sulla segnalazione e la conoscenza dell'identità del segnalante sia indispensabile per la difesa dell'incolpato, la segnalazione sarà utilizzabile ai fini del procedimento disciplinare solo in presenza di consenso del segnalante alla rivelazione della sua identità.
4. La segnalazione è sottratta all'accesso previsto dagli articoli 22 e seguenti della legge 7 agosto

1990, n. 241, e successive modificazioni.
5. L'ANAC, sentito il Garante per la protezione dei dati personali, adotta apposite linee guida relative alle procedure per la presentazione e la gestione delle segnalazioni. Le linee guida prevedono l'utilizzo di modalità anche informatiche e promuovono il ricorso a strumenti di crittografia per garantire la riservatezza dell'identità del segnalante e per il contenuto delle segnalazioni e della relativa documentazione.
6. Qualora venga accertata, nell'ambito dell'istruttoria condotta dall'ANAC, l'adozione di misure discriminatorie da parte di una delle amministrazioni pubbliche o di uno degli enti di cui al comma 2, fermi restando gli altri profili di responsabilità, l'ANAC applica al responsabile che ha adottato tale misura una sanzione amministrativa pecuniaria da 5.000 a 30.000 euro. Qualora venga accertata l'assenza di procedure per l'inoltro e la gestione delle segnalazioni ovvero l'adozione di procedure non conformi a quelle di cui al comma 5, l'ANAC applica al responsabile la sanzione amministrativa pecuniaria da 10.000 a 50.000 euro. Qualora venga accertato il mancato svolgimento da parte del responsabile di attività di verifica e analisi delle segnalazioni ricevute, si applica al responsabile la sanzione amministrativa pecuniaria da 10.000 a 50.000 euro. L'ANAC determina l'entità della sanzione tenuto conto delle dimensioni dell'amministrazione o dell'ente cui si riferisce la segnalazione.
7. È a carico dell'amministrazione pubblica o dell'ente di cui al comma 2 dimostrare che le misure discriminatorie o ritorsive, adottate nei confronti del segnalante, sono motivate da ragioni estranee alla segnalazione stessa. Gli atti discriminatori o ritorsivi adottati dall'amministrazione o dall'ente sono nulli. **8.** Il segnalante che sia licenziato a motivo della segnalazione è reintegrato nel posto di lavoro ai sensi dell'articolo 2 del decreto legislativo 4 marzo 2015, n. 23. 9. Le tutele di cui al presente articolo non sono garantite nei casi in cui sia accertata, anche con sentenza di primo grado, la responsabilità penale del segnalante per i reati di calunnia o diffamazione o comunque per reati commessi con la denuncia di cui al comma 1 ovvero la sua responsabilità civile, per lo stesso titolo, nei casi di dolo o colpa grave».
Dunque, nella prospettiva di incoraggiare segnalazioni di irregolarità ed illeciti compiuti dai pubblici dipendenti, le cui condotte finiscono inevitabilmente per nuocere all'integrità della pubblica amministrazione, viene previsto **un regime di segretezza assoluta** – in luogo di quella relativa precedentemente in vigore – **per il segnalante, la cui identità non può in alcun modo essere rivelata**; inoltre, sempre per "spronare" i pubblici impiegati a denunciare episodi nocivi per il patrimonio e l'immagine della p.a., oltre che dei principi di imparzialità e buon andamento, vengono rafforzate le relative tutele, **con la previsione della comminatoria della nullità per eventuali condotte ritorsive o discriminatorie adottati avverso il "whistleblower", nonché con la previsione della tutela reintegratoria "forte" per il segnalante che venga licenziato a causa della sua segnalazione**.
Di contro, la disciplina legislativa stabilisce il venir meno di qualsivoglia tutela o protezione per il segnalante, laddove si accerti la responsabilità penale di quest'ultimo per i reati di calunnia o diffamazione o, comunque, per reati commessi per tramite della denuncia di irregolarità o illeciti o per la sua responsabilità civile, purché a titolo di dolo o colpa grave.
Inoltre, per ampliare la tutela dei segnalanti anche al settore privato, l'art. 2 della l. 179 del 2017, rubricato ***"Tutela del dipendente o collaboratore che segnala illeciti nel settore privato"***, stabilisce quanto segue:
1. All'articolo 6 del decreto legislativo 8 giugno 2001, n. 231, dopo il comma 2 sono inseriti i seguenti:
«2-bis. I modelli di cui alla lettera a) del comma 1 prevedono:
a) uno o più canali che consentano ai soggetti indicati nell'articolo 5, comma 1, lettere a) e b), di presentare, a tutela dell'integrità dell'ente, segnalazioni circostanziate di condotte illecite, rilevanti ai sensi del presente decreto e fondate su elementi di fatto precisi e concordanti, o di violazioni del

modello di organizzazione e gestione dell'ente, di cui siano venuti a conoscenza in ragione delle funzioni svolte; tali canali garantiscono la riservatezza dell'identità del segnalante nelle attività di gestione della segnalazione;
b) almeno un canale alternativo di segnalazione idoneo a garantire, con modalità informatiche, la riservatezza dell'identità del segnalante;
c) il divieto di atti di ritorsione o discriminatori, diretti o indiretti, nei confronti del segnalante per motivi collegati, direttamente o indirettamente, alla segnalazione;
d) nel sistema disciplinare adottato ai sensi del comma 2, lettera e), sanzioni nei confronti di chi viola le misure di tutela del segnalante, nonché di chi effettua con dolo o colpa grave segnalazioni che si rivelano infondate.
2-ter. L'adozione di misure discriminatorie nei confronti dei soggetti che effettuano le segnalazioni di cui al comma 2-bis può essere denunciata all'Ispettorato nazionale del lavoro, per i provvedimenti di propria competenza, oltre che dal segnalante, anche dall'organizzazione sindacale indicata dal medesimo.
2-quater. Il licenziamento ritorsivo o discriminatorio del soggetto segnalante è nullo. Sono altresì nulli il mutamento di mansioni ai sensi dell'articolo 2103 del codice civile, nonché qualsiasi altra misura ritorsiva o discriminatoria adottata nei confronti del segnalante. È onere del datore di lavoro, in caso di controversie legate all'irrogazione di sanzioni disciplinari, o a demansionamenti, licenziamenti, trasferimenti, o sottoposizione del segnalante ad altra misura organizzativa avente effetti negativi, diretti o indiretti, sulle condizioni di lavoro, successivi alla presentazione della segnalazione, dimostrare che tali misure sono fondate su ragioni estranee alla segnalazione stessa.».

5. Le tipologie contrattuali ed il ricorso alla flessibilità.

L'art. 36 statuisce che le pubbliche amministrazioni, per le esigenze connesse al proprio **fabbisogno ordinario**, assumono personale **esclusivamente** con contratti di **lavoro subordinato a tempo indeterminato**.
Per rispondere ad **esigenze di carattere esclusivamente temporaneo** ed **eccezionali** (secondo il più stringente dettato introdotto dal d.l. n. 101/2013, conv. in l. n. 125/2013) è ammesso il ricorso a forme di lavoro **flessibile**, quali:

- contratti a **tempo determinato,** che, per prevenire fenomeni di precariato, devono riguardare i vincitori e gli idonei delle graduatorie per concorsi a tempo indeterminato. Il d.l. n. 101/2013 ha subordinato tale tipologia negoziale al rispetto delle seguenti disposizioni:
  a) l'art. 5, co. 4-*quater*, 4-*quinquies*, 4-*sexies*, d.lgs. n. 368/2001 in materia di **diritto di precedenza** nelle assunzioni a tempo indeterminato si applica esclusivamente al personale reclutato mediante **avviamento degli iscritti nelle liste di collocamento;**
  b) le disposizioni del d.lgs. n. 368/2001 si applicano a tutte le p.a., fermo restando il limite delle esigenze di carattere esclusivamente temporaneo ed eccezionali e salvo il **divieto di trasformazione del rapporto da tempo determinato a tempo indeterminato;**
  c) i contratti a tempo determinato posti in essere in violazione delle disposizioni dell'art. 36 sono **nulli** e determinano **responsabilità erariale**. I dirigenti responsabili di irregolarità nel ricorso al lavoro flessibile rispondono ai sensi dell'art. 21 T.U. e non possono vedersi corrisposta la retribuzione di risultato;
- contratti di **formazione e lavoro**;
- contratti di **somministrazione** e di **lavoro accessorio** (eccetto che per la copertura di funzioni direttive e dirigenziali);

- contratti **a tempo parziale.**

La **violazione** di disposizioni imperative riguardanti l'assunzione o l'impiego dei lavoratori **non** può, in ogni caso, comportare la costituzione di rapporti di lavoro a **tempo indeterminato**, restando salvo il diritto al risarcimento del danno a favore del lavoratore (su quest'aspetto: *CGUE, 12 dicembre 2013, n. C-50/13).*

La disciplina innanzi esposta è stata recentemente modificata dal **decreto legislativo n. 75 del 25 maggio 2017**, che **all'art. 9 ha modificato in parte l'articolo 36 del Testo Unico del Pubblico Impiego**, che regola l'utilizzo di contratti di lavoro flessibile.

La prima modifica è di ordine meramente letterale, con la rubrica della norma in oggetto che passa da "*Utilizzo di contratti di lavoro flessibile*" a ***"Personale a tempo determinato o assunto con forme di lavoro flessibile".***

La seconda novità normativa concerne **il secondo comma** della suddetta norma i cui periodi primo e secondo sono ora sostituiti dai seguenti:

«Le amministrazioni pubbliche **possono stipulare contratti di lavoro subordinato a tempo determinato**, **contratti di formazione e lavoro** e **contratti di somministrazione di lavoro a tempo determinato**, nonché avvalersi delle forme contrattuali flessibili previste dal codice civile e dalle altre leggi sui rapporti di lavoro nell'impresa, **esclusivamente nei limiti e con le modalità in cui se ne preveda l'applicazione nelle amministrazioni pubbliche**. Le amministrazioni pubbliche possono stipulare i contratti di cui al primo periodo del presente comma **soltanto per comprovate esigenze di carattere esclusivamente temporaneo o eccezionale e nel rispetto delle condizioni e modalità di reclutamento stabilite dall'articolo 35**. I contratti di lavoro subordinato a tempo determinato possono essere stipulati nel rispetto degli articoli *19 e seguenti* del *decreto legislativo 15 giugno 2015, n. 81*, escluso il diritto di precedenza che si applica al solo personale reclutato secondo le procedure di cui all'articolo 35, comma 1, lettera b), del presente decreto. I contratti di somministrazione di lavoro a tempo determinato sono disciplinati dagli articoli *30 e seguenti* del *decreto legislativo 15 giugno 2015, n. 81*, fatta salva la disciplina ulteriore eventualmente prevista dai contratti collettivi nazionali di lavoro.».

Le amministrazioni possono altresì ricorrere, per esigenze non fronteggiabili con l'ordinario personale in servizio, ad **incarichi individuali** esterni, affidati, tramite contratti di natura **occasionale** o **coordinata e continuativa**, ad **esperti** di **particolare e comprovata specializzazione** (art. 7, co. 6). Quali **ulteriori condizioni legittimanti** si richiede che:

- l'oggetto della prestazione corrisponda alle competenze proprie dell'amministrazione, ad obiettivi, a progetti specifici e determinati e risulti coerente con le funzionalità dell'amministrazione stessa;
- la p.a. abbia preliminarmente accertato l'impossibilità oggettiva di utilizzare le risorse umane interne;
- la prestazione sia temporanea ed altamente qualificata;
- siano predeterminati durata, luogo, oggetto e compenso della collaborazione.

In caso di violazione dei suddetti requisiti, fermo restando il divieto di costituzione di rapporti a tempo indeterminato, **si applica il co. 5-*quater* dell'art. 36** in tema di sanzioni e responsabilità.

Con il d.l. 24 aprile **2014, n. 66** (convertito con la legge n. **84** del **23 giugno 2014)** si è inoltre stabilito che le amministrazioni pubbliche (eccetto le Università, gli istituti di formazione, gli enti di ricerca e gli enti del servizio sanitario nazionale) non possono conferire incarichi di consulenza, studio e ricerca qualora la spesa complessivamente sostenuta nel corso dell'anno per tali incarichi risulti superiore di una certa percentuale rispetto alla spesa relativa al personale della stessa p.a. conferente (art. 14, co. 1).

Anche in merito a tali forme di gestione delle risorse umane è intervenuto il legislatore con **il d.lgs. n. 75 del 2017 che, all'articolo 5**, introduce *"modifiche all'articolo 7 del decreto legislativo 30 marzo 2001, n. 165"*.
Viene così **introdotto**, dopo il comma 5, **il nuovo comma 5-bis** che così stabilisce: «E' fatto divieto alle amministrazioni pubbliche di stipulare contratti di collaborazione che si concretano in prestazioni di lavoro esclusivamente personali, continuative e le cui modalità di esecuzione siano organizzate dal committente anche con riferimento ai tempi e al luogo di lavoro. I contratti posti in essere in violazione del presente comma sono nulli e determinano responsabilità erariale. I dirigenti che operano in violazione delle disposizioni del presente comma sono, altresì, responsabili ai sensi dell'articolo 21 e ad essi non può essere erogata la retribuzione di risultato. Resta fermo che la disposizione di cui all'articolo *2, comma 1*, del *decreto legislativo 15 giugno 2015, n. 81*, non si applica alle pubbliche amministrazioni.»
Al comma 6 sono poi apportate le seguenti modificazioni: 1) all'alinea, le parole «Per esigenze» sono sostituite dalle seguenti:
«Fermo restando quanto previsto dal comma 5-bis, per specifiche esigenze», dopo le parole «possono conferire» è inserita la seguente «esclusivamente»; di contro, le parole «di natura occasionale o coordinata e continuativa,» sono soppresse.
Alla lettera d) del comma 6 la parola «luogo,» è soppressa, per cui le eventuali forme di collaborazione non devono più determinare preventivamente il luogo ove si svolgerà l'attività lavorativa;
Al secondo periodo, le parole «di natura occasionale o coordinata e continuativa» **sono soppresse**; **al terzo periodo, le parole** «Il ricorso a contratti di collaborazione coordinata e continuativa per lo svolgimento di funzioni ordinarie o l'utilizzo dei collaboratori come lavoratori subordinati» **sono sostituite dalle seguenti**: «Il ricorso ai contratti di cui al presente comma per lo svolgimento di funzioni ordinarie o l'utilizzo dei soggetti incaricati ai sensi del medesimo comma come lavoratori subordinati».
Al comma 6-quater le parole «di controllo interno» **sono sostituite dalle seguenti**: «indipendenti di valutazione di cui all'articolo *14* del *decreto legislativo 27 ottobre 2009, n. 150*»;
Infine, dopo il comma 6-quater è inserito **il nuovo comma 6-quinquies** che, con clausola di salvaguardia, dispone: <<Rimangono ferme le speciali disposizioni previste per gli enti pubblici di ricerca dall'articolo *14* del *decreto legislativo 25 novembre 2016, n. 218.*».

6. L'estinzione del rapporto di lavoro.

Il rapporto di lavoro alle dipendenze delle pubbliche amministrazioni **si risolve** nelle seguenti ipotesi:

- **dimissioni del lavoratore**, che devono essere presentate per iscritto nel rispetto del termine di preavviso e la cui efficacia è sospensivamente condizionata all'accettazione da parte dell'amministrazione;
- **collocamento a riposo**, d'ufficio (per raggiungimento del limite d'età prescritto dalla legge) o su domanda;
- dispensa per **inidoneità fisica,** qualora il dipendente non possa essere destinato ad altro incarico;
- **superamento del periodo di comporto** fissato dai contratti collettivi;
- dispensa per **ingiustificato abbandono del servizio;**
- decadenza per **perdita della cittadinanza italiana** o per **mancata cessazione della situazione di incompatibilità**;
- **licenziamento per giusta causa, per giustificato motivo soggettivo, per giustificato**

motivo oggettivo. Per l'applicabilità del "Job Act" anche a coloro che sono alle dipendenze della p.a., si veda *amplius infra* Cap. XI, Sez. I, par. 4.C.

Al dipendente che cessi dal servizio spetta il **trattamento di fine rapporto**, a condizione che il suo impiego abbia avuto una durata minima non inferiore ai **15 giorni.**

A) Il decreto legislativo n. 116 del 20 giugno 2016 sui c.d. "furbetti del pubblico impiego"

Il decreto legislativo **20 giugno 2016,** n. **116** ha attuato l'art. 17, co. 1, lett. s), della legge n. 124 del 7 agosto 2015, sul licenziamento disciplinare, al fine di **combattere l'illegalità e l'assenteismo nella pubblica amministrazione**, che produce inefficienze, diseguaglianze ed ingenti costi. Il decreto legislativo ha modificato l'art. 55 *quater* del d.lgs. 165/01 introducendo, dopo il comma 1, un nuovo comma, l'1-*bis*. Tale norma prevede la punizione delle false attestazioni delle presenze in servizio, sanzionando tutte quelle condotte poste in essere, anche attraverso l'ausilio di terzi, al fine di far risultare il dipendente in servizio o trarre in inganno l'amministrazione circa il rispetto dell'orario di lavoro del dipendente stesso. Viene stabilito, inoltre, che di tali violazioni rispondono anche coloro che abbiano agevolato, con comportamenti attivi o omissivi, la condotta fraudolenta. Con tale disposizione si mira a punire nella maniera più energica possibile tutte le condotte dei "furbetti" delle amministrazioni che attestano in maniera falsa la presenza dei propri colleghi in ufficio. Proprio per scoraggiare questi comportamenti il decreto legislativo in esame prevede **un procedimento disciplinare "accelerato"** per i casi di falsa attestazione di dipendenti in servizio.

Infatti, nei casi di flagranza il responsabile della struttura di appartenenza o l'ufficio competente per i procedimenti disciplinari dovrà disporre, immediatamente e comunque entro 48 ore dal momento in cui la violazione è accertata, senza obbligo di preventiva audizione dell'interessato, **la sospensione cautelare del dipendente dal lavoro e dalla retribuzione.** Il comma 3-*ter* prevede che, nelle stesse fattispecie regolate dal comma 3-*bis,* il responsabile della struttura di appartenenza, contestualmente all'irrogazione della sospensione cautelare, **dovrà trasmettere gli atti all'ufficio competente per i procedimenti disciplinari** che darà avvio al relativo procedimento disciplinare da concludersi entro trenta giorni. Ancora, il decreto legislativo stabilisce che qualora il dirigente non proceda all'irrogazione della sospensione cautelare od ometta l'attivazione del procedimento disciplinare nei confronti del dipendente che abbia attestato falsamente la propria presenza sarà soggetto, a sua volta, a responsabilità disciplinare (cfr. il nuovo comma 3-quinquies).

Viene altresì introdotto un obbligo di denuncia del dirigente alla Procura in ordine agli episodi di falsa attestazione e di segnalazione alla Procura della Corte dei Conti (comma 3-quater introdotto dal d.lgs. 116/16).

7. La mobilità.

Con la nozione di **mobilità** si fa riferimento a tutta una serie di modifiche del rapporto di lavoro che possono comportare il passaggio di un singolo lavoratore da un ente ad un altro (**mobilità individuale**) od il trasferimento collettivo di più dipendenti in caso di eccedenze di personale (**mobilità collettiva**).

La mobilità **individuale** è disciplinata dall'art. 30 del Testo Unico Pubblico Impiego, che consente di ricoprire posti vacanti in organico mediante la **cessione del contratto di lavoro** di dipendenti di altre amministrazioni – con la medesima qualifica rispetto a quella della posizione da ricoprire – che abbiano fatto domanda di trasferimento.

La mobilità **collettiva** è regolata invece dall'art. 33, che impone alle amministrazioni che abbiano situazioni di **soprannumero** od **eccedenze di personale** di attivare la relativa procedura.

Il dirigente responsabile fornisce un'**informativa preventiva** alle rappresentanze sindacali unitarie

o alle organizzazioni sindacali firmatarie del contratto collettivo nazionale.
Decorsi 10 giorni da tale comunicazione, la p.a.:

- **risolve unilateralmente** i contratti del personale che abbia raggiunto l'anzianità contributiva massima di 40 anni;
- ovvero verifica la **ricollocazione**, totale o parziale, dei dipendenti in soprannumero nell'ambito della medesima p.a. (anche attraverso il ricorso a tipologie negoziali flessibili o a contratti di solidarietà), ovvero presso altre amministrazioni.

Trascorsi **90 giorni** dall'informativa sindacale, il personale che non sia stato possibile reimpiegare diversamente o ricollocare in altre p.a. viene **collocato in mobilità**. Il collocamento in mobilità comporta:

- la **sospensione** di tutte le **obbligazioni** lavorative;
- **l'iscrizione** in appositi **elenchi**;
- l'erogazione di un'**indennità** pari all'**80% dello stipendio** e dell'indennità integrativa speciale per la durata massima di **24 mesi**, decorsi i quali il rapporto si intende definitivamente **risolto**.

A) La mobilità esterna e i criteri di scelta dei lavoratori.

Il Tribunale di Prato, con l'ordinanza dell'11 ottobre 13, ha ripercorso la storia dell'istituto della mobilità esterna e gli obblighi di pubblicità e di selezione di coloro che chiedono il trasferimento presso l'ente pubblico che chiede la mobilità, stabilendo che "nel caso di specie il ricorrente, attualmente dipendente della Provincia di P. con profilo professionale di istruttore informatico nella categoria C, lamentava che la Commissione giudicatrice avrebbe introdotto una soglia minima di punteggio di cui non vi sarebbe menzione nell'avviso di mobilità, né nel regolamento comunale in materia di mobilità esterna volontaria. L'art. 30, co. 1, del D.lgs. n. 165/2001 stabilisce che "le amministrazioni possono ricoprire posti vacanti in organico mediante cessione del contratto di lavoro di dipendenti appartenenti alla stessa qualifica in servizio presso altre amministrazioni, che facciano domanda di trasferimento". Il secondo periodo del medesimo co. 1, poi, chiarisce che "le amministrazioni devono in ogni caso rendere pubbliche le disponibilità dei posti in organico da ricoprire attraverso passaggio diretto di personale da altre amministrazioni,. fissando preventivamente i criteri di scelta". La "mobilità volontaria" è, pertanto, una peculiare fattispecie di "cessione del contratto", mediante la quale si consente ai dipendenti pubblici il "passaggio diretto tra amministrazioni diverse", ossia il trasferimento da un'amministrazione (quella di appartenenza del dipendente che fa domanda di mobilità) ad altra amministrazione (che intende ricoprire un posto vacante in organico per la qualifica corrispondente), attraverso una procedura di evidenza pubblica generalmente rappresentata da un "Bando" o "Avviso di Mobilità", come nel caso di specie. La Corte Costituzionale, con la sentenza n. 324 del 2010, ha statuito che "l'istituto della mobilità volontaria altro non è che **una fattispecie di cessione del contratto**; a sua volta, la cessione del contratto è un negozio tipico disciplinato dal codice civile (artt. 1406-1410). Si è, pertanto, in materia di rapporti di diritto privato e gli oneri imposti alla pubblica amministrazione dalle nuove disposizioni introdotte dall'art. 49 del d.lgs. n. 150 del 2009 rispondono semplicemente alla necessità di rispettare l'art. 97 Cost., e, precisamente, i principi di imparzialità e di buon andamento dell'amministrazione". In sostanza la Corte Costituzionale ritiene che la procedura di mobilità volontaria sia una procedura non concorsuale che deve, comunque, svolgersi con la predeterminazione dei criteri di scelta e con un comportamento improntato a correttezza e buona fede. Del resto la mobilità volontaria non comporta la costituzione di un nuovo rapporto di lavoro bensì la cessione della titolarità di un rapporto di lavoro da una amministrazione all'altra. Il lavoratore, inoltre, ha normalmente già superato un concorso pubblico che ne ha attestato l'idoneità alle mansioni da svolgere e alla quale ha conferito una specifica qualifica. Pertanto la procedura selettiva non deve corrispondere alle regole previste dal concorso pubblico ma deve consentire alla pubblica amministrazione, la quale ha l'obbligo, lo si ripete, di attivare previamente le procedure di mobilità finalizzate al passaggio diretto di personale di altre amministrazioni quando intende esperire procedure concorsuali finalizzate alla copertura di posti vacanti in organico, di scegliere il lavoratore che non solo abbia la professionalità richiesta dall'avviso di mobilità, valutata attraverso i titoli ed il curriculum, ma anche quella motivazione ed attitudine che soltanto un colloquio può consentire di valutare". Nel caso di specie il Tribunale di merito ha ritenuto che non vi fosse stato alcun comportamento illegittimo della pubblica amministrazione in quanto la scelta di stabilire, in vista dei colloqui, un punteggio minimo per il colloquio ed uno sbarramento all'inserimento nella graduatoria per coloro che non avessero raggiunto tale punteggio appare funzionale alla *ratio* di tali procedure dove non vi è la costituzione di un nuovo rapporto di lavoro ma soltanto la cessione della titolarità del rapporto di lavoro da una amministrazione ad un'altra e dove l'amministrazione cessionaria, per esprimere il suo consenso alla cessione, deve non solo valutare i titoli del candidato ma anche esprimere un "gradimento" che riguardi specifiche esigenze motivazionali richieste al candidato, proveniente da una diversa amministrazione, dall'ente "cessionario" con riferimento al posto oggetto della procedura di mobilità. Una volta che tale scelta venga svolta in maniera non arbitraria e non discriminatoria il giudice di merito non potrà intrudersi nella formazione della volontà negoziale così come determinatasi in seno all'amministrazione".

8. Cenni sul riparto di giurisdizione.

Il **riparto di giurisdizione** in materia di pubblico impiego è delineato dall'art. 63, d.lgs. 30 marzo 2001, n. 165.
Vengono attribuite al **giudice ordinario,** in funzione di giudice del lavoro, tutte le controversie relative ai rapporti di lavoro alle dipendenze delle pubbliche amministrazioni, incluse quelle concernenti:

- l'**assunzione** al lavoro;
- il conferimento e la revoca degli **incarichi dirigenziali**;
- la **responsabilità dirigenziale**;
- le **indennità di fine rapporto**;
- i **comportamenti antisindacali** delle p.a.;
- le procedure di **contrattazione collettiva**.

Qualora vengano in considerazione atti amministrativi presupposti, se illegittimi e rilevanti ai fini della decisione, il giudice ordinario li **disapplica**. Ciò accade, in particolare, allorquando la controversia portata innanzi al giudice ordinario derivi dall'attuazione a valle, da parte della p.a. datrice di lavoro, di un **atto c.d. "di macro-organizzazione"** che, pertanto, può (*rectius*, deve) essere disapplicato ove illegittimo.

Spettano alla cognizione del giudice **amministrativo**:

- tutte le controversie in materia di **procedure concorsuali per l'assunzione** (si tratta in questo caso di un'ipotesi di **giurisdizione generale di legittimità**);
- le controversie relative ai **rapporti di lavoro** tuttora in regime **pubblicistico** *ex* art. 3, ovvero "non privatizzati" (si tratta in questo caso di un'ipotesi di giurisdizione **esclusiva**, che si estende ad ogni aspetto del rapporto di lavoro, compresi i diritti patrimoniali connessi).

Occorre evidenziare, poi, che con **decreto legislativo del 25 maggio 2017, n. 75**, recante "*Modifiche e integrazioni al decreto legislativo 30 marzo 2001, n. 165, ai sensi degli articoli 16, commi 1, lettera a), e 2, lettere b), c), d) ed e) e 17, comma 1, lettere a), c), e), f), g), h), l), m), n), o), q), r), s) e z), della legge 7 agosto 2015, n. 124, in materia di riorganizzazione delle amministrazioni pubbliche*", **in particolare all'articolo 21**, sono state disposte le **modifiche**

all'articolo 63 del d.lgs. n. 165 del 2001 (Testo Unico del Pubblico Impiego) che regola il riparto di giurisdizione in materia di controversie relative ai rapporti di lavoro alle dipendenze della pubblica amministrazione.

Tale norma così dispone

a) al comma 2, sono aggiunti, in fine, i seguenti periodi: «*Il giudice,* ***con la sentenza con la quale annulla o dichiara nullo il licenziamento***, ***condanna l'amministrazione alla reintegrazione del lavoratore nel posto di lavoro e al pagamento di un'indennità risarcitoria*** *commisurata all'ultima retribuzione di riferimento per il calcolo del trattamento di fine rapporto corrispondente al periodo dal giorno del licenziamento fino a quello dell'effettiva reintegrazione, e comunque in misura non superiore alle ventiquattro mensilità, dedotto quanto il lavoratore abbia percepito per lo svolgimento di altre attività lavorative. Il datore di lavoro è condannato, altresì, per il medesimo periodo, al versamento dei contributi previdenziali e assistenziali.*»;

b) dopo il comma 2 è inserito il seguente: «*2-bis. Nel caso di annullamento della sanzione disciplinare per difetto di proporzionalità, il giudice può rideterminare la sanzione, in applicazione delle disposizioni normative e contrattuali vigenti, tenendo conto della gravità del comportamento e dello specifico interesse pubblico violato.*». Appare evidente come tale norma di nuovo conio sia stata dettata al fine precipuo di riconoscere al dipendente pubblico che sia stato licenziato in modo illegittimo nei casi più gravi le medesime tutele già previste per i lavoratori privati, nonché di assicurare una tutela piena ed effettiva al medesimo in ossequio al dettato costituzionale (art. 24 e 111 Cost.), nonchè sovranazionale (art. 6 CEDU); tanto risulta confermato, del resto, dalla circostanza che i poteri conferiti al giudice ordinario in funzione di Giudice del lavoro sono ora espressamente previsti da una norma, quella di cui all'art. 63 del Testo Unico del Pubblico Impiego, che è dettata in punto di giurisdizione.

Il comma 3 viene poi sostituito dal seguente: «3. Al fine di combattere gli abusi nell'utilizzo del lavoro flessibile, sulla base di apposite istruzioni fornite con direttiva del Ministro per la semplificazione e la pubblica amministrazione, le amministrazioni redigono, dandone informazione alle organizzazioni sindacali tramite invio all'Osservatorio paritetico presso l'Aran, senza nuovi o maggiori oneri per la finanza pubblica, un analitico rapporto informativo sulle tipologie di lavoro flessibile utilizzate, con l'indicazione dei dati identificativi dei titolari del rapporto nel rispetto della normativa vigente in tema di protezione dei datipersonali, da trasmettere, entro il 31 gennaio di ciascun anno, ai nuclei di valutazione e agli organismi indipendenti di valutazione di cui all'articolo *14* del *decreto legislativo 27 ottobre 2009, n. 150,* nonché alla Presidenza del Consiglio dei ministri - Dipartimento della funzione pubblica che redige una relazione annuale al Parlamento.»;

Inoltre i commi 5-bis e 5-ter dell'art. 36 T.U.P.I., che stabilivano un'applicazione limitata delle disposizioni previste dal d.lgs. n. 368/01 anche alle amministrazioni pubbliche, **sono ora abrogati**.

Per quanto riguarda il comma 5-quater, primo periodo, le parole «a tempo determinato» sono soppresse, con la conseguenza che la stipulazione di qualsiasi contratto di lavoro – e non più solo "a tempo determinato" - in violazione di quanto statuito nell'art. 36 T.U.P.I. determina la nullità degli stessi e la responsabilità erariale di chi li ha conclusi.

Infine, dopo il comma 5-quater è inserito il nuovo comma **5-quinquies**, che delimita l'ambito soggettivo di applicazione della norma di cui all'art. 36 T.U.P.I, così disponendo: <<Il presente articolo, fatto salvo il comma 5, non si applica al reclutamento del personale docente, educativo e amministrativo, tecnico e ausiliario (ATA), a tempo determinato presso le istituzioni scolastiche ed educative statali e degli enti locali, le istituzioni di alta formazione artistica, musicale e coreutica. Per gli enti di ricerca pubblici di cui agli *articoli 1*, comma 1, e *19*, comma 4, del *decreto legislativo 25 novembre 2016, n. 218*, rimane fermo quanto stabilito dal medesimo decreto.».

Capitolo 2 | IL DIRITTO SINDACALE NEL PUBBLICO IMPIEGO

SOMMARIO:

1. La contrattazione collettiva nel pubblico impiego: rapporti tra legge e contratto collettivo.

Il rapporto di lavoro alle dipendenze delle pubbliche amministrazioni è stato oggetto, ad opera del d.lgs. 3 febbraio 1993, n. 29 e del d.lgs. 31 marzo 1998, n. 80, di un processo di **privatizzazione** e **contrattualizzazione** (Parte I, Cap. XIV, par. 1). Ai sensi dell'art. 2, co. 2 e 3, d.lgs., n. 165/01, il pubblico impiego è disciplinato dalle disposizioni del **libro V° del Codice civile**, dalle **leggi speciali in materia di lavoro subordinato nell'impresa** ed è **regolato contrattualmente**.
Il contratto privatistico, tanto individuale quanto collettivo, costituisce quindi una delle fonti di regolamentazione del rapporto di lavoro di coloro che svolgono attività lavorativa alle dipendenze della p.a.
Gli artt. 40, co. 1–3 e 50, co. 1, d.lgs. n. 165 del 2001, (come modificati dalla l. 4 marzo 2009, n. 15 e dal d.lgs. 27 ottobre 2009, n. 150) delineano nei seguenti termini la sfera di **competenza dei contratti collettivi**:

1) la **contrattazione collettiva** determina:
- i **diritti** e gli **obblighi** direttamente pertinenti al rapporto di lavoro,
- le materie relative alle **relazioni sindacali,**
- la **struttura contrattuale**, i **rapporti tra i diversi livelli** e la **durata** dei contratti collettivi (che deve essere equivalente per la parte economica e per quella attinente la disciplina giuridica),
- i limiti massimi delle **aspettative** e dei **permessi sindacali**;

2) sono **esclusi** dalla contrattazione collettiva i seguenti settori:
- l'**organizzazione degli uffici**,
- le materie **oggetto di partecipazione sindacale** ai sensi dell'art. 9,
- le **prerogative dirigenziali** *ex* artt. 5, co. 2 – 16 – 17,
- il **conferimento** e la **revoca** degli **incarichi dirigenziali**,
- le materie di cui all'**art. 2, co. 2, lett. c),** l. 23 ottobre **1992, n. 421;**

3) la contrattazione collettiva è infine ammessa negli esclusivi **limiti previsti dalle norme di legge** per le materie attinenti:
- le **sanzioni disciplinari**,
- la **valutazione delle prestazioni** ai fini della corresponsione del **trattamento accessorio**, della **mobilità** e delle **progressioni economiche.**

A seguito della novella del 2009, il **rapporto** tra legge e contrattazione collettiva è così delineato (art. 2, co. 2 e 3-bis):

1) le disposizioni del T.U. rivestono carattere **imperativo;**
2) eventuali disposizioni di **legge**, regolamento o statuto, che introducano discipline speciali per i rapporti di lavoro dei dipendenti delle p.a., **possono essere derogate da successivi contratti** o accordi collettivi e per la parte derogata **non sono ulteriormente applicabili solo qualora ciò sia espressamente previsto dalla legge** (c.d. "rilegificazione");
3) pattuizioni contrastanti con norme imperative di legge o con i limiti imposti alla contrattazione collettiva sono **nulle** e soggette al meccanismo di sostituzione automatica di cui al combinato disposto degli **artt. 1339 e 1419, co. 2 c.c.**

2. I livelli, i soggetti ed il procedimento di contrattazione collettiva.

Il sistema della contrattazione collettiva nel pubblico impiego si articola su due livelli principali:

- i **contratti nazionali di comparto** (art. 40, co. 2, d.lgs. 165/2001);
- i **contratti integrativi,** sulle materie, con i vincoli e con i limiti stabiliti dalla contrattazione nazionale. In caso di violazione di tali prescrizioni, le relative clausole sono nulle e sostituite di diritto *ex* artt. 1339 – 1419, co. 2 c.c. (art. 40, co. 3-quinquies).

Gli accordi collettivi sono stipulati tra:

- l'**ARAN (Agenzia per la rappresentanza negoziale delle pubbliche amministrazioni)**, persona giuridica di diritto pubblico con rappresentanza legale della p.a. (art. 46);
- le organizzazioni sindacali (art. 43) che abbiano nel comparto o nell'area dirigenziale una **rappresentatività non inferiore al 5%,** considerata la **media** tra il **dato associativo** (costituito dalla percentuale delle deleghe per il versamento dei contributi sindacali) ed il **dato elettorale** (espresso dalla percentuale dei voti ottenuti nelle elezioni delle rappresentanze unitarie del personale).

Il **procedimento** di contrattazione collettiva si articola nelle seguenti fasi:

- prima di ogni rinnovo contrattuale, i **Comitati di settore** emanano gli **atti di indirizzo** da seguire, su cui il Governo può esprimere le proprie valutazioni in merito alla compatibilità con le politiche economiche e finanziarie;
- all'esito della trattativa tra ARAN e rappresentanze sindacali, viene sottoscritta un'**ipotesi di accordo,** trasmessa nel termine di 10 giorni ai Comitati di settore ed al Governo;
- acquisito il parere favorevole dei Comitati di settore (per gli accordi integrativi) o del Presidente del Consiglio dei Ministri (per quelli nazionali), la quantificazione dei costi contrattuali è trasmessa alla **Corte dei Conti**, che, nel termine di 15 giorni, ne verifica l'attendibilità e la **compatibilità con gli strumenti di programmazione e di bilancio;**
- ottenuta la certificazione della Corte dei Conti, il **Presidente dell'ARAN sottoscrive** il contratto collettivo, che viene **pubblicato in Gazzetta Ufficiale.**

3. Efficacia ed interpretazione del contratto collettivo.

I contratti collettivi del settore pubblico hanno **efficacia generalizzata**, a prescindere dal recepimento degli stessi da parte dell'amministrazione o dall'iscrizione del lavoratore al sindacato stipulante.

Dal lato datoriale tale efficacia è garantita dall'intervento dell'ARAN cui, come si è detto, è attribuita la rappresentanza legale delle amministrazioni pubbliche. L'art. 40, co. 4 stabilisce inoltre

che **le p.a. adempiano agli obblighi assunti con i contratti collettivi** e **ne assicurino l'osservanza** nelle forme previste dai rispettivi ordinamenti.
Dal lato dei lavoratori, l'art. 45, co. 2 garantisce ai dipendenti pubblici **parità di trattamento contrattuale** e comunque **trattamenti non inferiori a quelli** previsti dai rispettivi **contratti collettivi** (inderogabilità del contratto collettivo, dai più ritenuta assoluta, sia *in peius* sia *in melius*).

Ove insorgano controversie in ordine all'interpretazione dei contratti collettivi, le parti contraenti **definiscono consensualmente, con efficacia retroattiva**, il significato delle clausole controverse, con un accordo di interpretazione autentica (art. 49).
Qualora la questione dell'efficacia, della validità e dell'interpretazione delle clausole di un contratto collettivo sia sollevata in sede giurisdizionale, **il giudice sospende il giudizio** per permettere alle parti collettive di fornire un'interpretazione autentica ai sensi dell'art. 49. Se non si raggiunge un accordo, il giudice si pronuncia sulla questione con sentenza parziale impugnabile *per saltum* in Cassazione (art. 64).

4. L'attività sindacale nel settore pubblico.

A seguito del processo di privatizzazione del pubblico impiego, anche nelle pubbliche amministrazioni **la libertà e l'attività sindacale** sono tutelate con le forme e le modalità previste dallo **Statuto dei lavoratori** (art. 42).
Le **R.S.A.** possono essere costituite dai medesimi **soggetti sindacali ammessi alle trattative per la contrattazione collettiva** *ex* art. 43. co. 1: alle stesse sono riconosciute le garanzie degli artt. 23, 24, 30 St. lav. Possono altresì organizzarsi, mediante elezioni, forme di **rappresentanza unitaria del personale**, che, secondo i criteri e le modalità stabilite dalla contrattazione collettiva, esercitano i diritti di informazione e le prerogative delle R.S.A. ed i cui componenti sono equiparati ai dirigenti di queste ultime.
Le controversie in materia di **condotta antisindacale** sono attribuite alla giurisdizione del **giudice ordinario**, che può adottare tutti i provvedimenti di accertamento, di condanna e costitutivi richiesti dalla natura del diritto tutelato (art. 63, co. 2–3).

Capitolo 3 RESPONSABILITÀ DEI PUBBLICI DIPENDENTI

SOMMARIO:

1. Le diverse forme di responsabilità.

Dal punto di vista giuridico, per **responsabilità** si intende l'assoggettabilità a sanzione in conseguenza della realizzazione di *comportamenti antigiuridici.*
I dipendenti comunali e provinciali (così come i dipendenti statali) sono sottoposti a tre tipi diversi di responsabilità:

- **responsabilità civile,** qualificata dalla Corte dei Conti come responsabilità patrimoniale
- **responsabilità disciplinare**
- **responsabilità penale**

La responsabilità civile, o patrimoniale, fa sì che i pubblici impiegati siano tenuti a risarcire i danni da loro causati all'amministrazione o ai terzi. Tale responsabilità assume tre diversi aspetti a seconda dei soggetti cui si riferisce, delle norme violate e del tipo di danno cagionato.
Essi sono:

- **la responsabilità amministrativa**
- **la responsabilità contabile**
- **la responsabilità civile verso terzi**

L'art. 93 del D.lgs. 267/2000 al comma 1 estende agli amministratori ed al personale degli enti locali le disposizioni vigenti in materia di responsabilità amministrativa degli impiegati civili dello Stato.

2. Compiti e responsabilità dei dirigenti.

I compiti dei dirigenti sono così riassumibili:

- spetta ai dirigenti la **direzione degli uffici e dei servizi,** uniformandosi al principio per cui i poteri di indirizzo e controllo politico – amministrativo, spettano agli organi di governo mentre la gestione amministrativa, finanziaria e tecnica è attribuita ai dirigenti mediante autonomi poteri di spesa, di organizzazione delle risorse umane, strumentali e di controllo. Tale autonomia viene definita nei dettagli tramite il PEG.
- spettano ai **dirigenti tutti i compiti, inclusa l'adozione degli atti e provvedimenti** amministrativi, che impegnano l'Amministrazione verso l'esterno, non ricompresi espressamente dalla legge o dallo statuto, tra le funzioni di indirizzo e controllo politico – amministrativo degli organi di governo o non rientranti nelle funzioni del segretario o del direttore generale. La nuova versione del TUEELL chiarisce che le accezioni previste dalla

legge o statuto devono avvenire espressamente.

- sono attribuiti ai dirigenti tutti i **compiti di attuazione degli obiettivi e dei programmi** definiti negli atti di indirizzo adottati dagli organi di governo, (quindi descritti nel PEG per ogni servizio e desunti dai programmi e progetti della relazione previsionale programmatica), tra i quali in particolare, secondo le modalità definite dallo statuto o dai regolamenti:
  - presidenza di commissioni
  - responsabilità nelle procedure di appalto
  - atti di amministrazione e gestione del personale
  - provvedimenti di autorizzazione concessori
  - attestazioni, certificazioni, comunicazioni, diffide ecc.
  - atti delegati dal sindaco

I dirigenti sono **direttamente responsabili in via esclusiva** in relazione agli obiettivi dell'ente della correttezza amministrativa, della efficienza e dei risultati della gestione.
La valutazione dei dirigenti avviene secondo le modalità di cui al D.lgs. 286/99 art. 5 co. 1 e 2 e per quanto disposto dai CCNL, nell'ambito del controllo della gestione prevista dall'articolo 147 del TUEELL.
I dirigenti saranno valutati anche per come avranno valutato i propri collaboratori, in quanto responsabili della gestione delle risorse umane affidate.
L'essere nominati dirigenti o responsabile di servizio, comprende automaticamente la "funzione di direzione".

3. La responsabilità disciplinare: i Codici di comportamento e il Codice di disciplina.

La **responsabilità disciplinare** è quella forma di responsabilità, aggiuntiva rispetto a quella penale, civile, amministrativo-contabile e dirigenziale, in cui incorre il lavoratore, che non osserva obblighi contrattualmente assunti, fissati nella contrattazione collettiva e recepiti nel contratto individuale, dalla legge o dal codice di comportamento. Tale responsabilità comporta l'applicazione da parte del datore di lavoro di sanzioni conservative o espulsive.
Riguarda i pubblici dipendenti si ricollega **all'esistenza stessa del rapporto** di pubblico impiego ovvero di un rapporto di lavoro subordinato tra un **soggetto attivo** titolare di un potere disciplinare ed un **soggetto passivo** (il dipendente) su cui viene esercitato il potere disciplinare in relazione alla **violazione degli obblighi di condotta.**
Il sistema di fonti che regolamenta tale forma di responsabilità negli enti locali è rappresentato dal TUEL, dalla normativa generale di cui agli **artt. 55 - 55 *octies* del D.lgs. 165/200,** dalla normativa contrattuale prevista per il comparto Regioni ed autonomie locali nonché dal Codice di comportamento e dalle disposizioni specifiche.
Secondo l'art. **55 del D.lgs. 165/2001** *ai rapporti di lavoro di cui all'art. 2 comma 2 del TUPI si applicano le disposizioni dall'art. 55 all'art. 55 octies.*

Ai sensi dell'art. **54 del D.lgs. 165/2001** il Codice di comportamento è **strumento** attraverso cui il governo definisce gli **obblighi di diligenza, lealtà, imparzialità, buona condotta che i pubblici dipendenti sono tenuti ad osservare.**
Il codice si applica ai dipendenti delle amministrazioni pubbliche di cui all'art. 1, comma 2, d.lgs. 30 marzo 2001, n. 165, il cui rapporto di lavoro è disciplinato in base all'art. 2, commi 2 e 3, del medesimo decreto, ossia a tutte le amministrazioni dello Stato, ivi compresi gli istituti e scuole di ogni ordine e grado e le istituzioni educative, le aziende ed amministrazioni dello Stato ad

ordinamento autonomo, le Regioni, le Province, i Comuni, le Comunità montane, e loro consorzi e associazioni, le istituzioni universitarie, gli Istituti autonomi case popolari, le Camere di commercio, industria, artigianato e agricoltura e loro associazioni, tutti gli enti pubblici non economici nazionali, regionali e locali, le amministrazioni, le aziende e gli enti del Servizio sanitario nazionale, l'Agenzia per la rappresentanza negoziale delle pubbliche amministrazioni (ARAN) e le Agenzie di cui al d.lgs. 30 luglio 1999, n. 300.

Il codice indica i **doveri di comportamento dei dipendenti delle pubbliche amministrazioni** al fine di assicurare la qualità dei servizi, la prevenzione dei fenomeni di corruzione, il rispetto dei doveri costituzionali di diligenza, lealtà, imparzialità e servizio esclusivo alla cura dell'interesse pubblico. Inoltre, sancisce espressamente che la violazione degli obblighi previsti nel codice di comportamento, al pari delle prescrizioni contenute nel Piano per la prevenzione della corruzione, è fonte di **responsabilità disciplinare**, rilevante anche ai fini della responsabilità penale, civile, amministrativa e contabile. Quanto al tipo e all'entità della sanzione disciplinare concretamente applicabile è previsto che si debba tener conto della gravità del comportamento e del pregiudizio, anche morale, cagionato "*al decoro o al prestigio dell'amministrazione di appartenenza*".

Tra le principali disposizioni del codice:

- il divieto per il dipendente di chiedere, sollecitare o di accettare, per sé o per altri e a qualsiasi titolo (quindi, anche sotto forma di sconto), compensi, «*regali o altre utilità*», **fatti salvi quelli d'uso e di modico valore «*non superiore, in via orientativa, a 150 euro*"**
- la tempestiva comunicazione da parte del dipendente al responsabile dell'ufficio di appartenenza della propria «*adesione o appartenenza*» ad associazioni od organizzazioni (esclusi partiti politici e sindacati) i cui ambiti di interesse possano interferire con lo svolgimento delle attività dell'ufficio;
- la comunicazione, all'atto dell'assegnazione all'ufficio, «*di tutti i rapporti, diretti o indiretti, di collaborazione*» avuti con soggetti privati negli ultimi tre anni e in qualunque modo retribuiti, oltre al contestuale obbligo di precisare se con lo stesso (o con il di lui coniuge o convivente o parenti o affini entro il secondo grado) i rapporti finanziari sussistano ancora;
- l'obbligo per il dipendente di astenersi «*dal prendere decisioni o svolgere attività inerenti alle sue mansioni in situazioni di conflitto, anche potenziale, di interessi*» di qualsiasi natura, anche non patrimoniali, come quelli «*derivanti dall'intento di assecondare pressioni politiche, sindacali o dei superiori gerarchici*»;
- l'obbligo per i dipendenti di assicurare la trasparenza e la tracciabilità dei processi decisionali adottati che dovrà «*essere, in tutti i casi, garantita attraverso un adeguato supporto documentale, che consenta in ogni momento la replicabilità*»;
- gli obblighi di «*comportamento nei rapporti privati*» e «*in servizio*» e all'interno dell'organizzazione amministrativa; in particolare, l'obbligo per il dipendente, nella trattazione delle pratiche, di rispettare, salvo diverse esigenze di servizio o diversa disposizione di priorità stabilito dall'amministrazione di appartenenza, l'ordine cronologico e di non rifiutare, con motivazioni generiche, le prestazioni a cui sia tenuto.
- il «*rispetto dei vincoli posti dall'amministrazione*» nell'utilizzo del materiale o delle attrezzature assegnate ai dipendenti per ragioni di ufficio, **anche con riferimento all'utilizzo dei servizi telematici e delle linee telefoniche dell'ufficio**; quanto ai **mezzi di trasporto dell'amministrazione a disposizione del dipendente** è previsto che l'uso degli stessi avvenga «*soltanto per lo svolgimento dei compiti d'ufficio, astenendosi dal trasportare terzi, se non per motivi d'ufficio*» (non sarà quindi più possibile l'uso dell'auto per acquisti personali, per la gita domenicale, ecc.).
- obbligo per i dirigenti, prima di assumere le loro funzioni, di comunicare all'amministrazione «*le partecipazioni azionarie e gli altri interessi finanziari*» che possano

porli in conflitto d'interesse con le funzioni pubbliche che svolgono; l'obbligo di fornire «*le informazioni sulla propria situazione patrimoniale e le dichiarazioni annuali dei redditi soggetti all'imposta sui redditi delle persone fisiche previste dalla legge*»; il dovere, nei limiti delle loro possibilità, di evitare che si diffondano notizie non rispondenti al vero sull'organizzazione, sull'attività e sugli altri dipendenti.

La norma più significativa è rappresentata dall'art. 11 che, in tema di **utilizzo del materiale e delle attrezzature pubbliche**, diversamente dal passato (ove era previsto il divieto assoluto del loro utilizzo, salvi i casi d'urgenza), **riserva alle singole amministrazioni ogni autonoma potestà regolamentare**. Se la disposizione, come si è anticipato sopra, potrebbe assumere rilevanza per la qualificazione come «abuso d'ufficio» dell'indebito utilizzo del telefono d'ufficio da parte del pubblico dipendente.

Giova sottolineare che sull'applicazione dei codici dovranno vigilare i dirigenti, le strutture di controllo interno e gli uffici di disciplina mentre, annualmente, le pubbliche amministrazioni dovranno verificare lo stato di applicazione, organizzando le attività di formazione del personale per la conoscenza e la corretta applicazione degli stessi.

IL CODICE DISCIPLINARE

Art. 58 CCNL 2016-2018 - Sanzioni disciplinari

1. *Le violazioni da parte dei dipendenti, degli obblighi disciplinati all'art. 57 danno luogo, secondo la gravità dell'infrazione, all'applicazione delle seguenti sanzioni disciplinari previo procedimento disciplinare:*
a) rimprovero verbale, con le modalità di cui al comma 4;
b) rimprovero scritto (censura);
c) multa di importo variabile fino ad un massimo di quattro ore di retribuzione;
d) sospensione dal servizio con privazione della retribuzione fino a dieci giorni;
e) sospensione dal servizio con privazione della retribuzione da 11 giorni fino ad un massimo di sei mesi;
f) licenziamento con preavviso;
g) licenziamento senza preavviso.

2. *L'ente, salvo il caso del rimprovero verbale, non può adottare alcun provvedimento disciplinare nei confronti del dipendente, senza previa contestazione scritta dell'addebito e senza averlo sentito a sua difesa con l'eventuale assistenza di un procuratore ovvero di un rappresentante dell'associazione sindacale cui aderisce o conferisce mandato. La contestazione deve essere effettuata tempestivamente e comunque nel termine di 20 giorni che decorrono: a) dal momento in cui il responsabile della struttura in cui il dipendente lavora ha avuto conoscenza del fatto;*
b) dal momento in cui l'ufficio competente per i procedimenti disciplinari, su segnalazione del responsabile della struttura in cui il dipendente lavora, ha avuto conoscenza del fatto comportante la applicazione di sanzioni più gravi del rimprovero verbale e di quello scritto.

3. *La convocazione scritta per la difesa non può avvenire prima che siano trascorsi cinque giorni lavorativi dalla contestazione del fatto che vi ha dato causa. Trascorsi inutilmente 15 giorni dalla convocazione per la difesa del dipendente, la sanzione viene applicata nei successivi 15 giorni.*

4. *Nel caso in cui, ai sensi dell'art. 55 del d.lgs. n. 165/2001 la sanzione da comminare non sia di sua competenza, il responsabile della struttura in cui il dipendente lavora, ai fini del comma 2, segnala entro 10 giorni, all'ufficio competente per i procedimenti disciplinari, ai sensi del comma 4 dell'art. 55 citato, i fatti da contestare al dipendente per l'istruzione del procedimento. In caso di* *mancata comunicazione nel termine predetto si darà corso all'accertamento della responsabilità del soggetto tenuto alla comunicazione.*

4-bis. *Qualora, anche nel corso del procedimento, già avviato con la contestazione, emerga che la sanzione da applicare non sia di spettanza del responsabile della struttura in cui il dipendente lavora, questi, entro 5 giorni, trasmette tutti gli atti all'ufficio competente per i procedimenti disciplinari, dandone contestuale comunicazione all'interessato. Il procedimento prosegue senza soluzione di continuità presso quest'ultimo ufficio, senza ripetere la contestazione scritta dell'addebito.*

5. *Al dipendente o, su espressa delega al suo difensore, è consentito l'accesso a tutti gli atti istruttori riguardanti il procedimento a suo carico.*

6. *Il procedimento disciplinare deve concludersi entro 120 giorni dalla data della contestazione d'addebito. Qualora non sia stato portato a termine entro tale data, il procedimento si estingue.*

7. *L'ufficio competente per i procedimenti disciplinari, sulla base degli accertamenti effettuati e delle giustificazioni addotte dal dipendente, irroga la sanzione applicabile tra quelle indicate nell'art. 25, nel rispetto dei principi e criteri di cui al comma 1 dello stesso art. 25, anche per le infrazioni di cui al comma 7, lett. c). Quando il medesimo ufficio ritenga che non vi sia luogo a procedere disciplinarmente dispone la chiusura del procedimento, dandone comunicazione all'interessato.*

8. *Non può tenersi conto ad alcun effetto delle sanzioni disciplinari decorsi due anni dalla loro applicazione.*

9. *I provvedimenti di cui al comma 1 non sollevano il lavoratore dalle eventuali responsabilità di altro genere nelle quali egli sia incorso.*

9-bis. *Con riferimento al presente articolo sono da intendersi perentori il termine iniziale e quello finale del procedimento disciplinare. Nelle fasi intermedie i termini ivi previsti saranno comunque applicati nel rispetto dei principi di tempestività ed immediatezza, che consentano la certezza delle situazioni giuridiche.*

10. *Per quanto non previsto dalla presente disposizione si rinvia all'art. 59 del decreto legislativo n.29/1993, in particolare per quanto concerne la costituzione di collegi arbitrali unici per più amministrazioni omogenee o affini, mediante convenzione tra enti.*

Art. 59 CCNL 2016-2018 - Codice Disciplinare

1. *Nel rispetto del principio di gradualità e proporzionalità delle sanzioni in relazione alla gravità della mancanza, il tipo e l'entità di ciascuna delle sanzioni sono determinati in relazione ai seguenti criteri generali:*
a) intenzionalità del comportamento, grado di negligenza, imprudenza o imperizia dimostrate, tenuto conto anche della prevedibilità dell'evento;
b) rilevanza degli obblighi violati;
c) responsabilità connesse alla posizione di lavoro occupata dal dipendente;
d) grado di danno o di pericolo causato all'amministrazione, agli utenti o a terzi ovvero al disservizio determinatosi;
e) sussistenza di circostanze aggravanti o attenuanti, con particolare riguardo al comportamento

del lavoratore, ai precedenti disciplinari nell'ambito del biennio previsto dalla legge, al comportamento verso gli utenti;
f) concorso nella violazione di più lavoratori in accordo tra di loro.
2. Al dipendente responsabile di più mancanze compiute con unica azione od omissione o con più azioni od omissioni tra loro collegate ed accertate con un unico procedimento, è applicabile la sanzione prevista per la mancanza più grave se le suddette infrazioni sono punite con sanzioni di diversa gravità.
3.La sanzione disciplinare dal minimo del rimprovero verbale o scritto al massimo della multa di importo pari a quattro ore di retribuzione si applica, graduando l'entità delle sanzioni in relazione ai criteri di cui al comma 1, per:
a) inosservanza delle disposizioni di servizio, anche in tema di assenze per malattia, nonché dell'orario di lavoro, ove non ricorrano le fattispecie considerate nell'art. 55-quater, comma 1, lett. a) del d.lgs. n. 165/2001;
b) condotta non conforme a principi di correttezza verso superiori o altri dipendenti o nei confronti degli utenti o terzi;
c) negligenza nell'esecuzione dei compiti assegnati, nella cura dei locali e dei beni mobili o strumenti a lui affidati o sui quali, in relazione alle sue responsabilità, debba espletare attività di custodia o vigilanza;
d) inosservanza degli obblighi in materia di prevenzione degli infortuni e di sicurezza sul lavoro ove non ne sia derivato danno o pregiudizio al servizio o agli interessi dell'amministrazione o di terzi;
e) rifiuto di assoggettarsi a visite personali disposte a tutela del patrimonio dell'amministrazione, nel rispetto di quanto previsto dall' art. 6 della legge. n. 300/1970;
f) insufficiente rendimento nell'assolvimento dei compiti assegnati, ove non ricorrano le fattispecie considerate nell'art. 55- quater del d.lgs. n. 165/2001;
g) violazione dell'obbligo previsto dall'art. 55- nonies, del d.lgs. n. 165/2001;
h) violazione di doveri ed obblighi di comportamento non ricompresi specificatamente nelle lettere precedenti, da cui sia derivato disservizio ovvero danno o pericolo all'amministrazione, agli utenti o ai terzi.
L'importo delle ritenute per multa sarà introitato dal bilancio dell'amministrazione e destinato ad attività sociali a favore dei dipendenti.
***4.** La sanzione disciplinare della sospensione dal servizio con privazione della retribuzione fino a un massimo di 10 giorni si applica, graduando l'entità della sanzione in relazione ai criteri di cui al comma 1, per:*
a) recidiva nelle mancanze previste dal comma 3;
b) particolare gravità delle mancanze previste al comma 3;
c) ove non ricorra la fattispecie prevista dall'articolo 55-quater, comma 1, lett.b) del d.lgs. n. 165/2001, assenza ingiustificata dal servizio o arbitrario abbandono dello stesso; in tali ipotesi, l'entità della sanzione è determinata in relazione alla durata dell'assenza o dell'abbandono del servizio, al disservizio determinatosi, alla gravità della violazione dei doveri del dipendente, agli eventuali danni causati all'amministrazione, agli utenti o ai terzi;
d) ingiustificato ritardo, non superiore a 5 giorni, a trasferirsi nella sede assegnata dai superiori;
e) svolgimento di attività che ritardino il recupero psico-fisico durante lo stato di malattia o di infortunio;
f) manifestazioni ingiuriose nei confronti dell'ente, salvo che siano espressione della libertà di pensiero, ai sensi dell'art. 1 della legge n. 300/1970;
g) ove non sussista la gravità e reiterazione delle fattispecie considerate nell'art. 55-quater, comma 1, lett. e) del D. Lgs. n. 165/2001, atti, comportamenti o molestie, lesivi della dignità della persona;

h) ove non sussista la gravità e reiterazione delle fattispecie considerate nell'art. 55-quater, comma 1, lett. e) del D. Lgs. n. 165/2001, atti o comportamenti aggressivi ostili e denigratori che assumano forme di violenza morale nei confronti di un altro dipendente, comportamenti minacciosi, ingiuriosi, calunniosi o diffamatori nei confronti di altri dipendenti o degli utenti o di terzi;
i) violazione di doveri ed obblighi di comportamento non ricompresi specificatamente nelle lettere precedenti, da cui sia comunque derivato grave danno all'ente e agli utenti o ai terzi.
5. La sospensione dal servizio con privazione della retribuzione fino ad un massimo di quindici giorni si applica nel caso previsto dall'art.55-bis, comma 7, del d.lgs. n.165 del 2001.
6. La sospensione dal servizio con privazione della retribuzione fino ad un massimo di tre mesi, si applica nei casi previsti dall'art.55-sexies, comma 3 del d.lgs. n.165/2001, anche con riferimento alla previsione di cui all'art. 55-septies, comma 6.
7. La sospensione dal servizio con privazione della retribuzione da un minimo di tre giorni fino ad un massimo di tre mesi si applica nel caso previsto dall'art. 55-sexies, comma 1, del d.lgs. n. 165 del 2001.
8. La sanzione disciplinare della sospensione dal servizio con privazione della retribuzione da 11 giorni fino ad un massimo di 6 mesi si applica, graduando l'entità della sanzione in relazione ai criteri di cui al comma 1, per:
a) recidiva nel biennio delle mancanze previste nel comma 4;
b) occultamento, da parte del responsabile della custodia, del controllo o della vigilanza, di fatti e circostanze relativi ad illecito uso, manomissione, distrazione o sottrazione di somme o beni di pertinenza dell'ente o ad esso affidati;
c) atti, comportamenti o molestie a carattere sessuale ove non sussista la gravità e reiterazione;
d) alterchi con vie di fatto negli ambienti di lavoro, anche con gli utenti;
e) violazione di doveri ed obblighi di comportamento non ricompresi specificatamente nelle lettere precedenti da cui sia, comunque, derivato grave danno all'ente agli utenti o a terzi.
f) fino a due assenze ingiustificate dal servizio in continuità con le giornate festive e di riposo settimanale;
g) ingiustificate assenze collettive nei periodi in cui è necessario assicurare continuità nell'erogazione di servizi all'utenza;
9. Ferma la disciplina in tema di licenziamento per giusta causa o giustificato motivo, la sanzione disciplinare del licenziamento si applica:
1. con preavviso per:
a) le ipotesi considerate dall'art. 55-quater, comma 1, lett. b) e c), da f bis) fino a f) quinquies, comma 3 quinquies del D.Lgs.n.165/ 2001;
b) recidiva nel biennio nelle violazioni indicate nei commi 5, 6, 7 e 8.
c) recidiva plurima, in una delle mancanze previste ai commi precedenti anche se di diversa natura, o recidiva, nel biennio, in una mancanza che abbia già comportato l'applicazione della sanzione di sospensione dal servizio e dalla retribuzione;
d) recidiva nel biennio di atti, comportamenti o molestie a carattere sessuale o quando l'atto, il comportamento o la molestia rivestano carattere di particolare gravità;
e) condanna passata in giudicato, per un delitto che, commesso fuori del servizio e non attinente in via diretta al rapporto di lavoro, non ne consenta la prosecuzione per la sua specifica gravità;
f) la violazione degli obblighi di comportamento di cui all'art 16, comma 2 secondo e terzo periodo del D.P.R. n. 62/2013;
g) violazione dei doveri e degli obblighi di comportamento non ricompresi specificatamente nelle lettere precedenti di gravità tale, secondo i criteri di cui al comma 1, da non consentire la prosecuzione del rapporto di lavoro;
h) mancata ripresa del servizio, salvo casi di comprovato impedimento, dopo periodi di

interruzione dell'attività previsti dalle disposizioni legislative e contrattuali vigenti, alla conclusione del periodo di sospensione o alla scadenza del termine fissato dall'amministrazione;
2. senza preavviso per:
a) le ipotesi considerate nell'art. 55-quater, comma 1, lett. a), d), e) ed f) del d.lgs. n. 165/2001;
b) commissione di gravi fatti illeciti di rilevanza penale, ivi compresi quelli che possono dare luogo alla sospensione cautelare, secondo la disciplina dell'art. 61, fatto salvo quanto previsto dall'art. 62;
c) condanna passata in giudicato per un delitto commesso in servizio o fuori servizio che, pur non attenendo in via diretta al rapporto di lavoro, non ne consenta neanche provvisoriamente la prosecuzione per la sua specifica gravità;
d) commissione in genere - anche nei confronti di terzi - di fatti o atti dolosi, che, pur non costituendo illeciti di rilevanza penale, sono di gravità tale da non consentire la prosecuzione neppure provvisoria del rapporto di lavoro; e) condanna, anche non passata in giudicato:
- per i delitti indicati dall'art. 7, comma 1, e 8, comma 1, del D.Lgs. n.235/2012;
- quando alla condanna consegua comunque l'interdizione perpetua dai pubblici uffici;
- per i delitti previsti dall'art. 3, comma 1, della legge 27 marzo 2001 n. 97;
- per gravi delitti commessi in servizio;
f) violazioni intenzionali degli obblighi, non ricomprese specificatamente nelle lettere precedenti, anche nei confronti di terzi, di gravità tale, in relazione ai criteri di cui al comma 1, da non consentire la prosecuzione neppure provvisoria del rapporto di lavoro. 10. Le mancanze non espressamente previste nei commi precedenti sono comunque sanzionate secondo i criteri di cui al comma 1, facendosi riferimento, quanto all'individuazione dei fatti sanzionabili, agli obblighi dei lavoratori di cui all'art. 57, e facendosi riferimento, quanto al tipo e alla misura delle sanzioni, ai principi desumibili dai commi precedenti.
11. Al codice disciplinare, di cui al presente articolo, deve essere data la massima pubblicità mediante pubblicazione sul sito istituzionale dell'ente secondo le previsioni dell'art. 55, comma 2, ultimo periodo, del D. Lgs. n. 165/2001.
12. In sede di prima applicazione del presente CCNL, il codice disciplinare deve essere obbligatoriamente reso pubblico nelle forme di cui al comma 11, entro 15 giorni dalla data di stipulazione del CCNL e si applica dal quindicesimo giorno successivo a quello della sua pubblicazione.

4. Il licenziamento disciplinare: evoluzione normativa e novità del d.lgs. 20 giugno 2016, n. 116.

Con il termine **licenziamento disciplinare** si indica ***il licenziamento determinato da un comportamento doloso e/o colposo del prestatore di lavoro costituente violazione degli obblighi del rapporto di lavoro.***
Le novità in materia di **licenziamento disciplinare per assenteismo nella Pubblica Amministrazione** puntano a colpire:

- la falsa attestazione della presenza in servizio accertata in flagranza
- mediante strumenti di sorveglianza o di registrazione degli accessi o delle presenze ed a responsabilizzare maggiormente i dirigenti
- maggiori responsabilità per i dirigenti, tempi del procedimento disciplinare più celeri e la possibilità di condannare il dipendente al risarcimento del danno all'immagine della PA.

Il decreto legislativo n. **116 del 20 giugno 2016,** recante modifiche **all'articolo 55-*quater* del d.lgs. 30 marzo 2001, n. 165,** dispone che si applica comunque la **sanzione disciplinare del licenziamento senza preavviso in caso di falsa attestazione della presenza in servizio,**

mediante l'alterazione dei sistemi di rilevamento della presenza o con altre modalità fraudolente.

Occorre soffermarsi sui punti più importanti della riforma:

- **si intende per "falsa attestazione**": la prima modifica è relativa alla definizione di falsa attestazione per cui il nuovo comma 1 bis, dell'art. 55-*quater* chiarisce che costituisce falsa attestazione della presenza in servizio, oltre quella realizzata mediante l'alterazione dei sistemi di rilevamento della presenza, qualunque modalità fraudolenta posta in essere, anche avvalendosi di terzi, per far risultare il dipendente in servizio o trarre in inganno l'amministrazione presso la quale il dipendente presta attività lavorativa circa il rispetto dell'orario di lavoro dello stesso. Della violazione risponderà anche chi agevolerà con la propria condotta attiva o omissiva la condotta fraudolenta.
- **la sospensione obbligatoria**: Il Governo vuole, inoltre, puntare sulla rapidità dei tempi ed, infatti, il nuovo comma 3-bis del medesimo articolo prevede che la falsa attestazione della presenza in servizio, accertata in flagranza ovvero mediante strumenti di sorveglianza o di registrazione degli accessi o delle presenze, determinerà l'immediata sospensione cautelare senza stipendio del dipendente, ma fatto salvo il diritto all'assegno alimentare nella misura stabilita dalle disposizioni normative e contrattuali vigenti, senza obbligo di preventiva audizione dell'interessato.
- **come si esercita il diritto di difesa:** anche il diritto di difesa del dipendente viene rispettato e, infatti, il decreto legislativo prevede che il medesimo provvedimento di sospensione cautelare dovrà contenere anche la contestazione per iscritto dell'addebito al dipendente e la convocazione dinanzi all'Ufficio procedimenti disciplinari. Il dipendente sarà convocato, per il contraddittorio a sua difesa, con un preavviso di almeno quindici giorni e potrà farsi assistere da un procuratore ovvero da un rappresentante dell'associazione sindacale cui aderisce o conferirà mandato. Il lavoratore potrà, tuttavia, inviare una memoria scritta fino alla data stabilita per l'audizione, o, in caso di grave, oggettivo e assoluto impedimento, formulare motivata istanza di rinvio del termine per l'esercizio della sua difesa per un periodo non superiore a cinque giorni. Si è, quindi, davanti ad un procedimento disciplinare che privilegia l'oralità senza sacrificare il contraddittorio e il diritto di difesa, che ha il placet del Consiglio di Stato.
- **Danno d'immagine:** posto che la denuncia al PM e la segnalazione alla competente Procura regionale della Corte dei Conti dovrà avvenire entro quindici giorni, la Procura della Corte dei Conti, quando ne ricorreranno i presupposti, dovrà emettere invito a dedurre per danno d'immagine entro tre mesi dalla conclusione della procedura di licenziamento. L'azione di responsabilità dovrà essere esercitata, entro i centoventi giorni successivi alla denuncia, senza possibilità di proroga e l'ammontare del danno risarcibile sarà rimesso alla valutazione equitativa del giudice anche in relazione alla rilevanza del fatto per i mezzi di informazione e comunque l'eventuale condanna non potrà essere inferiore a sei mensilità dell'ultimo stipendio in godimento, oltre interessi e spese di giustizia.
- **Responsabilità dei dirigenti:** è prevista una maggiore responsabilità dei dirigenti, ovvero, negli enti privi di qualifica dirigenziale, dei responsabili di servizio competenti. Infatti, qualora questi acquisiranno conoscenza del fatto**:**
    - l'omessa comunicazione all'ufficio procedimenti disciplinari;
    - l'omessa attivazione del procedimento disciplinare;
    - l'omessa adozione del provvedimento di sospensione cautelare.

Capitolo 4 | CODICE DI COMPORTAMENTO

SOMMARIO:

1. Il codice di comportamento dei dipendenti pubblici.

Il Codice di comportamento dei dipendenti pubblici, approvato con d.P.R. n. 62 del 16 aprile 2013, è stato emanato in attuazione dell'art. 54 d.lgs. 30 marzo 2001, n. 165 (Norme generali sull'ordinamento del lavoro alle dipendenze delle amministrazioni pubbliche), così come sostituito dall'art. 1, comma 44, legge 6 novembre 2012, n. 190 (Disposizioni per la prevenzione e la repressione della corruzione e dell'illegalità nella pubblica amministrazione).
E proprio nell'ambito degli interventi volti al contrasto della corruzione nella Pubblica Amministrazione si colloca il Codice di comportamento dei dipendenti pubblici, emanato in linea con le raccomandazioni OCSE in materia di integrità ed etica pubblica. Il provvedimento in discorso va, pertanto, a completare sia i decreti legislativi n. 33/2013, in tema degli obblighi di pubblicità, trasparenza e diffusione di informazioni da parte delle pubbliche amministrazioni e n. 39/2013 recante disposizioni in materia di inconferibilità e incompatibilità di incarichi presso le pubbliche amministrazioni e presso gli enti privati in controllo pubblico, sia le disposizioni per la prevenzione e la repressione della corruzione e dell'illegalità nella pubblica amministrazione, contenute nella legge n. 190/2012.
Ai sensi dell'art. **54 del D.lgs. 165/2001** il Codice di comportamento è **strumento** attraverso cui il governo definisce gli **obblighi di diligenza, lealtà, imparzialità, buona condotta che i pubblici dipendenti sono tenuti ad osservare.**
Il codice si applica ai dipendenti delle amministrazioni pubbliche di cui all'art. 1, comma 2, d.lgs. 30 marzo 2001, n. 165, il cui rapporto di lavoro è disciplinato in base all'art. 2, commi 2 e 3, del medesimo decreto, ossia a tutte le amministrazioni dello Stato, ivi compresi gli istituti e scuole di ogni ordine e grado e le istituzioni educative, le aziende ed amministrazioni dello Stato ad ordinamento autonomo, le Regioni, le Province, i Comuni, le Comunità montane, e loro consorzi e associazioni, le istituzioni universitarie, gli Istituti autonomi case popolari, le Camere di commercio, industria, artigianato e agricoltura e loro associazioni, tutti gli enti pubblici non economici nazionali, regionali e locali, le amministrazioni, le aziende e gli enti del Servizio sanitario nazionale, l'Agenzia per la rappresentanza negoziale delle pubbliche amministrazioni (ARAN) e le Agenzie di cui al d.lgs. 30 luglio 1999, n. 300.
Il codice indica i **doveri di comportamento dei dipendenti delle pubbliche amministrazioni** al fine di assicurare la qualità dei servizi, la prevenzione dei fenomeni di corruzione, il rispetto dei

doveri costituzionali di diligenza, lealtà, imparzialità e servizio esclusivo alla cura dell'interesse pubblico. Inoltre, sancisce espressamente che la violazione degli obblighi previsti nel codice di comportamento, al pari delle prescrizioni contenute nel Piano per la prevenzione della corruzione, è fonte di **responsabilità disciplinare**, rilevante anche ai fini della responsabilità penale, civile, amministrativa e contabile. Quanto al tipo e all'entità della sanzione disciplinare concretamente applicabile è previsto che si debba tener conto della gravità del comportamento e del pregiudizio, anche morale, cagionato "*al decoro o al prestigio dell'amministrazione di appartenenza*".
Tra le principali disposizioni del codice:

- il divieto per il dipendente di chiedere, sollecitare o di accettare, per sé o per altri e a qualsiasi titolo (quindi, anche sotto forma di sconto), compensi, «*regali o altre utilità*», **fatti salvi quelli d'uso e di modico valore «*non superiore, in via orientativa, a 150 euro*"**
- la tempestiva comunicazione da parte del dipendente al responsabile dell'ufficio di appartenenza della propria «*adesione o appartenenza*» ad associazioni od organizzazioni (esclusi partiti politici e sindacati) i cui ambiti di interesse possano interferire con lo svolgimento delle attività dell'ufficio;
- la comunicazione, all'atto dell'assegnazione all'ufficio, «*di tutti i rapporti, diretti o indiretti, di collaborazione*» avuti con soggetti privati negli ultimi tre anni e in qualunque modo retribuiti, oltre al contestuale obbligo di precisare se con lo stesso (o con il di lui coniuge o convivente o parenti o affini entro il secondo grado) i rapporti finanziari sussistano ancora;
- l'obbligo per il dipendente di astenersi «*dal prendere decisioni o svolgere attività inerenti alle sue mansioni in situazioni di conflitto, anche potenziale, di interessi*» di qualsiasi natura, anche non patrimoniali, come quelli «*derivanti dall'intento di assecondare pressioni politiche, sindacali o dei superiori gerarchici*»;
- l'obbligo per i dipendenti di assicurare la trasparenza e la tracciabilità dei processi decisionali adottati che dovrà «*essere, in tutti i casi, garantita attraverso un adeguato supporto documentale, che consenta in ogni momento la replicabilità*»;
- gli obblighi di «*comportamento nei rapporti privati*» e «*in servizio*» e all'interno dell'organizzazione amministrativa; in particolare, l'obbligo per il dipendente, nella trattazione delle pratiche, di rispettare, salvo diverse esigenze di servizio o diversa disposizione di priorità stabilito dall'amministrazione di appartenenza, l'ordine cronologico e di non rifiutare, con motivazioni generiche, le prestazioni a cui sia tenuto.
- il «*rispetto dei vincoli posti dall'amministrazione*» nell'utilizzo del materiale o delle attrezzature assegnate ai dipendenti per ragioni di ufficio, **anche con riferimento all'utilizzo dei servizi telematici e delle linee telefoniche dell'ufficio**; quanto ai **mezzi di trasporto dell'amministrazione a disposizione del dipendente** è previsto che l'uso degli stessi avvenga «*soltanto per lo svolgimento dei compiti d'ufficio, astenendosi dal trasportare terzi, se non per motivi d'ufficio*» (non sarà quindi più possibile l'uso dell'auto per acquisti personali, per la gita domenicale, ecc.).
- obbligo per i dirigenti, prima di assumere le loro funzioni, di comunicare all'amministrazione «*le partecipazioni azionarie e gli altri interessi finanziari*» che possano porli in conflitto d'interesse con le funzioni pubbliche che svolgono; l'obbligo di fornire «*le informazioni sulla propria situazione patrimoniale e le dichiarazioni annuali dei redditi soggetti all'imposta sui redditi delle persone fisiche previste dalla legge*»; il dovere, nei limiti delle loro possibilità, di evitare che si diffondano notizie non rispondenti al vero sull'organizzazione, sull'attività e sugli altri dipendenti.

La norma più significativa è rappresentata dall'art. 11 che, in tema di **utilizzo del materiale e delle attrezzature pubbliche**, diversamente dal passato (ove era previsto il divieto assoluto del loro utilizzo, salvi i casi d'urgenza), **riserva alle singole amministrazioni ogni autonoma potestà**

regolamentare. Se la disposizione, come si è anticipato sopra, potrebbe assumere rilevanza per la qualificazione come «abuso d'ufficio» dell'indebito utilizzo del telefono d'ufficio da parte del pubblico dipendente.
Giova sottolineare che sull'applicazione dei codici dovranno vigilare i dirigenti, le strutture di controllo interno e gli uffici di disciplina mentre, annualmente, le pubbliche amministrazioni dovranno verificare lo stato di applicazione, organizzando le attività di formazione del personale per la conoscenza e la corretta applicazione degli stessi.

1.1. I caratteri del codice.

Il Codice di comportamento dei dipendenti pubblici, di seguito denominato "Codice", si compone di 17 articoli, le cui enunciazioni sono integrate e specificate dai codici di comportamento adottati dalle singole amministrazioni.
Il Codice richiama principi quali *"l'integrità, la correttezza, la buona fede, la proporzionalità, l'obiettività, la trasparenza, l'equità e la ragionevolezza"*, così come *"i doveri minimi di diligenza, lealtà imparzialità e buona condotta che i pubblici dipendenti sono tenuti ad osservare"*, al fine di assicurare la qualità dei servizi e la prevenzione dei fenomeni di corruzione. L'economicità, l'efficacia, l'efficienza, la trasparenza, l'imparzialità e non discriminazione, la comunicazione tra amministrazioni, il rispetto di standard di qualità, assumono un rilievo nella dimensione soggettiva dei doveri del funzionario, così come l'hanno nella dimensione oggettiva della disciplina del dispiegarsi della funzione.

2. Ambito di applicazione.

Il codice si applica ai dipendenti di tutte le amministrazioni dello Stato, ivi compresi gli istituti e scuole di ogni ordine e grado e le istituzioni educative, le aziende ed amministrazioni dello Stato ad ordinamento autonomo, le Regioni, le Province, i Comuni, le Comunità montane, e loro consorzi e associazioni, le istituzioni universitarie, gli Istituti autonomi case popolari, le Camere di commercio, industria, artigianato e agricoltura e loro associazioni, tutti gli enti pubblici non economici nazionali, regionali e locali, le amministrazioni, le aziende e gli enti del Servizio sanitario nazionale, l'Agenzia per la rappresentanza negoziale delle pubbliche amministrazioni (ARAN) e le Agenzie di cui al decreto legislativo 30 luglio 1999, n. 300 (tutte le amministrazioni pubbliche di cui all'art. 1, comma 2, d.lg. 30 marzo 2001, n. 165, il cui rapporto di lavoro è disciplinato in base all'art. 2, commi 2 e 3, del medesimo decreto).
Fermo restando quanto previsto dall'articolo 54, comma 4, del decreto legislativo 30 marzo 2001, n. 165, secondo cui per ciascuna magistratura e per l'Avvocatura dello Stato, gli organi delle associazioni di categoria adottano un codice etico a cui devono aderire gli appartenenti alla magistratura interessata, le norme contenute nel Codice di comportamento dei dipendenti pubblici costituiscono principi di comportamento per le restanti categorie di personale di cui all'articolo 3 del citato decreto n. 165 del 2001 (personale in regime di diritto pubblico), quali il personale militare e delle Forze di polizia di Stato, il personale della carriera diplomatica e della carriera prefettizia, etc., in quanto compatibili con le disposizioni dei rispettivi ordinamenti.

Le pubbliche amministrazioni di cui sopra estendono, per quanto compatibili, gli obblighi di condotta previsti dal presente codice a tutti i collaboratori o consulenti, con qualsiasi tipologia di contratto o incarico e a qualsiasi titolo, ai titolari di organi e di incarichi negli uffici di diretta collaborazione delle autorità politiche, nonché nei confronti dei collaboratori a qualsiasi titolo di imprese fornitrici di beni o servizi e che realizzano opere in favore dell'amministrazione. A tale

fine, negli atti di incarico o nei contratti di acquisizioni delle collaborazioni, delle consulenze o dei servizi, le amministrazioni inseriscono apposite disposizioni o clausole di risoluzione o decadenza del rapporto in caso di violazione degli obblighi derivanti dal presente codice.
Le disposizioni del presente codice si applicano alle regioni a statuto speciale e alle province autonome di Trento e di Bolzano nel rispetto delle attribuzioni derivanti dagli statuti speciali e delle relative norme di attuazione, in materia di organizzazione e contrattazione collettiva del proprio personale, di quello dei loro enti funzionali e di quello degli enti locali del rispettivo territorio.

3. I principi di comportamento dei dipendenti pubblici.

Il dipendente pubblico, ai sensi dell'art. 3 del Codice, osserva la Costituzione, servendo la Nazione con disciplina ed onore secondo i principi di buon andamento e imparzialità dell'azione amministrativa, di integrità, correttezza, buona fede, proporzionalità, obiettività, trasparenza, equità e ragionevolezza e agisce in posizione di indipendenza e imparzialità, astenendosi in caso di conflitto di interessi.
Il dipendente, che svolge i propri compiti nel rispetto della legge, perseguendo l'interesse pubblico senza abusare della posizione o dei poteri di cui è titolare, ma li esercita soltanto per finalità di interesse generale, non usa a fini privati le informazioni di cui dispone per ragioni di ufficio. Evita situazioni e comportamenti che possano compromettere il corretto adempimento dei propri compiti o arrecare danni agli interessi o all'immagine della pubblica amministrazione. Prerogative e poteri pubblici sono esercitati unicamente per le quali sono stati conferiti.
Il dipendente svolge le proprie attività amministrative secondo i criteri di massima economicità, efficienza ed efficacia, non sprecando le risorse pubbliche, ma contenendo i costi e senza compromettere la qualità dei servizi.
Il dipendente pubblico, inoltre, assicura la piena parità di trattamento per tutti i destinatari dell'azione amministrativa, senza compiere azioni arbitrarie che abbiano effetti negativi o che comportino discriminazioni basate su sesso, nazionalità, origine etnica, caratteristiche genetiche, lingua, religione o credo, convinzioni personali o politiche, appartenenza a una minoranza nazionale, disabilità, condizioni sociali o di salute, età e orientamento sessuale o su altri diversi fattori.
Il dipendente dimostra la massima disponibilità e collaborazione nei rapporti con le altre pubbliche amministrazioni, assicurando lo scambio e la trasmissione delle informazioni e dei dati in qualsiasi forma anche telematica, nel rispetto della normativa vigente.

4. Regali e compensi ai pubblici dipendenti.

Il dipendente pubblico, così come è analiticamente dettato dall'articolo 4 del Codice, rubricato "**Regali, compensi ed altre utilità**", *non chiede, né sollecita, per sé o per altri, regali o altre utilità* [...] *salvo quelli d'uso di modico valore effettuati occasionalmente nell'ambito delle normali relazioni di cortesia e nell'ambito delle consuetudini internazionali*.
Tra le principali disposizioni del Codice troviamo, pertanto, il divieto per il dipendente di chiedere, sollecitare o di accettare, per sé o per altri e a qualsiasi titolo (quindi, anche sotto forma di sconto), compensi, «*regali o altre utilità*», fatti salvi quelli d'uso e di modico valore «*non superiore, in via orientativa, a 150 euro*».
I codici di comportamento adottati dalle singole amministrazioni possono prevedere limiti inferiori, anche fino all'esclusione della possibilità di riceverli, in relazione alle caratteristiche dell'ente e alla tipologia delle mansioni.
I regali e le altre utilità comunque ricevuti, fuori dai casi consentiti dal presente articolo, sono

immediatamente messi a disposizione dell'Amministrazione per essere devoluti a fini istituzionali o per essere restituiti.
Il dipendente:

a) non chiede, per sé o per altri, regali o altre utilità, neanche di modico valore a titolo di corrispettivo per compiere o per aver compiuto un atto del proprio ufficio da soggetti che possano trarre benefici da decisioni o attività inerenti all'ufficio, né da soggetti nei cui confronti è o sta per essere chiamato a svolgere o a esercitare attività o potestà proprie dell'ufficio ricoperto;
b) non accetta, per sé o per altri, da un proprio subordinato, direttamente o indirettamente, regali o altre utilità, salvo quelli d'uso di modico valore. Allo stesso modo il dipendente non offre, direttamente o indirettamente, regali o altre utilità a un proprio sovraordinato, salvo quelli d'uso di modico valore;
c) non accetta incarichi di collaborazione da soggetti privati che abbiano, o abbiano avuto nel biennio precedente, un interesse economico significativo in decisioni o attività inerenti all'ufficio di appartenenza.

A vigilare sull'applicazione della regola è il responsabile dell'ufficio, al fine di preservare il prestigio e l'imparzialità dell'amministrazione.

5. Gli altri obblighi del dipendente pubblico.

Il Codice dispone per il dipendente pubblico:

a) la tempestiva comunicazione al responsabile dell'ufficio di appartenenza, della propria «*adesione o appartenenza*» ad associazioni od organizzazioni - esclusi partiti politici e sindacati - i cui ambiti di interesse possano interferire con lo svolgimento delle attività dell'ufficio.
Il pubblico dipendente non costringe altri dipendenti ad aderire ad associazioni od organizzazioni e non può e non deve esercitare pressioni a tale fine, promettendo vantaggi o prospettando svantaggi di carriera (ex art. 5 del Codice);
b) la comunicazione, così come previsto dall'art. 6 del Codice, all'atto dell'assegnazione all'ufficio, «*di tutti i rapporti, diretti o indiretti, di collaborazione*» avuti con soggetti privati negli ultimi tre anni e in qualunque modo retribuiti, oltre al contestuale obbligo di precisare se in prima persona o con il di lui coniuge o convivente o parenti o affini entro il secondo grado i predetti rapporti di collaborazione sussistano ancora;
c) l'obbligo di astenersi «*dal prendere decisioni o svolgere attività inerenti le sue mansioni in situazioni di conflitto, anche potenziale, di interessi*» di qualsiasi natura, anche non patrimoniali, come quelli «*derivanti dall'intento di assecondare pressioni politiche, sindacali o dei superiori gerarchici*» (ex art.6 del Codice);
d) l'obbligo, ai sensi dell'art. 9 del Codice, di assicurare la trasparenza, "*prestando la massima collaborazione nell'elaborazione, reperimento e trasmissione dei dati sottoposti all'obbligo di pubblicazione sul sito istituzionale*", e la tracciabilità dei processi decisionali adottati che dovrà «*essere, in tutti i casi, garantita attraverso un adeguato supporto documentale, che consenta in ogni momento la replicabilità*»;
e) gli obblighi di «*comportamento nei rapporti privati*»: il dipendente non deve sfruttare la posizione che ricopre nell'amministrazione per ottenere utilità che non gli spettino e non assume nessun altro comportamento che possa arrecare danno all'immagine dell'amministrazione (ex art. 10 del Codice);
f) gli obblighi di «*comportamento in servizio*», ex art. 11 del Codice, per cui il dipendente

- salvo giustificato motivo, non ritarda le attività di propria competenza, né le fa ricadere su altri dipendenti;
- utilizza i permessi di astensione dal lavoro nel rispetto delle condizioni previste dalla legge, dai regolamenti e dai contratti collettivi;
- utilizza il materiale o le attrezzature di cui dispone per ragioni di ufficio e i servizi telematici e telefonici dell'ufficio nel rispetto dei vincoli posti dall'amministrazione;
- utilizza i mezzi di trasporto dell'amministrazione soltanto per lo svolgimento dei compiti d'ufficio;

g) l'obbligo di astenersi (art. 7 del Codice) dal prendere decisioni o svolgere attività "*che possano coinvolgere interessi propri, ovvero di suoi parenti, affini entro il secondo grado, del coniuge o di conviventi, oppure di persone con le quali abbia rapporti di frequentazione abituale, ovvero, di soggetti od organizzazioni con cui egli o il coniuge abbia causa pendente o grave inimicizia o rapporti di credito o debito significativi, ovvero di soggetti od organizzazioni di cui sia tutore, curatore, procuratore o agente, ovvero di enti, associazioni anche non riconosciute, comitati, società o stabilimenti di cui sia amministratore o gerente o dirigente*".
Sull'astensione decide il responsabile dell'ufficio cui appartiene il dipendente interessato.

6. La prevenzione della corruzione.

Il dipendente, così come si evince dall'art. 8del codice, rispetta le misure necessarie alla prevenzione dei fenomeni di corruzione nell'amministrazione. In particolare, il dipendente rispetta quanto previsto dal piano per la prevenzione della corruzione e collabora al responsabile della prevenzione della corruzione. Segnala, inoltre, al proprio superiore gerarchico eventuali illeciti nell'amministrazione di cui sia venuto a conoscenza, fermo restando l'obbligo di denuncia all'autorità giudiziaria.

7. Il dipendente che ha rapporti con il pubblico.

Il dipendente in rapporto con il pubblico (art. 12 del Codice):

a) "*si fa riconoscere attraverso l'esposizione in modo visibile del badge od altro supporto identificativo messo a disposizione dall'amministrazione*";
b) "*opera con spirito di servizio, correttezza, cortesia e disponibilità e, nel rispondere alla corrispondenza, a chiamate telefoniche e ai messaggi di posta elettronica, opera nella maniera più completa e accurata possibile*";
c) se non è competente indirizza l'interessato al funzionario o ufficio competente della stessa amministrazione;
d) ha l'obbligo, nella trattazione delle pratiche, di rispettare, salvo diverse esigenze di servizio o diversa disposizione di priorità stabilito dall'amministrazione di appartenenza, l'ordine cronologico e di non rifiutare, con motivazioni generiche, le prestazioni di competenza;
e) "*si astiene da dichiarazioni pubbliche offensive nei confronti dell'amministrazione*";
f) "*cura il rispetto degli standard di qualità e di quantità fissati dall'amministrazione*" e si prodiga per assicurare la continuità del servizio;
g) "*osserva il segreto d'ufficio e la normativa in materia di tutela e trattamento dei dati personali*".

8. Disposizioni particolari per i dirigenti (ex art. 13 del codice).

I dirigenti, che svolgono con diligenza le funzioni di propria competenza e perseguono gli obiettivi loro assegnati,

a) hanno l'obbligo, prima di assumere le loro funzioni, di comunicare all'amministrazione "*le partecipazioni azionarie e gli altri interessi finanziari*" che possano porli in conflitto d'interesse con le funzioni pubbliche che svolgono; l'obbligo di fornire «*le informazioni sulla propria situazione patrimoniale e le dichiarazioni annuali dei redditi soggetti all'imposta sui redditi delle persone fisiche previste dalla legge*»;
b) dichiarano se hanno parenti e affini entro il secondo grado, coniuge o convivente che esercitano attività politiche, professionali o economiche che li pongano in contatti frequenti con l'ufficio che dovranno dirigere o che siano coinvolti nelle decisioni o nelle attività inerenti l'ufficio;
c) forniscono le dichiarazioni annuali dei redditi soggetti all'imposta sui redditi delle persone fisiche previste dalla legge;
d) assumono atteggiamenti leali, trasparenti e imparziale nei rapporti con i colleghi, i collaboratori e i destinatari dell'azione amministrativa; si adoperano, altresì, affinché le risorse loro assegnate siano utilizzate per finalità esclusivamente istituzionali e, in nessun caso, per esigenze personali;
e) favoriscono l'instaurarsi di rapporti cordiali e rispettosi tra i collaboratori, oltre che iniziative finalizzate alla formazione e all'aggiornamento del personale, all'inclusione e alla valorizzazione delle differenze di genere, di età e di condizioni personali;
f) assegnano le pratiche sulla base di un'equa ripartizione del carico di lavoro, tenendo conto delle capacità, delle attitudini e della professionalità del personale loro assegnato;
g) intraprendono tutte le iniziative necessarie ove vengano a conoscenza di un illecito, attivando e concludendo, se competenti, il procedimento disciplinare, ovvero segnalano tempestivamente l'illecito all'autorità disciplinare, oltre che la denuncia all'autorità giudiziaria penale o la segnalazione alla corte dei conti per le rispettive competenze.
   Se ricevano una segnalazione di un illecito da parte di un dipendente, fanno sì che il segnalante sia tutelato e non sia indebitamente rilevata la sua identità nel procedimento disciplinare, ai sensi dell'articolo 54-bis del decreto legislativo n. 165 del 2001;
h) hanno il dovere, nei limiti delle loro possibilità, di evitare che si diffondano notizie non rispondenti al vero sull'organizzazione, sull'attività e sugli altri dipendenti.

9. I contratti stipulati per conto dell'amministrazione (art. 14 del codice).

Il dipendente che stipula contratti per conto dell'amministrazione, anche per la esecuzione degli stessi, non ricorre alla mediazione di terzi e non corrisponde e non promette ad alcuno utilità per facilitare o aver facilitato la conclusione o l'esecuzione del contratto.
Non si applica tale divieto nei casi in cui l'amministrazione abbia deciso di ricorrere all'attività di intermediazione professionale.
Il dipendente che stipula per conto dell'amministrazione "*non conclude contratti di appalto, fornitura, servizio, finanziamento o assicurazione con imprese con le quali abbia stipulato contratti a titolo privato o ricevuto altre utilità nel biennio precedente*", ad eccezione di quelli conclusi mediante la sottoscrizione di **moduli** o **formulari**, predisposti per disciplinare in maniera uniforme determinati rapporti contrattuali, ai sensi dell'articolo 1342 del codice civile.
Nel caso in cui l'amministrazione concluda contratti di appalto, fornitura, servizio, finanziamento o assicurazione, con imprese con le quali il dipendente abbia concluso contratti a titolo privato o

ricevuto altre utilità nel biennio precedente, questi si astiene dal partecipare all'adozione delle decisioni ed alle attività relative all'esecuzione del contratto, redigendo verbale scritto di tale astensione da conservare agli atti dell'ufficio.
Laddove l'Amministrazione dovesse stipulare le predette tipologie contrattuali con imprese con le quali il dipendente abbia concluso contratti a titolo privato o ricevuto altre utilità nel biennio precedente, "*questi si astiene dal partecipare all'adozione delle decisioni ed alle attività relative all'esecuzione del contratto*" e redige un verbale scritto di tale astensione, che sarà conservato agli atti dell'ufficio.
Se il dipendente, operando per conto dell'amministrazione, "*conclude accordi o negozi ovvero stipula contratti a titolo privato, ad eccezione di quelli conclusi ai sensi dell'articolo 1342 del codice civile, con persone fisiche o giuridiche private con le quali abbia concluso, nel biennio precedente, ne informa per iscritto il dirigente dell'ufficio*".
Se un dirigente si trova nelle situazioni sopra descritte ne informa per iscritto il dirigente apicale responsabile della gestione del personale.
Se il dipendente riceve, da persone fisiche o giuridiche partecipanti a procedure negoziali nelle quali sia parte l'amministrazione, da proteste verbali o scritte sull'operato dell'ufficio o su quello dei propri collaboratori, ne informa immediatamente, di regola per iscritto, il proprio superiore gerarchico o funzionale.

10. La vigilanza e le attività formative.

I dirigenti responsabili di ciascuna struttura vigilano sull'applicazione del *Codice* e dei codici di comportamento adottati dalle singole amministrazioni, ai sensi dell'articolo 54, comma 6, del decreto legislativo 30 marzo 2001, n. 165.
Ai fini dell'attività di vigilanza e monitoraggio, prevista dall'art. 15 del *Codice*, le amministrazioni si avvalgono dell'ufficio procedimenti disciplinari (istituito ai sensi dell'articolo 55-bis, comma 4, del decreto legislativo n. 165 del 2001). Da tale attività non devono derivare nuovi o maggiori oneri a carico della finanza pubblica, ma le amministrazioni vi provvedono con le risorse umane, finanziarie, e strumentali disponibili a legislazione vigente.
L'ufficio procedimenti disciplinari

a) svolge la propria attività in modo conforme ai piani di prevenzione della corruzione adottati dalle amministrazioni ai sensi dell'articolo 1, comma 2, della legge 6 novembre 2012, n. 190;
b) cura l'aggiornamento del codice di comportamento dell'amministrazione, l'esame delle segnalazioni di violazione dei codici di comportamento, la raccolta delle condotte illecite accertate e sanzionate, assicurando al dipendente che denuncia condotte illecita le garanzie di cui all'articolo 54-bis del decreto legislativo n. 165 del 2001;
c) cura la diffusione della conoscenza dei codici di comportamento nell'amministrazione, il monitoraggio annuale sulla loro attuazione, la pubblicazione sul sito istituzionale e la comunicazione all'Autorità nazionale anticorruzione.

Al personale delle pubbliche amministrazioni "*sono rivolte attività formative in materia di trasparenza e integrità, che consentano ai dipendenti di conseguire una piena conoscenza dei contenuti del codice di comportamento, nonché un aggiornamento annuale e sistematico sulle misure e sulle disposizioni applicabili in tali ambiti*".
Le Regioni e gli enti locali, nell'ambito della propria autonomia organizzativa, definiscono le linee guida necessarie per l'attuazione dei suddetti principi di vigilanza.

11. Le responsabilità dei dipendenti pubblici in caso di violazione dei doveri del codice (art. 16 del codice).

Il dipendente che assume comportamenti contrari ai doveri d'ufficio viola gli obblighi previsti dal Codice.

In tal caso il dipendente è sottoposto a procedimento disciplinare che va ad accertare la sua responsabilità disciplinare, con la conseguente applicazione di sanzioni a suo carico, nel rispetto dei principi di gradualità e proporzionalità, ferme restando le ipotesi in cui la violazione dà luogo anche a responsabilità penale, civile, amministrativa o contabile.

Ai fini della determinazione del tipo e dell'entità della sanzione applicabile, la violazione è valutata "*con riguardo alla gravità del comportamento ed all'entità del pregiudizio, anche morale, derivatone al decoro o al prestigio dell'amministrazione di appartenenza*".

Le sanzioni applicabili sono quelle previste dalla legge, dai regolamenti e dai contratti collettivi.

È prevista anche la **sanzione espulsiva**, esclusivamente nei casi, da valutare in relazione alla gravità, di violazione delle disposizioni di cui agli articoli 4, qualora concorrano la non modicità del valore del regalo o delle altre utilità e l'immediata correlazione di questi ultimi con il compimento di un atto o di un'attività tipici dell'ufficio, 5, comma 2 (se il pubblico dipendente costringe o fa pressioni affinché altri dipendenti aderiscano ad associazioni od organizzazioni) e 14, comma 2 (se il dipendente conclude, per conto dell'amministrazione, contratti di appalto, fornitura, servizio, finanziamento o assicurazione con imprese con le quali abbia stipulato contratti a titolo privato o ricevuto altre utilità nei due anni precedenti, salvo quelli conclusi ai sensi dell'articolo 1342 del codice civile), del Codice.

La sanzione espulsiva è prevista anche in altre circostanze, come ad esempio nei casi di recidiva negli illeciti di cui agli articoli 4, comma 6 (se il dipendente accetta incarichi di consulenza o collaborazione da soggetti privati che abbiano avuto, nell'ultimo biennio, un significativo interesse economico in attività dell'ufficio), 6, comma 2 (mancata astensione del dipendente da decisioni o attività che possono coinvolgere interessi propri o di suoi parenti entro il II grado), esclusi i conflitti meramente potenziali.

I contratti collettivi possono prevedere ulteriori criteri di individuazione delle sanzioni applicabili in relazione alle tipologie di violazione del Codice.

Resta ferma la comminazione del licenziamento senza preavviso per i casi già previsti dalla legge (licenziamento disciplinare per giusta causa, come nel caso di falsa attestazione del dipendente in servizio, relativo ai cosiddetti *furbetti del cartellino*), dai regolamenti e dai contratti collettivi.

12. Pubblicazioni e abrogazioni.

Le amministrazioni, secondo quanto previsto dell'art. 17 del Codice, hanno pubblicato il Codice di comportamento dei dipendenti pubblici sul proprio sito internet istituzionale e nella rete intranet e lo hanno trasmesso tramite e-mail a tutti i propri dipendenti e ai titolari di contratti di consulenza o collaborazione a qualsiasi titolo, anche professionale, ai titolari di organi e di incarichi negli uffici di diretta collaborazione dei vertici politici dell'amministrazione, nonché ai collaboratori a qualsiasi titolo, anche professionale, di imprese fornitrici di servizi in favore dell'amministrazione.

L'amministrazione, "*contestualmente alla sottoscrizione del contratto di lavoro o, in mancanza, all'atto di conferimento dell'incarico, consegna e fa sottoscrivere ai nuovi assunti, con rapporti comunque denominati, copia del codice di comportamento*".

Il Codice di comportamento dei dipendenti pubblici, approvato con d.P.R. n. 62 del 16 aprile 2013, ha abrogato il decreto del Ministro per la funzione pubblica in data 28 novembre 2000 recante

"Codice di comportamento dei dipendenti delle pubbliche amministrazioni", pubblicato nella Gazzetta Ufficiale n. 84 del 10 aprile 2001.

13. Il codice di comportamento dei dipendenti della regione puglia.

Con Deliberazione n. 2509 del 23 dicembre 2013, seguita dalla Deliberazione 4 luglio 2014, n. 1423, la Regione Puglia ha adottato il proprio Codice di comportamento.
La deliberazione della Regione in esame recepisce il Codice di comportamento di cui all'art. 54 d.lgs. 30 marzo 2001, n. 165, integrandolo/modificandolo nei seguenti punti[1]:

- **Ambito d'applicazione** (art. 2) con l'estensione al personale appartenente ad altre amministrazioni e in posizione di comando, distacco o fuori ruolo dell'applicazione delle disposizioni del Codice;
- **Regali, compensi e altre utilità** (art. 4) rafforzando il divieto di assumere incarichi da parte dei dipendenti regionali da parte di soggetti giuridici e/o società che a vario titolo siano legati da rapporti giuridici con la Regione Puglia;
- **Rapporti con il Pubblico** (art. 6) rafforzando i vin- coli di comportamento nella diffusione di notizie interne e di rapporti con gli organi d'informazione.

[1] L'art. 1 comma 2 del d.P.R. 62/2013 stabilisce infatti che: *"Le previsioni del presente codice sono integrate e specificate dai codici di comportamento adottati dalle singole amministrazioni, ai sensi del- l'art. 54, comma 5 del citato decreto legislativo n. 165 del 2001"*.

QUIZ

1. **Quale norma stabilisce che "Agli impieghi nelle pubbliche amministrazioni si accede mediante concorso, salvo i casi stabiliti dalla legge"?**
   A. Art. 97 cost.
   B. Art. 3 cost.
   C. Art. 97 TUPI
   D. Art. 3 c.c.

2. **Il T.U. sul pubblico impiego è recato dal:**
   A. D.lgs. 165/2001
   B. D.lgs. 165/2011
   C. D.lgs. 165/2000
   D. D.lgs. 165/2009

3. **Il T.U. sul pubblico impiego di cui al d.lgs. 165/2001 si occupa del reclutamento dei:**
   A. Pubblici dipendenti
   B. Dirigenti
   C. Funzionari privati
   D. Nessuna delle precedenti risposte è esatta

4. **Il T.U. sul pubblico impiego disciplina il reclutamento dei pubblici dipendenti:**
   A. Agli artt. 35 e 36
   B. Art. 35
   C. Art. 36
   D. Artt. 43 e 44

5. **Quale norma individua le forme di lavoro flessibile?**
   A. Art. 36
   B. Art. 35
   C. Art. 5
   D. Art. 33

6. **Quale norma del TUPI riconosce al lavoratore interessato il diritto al risarcimento del danno derivante dalla prestazione di lavoro in violazione di disposizioni imperative?**
   A. Art. 36
   B. Art. 35
   C. Art. 37
   D. Art. 43

7. **Quale norma del TUPI attribuisce la competenza sulla definizione dei trattamenti economici ai contratti collettivi?**
   A. Art. 46
   B. Art. 36
   C. Art. 45
   D. Art. 35

8. **Quale norma del TUPI stabilisce che "L'attribuzione di trattamenti economici può avvenire esclusivamente mediante contratti collettivi e salvo i casi previsti dai commi 3-ter e 3-quater dell'articolo 40 e le ipotesi di tutela delle retribuzioni di cui all'articolo 47 bis, o, alle condizioni previste, mediante contratti individuali"?**
   A. Art. 2
   B. Art. 6
   C. Art. 5
   D. Art. 3

9. **Quale norma del TUPI stabilisce che "Il prestatore di lavoro deve essere adibito alle mansioni per le quali è stato assunto o alle mansioni equivalenti nell'ambito dell'area di inquadramento ovvero a quelle corrispondenti alla qualifica superiore che abbia successivamente acquisito per effetto delle procedure selettive di cui all'articolo 35, comma 1, lettera a)"?**
   A. Art. 52
   B. Art. 25
   C. Art. 5
   D. Art. 75

10. **Quale norma del TUPI stabilisce chei dirigenti sono quella particolare categoria di dipendenti pubblici a cui "spetta l'adozione degli atti e provvedimenti amministrativi, compresi tutti gli atti che impegnano l'amministrazione verso l'esterno, nonché la gestione finanziaria, tecnica e amministrativa mediante autonomi poteri di spesa di organizzazione delle risorse umane, strumentali e di controllo"?**
    A. Art. 4
    B. Art. 5
    C. Art. 44
    D. Art. 65

11. **Le regole in materia di dirigenti sono dettate dal:**
    A. D.lgs. n. 165/2001
    B. Codice civile
    C. C.p.a.
    D. D.lgs. n. 157/2003

12. **Le regole in materia di dirigenti dettate dal T.U. n. 165/2001 si applicano:**
    A. Solo all'amministrazione statale
    B. A tutte le amministrazioni
    C. Solo agli enti locali
    D. Anche agli enti locali

13. **Quale norma del TUPI stabilisce che "Il Governo definisce un codice di comportamento dei dipendenti delle pubbliche amministrazioni al fine di assicurare la qualità dei servizi, la prevenzione dei fenomeni di corruzione, il rispetto dei doveri costituzionali di diligenza, lealtà, imparzialità e servizio esclusivo alla cura dell'interesse pubblico" e che la violazione dei doveri ivi contenuti "è fonte di responsabilità disciplinare" ed è "altresì rilevante ai fini della responsabilità civile, amministrativa e contabile"?**
    A. Art. 54
    B. Art. 56
    C. Art. 55
    D. Art. 57

14. **Il Codice di comportamento dei dipendenti pubblici attualmente in vigore è stato adottato con il:**
    A. D.P.R. n. 62/2013
    B. D. Lgs. n. 150/2015
    C. D. Lgs. n. 165/2001
    D. D. Lgs. n. 22/2015

15. **Fa riferimento a tutta una serie di modifiche del rapporto di lavoro che – a domanda o coattive - comportano il passaggio di un singolo lavoratore da un ufficio ad un altro all'interno della medesima amministrazione (mobilità interna) o presso altre amministrazioni (mobilità esterna) la nozione di:**
    A. Mobilità
    B. Flessibilità
    C. Variabilità
    D. Disponibilità

16. **Il rapporto di lavoro alle dipendenze delle pubbliche amministrazioni può risolversi:**
    A. A livello individuale e collettivo
    B. A livello individuale
    C. A livello collettivo
    D. Nessuna delle precedenti risposte è esatte

17. **Il riparto di giurisdizione in materia di pubblico impiego è delineato dall'art.:**
    A. 63 TUPI
    B. 36 TUPI
    C. 46 TUPI
    D. 64 TUPI

18. **Tutte le controversie relative ai rapporti di lavoro alle dipendenze delle pubbliche amministrazioni appartengono al:**

A. G.O.
B. G.A.
C. Giudice fallimentare
D. Nessuna delle precedenti risposte è esatta

19. Il principio di parità tra i sessi nell'accesso ai pubblici uffici è stabilito dall'art.:
A. 51 cost.
B. 51 TUPI
C. 3 cost.
D. 32 cost.

20. Il pubblico dipendente deve adempiere con onore alle pubbliche funzioni e di porsi al servizio esclusivo della Nazione ex:
A. Artt. 54 e 98 cost.
B. Art. 54 cost.
C. Art. 98 cost.
D. Art. 87 e 98 cost.

21. La formazione professionale dei lavoratori, il profilo retributivo e la tutela dei minori e delle donne nei rapporti di lavoro sono disciplinati ex:
A. Artt. 35, 36 e 37 cost.
B. Art. 35, 36 e 54 cost.
C. Art. 35 cost.
D. Art. 37, 38 e 89 cost.

22. La responsabilità diretta dei dipendenti pubblici, il diritto di sciopero ed altri diritti sindacali è disciplinata ex:
A. Artt. 28, 29 e 40 cost.
B. Art. 25, 26 e 34 cost.
C. Art. 35 cost.
D. Art. 37 e 38cost.

23. Il rapporto di pubblico impiego si configura come:
A. Volontario, personale, bilaterale, subordinato
B. Volontario, personale
C. Volontario, subordinato
D. Volontario, personale, subordinato

24. La c.d. riforma Brunetta interviene nel:
A. 2009
B. 2008
C. 2007
D. 2001

25. La prima fase di privatizzazione viene inaugurata nel:
A. 1993
B. 1998
C. 2001
D. 2009

26. La seconda fase di privatizzazione inizia nel:
A. 1998
B. 2001
C. 2007
D. 2010

27. Il nuovo sistema di valutazione delle strutture e dei dipendenti viene introdotto nel:
A. 2009
B. 2013
C. 2001
D. 2017

28. Il sistema di classificazione del personale degli enti locali è articolato in:
A. 4 categorie
B. 3 categorie
C. 5 categorie
D. 7 categorie

29. Il numero di posti assegnati ad una Posizione Organizzativa è detto:
A. Contingente
B. Pianta organica
C. Contingentamento
D. Nessuna delle precedenti risposte è esatta

30. Il numero di dipendenti che effettivamente ricoprono i posti previsti in dotazione è detto:

A. Contingente
B. Pianta organica
C. Contingentamento
D. Nessuna delle precedenti risposte è esatta

31. Il rapporto di lavoro si costituisce mediante:
A. Contratto individuale
B. Contratto collettivo
C. Accordo
D. Provvedimento

32. Il dipendente assente per malattia ha diritto alla conservazione del posto purché la malattia non superi i:
A. 18 mesi
B. 12 mesi
C. 6 mesi
D. 36 mesi

33. Il Testo Unico sulla trasparenza è recato dal:
A. d.lgs. 33/2013
B. d.lgs. 33/2019
C. d.lgs. 33/2016
D. d.lgs. 33/2017

34. La selezione dei Segretari comunali avviene tramite:
A. concorso pubblico
B. licitazione privata
C. procedura ristretta
D. gara pubblica

35. A quanti tipi di responsabilità sono sottoposti i dipendenti comunali e provinciali?
A. Tre
B. Due
C. Quattro
D. Nessuna, sono esenti

36. Il lavoratore, che non osserva obblighi contrattualmente assunti, fissati nella contrattazione collettiva e recepiti nel contratto individuale, dalla legge o dal codice di comportamento incorre in responsabilità:
A. Disciplinare
B. Amministrativa
C. Civile
D. Penale

37. Il licenziamento determinato da un comportamento doloso e/o colposo del prestatore di lavoro costituente violazione degli obblighi del rapporto di lavoro è detto:
A. Licenziamento disciplinare
B. Sanzione
C. Licenziamento obbligatorio
D. Nessuna delle precedenti risposte è esatta

38. Il Codice di comportamento dei dipendenti pubblici è stato approvato nel:
A. 2013
B. 2001
C. 2012
D. 2016

39. Il Codice di comportamento dei dipendenti pubblici è stato emanato in attuazione del:
A. D.lgs. 165/2001
B. D.lgs. 165/2011
C. D.lgs. 165/2000
D. D.lgs. 165/2009

40. Quale norma del TUPI stabilisce che il Codice di comportamento è lo strumento attraverso cui il governo definisce gli obblighi di diligenza, lealtà, imparzialità, buona condotta che i pubblici dipendenti sono tenuti ad osservare?
A. 54
B. 45
C. 44
D. 46

41. Di quanti articoli si compone il Codice di comportamento dei dipen-

denti pubblici?
A. 17
B. 12
C. 34
D. 32

42. **Il Codice di comportamento dei dipendenti pubblici si applica ai dipendenti:**
A. Di tutte le amministrazioni dello Stato
B. Degli enti locali
C. Delle province
D. Nessuna delle precedenti risposte è esatta

43. **Ai sensi di quale norma del Codice di comportamento dei dipendenti pubblici il dipendente pubblico osserva la Costituzione, servendo la Nazione con disciplina ed onore secondo i principi di buon andamento e imparzialità dell'azione amministrativa, di integrità, correttezza, buona fede, proporzionalità, obiettività, trasparenza, equità e ragionevolezza e agisce in posizione di indipendenza e imparzialità, astenendosi in caso di conflitto di interessi?**
A. 3
B. 4
C. 6
D. 8

44. **Quale norma del Codice di comportamento dei dipendenti pubblici stabilisce che il dipendente pubblico non chiede, né sollecita, per sé o per altri, regali o altre utilità [...] salvo quelli d'uso di modico valore effettuati occasionalmente nell'ambito delle normali relazioni di cortesia e nell'ambito delle consuetudini internazionali:**
A. 4
B. 3
C. 5
D. 17

45. **Quale norma del Codice di comportamento dei dipendenti pubblici stabilisce che il dipendente rispetta le misure necessarie alla prevenzione dei fenomeni di corruzione nell'amministrazione. In particolare, il dipendente rispetta quanto previsto dal piano per la prevenzione della corruzione e collabora al responsabile della prevenzione della corruzione?**
A. 8
B. 4
C. 7
D. 5

46. **Il dipendente che stipula per conto dell'amministrazione "non conclude contratti di appalto, fornitura, servizio, finanziamento o assicurazione con imprese con le quali abbia stipulato contratti a titolo privato o ricevuto altre utilità nel biennio precedente", ad eccezione di quelli conclusi mediante la sottoscrizione di moduli o formulari, predisposti per disciplinare in maniera uniforme determinati rapporti contrattuali ex art.:**
A. 1342 c.c.
B. 1333 c.c.
C. 13 TUPI
D. 132 TUPI

47. **Sull'applicazione del Codicedi comportamento dei dipendenti pubblici vigila:**
A. I dirigenti responsabili di ciascuna struttura
B. I funzionari
C. Il MEF
D. L'Anpal

48. **Il dipendente che assume comportamenti contrari ai doveri d'ufficio viola gli obblighi previsti dal Codice:**
A. È sottoposto a procedimento disciplinare
B. Incorre in sanzione pecuniaria
C. È licenziato
D. Nessuna delle precedenti risposte è esatta

RISPOSTE

1. **Risposta corretta A**

L'art. 97 comma 2 della Costituzione stabilisce che "Agli impieghi nelle pubbliche amministrazioni si accede mediante concorso, salvo i casi stabiliti dalla legge".
La ratio di tale previsione è costituita dalla convinzione che il concorso, in quanto strumento che consente di assumere i soggetti più capaci e meritevoli in base ad una valutazione obiettiva e spersonalizzata, sia il metodo migliore per reclutare personale in grado di esercitare le proprie funzioni al servizio esclusivo della nazione (come prescritto dall'art. 98 Cost.), concorrendo così a realizzare i principi di buon andamento ed imparzialità posti dal comma 1 dell'art. 97 Cost.

2. **Risposta corretta A**

Il T.U. sul pubblico impiego è recato dal d.lgs. 165/2001.

3. **Risposta corretta A**

Il T.U. sul pubblico impiego si occupa del reclutamento dei pubblici dipendenti.

4. **Risposta corretta C**

Il T.U. sul pubblico impiego si occupa del reclutamento dei pubblici dipendenti agli artt. 35 e 36.

5. **Risposta corretta A**

L'art. 36 del T.U. consente di derogare alla regola secondo cui la Pubblica amministrazione assume con contratto a tempo indeterminato "soltanto per comprovate esigenze di carattere esclusivamente temporaneo o eccezionale e nel rispetto delle condizioni e modalità di reclutamento stabilite dall'articolo 35". La norma individua quindi le forme di lavoro flessibile.

6. **Risposta corretta A**

L'art. 36 riconosce al lavoratore interessato il diritto al risarcimento del danno derivante dalla prestazione di lavoro in violazione di disposizioni imperative e viene fatta salva ogni responsabilità (compresa quella ai sensi dell'art. 21 dei dirigenti responsabili, che in caso di dolo o colpa grave sono anche tenuti a rimborsare quanto pagato dall'amministrazione) ed ogni sanzione (ad esempio quelle previste in caso di somministrazione fraudolenta).

7. **Risposta corretta A**

L'art. 45 del T.U. attribuisce la competenza sulla definizione dei trattamenti economici ai contratti collettivi.

8. **Risposta corretta A**

L'art. 2 comma 3 del T.U. stabilisce che "L'attribuzione di trattamenti economici può avvenire esclusivamente mediante contratti collettivi e salvo i casi previsti dai commi 3-ter e 3-quater dell'articolo 40 e le ipotesi di tutela delle retribuzioni di cui all'articolo 47 bis, o, alle condizioni previste, mediante contratti individuali".

9. **Risposta corretta A**

L'art. 52 comma 1 stabilisce che "Il prestatore di lavoro deve essere adibito alle mansioni per le quali è stato assunto o alle mansioni equivalenti nell'ambito dell'area di inquadramento ovvero a quelle corrispondenti alla qualifica superiore che abbia successivamente acquisito per effetto delle procedure selettive di cui all'articolo 35, comma 1, lettera a)".

10. Risposta corretta A
Secondo quanto recita l'art. 4 comma 2 del T.U., i dirigenti sono quella particolare categoria di dipendenti pubblici a cui "spetta l'adozione degli atti e provvedimenti amministrativi, compresi tutti gli atti che impegnano l'amministrazione verso l'esterno, nonché la gestione finanziaria, tecnica e amministrativa mediante autonomi poteri di spesa di organizzazione delle risorse umane, strumentali e di controllo".

11. Risposta corretta A
Le regole in materia di dirigenti dettate dal T.U. n. 165/2001 (art. da 13 a 29).

12. Risposta corretta A
Le regole in materia di dirigenti dettate dal T.U. n. 165/2001 (art. da 13 a 29) trovano diretta applicazione per le sole Amministrazioni dello Stato, mentre per le altre amministrazioni sono dettate da altri testi normativi (la disciplina della dirigenza degli enti locali ad esempio è contenuta nel d. lgs. n. 267/ 2000).

13. Risposta corretta A
L'art. 54 del T.U. stabilisce che "Il Governo definisce un codice di comportamento dei dipendenti delle pubbliche amministrazioni al fine di assicurare la qualità dei servizi, la prevenzione dei fenomeni di corruzione, il rispetto dei doveri costituzionali di diligenza, lealtà, imparzialità e servizio esclusivo alla cura dell'interesse pubblico" e che la violazione dei doveri ivi contenuti "è fonte di responsabilità disciplinare" ed è "altresì rilevante ai fini della responsabilità civile, amministrativa e contabile".

14. Risposta corretta A
Il Codice di comportamento dei dipendenti pubblici attualmente in vigore è stato adottato con il DPR 62/2013 (che ha abrogato il precedente del 28 novembre 2000).

15. Risposta corretta A
Con la nozione di mobilità si fa riferimento a tutta una serie di modifiche del rapporto di lavoro che – a domanda o coattive - comportano il passaggio di un singolo lavoratore da un ufficio ad un altro all'interno della medesima amministrazione (mobilità interna) o presso altre amministrazioni (mobilità esterna).

16. Risposta corretta A
Il rapporto di lavoro alle dipendenze delle pubbliche amministrazioni si risolve sia a livello individuale – per volontà del lavoratore o dell'amministrazione - sia a livello collettivo.

17. Risposta corretta A
Il riparto di giurisdizione in materia di pubblico impiego è delineato dall'art. 63 del T.U.

18. Risposta corretta A
L''art. 63 del T.U. attribuisce al giudice ordinario, in funzione di giudice del lavoro, tutte le controversie relative ai rapporti di lavoro alle dipendenze delle pubbliche amministrazioni.

19. Risposta corretta A
L'art. 51 Cost. sancisce il principio di parità tra i sessi nell'accesso ai pubblici uffici.

20. Risposta corretta A
Gli artt. 54 e 98 Cost. impongono al pubblico dipendente di adempiere con onore alle pubbliche funzioni e di porsi al servizio esclusivo della Nazione.

21. Risposta corretta A
Gli artt. 35, 36 e 37 Cost. disciplinano la formazione professionale dei lavoratori, il profilo retributivo e la tutela dei minori e delle donne nei rapporti di lavoro.

22. Risposta corretta A
Gli artt. 28, 29 e 40 Cost. sanciscono la responsabilità diretta dei dipendenti pubblici, il diritto di sciopero ed altri diritti sindacali.

23. Risposta corretta A
Il rapporto di pubblico impiego si configura come:
a. volontario (tale requisito attiene al momento costitutivo, allo svolgimento e alla estinzione del rapporto di lavoro);
b. di natura personale, essendo un rapporto costituito intuitu personae;
c. bilaterale, poiché fondato sulla presenza di diritti ed obblighi reciproci;
d. di subordinazione, poiché fondato sulla dipendenza dalla struttura pubblica.

24. Risposta corretta A
Con la c.d. riforma Brunetta (d.lgs. 27 ottobre 2009, n. 150) ha trovato compimento il procedimento di attuazione della delega per la riforma del lavoro pubblico approvata con la l. 4 marzo 2009, n. 15. Il nuovo corpo normativo, che riguarda i lavoratori pubblici "contrattualizzati"(art. 1, co. 1, d.lgs. n. 150 del 2009), pur innovando ampiamente la disciplina del lavoro pubblico, non sostituisce il d.lgs. n. 165/2001.

25. Risposta corretta A
La prima fase di privatizzazione viene inaugurata con il d.lgs. n. 29 del 3 febbraio 1993 che delinea una netta distinzione tra organizzazione amministrativa strettamente intesa e regolazione e gestione dei rapporti di lavoro del personale.

26. Risposta corretta A
La seconda fase di privatizzazione si è avuta con il d.lgs. 31 marzo 1998, n. 80(seconda privatizzazione).

27. Risposta corretta A
Attraverso il D.lgs. n. 150/2009, e con l'intento di incentivare l'efficienza e la produttività nella P.A, è stato introdotto un nuovo sistema di valutazione delle strutture e dei dipendenti.

28. Risposta corretta A
Il sistema di classificazione del personale degli enti locali è articolato in quattro categorie denominate, rispettivamente, A, B, C e D.

29. Risposta corretta A
Il contingente è dato dal numero di posti assegnati ad una Posizione Organizzativa.

30. Risposta corretta B
La pianta organica è costituita dal numero di dipendenti che effettivamente ricoprono i posti previsti in dotazione.

31. Risposta corretta A
Il rapporto di lavoro si costituisce mediante contratto individuale (art. 35 D.lgs. 165/2001 e art. 19 CCNL Funzioni locali 2016-2018).

32. Risposta corretta A
Il dipendente assente per malattia ha diritto alla conservazione del posto purché la malattia non superi i 18 mesi cumulando le assenze degli ultimi 3 anni; in casi particolarmente gravi tale periodo si raddoppia (ma senza retribuzione) previo accertamento da parte dell'Azienda USL competente al fine di stabilire la sussistenza di eventuali cause di assoluta e permanente inidoneità fisica svolgere qualsiasi proficuo lavoro (art. 361, commi 1 e 2, CCNL Funzioni locali 2016-2018).

33. Risposta corretta A
Il Testo Unico sulla trasparenza (d.lgs. 33/2013) impone alle PP.AA. alcuni obblighi di pubblicazione per gli incarichi di collaborazione o consulenza.

34. Risposta corretta A
La selezione dei Segretari comunali avviene tramite concorso pubblico.

35. Risposta corretta A
I dipendenti comunali e provinciali (così come i dipendenti statali) sono sottoposti a tre tipi diversi di responsabilità:

- responsabilità civile, qualificata dalla Corte dei Conti come responsabilità patrimoniale
- responsabilità disciplinare
- responsabilità penale

36. Risposta corretta A
La responsabilità disciplinare è quella forma di responsabilità, aggiuntiva rispetto a quella penale, civile, amministrativo-contabile e dirigenziale, in cui incorre il lavoratore, che non osserva obblighi contrattualmente assunti, fissati nella contrattazione collettiva e recepiti nel contratto individuale, dalla legge o dal codice di comportamento.

37. Risposta corretta A
Con il termine licenziamento disciplinare si indica il licenziamento determinato da un comportamento doloso e/o colposo del prestatore di lavoro costituente violazione degli obblighi del rapporto di lavoro.

38. Risposta corretta A
Il Codice di comportamento dei dipendenti pubblici è stato approvato con il d.P.R. n. 62 del 16 aprile 2013.

39. Risposta corretta A
Il Codice di comportamento dei dipendenti pubblici è stato emanato in attuazione dell'art. 54 d.lgs. 30 marzo 2001, n. 165 (Norme generali sull'ordinamento del lavoro alle dipendenze delle

amministrazioni pubbliche), così come sostituito dall'art. 1, comma 44, legge 6 novembre 2012, n. 190 (Disposizioni per la prevenzione e la repressione della corruzione e dell'illegalità nella pubblica amministrazione).

40. Risposta corretta A
L'art. 54 TUPI stabilisce che il Codice di comportamento è lo strumento attraverso cui il governo definisce gli obblighi di diligenza, lealtà, imparzialità, buona condotta che i pubblici dipendenti sono tenuti ad osservare.

41. Risposta corretta A
Il Codice di comportamento dei dipendenti pubblici si compone di 17 articoli, le cui enunciazioni sono integrate e specificate dai codici di comportamento adottati dalle singole amministrazioni.

42. Risposta corretta A
Il Codice di comportamento dei dipendenti pubblici si applica ai dipendenti di tutte le amministrazioni dello Stato, ivi compresi gli istituti e scuole di ogni ordine e grado e le istituzioni educative, le aziende ed amministrazioni dello Stato ad ordinamento autonomo, le Regioni, le Province, i Comuni, le Comunità montane, e loro consorzi e associazioni, le istituzioni universitarie, gli Istituti autonomi case popolari, le Camere di commercio, industria, artigianato e agricoltura e loro associazioni, tutti gli enti pubblici non economici nazionali, regionali e locali, le amministrazioni, le aziende e gli enti del Servizio sanitario nazionale, l'Agenzia per la rappresentanza negoziale delle pubbliche amministrazioni (ARAN) e le Agenzie di cui al decreto legislativo 30 luglio 1999, n. 300 (tutte le amministrazioni pubbliche di cui all'art. 1, comma 2, d.lg. 30 marzo 2001, n. 165, il cui rapporto di lavoro è disciplinato in base all'art. 2, commi 2 e 3, del medesimo decreto).

43. Risposta corretta A
Il dipendente pubblico, ai sensi dell'art. 3 del Codice di comportamento dei dipendenti pubblici, osserva la Costituzione, servendo la Nazione con disciplina ed onore secondo i principi di buon andamento e imparzialità dell'azione amministrativa, di integrità, correttezza, buona fede, proporzionalità, obiettività, trasparenza, equità e ragionevolezza e agisce in posizione di indipendenza e imparzialità, astenendosi in caso di conflitto di interessi.

44. Risposta corretta A
Il dipendente pubblico, così come è analiticamente dettato dall'articolo 4 del Codice, rubricato "**Regali, compensi ed altre utilità**", non chiede, né sollecita, per sé o per altri, regali o altre utilità [...] salvo quelli d'uso di modico valore effettuati occasionalmente nell'ambito delle normali relazioni di cortesia e nell'ambito delle consuetudini internazionali.

45. Risposta corretta A
Il dipendente, così come si evince dall'art. 8 del codice, rispetta le misure necessarie alla prevenzione dei fenomeni di corruzione nell'amministrazione. In particolare, il dipendente rispetta quanto previsto dal piano per la prevenzione della corruzione e collabora al responsabile della prevenzione della corruzione.

46. Risposta corretta A
Il dipendente che stipula per conto dell'amministrazione "non conclude contratti di appalto, fornitura, servizio, finanziamento o assicurazione con imprese con le quali abbia stipulato contratti a titolo privato o ricevuto altre utilità nel biennio precedente", ad eccezione di quelli conclusi

mediante la sottoscrizione di moduli o formulari, predisposti per disciplinare in maniera uniforme determinati rapporti contrattuali, ai sensi dell'articolo 1342 del codice civile.

47. Risposta corretta A

I dirigenti responsabili di ciascuna struttura vigilano sull'applicazione del Codice e dei codici di comportamento adottati dalle singole amministrazioni, ai sensi dell'articolo 54, comma 6, del decreto legislativo 30 marzo 2001, n. 165.

48. Risposta corretta A

Il dipendente che assume comportamenti contrari ai doveri d'ufficio viola gli obblighi previsti dal Codice è sottoposto a procedimento disciplinare che va ad accertare la sua responsabilità disciplinare, con la conseguente applicazione di sanzioni a suo carico, nel rispetto dei principi di gradualità e proporzionalità, ferme restando le ipotesi in cui la violazione dà luogo anche a responsabilità penale, civile, amministrativa o contabile.

PARTE III
NORMATIVA IN MATERIA DI PROTEZIONE DEI DATI PERSONALI, TRASPARENZA, ACCESSO AGLI ATTI, ANTICORRUZIONE

Capitolo 1 IL TRATTAMENTO DEI DATI PERSONALI NELLA PUBBLICA AMMINISTRAZIONE

SOMMARIO

1. I limiti al diritto di accesso: la segretezza e la riservatezza

I limiti principali al diritto di accesso sono costituiti da:

- **segretezza:** risponde all'esigenza di tutelare interessi pubblici e generali;
- **riservatezza:** attribuisce rilievo all'interesse privatistico a che sia mantenuto il riserbo in ordine a vicende che coinvolgono la sfera personale o economico-patrimoniale di singoli soggetti, siano essi singoli cittadini o persone giuridiche;

I rapporti tra accesso e riservatezza sono disciplinati distinguendo tra diversi livelli di consistenza del profilo di privacy coinvolto nell'atto di cui si chiede l'ostensione. In sostanza, occorre distinguere a seconda che l'atto oggetto della richiesta di accesso contenga dati altrui solo personali e ordinari, sensibili o sensibilissimi (vita o salute).

I limiti al diritto di accesso sono disciplinati nel **d.lgs. n. 196 del 2003 ("Codice sulla protezione dei dati personali")** che, **agli artt. 59 e 60**, detta la disciplina da seguire allorché l'istanza di accesso riguardi atti rispettivamente contenenti **dati sensibili (art. 59) e sensibilissimi (art. 60).**

Ciò posto, la disciplina generale in tema di accesso, cioè **l'art. 24,** l. n. 241 del 1990 prevede: (i) **al comma 6, tra i casi di sottrazione all'accesso** da definire con regolamento adottato dal Governo ex art. 17, comma 2, l. n. 400 del 1988, quello dei documenti concernenti "*...la vita privata o la riservatezza di persone fisiche, persone giuridiche, gruppi, imprese e associazioni, con particolare riferimento agli interessi epistolare, sanitario, professionale, finanziario, industriale e commerciale di cui siano in concreto titolari, ancorché i relativi dati siano forniti all'amministrazione dagli stessi soggetti cui si riferiscono*"; (ii) **al comma 7**, che "*deve comunque essere garantito ai richiedenti l'accesso ai documenti amministrativi la cui conoscenza sia necessaria per curare o per difendere i propri interessi giuridici. Nel caso di documenti contenenti dati sensibili e giudiziari, l'accesso è consentito nei limiti in cui sia strettamente indispensabile e nei termini previsti dall'art. 60, d.lgs. 30 giugno 2003, n. 196, in caso di dati idonei a rivelare lo stato di salute e la vita sessuale*".

Pertanto:

- **quanto all'accesso ad atti contenenti dati sensibili** (dati personali idonei a rivelare l'origine razziale ed etnica, le convinzioni religiose, filosofiche o di altro genere, le opinioni politiche, l'adesione a partiti, sindacati, associazioni od organizzazioni a carattere religioso, filosofico, politico o sindacale) **e giudiziari** – da ritenersi consentito ogni qualvolta e per il solo fatto che lo stesso possa dirsi difensivo, in quanto strumentale alla cura o difesa degli interessi giuridici dell'accedente – si richiede il limite della "indispensabilità" del dato in questione ai fini difensivi perché lo stesso possa essere esteso;

- **quanto ai dati relativi allo stato di salute o alla vita sessuale (c.d. dati sensibilissimi),** l'art. 60, richiamato nella norma summenzionata, stabilisce che l'accesso è consentito se la situazione giuridicamente rilevante, che si intende tutelare con la richiesta di accesso ai documenti amministrativi, è di rango almeno pari ai diritti dell'interessato ovvero consiste in un diritto della personalità o in un altro diritto o libertà fondamentale e inviolabile.

Il raffronto, dunque:

- **per l'accesso ad atti contenenti dati personali ordinari e sensibili, avviene tra riservatezza e generica esigenza difensiva**;
- **per l'accesso ad atti contenenti dati personalissimi, tra riservatezza e diritti da difendere mediante la conoscenza del dato sensibilissimo di cui si chiede l'ostensione**. Circa il giudizio di bilanciamento tra riservatezza e diritti da difendere con la conoscenza del dato sensibilissimo di cui si chiede l'ostensione, la giurisprudenza ritiene che occorra procedere ad una valutazione in concreto degli interessi in gioco. Il conflitto tra il diritto di difesa su cui si fonda la richiesta estensiva e quello alla riservatezza non va, quindi, risolto in astratto bensì all'esito di una ponderazione comparativa e concreta dell'amministrazione in primo luogo e, successivamente, del giudice in sede di controllo. È stato aggiunto che il bilanciamento, cui si riferiscono le norme in discorso, non va effettuato allorché sia possibile celare, mediante l'apposizione di opportuni omissis, l'identità del soggetto, cui si riferiscono i dati sensibili o sensibilissimi e che la tutela dei dati sensibili può essere operata mediante tecniche di mascheramento riguardanti i dati relativi ai terzi ovvero oscurando i dati supersensibili se riferiti direttamente ai contro interessati.

Quanto ai **profili processuali,** chi ricorre al giudice amministrativo per accedere a documenti amministrativi, che coinvolgano aspetti di riservatezza di un altro soggetto, ha l'onere di notificargli il ricorso. La materia ha trovato specifica disciplina nell'art. 116, comma 1, del Codice del processo amministrativo, approvato con d.lgs. 2 luglio 2010, n. 104, che ha espressamente disposto che il ricorso proposto avverso il diniego espresso o tacito all'accesso ai documenti, nonché per la tutela del diritto di accesso civico connessa all'inadempimento degli obblighi di trasparenza deve essere notificato, oltre che all'Amministrazione che tale diniego ha opposto, anche ad almeno uno dei controinteressati, salva la successiva estensione del contraddittorio su ordine del giudice, nel termine dallo stesso assegnato.

Ha chiarito Cons. St., sez. V, 27 maggio 2011, n. 3107, che l'art. 22, comma 1, lett. c), l. n. 241 del 1990 impone di riconoscere la qualità di controinteressato non già a tutti coloro che, a qualsiasi titolo, sono nominati o comunque coinvolti nel documento oggetto dell'istanza ostensiva, ma solo a coloro che per effetto dell'ostensione vedrebbero pregiudicato il loro diritto alla riservatezza. La veste di controinteressato in tema di accesso è una proiezione, perciò, del valore della riservatezza, e non già della mera oggettiva riferibilità di un dato alla sfera di un certo soggetto.

Da rimarcare che la partecipazione dei controinteressati deve essere assicurata non solo in fase processuale a seguito di diniego di accesso, ma anche, e prima ancora, nell'ambito del procedimento di accesso. L'art. 3, d.P.R. n. 184 del 2006 prevede, infatti, che la Pubblica amministrazione cui è indirizzata la richiesta di accesso, se individua soggetti controinteressati, di cui all'art. 22, comma 1, lett. c), l. n. 241 del 1990, è tenuta a dare comunicazione agli stessi; e che, entro dieci giorni, i controinteressati possono presentare una motivata opposizione alla richiesta di accesso.

2. La tutela della privacy

La **privacy** è uno dei **diritti fondamentali dell'uomo** nell'età dell'informazione.
È protetta dalla Dichiarazione Universale dei diritti dell'Uomo, dall'International Covenant on Civil and Political Rights, dalla Convenzione Europea per la Protezione dei Diritti dell'Uomo e delle Libertà fondamentali e trova specifico riconoscimento nel **Codice della Privacy (D.lgs. 196/2003).**
In particolare, il diritto alla protezione dei dati personali è un diritto fondamentale dell'individuo tutelato dal Codice in materia di protezione dei dati personali (decreto legislativo 20 giugno 2003, n. 196), oltre che da vari altri atti normativi italiani e internazionali. **Grazie ad esso ogni individuo può pretendere che i propri dati personali siano trattati da terzi solo nel rispetto delle regole e dei principi stabiliti dalla legge**.
Il Codice (articolo 5) disciplina il trattamento dei dati personali, anche detenuti all'estero, effettuato da chiunque:

- ha sede nel territorio dello Stato italiano o in un luogo comunque soggetto alla sovranità dello Stato italiano;
- ha sede nel territorio di un Paese non appartenente all'Unione europea e impiega per il trattamento strumenti situati nel territorio dello Stato italiano, a meno che tali strumenti non siano utilizzati solo per far transitare i dati nel territorio dell'Unione europea. In caso di applicazione del Codice, il titolare deve designare un proprio rappresentante stabilito nel territorio dello Stato italiano.

Il Codice prevede specifiche misure di protezione e sicurezza da applicare e adempimenti da svolgere quando si effettua un trattamento di dati personali altrui e riconosce all'interessato determinati diritti che è possibile far valere rivolgendosi direttamente al titolare (articolo 7), salvo alcune eccezioni.

A) Diritto di accedere ai propri dati personali

È possibile richiedere ad un soggetto (persona fisica, impresa, associazione, partito, ecc.) di fornire informazioni sull'eventuale trattamento dei propri dati personali, oltre che ottenere la messa a disposizione di tutte le informazioni personali detenute dal titolare del trattamento.
In particolare, è possibile chiedere di sapere:

- quale sia l'origine dei dati personali trattati;
- le finalità e le modalità del trattamento;
- se i dati personali sono trattati con strumenti elettronici e qual è la logica applicata a tale trattamento;
- gli estremi identificativi di chi tratta i dati (titolare, responsabile, rappresentante designato nel territorio dello Stato italiano);
- i soggetti o le categorie di soggetti ai quali i dati personali possono essere comunicati o che possono venirne a conoscenza in qualità di rappresentante designato nel territorio dello Stato, di responsabili o incaricati.

B) L'esercizio del diritto:

- non è subordinato ad alcuna motivazione particolare;
- è, di regola, gratuito.

3. Le fonti del diritto alla privacy in Europa ed in Italia

In Europa il fondamento normativo è dato dall'**articolo 8 della Convenzione** per la Protezione dei

Diritti dell'Uomo e delle Libertà Fondamentali, sottoscritta a Roma il 4 novembre 1950 e ratificata poi dall'Italia con la legge 4 agosto 1955, n. 848.
Il citato articolo 8 testualmente recita:
1 *Ogni persona ha diritto al rispetto della sua vita privata e familiare, del suo domicilio e della sua corrispondenza.*
2 *Non può esservi ingerenza di una autorità pubblica nell'esercizio di tale diritto a meno che tale ingerenza sia prevista dalla legge e costituisca una misura che, in una società democratica, è necessaria per la sicurezza nazionale, per la pubblica sicurezza, per il benessere economico del paese, per la difesa dell'ordine e per la prevenzione dei reati, per la protezione della salute o della morale, o per la protezione dei diritti e delle libertà altrui.*
L'applicazione della norma ottiene effettività da parte della Corte Europea dei Diritti dell'Uomo.

La Costituzione del 1948 contiene diverse previsioni relative alla tutela della sfera personale.
Il riferimento principale è alle previsioni **dell'art. 2** che riconosce i diritti inviolabili dell'uomo e ne garantisce l'attuazione sia come singolo sia nelle formazioni sociali ove si svolge la sua personalità.
La Parte prima, Titolo primo, individua poi i diritti inviolabili dell'individuo **(artt. 13-23)**: libertà personale, inviolabilità del domicilio, libertà e segretezza della corrispondenza e di ogni altra forma di comunicazione, libertà di associazione, di circolazione, politiche e religiose, di manifestazione del pensiero.

La legge 20 maggio 1970, n. 300 (c.d. Statuto dei Lavoratori) si occupava (e si occupa) specificamente della tutela di alcuni fondamentali principi di libertà del lavoratore e di contemperare tali diritti con le necessità dell'impresa di conoscere e gestire alcune tipologie di informazioni personali essenziali all'instaurazione ed allo svolgimento del rapporto di lavoro subordinato.

In particolare, all'interno degli articoli:

- 2 (utilizzo delle guardie giurate)
- 3 (utilizzo del personale di vigilanza)
- 4 (utilizzo di impianti audiovisivi)
- 5 (accertamenti sanitari da parte del datore di lavoro)
- 6 (visite personali di controllo)
- 8 (divieto di indagini sulle opinioni)
- da 15 a 17 (relativi alla tutela antidiscriminatoria in positivo ed in negativo)

la normativa del 1970 detta regole fondamentali che individuano ambiti di libertà per la personalità del lavoratore: cioè limitano le possibilità di ingerenza del datore di lavoro nella sfera personale dell'individuo e la gestione di determinate categorie di informazioni che la legge considera irrilevanti ai fini del rapporto di lavoro.

Ribadito il principio che l'ambito di applicazione delle normative dello Statuto dei lavoratori è limitato al rapporto di lavoro subordinato (art. 2094 cod. civ.), il punto di partenza di ogni indagine è, imprescindibilmente, l'articolo 1, il quale prevede che *"i lavoratori, senza distinzione di opinioni politiche, sindacali e di fede religiosa, hanno diritto di manifestare liberamente il proprio pensiero, nel rispetto dei principi della Costituzione e delle norme della presente legge."*
Si tratta del principio ispiratore di tutto il titolo primo rubricato "della libertà e dignità del lavoratore" e, in generale, ispiratore di tutta la legge.

Il rapporto di lavoro, infatti, per le sue peculiarità (continuità, durata, messa a disposizione di

energie per il coordinamento da parte dell'imprenditore per il raggiungimento delle finalità dell'impresa, poteri di controllo e disciplinari, poteri di conformazione, doveri di tutela sotto il profilo psico-fisico e della personalità morale del dipendente, ecc.) comporta la necessità per l'impresa, di intervenire, entro certi limiti, nella sfera personale del dipendente.
La disciplina Statutaria, pertanto, dovrà essere integrata dalla normativa generale in tema di trattamento dei dati personali. Le due discipline non necessariamente si sovrappongono, ma in certi casi la generalità della seconda deve essere, dall'interprete, integrata e armonizzata con la specificità della prima.

Il 24 ottobre 1995 è stata approvata la Direttiva 95/46/CE del Parlamento Europeo e del Consiglio relativa alla tutela delle persone fisiche con riguardo al trattamento dei dati personali, nonché alla libera circolazione di tali dati.
Questa direttiva – il cui recepimento da parte dell'Italia avrebbe portato poi all'approvazione della legge 675/96 – risulta suddivisa in 7 Capi di cui il primo, dal titolo "Disposizioni Generali", contiene i principi generali, le definizioni e il campo di applicazione.

La Direttiva 2002/58/CE approvata il 12 luglio 2002 e relativa al trattamento dei dati personali e alla tutela della vita privata delle comunicazioni elettroniche, infine, integra ulteriormente la Direttiva 95/46/CE abrogando, con l'articolo 19, la precedente direttiva 97/66/CE.
In particolare, la direttiva, traducendo in norme specifiche per il settore delle telecomunicazioni alcuni principi generali enunciati dalla Direttiva 95/46/CE, ha inteso disciplinare il trattamento dei dati da parte dei fornitori di servizi di telecomunicazione offerti al pubblico. Tra le varie disposizioni del provvedimento vale la pena ricordare l'articolo 5 che tende a stabilire un principio generale di riservatezza *"delle comunicazioni effettuate tramite la rete pubblica di telecomunicazione e i servizi di comunicazione elettronica accessibili al pubblico"*.

Con il D.lgs. 196/2003 la normativa del 1995 è stata novellata recependo alcune delle interpretazioni che si erano consolidate nell'applicazione della legge.

Il **Codice della privacy** è accompagnato da una serie di Codici deontologici (disponibili come allegati sul sito del Garante richiamato) che disciplinano alcune attività di trattamento dei dati in modo integrativo rispetto al codice.
Tali codici deontologici sono secondo l'opinione della giurisprudenza norme a tutti gli effetti integrative della disciplina della privacy e vincolanti (la violazione può comportare l'applicazione delle sanzioni previste dalla legge).

Nel 2006 il Garante della privacy ha emanato delle Linee guida per il trattamento dei dati nel rapporto di lavoro, privato e pubblico, e per il trattamento dei dati relativi all'utilizzo delle e-mail da parte dei dipendenti e dell'Internet.

▶ 3.1. Il Regolamento europeo n. 679/2016

Il Regolamento generale per la protezione dei dati personali 2016/679 (General Data Protection Regulation o GDPR) è principale la normativa europea in materia di protezione dei dati personali.
Il Regolamento, pubblicato nella Gazzetta Ufficiale europea il 4 maggio 2016, è entrato in vigore il 24 maggio 2016, ma la sua attuazione è avvenuta a distanza di due anni, quindi a partire dal 25 maggio 2018. Esso è composto da 99 articoli e 173 considerando, aventi valore interpretativo.
Trattandosi di un regolamento, non necessita di recepimento da parte degli Stati dell'Unione ed è attuato allo stesso modo in tutti gli Stati dell'Unione senza margini di libertà nell'adattamento

(tranne per le parti per le quali si prevede espressamente delle possibilità di deroga).
Il Regolamento nasce con i seguenti obiettivi:

- la definitiva armonizzazione della regolamentazione in materia di protezione dei dati personali all'interno dell'Unione europea, questo perché col Trattato di Lisbona la protezione dei dati personali è diventata diritto fondamentale dei cittadini, e quindi va garantito allo stesso modo in tutto il territorio dell'Unione (pur lasciando margini di manovra ai legislatori nazionali in alcune materie, in particolare quelle che investono in via diretta l'esercizio di pubblici poteri, vedi il decreto di adeguamento 101 del 2018);
- lo sviluppo del Mercato Unico Digitale (Digital Single Market) europeo, grazie alla maggiore tutela dei dati, si alimenta la fiducia dei cittadini nella società digitale e nell'uso dei servizi digitali;
- rispondere alle nuove sfide derivante dalle nuove tecnologie digitali.

Col Regolamento europeo si passa da una visione proprietaria del dato, in base alla quale non lo si può trattare senza consenso, ad una visione di controllo del dato, che favorisce la libera circolazione dello stesso rafforzando nel contempo i diritti dell'interessato, il quale deve poter sapere se i suoi dati sono usati e come vengono usati per tutelare lui e l'intera collettività dai rischi insiti nel trattamento dei dati.
Il Regolamento, diversamente dalla Direttiva 95/46/CE, proclama la tutela del diritto alla protezione dei dati personali inteso come diritto fondamentale delle persone fisiche.
In quest'ottica il principio cardine del Regolamento è costituito dall'**autodeterminazione informativa**, intesa, secondo la Corte Costituzionale tedesca, come una condizione necessaria per il libero sviluppo della personalità del cittadino e un elemento essenziale di una società democratica.

3.2. Il provvedimento 10 giugno 2021, n. 231: le Linee guida cookie e altri strumenti di tracciamento

Da ultimo, il Garante per la protezione dei dati personali ha approvato il provvedimento 10 giugno 2021, n. 231, recante "**Linee guida cookie e altri strumenti di tracciamento**", pubblicato sulla Gazzetta Ufficiale n. 163 del 9 luglio 2021.
Il documento è volto ad aggiornare le indicazioni contenute nel provvedimento n. 229/2014 alla luce delle **novità introdotte dal Regolamento europeo 679/2016**, delle prassi rilevate dall'Autorità nel corso della sua attività, delle **Linee guida dell'European Data Protection Board** (EDPB) del maggio 2020 e delle indicazioni che sono emerse dalla consultazione pubblica.
Il Garante riconosce che dalle sue nuove linee guida potrebbero derivare interventi tecnici anche piuttosto complessi per le organizzazioni dei titolari e, per questo motivo, individua un termine di sei mesi per adeguarsi. Si tratta quindi non di un provvedimento meramente programmatico: l'Autorità riprende le disposizioni rilevanti del settore (in primis, la Direttiva 2002/58/CE, c.d. e-Privacy), per fornire un quadro operativo ai titolari del trattamento aggiornato ai nuovi sviluppi tecnici e giuridici della materia.

4. Gli organismi nazionali ed internazionali che presiedono all'applicazione della disciplina in materia di Privacy

L'autorità del Garante per la privacy viene definita, nella sua struttura organica, dall'articolo 153 del Codice e, nei suoi compiti, dall'articolo 154.
Gli articoli da 157 a 160 definiscono e disciplinano gli accertamenti e i controlli che il Garante può

disporre.
Il Garante italiano all'interno dell'Unione Europea è membro del Gruppo delle autorità garanti delle nazioni europee istituito in base all'articolo 29 della direttiva n. 95/46/CE (c.d. Data Protection Working Party). Si tratta di un Indipendent EU Advisory Body on Data Protection and Privacy.
È quindi un organo della Comunità Europea che si occupa di monitorare l'applicazione delle direttive e di fornire linee guida e di indirizzo, nonché suggerimenti per l'evoluzione della disciplina e della sua applicazione. È un organismo indipendente a carattere anche consultivo dell'Unione Europea in tema di protezione dei dati personali e dei diritti della personalità. Le raccomandazioni ed i pareri che emana non hanno efficacia normativa.

Sempre in ambito europeo, il Garante inoltre fa parte delle Autorità comuni di controllo istituite in base alle Convenzioni Schengen, Eurogol, Sistema informativo doganale ed Eurodac. Inoltre, il Garante fa parte del Comitato consultivo (denominato T-PD), istituito dalla Convenzione n. 108/1981 del Consiglio d'Europa e formato da rappresentanti di paesi aderenti alla Convenzione e del Gruppo di lavoro a carattere permanente (denominato CJ-PD), che si occupa della protezione dei dati personali anche nel settore della cooperazione giudiziaria e della predisposizione delle Raccomandazioni del Consiglio d'Europa.

All'interno dell'OCSE partecipa al Gruppo sulla sicurezza dell'informazione e sulla privacy (WPISP), il quale fa parte del Comitato per la politica dell'informazione (ICCP) istituito all'interno della Direzione scienza, tecnologia e industria dell'OCSE.

5. I principi applicabili al trattamento dei dati nella pubblica amministrazione

La logica della protezione della legge è che nessuno può trattare i dati personali di qualcun altro senza averlo preventivamente informato del trattamento che intende fare, delle ragioni della raccolta dei dati, delle logiche e modalità di trattamento, della circolazione dei dati conseguente al trattamento.

Sulla base di queste informazioni il titolare dei dati (definito dalla normativa come interessato) può prestare il proprio consenso o meno al trattamento. Senza consenso, in linea generale e salvo le specifiche eccezioni della legge, il trattamento non può essere effettuato. Nessun dato sensibile può essere trattato senza consenso.

La giurisprudenza ha precisato (Cass. n. 10260/2009) che la regola è che il trattamento è vietato tranne i casi in cui è consentito dalla legge (per il consenso o per la ricorrenza dei presupposti di non necessità di questo).

Su queste premesse è facile comprendere la natura fondamentale del c.d. **"principio di necessità"** (art. 3) la cui funzione è limitare, allo stretto indispensabile, il ricorso alle tecnologie che consentono il trattamento dei dati personali, prevedendo la esclusione del trattamento di dati personali (cioè di dati individui) quando le finalità perseguite possono essere realizzate mediante il trattamento di dati anonimi o mediante opportuni accorgimenti che permettano l'individuazione dell'interessato solo in caso di necessità.
Il c.d. "principio di necessità" deve essere poi integrato e collegato all'articolo 11 relativo alle modalità di trattamento dei dati e ai requisiti degli stessi con particolare riferimento al c.d. "principio di finalità" di cui allo stesso articolo 11, comma 1, lett. c) e d), per il quale i dati

debbono essere esatti, pertinenti e non eccedenti rispetto allo scopo per i quali sono raccolti e trattati.
I dati vanno conservati per il periodo necessario alle finalità del trattamento e comunque per un tempo definito (in molti casi è previsto dalla normativa o dai provvedimenti a portata generale del Garante).
Il trattamento deve essere presidiato da misure di sicurezza fisiche (segregazione delle aree di residenza dei server e limitazioni di accesso, con identificazione delle persone che accedono) e logiche (sono tali le misure di processo, piuttosto che informatiche, ecc.).
La violazione delle regole della legge comporta l'applicazione di sanzioni penali.
I diritti possono essere fatti valere sia presso il Garante (la legge disciplina varie forme di accesso all'Autorità: segnalazioni, reclami, ricorsi) sia presso l'Autorità Giudiziaria ordinaria.

6. Categorie di dati e regole applicabili al trattamento dati

Il concetto di dato personale (art. 4, lett. b) è ormai ragionevolmente precisato da interpretazioni e norme come qualsiasi informazione che possa ricondurre alla soggettività, persona fisica o giuridica, consentendone anche indirettamente l'identificazione.

Esistono categorie di dati che hanno particolari protezioni, quali:

- i c.d. **"dati sensibili"**, definiti, dall'articolo 4, comma 1, lett. d), come quei particolari dati personali "idonei a rivelare l'origine razziale ed etnica, le convinzioni religiose, filosofiche o di altro genere, le opinioni politiche, l'adesione a partiti, sindacati, associazioni od organizzazioni a carattere religioso, filosofico, politico o sindacale, nonché i dati personali idonei a rivelare lo stato di salute e la vita sessuale." La categoria ha poi una particolare declinazione nel rapporto di lavoro, ove esistono dati –quelli previsti dall'art. 8 o dall'art. 15 dello Statuto dei lavoratori- che pur non essendo sensibili, non possono essere trattati dal datore di lavoro. Altrettanto ovviamente esistono dati sensibili il cui trattamento è indispensabile alla gestione del rapporto. Esistono rispetto a queste categorie delle autorizzazioni generali del Garante al trattamento. Altrimenti l'autorizzazione va chiesta specificamente al Garante;
- i c.d. **"dati quasi sensibili"** o **"semi sensibili"** o **"più che ordinari"**, cioè, quei dati, inseriti nella precedente legge 675/1996 dal D.lgs. 467/2001 che, pur non rientrando tra i dati sensibili, comunque necessitano di una tutela rafforzata e più intensa rispetto ai dati ordinari. L'articolo 17 del Codice, adottando una terminologia pressoché identica a quella comunitaria, individua tali dati come quei dati "diversi da quelli sensibili e giudiziari" il cui trattamento "presenta rischi specifici per i diritti e le libertà fondamentali, nonché per la dignità dell'interessato, in relazione alla natura dei dati o alle modalità del trattamento o agli effetti che può determinare." Tali dati potranno essere trattati dopo che il Garante avrà stabilito gli eventuali accorgimenti che il titolare dovrà adottare (c.d. *prior checking*). La previsione di tali accorgimenti viene prevista come norma-cornice dal comma 2 dell'articolo 17. Allo stato tali accorgimenti non risultano ancora stati adottati, se non in casi specifici a seguito di provvedimenti ad hoc;
- il **dato anonimo**, definito dall'articolo 4, comma 1, lett. n), come quel "dato che in origine, o a seguito di trattamento, non può essere associato ad un interessato identificato o identificabile." In sostanza il dato può essere considerato anonimo quando è impossibile risalire all'interessato anche a seguito di trattamento;
- i c.d. **dati giudiziari**, definiti, dall'articolo 4, comma 1, lett. e), come quei dati personali *"idonei a rivelare provvedimenti di cui all'articolo 3, comma 1, lett. da a) a o) e da r) a*

u) del DDPR 14 novembre 2002, n. 313, in materia di casellario giudiziale, di anagrafe delle sanzioni amministrative dipendenti da reato e dei relativi carichi pendenti o la qualità di imputato o di indagato ai sensi degli articoli 60 e 61 del codice di procedura penale".

Il **concetto di trattamento** viene definito dall'articolo 4, comma 1, lett. a), come "qualunque operazione o complesso di operazioni, effettuati anche senza l'ausilio di strumenti elettronici, concernenti la raccolta, la registrazione, l'organizzazione, la conservazione, la consultazione, l'elaborazione, la modificazione, la selezione, l'estrazione, il raffronto, l'utilizzo, l'interconnessione, il blocco, la comunicazione, la diffusione, la cancellazione e la distruzione di dati, anche se non registrati in una banca di dati."
Particolari modalità di trattamento sono poi la **"comunicazione"** e **"diffusione"**.
Queste tipologie sono disciplinate restrittivamente dall'art. 25 che le vieta senza il consenso, tranne in casi particolari.
La normativa ha efficacia territoriale: cioè, si applica quando il trattamento è fatto nel territorio dello stato italiano (nell'accezione allargata di luogo su cui si esercita la sovranità), anche se i **dati personali sono detenuti all'estero**, nonché quando è effettuato *"effettuato da chiunque è stabilito nel territorio di un Paese non appartenente all'unione Europea e impiega, per il trattamento, strumenti situati nel territorio dello Stato anche diversi da quelli elettronici, salvo che essi siano utilizzati solo ai fini di transito nel territorio dell'Unione Europea."*
Non esistono pertanto vincoli al trasferimento di dati all'interno dell'Unione Europea; mentre, il trasferimento di dati diretto verso Paesi non appartenenti all'Unione europea è consentito solo ed esclusivamente nel pieno rispetto delle prescrizioni sancite dagli articoli 43, 44 e 45 del Codice.

Il criterio base per il trasferimento, anche temporaneo, di dati in Paesi non aderenti all'Unione Europea è essenzialmente il consenso dell'interessato che potrà essere **"espresso"** nell'ipotesi di dati comuni e dovrà invece essere **"scritto"** nel caso di dati sensibili.
Gli altri criteri per i quali è ammesso il trasferimento in Paesi non rientranti nell'area dell'Unione vengono specificati espressamente e, riteniamo, tassativamente, dall'articolo 43.
L'articolo 44 stabilisce comunque che il trasferimento di cui sopra è consentito quando è autorizzato dal Garante sulla base di adeguate garanzie per i diritti dell'interessato precisate dalla norma o dai provvedimenti dell'Autorità.
In linea generale, il trasferimento verso paesi non UE (in particolare oltre atlantico) richiede l'esistenza di accordi specifici (c.d. Binding Corporate Rules: cfr. la segnalazione al Parlamento e al Governo sul trasferimento di dati personali in Paesi terzi e norme vincolanti d'impresa, 8 novembre 2007, che garantisce lo stesso livello di garanzia dell'applicazione della legge europea).
Il trattamento presuppone la raccolta del dato, che avviene presso l'interessato o in casi particolari presso terzi.
La raccolta presuppone l'**informativa** sul trattamento, cioè l'informazione sulle ragioni, logiche, finalità, modalità, durata del trattamento, nonché sulla circolazione dei dati conseguente ad esso (art. 13).
L'informativa è il parametro di valutazione del **consenso** (art. 23 e seguenti) che l'interessato presta: se la prima non è esauriente il consenso si intende non idoneamente prestato perché non sufficientemente consapevole.
Esistono una serie di condizioni specificamente previste dalla legge che autorizzano il **trattamento senza consenso** (sia dei dati normali sia di quelli sensibili: art. 24 e 26).

Nell'ambito del rapporto di lavoro, il generale tema del consenso va rapportato alla specificità della materia ed agli interventi che nel corso degli anni il legislatore ha effettuato per snellire le pratiche di

gestione del rapporto, identificando correttamente i reali spazi di operatività della norma.
Il consenso va richiesto:

- per il trattamento dei dati sensibili leciti (cioè quelli che non sono coperti dal divieto dell'art. 8 Legge 300/1970, che abbiamo già visto); fermo restando che sussistono in materia di lavoro autorizzazioni generali del garante (in particolare n. 1 e 5, rinnovate, allo stato, di anno in anno);
- per la comunicazione a categorie di soggetti esterni all'impresa;
- per il trattamento di dati non necessari per l'esecuzione degli obblighi derivanti dal rapporto di lavoro ma adottato per finalità altrimenti connesse alla gestione del rapporto di lavoro.

Quanto alla **forma**, il consenso per il trattamento dei dati comuni, che **deve essere espresso**, teoricamente può anche essere orale, purché tuttavia sia documentato per iscritto (rendendo di fatto l'ipotesi di un consenso orale del tutto residuale e di difficile configurazione o utilità).
Il **consenso al trattamento dei dati sensibili**, invece, deve essere conferito **esclusivamente in forma scritta** (art. 23, co. 4).
Esistono poi tipologie di trattamenti (artt. 37 e 38) per le quali è prescritta la **notifica preventiva al Garante**.
Il modello è disponibile sul sito del Garante ove sono presenti dettagliate informazioni sulla compilazione.
La notificazione può essere effettuata anche attraverso convenzioni stipulate con soggetti autorizzati in base alla normativa vigente.
In sede di prima notificazione viene attribuito un Codice Unico del Notificante (CUN). Tale codice va utilizzato per ogni successiva notifica (modifica/cessazione). L'art. 37 indica i trattamenti per i quali la notifica è necessaria.

Il **trattamento dei dati sensibili** viene specificamente disciplinato dal Codice all'interno degli articoli 20 (per quanto riguarda il trattamento da parte di soggetti pubblici, esclusi gli enti pubblici economici) e 26 (per quanto riguarda il trattamento da parte di tutti i soggetti privati e da parte degli enti pubblici economici) del Codice. A tali dati viene garantita una tutela rafforzata rispetto ai dati ordinari proprio per la delicatezza degli stessi.
L'attività di gestione del trattamento di tali dati è stata pertanto sottoposta dal legislatore a particolari cautele. Da parte dei soggetti privati e degli enti pubblici economici, **il trattamento di tali dati può avvenire solo con il consenso scritto** dell'interessato e **previa autorizzazione del Garante** (articolo 26 del Codice) nell'osservanza dei presupposti e dei limiti fissati dal Codice stesso.
La legge pertanto pone due condizioni al fine di permettere il trattamento lecito di tali dati: consenso scritto e autorizzazione del Garante. Entrambe condizioni debbono sussistere.
Esistono delle Autorizzazioni generali, quali:

- autorizzazione n. 1/2008 al trattamento dei dati sensibili nei rapporti di lavoro, 19 giugno 2008;
- autorizzazione n. 2/2008 al trattamento dei dati idonei a rivelare lo stato di salute e la vita sessuale, 19 giugno 2008;
- autorizzazione n. 3/2008 al trattamento dei dati sensibili da parte degli organismi di tipo associativo e delle fondazioni, 19 giugno 2008;
- autorizzazione n. 4/2008 al trattamento dei dati sensibili da parte dei liberi professionisti, 19 giugno 2008;
- autorizzazione n. 5/2008 al trattamento dei dati sensibili da parte di diverse categorie di titolari, 19 giugno 2008;
- autorizzazione n. 6/2008 al trattamento dei dati sensibili da parte degli investigatori

privati, 19 giugno 2008;

- autorizzazione n. 7/2008 al trattamento dei dati a carattere giudiziario da parte di privati, di enti pubblici economici e di soggetti pubblici, 19 giugno 2008.

La legge (comma 3 dello stesso articolo 26) ha peraltro previsto delle deroghe al principio sopra indicato.
Le due anzidette condizioni **non si applicano** al trattamento di:

- dati relativi agli aderenti alle confessioni religiose e ai soggetti che con riferimento a finalità esclusivamente religiosa hanno contatti regolari con le medesime confessioni effettuato dai relativi organi, ovvero da enti civilmente riconosciuti, a condizioni che i dati non siano comunicati o diffusi all'esterno delle confessioni e che le medesime organizzazioni abbiano approntato idonee garanzie (l'art. 8, par. 2, lett.d, della direttiva parla di garanzie adeguate); una disposizione transitoria (art. 181, co.6) autorizza le suddette confessioni che prima dell'entrata in vigore del Codice abbiano già adottato le garanzie richieste possono proseguire l'attività di trattamento;
- dati riguardanti l'adesione di associazioni od organismi a carattere sindacale o di categoria ad altre associazioni, organizzazioni o confederazioni a carattere sindacale o di categoria.

Ciò significa che **per effettuare il trattamento di tali dati non occorre né il consenso scritto né l'autorizzazione del Garante**.
Il comma 4 poi prevede **una via intermedia di trattamento** stabilendo che i dati sensibili possono costituire oggetto di trattamento anche senza consenso (qui la legge non precisa se scritto) dell'interessato ma previa autorizzazione del Garante nei seguenti casi:

- quando il trattamento è effettuato da associazioni, enti o organismi senza scopo di lucro, anche non riconosciuti, a carattere politico, filosofico, religioso o sindacale, ivi compresi partiti e movimenti politici, per il perseguimento di scopi determinati e legittimi individuati dall'atto costitutivo, dallo statuto o dal contratto collettivo relativamente ai dati degli aderenti o dei soggetti che, in relazione a tali finalità, hanno contatti regolari con l'associazione o l'ente, sempre che i dati non siano comunicati o diffusi all'esterno e l'ente o l'associazione determini idonee garanzie relativamente ai trattamenti effettuati prevedendo espressamente le modalità di utilizzo dei dati con determinazione resa nota agli interessati all'atto dell'informativa;
- quando il trattamento è necessario per la salvaguardia della vita o dell'incolumità fisica di un terzo;
- quando il trattamento è necessario ai fini dello svolgimento delle investigazioni difensive o comunque per far valere o difendere in sede giudiziaria un diritto, sempre che i dati siano trattati esclusivamente per tali finalità e per il periodo strettamente necessario al loro perseguimento. Se i dati sono idonei a rivelare lo stato di salute e la vita sessuale il diritto difeso deve essere di rango pari a quello dell'interessato ovvero consistente in un diritto della personalità o in un altro diritto o libertà fondamentale e inviolabile. La valutazione del "pari rango" va condotta sulla base del diritto che si vuole difendere in giudizio o fare valere. Il Garante, in riferimento ai diritti di accesso, ha precisato (con il Comunicato Stampa del 15 settembre 2003) che occorre anche apprezzare se tutti i dati trattati siano "effettivamente necessari" all'esercizio o alla difesa di diritti equivalenti a quello di riservatezza, occorrendo altrimenti limitare parzialmente il trattamento alle sole informazioni necessarie. Ovviamente il limite del "pari rango" non trova applicazione nel caso di accesso ai dati da parte dell'interessato;
- quando il trattamento è necessario per adempiere a specifici obblighi previsti dalla

legge, anche comunitaria, primaria e secondaria, per la gestione del rapporto di lavoro, nei limiti dell'autorizzazione rilasciata dal Garante e ferme restando le norme del codice di deontologia (quando verrà emanato).

L'ultimo comma dell'articolo 26 fissa in ogni caso il principio per cui i dati idonei a rivelare lo stato di salute non possono essere diffusi.
Come emerge quindi dal disposto dell'articolo 4 comma, lett. d), i dati sensibili potranno essere trattati dal datore di lavoro senza alcun consenso da parte del lavoratore, ma solo nelle ipotesi specificamente disciplinate dalla suddetta lett. d). Naturalmente dovrà essere chiesta l'autorizzazione al Garante (si ribadisce che esiste per il trattamento dei dati nei rapporti di lavoro e per i trattamenti di diverse categorie di dati sensibili correlati al medesimo rapporto, un'autorizzazione generale).

Le **modalità di trattamento dei dati**, comuni per tutte le tipologie di trattamento (e quindi anche per il trattamento in ambito lavoristico), sono disciplinate dagli articoli da 11 a 17.
L'articolo 11, che integra e specifica il c.d. "principio di necessità", regolamenta le modalità di trattamento e i requisiti dei dati.
Le modalità del trattamento devono essere improntate ai seguenti principi:

- liceità
- correttezza
- scopi determinati espliciti e legittimi
- esattezza
- aggiornamento
- pertinenza
- completezza
- non eccedenti le finalità del trattamento
- conservazione limitata.

Il combinarsi delle modalità è valutato dall'Autorità per individuare la liceità o meno del trattamento.
In particolare, ad esempio, nel rapporto di lavoro la liceità del trattamento può dipendente, non solo dalla sussistenza delle condizioni previste dalla normativa generale sulla privacy, ma anche dalla sussistenza dei requisiti specifici previsti dalla normativa giuslavoristica (è il caso, ad esempio, del trattamento dei dati dal quale possa scaturire un controllo sulla prestazione del lavoratore: cfr. art. 4, Legge 300/1970, co. 1 e co. 2).

7. I soggetti

La legge prevede tre categorie essenziali di soggetti. Il **titolare**, cioè colui che effettua il trattamento; l'**interessato**, cioè il soggetto a cui i dati appartengono; l'**incaricato** (art. 30), cioè il soggetto membro dell'organizzazione di trattamento predisposta dal titolare che effettua materialmente il trattamento.
È figura eventuale quella del **Responsabile del trattamento** (art. 29). Anche questi è figura (persona fisica o giuridica) che effettua una parte del trattamento o l'intero e che presidia l'organizzazione, che vi provvede nell'interesse del titolare del trattamento.
Si tratta sostanzialmente delle figure che riproducono la struttura organizzativa che il titolare del trattamento ha scelto per effettuarlo. Tutti devono avere specifiche informazioni e disposizioni sulle modalità in cui il trattamento va effettuato e quali sono i limiti delle funzioni loro assegnate.

8. Il danno da trattamento dei dati sensibili

L'art. 15 sancisce il diritto dell'interessato al risarcimento del danno ai sensi dell'art. 2050 c.c. (responsabilità per l'esercizio di attività pericolosa), in caso di danni derivanti dal trattamento (da ritenersi tuttavia nel solo caso di trattamento improprio) di dati personali.
La norma integra specificamente le previsioni generiche di cui all'art. 2043 c.c., prevedendo la specifica tipologia di danno ingiusto, la cui perpetrazione determina l'obbligo risarcitorio (sia sotto il profilo patrimoniale che, argomentando dalle specifiche previsioni del secondo comma della norma, non patrimoniale). Il Garante per la privacy ha precisato che la richiesta di risarcimento del danno per violazione della normativa sulla privacy deve essere presentata direttamente all'autorità giudiziaria, non tramite il Garante stesso, che però non ha alcun obbligo di effettuare la "trasmissione degli atti" all'autorità giudiziaria ordinaria per il risarcimento del danno.

9. La nuova normativa in materia di privacy: il Regolamento europeo n. 679/2016

Il **Regolamento generale per la protezione dei dati personali 2016/679 (General Data Protection Regulation o GDPR)** sposta il fulcro della normativa dalla tutela dell'interessato alla responsabilità del titolare e dei responsabili del trattamento, che si deve concretizzare nell'adozione di comportamenti proattivi a dimostrazione della concreta (e non meramente formale) adozione del regolamento. Non è più accettabile un approccio formalistico, visto che il consenso legittima il trattamento, ma rimane sempre la responsabilità del titolare di tutelare l'interessato e l'intera società dai rischi impliciti nel trattamento di dati personali.
In particolare, si evidenzia la necessità di attuare misure di tutela e garanzia dei dati trattati, con un approccio del tutto nuovo che demanda ai titolari il compito di decidere in autonomia le modalità e i limiti del trattamento dei dati in base ai principi generali specifici indicati nel Regolamento. Il titolare è vincolato a principi specifici fissati dal Regolamento, in particolare ai principi di **privacy by design** e **by default**.
L'approccio del GDPR, più centrato sulla protezione dei dati invece che sull'utente medesimo, sotto alcuni aspetti si potrebbe anche considerare un passo indietro rispetto alla precedente normativa, in quanto è un approccio basato sulla valutazione del rischio (risk based), con il quale si determina la misura di responsabilità del titolare o del responsabile del trattamento, tenendo conto della natura, della portata, del contesto e delle finalità del trattamento, nonché della probabilità e della gravità dei rischi per i diritti e le libertà degli utenti.
Un **approccio risk based**, infatti, ha l'evidente vantaggio di pretendere degli obblighi che possono andare oltre la mera conformità alla legge, è sicuramente più flessibile e adattabile al mutare delle esigenze e degli strumenti tecnologici. Di contro presenta lo svantaggio di delegare all'azienda la valutazione del rischio, rendendo più difficili le contestazioni in caso di violazioni, considera più rischioso il trattamento dei dati di un minore rispetto a quelli di un adulto, e pone maggiore attenzione al trattamento di un grande insieme di dati.
Questo approccio tiene in maggiore considerazione le esigenze delle aziende, rendendo meno complicata la gestione dei dati, con l'evidente effetto che aziende di minori dimensioni avranno minori obblighi, essendo questi parametrati anche all'organizzazione della stessa.
In sintesi, il titolare del trattamento deve:

- conformare il trattamento dei dati da lui operato in base ai principi di cui al GDPR;
- prevedere e valutare il rischio tipico (alias, prevedibile) connesso alla sua attività di impresa, e introdurre misure organizzative e di sicurezza per eliminare o ridurre tale

rischio.

Il Regolamento prevede inoltre:

- per i cittadini, un più facile accesso alle informazioni riguardanti i loro dati e le finalità e modalità di trattamento degli stessi;
- un diritto alla portabilità dei dati che consentirà di trasferire i dati personali tra i vari servizi online;
- l'istituzionalizzazione del diritto all'oblio (denominato diritto alla cancellazione nel regolamento), come previsto dalla Corte di Giustizia europea, che consente di chiedere ed ottenere la rimozione dei dati quando viene meno l'interesse pubblico alla notizia;
- l'obbligo di notifica da parte delle aziende delle gravi violazione dei dati dei cittadini;
- che le aziende rispondono alla sola autorità di vigilanza dello Stato nel quale hanno la sede principale (principio del "one stop shop" o sportello unico);
- sanzioni amministrative fino al 4% del fatturato globale delle aziende in caso di violazioni delle norme.

Con il GDPR i titolari del trattamento dovranno identificare la **base giuridica del trattamento** (ad esempio il consenso dell'interessato) e documentarla, in quanto in relazione alla base giuridica possono variare i diritti dell'interessato. Ad esempio, è stato rafforzato il diritto alla cancellazione nel caso di trattamenti basati su consenso. Il consenso, però, è solo una delle sei basi giuridiche previste, per cui il titolare deve valutare la base giuridica più idonea rispetto al trattamento da porre in essere. In sostanza, col GDPR si pone maggiore attenzione al legittimo interesse del titolare quale base giuridica del trattamento, valorizzando la sua autonomia nel decidere il bilanciamento degli interessi propri con quelli del cittadino.
Inoltre, la base giuridica è tra gli elementi essenziali dell'informativa e deve essere evidenziata in riscontro ad una istanza di accesso.

Il Regolamento pone l'accento anche sul **principio della trasparenza**, al fine di valutare gli scopi del trattamento, in modo da stabilire correttamente quali dati possono essere trattati e quali no (principio di essenzialità dei dati); e prevede una serie di **obblighi proattivi**. In tale ottica **la predisposizione e l'aggiornamento della documentazione** è essenziale, in quanto indice di corretta implementazione delle norme:

- documentazione attestante i trattamenti svolti (registro dei trattamenti; valutazione di impatto, trasferimento dati extra UE);
- documentazione attestante il rispetto dei diritti degli interessati (informative, moduli raccolta consenso);
- documentazione di ripartizione ruoli e responsabilità (contratti e nomine dei responsabili esterni e autorizzati; procedure interne);
- documentazione attestante le misure di sicurezza implementate.

Il Regolamento generale si applica a due tipi di trattamenti di dati personali:
quelli interamente o parzialmente automatizzati;
quelli non automatizzati (es. trattamenti su carta) di dati personali contenuti in un archivio o destinati a figurarvi, con esclusione dei trattamenti di dati contenuti in archivi non strutturati.
Il Regolamento non si applica (art. 2) ai trattamenti di dati:

- effettuati per attività non rientranti nell'ambito di applicazione del diritto dell'Unione Europea;
- effettuati dagli Stati membri nell'esercizio di attività che rientrano nell'ambito di applicazione del titolo V, capo 2, TUE (politica estera);
- effettuati da una persona fisica per l'esercizio di attività a carattere esclusivamente

personale o domestico (es. memorizzazione di un numero di telefono di un amico in agenda);
- effettuati dalle autorità competenti a fini di prevenzione, indagine, accertamento o perseguimento di reati o esecuzione di sanzioni penali, incluse la salvaguardia contro minacce alla sicurezza pubblica e la prevenzione delle stesse;
- quelli interamente o parzialmente automatizzati;
- quelli non automatizzati (es. trattamenti su carta) di dati personali contenuti in un archivio o destinati a figurarvi, con esclusione dei trattamenti di dati contenuti in archivi non strutturati.

Il GDPR, inoltre, disciplina solo il trattamento dei dati personali che riguardano una persona fisica, con esclusione delle persone giuridiche.
Il GDPR non si applica alle **persone decedute** (fermo restando che il Decreto di adeguamento del Codice Privacy estende le tutele del GDPR al trattamento dei dati dei deceduti; art. 2-terdecies); né ai **trattamenti di dati anonimi** (o anonimizzati) o comunque dati non personali.
Da un punto di vista territoriale, il Regolamento si applica ad ogni trattamento che ha ad oggetto dati personali e a tutti i titolari (controller) e responsabili (processor) del trattamento stabiliti nel territorio dell'Unione, nonché a quelli che, offrendo beni e servizi a persone residenti nell'Unione, trattano dati di residenti nell'Unione europea (art. 3 del Regolamento). In tal modo, la sua applicazione non è limitata alle sole aziende che si trovano in Europa, ma estesa a tutti gli interessati che risiedono nel territorio dell'Unione indipendentemente da dove si attua il trattamento dei loro dati.

QUIZ NORMATIVA IN MATERIA DI PROTEZIONE DEI DATI PERSONALI

1. **Quando è entrato in vigore il nuovo Regolamento europeo relativo alla protezione delle persone fisiche con riguardo al trattamento dei dati personali, nonché alla libera circolazione di tali?**
   A. nel 2016
   B. nel 2018
   C. nel 2013
   D. nel 1996

2. **Quanto durano in carica i membri dell'autorità indipendente di controllo del Garante della privacy?**
   A. 7 anni
   B. 5 anni
   C. 3 anni
   D. 2 anni

3. **Quale, tra i seguenti, NON è un compito del Garante per la privacy?**
   A. controllare se i trattamenti sono effettuati nel rispetto della disciplina applicabile
   B. assicurare la legittimità, in materia di trattamento dei dati personali, delle leggi di ratifica di accordi o convenzioni internazionali o di atti comunitari o dell'Unione europea
   C. trattare i reclami
   D. assicurare la tutela dei diritti e delle libertà fondamentali degli individui dando idonea attuazione al Regolamento e al codice

4. **Il Garante esercita dei poteri di carattere paragiurisdizionale?**
   A. si, può inibire o comunque interdire il trattamento dei dati personali lesivo per il soggetto interessato dal trattamento
   B. si, ma può solo interdire il trattamento dei dati personali lesivo per il soggetto interessato dal trattamento
   C. no, ha solo poteri sanzionatori
   D. no, ha solo poteri di controllo e poteri sanzionatori

5. **Il Garante per la privacy può esercitare la sua legittimazione ad agire in giudizio nei confronti del titolare o del responsabile del trattamento in caso di violazione delle disposizioni in materia di protezione dei dati personali davanti:**
   A. al giudice ordinario
   B. al giudice amministrativo
   C. al Presidente della Repubblica
   D. al giudice penale

6. **Il trattamento dei dati personali avviene:**
   A. secondo il D.lgs. n. 196/2009
   B. secondo la Costituzione e il regolamento (UE) 2016/ 679
   C. secondo le linee guida del Garante per la privacy
   D. secondo le norme del regolamento (UE) 2016/ 679 e del codice privacy

7. **Secondo il principio della «responsabilizzazione», il titolare del trattamento:**
   A. è responsabile per il rispetto dei principi generali applicabili al trattamento dei dati personali, salvo la delega di funzioni
   B. è responsabile per il rispetto dei principi generali applicabili al trattamento dei dati personali e deve essere in grado di comprovarlo
   C. non è responsabile per il rispetto dei principi generali applicabili al

trattamento dei dati personali restando tale responsabilità a carico del titolare stesso dei dati
D. può esimersi da responsabilità adottando modelli organizzativi ad hoc

8. Con l'espressione inglese "data protection by default and by design" si intende:
A. la necessità di configurare il trattamento prevedendo finalità e rischi del trattamento
B. la necessità di configurare il trattamento in conformità alle disposizioni del d.lgs. 196/2003
C. la necessità di configurare il trattamento prevedendo fin dalla impostazione predefinita le garanzie indispensabili "al fine di soddisfare i requisiti" del regolamento e tutelare i diritti degli interessati
D. la necessità di configurare il trattamento prevedendo fin dalla progettazione le garanzie indispensabili al fine di soddisfare i requisiti del regolamento e tutelare i diritti degli interessati

9. La notifica preventiva dei trattamenti all'autorità di controllo:
A. è prevista dall'art. 30 regol.
B. è prevista dal D.lgs. n. 196/2003
C. è prevista dalle linee guida del Garante
D. non è più prevista

10. La profilazione:
A. è la cessione dei dati personali a paesi terzi
B. è qualsiasi forma di trattamento automatizzato di dati personali consistente nell'utilizzo di tali dati personali per valutare determinati aspetti personali relativi a una persona fisica
C. è qualsiasi forma di trattamento automatizzato e non di dati personali
D. è qualsiasi operazione o insieme di operazioni, compiute con o senza l'ausilio di processi automatizzati e applicate a dati personali o insiemi di dati personali, come la raccolta, la registrazione, l'organizzazione

11. Il trattamento dei dati personali del minore è lecito ove il minore che presta il consenso abbia almeno:
A. 15 anni
B. 16 anni
C. 14 anni
D. 12 anni

12. NON è vietato il trattamento dei dati particolari che rivelino:
A. rivelino l'origine razziale
B. le preferenze di consumo
C. l'appartenenza sindacale
D. la vita sessuale

13. L'art. 5 del Regolamento europeo disciplina:
A. i principi che devono governare il trattamento dei dati personali
B. i dati personali che non possono essere trattati
C. i diritti degli interessati
D. i divieti di cessione dei dati

14. Per "dati personali" si intende qualunque informazione relativa:
A. alla genetica e alla fisionomia della persona
B. a persona fisica, identificata o identificabile
C. alla vita personale degli individui
D. alla generalità degli individui

15. Le convinzioni filosofiche rappresentano dati soggetto a trattamento speciale?
A. no
B. si, solo se personali
C. si
D. no, salvo che rivelino anche le convinzioni religiose

16. I “dati biometrici” sono:

A. i dati personali relativi alle caratteristiche genetiche ereditarie o acquisite di una persona fisica che forniscono informazioni univoche sulla fisiologia o sulla salute di detta persona fisica, e che risultano in particolare dall’analisi di un campione biologico della persona fisica in questione

B. i dati personali ottenuti da un trattamento tecnico specifico relativi alle caratteristiche fisiche, fisiologiche o comportamentali di una persona fisica che ne consentono o confermano l’identificazione univoca, quali l’immagine facciale o i dati dattiloscopici

C. i dati relativi alla vita sessuale o orientamento sessuale della persona

D. i dati personali attinenti alla salute fisica o mentale di una persona fisica, compresa la prestazione di servizi di assistenza sanitaria, che rivelano informazioni relative al suo stato di salute

17. Il responsabile della protezione dei dati è:

A. la persona fisica o giuridica, l’autorità pubblica, il servizio o altro organismo che, singolarmente o insieme ad altri, determina le finalità e i mezzi del trattamento di dati personali

B. la persona fisica o giuridica, l’autorità pubblica, il servizio o altro organismo che tratta dati personali per conto del titolare del trattamento

C. la persona fisica autorizzata a compiere operazioni di trattamento dal titolare

D. il soggetto designato dal titolare del trattamento e dal responsabile del trattamento

18. L’accesso ai propri dati personali è:

A. stato abrogato

B. riservato al responsabile dei dati

C. un interesse legittimo

D. un diritto riconosciuto al titolare dei dati

19. L’interessato può presentare reclamo al:

A. responsabile del trattamento

B. Garante per la privacy

C. TAR

D. giudice ordinario

20. Il riscontro all’interessato di regola deve avvenire:

A. in forma scritta

B. oralmente

C. entro tre giorni

D. con lo strumento dell’accesso agli atti

21. Nell’esercizio dei diritti dell’interessato, il termine per la risposta è per tutti i diritti di:

A. 15 giorni dal ricevimento della richiesta

B. 10 giorni dal ricevimento della richiesta

C. due mesi dal ricevimento della richiesta

D. un mese dal ricevimento della richiesta

22. Le informazioni che il titolare del trattamento fornisce all’interessato, nel momento in cui i dati personali sono ottenuti, devono essere rese:

A. in forma concisa, trasparente, intellegibile e facilmente accessibile con un linguaggio semplice e chiaro

B. in forma esauriente, trasparente, intellegibile e accessibile mediante istanze ad hoc

C. in forma chiara e concisa, con un linguaggio tecnico e chiaro

D. in forma scritta, intellegibile e, solo se previsto dalla legge, in forma orale autenticata

23. I titolari sono tenuti a notificare all’Autorità di controllo le violazioni

di dati personali (c.d. data breach) di cui vengano a conoscenza entro:
A. 24 ore
B. 36 ore
C. 72 ore
D. 48 ore

24. Le controversie previste dall'art. 152 del decreto legislativo 30 giugno 2003, n. 196, sono regolate dal rito:
A. super accelerato
B. del lavoro
C. ordinario
D. speciale e cognizione sommaria

25. La sanzione prevista nel caso di inosservanza dei principi di base del trattamento, comprese le condizioni relative al consenso, è:
A. fino 10 milioni di euro o fino al 4% del fatturato mondiale totale annuo dell'esercizio precedente
B. fino 20 milioni di euro o fino al 5% del fatturato mondiale totale annuo dell'esercizio precedente
C. fino 20 milioni di euro o fino al 4% del fatturato mondiale totale annuo dell'esercizio precedente, se superiore
D. fino 20 milioni di euro o fino al 4% del fatturato mondiale totale annuo dell'esercizio precedente, se inferiore

26. L'informativa per il trattamento dei dati personali:
A. non è tenuta a spiegare in che modo e per quale scopo verranno trattati i propri dati personali
B. non è tenuta a spiegare a chi saranno comunicati i dati
C. non è tenuta a motivare le conseguenze per un eventuale rifiuto
D. deve spiegare in che modo e per quale scopo verranno trattati i propri dati personali

27. Cosa garantisce la PEC (Posta Elettronica Certificata)?
A. la ricezione delle comunicazioni entro un'ora
B. la sicurezza della data di invio e di ricezione delle comunicazioni e l'integrità del contenuto
C. la spedizione degli atti entro un'ora
D. la circolazione on line di tutti i documenti

28. Quali funzioni ha la firma digitale?
A. garantisce l'autenticità del documento informatico grazie alla doppia sottoscrizione
B. rende possibile la comunicazione dell'atto informatico
C. rende evidente la provenienza e l'integrità del documento informatico
D. rende possibile l'archiviazione di un procedimento informatizzato.

29. Quale delle indicazioni che seguono è conforme a quanto prevede il D.P.R. n. 445/2000 in ordine alla carta d'identità?
A. la carta d'identità può essere rinnovata a decorrere dal 180° giorno precedente la scadenza
B. la carta d'identità non deve essere rinnovata fin quando non saranno disponibili i documenti con caratteristiche tecnologiche e funzionali innovative previsti dalla legge
C. la carta d'identità deve essere rinnovata entro sessanta giorni dalla sua scadenza, ovvero, previo pagamento delle spese e dei diritti di segreteria, a decorrere dal terzo mese successivo alla produzione di documenti con caratteristiche tecnologiche e funzionali innovative
D. la carta d'identità deve essere obbligatoriamente rinnovata a decorrere dal terzo mese successivo alla produzione di documenti con caratteristiche tecnologiche e funzionali innovative

30. L'informativa di cui all'art. 13 del Codice in materia di protezione dei dati personali:

A. deve anche contenere i soggetti o le categorie di soggetti ai quali i dati personali possono essere comunicati o che possono venirne a conoscenza in qualità di responsabili o incaricati, e l'ambito di diffusione dei dati medesimi
B. deve solo contenere le finalità e le modalità del trattamento cui sono destinati i dati
C. non deve contenere le conseguenze di un eventuale rifiuto di rispondere
D. deve solo contenere i diritti di cui all'art. 7 del Codice in materia di protezione dei dati personali

31. A norma di quanto dispone il Codice in materia di protezione dei dati personali, nel caso di cessazione, per qualsiasi causa, di un trattamento di dati, essi possono essere conservati?

A. si, per fini esclusivamente personali e non destinati ad una comunicazione sistematica o alla diffusione
B. no, devono essere necessariamente distrutti
C. no, devono essere necessariamente distrutti ovvero ceduti ad altro titolare
D. no, devono essere necessariamente trasmessi al Garante

32. A norma di quanto dispone l'art. 65 del D.lgs. n. 82/2005 le istanze e dichiarazioni presentate alle P.A. per via telematica:

A. sono valide se sottoscritte mediante la firma digitale, il cui certificato è rilasciato da un certificatore accreditato
B. sono valide solo quando l'autore è identificato dal sistema informatico con l'uso della carta d'identità elettronica
C. sono valide solo quando l'autore è identificato dal sistema informatico con l'uso della carta nazionale dei servizi
D. non sono valide, salvo espressa previsione che le legittima

33. Ai fini del D.lgs. n. 82/2005, la persona fisica cui è attribuita la firma elettronica e che ha accesso ai dispositivi per la creazione della firma elettronica è denominata:

A. certificatore
B. pubblica amministrazione
C. titolare
D. gestore

34. L'informativa di cui all'art. 13 del Codice in materia di protezione dei dati personali:

A. deve solo contenere le finalità e le modalità del trattamento cui sono destinati i dati
B. deve solo contenere i diritti di cui all'art. 7 del Codice in materia di protezione dei dati personali
C. non deve contenere i soggetti o le categorie di soggetti ai quali i dati personali possono essere comunicati o che possono venirne a conoscenza
D. i dati di contatto del Responsabile della protezione dei dati

35. A norma di quanto dispone il D. Lgs. n. 82/2005, il documento informatico trasmesso per via telematica si intende spedito al momento in cui:

A. è consegnato al destinatario
B. è inviato dal mittente al proprio gestore
C. è aperto dal destinatario
D. è consegnato al gestore indicato dal destinatario

36. Indicare quale tra le seguenti affermazioni è conforme alle disposizioni dettate all'art. 23 del D.lgs. 196/2003:

A. il consenso può essere manifestato

anche in forma non scritta quando il trattamento riguarda dati sensibili

B. il consenso è validamente prestato solo se è espresso liberamente e specificamente in riferimento ad un trattamento chiaramente individuato, se è documentato per iscritto, anche se non sono state rese all'interessato le informazioni previste

C. il consenso può riguardare l'intero trattamento di dati personali ovvero una o più operazioni dello stesso

D. il consenso al trattamento non è richiesto quando il trattamento di dati personali è effettuato da enti pubblici economici

37. Gli atti e i documenti possono essere trasmessi alle pubbliche amministrazioni con l'uso delle tecnologie dell'informazione e della comunicazione?

A. no, la trasmissione di atti e documenti con l'uso delle tecnologie dell'informazione e della comunicazione è ad uso esclusivo delle amministrazioni e/o tra le amministrazioni dello Stato

B. solo se inerenti al diritto di accesso di cui alla legge n. 241/1990

C. si, se formati ed inviati nel rispetto della vigente normativa.

D. solo se inerenti ai procedimenti di cui all'art. 54 della legge n. 241/1990

38. A norma del D.lgs. 196/2003, se i dati personali non sono raccolti presso l'interessato, l'informativa è data allo stesso alla registrazione dei dati o, quando è prevista la loro comunicazione, non oltre la prima comunicazione. Tale norma:

A. non si applica quando l'informativa all'interessato si riveli, a giudizio del Garante, impossibile

B. non si applica solo quando i dati sono trattati in base ad un obbligo previsto dalla legge, da un regolamento o dalla normativa comunitaria

C. si applica anche quando i dati sono trattati ai fini dello svolgimento delle investigazioni difensive di cui alla L. n. 397/2000

D. si applica anche quando l'informativa all'interessato comporta un impiego di mezzi che il Garante dichiari manifestamente sproporzionati rispetto al diritto tutelato

39. Ai sensi dell'art. 76 D. Lgs. 82/2005, gli scambi di documenti informatici nell'ambito del SPC:

A. devono essere poi completati con il deposito dell'originale cartaceo dei documenti

B. realizzano in ogni caso un invio documentale valido ad ogni effetto di legge

C. realizzati attraverso la cooperazione applicativa e nel rispetto delle relative procedure e regole tecniche di sicurezza, costituiscono invio documentale valido ad ogni effetto di legge

D. non hanno alcun valore dal punto di vista legale

40. Quale fonte legislativa stabilisce le caratteristiche e le modalità per l'erogazione e la fruizione di servizi di trasmissione di documenti informatici mediante posta elettronica certificata?

A. il d.lgs. 28 febbraio 2005, n. 42

B. il d.P.R. 11 febbraio 2005, n. 68

C. il d.lgs. 7 marzo 2005, n. 82

D. il d.lgs. 28 dicembre 2000, n. 445

41. Quale fonte legislativa per la prima volta ha raccolto in modo organico il tema dell'utilizzo delle tecnologie dell'informazione e della comunicazione (c.d. ICT) nelle P.A. nonché della disciplina dei fondamentali principi giuridici applicabili al documento informatico e alla firma digitale?

A. il D.lgs. 7 marzo 2005, n. 82
B. il D.lgs. 30 giugno 2003, n. 196
C. la legge 9 gennaio 2004, n. 4
D. la legge 7 agosto 1990, n. 241

42. Dispone l'art. 25 del D.lgs. 196/2003 in merito ai divieti di comunicazione e diffusione dei dati personali, tra l'altro, che:
A. la comunicazione e la diffusione possono essere vietate solo per disposizione dell'autorità giudiziaria
B. la diffusione può essere vietata solo per disposizione del Garante
C. la diffusione può essere vietata solo per disposizione del Presidente del Consiglio dei Ministri
D. sono vietate la comunicazione e la diffusione di dati personali in riferimento a quelli per i quali è stata ordinata la cancellazione

43. Il D.lgs. n. 196/2003 riconosce all'interessato il diritto di ottenere la conferma dell'esistenza o meno di dati personali che lo riguardano. La richiesta può essere formulata anche oralmente:
A. quando la richiesta riguarda la logica applicata in caso di trattamento effettuato con l'ausilio di strumenti elettronici
B. solo quando la richiesta riguarda le finalità e le modalità del trattamento
C. in nessun caso. La richiesta, rivolta al titolare o al responsabile, deve essere trasmessa mediante lettera raccomandata o posta elettronica
D. solo quando la richiesta riguarda gli estremi identificativi del titolare e dei responsabili

44. Con riferimento all'art. 6-bis del Codice dell'amministrazione digitale, il Ministero per lo sviluppo economico ha:
A. provveduto a dotate ogni amministrazione di un indirizzo PEC
B. istituito il registro INI-PEC
C. provveduto a fornire ad ogni amministrazione un sito web
D. istituito l'Agenzia per l'Italia digitale

45. L'art. 18 del D.P.R. n. 445/2000, in materia di copie autentiche, dispone:
A. l'autenticazione delle copie di atti o documenti può essere eseguita esclusivamente dal notaio o dal funzionario incaricato dal Sindaco
B. che, se la copia dell'atto o documento consta di più fogli, il pubblico ufficiale appone la propria firma a margine di ciascun foglio intermedio
C. l'autenticazione delle copie di atti o documenti può essere eseguita dal cancelliere solo nel caso in cui si tratti di atti giudiziari
D. che, se la copia dell'atto o documento consta di più fogli, il pubblico ufficiale deve apporre la propria firma solo sull'ultimo foglio, con l'indicazione del numero di pagine che formano il documento

46. L'art. 4 del D.P.R. 445/2000, in ordine all'impedimento alla sottoscrizione e alla dichiarazione, dispone che:
A. la dichiarazione, nell'interesse di chi si trovi in una situazione di impedimento temporaneo, per ragioni connesse allo stato di salute, è raccolta dal pubblico ufficiale previo accertamento dell'identità del dichiarante; il pubblico ufficiale attesta che la dichiarazione è stata a lui resa dall'interessato in presenza di due testimoni
B. la dichiarazione, di chi non sa o non può firmare, è raccolta dal pubblico ufficiale previo accertamento dell'identità del dichiarante; il pubblico ufficiale attesta che la dichiarazione è stata a lui resa dall'interessato in presenza di un

impedimento a sottoscrivere
C. le disposizioni del suddetto articolo trovano applicazione anche in materia di dichiarazioni fiscali
D. le disposizioni del suddetto articolo non si applicano in materia di dichiarazioni sulla situazione reddituale o economica al fine della concessione di benefici di qualsiasi tipo se previsti da leggi speciali

47. Il Garante in materia di protezione dei dati personali è:
A. organo collegiale costituito da due membri, uno designato dalla Camera dei deputati e uno dal Senato della Repubblica
B. organo collegiale costituito da tre membri, eletti due dalla Camera dei deputati e uno dal Presidente della Repubblica
C. organo collegiale costituito da quattro membri, eletti due dalla Camera dei deputati e due dal Senato della Repubblica con voto limitato
D. la persona fisica autorizzata al trattamento dei dati personali

48. Secondo le prescrizioni del D. Lgs. 196/2003, i dati sensibili possono essere oggetto di trattamento?
A. si, il D. Lgs. 196/2003 non prescrive nulla al riguardo. Deve pertanto ritenersi che non esistono limitazioni
B. si, di norma solo con il consenso scritto dell'interessato e previa autorizzazione del Garante, nell'osservanza dei presupposti e dei limiti stabiliti dal D. Lgs. n. 196/03, dalla legge e dai regolamenti
C. si, ma solo previa autorizzazione del Garante
D. si, di norma solo con il consenso scritto dell'interessato e previa autorizzazione del Presidente del Consiglio dei Ministri

49. Il provvedimento recante "Linee guida cookie e altri strumenti di tracciamento è stato approvato nel:
A. 2021
B. 2019
C. 2018
D. 2016

50. Dispone l'art. 22 del Codice in materia di protezione dei dati personali, in merito ai Principi applicabili al trattamento di dati sensibili e giudiziari da parte di soggetti pubblici, tra l'altro, che:
A. i soggetti pubblici possono trattare solo i dati sensibili e giudiziari indispensabili per svolgere attività istituzionali che non possono essere adempiute, caso per caso, mediante il trattamento di dati anonimi o di dati personali di natura diversa
B. i dati sensibili e giudiziari possono essere trattati nell'ambito di test psico-attitudinali volti a definire il profilo o la personalità dell'interessato
C. nel fornire l'informativa, i soggetti pubblici non sono tenuti ad indicare la normativa che prevede gli obblighi o i compiti in base alla quale è effettuato il trattamento dei dati sensibili e giudiziari
D. i dati idonei a rivelare lo stato di salute possono essere diffusi

51. Il mandato di stabilire le norme relative alla protezione delle persone fisiche con riguardo al trattamento dei dati di carattere personale e le norme relative alla libera circolazione di tali dati è assegnato:
A. al Parlamento europeo e al Consiglio
B. al Garante per la privacy
C. al Presidente del Consiglio dei Ministri
D. al Presidente della Repubblica

RISPOSTE

1.	B
2.	A
3.	B
4.	A
5.	A
6.	D
7.	B
8.	D
9.	D
10.	B
11.	B
12.	B
13.	A
14.	B
15.	C
16.	B
17.	D
18.	D
19.	B
20.	A
21.	D
22.	A
23.	C
24.	B
25.	C
26.	D
27.	B
28.	C
29.	A
30.	A
31.	A
32.	A
33.	C
34.	D
35.	B
36.	C
37.	A
38.	A
39.	C
40.	B
41.	A
42.	D
43.	A
44.	B
45.	B
46.	B
47.	C
48.	B
49.	A
50.	A
51.	A

Capitolo 2 ANTICORRUZIONE. NORMATIVA E STRUMENTI OPERATIVI

SOMMARIO:

1. Premessa.

Il termine **anticorruzione** indica quel sentimento di avversione e contrasto a quelle pratiche violative dei doveri collegati alle funzioni pubbliche per conseguire un vantaggio privato in pregiudizio degli interessi generali.
Ad esso strettamente correlato è il concetto di **trasparenza**, latamente intesa. L'Amministrazione viene, infatti, descritta come una «casa di vetro», il cui *agere* è diretto alla tutela di interessi pubblici ed ispirato ai principi costituzionali del buon andamento e dell'imparzialità della P.A. (art. 97 Cost.).
In tal senso, la trasparenza va intesa quale accessibilità totale, anche attraverso lo strumento della pubblicazione sui siti istituzionali delle amministrazioni pubbliche (cd. trasparenza digitale) delle informazioni concernenti ogni aspetto dell'organizzazione e dell'azione delle pubbliche amministrazioni, allo scopo di favorire forme diffuse di controllo nel rispetto dei principi di buon andamento e imparzialità[1] (DELPINO, DEL GIUDICE).
All'evidenza, tale principio è condizione e presupposto ineludibile nella lotta alla corruzione, un vero e proprio "antidoto": maggiore, infatti, è l'opacità, il segreto e la riservatezza, maggiore sarà il rischio di condotte illecite all'interno degli uffici pubblici[2].
In questi anni il legislatore ha profondamente riformato la normativa in materia di prevenzione e contrasto della corruzione con l'intento, da un lato, di fronteggiare l'espansione del fenomeno corruttivo e, dall'altro, di ottemperare agli obblighi assunti in sede internazionale.
Se in passato il mercimonio della funzione pubblica risultava episodico e circoscritto, oggi si fa sempre più strada la spasmodica ricerca di una stretta relazione con il potere pubblico per meglio perseguire un interesse individuale (BORSARI).

La concretizzazione di un simile rischio ha spinto il legislatore verso un approccio orientato alla prevenzione della corruzione attraverso l'utilizzo di strumenti tipici del diritto amministrativo,

---

[1] Riprova della nuova veste assunta dalla P.A., che da «amministrazione autorità» si trasforma in «amministrazione partecipata» attraverso il coinvolgimento del privato nelle scelte amministrative, sono:
- l'accesso ai documenti amministrativi;
- l'obbligo di motivazione dei provvedimenti;
- gli istituti della partecipazione al procedimento amministrativo.

[2] «*La corruzione è stata ben definita come il reato degli infedeli, cioè il tradimento da parte di coloro che dovrebbero curare il bene pubblico e che, invece, consentono un accesso a benefici pubblici non dovuti in cambio di denaro o di altre personali utilità*» (F. MANGANARO), favorita sia dalla scarsa trasparenza sia dai deboli sistemi di controllo delle gestioni pubbliche.

evitando così di affidare le strategie anticorruttive esclusivamente alla legge penale.
Infatti, la deviazione verso una «***maladministration***» (ossia la gestione distorta di risorse economiche e umane, unitamente all'assunzione di decisioni e provvedimenti in cui prevale l'interesse particolare del singolo a scapito della collettività) si può concretizzare anche in condotte che, sebbene non si traducano sempre in reati veri e propri, finiscono comunque per incidere negativamente sull'immagine della P.A. e sulla fiducia che i cittadini ripongono in essa.
Ciò ha portato la nuova normativa a dilatare il concetto di corruzione: da nozione penalistica del mercanteggiamento della funzione pubblica tra un soggetto appartenente all'amministrazione (*intraneus*) e un soggetto esterno ad essa (*extraneus*), ad una qualificazione orientata verso il diritto amministrativo, in grado di ricomprendere anche quelle condotte che – pur non essendo penalmente irrilevanti – risultano tuttavia, pericolose per lo Stato, poiché potenzialmente idonee a generare illeciti (conflitto di interessi, clientelismo, sprechi, nepotismo, nonché tutte quelle situazioni in cui è possibile ravvisare un abuso del potere pubblico, al fine di ottenere un indebito vantaggio) (VENDITTI, BORSARI).
Le linee di condotta perseguite dal nostro ordinamento per contrastare il fenomeno corruttivo sono tipicamente due:
- la **repressione**, nel momento in cui l'atto corruttivo si manifesta palesemente e, conseguentemente, si inibisce la condotta attivando il regime sanzionatorio predisposto dal legislatore (penale, disciplinare, patrimoniale, etc.);
- la **prevenzione**, così da orientare *ab origine* l'azione degli operatori pubblici al perseguimento di un pubblico interesse, limitando i casi in cui possa crearsi l'occasione per il compimento di una condotta corruttiva (DELPINO, DEL GIUDICE).

Oltre che dalle previsioni del Titolo II del codice penale ("Dei delitti contro la P.A.") e del D.lgs. 8.6.2001 n. 231, sulla responsabilità da reato degli enti, l'attuale disciplina anticorruzione si fonda su due provvedimenti normativi di ampio respiro: la **Lg. 6.11.2012 n. 190 (cd. "Legge anticorruzione" o "Legge Severino")**, che rappresenta un'autentica riforma di sistema, e la **Lg. 27.5.2015 n. 69 (cd. "Nuova legge anticorruzione")**, che ne ha consolidato e – in parte – modificato l'assetto.

2. La prevenzione della corruzione nelle pubbliche amministrazioni.

Dal 2012 ad oggi si è assistito ad una importante riforma del nostro ordinamento, sempre più orientato verso la formazione di una vera e propria cultura alla legalità.
Il mutamento di prospettiva operato dalla legge Severino nel contrasto alla corruzione si manifesta essenzialmente nel differente approccio – rispetto al passato – basato prima di tutto sul rischio del fenomeno («*risk based approach*») che sugli strumenti repressivi («*police patrol*») (BORSARI).
Tale impostazione ha preso le mosse dal contesto normativo internazionale e, in particolare, dalla Convenzione ONU (cd. **Convenzione di Merida**), ratificata con Lg. 3.8.2009, n. 116, dalla **Convenzione penale del Consiglio d'Europa sulla corruzione** (siglata a Strasburgo il 27.1.1999 e ratificata con Lg. 28.6.2012, n. 110) e dalla **Convenzione civile del Consiglio d'Europa sulla corruzione** (Strasburgo, 4.11.1999[3] e ratificata con Lg. 28.6.2012, n. 112), le quali vincolano l'Italia all'adozione di un sistema di prevenzione delle condotte corruttive anche tramite la

[3] In questo stesso anno nasce il cd. **GRECO** (Gruppo di Stati contro la Corruzione), un organo di controllo del Consiglio d'Europa impegnato nella lotta alla corruzione.
Proprio perché l'obiettivo di questo organo è migliorare la capacità degli Stati di prevenire efficacemente il fenomeno corruttivo, anche monitorandone i progressi, l'adesione è aperta anche a Stati non europei (attualmente conta 49 membri, tra cui gli Stati Uniti).

costituzione di apposite autorità indipendenti[4].
Possiamo dire, dunque, che il sistema di prevenzione delineato dalla Lg. n. 190/2012 si incardina su di una serie di attività dirette a:

a. individuare i rischi di manifestazione della corruzione nel settore pubblico e le misure in grado di ridurne la portata;
b. monitorare il funzionamento e l'osservanza delle misure stabilite;
c. prevedere dei rimedi (anche di tipo sanzionatorio e non necessariamente penali) per la mancata applicazione delle misure stesse (MATTARELLA, PELISSERO).

Funzionale al perseguimento di questi obiettivi è la creazione di una *governance* amministrativa articolata in tre organi:

1. **l'Autorità Nazionale Anticorruzione (ANAC)**;
2. **il Dipartimento della Funzione Pubblica (DFP)**;
3. **il Comitato interministeriale per la prevenzione e il contrasto della corruzione e dell'illegalità nella pubblica amministrazione**.

In particolare, la creazione dell'ANAC simboleggia la vera innovazione del nuovo sistema di prevenzione[5]: rappresenta, infatti, il primo organo amministrativo anticorruzione nel nostro ordinamento. In seguito, il legislatore ne ha progressivamente implementato poteri e funzioni (D.L. n. 101/2013 e nel D.L. n. 90/2014), assegnandole un ruolo di coordinamento per l'attuazione delle misure di prevenzione e contrasto dell'illegalità e della corruzione da parte dei soggetti obbligati.

All'interno delle singole amministrazioni, la lotta alla corruzione è condotta da tre distinti soggetti (art. 1, co. 7 ss., Lg. 90/2012):

1. **l'organo di indirizzo politico**;
2. **il Responsabile della prevenzione della corruzione e della trasparenza (RPCT)**;
3. **l'Organismo indipendente di valutazione (OIV)**.

La legge Severino viene ricordata, tuttavia, non solo per la riforma sostanziosa operata in materia di azione, organizzazione del lavoro pubblico e contrattualistica pubblica ma anche in campo penalistico, riformando il codice penale nella parte sui delitti dei pubblici ufficiali contro la Pubblica Amministrazione.

Ulteriori strumenti di prevenzione impiegati nella battaglia contro la corruzione, sono rappresentati da:

---

[4] Sul punto si segnalano, altresì, le ultime direttive europee in materia di appalti (2014/23-24-25/UE), sulla scia del percorso tracciato dalla Convenzione OCSE sulla lotta alla corruzione dei funzionari delle Comunità europee o degli Stati membri dell'Unione europea, del 26.5.1997, e la Decisione quadro 2003/568/GAI del Consiglio UE sulla lotta alla corruzione nel settore privato, del 22.7.2003.
In ambito internazionale si segnalano le statuizioni provenienti da cooperazione intergovernativa operanti in ambito G7, G8 e G20 nonché quelle derivanti dall'Organizzazione per la Cooperazione e lo Sviluppo Economico (Working group on Bribery: WGB), il Consiglio d'Europa (Gruope d'États contre la Corruption, cd. GRECO) e la Convenzione ONU (Implementation Review Group: IRG).

[5] Per maggiore completezza è bene specificare che in epoca antecedente alla Lg. n. 190/2012 nel nostro ordinamento era già presente una commissione con funzioni analoghe, detta **CIVIT (Commissione indipendente per la Valutazione, la Trasparenza e l'Integrità delle amministrazioni pubbliche)**, istituita con il D.Lgs. 150/2009, durante il Governo Berlusconi IV, in attuazione della Lg. 15/2009 (cd. riforma Brunetta). Con la legge Severino, il Governo Monti ha cambiato denominazione alla CIVIT, trasformandola in Autorità Nazionale Anticorruzione e per la valutazione e la trasparenza nelle amministrazioni pubbliche, e ne ha ampliato i poteri. Successivamente, il Governo Renzi con il D.Lg. 90/2014, conv. Lg. 114/2014, ha soppresso l'Autorità, facendone confluire strutture, personale e funzioni nella Autorità Nazionale Anticorruzione (ANAC). Sorte analoga è toccata all'**Autorità per la vigilanza sui contratti pubblici di lavori, servizi e forniture (AVCP)**, le cui funzioni sono state trasferite all'ANAC (v. *infra* par. 3).

- la disciplina delle situazioni di inconferibilità e incompatibilità degli incarichi dirigenziali, contenuta nel D.lgs. n. 39/2013;
- l'obbligo generale di astensione contenuto nell'art. 6 *bis* della legge sul procedimento amministrativo (Lg. n. 241/1990), introdotto dalla citata legge del 2012, in base al quale *«il responsabile del procedimento e i titolari degli uffici competenti ad adottare i pareri, le valutazioni tecniche, gli atti endoprocedimentali e il provvedimento finale devono astenersi in caso di conflitto di interessi, segnalando ogni situazione di conflitto, anche potenziale»*;
- il divieto, inserito dalla Lg. n. 190/2012, per tutti i dipendenti che, negli ultimi tre anni di servizio, abbiano esercitato poteri autoritativi o negoziali per conto delle pubbliche amministrazioni, di poter svolgere, nei tre anni successivi alla cessazione del rapporto di pubblico impiego, attività lavorativa o professionale presso i soggetti privati destinatari dell'attività della pubblica amministrazione svolta attraverso i medesimi poteri (c.d. «***pantouflage***», di cui all'art. 53, co. 16 *ter*, del D.lgs. 165/2001);
- la predisposizione del «**Nuovo codice di comportamento**» dei pubblici dipendenti, emanato con DPR 16 aprile 2013 n. 62, al fine di assicurare la qualità dei servizi, la prevenzione dei fenomeni di corruzione ed il rispetto dei doveri costituzionali di diligenza, lealtà, imparzialità e cura dell'interesse pubblico;
- la creazione del Testo Unico sulla Trasparenza amministrativa e la previsione dell'accesso civico e del FOIA (*Freedom of International Act*);
- le misure previste a tutela del dipendente pubblico che segnala illeciti, di cui è venuto a conoscenza in ragione del rapporto di lavoro (c.d. «***whistleblowing***»);
- il sistema della contrattualistica pubblica prevista dal **Codice dei contratti** (D.Lgs. n. 50/2016)[6].

Questa politica è sintomatica di un'importante presa di coscienza su cosa rappresenti la corruzione in termini di danno e di costo per un paese:
- di danno, perché l'assunzione di un soggetto sulla base di presupposti che non siano meritocratici (es. per concorso pubblico ma in via clientelare) comporta un'inevitabile inefficienza della macchina pubblica;
- di costo, in quanto favorire alcuni operatori economici rispetto ad altri, in spregio alle logiche del mercato e della libera concorrenza, lede l'economia generale.

A riprova di ciò, basti guardare l'**Indice di Percezione della Corruzione nel settore pubblico** 2018: se nel 2012 il nostro Paese si posizionava al 79° posto nel mondo rispetto ai 180 analizzati, oggi - in coincidenza con l'emanazione delle varie normative anticorruzione - l'Italia si classifica 53°, scalando ben 26 posizioni[7].

---

[6] http://www.camera.it/temiap/documentazione/temi/pdf/1114782.pdf.

[7] L'**indice di Percezione della Corruzione (CPI)** di *Transparency International* misura la percezione della corruzione nel settore pubblico e nella politica in numerosi Paesi di tutto il mondo, basandosi su 13 sondaggi e valutazioni di esperti sulla corruzione nel settore pubblico, ognuno dei quali assegna un punteggio da 0 (altamente corrotto) a 100 (per niente corrotto). La metodologia, tuttavia, cambia ogni anno in modo da riuscire a dare uno spaccato sempre più attendibile delle realtà locali.
Oltre due terzi dei Paesi analizzati ha un punteggio inferiore a 50.
Dal 2012 solo 20 Paesi hanno visto migliorare in maniera significativa il loro punteggio e tra questi vi è l'Italia con uno degli incrementi maggiori (+10 punti). Quest'anno, l'Indice di Percezione della Corruzione vede l'Italia al 53° posto nel mondo su 180 Paesi, con un punteggio di 52 su 100, confermando, quindi, il trend in lenta crescita del nostro Paese.
Sono, invece, 16 i Paesi che hanno subito un forte peggioramento, tra cui l'Australia, l'Ungheria e la Turchia.
Danimarca e Nuova Zelanda sono - anche quest'anno - in cima alla classifica ma a posizioni invertite, con rispettivamente 88 e 87 punti. Nelle parti basse del *ranking* troviamo Somalia, Sud Sudan e Siria, con rispettivamente 10, 13 e 13 punti (https://www.transparency.it/indice-percezione-della-corruzione-2018-italia-al-53-posto-nel-mondo/).

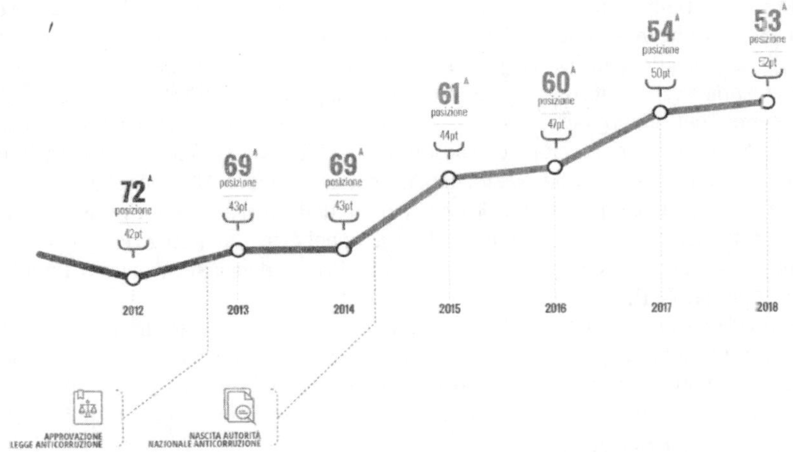

(https://www.transparency.it/indice-percezione-della-corruzione-2018-italia-al-53-posto-nel-mondo/)

3. L'ANAC e le sue funzioni.

L'**Autorità nazionale anticorruzione (ANAC)** è un'autorità amministrativa indipendente[8], che svolge attività di controllo, prevenzione e contrasto della corruzione *«nell'ambito delle amministrazioni pubbliche, nelle società partecipate e controllate anche mediante l'attuazione della trasparenza in tutti gli aspetti gestionali, nonché mediante l'attività di vigilanza nell'ambito dei contratti pubblici, degli incarichi e comunque in ogni settore della pubblica amministrazione che potenzialmente possa sviluppare fenomeni corruttivi»*[9].
Il suo nucleo centrale nasce nel 2009, in attuazione della Lg. 15/2009 (cd. Riforma Brunetta)[10], con il nome di **Commissione per la valutazione, la trasparenza e l'integrità delle amministrazioni pubbliche (CIVIT)**, la quale non solo rispondeva alla necessità di creare un organismo indipendente dal Governo e dalle pp.aa., in grado di rilevare le cattive gestioni di risorse pubbliche attraverso l'analisi della *performance* degli enti, ma tratteggiava, altresì, i confini di una problematica (quella della prevenzione e della lotta al malaffare), che in un secondo momento avrebbero rappresentato il vero e proprio *ubi consistam* dell'operatività della nuova figura istituzionale (CONTESSA).

Con la Lg. n.190/2012, la CIVIT – che col Governo Monti cambia la sua denominazione

[8] Le autorità amministrative indipendenti sono enti od organi pubblici dotati di sostanziale indipendenza dal Governo e da legami politici che possano condizionarne l'operato. Queste rappresentano la risposta dello Stato moderno alle esigenze di regolamentazione e tutela degli interessi collettivi in ambiti della vita sociale nei quali il bilanciamento degli interessi si presenta particolarmente delicato. Si tratta di settori sensibili coinvolgenti la tutela di taluni interessi costituzionali e nei quali, pertanto, è necessario l'apporto, tecnicamente qualificato, di organismi di garanzia indipendenti, muniti di una particolare posizione di terzietà, imparzialità ed indifferenza rispetto agli interessi stessi.
Sono caratterizzate da autonomia organizzatoria, finanziaria e contabile, dalla mancanza di controlli e di soggezione al potere di direttiva dell'esecutivo, autonomia nella nomina dei titoli degli organi di vertice, nei requisiti soggettivi e nella durata delle cariche dei vertici (CASETTA, SANTONICOLA).
Oltre all'ANAC, si segnalano la Banca d'Italia, la CONSOB, l'Autorità garante della concorrenza e del mercato (Antitrust), il Garante per la protezione dei dati personali e l'Autorità di regolazione per energia, rete e ambiente (ARERA).
[9] http://www.anticorruzione.it/portal/public/classic/Autorita/ChiSiamo.
[10] Si osserva, al riguardo, che non erano mancati in passato tentativi volti a creare organismi specificamente deputati alla prevenzione e al contrasto della corruzione nel settore degli appalti: un esempio è l'Alto Commissario per la prevenzione e il contrasto della corruzione, introdotto dalla Lg. 16.1.2003 n. 3 e soppresso dal D.Lg. 25.6.2008 n. 112, con conseguente trasferimento dei poteri al Servizio Anticorruzione e Trasparenza (SAET) del Dipartimento della Funzione Pubblica.

in **Autorità Nazionale Anticorruzione e per la valutazione e la trasparenza nelle amministrazioni pubbliche** - ha iniziato ad operare anche quale autorità nazionale anticorruzione (art. 1, co. 2), acquisendo significativi poteri e compiti per la prevenzione della corruzione.
In seguito, l'*Authority* è stata oggetto di riordino dapprima per mano del D.lg. n. 101/2013 e, successivamente, per mano del D.lg. n. 90/2014, che ne hanno gradatamente ridisegnato la fisionomia organizzativa e funzionale, sopprimendo l'Autorità e facendone confluire strutture, personale e funzioni nella Autorità Nazionale Anticorruzione (ANAC), nonché trasferendo in capo ad essa tutte le competenze in materia di prevenzione della corruzione e di trasparenza, già svolte dal Dipartimento della Funzione Pubblica (DFP), nonché le funzioni e le risorse in materia di appalti pubblici un tempo spettanti all'ex Autorità per la Vigilanza sui Contratti Pubblici di lavori, servizi e forniture (AVCP).
Infine, i poteri dell'Autorità si sono ulteriormente arricchiti, per effetto del D.Lgs. n. 50/2016, nel settore dei contratti pubblici e, per effetto del D.Lgs. n. 97/2016, nell'ambito della trasparenza.
La maggior parte delle attività dell'ANAC conduce all'adozione di atti di tipo generale o provvedimenti del Consiglio quale organo di indirizzo. Alcuni provvedimenti, poi, sono assunti dal Segretario generale o dai dirigenti.
L'art. 211 del D.Lgs. 50/2016, cd. Codice degli appalti, nell'ambito di questioni insorte durante lo svolgimento di una procedura di gara, ha affidato all'ANAC il compito di esprimere pareri precontenziosi vincolanti, che obbligano le parti che vi abbiano preventivamente consentito ad adeguarsi alle indicazioni ivi contenute (v. *infra "funzioni precontenziose"*).

Composizione

L'ANAC è un organo collegiale, composto da:

- il **Consiglio dell'Autorità**, costituito cinque membri, incluso il Presidente, che restano in carica sei anni e non possono essere rinnovati alla scadenza del mandato.
  Tutti i membri sono scelti tra esperti di notoria indipendenza e comprovata esperienza nel contrasto alla corruzione, oltre che nei settori di *management*, misurazione della *performance*, nella gestione e valutazione del personale nonché nell'analisi e nella gestione dei processi nelle pp.aa., previo parere favorevole sulla proposta di nomina delle competenti Commissioni parlamentari espresso a maggioranza dei 2/3 dei componenti (BRUNO).
  Il potere di proposta per la nomina - poi adottata con decreto del Presidente della Repubblica - spetta al Ministro per la pubblica amministrazione per i componenti, mentre è richiesto il concerto con il Ministro dell'interno e del Ministro della giustizia per il Presidente dell'ANAC.
  Il prossimo consiglio sarà nominato nel 2020.

a) Presidente	b) Raffaele Cantone
c) Componenti	d) Michele Corradino e) Ida Angela Nicotra f) Nicoletta Parisi g) Francesco Merloni

- la **Camera arbitrale**, previsto dall'art. 209 del Codice dei contratti pubblici.
  Nominata il 10.2.2015, è composta da cinque docenti universitari di materie giuridiche (un Presidente e quattro componenti) e svolge il ruolo di organo ausiliario del Consiglio.
  Il Presidente rappresenta la Camera arbitrale e, all'interno dell'Autorità, cura i rapporti con gli organi o uffici da questa dipendenti, convoca le sedute del Consiglio della Camera

arbitrale e ne dirige i lavori, adotta gli atti e i provvedimenti necessari alla esecuzione delle delibere del Consiglio e vigila sull'attività della struttura di segreteria Nel caso di assenza o impedimento del Presidente, le sue funzioni sono assunte temporaneamente da uno dei componenti del Consiglio, secondo l'ordine deliberato all'inizio di ogni anno. Inoltre, può adottare provvedimenti di urgenza, da sottoporre a ratifica del Consiglio nella prima seduta successiva alla loro adozione (Regolamento sull'organizzazione e sul funzionamento della Camera Arbitrale, art. 1).

h) Presidente	i) Ferruccio Auletta
j) Componenti	k) Ugo Draetta l) Giovanni Licata m) Alberto Massera n) Luca Mezzetti

ORGANIGRAMMA AL 21.3.2019

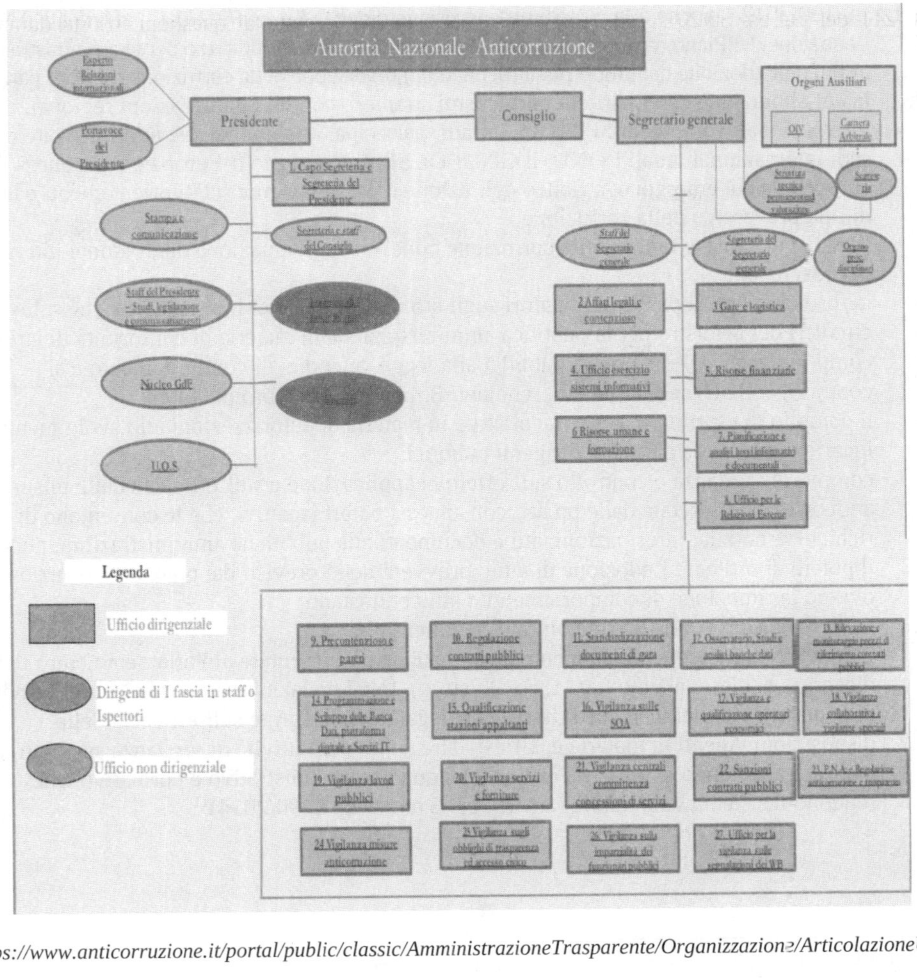

(*https://www.anticorruzione.it/portal/public/classic/AmministrazioneTrasparente/Organizzazione/ArticolazioneUffici*

Per quanto concerne il modello organizzativo, l'ANAC è articolata in ventisette Uffici, oltre al Portavoce, l'Esperto delle relazioni umane, l'U.O.S. e il nucleo GDF. La struttura è completata dalla presenza di un dirigente di I fascia collocato in staff al Presidente, dirigenti di II fascia titolari di incarico in staff al Presidente e/o al Segretario Generale nonché da dirigenti di II fascia, titolari di incarico di Ispettore (art. 1, co. 1 e 2, delibera n. 206/2019).
Il Responsabile di ciascun ufficio risponde del funzionamento della struttura a cui è preposto, della quale programma, dirige e controlla l'attività. Gli incarichi dirigenziali nell'ambito dell'organizzazione saranno conferiti dal Consiglio, su proposta del Segretario generale, previo interpello rivolto al personale con qualifica dirigenziale. Al Presidente ed ai Consiglieri possono essere attribuite funzioni di coordinamento di determinate materie e ambiti di attività/uffici, a garanzia di una più coerente definizione dei procedimenti da sottoporre ad approvazione collegiale, rispetto agli indirizzi forniti dal Consiglio (co. 3, 4 e 5).

Funzioni

Sotto il profilo istituzionale, viene confermata la natura di autorità amministrativa indipendente dell'ANAC, in virtù della funzione di garanzia da essa assolta e dei delicati interessi coinvolti.
In materia di trasparenza e prevenzione della corruzione nelle pubbliche amministrazioni, l'art. 1, co. 2, Lg. n. 190/2012 – anche alla luce di quanto previsto dal D.Lg. n. 90/2014 – affida all'ANAC:

1. l'adozione del Piano nazionale anticorruzione, ossia un atto di indirizzo per le amministrazioni ai fini dell'adozione dei propri piani triennali di prevenzione della corruzione (v. *infra* par. 3.1);
2. la collaborazione con i paritetici organismi stranieri, con le organizzazioni regionali e internazionali competenti: l'ANAC, infatti, partecipa attivamente alle attività svolte nelle sedi internazionali quali l'ONU, il G20, l'OCSE, il Consiglio d'Europa e l'Unione europea da cui emergono, a fianco dell'azione repressiva, importanti orientamenti e leve di tipo preventivo della corruzione;
3. l'analisi di cause e fattori della corruzione nonché l'individuazione degli idonei interventi di prevenzione;
4. la formulazione di pareri obbligatori sugli atti di direttiva e di indirizzo, nonché sulle circolari del Ministro per la pubblica amministrazione in materia di conformità di atti e comportamenti dei funzionari pubblici alla legge, ai codici di comportamento e ai contratti, collettivi e individuali, regolanti il rapporto di lavoro pubblico;
5. il compito di esprimere parere facoltativo in materia di autorizzazioni allo svolgimento di incarichi esterni da parte dei dirigenti pubblici;
6. compiti di vigilanza e controllo sull'effettiva applicazione e sull'efficacia delle misure anticorruzione adottate dalle pp.aa., con annessi poteri ispettivi, che le consentono di richiedere notizie, informazioni, atti e documenti alle pubbliche amministrazioni, nonché il potere di ordinare l'adozione di atti o provvedimenti previsti dai piani anticorruzione ovvero la rimozione di comportamenti o atti contrastanti;
7. la vigilanza e il controllo sui contratti pubblici;
8. il compito di redigere annualmente una relazione da presentare al Parlamento entro il 31 dicembre di ciascun anno (art. 1, co. 2, lett. g). In tale relazione deve riferire sull'attività di contrasto al fenomeno corruttivo e all'illegalità nella P.A. e sull'efficacia delle disposizioni vigenti in materia e, altresì, dare conto dell'attività di vigilanza sui contratti pubblici, indicando le possibili criticità del quadro amministrativo e normativo, che rendono il sistema vulnerabile (art. 19, co. 5 *ter*, D.lg. n. 90/2014)[11].

[11] http://www.camera.it/temiap/documentazione/temi/pdf/1114782.pdf

Dal DFP ha ereditato:

1. le funzioni collegate all'adozione dei piani di prevenzione (art. 1, co. 5 e 8, Lg. 190/2012);
2. le funzioni di coordinamento dell'attuazione delle strategie anticorruzione elaborate a livello nazionale e internazionale;
3. compiti di definizione di norme e metodologie comuni per la prevenzione della corruzione, coerenti con gli indirizzi internazionali;
4. la definizione dei criteri per assicurare la rotazione dei dirigenti nei settori particolarmente esposti alla corruzione e delle misure per evitare sovrapposizioni di funzioni e cumuli di incarichi nominativi (art. 1, co. 4, lett. a, e, Lg. 190/2012)[12].

Sul **piano sanzionatorio**, il potere di applicare sanzione ammnistrative (i cui proventi possono essere utilizzati dall'Autorità per le proprie attività istituzionali) nei confronti del soggetto obbligato, che ometta l'adozione del Piano triennale di prevenzione (co. 5), del Programma triennale per la trasparenza e l'integrità o dei Codici di comportamento dei pubblici dipendenti, delle sanzioni in materia di contratti (co. 2; D.Lgs. n. 50/2016) e di quelle in materia di trasparenza amministrativa (BORSARI).

Quanto alle attribuzioni strumentali a finalità di emersione e repressione degli illeciti, incrementate dalla **Lg. n. 69/2015 (cd. Nuova legge anticorruzione)**, si menziona:

1. il compito di ricevere notizie e segnalazioni di illeciti provenienti da pubblici dipendenti (o anche cittadini), in merito a condotte illecite di cui il soggetto sia venuto a conoscenza in ragione del rapporto di lavoro (v. *infra* par. 7 sui *whistleblowers*), nonché di violazioni di legge o di regolamento o di altre anomalie o di irregolarità relative ai contratti pubblici da parte degli avvocati dello Stato e dei giudici amministrativi;
2. il potere di proporre al Prefetto – lì dove emergano situazioni sintomatiche di condotte illecite – misure straordinarie di gestione, sostegno e monitoraggio delle imprese aggiudicatarie di appalti pubblici o che esercitano attività sanitaria per conto del SSN (art. 32 D. Lg. n. 90/2014).

Il **D.lgs. 25 maggio 2016 n. 97**, in attuazione della Lg. 7 agosto 2015 n. 124 (**cd. Legge Madia**) ha apportato alcune modifiche ai primi quattordici commi della legge Severino, introducendo nuove **funzioni in materia di trasparenza**.

Tra le tante, l'ANAC:

1. controlla l'esatto adempimento degli obblighi di pubblicazione, esercitando poteri ispettivi mediante richiesta di notizie, informazioni, atti e documenti alle pp.aa.;
2. controlla l'operato dei responsabili per la trasparenza a cui può chiedere il rendiconto sull'ispezione svolta all'interno delle amministrazioni;
3. ricorrendo al Piano Nazionale Anticorruzione, può prevedere modalità semplificate per adempiere agli obblighi di pubblicazione nel caso di Comuni con popolazione inferiore a 15.000 abitanti, per gli ordini e collegi professionali (art. 3, co. 1 *ter*);
4. irroga le sanzioni stabilite per la violazione degli obblighi di trasparenza per casi specifici e ne disciplina il relativo procedimento;
5. definisce criteri, modelli e schemi standard per l'organizzazione, la codificazione e la rappresentazione dei documenti, delle informazioni e dei dati oggetto di pubblicazione obbligatoria ai sensi della normativa vigente, nonché relativamente all'organizzazione della sezione «Amministrazione trasparente» (art. 48).

Dal momento che quello dei contratti pubblici è uno dei settori ad alto rischio corruttivo, il nuovo **Codice dei contratti pubblici (D.lgs. n. 50/2016)** ha complessivamente rafforzato i poteri di

[12] http://www.camera.it/temiap/documentazione/temi/pdf/1114782.pdf

vigilanza e controllo attribuiti all'ANAC su tutte le fasi di affidamento ed esecuzione dei contratti. In particolare, sono assegnate **funzioni di segnalazione** al Governo e al Parlamento nel caso di gravi violazioni della legge, e **funzioni ispettive** nei confronti delle imprese, spesso avvalendosi dell'ausilio della Guardia di Finanza, con facoltà di trasmettere gli esiti alla Procura (se le irregolarità sono penalmente rilevanti) o alla Corte dei conti.

In più, accanto alla tradizionale forma di vigilanza cd. successiva, il Codice assegna all'Autorità compiti di **vigilanza cd. collaborativa**. Si tratta di una forma particolare di verifica preventiva, volta a rafforzare e assicurare la correttezza e la trasparenza delle procedure di affidamento poste in essere dalle stazioni appaltanti, a ridurre il rischio di contenzioso in corso di esecuzione, con efficacia dissuasiva di condotte corruttive o, comunque, contrastanti con le disposizioni di settore (GAROFOLI).

In poche parole, si sostanzia in una forma di assistenza/supporto prestata alle stazioni appaltanti per affidamenti di particolare interesse, attraverso la stipula di protocolli di azione volti a coadiuvarle nella predisposizione degli atti di gara e nelle attività di gestione dell'intero procedimento.

Sempre per effetto del nuovo Codice dei contratti pubblici, vengono attribuiti all'ANAC:

1. **funzioni precontenziose**, ossia il potere di emanare, su iniziativa di parte, pareri di precontenzioso (impugnabili) con efficacia vincolante, su questioni sorte durante lo svolgimento delle procedure di gara (art. 211, co. 1);
2. il potere di adottare raccomandazioni vincolanti (impugnabili) nei confronti delle stazioni appaltanti, affinché eliminino in autotutela i vizi di legittimità entro il termine assegnato e comunque non oltre i sessanta giorni (art. 211, co. 1 *ter*);
3. il potere di irrogare sanzioni amministrative pecuniarie nei confronti dei soggetti che rifiutano od omettono, senza giustificato motivo, di fornire le informazioni o di esibire i documenti richiesti, entro il limite minimo di 250 euro e il limite massimo di 25.000 euro.

Tra le maggiori novità introdotte dal D.lgs. n. 50/2016, si segnala:

- l'attribuzione all'Autorità del compito di adottare atti di regolazione c.d. flessibili (**Linee guida**) – un tempo oggetto di normazione secondaria - necessarie per la corretta interpretazione e applicazione del Codice dei contratti. Le linee guida rispondono all'esigenza di garantire una regolazione sempre più flessibile e veloce al sistema, con abbandono graduale del modello regolamentare di cui all'art. 17, Lg. 400/1988 (si parla, in quest'ottica, di un sistema ispirato al *fast law*).
  Possono avere carattere obbligatorio e vincolante. La vincolatività le distingue dalle cd. *soft laws* (es. bandi-tipo e capitolati-tipo), che, pur avendo natura normativa, possono essere disapplicate dalla stazione appaltante previa adeguata motivazione (GAROFOLI);
- la gestione della **Banca dati nazionale dei contratti pubblici**, che raccoglie tutte le informazioni sui contratti al fine di garantire un'accessibilità unificata e il monitoraggio dell'intero sistema contrattualistico;
- la gestione del **Casellario informatico dei contratti pubblici**, contenente le notizie rilevanti circa il possesso dei requisiti per partecipare ai contratti pubblici;
- la gestione dell'**Albo nazionale obbligatorio dei componenti delle commissioni giudicatrici** per l'affidamento dei contratti.

Inoltre, l'ANAC è stata investita dell'attribuzione di nuove funzioni a seguito degli eventi sismici che hanno colpito l'Italia centrale a partire dal 24 agosto 2016, tanto sul fronte dell'emergenza quanto su quello della ricostruzione e di tale attività è dato conto nelle ultime Relazioni trasmesse al Parlamento.

Considerata la molteplicità e l'eterogeneità dei compiti assegnati, l'Autorità è di recente intervenuta con un comunicato per richiamare l'attenzione sul suo perimetro di intervento ed evidenziare al contempo le tipologie di segnalazioni cui non possono far seguito attività di vigilanza o verifica, in quanto l'oggetto è estraneo alle competenze assegnate dalla legge all'Autorità.

3.1. Il sistema dei piani di prevenzione della corruzione.

La centralità attribuita al diritto amministrativo nella prevenzione dei fenomeni corruttivi trova massima espressione nella disciplina dei piani per la prevenzione (art. 1, co. 5 – 14, Lg. n. 190/2012).
Il Piano di prevenzione della corruzione (PPC) è il perno procedurale e/o funzionale del sistema e si articola su due differenti livelli: uno nazionale e uno decentrato o locale, ossia a livello della singola amministrazione.

Il **Piano nazionale anticorruzione (PNA)** ha il compito di promuovere, presso le amministrazioni pubbliche, l'adozione di misure e strategie di prevenzione della corruzione.
Viene adottato dall'ANAC, sentito il Comitato interministeriale e la Conferenza unificata (art. 1, co. 2, lett. b e co. 2 *bis*, Lg. n. 190/2012), ha durata triennale ed è aggiornato annualmente.
È indirizzato sia alle pubbliche amministrazioni (art.1, co. 2, D.lgs. n. 165/2001), ai fini dell'adozione dei propri piani triennali di prevenzione, che agli altri soggetti di cui all'art. 2 *bis*, co. 2, D.lgs. n. 33/2013, ossia:
- enti pubblici economici e ordini professionali;
- società in controllo pubblico;
- associazioni, fondazioni e enti di diritto privato comunque denominati, anche privi di personalità giuridica, con bilancio superiore a cinquecentomila euro, la cui attività sia finanziata in modo maggioritario per almeno due esercizi finanziari consecutivi nell'ultimo triennio da pubbliche amministrazioni e in cui la totalità dei titolari o dei componenti dell'organo d'amministrazione o di indirizzo sia designata da pubbliche amministrazioni),

in relazione alla dimensione e ai diversi settori di attività degli enti, con l'obiettivo di individuare i principali rischi di corruzione con i relativi rimedi, a integrazione dei modelli organizzativi *ex* D.lgs. n. 231/2001. In più, il PNA indica i principali rischi corruttivi, gli obiettivi, i tempi e le modalità di adozione e attuazione delle relative misure di contrasto (art. 1, cc. 2 *bis*, Lg. n. 190/2012).

Il Piano deve necessariamente contenere un nucleo comune dato da:
- da identificazione del rischio;
- analisi del livello di rischio e sua valutazione;
- contenimento del rischio con misure (presuntivamente) adeguate (CANTONE).

Sulla scorta delle indicazioni contenute nel PNA, ogni singola amministrazione predispone i propri **Piani triennali di prevenzione della corruzione (PTPC)**.
Ciascuna amministrazione è obbligata, infatti, a predisporre un proprio piano, che valuti il livello di esposizione degli uffici al rischio e sviluppi gli interventi organizzativi necessari per minimizzarlo, attraverso previsioni dettagliate e vincolanti, che si propone di attuare nel successivo triennio.
La predisposizione e l'attuazione del PTPC sono attribuite alla responsabilità di un soggetto appositamente designato nell'ambito della singola amministrazione, sotto la vigilanza dell'organismo indipendente di valutazione. L'eventuale violazione delle misure previste dal PNA comporta una sanzione amministrativa, che grava sui vertici dell'amministrazione (responsabilità disciplinare).
Una volta approvato dall'organo d'indirizzo politico (o, negli enti locali, dalla giunta), viene trasmesso all'ANAC, in quanto organismo di coordinamento delle strategie anticorruzione (art. 1, co. 4, Lg. n. 190/2012).
I PTPC mirano, in sintesi, a identificare:
- gli uffici e le attività più esposti al rischio corruzione[13];

[13] Secondo la lg. 190/2012 i settori in cui è più elevato il pericolo di corruzione sono:

- i meccanismi di formazione, attuazione e controllo delle decisioni idonei alla prevenzione;
- gli obblighi di informativa;
- le modalità di monitoraggio sulla gestione dei procedimenti, anche per quanto attiene ai rapporti tra amministrazione e soggetti interessati (art. 1, co. 9, Lg. n. 190/2012).

Le scelte fatte saranno, poi, verificate e migliorate anno per anno, ma soprattutto "testate" dall'esperienza. Di modo che il verificarsi di un episodio di corruzione, di condanna per cattiva gestione delle risorse pubbliche, di una sanzione disciplinare per violazione dei doveri dei funzionari o di una segnalazione al responsabile o all'Autorità, sarà da considerarsi sintomatico di una rivalutazione del rischio e dell'adeguatezza delle misure, nella prospettiva di un loro rafforzamento (CANTONE).

In aggiunta a quanto sinora detto, si sottolinea che i PTPC - a seguito delle modifiche introdotte con il D.Lgs. n. 97/2016 – contengono, inoltre, la definizione delle misure per l'attuazione effettiva degli obblighi di trasparenza, ossia le soluzioni organizzative idonee ad assicurare l'adempimento degli obblighi di pubblicazione di dati e informazioni previsti dalla normativa vigente in capo alle pubbliche amministrazioni (D.Lgs. n. 33/2013).

Nel contesto appena delineato, assume un ruolo cruciale il **Responsabile della prevenzione della corruzione (RPC)**: si tratta di un soggetto (di norma un dirigente o, negli enti locali, del segretario) che, avendo avuto il compito di redigere e applicare il Piano, di fronte al verificarsi di episodi di corruzione dovrà dimostrare di aver adottato le misure necessarie alla prevenzione ed al contenimento del rischio (v. *infra* par. 5) (BORSARI).

Nei PTPC sono confluiti anche i contenuti del previgente **Programma per la trasparenza e l'integrità**, per cui oggi si parla anche di PTPCT ossia di Piano Triennale di prevenzione della corruzione e di trasparenza.

4. Il Dipartimento della Funzione Pubblica e il Comitato interministeriale per la prevenzione e il contrasto della corruzione e dell'illegalità nella P.A.

Il **Dipartimento della Funzione pubblica (DFP)** è una struttura della Presidenza del Consiglio dei Ministri istituita nel 1983, alla quale è affidato il presidio delle politiche di riforma e modernizzazione delle pubbliche amministrazioni.

Tolti i compiti in materia di anticorruzione originariamente conferiti dalla Lg. n. 190/2012, al DFP residuano, in definitiva, soltanto funzioni in materia di misurazione e valutazione della *performance* (artt. 7, 8, 9, 10, 12, 13 e 14 D.lgs. n. 150/2009).

Inoltre, fornisce supporto all'innovazione legislativa e regolamentare, promuove e accompagna i processi di trasformazione delle P.A. attraverso la propria capacità di indirizzo, gli interventi di rafforzamento della capacità amministrativa, l'identificazione e la disseminazione di buone pratiche in ambito nazionale ed internazionale.

Sotto il profilo organizzativo, il DFP è retto da un Capo dipartimento e si articola nei seguenti uffici:

- procedimenti di autorizzazione o concessione;
- scelta del contraente per l'affidamento di lavori, forniture e servizi, anche con riferimento alla modalità di selezione prescelta ai sensi del Codice dei contratti (D.lgs. 50/2016);
- concessione ed erogazione di sovvenzioni, contributi, sussidi, ausili finanziari, nonché attribuzione di vantaggi economici di qualunque genere a persone ed enti pubblici e privati;
- concorsi pubblici e prove selettive per l'assunzione del personale e progressioni di carriera.

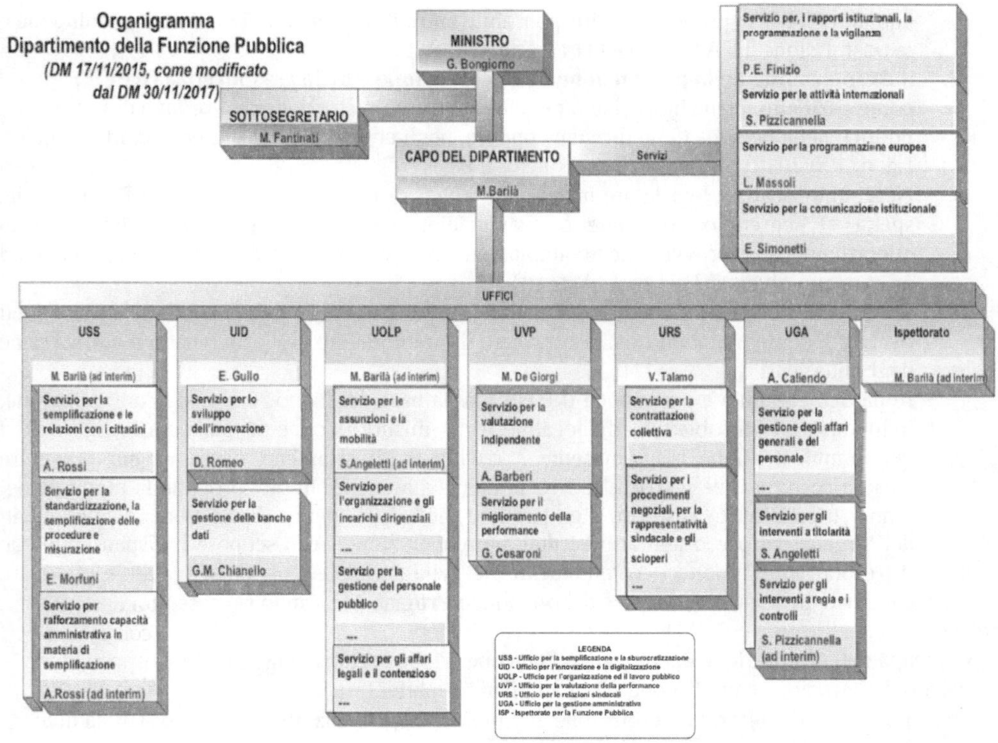

http://www.funzionepubblica.gov.it/il-dipartimento

A pochi mesi dall'emanazione della legge Severino, nasce il **Comitato interministeriale per la prevenzione e il contrasto della corruzione e dell'illegalità nella p.a.**, istituito con D.P.C.M. 16.1.2013.
È composto dal Presidente del Consiglio dei ministri, che lo presiede, dai Ministri per la Pubblica Amministrazione, della Giustizia e dell'Interno. In caso di assenza del Presidente del Consiglio, il Comitato è presieduto dal Ministro per la Pubblica Amministrazione.
Alle sue riunioni, aperte alla partecipazione di altre cariche pubbliche, assiste il sottosegretario di Stato alla Presidenza - segretario del Consiglio dei ministri.
Al Comitato spetta l'emanazione di linee di indirizzo in relazione ai poteri di coordinamento dell'ANAC (art. 1, co. 4, Lg. n. 190/2012) e viene sentito dall'ANAC - unitamente alla Conferenza unificata Stato-città ed autonomie locali (art. 8, co. 1, D.lgs. 28.8.1997, n. 281) - prima dell'adozione del Piano nazionale anticorruzione (art. 1, co. 2 *bis*, Lg. n. 190/2012).

5. La lotta alla corruzione all'interno delle singole amministrazioni.

A livello decentrato, i protagonisti della lotta contro l'illegalità nella P.A. sono:

1. l'**organo di indirizzo politico**, che individua per ciascuna amministrazione - in genere tra i dirigenti di ruolo in servizio - il Responsabile della prevenzione della corruzione e della trasparenza, definisce gli obiettivi strategici in materia di prevenzione della corruzione, e

adotta il PTPC su proposta del Responsabile entro il 31 gennaio di ogni anno, curandone la trasmissione all'ANAC (DELPINO, DEL GIUDICE);

2. il **Responsabile della prevenzione della corruzione e della trasparenza (RPCT)**[14], come anzidetto, viene individuato per ciascuna amministrazione dall'organo di indirizzo politico nella persona di un dirigente oppure, negli enti locali, del segretario (art. 1, co. 7, Lg. n. 190/2012).
   Negli enti locali, il legislatore ha stabilito che – di norma – la funzione di Responsabile spetta al segretario comunale o provinciale; tuttavia, a seguito di valutazione di opportunità e con provvedimento ampiamente motivo, sarà possibile affidare l'incarico ad un soggetto diverso (DE LUCA, AMATO).
   Il suo ruolo è quello di agire sui modelli comportamentali dei funzionari, arginando il rischio di comportamenti illeciti attraverso il monitoraggio dell'attività e la pianificazione degli interventi[15].
   In particolare, cura e predispone il PTPC, sulla base del Piano Nazionale Anticorruzione, individuando gli obiettivi di legalità e le misure idonee a perseguirlo, gli uffici dell'amministrazione maggiormente a rischio e gli strumenti necessari per prevenire episodi corruttivi, ne verifica l'efficacia e la sua idoneità. In più, propone la modifica del Piano triennale in caso di significative violazioni delle prescrizioni o mutamenti dell'organizzazione o nell'attività dell'amministrazione. Allo scopo è indispensabile che il Responsabile monitori costantemente l'attività dell'ente, così da segnalare e prevenire eventuali criticità, che troveranno soluzione nel Piano per l'anno successivo.

Inoltre:

- si occupa della formazione dei dipendenti che operano nei settori maggiormente esposti al rischio di corruzione e predispone adeguati piani formativi (art. 1, co. 8);
- predispone e verifica l'effettiva rotazione degli incarichi dirigenziali[16] (art. 1, co. 10), la quale deve avvenire a fine incarico e sulla base di criteri oggettivi concordati con le organizzazioni sindacali;
- segnala all'organo di indirizzo e all'OIV le disfunzioni inerenti all'attuazione delle misure anticorruttive e indica agli uffici competenti all'esercizio dell'azione disciplinare i nominativi dei dipendenti che non hanno attuato correttamente tali misure (art. 1, co. 7);
- entro il 15 dicembre di ogni anno, trasmette all'organo di indirizzo e all'OIV una relazione sull'attività svolta e gli obiettivi raggiunti e la pubblica nel sito web dell'amministrazione. Nei casi in cui l'organo di indirizzo lo richieda o qualora il dirigente responsabile lo ritenga opportuno, quest'ultimo riferisce sull'attività (art. 1, co. 14).

Il tema della formazione del personale dirigente è un aspetto fondamentale nella normativa anticorruzione, poiché propedeutico alla creazione di una cultura della integrità e della legalità dell'azione amministrativa. A questo proposito, è affidato al Responsabile il compito di individuare il personale che potrà fruire di particolari programmi di formazione e di aggiornamento per la prevenzione della corruzione, attraverso il metodo dell'affiancamento e l'utilizzo di personale interno, per valorizzare le professionalità già esistenti in organico (DE LUCA, AMATO).

Data la delicatezza dei suoi compiti, altro importante profilo è quello riguardante la **responsabilità del RPCT** nel caso in cui non adempia alle prescrizioni previste.

In particolare, sono previste tre diverse ipotesi:

---

[14] Dal 2016 è stato unificato con il Responsabile della trasparenza al fine di rafforzarne il ruolo.

[15] Non ha, dunque, né funzioni di gestione né di repressione delle fattispecie corruttive (DE LUCA, AMATO).

[16] La rotazione non è sempre di facile attuazione, specie nelle pp.aa. con dotazioni organiche numericamente limitate. In questo caso, le difficoltà sono legate all'infungibilità di alcune professionalità, al rischio di compromettere l'efficienza e la funzionalità dell'ente, l'impossibilità di una specializzazione professionale con ricadute negative da un punto di vista funzionale ed organizzativo.

- **responsabilità da mancata predisposizione del Piano triennale di prevenzione entro la scadenza del termine annuale del 31 gennaio**. In questo caso di configura una forma di responsabilità dirigenziale (art. 21, D.lgs. n. 165/2001), da cui potrà derivare il mancato rinnovo dell'incarico alla scadenza, la revoca dell'incarico e, nei casi più gravi, il licenziamento;
- **responsabilità da mancata selezione e formazione del personale dipendente**. Il Responsabile deve definire le procedure per la selezione e la formazione dei dipendenti destinati ad operare nei settori a rischio (art. 1, co. 8), nel caso in cui non ottemperi a tale obbligo risponderà *ex* art. 21 D.lgs. n. 165/2001;
- **responsabilità per l'altrui condotta corruttiva**. Qualora all'interno dell'amministrazione sia commesso reato di corruzione, accertato con sentenza passato in giudicato, il RPCT risponde *ex* art. 21 D.lgs. n. 165/2001personalmente in via dirigenziale, nonché sul piano disciplinare e contabile del danno erariale e all'immagine della Pubblica Amministrazione. Risponde, inoltre, anche in caso di ripetute violazioni delle misure di prevenzione previste dal Piano, salvo che dimostri di averlo predisposto correttamente e di averne monitorato il funzionamento e l'osservanza (art 1, co. 14) (DE LUCA, AMATO). A loro volta, i dipendenti dell'amministrazion

   Al contempo, nel caso in cui vengano perpetrati eventuali comportamenti discriminatori, diretti o indiretti, a danno del RPCT per motivi collegati allo svolgimento delle sue funzioni, questi andranno segnalati all'ANAC (DELPINO, DEL GIUDICE).

3. l'**Organismo indipendente di valutazione (OIV)** è un soggetto presente in ogni amministrazione con importanti funzioni nella misurazione e valutazione della *performance* dei dipendenti, ai fini dell'attribuzione di premialità (tenendo conto delle violazioni al codice di comportamento). Deve verificare che i Piani triennali per la prevenzione della corruzione siano coerenti con gli obiettivi stabiliti nei documenti di programmazione strategico-gestionale e che nella misurazione e valutazione delle *performance* si tenga conto degli obiettivi connessi all'anticorruzione e alla trasparenza.

   In più, vaglia i contenuti della relazione del RPCT, confrontandoli con gli obiettivi prefissati; si riserva la possibilità di chiedere le informazioni e i documenti necessari; può allo scopo convocare i dipendenti per ascoltarli, e riferisce all'ANAC sullo stato di attuazione delle misure (art. 1, co. 8 *bis*, Lg. n. 190/2012).

6. Ulteriori strumenti di prevenzione delle condotte illecite.

Nella lotta alla prevenzione delle condotte illecite, la nuova normativa sull'anticorruzione da un'ulteriore freccia all'arco dell'amministrazione: il **Codice di comportamento dei dipendenti pubblici**.

Questo opera su due livelli: uno generale («**Codice di comportamento generale**», approvato col citato **D.P.R. n. 62/2013**[17]), imprescindibile bussola nel recupero della legalità e della trasparenza dell'azione amministrativa, ed uno particolare («**Codici delle singole amministrazioni**», *ex* art. 54, co. 5, del D.lgs. n. 165/2001[18], modificato dall'art. 1, co. 44, Lg. n. 190/2012).

Il codice di comportamento si compone di 17 articoli, le cui disposizioni possono essere riassunte in:

- valori fondamentali;

[17] Negli anni si sono susseguiti tre diversi Codici di comportamento generale: il D.M. 31.3.1994, approvato all'indomani della privatizzazione; il D.M. 28.11.2000, il primo a definire puntualmente gli obblighi a carico del lavoratore pubblico; e, infine, il D.P.R. 16.4.2013 n. 62, adottato sulla base della legge anticorruzione.

[18] L'art. 54, co. 5, stabilisce che ciascuna amministrazione definisca, con procedura aperta alla partecipazione, un proprio Codice di comportamento, che integri e specifichi il Codice di comportamento generale approvato con D.P.R. 16 aprile 2013, n. 62.

- principi generali di comportamento richiesti a ciascun dipendente sia durante le ore di servizio che nei rapporti privati, comprese le relazioni extralavorative[19];
- obbligo di astensione in caso di conflitto di interesse[20];
- divieto di ricevere regali e altre utilità come compensi per le prestazioni amministrative svolte;
- responsabilità del dipendente e sanzioni connesse alla violazione delle direttive contenute nel Codice.

Questo *corpus* mira ad individuare quell'insieme di valori, principi guida e direttive fondamentali in tema di azione amministrativa e di tutela dei cittadini nei loro rapporti con la P.A., che devono ispirare le condotte di tutti i soggetti che, a vario titolo, operano nelle pubbliche amministrazioni.

In particolare, richiama i principi di matrice costituzionale di buon andamento e di imparzialità dell'azione amministrativa, nonché i principi etici di integrità, di riservatezza, di trasparenza, equità e ragionevolezza, disciplina i rapporti con i terzi e detta disposizioni integrative in materia di comportamento in servizio nonché disposizioni particolari sia per il personale assegnato ai settori che sono a maggiore rischio corruzione, sia per la trasparenza contabile, la tutela della salute, la sicurezza e l'ambiente (CANAPARO).

Le disposizioni sono rivolte a tutti i dipendenti pubblici – dirigenti e non -, ai collaboratori e ai consulenti, con qualsiasi tipologia di contratto o incarico, ai titolari di organi e di incarichi negli uffici di diretta collaborazione delle autorità politiche nonché ai collaboratori, a qualsiasi titolo, di imprese fornitrici di beni o servizi che realizzano opere in favore dell'amministrazione.

A tal fine, le amministrazioni sono tenute ad inserire nei contratti e negli atti d'incarico apposite disposizioni o clausole di risoluzione o di decadenza del rapporto in caso di violazione degli obblighi previsti dal Codice.

Il D.lgs. n. 165/2001 (c.d. TU pubblico impiego) attribuisce all'ANAC il compito di definire criteri, linee guida e modelli uniformi per singoli settori o tipologie di amministrazione, così da consentire loro l'adozione di un proprio Codice di comportamento dei dipendenti (art. 54).

Ciascuna amministrazione pubblica è tenuta, poi, ad integrare e specificare quanto previsto nel testo generale mediante l'adozione di un proprio Codice di comportamento, tenendo conto delle specificità dell'organizzazione, delle competenze istituzionali e della rete dei rapporti con i cittadini-utenti. Sono, inoltre, tenute a verificare annualmente lo stato di applicazione dei codici e ad organizzare attività di formazione del personale per la conoscenza e la corretta applicazione degli stessi (CANAPARO).

Il Responsabile della prevenzione della corruzione cura la pubblicazione del Codice sul sito internet dell'amministrazione e nella rete intranet della stessa nonché l'inoltro all'Autorità Nazionale Anticorruzione ed ai Capi delle Strutture, che provvedono a portarlo a conoscenza dei propri dipendenti, ai titolari di contratti di consulenza o collaborazione a qualunque titolo, ed ai collaboratori di imprese fornitrici di servizi in favore dell'Amministrazione[21].

Sulla sua applicazione vigilano i responsabili di ciascuna struttura, il Responsabile della

---

[19] In merito a quest'ultimo inciso, il Codice chiarisce che nei rapporti privati, comprese le relazioni extralavorative con pubblici ufficiali nell'esercizio delle loro funzioni, il dipendente non deve sfruttare né menzionare la posizione che ricopre nell'amministrazione per ottenere vantaggi o utilità. Ne, in generale, deve assumere condotte che possano nuocere all'immagine dell'Amministrazione.

[20] Il pubblico dipendente all'atto dell'assegnazione all'ufficio deve comunicare tutti i rapporti di collaborazione, diretti o indiretti, in qualunque modo retribuiti, che egli abbia o abbia avuto negli ultimi tre anni, con soggetti privati. Deve precisare, inoltre, se in prima persona o suoi parenti o affini entro il secondo grado o il coniuge o il convivente abbiano ancora rapporti finanziari con il soggetto con cui ha avuto rapporti di collaborazione e se tali rapporti siano intercorsi o intercorrano con soggetti che abbiano interessi in attività o decisioni inerenti all'ufficio, limitatamente alle pratiche a lui affidate (http://www.funzionepubblica.gov.it/articolo/dipartimento/23-11-2018/codice-di-comportamento-e-di-tutela-della-dignita-e-dell'etica-dei).

[21] http://www.funzionepubblica.gov.it/articolo/dipartimento/23-11-2018/codice-di-comportamento-e-di-tutela-della-dignita-e-dell'etica-dei

Prevenzione della Corruzione, l'Ufficio controllo interno, trasparenza ed integrità e l'Ufficio incaricato di attendere ai procedimenti disciplinari.
I dipendenti dell'amministrazione rispondono in via disciplinare della violazione delle misure preventive (art. 1, co. 14, l. n. 190/2012) e dell'omessa segnalazione al superiore gerarchico degli atti corruttivi di cui siano venuti a conoscenza (art. 8 D.P.R. 16.4.2013, n. 62).
Rispetto al passato, il nuovo Codice presenta due profili molto interessanti.

- Il primo riguarda la disciplina in tema di **regali, compensi e altre utilità**.
- Il dipendente pubblico, infatti, non deve né chiedere né accettare – per sé o per altri – regali o altre utilità. Questa previsione non si applica nel caso di regali d'uso, di modico valore (fissato in via orientativa in 150 euro, anche sotto forma di buono sconto) ed effettuati occasionalmente nell'ambito delle normali relazioni di cortesia e di consuetudini internazionali.
- Tuttavia, il dipendente non può, in alcun caso, accettare regali di modico, laddove questi rappresentino il corrispettivo per compiere o per aver compiuto un atto del proprio ufficio da coloro che possano trarre benefici da decisioni o attività inerenti all'ufficio medesimo.

Eventuali doni non consentiti dovranno essere immediatamente messi a disposizione dell'amministrazione per la restituzione o per la loro devoluzione a fini istituzionali, nel caso in cui la restituzione non sia possibile o non appaia opportuna[22].

Il secondo richiama **la prevenzione degli illeciti nell'amministrazione**.
In particolare, il dipendente deve rispettare le prescrizioni contenute nel PTPC, prestare la sua collaborazione al Responsabile della prevenzione e – fermo restando l'obbligo di denuncia all'autorità giudiziaria – segnalare al proprio superiore gerarchico eventuali situazioni di illecito all'interno del proprio ufficio, di cui sia venuto a conoscenza (CANAPARO).

In ottica preventiva, assumono, altresì, importanza cruciale:

1. le **disposizioni in materia di incandidabilità**. Il D.lgs. n. 235 del 2012, attuativo della delega dell'art. 1, co. 63, Lg. n. 190/2012, (*TU delle disposizioni in materia di incandidabilità e di divieto di ricoprire cariche elettive e di Governo conseguenti a sentenze definitive di condanna per delitti non colposi*) sancisce il divieto di candidarsi o, comunque, ricoprire la carica di deputato e di senatore per colore che hanno riportato condanne definitive a pene superiori a due anni di reclusione per i delitti, consumati o tentati, previsti dall'art. 51, co. 3 *bis* e 3 *quater* c.p.p., nonché quelli previsti nel libro II, titolo II, capo I, del codice penale ("Dei delitti contro la Pubblica Amministrazione"); e, infine coloro che hanno riportato condanne definitive a pene superiori a due anni di reclusione, per delitti non colposi, consumati o tentati, per i quali sia prevista la pena della reclusione non inferiore nel massimo a quattro anni, determinata ai sensi dell'art. 278 c.p.p.;
2. le **disposizioni in materia di inconferibilità e incompatibilità di incarichi**, presso le pp.aa. e gli enti di diritto privato in controllo pubblico. Il D.lgs. 8.4.2013, n. 39, attuativo della delega dell'art. 1, co. 49, Lg. n. 190/2012, al fine di evitare commistioni tra politica e amministrazione e situazioni di conflitto di interesse, distingue e disciplina due distinte ipotesi:
    - l'inconferibilità comporta «*la preclusione - permanente o temporanea – a conferire gli incarichi previsti dal presente decreto a coloro che abbiano riportato condanne penale per i reati contro la pubblica amministrazione, oppure coloro che abbiano svolto incarichi o ricoperti cariche in enti di diritto privato regolati o finanziati da pp.aa., o svolto attività a professionali a favore di quest'ultimi, o siano stati*

[22] http://www.funzionepubblica.gov.it/articolo/dipartimento/23-11-2018/codice-di-comportamento-e-di-tutela-della-dignita-e-dell'etica-dei

componenti di organi politici di livello nazionale, regionale e locale» (art. 1, co.1, lett. g). La preclusione si applica anche per gli incarichi di direzione delle aziende sanitarie locali;
- l'incompatibilità determina l'obbligo per il soggetto interessato di scegliere quale incarico mantenere in caso di altra carica di vertice in un'amministrazione pubblica ovvero in enti di diritto privato sottoposti a controllo pubblico o finanziati.

3. la **normativa in materia di incandidabilità.** Il D.lgs. n. 235/2012 (*TU delle disposizioni in materia di incandidabilità e di divieto di ricoprire cariche elettive e di Governo conseguenti a sentenze definitive di condanna per delitti non colposi*) individua le cause ostative all'assunzione e allo svolgimento delle cariche di deputato, senatore e di membro del Parlamento europeo e di rappresentante nei consigli regionali e negli enti locali. In particolare, «*non possono essere candidati e non possono comunque ricoprire la carica di deputato e di senatore: coloro che hanno riportato condanne definitive a pene superiori a due anni di reclusione per i delitti, consumati o tentati, previsti dall'art. 51, co. 3 bis e 3 quater c.p.p.; coloro che hanno riportato condanne definitive a pene superiori a due anni di reclusione per i delitti, consumati o tentati, previsti nel libro II, titolo II, capo I, del codice penale; coloro che hanno riportato condanne definitive a pene superiori a due anni di reclusione, per delitti non colposi, consumati o tentati, per i quali sia prevista la pena della reclusione non inferiore nel massimo a quattro anni, determinata ai sensi dell'art. 278 c.p.p.*» (art. 1, co. 1).

7. La procedura di segnalazione delle condotte illecite e tutela dei *whistleblowers*.

Oltre ai doveri di stampo pubblicistico (riconducibili al principio di imparzialità e buon andamento, art. 97 Cost.; al dovere di fedeltà alla Repubblica, art. 51 Cost.; e al carattere democratico della Repubblica, art. 1 Cost.) e a quelli di matrice codicistica (doveri di diligenza, obbedienza e fedeltà di cui agli artt. 2104 e 2105 c.c.), il dipendente pubblico è tenuto ad osservare il dovere di agire a favore dell'amministrazione, rispettando le misure di prevenzione delle condotte corruttive e garantendo la propria collaborazione e lealtà nel caso in cui assista al compimento di un'attività illecita all'interno del proprio luogo di lavoro.

In quest'ambito rileva quanto previsto dall'**art. 54 *bis* del TUEL**, che ha introdotto la figura del *whistleblowing*.

L'espressione «***whistleblowing***» (letteralmente: «*denunciare delle irregolarità*») indica la condotta di chi denuncia attività illecite o fraudolente all'interno di un'organizzazione pubblica o privata.

Si tratta di un istituto di origine anglosassone, introdotto nel nostro ordinamento per la prima volta con la legge Severino (che aveva inserito l'art. 54 *bis* nel D.Lgs. n. 165/2001), sia pure in relazione al solo pubblico impiego, e poi esteso anche al settore privato mediante la **Lg. 30.11.2017 n. 179**, contenente disposizioni per la tutela e la protezione degli autori di segnalazioni di illeciti (o violazioni relative al modello di organizzazione e gestione dell'ente) (Delpino, Del Giudice).

In particolare, ai sensi dell'art. 54 *bis* il pubblico dipendente che, nell'interesse dell'integrità della P.A., denuncia all'autorità giudiziaria o alla Corte dei conti o all'ANAC o riferisce al proprio Responsabile della prevenzione della corruzione e della trasparenza, condotte illecite di cui sia venuto a conoscenza in ragione del proprio ufficio, non può essere sanzionato, demansionato, licenziato o sottoposto ad una misura discriminatoria diretta o indiretta, avente effetti negativi sulle condizioni di lavoro per motivi collegati alla denuncia. Questa disposizione, tuttavia, non si applica nelle ipotesi in cui la segnalazione costituisca calunnia o diffamazione.

In merito all'ambito applicativo delle disposizioni distinguiamo due profili:

- sotto il profilo oggettivo, la norma è applicabile alle sole segnalazioni e alle denunce effettuate nell'interesse dell'integrità della P.A.;
- sotto il profilo soggettivo, si applica oltre che ai dipendenti delle pp.aa., anche ai dipendenti di enti pubblici economici o enti di diritto privato sottoposti a controllo pubblico ai sensi dell'art. 2359 c.c., nonché ai lavorati e ai collaboratori delle imprese fornitrici di beni o servizi che realizzano opere in favore dell'amministrazione (GAROFOLI).

La **segnalazione** delle condotte illecite o della violazione del modello di organizzazione e gestione dell'ente deve fondarsi su elementi di fatto che siano precisi e concordanti e potrà essere presentata all'ANAC, al R.P.C.T. o all'autorità giudiziaria ordinaria o contabile.

Alla luce della Lg. 179/2017, il perseguimento, da parte del dipendente pubblico o privato che segnali l'illecito, dell'interesse all'integrità delle amministrazioni e alla repressione delle malversazioni costituisce **giusta causa** di rivelazione del segreto d'ufficio (art. 326 c.p.), del segreto professionale (art. 622 c.p.), del segreto scientifico e industriale (art. 623 c.p.), nonché di violazione dell'obbligo di fedeltà all'imprenditore da parte del prestatore di lavoro (art. 2105 c.c.). Questa opera come una sorta di scriminante, che consente la rivelazione ai fini della salvaguardia di un interesse preminente: l'integrità delle amministrazioni. La giusta causa non opera, però, se il soggetto, gravato dal segreto professionale, sia venuto a conoscenza della notizia in ragione di un rapporto di consulenza professionale o di assistenza con l'ente, l'impresa o la persona fisica interessata. Costituisce, altresì, **violazione** del relativo **obbligo di segreto aziendale**, la rivelazione con modalità eccedenti rispetto alle finalità dell'eliminazione dell'illecito e, in particolare, la rivelazione al di fuori del canale di comunicazione specificamente predisposto a tal fine[23].

I modelli di organizzazione dell'ente devono prevedere l'attivazione di uno o più canali che consentano la trasmissione delle segnalazioni, garantendo al contempo la riservatezza dell'identità del segnalante con modalità informatiche. Nel caso in cui venga accertata l'assenza di procedure per l'inoltro e la gestione delle segnalazioni o l'adozione di procedure non conformi agli indirizzi dell'ANAC, quest'ultima è chiamata ad irrogare le sanzioni previste dalla Lg. 179/2017.

Sono previsti, infatti, seppur entro certo limiti, obblighi di riservatezza sull'identità del segnalante e limitazioni al diritto di accesso alla denuncia (art. 1, co. 51, Lg. n. 190/2012).

Nell'ambito del procedimento disciplinare, se la contestazione di addebito è fondata su accertamenti distinti e ulteriori rispetto alla denuncia, l'identità del *whistleblowers* non può essere rivelata, senza il suo consenso. Qualora, invece, la contestazione sia fondata - in tutto o in parte – sulla segnalazione, l'identità può essere rivelata ove sia assolutamente indispensabile per la difesa dell'incolpato (GAROFOLI).

L'adozione di eventuali misure ritorsive nei confronti del dipendente denunciante va comunicata all'ANAC o dall'interessato o dalle organizzazioni sindacali maggiormente rappresentative nell'amministrazione. L'ANAC, a sua volta, deve informare il Dipartimento della Funzione Pubblica (DFP) o gli altri organismi di garanzia o di disciplina, di modo che queste svolgano le dovute attività e adottino gli eventuali provvedimenti di competenza.

Gli atti discriminatori o ritorsivi sono nulli e nel caso in cui il soggetto venga licenziato in ragione della segnalazione verrà reintegrato nel posto di lavoro. In ogni caso, nei confronti del soggetto responsabile della misura discriminatoria, una volta accertata, l'ANAC irrogherà una sanzione amministrativa pecuniaria. Lo stesso dicasi nel caso in cui, l'Authority accerti il mancato svolgimento da parte del Responsabile di attività di verifica e analisi delle segnalazioni ricevute.

Infine, la lg. 179/2017 consente all'ANAC di sanzionare chi effettua, con dolo o colpa grave, segnalazioni che si rivelino infondate.

---

[23]https://temi.camera.it/leg18/temi/tl18_lotta_alla_corruzione#pl18_la_protezione_di_chi_segnala_illeciti_nel_settore_pubblico_e_privato.

Con la delibera 30 ottobre 2018, l'ANAC ha approvato il regolamento sull'esercizio del potere sanzionatorio in materia di tutela degli autori di segnalazioni di reati o irregolarità di cui siano venuti a conoscenza nell'ambito di un rapporto di lavoro[24].

8. Le autorità nazionali di contrasto della corruzione in Europa.

Anche a seguito delle convenzioni internazionali, numerosi Paesi, compresi quelli dell'Unione europea, hanno sviluppato politiche di prevenzione e contrasto ambiziose e molto articolate, sia pure fra loro molto diversificate.
Vediamone alcuni esempi.

Germania[25]
Nell'ordinamento penale tedesco si ha **corruzione** nel caso in cui un pubblico ufficiale (*Amtsträger*) titolare di un ufficio o un deputato eletto agisca contro i propri doveri o obblighi, in cambio di denaro o altra utilità.
Un primo segnale a livello legislativo si è avuto nel 1997 con una legge anticorruzione che ha fortemente inasprito le pene per i reati già previsti nel codice penale tedesco: si va da un minimo di 6 mesi di reclusione fino a un massimo di 5 anni, a seconda della tipologia di illecito[26], fatta eccezione per chi svolge funzioni arbitrali, per i quali è prevista la pena detentiva fino a un massimo di 10 anni.
I principali organi deputati al contrasto della corruzione sono:

- il **Ministero degli Interni** (*Bundesministerium des Innern – BMI*), che supervisiona l'intero operato dell'ufficio federale di polizia dedicato ai reati economici e alla corruzione, garantendone l'integrità, il buon andamento e l'efficacia dell'azione;
- il **Ministero federale per lo Sviluppo e la Cooperazione economica** (*Bundesministerium für wirtschaftliche Zusammenarbeit und Entwicklung - BMZ*), che, all'interno dei suoi programmi, ha predisposto un insieme di clausole anticorruzione inserite in tutti gli accordi di cooperazione finanziaria e/o tecnica con altri paesi;
- l'**Ufficio Criminale Federale** (*Bundeskriminalamt - BKA*), fondato nel 1951 e che svolge funzioni investigative, anche a livello internazionale, compiti di protezione e prevenzione, e funzioni amministrative;
- il **Dipartimento Investigativo Interno** (*Dezernat Interne Ermittlungen - DIE*) che esercita specifiche attività di contrasto al fenomeno corruttivo nel Land di Amburgo[27].

La Germania è tra i pochi Stati membri che pubblicano statistiche complete, stilate annualmente dall'Ufficio Criminale Federale (BKA), sui casi denunciati alla polizia e sulle indagini penali avviate.

Regno Unito[28]
Nel Regno Unito con il termine ***bribery***[29] (atto di corruzione) si intende l'offerta o la promessa di

[24] https://temi.camera.it/leg18/temi/tl18_lotta_alla_corruzione#pl18_la_protezione_di_chi_segnala_illeciti_nel_settore_pubblico_e_privato
[25] https://temi.camera.it/leg17/post/le_autorit__nazionali_di_contrasto_della_corruzione__in_francia__germania__regno_unito_e_spagna.html?tema=temi/l_autorit__nazionale_anticorruzione
[26] Il Codice penale tedesco distingue tra corruzione passiva e corruzione attiva e, in casi di minore gravità, tra accettazione di vantaggi (*Vorteilsnahme*) e acquisizione di vantaggi (*Vorteilsgewährung*).
[27] Otto Länder su sedici hanno unità specializzate anticorruzione nelle loro procure
[28] https://temi.camera.it/leg17/post/le_autorit__nazionali_di_contrasto_della_corruzione__in_francia__germania__regno_unito_e_spagna.html?tema=temi/l_autorit__nazionale_anticorruzione
[29] Disciplinata dal Bribery Act 2010.

denaro oppure di altra utilità verso un soggetto investito di funzioni di rilievo pubblico o di poteri decisionali a queste correlati, per indurlo a esercitarli in modo da procurare un indebito vantaggio. La fattispecie comprende, dunque, sia l'illecita influenza esercitata dal corruttore, sia il delitto commesso dal soggetto decisore che ne è il destinatario (non solo il pubblico ufficiale o l'incaricato di pubblico servizio, ma, in generale, il soggetto titolare di "funzione rilevante" che operi in violazione dei criteri di imparzialità e di buona fede).
Il termine ***corruption*** è, invece, riferito all'atto di chi, abusando dei propri poteri o qualità, induce taluno a dare o a promettere indebitamente, a lui o a un terzo, denaro o altri benefici (una fattispecie, dunque, corrispondente alla concussione del nostro codice penale).
L'esercizio dell'azione penale per i reati di corruzione è attribuito alla competenza del ***Serious Fraud Office* (SFO)**, organismo istituito nel 1987 e che opera sotto la vigilanza dell'*Attorney General* sulla base di un protocollo d'intesa adottato nel 2009 per disciplinare gli organi titolari dell'azione penale (*prosecuting law departments*). È guidato da un *board*, presieduto dal *Director*, e si avvale oltre che di un proprio staff di circa 400 funzionari e dipendenti, anche di altre agenzie pubbliche e organi di polizia, nonché di Stati esteri, qualora l'attività repressiva riguardi la corruzione di pubblici ufficiali stranieri.
La decisione di promuovere indagini e di perseguire un determinato reato è adottata dallo SFO, previa valutazione della natura e gravità del reato, tenendo conto:

- dell'incidenza che l'attività criminosa può avere sugli interessi finanziari e commerciali del mercato azionario;
- della consistenza delle perdite finanziarie implicate;
- del danno concreto o potenziale che può derivarne;
- della sussistenza del pubblico interesse;
- dell'eventuale carattere di novità dell'attività fraudolenta.

Oltre ai poteri inquirenti e di azione penale, lo SFO può disporre la confisca dei proventi di attività illecite e ad agire per il risarcimento e la compensazione delle vittime dei reati.
Nel perseguire le sue finalità istituzionali, lo SFO assegna rilievo particolare alle fonti informative (cd. ***whistleblowers***), i quali possano fornire, in condizioni protette, segnalazioni e testimonianze circa reati di corruzione perpetrati da imprese ed organizzazioni nello svolgimento delle loro attività.

Spagna[30]

In Spagna esiste un apposito organo giurisdizionale competente in materia di corruzione, la *Fiscalía contra la Corrupción y la Criminalidad Organizada*.
Si tratta di una Procura speciale, integrata nella Procura di Stato (*Ministerio Fiscal*) e dipendente dal Procuratore generale dello Stato (*Fiscalía General del Estado*), ha competenze su tutto il territorio nazionale circa i processi di particolare rilevanza in materia di corruzione commessi da funzionari pubblici nell'esercizio dei loro incarichi nonché in materia di reati economici commessi da gruppi organizzati.
La *Fiscalía contra la Corrupción* è competente, tra l'altro, per:

- reati contro le finanze pubbliche, la sicurezza sociale e il contrabbando;
- reati di prevaricazione;
- reati di abuso o uso indebito di informazioni privilegiate;
- malversazione di fondi pubblici;
- frodi ed esazioni illegali;

[30] https://temi.camera.it/leg17/post/le_autorit__nazionali_di_contrasto_della_corruzione__in_francia__germania__regno_unito_e_spagna.html?tema=temi/l_autorit__nazionale_anticorruzione

- reati di traffico di influenze;
- reati di corruzione;
- negoziazioni proibite ai funzionari pubblici;
- alterazioni di prezzi in appalti e aste pubbliche;
- delitti societari;
- delitti di corruzione nelle transazioni commerciali internazionali;
- delitti di corruzione nel settore privato.

La sede centrale è a Madrid ma sono presenti sedi delegate in dodici città (Malaga, Valencia, Siviglia, Murcia, Barcellona, etc.).

Nel 2017 l'Andalusia ha istituito un apposito **Ufficio competente in materia di lotta alla corruzione**, operativo a partire dal 2018. L'Ufficio ha una direzione indipendente, eletta da un tribunale ogni cinque anni, composta da quindici funzionari e con una dotazione finanziaria iniziale di 500.000 euro, e agisce su iniziativa dei gruppi politici o dei cittadini, ai quali è garantito l'anonimato.

Francia[31]

Con la legge sulla trasparenza della vita pubblica dell'11 ottobre 2013, è stata istituita l'**Alta autorità per la trasparenza della vita pubblica** (*Haute Autorité pour la transparence de la vie publique - HATVP*)[32].

Si tratta di un'autorità amministrativa indipendente istituita dalla, il cui compito è di promuovere la probità e la correttezza dei dipendenti pubblici, mediante strumenti adeguati ai risultati da raggiungere: tra questi spicca l'obbligo, per alcune personalità incaricate di funzioni pubbliche, di presentare, accanto alla «**dichiarazione sulla situazione patrimoniale**[33]», anche una «**dichiarazione di interessi**[34]» (art. 2).

Quest'organo ha anche il compito di controllare che i ministri, i presidenti di un governo locale e i membri di autorità amministrative non esercitino per la durata di tre anni funzioni incompatibili con l'attività pubblica svolta, una volta cessato il mandato.

L'Alta Autorità svolge inoltre un ruolo di **«partner deontologico»**, fornendo pareri in merito alle

---

[31]https://temi.camera.it/leg17/post/le_autorit__nazionali_di_contrasto_della_corruzione__in_francia__germania__regno_unito_e_spagna.html?tema=temi/l_autorit__nazionale_anticorruzione.

[32] Ha sostituito la precedente "Commissione per la trasparenza finanziaria della vita politica" (*Commission pour la transparence financière de la vie politique*).

[33] La dichiarazione relativa al patrimonio comprende, in particolare, i beni immobili, le azioni e i conti correnti bancari, ma anche tutte le voci di spesa.
I soggetti debbono inviare due volte la propria dichiarazione: all'inizio del mandato e alla fine dello stesso.
Il controllo svolto dall'Autorità mira a raggiungere un triplice obiettivo: riscontrare la coerenza degli elementi dichiarati; trovare eventuali omissioni nella dichiarazione; prevenire ogni tipo di arricchimento ottenuto in modo illecito. Por poter svolgere efficacemente tale sua funzione, l'Autorità può chiedere alla direzione generale delle finanze pubbliche chiarimenti in merito alle voci dichiarate o richiedere documenti a supporto delle stesse (bilanci societari, elementi catastali o valutazioni in merito a partecipazioni societarie o beni immobili).
Il procedimento si svolge, in ogni caso, in contraddittorio con l'interessato, che fornisce a tal fine tutte le informazioni necessarie. Il procedimento può chiudersi con un'osservazione nel caso in cui la dichiarazione non sia esatta o esaustiva o, nei casi più gravi, con la trasmissione alla procura della repubblica competente, che può avviare, se del caso, un'indagine penale.

[34] L'Alta Autorità ha il compito di verificare la sussistenza di un eventuale conflitto di interessi, inteso quale situazione d'interferenza di un interesse pubblico con altri interessi pubblici o privati, di natura tale da influenzare lo svolgimento indipendente, imparziale e obiettivo di una funzione pubblica.
Per prevenirli con maggiore facilità, i soggetti devono, all'inizio del loro mandato, compilare una dichiarazione dalla quale siano rilevabili gli interessi detenuti, evidenziando le attività professionali attuali e passate, le partecipazioni ai collegi di direzione d'organismi pubblici o privati, le attività svolte a titolo di beneficienza e la professione svolta dal congiunto.
Qualora venga individuata una situazione di interferenza, l'Autorità può, innanzitutto, nell'ambito di un contradditorio con il dichiarante, indicare delle soluzioni adatte a prevenire o far cessare il conflitto. Se la situazione perdura, può adottare delle misure costrittive aventi la forma di un potere d'ingiunzione o ordinare a tutte le persone che rientrano nel proprio campo di competenza (con l'eccezione del primo ministro e dei parlamentari) di fare cessare il conflitto d'interessi, pena la sanzione penale della reclusione fino ad un anno e un'ammenda di 15.000 euro.

situazioni potenzialmente in conflitto d'interesse. In particolare, chiarisce se una determinata situazione può avere o meno rilievo penale dal punto di vista della normativa sul conflitto di interessi (**funzione consultiva**).
Infine, svolge anche un **compito di tipo formativo** nei confronti dei soggetti destinatari dei precetti contenuti nella legge dell'ottobre 2013. Queste informazioni vengono fornite anche agli studenti che diventeranno i futuri dirigenti del settore pubblico, motivi per cui l'*Authority* è in costante contatto con varie scuole e istituti di formazione.
In ultimo ha il compito di promuovere la **trasparenza** dell'operato della pubblica amministrazione tramite l'obbligo di pubblicità delle dichiarazioni alla stessa indirizzate.
Oltre che dal presidente, il collegio dell'Autorità si compone di due membri eletti dal Consiglio di Stato, due membri eletti dalla Corte di cassazione, due membri eletti dalla Corte dei conti e da due membri nominati dai Presidenti dei due rami del Parlamento (dopo l'approvazione di 3/5 da parte dei membri delle commissioni con funzioni legislativa delle rispettive assemblee).
Sulla base di quanto previsto dal Regolamento interno dell'Autorità (la cui ultima versione risale al 4 ottobre 2017), i membri del collegio esercitano le loro funzioni con integrità e probità, nel rispetto dei principi di trasparenza, imparzialità e indipendenza (art. 1).
Sono, inoltre, tenuti al segreto professionale, pertanto, non possono comunicare informazioni delle quali sono venuti a conoscenza in occasione dell'esercizio delle loro funzioni (art. 14).
E ancora - ai sensi dell'art. 16 del Regolamento (dovere di riserbo) - non possono assumere, neanche attraverso i social network, alcuna posizione pubblica che possa essere pregiudizievole al buon funzionamento dell'Autorità o a una delle persone soggette agli obblighi previsti dalle leggi relative alla trasparenza della vita pubblica.
Infine, l'Alta Autorità dispone di un'ampia autonomia finanziaria e organizzativa.
Le sue risorse sono determinate dalla legge finanziaria e, nell'ambito delle stesse, può liberamente assumere il proprio personale e stabilire le spese necessarie al proprio funzionamento. Il controllo sull'attività svolta è di tipo successivo e compete al Parlamento e alla Corte dei conti.

QUESTIONARIO

1. Cosa prevede la normativa nazionale in materia di prevenzione e contrasto della corruzione?
2. Cos'è l'ANAC, quali compiti svolge?
3. Che cosa si intende per «whistleblowing»?
4. Cosa contiene il Piano Nazionale Anticorruzione, a chi è indirizzato?
5. Chi predispone i Piani triennali di prevenzione della corruzione?
6. Cosa si intende per divieto di ricevere regali e altre utilità come compensi per le prestazioni amministrative svolte?

BIBLIOGRAFIA

- *ANAC*, in http://www.anticorruzione.it/portal/public/classic/Autorita/ChiSiamo;
- *Codice di comportamento e di tutela della dignità e dell'etica dei dirigenti e dei dipendenti della PCM*, in http://www.funzionepubblica.gov.it/articolo/dipartimento/23-11-2018/codice-di-comportamento-e-di-tutela-della-dignita-e-dell'etica-dei, 2018;
- *Corruzione*, in https://temi.camera.it/leg18/temi/tl18_lotta_alla_corruzione#pl18_la_protezione_di_chi_segnala_illeciti_nel_settore_pubblico_e_privato, 2019;
- *Le autorità nazionali di contrasto della corruzione in Francia, Germania, Regno Unito e Spagna*, in https://temi.camera.it/leg17/post/le_autorit__nazionali_di_contrasto_della_corruzione__in_francia__germania__regno_unito_e_spagna.html?tema=temi/l_autorit__nazionale_anticorruzione, 2018;
- *Prevenzione della corruzione e ANAC*, in http://www.camera.it/temiap/documentazione/ temi/pdf/1114782.pdf, 2018;
- *Regolamento sulla organizzazione e sul funzionamento della Camera Arbitrale*, in http://www.anticorruzione.it/portal/public/classic/AttivitaAutorita/AttiDellAutorita/_Atto?id=261963780a7780424f820823082c5085).

Transparency International Italia, in https://www.transparency.it/indice-percezione-della-corruzione-2018-italia-al-53-posto-nel-mondo/, 2018;

- R. Bossari, *Anticorruzione*, in www.treccani.it/enciclopedia/anticorruzione_(diritto-on-line), 2018;
- G. Bruno, *ANAC: cos'è e a cosa serve*, in https://www.laleggepertutti.it/240407_anac-cose-a-cosa-serve, 2018;
- P. Canaparo, *Dipendenti pubblici, obblighi più stringenti con il Codice di comportamento*, in https://www.diritto24.ilsole24ore.com/guidaAlDiritto/amministrativo/primiPiani/2013/10/dipendenti-pubblici-obblighi-piu-stringenti-con-il-codice-di-comportamento.php?preview=true, 2013;
- R. Cantone, *Il sistema della prevenzione della corruzione in Italia*, in https://www.penalecontemporaneo.it/d/5731-il-sistema-della-prevenzione-della-corruzione-in-italia, 2017;
- E. Casetta, *Compendio di diritto amministrativo*, Milano, 2019;
- C. Contessa, *Il ruolo dell'ANAC nel nuovo codice dei contratti*, in http://www.treccani.it/enciclopedia/il-ruolo-dell-anac-nel-nuovo-codice-dei-contratti_%28altro%29/, 2017;
- A. Cuofano, *La natura giuridica delle linee guida ANAC alla luce del nuovo codice dei contratti pubblici*, in *Cammino diritto* (ISSN 2421-7123), 2017;
- L. Delpino, F. Del Giudice, *Compendio di diritto amministrativo*, Napoli, 2019;
- G. De Luca, C. Amato, *Anticorruzione nella P.A.: le novità in tema di semplificazione, pubblicità e trasparenza*, in https://www.altalex.com/documents/news/2017/10/30/anticorruzione-nella-pa-le-novita-in-tema-di-semplificazione-pubblicita-e-trasparenza, 2017;
- R. Garofoli, *Compendio di diritto amministrativo*, Molfetta, 2019;
- F. Manganaro, *Corruzione e criminalità organizzata*, in *L'area grigia della 'ndrangheta* (ISSN 978-88-548), 2012;
- B.G. Mattarella, M. Pelissero, *La legge anticorruzione*, Torino, 2013;
- N. Parisi, *L'attività di contrasto alla corruzione sul piano della prevenzione*, in R. BORSARI, *La corruzione a due danni dalla "Riforma Severino"*, Padova, 2016;
- R. Santanicola, *Autorità Nazionale Anticorruzione: linee guida, compiti e recenti modifiche legislative*, in https://www.iusinitinere.it/autorita-nazionale-anticorruzione-linee-guida-compiti-recenti-modifiche-legislative-caratteri-comuni-delle-autorithies-motivazioni-ne-ispirato-la-creazione-5335, 2017.
- R. Venditti, *Corruzione*, in Enc. dir., X, Milano, 1962.

Capitolo 3 LA TRASPARENZA AMMINISTRATIVA E L'EVOLUZIONE DELLA DISCIPLINA DALL'ACCESSO CLASSICO A QUELLO CIVICO LIBERO UNIVERSALE

1. Il principio di pubblicità e trasparenza.

L'obbligo di trasparenza dell'azione amministrativa, sebbene pacificamente riconosciuto da tempo nel nostro ordinamento, e considerato riconducibile al disposto dell'art. 97 Cost. è stato espressamente codificato solo con la l. n. 15 del 2005, di modifica della l. n. 241 del 1990, il cui art. 1, comma 1, prevede ora che "*L'attività amministrativa persegue i fini determinati dalla legge ed è retta da criteri di pubblicità e di trasparenza*".

Senonché, nel dare avvio ad un percorso evolutivo culminato con l'entrata in vigore del d.lgs. 25 maggio 2016, n. 97, **già il d.lgs. 24 ottobre 2009, n. 150,** attuativo della legge delega 4 marzo 2009, n. 15, ha determinato una *mutazione genetica* del principio di trasparenza: questa è definita all'articolo 11, in modo fortemente innovativo, come *accessibilità totale alle informazioni anche attraverso lo strumento della pubblicazione sui siti istituzionali delle pubbliche amministrazioni.*

Nel solco segnato dal d.lgs. n. 150 del 2009, la l. n. 190 del 2012, fa assurgere la trasparenza dell'azione amministrativa a misura preventiva e trasversale di lotta ai fenomeni corruttivi e all'illegalità nella pubblica amministrazione. Sulla base della delega conferita con l'art. 1, comma 35, della predetta legge, è stato adottato il d.lgs. 14 marzo 2013, n. 33, che – oltre a raccogliere in unico *corpus* normativo gli obblighi di pubblicazione disseminati in diversi testi normativi - accresce il novero degli atti e documenti oggetto di pubblicazione, istituisce la sezione "Amministrazione Trasparente" nei siti istituzionali delle amministrazioni, individua modalità tecniche uniformi che garantiscano la facile reperibilità delle informazioni e la loro confrontabilità, detta criteri in tema di qualità delle informazioni.

Il predetto decreto del 2013 correla al riconoscimento del diritto alla conoscibilità dell'azione amministrativa l'introduzione del nuovo istituto dell'accesso civico, riconoscendo a "chiunque" la possibilità di chiedere l'adempimento degli obblighi di pubblicazione non osservati dall'amministrazione. Senza più pretendere requisiti legittimanti - a differenza di quanto previsto dalla disciplina sull'accesso dettata dalla l. n. 241 del 1990 - il d.lgs. 14 marzo 2013, n. 33, riconosce quindi a chiunque il diritto di accedere ai dati per i quali lo stesso decreto prevede un obbligo di pubblicazione a carico dell'amministrazione: diritto azionabile sul solo presupposto della mancata osservanza dell'obbligo di pubblicazione.

Il principio di trasparenza nella Pubblica amministrazione dunque ha trovato una rinnovata ed ampliata attuazione a far data dall'entrata in vigore del d.lgs. 14 marzo 2013, n. 33, adottato in attuazione della c.d. legge anticorruzione 6 novembre 2012, n. 190, e di recente modificato dal d.lgs. 25 maggio 2016, n. 97, adottato in attuazione della delega introdotta dall'art. 7, comma 1, l. 7 agosto 2015, n. 124 (c.d. legge Madia).

Alla trasparenza si attribuisce anche **il carattere di misura trasversale della prevenzione della corruzione.** La trasparenza è uno degli assi portanti della politica anticorruzione, fondata sia su obblighi di pubblicazione previsti per legge sia su ulteriori misure di trasparenza che ogni ente, in ragione delle proprie caratteristiche strutturali e funzionali, dovrebbe individuare in coerenza con le finalità della l. 190/2012 mediante il programma triennale della trasparenza, come si chiarirà nel prosieguo, sia sulle nuove modalità di accesso civico.

L'art. 1, comma 1, d.lgs. n. 33 del 2013, come riformulato dal d.lgs. n. 97 del 2016, definisce la trasparenza come "*accessibilità totale dei dati e documenti detenuti dalle pubbliche amministrazioni allo scopo di tutelare i diritti dei cittadini, promuovere la partecipazione degli interessati all'attività amministrativa*".

Oggetto di questa opera di sistematizzazione sono sia le informazioni relative ad aspetti rilevanti dell'organizzazione e del personale, sia le informazioni utili alla fruizione dei servizi erogati on-line, nell'ottica tanto della trasparenza amministrativa, quanto della accessibilità dei servizi medesimi.
Come osservato dal Consiglio di Stato Cons. Sez. consultiva atti normativi, 24 febbraio 2016, n. 515, "***La trasparenza si pone come un valore-chiave**, in grado di poter risolvere uno dei problemi di fondo della pubblica amministrazione italiana: quello di coniugare garanzie ed efficienza nello svolgimento dell'azione amministrativa. Tale valore può essere riguardato [...] come modo d'essere tendenziale dell'organizzazione dei pubblici poteri [...].*
In altri termini, se l'interesse pubblico - inteso tecnicamente come "causa" dell'atto e del potere amministrativo - non può più essere rigidamente predeterminato e imposto, ma costituisce in concreto la risultante di un processo di formazione cui sono chiamati a partecipare sempre più attivamente i componenti della comunità, occorre anche "rendere visibile" il modo di formazione dell'interesse medesimo, i soggetti che vi concorrono [...] nonché rendere conoscibili i dati di base, i presupposti da cui si muove, i modi di esercizio del potere, ivi comprese le risorse utilizzate".
Nel medesimo parere il Consiglio di Stato Cons. Sez. consultiva atti normativi, 24 febbraio 2016, n. 515 ha osservato come la gemmazione delle nuove forme di accesso civico determinano il passaggio da una forma di trasparenza di tipo "proattivo", ossia realizzata mediante la pubblicazione obbligatoria sui siti web di determinati enti dei dati e delle notizie indicati dalla legge, **ad una trasparenza di tipo "reattivo", cioè in risposta alle istanze di conoscenza avanzate dagli interessati.** Il passaggio dal "bisogno di conoscere" al "diritto di conoscere" (*from need to right to know*, nella definizione inglese del F.O.I.A.) rappresenta per l'ordinamento nazionale una sorta di rivoluzione copernicana.

2. Le disposizioni generali del d.lgs. n. 33 del 2013.

In base **alle disposizioni generali** del d.lgs. n. 33 del 2013, le pubbliche amministrazioni procedono alla pubblicazione **dei documenti, delle informazioni e dei dati** oggetto degli obblighi di pubblicazione concernenti l'organizzazione e l'attività delle stesse, nella *home page* dei propri siti istituzionali in un'apposita sezione denominata «Amministrazione trasparente»,
A tale obbligo di pubblicazione corrisponde "il diritto di *chiunque* di accedere ai siti direttamente e immediatamente, senza autenticazione né identificazione" **(art. 2, comma 2).**
La previsione di numerosi obblighi di pubblicazione si giustifica per l'esigenza di garantire il "controllo diffuso", e il perseguimento di obiettivi di integrità dell'azione amministrativa, ossia di c.d. anticorruzione, in attuazione dei criteri dettati dalla L. n. 190/2012
Tutti i documenti, le informazioni e i dati oggetto di pubblicazione obbligatoria sono pubblici e chiunque *ha diritto di conoscerli*, di fruirne *gratuitamente, di utilizzarli e riutilizzarli* **(art. 3, comma 1).**
Di rilievo, risulta quindi la specifica attenzione al tema della **qualità delle informazioni** - cui è dedicato **l'art. 6** - declinata in termini di *integrità, costante aggiornamento, completezza, tempestività, semplicità di consultazione, comprensibilità, omogeneità, facile accessibilità,* nonché *conformità ai documenti originali* dei dati diffusi mediante i siti istituzionali nonché l'indicazione della loro provenienza e la loro riutilizzabilità.
A tal riguardo la stessa disposizione precisa che l'esigenza di assicurare la qualità dei dati non può costituire motivo per l'omessa o ritardata pubblicazione dei dati, delle informazioni e dei documenti (**art. 6, comma 2).**
Gli obblighi di pubblicazione dei dati personali "comuni" ovvero diversi da quelli sensibili o giudiziari a norma del d.lgs. 196 del 2003 **comportano** perciò la loro diffusione attraverso siti istituzionali, nonché il **loro trattamento secondo modalità che ne consentono la indicizzazione e la rintracciabilità tramite i motori di ricerca web**, e anche il loro riutilizzo, **nel rispetto dei principi sul trattamento dei dati personali (art. 7-bis, comma 1).**
Nel comma 2 dell'art. 7 bis del D.Lgs. n. 33/2013, è posto in rilievo che la pubblicazione nei siti istituzionali, di dati relativi a titolari di organi di indirizzo politico e di uffici o incarichi di diretta collaborazione, nonché a dirigenti titolari degli organi amministrativi *è finalizzata alla realizzazione della trasparenza pubblica, che integra una finalità di rilevante interesse pubblico nel rispetto della disciplina in materia di protezione dei dati personali.* Ciò posto per i casi di pubblicazione "facoltativa" nel proprio sito istituzionale di dati, informazioni e documenti che le pubbliche amministrazioni, dunque, non hanno l'obbligo di pubblicare ai sensi del decreto 33/2013 o sulla base di specifica previsione di legge o regolamento, si impone il rispetto dei limiti indicati dall'articolo 5-bis e **l'indicazione in forma anonima dei dati personali eventualmente presenti (comma 3).**
In tale prospettiva, si prevede nei casi in cui norme di legge o di regolamento prevedano la pubblicazione di atti o documenti che le pubbliche amministrazioni provvedono a rendere non intelligibili i dati personali non pertinenti (**art. 7-bis, comma 4**) o, se sensibili o giudiziari, non indispensabili rispetto alle specifiche finalità di trasparenza della pubblicazione.
Ai sensi dell'art. 8 del d.lgs. n. 33/2013, la pubblicazione dei dati sul sito istituzionale deve essere tempestiva e gli stessi mantenuti costantemente aggiornati. Nel caso in cui le norme recanti obblighi di pubblicazione prevedano specifiche tempistiche di aggiornamento, esse sono indicate in dettaglio nell'allegato 1 alla delibera n. 50/2013
L'art. 8, c. 3, del d.lgs. n. 33/2013 stabilisce che i documenti, informazioni e dati oggetto di specifici obblighi di pubblicazione sono pubblicati per **un periodo di 5 anni, decorrente dal 1° gennaio dell'anno successivo a quello da cui decorre l'obbligo di pubblicazione,** e comunque

fino a che gli atti pubblicati producono i loro effetti, fatti salvi i diversi termini previsti dalla normativa in materia di trattamento dei dati personali e quanto previsto dagli artt. 14, c. 2, e 15, c. 4 del medesimo decreto.
Alla scadenza del termine di durata dell'obbligo di pubblicazione di cui sopra, i documenti, le informazioni e i dati **sono comunque conservati** e **resi disponibili all'interno di distinte sezioni del sito di archivio, collocate e debitamente segnalate nell'ambito della sezione "Amministrazione trasparente"**. Inoltre, i documenti possono essere trasferiti all'interno delle sezioni di archivio anche prima della scadenza del termine indicato.
Inoltre, le amministrazioni non possono disporre filtri e altre soluzioni tecniche atte ad impedire ai motori di ricerca web di indicizzare ed effettuare ricerche all'interno della sezione «Amministrazione trasparente» **(art. 9).**
Le modalità di pubblicazione scelte a monte dal legislatore privilegiano la più ampia messa a disposizione dei dati detenuti dalle pubbliche amministrazioni. Tuttavia, con riferimento ai dati personali, mentre quelli sensibili e giudiziari vengono sottratti alla pubblicazione, per gli altri dati resta l'obbligo in capo l'amministrazione, di non rendere intelligibili quelli «non pertinenti», in rapporto alle finalità perseguite dalla normativa sulla trasparenza.
L'art. 48 rubricato *"norme sull'attuazione degli obblighi di pubblicità e trasparenza"* attribuisce all' Autorità nazionale anticorruzione (ANAC) la definizione di criteri, modelli e schemi standard per l'organizzazione, la codificazione e la rappresentazione dei documenti, delle informazioni e dei dati oggetto di pubblicazione obbligatoria ai sensi della normativa vigente, nonché relativamente all'organizzazione della sezione «Amministrazione trasparente».
Nell'allegato A, che costituisce parte integrante del decreto, sono individuati i modelli e schemi standard per l'organizzazione, la codificazione e la rappresentazione dei documenti, delle informazioni e dei dati oggetto di pubblicazione obbligatoria ai sensi della normativa vigente.
Quanto alla **procedura,** si prevede che gli standard, i modelli e gli schemi predetti sono adottati dall'Autorità nazionale anticorruzione, sentiti il Garante per la protezione dei dati personali, la Conferenza unificata, l'Agenzia Italia Digitale, la CIVIT e l'ISTAT. Con riferimento al contenuto si chiarisce che gli standard, i modelli e gli schemi di cui al comma 3 recano disposizioni finalizzate:
a) ad assicurare il coordinamento informativo e informatico dei dati, per la soddisfazione delle esigenze di uniformità delle modalità di codifica e di rappresentazione delle informazioni e dei dati pubblici, della loro confrontabilità e della loro successiva rielaborazione;
b) a definire, anche per specifici settori e tipologie di dati, i requisiti di qualità delle informazioni diffuse, individuando, in particolare, i necessari adeguamenti da parte di singole amministrazioni con propri regolamenti, le procedure di validazione, i controlli anche sostitutivi, le competenze professionali richieste per la gestione delle informazioni diffuse attraverso i siti istituzionali, nonché' i meccanismi di garanzia e correzione attivabili su richiesta di chiunque vi abbia interesse.
Il buon funzionamento del sistema è assicurato dall'invito ai soggetti di cui all'articolo 2-bis, ovvero sottoposti agli obblighi di pubblicazione di a conformarsi a tali standard, ai modelli ed agli schemi nell'adempimento degli obblighi di pubblicazione previsti dalla normativa vigente.

3. Ambito di applicazione soggettivo del sistema di accessibilità totale.

Il perimetro delle categorie di soggetti cui la disciplina in questione può ritenersi obbligatoriamente applicabile è tracciato dall'art. 2- bis del d.lgs. 33/2013 aggiunto nell'articolato con il decreto correttivo n. 97/2016 che ha determinato un ampliamento della platea delle categorie dei soggetti sottoposti agli obblighi di pubblicità.
Nel 2016, il d.lgs. 97 del 2016 ha abrogato l'art. 11 d.lgs. n. 33/13 e introdotto il nuovo art. 2-bis

che reca **l'elenco dei soggetti ai quali trovano applicazione le disposizioni sulla "trasparenza".**
Con particolare riferimento all'individuazione della categoria delle "**amministrazioni pubbliche**", deve precisarsi che le disposizioni in tema di "trasparenza", ai sensi dell'art. 2- bis, si applicano a tutti i soggetti ricompresi nelle categorie richiamate dall'art. 1, comma 2, d.lgs. 30 marzo 2001, n. 165 **nonché alle autorità portuali ed alle autorità amministrative indipendenti di garanzia, vigilanza e regolazione.**
Nella formulazione originaria del Codice della trasparenza, l'art. 11, comma 1 (oggi abrogato) disponeva che *"le Autorità Indipendenti di garanzia, vigilanza e regolazione provvedono all'attuazione di quanto previsto dalla normativa vigente in materia di trasparenza secondo le disposizioni dei rispettivi ordinamenti*". Il successivo d.l. 24 giugno 2014, n. 90 (conv., con modificazioni, dall'art. 1, comma 1, l. 11 agosto 2014, n. 114) ha modificato l'ambito soggettivo di applicazione del Decreto trasparenza, prevedendo all'articolo 11, comma 1, che « *Ai fini del presente decreto, per 'pubbliche amministrazioni' si intendono tutte le amministrazioni di cui all'articolo 1, comma 2, del decreto legislativo 30 marzo 2001, n. 165, e successive modificazioni, ivi comprese le autorità amministrative indipendenti di garanzia, vigilanza e regolazione* ». L' inclusione delle Autorità indipendenti nell'ambito dei soggetti cui sono rivolte le norme in tema di trasparenza, si è poi realizzata mediante l'introduzione nel predetto decreto trasparenza, dell'art 2-bis (per effetto del d.lgs. n. 97/16).
Il secondo comma del nuovo art. 2-bis reca **l'elenco delle categorie di soggetti equiparati, ai fini della "trasparenza", alle pubbliche amministrazioni a cui si applicano le previsioni del d.lgs. n. 33/13 "in quanto compatibili".** Con la delibera n. 1134 del 8 novembre 2017 recante "*Nuove linee guida per l'attuazione della normativa in materia di prevenzione della corruzione e trasparenza da parte delle società e degli enti di diritto privato controllati e partecipati dalle pubbliche amministrazioni e degli enti pubblici economici*", l'Autorità ha chiarito gli ambiti soggettivi di applicazione delle disposizioni in tema di trasparenza in virtù dell'art. 2-bis del d.lgs. 33/2013, come introdotto dal d.lgs. 97/2016.
La trasparenza cui si fa riferimento **è sia quella relativa alla pubblicazione sui siti web dei dati e dei documenti soggetti a pubblicazione obbligatoria, sia quella concernente l'esercizio del diritto di accesso civico generalizzato**.

Rientrano tra questi:
lett. a) gli enti pubblici economici e gli ordini professionali.
Con riguardo **agli enti pubblici economici**, inclusi dal d.lgs. 97/2016 tra i soggetti tenuti ad applicare la normativa sulla trasparenza, "in quanto compatibile" [nuovo art. 2-bis, co. 2, lettera a), del d.lgs. 33/2103], le richiamate linee guida hanno precisato che, **considerata la natura pubblicistica dell'organizzazione e la sicura prevalenza delle attività di pubblico interesse svolte, anche se in regime di diritto privato, sono tenuti**:
1) ad assicurare la pubblicazione dei dati relativi all'organizzazione dell'ente e alla totalità delle attività svolte;
2) a garantire il diritto di accesso generalizzato ai dati e documenti non oggetto di obbligo di pubblicazione, con riferimento all'organizzazione e a tutte le attività svolte;
3) ad adottare, come sezione del PTPC o del "modello 231" integrato ex lege 190/2012, le misure organizzative per programmare i flussi di dati ai fini della pubblicazione sul sito web nella apposita sezione denominata "Amministrazione trasparente".
La previsione recata dal nuovo art. 2-bis, comma 2, lett. a), d.lgs. n. 33/13 ha posto fine al dibattito dottrinale e giurisprudenziale sulla applicabilità della normativa sulla trasparenza agli ordini professionali con riferimento ai quali si era registrata una certa resistenza alla trasparenza, fondata sulla circostanza che gli iscritti sono soggetti privati. E' noto la delibera n. 145/14 con la quale l'Anac aveva ritenuto pienamente applicabile tale normativa agli ordini professionali trattandosi di

enti pubblici non economici è stata impugnata dinanzi al TAR Lazio, (le sentenze 24 settembre 2015 n. 11391 e n. 11392) che aveva confermato la legittimità, ma il Consiglio di Stato (VI, ordinanza 1° aprile 2016 n. 1093), in sede cautelare, è parsa rimettere in discussione tale approdo interpretativo, decidendo poi di rinviare la decisione del merito della questione contenziosa a novembre 2016.

lett. b) tutte le società in controllo pubblico come definite dall'attuale d.lgs. n. 175/16, escludendo dal novero le "società quotate".
Giova richiamare l'art. 22 d.lgs. n. 175/16 rubricato "Trasparenza", a norma del quale: «Le *società in controllo pubblico assicurano il massimo livello di trasparenza sull'uso delle proprie risorse e sui risultati ottenuti, secondo le previsioni del decreto legislativo 14 marzo 2013, n. 33* ». Inoltre, l'art. 1, comma 5, d.lgs. n. 175/16, il quale sancisce che "Le disposizioni del presente decreto si applicano, solo se espressamente previsto, alle società quotate, come definite dall'articolo 2, comma 1, lettera p), nonché alle società da esse partecipate, salvo che queste ultime siano, non per il tramite di società quotate, controllate o partecipate da amministrazioni pubbliche".
Con riguardo all'applicazione delle misure di trasparenza, è stato precisato nelle predette linee guida del 2017 che le società in controllo pubblico di cui all'art. 2-bis, co. 2, lett. b), del d.lgs. 33/2013, con l'esclusione delle società quotate, osservano gli obblighi di pubblicazione del citato decreto, **con i limiti della compatibilità**, sia relativamente all'organizzazione che alle attività esercitate.
Si noti che in materia di trasparenza non rileva, infatti, la natura dell'attività svolta dalle società in controllo pubblico, assumendo il legislatore che ogni qualvolta si rinviene la situazione di controllo di cui all'art. 2359 del codice civile, la società è
tenuta ad applicare la medesima disciplina prevista per le pubbliche amministrazioni, sia pure con alcuni adeguamenti dovuti all'applicazione del criterio della compatibilità e di cui l'Autorità ha dato conto.
Le società definiscono **misure di trasparenza** che confluiscono in un'apposita sezione del documento contenente le misure di prevenzione della corruzione integrative del "modello 231", ovvero dell'unico documento contenente insieme misure integrative e misure del "modello 231"; costituiscono sul proprio sito web una apposita sezione, **denominata "Società trasparente"**, in cui pubblicare i dati e le informazioni ai sensi del d.lgs. 33/2013; assicurano l'accesso civico generalizzato per i dati e i documenti che non siano già oggetto degli obblighi di pubblicazione entro i limiti di cui all'art. 5-bis del d.lgs. 33/2013.

lett. c) "alle associazioni, alle fondazioni e agli enti di diritto privato comunque denominati, anche privi di personalità giuridica, con bilancio superiore a cinquecentomila euro, la cui attività sia finanziata in modo maggioritario per almeno due esercizi finanziari consecutivi nell'ultimo triennio da pubbliche amministrazioni e in cui la totalità dei titolari o dei componenti dell'organo d'amministrazione o di indirizzo sia designata da pubbliche amministrazioni".
I tre requisiti richiesti per applicare gli obblighi di trasparenza a tali soggetti privati, anche privi di personalità giuridica costituiti da:
- **bilancio superiore a cinquecentomila euro**;
- **finanziamento maggioritario, per almeno due esercizi finanziari consecutivi nell'ultimo triennio da pubbliche amministrazioni**;
- **designazione della totalità dei titolari o dei componenti dell'organo d'amministrazione o di indirizzo da parte di pubbliche amministrazioni**

debbono coesistere cumulativamente e in tal caso gli enti sono da ritenere in controllo pubblico pertanto sottoposti alle medesime misure di trasparenza previste per le società in controllo pubblico sia con riguardo all'organizzazione che alle attività svolte.

Pertanto, non si giungerà a tale risultato per esempio nel caso in cui i finanziatori siano soggetti diversi da pubbliche amministrazioni e ad esse equiparati (ad esempio società partecipate), il finanziamento sia interrotto in tempo utile a non far maturare la consecutività di un biennio ecc., cui non tutti i titolari o i componenti dell'organo di amministrazione o di indirizzo del soggetto privato vengano designati da pubbliche amministrazioni ecc.
L'art. 2-bis, comma 3, estende poi l'applicazione delle regole del d.lgs. n. 33/13 sempre nei limiti della "compatibilità", *"limitatamente ai dati e ai documenti inerenti all'attività di pubblico interesse disciplinata dal diritto nazionale o dell'Unione europea"* ad alcune categorie di soggetti:
A) alle società in partecipazione pubblica
B) alle associazioni, alle fondazioni e agli enti di diritto privato, anche privi di personalità giuridica, con bilancio superiore a 500 mila euro, che esercitano funzioni amministrative, attività di produzione di beni e servizi a favore delle amministrazioni pubbliche o di gestione di servizi pubblici o nei quali sono riconosciuti alle pubbliche amministrazioni poteri di nomina di componenti degli organi di governo.

4. Gli obblighi di pubblicazione: alcuni esempi.

Sono numerosissimi gli obblighi di pubblicazione disciplinati dal d.lgs. 33/2013, alla luce delle principali modifiche e integrazioni introdotte dal d.lgs. 97/2016 fermo restando, come già detto, che le amministrazioni, in una logica di piena apertura verso l'esterno, possono pubblicare "dati ulteriori" oltre a quelli espressamente indicati e richiesti da specifiche norme di legge.
In particolare, il Capo II del decreto trasparenza raccoglie gli "Obblighi di pubblicazione concernenti l'organizzazione e l'attività delle pubbliche amministrazioni"

- Art. 13 *Obblighi di pubblicazione concernenti l'organizzazione delle pubbliche amministrazioni*
- Art. 14 *Obblighi di pubblicazione concernenti i titolari di incarichi politici, di amministrazione, di direzione o di governo e i titolari di incarichi dirigenziali*
- Art. 15 *Obblighi di pubblicazione concernenti i titolari di incarichi di collaborazione o consulenza*
- Art. 15-bis *Obblighi di pubblicazione concernenti incarichi conferiti nelle società controllate*
- Art. 15-ter *Obblighi di pubblicazione concernenti gli amministratori e gli esperti nominati da organi giurisdizionali o amministrativi*
- Art. 16 *Obblighi di pubblicazione concernenti la dotazione organica e il costo del personale con rapporto di lavoro a tempo indeterminato*
- Art. 17 *Obblighi di pubblicazione dei dati relativi al personale non a tempo indeterminato*
- Art. 18 *Obblighi di pubblicazione dei dati relativi agli incarichi conferiti ai dipendenti pubblici*
- Art. 19 *Bandi di concorso*
- Art. 20 *Obblighi di pubblicazione dei dati relativi alla valutazione della performance e alla distribuzione dei premi al personale*
- Art. 21 *Obblighi di pubblicazione concernenti i dati sulla contrattazione collettiva*
- Art. 22 *Obblighi di pubblicazione dei dati relativi agli enti pubblici vigilati, e agli enti di diritto privato in controllo pubblico, nonché alle partecipazioni in società di diritto privato*
- Art. 23 *Obblighi di pubblicazione concernenti i provvedimenti amministrativi*
- Art. 24 *Obblighi di pubblicazione dei dati aggregati relativi all'attività amministrativa*
- Art. 25 *Obblighi di pubblicazione concernenti i controlli sulle imprese*
- Art. 26 *Obblighi di pubblicazione degli atti di concessione di sovvenzioni, contributi, sussidi e attribuzione di vantaggi economici a persone fisiche ed enti pubblici e privati*
- Art. 27 *Obblighi di pubblicazione dell'elenco dei soggetti beneficiari*

- Art. 28 *Pubblicità dei rendiconti dei gruppi consiliari regionali e provinciali*

Il Capo III raccoglie gli "Obblighi di pubblicazione concernenti l'uso delle risorse pubbliche"

- Art. 29 *Obblighi di pubblicazione del bilancio, preventivo e consuntivo, e del Piano degli indicatori e risultati attesi di bilancio, nonché dei dati concernenti il monitoraggio degli obiettivi*
- Art. 30 *Obblighi di pubblicazione concernenti i beni immobili e la gestione del patrimonio*
- Art. 31 *Obblighi di pubblicazione concernenti i dati relativi ai controlli sull'organizzazione e sull'attività dell'amministrazione*

Il Capo IV si occupa degli "*obblighi di pubblicazione concernenti le prestazioni offerte e i servizi erogati*"

- Art. 32 *Obblighi di pubblicazione concernenti i servizi erogati*
- Art. 33 *Obblighi di pubblicazione concernenti i tempi di pagamento dell'amministrazione*
- Art. 34 *Trasparenza degli oneri informativi*
- Art. 35 *Obblighi di pubblicazione relativi ai procedimenti amministrativi e ai controlli sulle dichiarazioni sostitutive e l'acquisizione d'ufficio dei dati*
- Art. 36 *Pubblicazione delle informazioni necessarie per l'effettuazione di pagamenti informatici*

Il Capo V reca gli "Obblighi di pubblicazione in settori speciali"

- Art. 37 *Obblighi di pubblicazione concernenti i contratti pubblici di lavori, servizi e forniture*
- Art. 38 *Pubblicità dei processi di pianificazione, realizzazione e valutazione delle opere pubbliche*
- Art. 39 *Trasparenza dell'attività di pianificazione e governo del territorio*
- Art. 40 *Pubblicazione e accesso alle informazioni ambientali*
- Art. 41 *Trasparenza del servizio sanitario nazionale*
- Art. 42 *Obblighi di pubblicazione concernenti gli interventi straordinari e di emergenza che comportano deroghe alla legislazione vigente*

Rimandando alle *Prime linee guida recanti indicazioni sull'attuazione degli obblighi di pubblicità, trasparenza e diffusione di informazioni contenute nel d.lgs. 33/2013 come modificato dal d.lgs. 97/2016* di cui alla determina 1310 del 28 dicembre 2016 adottate dall' ANAC si ritiene opportuno, pur senza pretesa di esaustività, soffermarsi su alcuni di essi.

L'art. 4-bis del d.lgs. 33/2013 introdotto dal d.lgs. 97/2016 concernente **la trasparenza nell'utilizzo delle risorse pubbliche che**, al co. 1, prevede che, al fine di promuovere l'accesso e migliorare la comprensione dei dati sulla spesa delle pubbliche amministrazioni, l'Agenzia per l'Italia digitale (AGID) gestisca, d'intesa con il Ministero dell'economia e delle finanze, il sito internet denominato "Soldi pubblici", tramite il quale è possibile accedere ai dati degli incassi e dei pagamenti delle pubbliche amministrazioni e consultarli in relazione alla tipologia di spesa sostenuta, alle amministrazioni che l'hanno effettuata, nonché all'ambito temporale di riferimento. Come si legge nelle predette linee guida Anac si tratta di un portale web, "Soldi pubblici", attualmente esistente (link http://soldipubblici.gov.it/), che raccoglie i dati di cassa, di entrata e di uscita, rilevati dal Sistema informativo sulle operazioni degli enti pubblici (SIOPE) e li pubblica dopo averli previamente rielaborati nella forma. La medesima disposizione di cui al comma 2 prevede, poi, che ogni amministrazione pubblichi, in una parte chiaramente identificabile della sezione "Amministrazione trasparente", i dati sui propri pagamenti, permettendone la consultazione in relazione alla tipologia di spesa sostenuta, all'ambito temporale di riferimento e ai beneficiari. L'omessa pubblicazione dei dati comporta l'applicazione della sanzione pecuniaria di cui all'art. 47 del d.lgs. 33/2013.

Come già anticipato sopra l'art. 13 del decreto sulla trasparenza (d.lgs. 33/2013) impone alle PP.AA. stringenti **obblighi di pubblicazione** per gli incarichi di collaborazione o consulenza. In particolare, la disposizione sancisce che le pubbliche amministrazioni, entro 3 mesi dal

conferimento dell'incarico (e per i tre anni successivi alla cessazione dell'incarico) **devono pubblicare e aggiornare alcune informazioni:**
a) gli estremi dell'atto di conferimento dell'incarico
b) il curriculum vitae
c) i dati relativi allo svolgimento di incarichi o la titolarità di cariche in enti di diritto privato regolati o finanziati dalla p.a. o lo svolgimento di attività professionali
d) i compensi relativi al rapporto di consulenza o collaborazione.
La norma assume rilevo pregnante poiché al comma 2 precisa che la pubblicazione degli estremi degli atti di conferimento di incarichi di collaborazione o di consulenza **sono condizioni per l'acquisizione dell'efficacia dell'atto e per la liquidazione dei relativi compensi.**
Si precisa inoltre che, in caso di **mancata pubblicazione:** il pagamento del corrispettivo determina la responsabilità del dirigente che l'ha disposto, accertata all'esito del procedimento disciplinare e comporta il pagamento di una **sanzione** pari alla somma corrisposta. Si fa salvo il risarcimento del danno del destinatario ricorrendone i presupposti di legge.
In particolare, è oggetto di un complesso contenzioso **l'art. 14 recante** Art. 14 *Obblighi di pubblicazione concernenti i titolari di incarichi politici, di amministrazione, di direzione o di governo e i titolari di incarichi dirigenziali.*

Il comma 1 dell'art. 14 pone in capo allo stato, alle regioni e agli enti locali in relazione ai titolari di incarichi politici, anche se non di carattere elettivo, di livello statale, regionale e locale un obbligo di obbligo di comunicazione dei seguenti dati:
a) l'atto di nomina o di proclamazione, con l'indicazione della durata dell'incarico o del mandato elettivo;
b) il curriculum;
c) i compensi di qualsiasi natura connessi all'assunzione della carica e gli importi di viaggi di servizio e missioni pagati con fondi pubblici;
d) i dati relativi all'assunzione di altre cariche, presso enti pubblici o privati, ed i relativi compensi a qualsiasi titolo corrisposti;
e) gli altri eventuali incarichi con oneri a carico della finanza pubblica e l'indicazione dei compensi spettanti;
f) le dichiarazioni e le attestazioni di cui agli artt. 2,3 e 4 della legge 5 luglio 1982, n. 441 (Disposizioni per la pubblicità della situazione patrimoniale di titolari di cariche elettive e di cariche direttive di alcuni enti) - relative alla dichiarazione dei redditi e alla dichiarazione dello stato patrimoniale, quest'ultima concernente il possesso di beni immobili o mobili registrati, azioni, obbligazioni o quote societarie -, limitatamente al soggetto interessato, al coniuge non separato e ai parenti entro il secondo grado, ove gli stessi vi consentano, con la previsione che venga data evidenza al mancato consenso.
In particolare, l'art. 14, comma 1-bis, estende **a tutti i titolari di incarichi dirigenziali nella pubblica amministrazione, a qualsiasi titolo conferiti,** senza alcuna distinzione fra di essi, gli obblighi di pubblicazione di una serie di dati, obblighi già previsti dal citato art. 14, comma 1, del d.lgs. n. 33 del 2013 a carico dei titolari di incarichi politici, anche se non di carattere elettivo, di livello statale, regionale e locale.
Tra le modifiche introdotte dal d.lgs. 97/2016 al d.lgs. 33/2013 in materia di trasparenza si evidenzia l'introduzione dei **commi 1-bis e 1-ter all'art.14**. In particolare, il **comma 1-bis** ha esteso gli obblighi di trasparenza di cui al comma 1 dell'art. 14 (riferiti a tutti i titolari di incarichi politici, di indirizzo politico, di amministrazione, direzione e governo) **anche ai titolari di incarichi dirigenziali a qualsiasi titolo conferiti, inclusi quelli attribuiti discrezionalmente dall'organo di indirizzo politico, senza procedure pubbliche di selezione**.
Il successivo comma 1-ter ha previsto l'obbligo per ciascun dirigente di comunicare

all'amministrazione presso la quale presta servizio gli emolumenti complessivi percepiti a carico della finanza pubblica, imponendo alla stessa di pubblicarne l'ammontare per ciascuno di essi sul proprio sito istituzionale.
L' ANAC con delibera n. 241 dell'8 marzo 2017, ha adottato linee guida recanti indicazioni in ordine all'attuazione dell'art. 14 del d.lgs. 33/2013, con particolare riferimento ai commi 1-bis e 1-ter che non hanno dissipato i dubbi in ordine al complesso bilanciamento tra riservatezza e trasparenza quando vengano pubblicati dati in ordine alla situazione patrimoniale di alcuni soggetti.
I profili problematici risultano accresciuti in ragione della reperibilità delle suddette informazioni mediante motori di ricerca generalisti e non soltanto all'interno dei siti delle p.a. di riferimento, atteso che l'indicizzazione è prevista dall'art. 7-bis del d.lgs. 33/2013, di cui si è detto.
In particolare, è stata sollevata questione di legittimità costituzionale sull'art. 14, comma 1, lett. c) ed f), comma 1 bis e comma 1 ter del D.Lgs. n. 33/2013. L'ordinanza è stata adottata nell'ambito del ricorso promosso da un gruppo di dirigenti in servizio presso l'Autorità Garante per la protezione dei dati personali contro il provvedimento del Segretario generale del Garante stesso, con cui si richiedevano i dati di tali dirigenti ai fini della pubblicazione sul sito istituzionale.
Ad avviso dei dirigenti ricorrenti, le suddette disposizioni normative, nella parte in cui obbligano i dirigenti a pubblicare i predetti dati, violerebbero sia i principi in materia di trattamento dei dati personali stabiliti dal diritto dell'UE, corrispondenti, alla tutela del diritto alla vita privata e alla protezione dei dati, ai principi di proporzionalità, pertinenza e non eccedenza nel trattamento, al principio di finalità, nonché al principio di ragionevolezza, sia a livello interno gli art. 117, comma 1, Cost., nonché degli artt. 2, 3 e 13 Cost., con riferimento ai principi di eguaglianza e alla libertà personale.
La Corte Costituzionale, **con sentenza 21 febbraio 2019, n. 20** ha dichiarato l'art. 14, comma 1-bis, del d.lgs. n. 33 del 2013, costituzionalmente illegittimo, per violazione dell'art. 3 Cost., nella parte in cui prevede che le pubbliche amministrazioni pubblicano i dati di cui all'art. 14, comma 1, lettera f), dello stesso decreto legislativo, anche per tutti i titolari di incarichi dirigenziali, a qualsiasi titolo conferiti, ivi inclusi quelli conferiti discrezionalmente dall'organo di indirizzo politico senza procedure pubbliche di selezione, anziché solo per i titolari degli incarichi dirigenziali previsti dall'art. 19, commi 3 e 4, del d.lgs. n. 165 del 2001.
Il contenzioso in oggetto, come evidenziato dal giudice di legittimità, ha reso evidente come i diritti alla riservatezza e alla trasparenza si fronteggiano soprattutto nel nuovo scenario digitale: un ambito nel quale, da un lato, i diritti personali possono essere posti in pericolo dalla indiscriminata circolazione delle informazioni, e, dall'altro, proprio la più ampia circolazione dei dati può meglio consentire a ciascuno di informarsi e comunicare. **(Si rinvia alla parte sul trattamento dei dati personale per il bilanciamento tra il diritto a controllare la circolazione delle informazioni riferite alla propria persona (riservatezza) e quello dei cittadini al libero accesso ai dati ed alle informazioni detenuti dalle pubbliche amministrazioni (trasparenza).**

L'ANAC, in data 12 aprile 2017, con delibera n. 382 e relativo Comunicato del Presidente, ha sospeso l'efficacia delle Linee guida di cui alla deliberazione n. 241 del 2017, limitatamente alle indicazioni relative all'attuazione dell'art. 14, co. 1, lett. c) ed f), d.lgs. 33/2013 **per tutti i dirigenti pubblici**, in attesa della definizione dei giudizi in corso o di un intervento legislativo chiarificatore.
Successivamente il 20 dicembre 2017, con delibera n. 1301, recante l'atto di segnalazione al Parlamento n. 6, ha suggerito talune modifiche normative volte a rendere più coerente ed efficace l'applicazione dell'art. 14 d.lgs. 33/2013. Sia per i titolari di incarichi politici e di amministrazione sia per i titolari di incarichi dirigenziali si è suggerito di derogare all'indicizzazione dei dati di cui all'art. 14, co. 1, lett. f), del d.lgs. 33/2013 e la conseguente individuazione mediante motori di ricerca individualisti, consentendo all'ANAC di disciplinarne la pubblicazione in forma aggregata

mediante proprie linee guida, previa audizione del Garante per la privacy, fermo restando l'obbligo di comunicazione delle informazioni nella loro integrità e del diritto di accesso del cittadino ai sensi dell'art. 5 d.lgs. 33/2013 a tali dati e documenti.
Con riferimento ai titolari degli incarichi dirigenziali, l'ANAC ha suggerito l'introduzione di un apposito articolo (14-bis) e ha segnalato l'opportunità di prevedere misure di trasparenza che tengano conto di una graduazione degli obblighi di pubblicazione in relazione al ruolo, alle responsabilità e alla carica ricoperta dai dirigenti, fermo restando l'obbligo per tutti di pubblicare gli emolumenti complessivi percepiti a carico della finanza pubblica ai sensi dell'art. 14, co. 1-ter, del d.lgs. 33/2013.
Con sentenza n. 84/2018 il Tar Lazio ha precluso la pubblicazione anche del dato aggregato di cui al comma 1-ter, dell'art. 14, del d.lgs. 33/2013, relativamente alla situazione patrimoniale dei dirigenti del Garante per la privacy.
Alla luce del descritto quadro normativo e giurisprudenziale, con delibera dell'1 marzo 2018, l'Autorità ha ritenuto opportuno sospendere l'efficacia della delibera 241/2017 anche con riferimento alle indicazioni relative alla pubblicazione dei dati di cui all'art. 14, co. 1-ter ultimo periodo, superando in tal modo il contrario orientamento manifestato in precedenti Comunicati.

Tornando all'esame di talune disposizioni si segnala l'art 15-ter che sotto la rubrica Amministratori e esperti nominati da organi giurisdizionali o amministrativi prevede obblighi di pubblicazione concernenti soggetti nominati dall'Autorità giudiziaria, dall'Agenzia nazionale per l'amministrazione e la destinazione dei beni sequestrati e confiscati alla criminalità organizzata e dalle Prefetture.

L'art.26 recante "atti di concessione di sovvenzioni, contributi , sussidi e attribuzione di vantaggi economici a persone fisiche ed enti pubblici e privati" – dispone l'obbligo per le amministrazioni di provvedere alla pubblicazione sia degli atti con i quali sono determinati i criteri e le modalità per la concessione di sovvenzioni, contributi, sussidi ausili finanziari e vantaggi economici in favore di soggetti pubblici o privati, sia i medesimi atti di concessione di importo superiore a 1.000 euro. Si evidenzia che la pubblicazione **è condizione di efficacia dei provvedimenti** e quindi deve avvenire tempestivamente e, comunque, prima della liquidazione delle somme oggetto del provvedimento.

5. Il sistema di vigilanza sull'attuazione della trasparenza amministrativa.

Al fine di assicurare l'attuazione delle misure di trasparenza, il legislatore ha previsto due tipi di vigilanza, a livello interno e a livello centrale.
In particolare, l'art. 43 del d.lgs. n. 33 del 2013 stabilisce che ogni amministrazione deve individuare un *responsabile per la trasparenza*, che di norma coincide con il responsabile per la prevenzione della corruzione previsto dalla legge 190/2012 e il suo nominativo è indicato nel Piano triennale per la prevenzione della corruzione (si veda il *supra* la parte in tema di anticorruzione)
Il responsabile per la trasparenza **cura stabilmente il controllo** sull'adempimento da parte dell'amministrazione degli obblighi di pubblicazione previsti dalla normativa vigente assicurando la completezza, la chiarezza e l'aggiornamento delle informazioni pubblicate. Il responsabile ha, altresì, il compito di **segnalare** all'organo di indirizzo politico, all'Organismo indipendente di valutazione (OIV), all'Autorità nazionale anticorruzione (ANAC) e, nei casi più gravi, all'ufficio di disciplina i casi di mancato o ritardato adempimento degli obblighi di pubblicazione ai fini dell'eventuale attivazione del procedimento disciplinare - poiché si prevede espressamente che mancato rispetto dell'obbligo di pubblicazione **previsti dalla normativa vigente** in tema di

trasparenza costituisce illecito disciplinare- e delle altre forme di responsabilità.
Si prevede inoltre che i dirigenti responsabili degli uffici dell'amministrazione garantiscono il tempestivo e regolare flusso delle informazioni da pubblicare ai fini del rispetto dei termini stabiliti dalla legge.
I dirigenti responsabili dell'amministrazione e al responsabile per la trasparenza controllano e assicurano **la regolare attuazione dell'accesso civico** sulla base di quanto stabilito dal presente decreto
Ulteriori compiti sono riconosciuti **all'Organismo indipendente di valutazione (OIV), presente in ciascuna amministrazione** ai sensi del D.Lgs. 150/2009, al quale spetta verificare *la coerenza tra gli obiettivi del Programma triennale per la trasparenza con quelli indicati nel Piano della performance* valutando altresì l'adeguatezza dei relativi indicatori. Inoltre, l'OIV utilizza le informazioni e i dati relativi l'attuazione degli obblighi di trasparenza come elemento utile alla misurazione e valutazione delle performance organizzativa ed individuale del responsabile della trasparenza e dei dirigenti responsabili della trasmissione dei dati. (**articolo 44**).
A livello centrale, il controllo è affidato all'Autorità nazionale anticorruzione (prima, Commissione per la valutazione, l'integrità e la trasparenza delle pubbliche amministrazioni-CIVIT), che

- svolge una funzione di **controllo sull''esatto adempimento degli obblighi di pubblicazione previsti dalla normativa vigente,** esercitando **poteri ispettivi** mediante richiesta di notizie, informazioni, atti e documenti alle amministrazioni pubbliche e **ordinando di procedere**, entro un termine non superiore a trenta giorni, **alla pubblicazione di dati**, documenti e informazioni ai sensi del presente decreto, all'adozione di atti o provvedimenti richiesti dalla normativa vigente ovvero alla rimozione di comportamenti o atti contrastanti con i piani e le regole sulla trasparenza
- **controlla l'operato dei responsabili per la trasparenza** a cui può chiedere il rendiconto sui risultati del controllo svolto all'interno delle amministrazioni.
- **può inoltre chiedere all'organismo indipendente di valutazione (OIV)** ulteriori informazioni sul controllo dell'esatto adempimento degli obblighi di trasparenza previsti dalla normativa vigente.
- **segnala** l'illecito disciplinare costituito del mancato rispetto dell'obbligo di pubblicazione **previsti dalla normativa vigente** in tema di trasparenza all'ufficio di cui all'articolo 55-bis, comma 4, del decreto legislativo 30 marzo 2001, n. 165, dell'amministrazione interessata ai fini dell'attivazione del procedimento disciplinare a carico del responsabile della pubblicazione o del dirigente tenuto alla trasmissione delle informazioni.
- segnala altresì gli inadempimenti ai vertici politici delle amministrazioni, agli OIV e, se del caso, alla Corte dei conti, ai fini dell'attivazione delle altre forme di responsabilità e rende pubblici i relativi provvedimenti.
- **controlla e rende noti i casi di mancata attuazione degli obblighi di pubblicazione di cui all'articolo 14** del presente decreto, concernenti i titolari di incarichi politici, di amministrazione, di direzione o di governo e i titolari di incarichi dirigenziali pubblicando i nominativi dei soggetti interessati per i quali non si è proceduto alla pubblicazione.

Ai fini dello svolgimento dell'attività di vigilanza in materia di trasparenza, l'ANAC, con delibera del 29 marzo 2017, n. 329 ha approvato il nuovo Regolamento sull'esercizio dell'attività di vigilanza sul rispetto degli obblighi di pubblicazione di cui al decreto legislativo 14 marzo 2013, n. 33. Il Regolamento disciplina, sulla base dei principi generali stabiliti dalla legge 241/1990, le modalità di svolgimento del procedimento di vigilanza, dalla fase di attivazione (di ufficio o su segnalazione) alla fase di conclusione dell'istruttoria, con la tipologia di atti che l'ufficio può proporre al termine dell'istruttoria, quali, ad esempio, l'atto di raccomandazione non vincolante, l'atto di segnalazione quale illecito disciplinare di cui all'art. 45 del decreto, l'atto d'ordine.

Il sistema è di vigilanza sull'attuazione della trasparenza amministrativa è completato dalla previsione di specifiche responsabilità e sanzioni amministrative pecuniarie.
Ed invero, l'art. 46 sotto la rubrica "***responsabilità derivante dalla violazione delle disposizioni in materia di obblighi di pubblicazione e di accesso** civico*" stabilisce che l'inadempimento, il rifiuto, la limitazione e il differimento dell'accesso civico, al di fuori delle ipotesi di cui all'art. 5-bis (di cui si tratterà nel prosieguo), costituiscono:

- elemento di valutazione della responsabilità dirigenziale,
- eventuale causa di responsabilità per danno all'immagine dell'amministrazione
- e sono comunque valutati ai fini della corresponsione della retribuzione di risultato e del trattamento accessorio collegato alla performance individuale dei responsabili.

A temperamento di questa forma di responsabilità speciale il secondo comma del medesimo articolo stabilisce che il responsabile non risponde dell'inadempimento degli obblighi di informazione **se prova che tale inadempimento è dipeso da causa a lui non imputabile.**
Sotto il profilo sanzionatorio, l'Autorità nazionale anticorruzione commina una sanzione amministrativa non inferiore nel minimo a euro 1.000 e non superiore nel massimo a euro 10.000, nel caso in cui il soggetto obbligato ometta, tra l'altro, l'adozione dei piani triennali di prevenzione della corruzione o dei codici di comportamento
Il decreto 33 del 2013 prevede altresì alcune sanzioni amministrative pecuniarie non solo nelle ipotesi di violazione degli obblighi di pubblicazione relativi agli organi di indirizzo politico, nonché a quelli relativi ad enti vigilati o controllati e società partecipate (articoli 46 e 47). Più in particolare l'art. 47 rubricato" Sanzioni per la violazione degli obblighi di trasparenza per casi specifici" prevede che: La mancata o incompleta comunicazione delle informazioni e dei dati di cui all'articolo 14, concernenti la situazione patrimoniale complessiva del titolare dell'incarico al momento dell'assunzione in carica, la titolarità di imprese, le partecipazioni azionarie proprie, del coniuge e dei parenti entro il secondo grado, nonché tutti i compensi cui dà diritto l'assunzione della carica, dà luogo a una sanzione amministrativa pecuniaria da 500 a 10.000 euro a carico del responsabile della mancata comunicazione e il relativo provvedimento è pubblicato sul sito internet dell'amministrazione o organismo interessato.
La stessa sanzione si applica anche nei confronti

- del dirigente che non effettua la comunicazione ai sensi dell'articolo 14, comma 1-ter, relativa agli emolumenti complessivi percepiti a carico della finanza pubblica,
- del responsabile della mancata pubblicazione dei dati di cui al medesimo articolo.
- del responsabile della mancata pubblicazione dei dati di cui all'articolo 4-bis, comma 2 che pone in capo a ciascuna amministrazione l'obbligo di pubblicare sul proprio sito istituzionale, in una parte chiaramente identificabile della sezione "Amministrazione trasparente", i dati sui propri pagamenti e di permetterne la consultazione in relazione alla tipologia di spesa sostenuta, all'ambito temporale di riferimento e ai beneficiari

La violazione degli obblighi di pubblicazione di cui all'articolo 22, comma 2, concernente gli Obblighi di pubblicazione dei dati relativi agli enti pubblici vigilati, e agli enti di diritto privato in controllo pubblico, nonché' alle partecipazioni in società di diritto privato (quali i dati relativi alla ragione sociale, alla misura della eventuale partecipazione dell'amministrazione, alla durata dell'impegno, all'onere complessivo a qualsiasi titolo gravante per l'anno sul bilancio dell'amministrazione, al numero dei rappresentanti dell'amministrazione negli organi di governo, al trattamento economico complessivo a ciascuno di essi spettante, ai risultati di bilancio degli ultimi tre esercizi finanziari nonché i dati relativi agli incarichi di amministratore dell'ente e il relativo trattamento economico complessivo) dà luogo ad una sanzione amministrativa pecuniaria da 500 a 10.000 euro a carico del responsabile della violazione.
La stessa sanzione si applica agli amministratori societari che non comunicano ai soci pubblici il proprio incarico ed il relativo compenso entro trenta giorni dal conferimento ovvero, per le indennità di risultato, entro trenta giorni dal percepimento.

Il comma 7 attribuisce **dall'Autorità nazionale anticorruzione il potere di irrogare sanzioni. L'Autorità nazionale anticorruzione disciplina con proprio regolamento, nel rispetto delle norme previste dalla legge 24 novembre 1981, n. 689, il procedimento per l'irrogazione delle sanzioni.**

Da quanto già esposto deriva che gli adempimenti volti al perseguimento da parte dell'ente di un livello qualitativo elevato di pubblicazione di dati e documenti sul sito e, di conseguenza, la responsabilità per il mancato o parziale adempimento agli obblighi legislativi di pubblicazione, costituiscono compiti attribuiti non solo alla figura del responsabile della prevenzione della corruzione e della trasparenza, poiché si distribuiscono all'interno dell'organizzazione dell'ente, fino a coinvolgere i responsabili degli uffici che, in tale veste, saranno indicati nel Piano triennale della prevenzione della corruzione nell'elenco dei "responsabili della trasmissione e della pubblicazione" come si vedrà nei par. successivi. Peraltro, l'Anac non ha mancato di porre in rilevo che "Lo stesso d.lgs. n. 165/01 all'art. 16, comma 1, lett. l-bis), l-ter) e l-quater), prevede, d'altra parte, tra i compiti dei dirigenti di uffici dirigenziali generali quello di concorrere alla definizione di misure idonee a prevenire e a contrastare i fenomeni di corruzione fornendo anche informazioni necessarie per l'individuazione delle attività nelle quali è più elevato il rischio corruttivo e provvedendo al loro monitoraggio" (delibera 3 agosto 2016, n. 831, recante la seconda integrazione al PNA, punto 5.2, 21).

6. La sezione dedicata alla trasparenza e il coordinamento con il Piano triennale di prevenzione della corruzione.

Il d.lgs. 150/09 c.d. riforma Brunetta all'art. 11, comma 2, d.lgs. n. 150/09 introdusse l'obbligo per tutte le pubbliche amministrazioni, sentite le associazioni rappresentate nel Consiglio nazionale dei consumatori e degli utenti, di adottare un "**Programma triennale per la trasparenza e l'integrità",** da aggiornare annualmente, che indicasse le iniziative previste per garantire:

a) un adeguato livello di trasparenza, anche sulla base delle linee guida elaborate dalla Civit (la Commissione per la valutazione, la trasparenza e l'integrità delle amministrazioni pubbliche istituita con il successivo art. 13 dello stesso decreto legislativo);

b) la legalità e lo sviluppo della cultura dell'integrità.

Nell'ambito del Programma triennale per la trasparenza e l'integrità avrebbero dovuto essere specificate: modalità, tempi di attuazione, risorse dedicate e strumenti di verifica dell'efficacia delle iniziative di cui sopra e periodicamente le amministrazioni avrebbero dovuto organizzare apposite giornate della trasparenza al fine di presentare il Piano e la Relazione sulla performance riferita ai dipendenti dell'ente, "alle associazioni di consumatori o utenti, ai centri di ricerca e a ogni altro osservatore qualificato" (art. 11, comma 6, d.lgs. n. 150/09). Il Programma avrebbe dovuto essere pubblicato sul sito web dell'ente nella sezione "trasparenza, valutazione e merito" (art. 11, comma 6, d.lgs. n. 150/09) (poi sostituita dalle attuali "Amministrazione trasparente" e "Società trasparente"). Alla mancata adozione e realizzazione del Programma triennale per la trasparenza e l'integrità o di mancato assolvimento degli obblighi di pubblicazione (descritti nel medesimo art. 11 ai commi 5 e 8) conseguiva il divieto di erogazione della retribuzione di risultato ai dirigenti preposti agli uffici coinvolti.

Con la l. n. 190/12 si pose subito la necessità di coordinare il Programma della trasparenza ed il Piano triennale della prevenzione della corruzione, trattandosi di adempimenti entrambi obbligatori per gli enti.

A tal riguardo nel primo Piano nazionale anticorruzione (PNA del settembre 2013) si pose in rilevo la stretta connessione tra il Piano di prevenzione della corruzione (PTPC) ed il Programma della trasparenza (PTTI). In particolare, il predetto PNA espressamente stabiliva che «il PTTI (sia nella forma "autonoma" sia nella forma di sezione del) deve essere delineato coordinando gli adempimenti relativi agli obblighi di trasparenza previsti nel d.lgs. n. 33 del 2013 con le aree di rischio, in modo da capitalizzare gli adempimenti posti in essere dall'amministrazione».

L'obbligatorietà dell'adozione di **entrambi gli atti di indirizzo**, - anche in forma riunita, è stata rafforzata dal legislatore con la previsione di **una sanzione per la mancata adozione del Programma triennale della trasparenza e non solo del Piano triennale di prevenzione** della corruzione. L'art. 19, comma 5, lett. b), d.l. 90/2014, conv. in l. n. 114/14) stabilì che: "In aggiunta ai compiti di cui al comma 2, l'Autorità nazionale anticorruzione: (...) b) salvo che il fatto costituisca reato, applica, nel rispetto delle norme previste dalla l. 24 novembre 1981, n. 689, una sanzione amministrativa non inferiore nel minimo a euro 1.000 e non superiore nel massimo a euro 10.000, nel caso in cui il soggetto obbligato ometta l'adozione dei piani triennali di prevenzione della corruzione, dei programmi triennali di trasparenza o dei codici di comportamento » .

Il sistema recepito con il d.lgs. n. 33/13 che all'art. 10 riportava le disposizioni già contenute nell'art. 11 d.lgs. n. 150/09 in materia di trasparenza, **stabilendo che** « Il Programma triennale per la trasparenza e l'integrità, di cui al comma 1, definisce le misure, i modi e le iniziative volti all'attuazione degli obblighi di pubblicazione previsti dalla normativa vigente, ivi comprese le misure organizzative volte ad assicurare la regolarità e la tempestività dei flussi informativi di cui all'articolo 43, comma 3. Le misure del Programma triennale sono collegate, sotto l'indirizzo del responsabile, con le misure e gli interventi previsti dal Piano di prevenzione della corruzione. A tal fine, il Programma costituisce di norma una sezione del Piano di prevenzione della corruzione».

Il **d.lgs. 97/2016** ha disposto il venir meno l'obbligo di predisporre un autonomo Programma triennale della trasparenza ma nello stesso tempo ha confermato che i contenuti di tale atto sono inseriti in una apposita sezione del Piano triennale della prevenzione della corruzione e della trasparenza. Si precisa che questo è quanto previsto dal co. 8 dell'art.1 della l. 190/2012, come modificato dall'art. 41 co. 1 lett. g) del d.lgs. 97/2016.

L'autorità adotta il Piano nazionale anticorruzione ai sensi del comma 2-bis che a sua volta statuisce che 2-bis. Il Piano nazionale anticorruzione è adottato sentiti il Comitato interministeriale di cui al comma 4 e la Conferenza unificata di cui all'articolo 8, comma 1, del decreto legislativo 28 agosto 1997, n. 281. **Il Piano ha durata triennale ed è aggiornato annualmente.**

Esso costituisce atto di indirizzo per le pubbliche amministrazioni di cui all'articolo 1, comma 2, del decreto legislativo 30 marzo 2001, n. 165, **ai fini dell'adozione dei propri piani triennali di prevenzione della corruzione,** e per gli altri soggetti di cui all'articolo 2-bis, comma 2, del decreto legislativo 14 marzo 2013, n. 33, ai fini dell'adozione di misure di prevenzione della corruzione integrative di quelle adottate ai sensi del decreto legislativo 8 giugno 2001, n. 231, anche per assicurare l'attuazione dei compiti di cui al comma 4, lettera a). Esso, inoltre, anche in relazione alla dimensione e ai diversi settori di attività degli enti, individua i principali rischi di corruzione e i relativi rimedi e contiene l'indicazione di obiettivi, tempi e modalità di adozione e attuazione delle misure di contrasto alla corruzione.

Inoltre, è previsto che ogni amministrazione indica nel Piano triennale per la prevenzione della corruzione, in una apposita sezione dedicata alla trasparenza, "***i responsabili della trasmissione e della pubblicazione dei documenti, delle informazioni* e dei dati**".

L'ANAC ha precisato nelle linee guida in tema di obblighi di pubblicazione che, nella sezione della trasparenza del PTPCT "non potrà mancare uno schema in cui, per ciascun obbligo, siano espressamente indicati i nominativi dei soggetti e gli uffici responsabili di ognuna delle citate attività. In ragione delle dimensioni dei singoli enti, alcune di tali attività possono essere presumibilmente svolte da un unico soggetto. L'individuazione dei responsabili delle varie fasi del flusso informativo è anche funzionale al sistema delle responsabilità previsto dal d.lgs. 33/2013".

Le amministrazioni e gli altri soggetti obbligati sono tenuti, pertanto, ad adottare, entro il 31 gennaio di ogni anno, un unico Piano triennale di prevenzione della corruzione e della trasparenza in cui sia chiaramente identificata la sezione relativa alla trasparenza. L'ANAC ha chiarito che già nel PNA 2016, che "in una logica di semplificazione e in attesa della realizzazione di un'apposita piattaforma informatica, non deve essere trasmesso alcun documento ad ANAC. I PTPCT devono, invece, essere pubblicati sul sito istituzionale tempestivamente e comunque non oltre un mese dall'adozione. L'Autorità nell'effettuare la propria vigilanza tiene conto delle scadenze indicate nel PTPCT, ferme restando le scadenze per l'aggiornamento disposte dalle norme. 3) costituiscono contenuto necessario del PTPCT.

Si fa presente che Autorità nazionale anticorruzione

- In data 11 settembre 2013, ha approvato con la delibera CiVIT n.72/2013, su proposta del Dipartimento della funzione pubblica il Piano Nazionale Anticorruzione, ai sensi dell'art. 1, comma 2 lett. b) della legge n. 190/2012.
- in data 28 ottobre 2015, in seguito alle modifiche intervenute con il d.l. 90/2014, convertito, con modificazioni dalla l. 114/2014, con la **Determinazione n. 12 del 28/10/2015, l'Aggiornamento 2015 al Piano Nazionale 2013**
- In data 3 agosto 2016, in virtù dell'art. 1, co. 2-bis della l. 190/2012, introdotto dal d.lgs. 97/2016, approva il **Piano Nazionale Anticorruzione 2016** con la Determinazione n. 831 del 03/08/2016.
- Con la Delibera n. 1208 del 22 novembre 2017 il Consiglio dell'Autorità ha approvato l'Aggiornamento 2017 al Piano Nazionale Anticorruzione 2016
- con la Delibera n. 1074 del 21 novembre 2018 ha provveduto all' Approvazione definitiva dell'Aggiornamento 2018 al Piano Nazionale Anticorruzione.
- è in corso la procedura per l'adozione del nuovo PNA 2019.

Nel documento di Aggiornamento 2018 al Piano Nazionale Anticorruzione, l'Autorità riferisce che nel corso dell'ultimo anno si sono registrati "effetti apprendimento" da parte delle amministrazioni pubbliche in ordine alle modalità di redazione dei Piani, ivi comprese le sezioni dedicate alla trasparenza.

Giova evidenziare che uno degli aspetti affrontati nell'aggiornamento 2018 al Piano nazionale Anticorruzione attiene al rapporto tra **trasparenza e nuova disciplina della tutela dei dati personali (Reg. UE 2016/679)** La sezione del Piano triennale della prevenzione della corruzione dedicata alla trasparenza dovrà coordinarsi con le indicazioni che derivano dalla predisposizione della informativa generale sul trattamento dei dati personali di cui all'art. 13 del Regolamento europeo n. 679/16 e dalla formazione dei registri, del titolare e del responsabile del trattamento dei dati, ai sensi dell'art. 30 del predetto Regolamento europeo.

Sul punto, si è posta la necessità di chiarire la **compatibilità della nuova disciplina introdotto con il Regolamento (UE) 2016/679** del Parlamento Europeo e del Consiglio del 27 aprile 2016 «relativo alla protezione delle persone fisiche con riguardo al trattamento dei dati personali, nonché alla libera circolazione di tali dati e che abroga la direttiva 95/46/CE (Regolamento generale sulla protezione dei dati)» (si seguito RGPD) cui ha fatto seguito in Italia l'entrata in vigore, il 19 settembre 2018, del decreto legislativo 10 agosto 2018, n. 101 che adegua il Codice in materia di protezione dei dati personali - decreto legislativo 30 giugno 2003, n. 196 - alle disposizioni del Regolamento (UE) 2016/679, con gli obblighi di pubblicazione previsti dal d.lgs. 33/2013.

A tal riguardo occorre richiamare l'art. 2-ter del d.lgs. 196/2003, introdotto dal d.lgs. 101/2018, che in continuità con il previgente articolo 19 del Codice, dispone al comma 1 che *la base giuridica per il trattamento di dati personali effettuato per l'esecuzione di un compito di interesse pubblico o connesso all'esercizio di pubblici poteri*, ai sensi dell'art. 6, paragrafo 3, lett. b) del Regolamento (UE) 2016/679, *«è costituita esclusivamente da una norma di legge o, nei casi previsti dalla legge, di regolamento»*.

Il regime normativo per **il trattamento di dati personali da parte dei soggetti pubblici** è, quindi basato sul principio che **esso è consentito unicamente se ammesso da una norma di legge o, nei casi previsti dalla legge, di regolamento**.

Pertanto, occorre che le pubbliche amministrazioni, prima di mettere a disposizione sui propri siti web istituzionali dati e documenti (in forma integrale o per estratto, ivi compresi gli allegati) contenenti dati personali, verifichino che la disciplina in materia di trasparenza contenuta nel d.lgs. 33/2013 o in altre normative, anche di settore, preveda l'obbligo di pubblicazione.

E ad ogni buon conto è opportuno porre in rilievo che l'attività di pubblicazione dei dati sui siti web per finalità di trasparenza, anche se effettuata in presenza di idoneo presupposto normativo, deve avvenire nel rispetto di tutti i principi applicabili al trattamento dei dati personali contenuti all'art. 5 del Regolamento (UE) 2016/679, di cui si tratta in altra parte del presente volume, quali quelli di liceità, correttezza e trasparenza; minimizzazione dei dati; esattezza; limitazione della conservazione; integrità e riservatezza tenendo anche conto del principio di "responsabilizzazione" del titolare del trattamento. In particolare, assumono rilievo i principi di adeguatezza, pertinenza e limitazione a quanto necessario rispetto alle finalità per le quali i dati personali sono trattati («minimizzazione dei dati») (par. 1, lett. c) e quelli di esattezza e aggiornamento dei dati, con il conseguente dovere di adottare tutte le misure ragionevoli per cancellare o rettificare tempestivamente i dati inesatti rispetto alle finalità per le quali sono trattati (par. 1, lett. d).

A quelli devono aggiungersi altresì:

- le previsioni del all'art. 7 bis, comma 4 del decreto trasparenza di cui già si è detto, ai sensi del quale «Nei casi in cui norme di legge o di regolamento prevedano la pubblicazione di atti o documenti, le pubbliche amministrazioni provvedono a rendere non intelligibili i dati personali non pertinenti o, se sensibili o giudiziari, non indispensabili rispetto alle specifiche finalità di trasparenza della pubblicazione».
- le previsioni dell'art. 6 del d.lgs. 33/2013 rubricato "Qualità delle informazioni" che risponde alla esigenza di assicurare esattezza, completezza, aggiornamento e adeguatezza dei dati pubblicati (per un maggiore approfondimento si veda Garante per la protezione dei dati personali, «Linee guida in materia di trattamento di dati personali, contenuti anche in atti e documenti amministrativi, effettuato per finalità di pubblicità e trasparenza sul web da soggetti pubblici e da altri enti obbligati»(in G.U. n. 134 del 12 giugno 2014 e in www.gpdp.it, doc. web n. 3134436, attualmente in corso di aggiornamento.).

Nel documento recante l'aggiornamento 2018 al PNA una particolare attenzione è dedicata (al par. 7.1.) ai rapporti tra RPCT e Responsabile della Protezione dei Dati -RPD, figura del Responsabile della protezione dei dati - RPD, è stata introdotta dal Regolamento (UE) 2016/679 (artt. 37-39). Premesso che il RPCT (ai sensi dell'art. 1, co. 7, della l. 190/2012 e alle precisazioni contenute nei Piani nazionali anticorruzione 2015 e 2016) è sempre un soggetto interno, invece il RPD può essere individuato in una professionalità interna all'ente oppure assolvere ai suoi compiti in base ad un contratto di servizi stipulato con persona fisica o giuridica esterna all'ente, ad avviso dell'ANAC , per quanto possibile, tale figura non deve coincidere con il RPCT in quanto "la sovrapposizione dei due ruoli può rischiare di limitare l'effettività dello svolgimento delle attività riconducibili alle due diverse funzioni, tenuto conto dei numerosi compiti e responsabilità che la normativa attribuisce sia al RPD che al RPCT". In via di eccezione, le amministrazioni e gli enti, con motivata e specifica determinazione, possono attribuire allo stesso soggetto il ruolo di RPCT e RPD in enti di piccole dimensioni qualora la carenza di personale renda, da un punto di vista organizzativo, non possibile tenere distinte le due funzioni.

In tal senso si è espresso il Garante per la protezione dei dati personali nella FAQ n. 7 relativa al RPD in ambito pubblico, laddove ha chiarito che «*In linea di principio, è quindi ragionevole che negli enti pubblici di grandi dimensioni, con trattamenti di dati personali di particolare complessità e sensibilità, non vengano assegnate al RPD ulteriori responsabilità (si pensi, ad esempio, alle amministrazioni centrali, alle agenzie, agli istituti previdenziali, nonché alle regioni e alle asl). In tale quadro, ad esempio, avuto riguardo, caso per caso, alla specifica struttura organizzativa, alla dimensione e alle attività del singolo titolare o responsabile, l'attribuzione delle funzioni di RPD al responsabile per la prevenzione della corruzione e per la trasparenza, considerata la molteplicità degli adempimenti che incombono su tale figura, potrebbe rischiare di creare un cumulo di impegni tali da incidere negativamente sull'effettività dello svolgimento dei compiti che il RGPD attribuisce al RPD».* Cfr. FAQ n. 1 sul RPD in ambito pubblico (in www.gpdp.it, doc web 7322110).

7. Dall'accesso classico (l. n. 241 del 1990) all'accesso "civico" (d.lgs. 14 marzo 2013, n. 33) fino all'accesso "libero e universale" (d.lgs. 25 maggio 2016, n. 97).

L'introduzione delle norme in materia di accesso ai documenti amministrativi, di cui al Capo V della l. 7 agosto 1990, n. 241 (artt. 22 e ss.), ha segnato il passaggio da un sistema amministrativo incentrato sul principio di segretezza, consacrato, tra l'altro, nell'art. 15, d.P.R. 10 gennaio 1957, n. 3 (T.U. delle disposizioni concernenti gli impiegati civili dello Stato) ad uno basato su **principi di pubblicità, trasparenza e partecipazione del privato al procedimento amministrativo,** a loro volta espressione dei principi di legalità, imparzialità e buona amministrazione codificati dalla Carta costituzionale.
Alla stregua del comma 2 dell'art. 22, l. n. 241 del 1990, l'accesso ai documenti amministrativi costituisce principio generale dell'attività amministrativa, volto a favorire la partecipazione e ad assicurarne l'imparzialità e **la trasparenza**; a detto principio è direttamente correlata la previsione di cui al successivo comma 3, a tenore del quale tutti i documenti amministrativi sono accessibili, salve le ipotesi di esclusione, stabilite dal successivo art. 24.
È tuttavia importante osservare, nel dare atto di una profonda evoluzione che l'istituto dell'accesso ha subito, che l'accesso contemplato dalla l. n. 241 del 1990 è inidoneo, per espressa previsione dell'art. 24, comma 3, l. n. 241 del 1990, a costituire strumento di conoscibilità dell'organizzazione e dell'attività delle pubbliche amministrazioni; la legittimazione attiva ad azionare la pretesa ostensiva è inoltre "ristretta", presupponendo requisiti legittimanti.
Senonché, nel dare avvio ad un percorso evolutivo culminato con l'entrata in vigore del d.lgs. 25 maggio 2016, n. 97, **già il d.lgs. 24 ottobre 2009, n. 150,** attuativo della legge delega 4 marzo 2009, n. 15, ha determinato una *mutazione genetica* del principio di trasparenza: questa è definita all'articolo 11, in modo fortemente innovativo, come *accessibilità totale alle informazioni anche attraverso lo strumento della pubblicazione sui siti istituzionali delle pubbliche amministrazioni.*
Soprattutto, per quel che qui interessa porre in risalto, il predetto decreto del 2013, correla al riconoscimento del diritto alla conoscibilità dell'azione amministrativa l'introduzione del nuovo istituto dell'accesso civico, riconoscendo a "chiunque" la possibilità di chiedere l'adempimento degli obblighi di pubblicazione non osservati dall'amministrazione. Senza più pretendere requisiti legittimanti - a differenza di quanto previsto dalla disciplina sull'accesso dettata dalla l. n. 241 del 1990 - il d.lgs. 14 marzo 2013, n. 33, riconosce quindi a chiunque il diritto di accedere ai dati per i quali lo stesso decreto prevede un obbligo di pubblicazione a carico dell'amministrazione: diritto azionabile sul solo presupposto della mancata osservanza dell'obbligo di pubblicazione.
Il processo di riforma del rapporto tra amministrazione e cittadino, avviato con la l. n. 241 del 1990, caratterizzato dalla progressiva affermazione del principio di trasparenza, trova infine evoluzione nel d.lgs. 25 maggio 2016, n. 97, adottato in attuazione della delega conferita dall'art. 7, l. 7 agosto 2015, n. 124, intervenuto a novellare il citato d.lgs. n. 33 del 2013.
Con il decreto del 2016, infatti, il legislatore, con l'intento di ampliare ulteriormente gli ambiti di accessibilità ai dati e alla documentazione detenuti dalla pubblica amministrazione, ha introdotto una

nuova forma di accesso civico "libero" disponendo che "*allo scopo di favorire forme diffuse di controllo sul perseguimento delle funzioni istituzionali e sull'utilizzo delle risorse pubbliche e di promuovere la partecipazione al dibattito pubblico, chiunque ha diritto di accedere ai dati e ai documenti detenuti dalle pubbliche amministrazioni, ulteriori rispetto a quelli oggetto di pubblicazione ai sensi del presente decreto, nel rispetto dei limiti relativi alla tutela di interessi giuridicamente rilevanti secondo quanto previsto dall'articolo* 5-bis" (art. 5, comma 2, d lgs. n. 33 del 2013, come modificato dal d.lgs. 25 maggio 2016, n. 97).

Se, quindi, il d.lgs. n. 33 del 2013, senza più pretendere requisiti legittimanti - a differenza di quanto previsto dalla disciplina sull'accesso dettata dalla l. n. 241 del 1990 - ha riconosciuto a chiunque il diritto all'accesso "civico" ai dati per i quali lo stesso decreto prevede un obbligo di pubblicazione a carico dell'amministrazione (diritto azionabile, quindi, sul solo presupposto della mancata osservanza dell'obbligo di pubblicazione), il d.lgs. 25 maggio 2016, n. 97, con l'intento di ampliare ulteriormente gli ambiti di accessibilità ai dati e alla documentazione detenuti dalla Pubblica amministrazione, introduce un diritto di accesso "libero e universale": un diritto il cui esercizio se, al pari di quello all'accesso civico, non presuppone legittimazione né interesse qualificato e non richiede motivazione, ha tuttavia, a differenza del primo, un ambito oggettivo più ampio, comprensivo non solo dei dati oggetto di specifici obblighi di pubblicazione (inosservati), ma anche di dati che la Pubblica amministrazione non ha obbligo di pubblicare e che, quindi, deve ostendere al richiedente, ancorché nel rispetto dei limiti tassativamente indicati agli artt. 5 *bis* e 5 *ter*, d.lgs. n. 33 del 2013, come introdotti dal d.lgs. n. 97 del 2016.

Come sottolineato dal Consiglio di Stato nel parere del *18 febbraio 2016*, tali innovazioni determinano il passaggio da una forma di trasparenza di tipo "proattivo", ossia realizzata mediante la pubblicazione obbligatoria sui siti web di determinati enti dei dati e delle notizie indicati dalla legge, ad una trasparenza di tipo "reattivo", cioè in risposta alle istanze di conoscenza avanzate dagli interessati. Il passaggio dal "bisogno di conoscere" al "diritto di conoscere" (*from need to right to know*, nella definizione inglese del F.O.I.A.) rappresenta per l'ordinamento nazionale una sorta di rivoluzione copernicana.

8. L'accesso civico e l'accesso libero e universale: ambiti applicativi e disciplina.

Alla disamina dei profili problematici emersi con riferimento alla disciplina dell'accesso classico, come dettata dalla l. n. 241 del 1990, giova allora anteporre l'illustrazione del regime cui soggiacciono le due cennate forme evolutive dell'accesso: quello "civico" e quello "libero e universale".

Quanto agli ambiti applicativi rispettivamente propri dell'accesso *civico* e dell'accesso *classico*, in giurisprudenza (Cons. St., Sez. VI, 20 novembre 2013, n. 5515) è stato chiarito che le nuove disposizioni dettate con il d.lgs. n. 33 del 2013 disciplinano situazioni non ampliative né sovrapponibili a quelle che consentono l'accesso ai documenti amministrativi, attesa la riferibilità dell'accesso civico ai soli dati che l'Amministrazione è tenuta a pubblicare.

Con riferimento all'ambito di applicazione dell'istituto introdotto nel 2013, è stato sostenuto che le disposizioni che lo disciplinano sono pienamente e direttamente applicabili alle Regioni e agli Enti locali, in quanto tutti gli obblighi contemplati dal d.lgs. n. 33 del 2013 sono intesi quali "*livello essenziale delle prestazioni erogate dalle amministrazioni pubbliche a fini di trasparenza, prevenzione, contrasto della corruzione e della cattiva amministrazione, a norma dell'art. 117, comma 2, lett. m), Cost. e costituiscono altresì esercizio della funzione di coordinamento informativo statistico e informatico dei dati dell'amministrazione statale, regionale e locale, di cui all'art. 117, comma 2, lett. r), Cost.*" (art. 1, comma 3). Così, Tar Campania, Napoli, Sez. VI, 5 novembre 2014, n. 5671

Meno scontata la demarcazione degli ambiti applicativi propri dell'accesso classico e dell'accesso "*libero e universale*", al pari del primo riguardante tutti gli atti detenuti dall'Amministrazione, non già solo quelli oggetto di previsti (ed inosservati) obblighi di pubblicazione.
Proprio l'indicata coincidenza oggettuale ha indotto il legislatore a differenziare la disciplina dei limiti che si frappongono all'esercizio dell'una e dell'altra tipologia di accesso.
Giova osservare che, con l'intento di bilanciare l'estensione dell'ambito applicativo dell'accesso "libero e universale", il legislatore del 2016 ha introdotto, nel corpo del d.lgs. n. 33 del 2013, l'art. 5 *bis* e 5 *ter*, recante la disciplina relativa ad esclusioni e limiti all'accesso libero e universale.
Si tratta di limiti ed esclusioni che - in quanto frapposti ad un accesso ben più esteso di quello disciplinato dalla l. n. 241 del 1990, perché slegato da requisiti legittimanti - sono previsti in termini più stringenti di quelli che l'art. 24, l. n. 241 del 1990, indica con riguardo all'accesso classico.
Al di fuori, quindi, delle ipotesi di accesso civico con obbligo di pubblicazione di cui al comma 1 dell'art. 5, la P.A. deve in particolare respingere la richiesta di accesso libero e universale allorché sia necessario per evitare un **pregiudizio concreto alla tutela di interessi pubblici** inerenti a:
a) la sicurezza pubblica e l'ordine pubblico;
b) la sicurezza nazionale;
c) la difesa e le questioni militari;
d) le relazioni internazionali;
e) la politica e la stabilità finanziaria ed economica dello Stato;
f) la conduzione di indagini sui reati e il loro perseguimento;
g) il regolare svolgimento di attività ispettive.
Inoltre, l'Amministrazione può rifiutare l'accesso di cui all'art. 5, comma 2, se il diniego è necessario per evitare **un pregiudizio concreto alla tutela di uno dei seguenti interessi privati:**
a) la protezione dei dati personali, in conformità con la disciplina legislativa in materia;
b) la libertà e la segretezza della corrispondenza;
c) gli interessi economici e commerciali di una persona fisica o giuridica, ivi compresi la proprietà intellettuale, il diritto d'autore e i segreti commerciali.
Come sottolineato dallo stesso Consiglio di Stato nel citato parere n. 515 del 2016, si tratta di limiti indicati con particolare ampiezza: il che reca con sé il rischio di neutralizzare la portata innovativa del nuovo istituto.
Alcuni significativi temperamenti alle ampie limitazioni all'accesso libero e universale sono introdotti nei successivi commi 4 e 5, che prevedono, rispettivamente, la possibilità di escludere l'accesso solo rispetto ad alcuni dati o alcune parti del documento richiesto, o di fare ricorso al potere di differimento ove sufficiente a garantire la tutela dei suddetti interessi.
Sotto il profilo temporale, si prevede che i suddetti limiti si applicano unicamente per il periodo nel quale la protezione è giustificata in relazione alla natura del dato.
Oltre ai limiti sopra indicati, si prevede l'esclusione del diritto di cui all'art. 5, comma 2, "*nei casi di segreto di Stato e negli altri casi di divieti di accesso o divulgazione previsti dalla legge, ivi compresi i casi in cui l'accesso è subordinato dalla disciplina vigente al rispetto di specifiche condizioni, modalità o limiti, inclusi quelli di cui all'articolo 24, comma1, della legge n. 241 del 1990*".
Sul punto la Delibera Anac 28 dicembre 2016, n. 1309, ha dettato Linee guida recanti indicazioni operative ai fini della definizione delle esclusioni e dei limiti all'accesso civico di cui all'art. 5 comma 2 D.L.vo n. 33 del 2013 e la Presidenza del Consiglio – Dipartimento della funzione pubblica la Circolare del 30 maggio 2017, n. 2/2017, recante Attuazione delle norme sull'accesso civico generalizzato (c.d. FOIA)
La disciplina, il citato d.lgs. n. 33 del 2013, così come modificato dal d.l. 21 giugno 2013, n. 69 (c.d. decreto del fare), convertito, con modificazioni dalla l. 9 agosto 2013, n. 98, ha individuato i

dati minimi che le Amministrazioni hanno l'obbligo di pubblicare sui siti istituzionali. Tali dati hanno subito un significativo ampliamento sul piano oggettivo e soggettivo con le modifiche operate, da ultimo, dal d.lgs. 25 maggio 2016, n. 97

Proprio per l'ipotesi di inadempimento degli obblighi di trasparenza e di pubblicità introdotti dal decreto legislativo, l'art. 5, comma 1, riconosce a "chiunque" l'esercizio del c.d. "diritto di accesso civico", e cioè la possibilità di chiedere all'Amministrazione inottemperante di rilasciare i dati non pubblicati.
Il comma 1 dell'art. 5 prevede che *"L'obbligo previsto dalla normativa vigente in capo alle Pubbliche amministrazioni di pubblicare documenti, informazioni o dati comporta il diritto di chiunque di richiedere i medesimi, nei casi in cui sia stata omessa la loro pubblicazione"*.
Ad avviso di Tar Lazio, Roma, Sez. III *bis*, 19 marzo 2014, n. 3014, con l'accesso civico è stato introdotto il potere di cittadini ed enti di controllare democraticamente se un'Amministrazione pubblica abbia adempiuto gli obblighi di trasparenza previsti dalla legge. Ove tale adempimento non vi sia stato, il predetto potere si estrinseca nella facoltà di esercizio dell'accesso civico, ovvero di richiedere all'Amministrazione inadempiente i medesimi documenti, informazioni o dati, con l'ulteriore possibilità di accedere alla speciale tutela giudiziale di cui all'art. 116 c.p.a. Come precisato da Tar Abruzzo, L'Aquila, 10 ottobre 2013, n. 861, l'accesso civico si traduce, dunque, in un'estensione del "controllo" sull'attività dell'amministrazione, posto che la *ratio* della normativa è proprio quella di garantire la più stringente verifica dei conti pubblici, delle spese connesse al funzionamento degli uffici e dei servizi e, in definitiva, dell'effettiva rispondenza dei servizi erogati ai bisogni dei cittadini. Il tutto a condizione, evidentemente, che questi ultimi non si atteggino più a meri "amministrati" ma si trasformino, appunto, in *cives*, come tali responsabili anch'essi della gestione della cosa pubblica.

Il comma 2 del nuovo art. 5, invece, introdotto dal d.lgs. n. 97 del 2016, nel prevedere, come osservato, una nuova forma di accesso libero, dispone che *"chiunque ha diritto di accedere ai dati e documenti detenuti dalle Pubbliche amministrazioni, ulteriori rispetto a quelli oggetto di pubblicazione, ai sensi del presente decreto, nel rispetto dei limiti relativi alla tutela di interessi giuridicamente rilevanti secondo quanto previsto dall'articolo 5 bis"*.
Come osservato, la richiesta di accesso di cui ai commi 1 e 2 non è sottoposta ad alcuna limitazione quanto alla legittimazione soggettiva del richiedente (*"chiunque"*) e non deve essere motivata, ma deve identificare i dati, le informazioni o i documenti richiesti.
Evidenti sono le due **differenze rispetto al diritto di accesso disciplinato dall'art. 22, l. 7 agosto 1990, n. 241**.
Come già anticipato al par. 1, soggetti legittimati ad esercitare il diritto di accesso *ex* art. 22 sono i privati *"che abbiano un interesse diretto, concreto e attuale"*, corrispondente ad una situazione giuridicamente tutelata e collegata al documento di cui è chiesta l'ostensione. Il legislatore del 2013, con l'introduzione dell'accesso civico quale rimedio suppletivo all'omessa pubblicazione, ha, invece, inteso riconoscere a *"chiunque"* il diritto di chiedere copia della documentazione che avrebbe dovuto essere pubblicata sul sito istituzionale dell'amministrazione (analogamente a quanto avviene per il c.d. accesso alle informazioni ambientali.
Come chiarito da *Tar Lombardia, Milano, Sez. IV, 18 luglio 2013, n. 1904*, l'accesso civico si caratterizza per la totale assenza di limitazioni per il suo esercizio, al quale sono legittimati tutti i soggetti, indipendentemente da un interesse giuridico da tutelare, la cui istanza, gratuita e senza alcun obbligo di motivazione, va presentata al responsabile della trasparenza dell'amministrazione, che si pronuncia sulla stessa. L'unico presupposto di tale istanza, che si traduce, dunque, in un controllo democratico sull'attività amministrativa, consiste, quindi, nell'inadempimento degli obblighi di pubblicità da parte dell'Amministrazione.

Come per l'accesso civico da pubblicazione di cui al comma 1, l'esercizio del diritto di accesso libero non presuppone legittimazione né interesse qualificato e non richiede motivazione, ma ha un ambito oggettivo più ampio del primo in quanto consente di accedere non solo ai dati e ai documenti per i quali sono previsti specifici obblighi di pubblicazione ma anche a dati e documenti che la Pubblica amministrazione non ha obbligo di pubblicare e che, quindi, deve fornire al richiedente nel rispetto dei limiti tassativamente indicati agli artt. 5 *bis* e 5 *ter* introdotti all'interno del d.lgs. n. 33 del 2013 dal d.lgs. n. 97 del 2016.
La circostanza che non sia necessario vantare un interesse concreto ed attuale per esercitare le nuove forme di accesso ha fatto sorgere dubbi in ordine alla **natura di tale diritto.**
Da parte di alcuni si è ritenuto che si tratta di un'azione popolare, contrariamente a quanto affermato in relazione al diritto di accesso ordinario, per il quale tale natura è stata esclusa, sul rilievo che lo stesso non può essere diretto al controllo generalizzato dell'attività dell'amministrazione pubblica (v. il successivo par.). Si è ritenuto, diversamente, che **il diritto di accesso civico debba essere ricondotto alla figura dei diritti pubblici di libertà,** ove per essa si intenda il libero poter conoscere degli atti mediante cui ciascuna Amministrazione esercita le pubbliche funzioni che rientrano nella propria sfera di competenza.
Proprio perché l'istanza non deve essere ancorata ad un interesse concreto ed attuale, la stessa non deve essere motivata con l'individuazione delle ragioni sottese alla richiesta, non essendo queste valutabili dall'Amministrazione, tenuta in ogni caso a rilasciare quanto richiesto.
Ulteriore differenza rispetto all'accesso ordinario è la prevista **gratuità del rilascio dei dati o documenti in formato elettronico o cartaceo salvo il rimborso del costo effettivamente sostenuto e documentato dall'Amministrazione** per la riproduzione dei supporti materiali; diversamente, ai sensi dell'art. 25, comma 2, ultimo alinea, "*il rilascio di copia è subordinato soltanto al rimborso del costo di riproduzione, salve le disposizioni vigenti in materia di bollo, nonché i diritti di ricerca e di visura*". La ragione della differenza è evidente, essendo l'esercizio del diritto di accesso civico da pubblicazione connesso ad un inadempimento dell'amministrazione ad un obbligo di legge.
Sul piano procedimentale, quello previsto dal nuovo art. 5 è corposo e prevede **anche il coinvolgimento eventuale del Garante della protezione dei dati personali**.
Ai sensi comma 3, ultimo periodo, la richiesta di accesso **può essere trasmessa** anche per via telematica, **alternativamente a più uffici** e, segnatamente, all'ufficio che detiene i dati, le informazioni o i documenti o all'ufficio relazioni con il pubblico o ancora ad altro ufficio indicato dall'amministrazione nella sezione "Amministrazione trasparente" del sito istituzionale.
Nel caso in cui l'istanza abbia ad oggetto dati, informazioni o documenti oggetto di pubblicazione obbligatoria, l'istanza può essere presentata, altresì, al responsabile della trasparenza dell'Amministrazione obbligata alla pubblicazione. A tal riguardo 'l'art. 43, d.lgs. n. 33 del 2013 dispone che il responsabile della trasparenza è il responsabile della prevenzione della corruzione, nominato ai sensi dell'art. 1, comma 7, l. n. 190 del 2012, che, di norma, è un dirigente amministrativo di ruolo di prima fascia e negli enti locali il Segretario comunale

La giurisprudenza (Tar Campania, Napoli, Sez. VI, 5 novembre 2014, n. 56719) Ha chiarito, che la circostanza che un soggetto possa essere titolare di una posizione differenziata, tale da essere tutelata con l'accesso tradizionale di cui alla l. n. 241 del 1990, non impedisce certo al medesimo soggetto di avvalersi dell'accesso civico, qualora ne ricorrano i presupposti. Per gli atti compresi negli obblighi di pubblicazione di cui al d.lgs. n. 33 del 2013, quindi, **potranno operare cumulativamente tanto il diritto di accesso 'classico' *ex* l. n. 241 del 1990 quanto il diritto di accesso civico *ex* d.lgs. n. 33 del 2013, mentre, per gli atti non rientranti in tali obblighi di pubblicazione, opererà, evidentemente, il solo diritto di accesso procedimentale 'classico' di cui alla l. n. 241 del 1990.** A ragionare diversamente, si giungerebbe al risultato che il cittadino privo di interesse specifico potrebbe far ricorso all'accesso civico di cui al d.lgs. n. 33 del 2013, mentre il soggetto portatore di un interesse specifico dovrebbe dimostrare i più stringenti presupposti sottesi all'interesse procedimentale di tipo tradizionale (art. 22, l. n. 241 del 1990).

9. La tutela dei controinteressati in caso di accesso civico e di accesso civico libero e universale.

Nell'ambito dell'accesso civico semplice che presuppone la pubblicazione di dati e informazioni sul sito istituzionale dell'Amministrazione **non si ravvisano soggetti controinteressati da individuare**: la valutazione circa la necessità della relativa tutela è stata fatta *ex ante* dal legislatore che ha individuato i limiti degli obblighi di pubblicazione all'art. 7-*bis*.
Sorgono, invece, esigenze di **tutela dei soggetti controinteressati all'accesso "*libero e universale*"** a presidio delle quali si pongono rimedi procedimentali, giustiziali e giudiziali, disciplinati dalla legge.
A tale ultimo proposito, giova rammentare che, al di fuori dei casi di pubblicazione obbligatoria, l'Amministrazione cui è indirizzata la richiesta di accesso, se individua soggetti controinteressati, ai sensi dell'art. 5 *bis*, comma 2, è tenuta a dare comunicazione agli stessi dell'intervenuta presentazione dell'istanza di ostensione mediante invio di copia a mezzo raccomandata con avviso di ricevimento, o per via telematica per i destinatari che abbiano consentito tale forma di comunicazione. I controinteressati possono presentare una motivata opposizione, anche per via telematica, alla richiesta di accesso entro il termine dieci giorni dalla ricezione della comunicazione, decorso il quale la Pubblica amministrazione provvede sulla richiesta, accertata la ricezione della comunicazione. A decorrere dalla comunicazione ai controinteressati, il termine di cui al comma 6 è sospeso fino all'eventuale opposizione dei controinteressati.
Il comma 6 disciplina altresì un ulteriore segmento procedimentale che si sviluppa nel caso di accoglimento dell'istanza di accesso da parte dell'Amministrazione nonostante l'opposizione del controinteressato. In tal caso, fatta eccezione per "i casi di comprovata indifferibilità", l'Amministrazione ne dà comunicazione al controinteressato e provvede a trasmettere al richiedente i dati o documenti richiesti non prima di quindici giorni dalla ricezione della stessa comunicazione da parte del controinteressato.

10. Conclusione del procedimento di accesso civico.

Recependo le indicazioni rese dal Consiglio di Stato, nel citato parere n. 515 del 13 febbraio 2016, il comma 6 dell'art. 5 prevede che il procedimento di accesso civico *"deve concludersi con **provvedimento espresso e motivato nel termine di trenta giorni** dalla presentazione dell'istanza con la comunicazione al richiedente e agli eventuali controinteressati"*.
Inoltre, si prevede che gli atti di rifiuto, il differimento e la limitazione dell'accesso civico devono essere motivati con riferimento ai casi e ai limiti stabiliti dall'art. 5 *bis*, aggiungendo che il responsabile della prevenzione e della trasparenza può chiedere agli uffici della relativa Amministrazione informazioni sull'esito delle istanze.
Nel caso di **accoglimento della richiesta di accesso civico** l'Amministrazione procede a trasmettere "tempestivamente" al richiedente i dati o i documenti richiesti, ovvero nel caso in cui si tratti di dati, informazioni o documenti oggetto di pubblicazione obbligatoria procede alla pubblicazione sul sito del documento, dell'informazione o del dato (mancante) richiesto e a comunicare al medesimo l'avvenuta pubblicazione, indicando il collegamento ipertestuale a quanto richiesto. Pur se non risulta precisato dalla norma deve ritenersi fermo che se il documento,

l'informazione o il dato richiesti risultano già pubblicati nel rispetto della normativa vigente, l'Amministrazione indica al richiedente il relativo collegamento ipertestuale.
Ai sensi del comma 7 dell'art. 5, n**el caso di diniego totale o parziale o di mancata risposta alla sua istanza nel termine** di trenta giorni, il richiedente può presentare **istanza di riesame al responsabile della trasparenza**, che decide con provvedimento motivato, nel termine di venti giorni.
L'istruttoria **vede il coinvolgimento del Garante per la protezione dei dati personali** se l'accesso è stato negato o differito a tutela della protezione dei dati personali (interessi di cui all'art. 5 *bis*, comma 2, lett. a). In tal caso il responsabile della trasparenza provvede all'adozione del provvedimento una volta sentito il Garante, che deve pronunciarsi entro il termine di dieci giorni dalla comunicazione: il termine per l'adozione del provvedimento da parte del responsabile è sospeso a decorrere dalla predetta comunicazione fino alla ricezione del parere del garante e per un periodo non superiore ai predetti 10 giorni. Avverso la decisione dell'Amministrazione competente o, in caso di richiesta di riesame, avverso quella del responsabile della trasparenza, il richiedente può proporre ricorso al giudice amministrativo. Il relativo giudizio è disciplinato dall'art. 116 c.p.a.
Il ricorso avverso il diniego espresso o tacito di ostensione documentale è disciplinato dall'art. 116 c.p.a., inserito nel Libro IV sui riti speciali, la cui applicazione è estesa dal d.lgs. 14 marzo 2013, n. 33, novellato dal d.lgs. 97 del 2016, anche alla tutela del diritto di accesso civico e "libero e universale".
Analogamente a quanto previsto in relazione all'accesso documentale classico, nei casi di atti di amministrazioni delle regioni e degli enti locali il richiedente può presentare istanza al difensore civico competente per ambito territoriale. Qualora tale organo non sia stato istituito, la competenza è attribuita al difensore civico competente per l'ambito territoriale immediatamente superiore.
Il difensore civico si pronuncia entro trenta giorni dalla presentazione del ricorso che deve essere notificato all'amministrazione interessata.
L'accesso è consentito se nel termine di trenta giorni dal ricevimento della comunicazione del difensore civico l'amministrazione non conferma il diniego o il differimento.
Il ricorso alla tutela giustiziale non esclude la possibilità di avvalersi della tutela giurisdizionale: si prevede, infatti, che qualora il richiedente l'accesso si sia rivolto al difensore civico, il termine per agire in giudizio decorre dalla data di ricevimento dell'esito della sua istanza al difensore civico.
Se l'accesso è stato negato o differito per la tutela degli interessi di cui all'art. 5 *bis*, comma 2, lett. a), il difensore civico provvede solo dopo aver sentito il Garante per la protezione dei dati personali, che si pronuncia entro dieci giorni dalla richiesta. Si prevede che la comunicazione al Garante sospende il termine per la pronuncia del difensore, fino alla ricezione del parere del Garante e, comunque, per un periodo non superiore ai predetti dieci giorni.
Può accadere anche che sia il controinteressato a presentare richiesta di riesame ai sensi del comma 7 o ricorso al difensore civico ai sensi del comma 8 avverso il provvedimento di accoglimento della richiesta di accesso che lo riguardi.
Inoltre, ai sensi del comma 10, ove la richiesta di accesso civico riguardi dati, informazioni o documenti oggetto di pubblicazione obbligatoria, **il responsabile della prevenzione della corruzione e della trasparenza ha l'obbligo di effettuare la segnalazione di cui all'art. 43, comma 5, dello stesso d.lgs. n. 33 del 2013**.
Infine, la norma fa salvi gli obblighi di pubblicazione previsti dal Capo II, nonché le diverse forme di accesso degli interessati previste dalla l. n. 241 del 1990.

11. Trasparenza e contratti pubblici.

La trasparenza assume un peculiare rilievo anche nel settore degli appalti, in cui si lega strettamente al principio di non discriminazione, in quanto esige che le amministrazioni rendano nota, con mezzi idonei, la loro intenzione di indire una gara e le condizioni di svolgimento della stessa.

Si tratta di un principio enunciato a livello europeo, sia dalla Corte di Giustizia dell'Unione europea sia dalle direttive europee, dalla giurisprudenza interna e infine dal legislatore con il codice dei contratti pubblici, in particolare all'art. 2, comma 1, d.lgs. 12 aprile 2006, n. 163 ed oggi dal d.lgs. 18 aprile 2016, n. 50.
L'art. 29 del citato decreto n. 50 del 2016 prevede, infatti, che tutti gli atti delle amministrazioni aggiudicatrici e degli enti aggiudicatori relativi alla programmazione di lavori, opere, servizi e forniture, nonché alle procedure per l'affidamento di appalti pubblici di servizi, forniture, lavori e opere, di concorsi pubblici di progettazione, di concorsi di idee e di concessioni, compresi quelli tra enti nell'ambito del settore pubblico, ove non considerati riservati ovvero secretati dalla stessa legge, devono essere pubblicati e aggiornati sul profilo del committente, nella sezione "Amministrazione trasparente", con l'applicazione delle disposizioni di cui al decreto legislativo 14 marzo 2013, n. 33, quindi con possibilità di accesso civico.
Il nuovo codice dei contratti pubblici ha determinato il superamento dell'orientamento della giurisprudenza (Tar Lombardia, Milano, Sez. IV, 30 ottobre 2014, n. 2587) che con riferimento al sistema previgente ha affermato l'inammissibilità dell'accesso civico semplice (da pubblicazione) per gli atti del procedimento d'appalto. Si era ritenuto che l'istituto dell'accesso civico non appare applicabile agli atti formatisi nel corso di uno specifico procedimento (nella specie, agli atti del procedimento di gara), in quanto la pretesa non sarebbe correlata alla generale conoscibilità di un documento formato dall'amministrazione di cui si lamenta l'omessa pubblicazione, ma alla conoscenza di atti prodotti dall'amministrazione nel corso del procedimento. In tale ultima ipotesi, quindi, la richiesta non può prescindere dalla dimostrazione di una posizione qualificata autonoma la cui tutela rende necessaria l'ostensione (o anche solo visione) della documentazione richiesta.
Invece con riferimento **all'applicabilità dell'accesso civico generalizzato al settore degli appalti** Il problema che è si è posto è se l'art. 53 del codice dei contratti il quale stabilisce "il diritto di accesso agli atti delle procedure di affidamento e di esecuzione dei contratti pubblici, ivi comprese le candidature e le offerte, è disciplinato dagli artt. 22 e seguenti della legge 7 agosto 1990, n. 241" possa condurre alla esclusione della disciplina dell'accesso civico ai sensi del comma 3 dell'art. 5-bis del d.lgs. n. 33/2013, ai sensi del quale "il diritto di cui all'art. 5, comma 2, è escluso nei casi di segreto di Stato e negli altri casi di divieti di accesso o divulgazione previsti dalla legge, ivi compresi i casi in cui l'accesso è subordinato dalla disciplina vigente al rispetto di specifiche condizioni, modalità o limiti, inclusi quelli di cui all'art. 24, comma 1, della l. 241/1990".
Giova evidenziare che l'art. 53 del codice dei contratti pubblici che disciplina l'accesso agli atti di gara, richiama al primo comma la disciplina dell'accesso ordinario contenuta nella l. 241/90, mentre nel secondo reca l'elenco dei casi di differimento dell'accesso in corso di gara. L'art. 5 bis, comma 3 del d.lgs. n. 33/2013, stabilisce, invece che l'accesso civico generalizzato è escluso fra l'altro nei casi previsti dalla legge "*ivi compresi i casi in cui l'accesso è subordinato dalla disciplina vigente al rispetto di specifiche condizioni, modalità o limiti*".
A partire dalla interpretazione delle predette disposizioni si sono registrati diversi orientamenti giurisprudenziali dei TAR, e una recentissima sentenza del Consiglio di Stato sez. III - 05/06/2019, n. 3780 su cui si ritiene opportuno soffermarsi.
Secondo le prime sentenze emesse sulla questione, i documenti afferenti alle procedure di affidamento ed esecuzione di un appalto **sono esclusivamente sottoposti alla disciplina di cui all'art. 53 d.lgs. 50/2016 e pertanto restano esclusi dall'accesso civico c.d. generalizzato di cui all'art. 5, comma 2, d.lgs. 33/2013** (T.A.R. Emilia-Romagna, Parma, n. 197/18; T.A.R. Lombardia, Milano, I, n. 630/19).
Invece, un altro orientamento giurisprudenziale, ha riconosciuto l'applicabilità della disciplina dell'accesso civico generalizzato anche alla materia degli appalti pubblici (da ultimo, T.A.R. Lombardia, sez. IV, n. 45/2019).
Secondo il Consiglio di Stato l'art. 5 bis, comma 3 del d.lgs. n. 33/2013 *fa riferimento, nel limitare*

diritto civico generalizzato, a "specifiche condizioni, modalità e limiti" ma non ad intere "materie". Propendere per una diversa interpretazione, secondo l'alto consesso "significherebbe escludere l'intera materia relativa ai contratti pubblici da una disciplina, qual è quella dell'accesso civico generalizzato, che mira a garantire il rispetto di un principio fondamentale, il principio di trasparenza ricavabile direttamente dalla Costituzione. Entrambe le discipline, contenute nel d.lgs. 50/2016 e nel d.lgs. 33/2013, mirano all'attuazione dello stesso, identico principio e non si vedrebbe per quale ragione, la disciplina dell'accesso civico dovrebbe essere esclusa dalla disciplina dei contratti pubblici .D'altro canto, il richiamo contenuto nel primo comma, del citato art. 53 Codice dei contratti, alla disciplina del c.d. accesso "ordinario" di cui agli artt. 22 e ss. della l. 241/90 è spiegabile alla luce del fatto che il d.lgs. 18 aprile 2016, n. 50 è anteriore al d.lgs. 25 maggio 2016, n. 67 modificativo del d.lgs. 33/2013"

L' accesso civico generalizzato, è ispirato al cd. "Freedom of information act" che, nel sistema giuridico americano, ha da tempo superato il principio dei limiti soggettivi all'accesso, riconoscendolo ad ogni cittadino, con la sola definizione di un "*numerus clausus*" di limiti oggettivi, a tutela di interessi giuridicamente rilevanti, quali quelli precisati nello stesso art. 5 co. 2 d.lgs. n. 33/2013 con l'obiettivo di "favorire forme diffuse di controllo nel perseguimento delle funzioni istituzionali e sull'utilizzo delle risorse pubbliche", promuovendo così "la partecipazione al dibattito pubblico".

Il Consiglio di Stato richiamando il proprio parere (cfr. Commiss. Speciale 24 febbraio 2016 n. 515) favorevole reso sullo schema di decreto legislativo 97/2016 evidenzia i seguenti due aspetti:

"A) la già sottolineata limitazione soltanto oggettiva dell'accesso civico, comporta che, oltre alle specifiche "materie" sottratte - ad esempio quelle relative alla politica estera o di sicurezza nazionale - vi possono essere "casi" in cui, per una materia altrimenti compresa per intero nella possibilità di accesso, norme speciali (ovvero l'art. 24 co. 1 L. 241/1990) possono prevedere "specifiche condizioni, modalità e limiti".

In secondo luogo, dal medesimo principio… discende la regola, per cui, ove non si ricada in una "materia" esplicitamente sottratta, possono esservi solo "casi" in cui il legislatore pone specifiche limitazioni, modalità o limiti."

Secondo il Collegio il richiamo all'art. 53 del "Codice dei contratti" nella parte in cui esso rinvia alla disciplina degli artt. 22 e seguenti della l. 241/90, non può condurre alla generale esclusione dell'accesso civico della materia degli appalti pubblici.

Non può, dunque, ipotizzarsi una interpretazione "statica" e non costituzionalmente orientata delle disposizioni vigenti in materia di accesso allorché, intervenuta la disciplina del (successivo) d. lgs 97/2016, essa non risulti correttamente coordinata con l'art. 53 codice dei contratti e con la ancor più risalente normativa generale sul procedimento: sarebbe questa, la strada per la preclusione dell'accesso civico ogniqualvolta una norma di legge si riferisca alla procedura ex artt. 22 e seguenti L. 241/90.

Ritiene, viceversa, il Collegio, che una interpretazione conforme ai canoni dell'art. 97 Cost. debba valorizzare l'impatto "orizzontale" dell'accesso civico, non limitabile da norme preesistenti (e non coordinate con il nuovo istituto), ma soltanto dalle prescrizioni "speciali" e interpretabili restrittivamente, che la stessa nuova normativa ha introdotto al suo interno.

B) Il secondo aspetto, che il citato parere Comm. Speciale 515/2016 di questo Consiglio ha sottolineato, è che la normativa sull'accesso civico non ha certo regolato positivamente il diritto di chiunque ad accedere agli atti per mera curiosità o per accaparrarsi dati sensibili a lui utili relativi ad ambiti di una impresa concorrente e coperti dalla ordinaria "segretezza aziendale".

Proprio con riferimento alle procedure di appalto, la possibilità di accesso civico, una volta che la gara sia conclusa e viene perciò meno la tutela della "par condicio" dei concorrenti, non risponde soltanto ai canoni generali di "controllo diffuso sul perseguimento dei compiti istituzionali e sull'utilizzo delle risorse pubbliche" (art. 5 co. 2 cit. d.lgs. 33). Vi è infatti, a

rafforzare in materia l'ammissibilità dell'accesso civico, una esigenza specifica e più volte riaffermata nell'ordinamento statale ed europeo, e **cioè il perseguimento di procedure di appalto trasparenti anche come strumento di prevenzione e contrasto della corruzione.**
Tali principi trovano, sempre in materia, significativa conferma nella posizione chiara della Commissione Europea, che nella relazione concernente il contrasto alla corruzione in ogni ambito, sottolinea la necessità che l'ordinamento italiano promuova la trasparenza in ogni ambito, e particolarmente negli appalti pubblici "prima" ma anche "dopo l'aggiudicazione".
Sulla base di tali principi generali ormai applicabili necessariamente a tutti i settori e materie - salve le specifiche esclusioni - dell'azione delle pubbliche amministrazioni, deriva che, anche chi non ha partecipato abbia diritto ad accedere agli atti della procedura di appalto.

QUESTIONARIO

1. Ai sensi dell'art. 1 del d.lgs. 33 del 2013 cosa si intende per trasparenza?
2. All'interno di ogni amministrazione chi svolge normalmente le funzioni di Responsabile per la trasparenza?
3. Cosa si intende per OIV?
4. Quali sono i principali obblighi di pubblicazione disciplinati dal d.lgs. 33/2013?
5. Cosa prevede l'attuale normativa in caso di violazione degli obblighi di trasparenza?
6. Quali sono le principali novità introdotte dal d.lgs. 33/2013 in tema di accesso?

QUIZ ANTICORRUZIONE. NORMATIVA E STRUMENTI OPERATIVI

1. **L'espressione *whistleblowing* è un istituto di origine anglosassone che è stato introdotto, nel 2001, nel nostro ordinamento, per indicare...**
   A. La condotta di chi ha posto in essere attività illecite o fraudolente all'interno di un'organizzazione privata
   B. La condotta di un dipendente necessariamente pubblico che denuncia attività illecite o fraudolente all'interno di ente pubblico
   C. La condotta di chi denuncia attività illecite o fraudolente all'interno di un'organizzazione pubblica o privata
   D. Nessuna delle risposte precedenti.

2. **Il principio che, nel nostro ordinamento, si pone alla base e che governa l'intera attività amministrativa è...**
   A. Il principio di pubblicità e trasparenza
   B. Il principio di elasticità
   C. Il principio di unitarietà
   D. Il principio di proporzionalità.

3. **Tra gli interessi pubblici che devono essere tutelati dalla P.A., nella valutazione di una richiesta di accesso libero e universale, si trovano quelli inerenti a...**
   A. Esclusivamente la sicurezza e l'ordine pubblico
   B. Esclusivamente la difesa, le questioni militari e il regolare svolgimento di attività ispettive
   C. La sicurezza pubblica e l'ordine pubblico, la sicurezza nazionale, la difesa e le questioni militari, le relazioni internazionali, la politica e la stabilità finanziaria ed economica dello Stato, la conduzione di indagini sui reati e il loro perseguimento, il regolare svolgimento di attività ispettive
   D. La sicurezza pubblica, l'ordine pubblico, la difesa e le questioni militari.

4. **In generale, si definisce *maladministration*....**
   A. La corretta gestione delle risorse economiche e umane, senza l'assunzione di decisioni e provvedimenti in cui prevale l'interesse di un singolo
   B. La gestione distorta delle sole risorse economiche, a prescindere dall'amministrazione delle risorse umane
   C. La gestione distorta di risorse economiche e umane, unitamente all'assunzione di decisioni e provvedimenti in cui prevale l'interesse particolare del singolo a scapito della collettività
   D. Nessuna delle risposte precedenti.

5. **Nell'ipotesi di accoglimento di una richiesta di accesso civico, l'Amministrazione procede a trasmettere al richiedente i dati o i documenti richiesti...**
   A. Tempestivamente
   B. Entro il termine perentorio di 30 giorni decorrenti dalla data della domanda
   C. Entro il termine perento di 60 giorni decorrenti dalla data della domanda
   D. Nel rispetto del termine previsto dalla legge.

6. **Il termine anticorruzione indica...**
   A. Un sentimento di avversione e contrasto a quelle pratiche violative dei doveri collegati alle funzioni

pubbliche per conseguire un vantaggio privato in pregiudizio degli interessi generali
B. Un sentimento di prevenzione alcune tra le tante pratiche violative dei doveri collegati alle funzioni pubbliche per conseguire un vantaggio pubblico in pregiudizio degli interessi individuali
C. Un sentimento di avversione e contrasto a quelle pratiche violative dei doveri collegati alle funzioni private per conseguire un vantaggio pubblico in pregiudizio degli interessi individuali
D. Nessuna delle risposte precedenti.

7. **Al fine di prevenire la corruzione, all'interno del nostro ordinamento, è stata creato una *governance* amministrativa che è articolata in...**
A. Quattro organi
B. Due organi
C. Sette organi
D. Tre organi.

8. **L'Indice di Percezione della Corruzione (CPI)...**
A. Misura la percezione della corruzione nel settore pubblico e nella politica solo in Italia
B. Misura la percezione della corruzione nel settore pubblico e nella politica in numerosi Paesi di tutto il mondo
C. Misura la percezione della corruzione solo nella politica mondiale
D. Misura la percezione della corruzione nel settore pubblico e nella politica solo nei paesi anglosassoni.

9. **Nell'ambito dell'accesso civico semplice si ravvisano soggetti controinteressati da individuare?**
A. Sì, come in ogni altra ipotesi di accesso
B. Sì, ma solo nelle ipotesi previste dalla legge
C. No, perché la valutazione circa la necessità della relativa tutela è stata fatta *ex ante* dal legislatore che ha individuato i limiti degli obblighi di pubblicazione all'art. 7-*bis*.
D. sì, perché la valutazione circa la necessità della relativa tutela deve essere fatta dal dipendente pubblico *ex post*

10. **Il responsabile della prevenzione della corruzione e della trasparenza (RPCT)....**
A. Viene individuato per ciascuna amministrazione, in genere tra i dirigenti di ruolo in servizio, dall'organo di indirizzo politico
B. Viene individuato nella figura di uno, a livello nazionale, dall'organo di indirizzo politico
C. Viene individuato per ciascuna amministrazione, in genere tra i dirigenti di ruolo in servizio, dall'ANAC
D. Viene individuato a livello nazionale, nel numero di quattro, dall'organo di indirizzo politico.

11. **Quante e quali sono le linee di condotta perseguite dal nostro ordinamento per contrastare il fenomeno corruttivo?**
A. Le linee di condotta sono 3: la repressione, la prevenzione e la sanzione
B. Le linee di condotta sono 4: l'amministrazione, la prevenzione, la repressione, la sanzione
C. Le linee di condotta sono 2: la repressione e la prevenzione
D. Le linee di condotta sono 2: la repressione e la sanzione.

12. **Il Codice di comportamento dei dipendenti pubblici contiene disposizioni in materia di incandidabilità?**

A. Sì, con disposizione introdotta in attuazione della delega di cui all'art. 1, co. 63, Lg. N. 190/2012
B. Sì, dal giorno della sua pubblicazione
C. No, ma è in programma un intervento normativo
D. No

13. Eventuali condotte illecite o di violazione del modello di organizzazione e gestione dell'ente da parte di un dipendente può essere presentata...
A. Solo all'ANAC
B. Solo al Responsabile della prevenzione della corruzione
C. All'ANAC o al RPCT
D. All'ANAC, al RPCT o all'autorità giudiziaria ordinaria o contabile.

14. Nell'ordinamento giuridico francese, l'Alta Autorità per la trasparenza della vita pubblica, quando chiarisce se una determinata situazione può avere o meno rilievo penale dal punto di vista della normativa sul conflitto di interessi, svolge una funzione...
A. Consultiva
B. Direttiva
C. Giudiziale
D. Di vigilanza

15. Il richiedente accesso civico, nel caso di diniego totale o parziale o di mancata risposta alla sua istanza nel termine previsto dalla legge, è autorizzato a...
A. Presentare istanza di riesame alla stessa amministrazione che procede ad una nuova valutazione dell'istanza
B. Presentare istanza di riesame all'organismo politico di riferimento che decide con parare motivato entro 20 giorni
C. Presentare istanza di riesame al responsabile della trasparenza che decide con parare motivato entro 90 giorni
D. Presentare istanza di riesame al responsabile della trasparenza che decide con parare motivato entro 20 giorni.

16. In forza del principio di trasparenza, al quale si lega strettamente il principio di non discriminazione, nel nostro ordinamento si esige che...
A. Le amministrazioni rendano nota, con qualsiasi mezzo, la loro intenzione di indire una gara, a prescindere dalle condizioni di svolgimento
B. Le amministrazioni rendano nota, con qualsiasi mezzo, le condizioni di svolgimento di una gara, ancorché non comunicata
C. Le amministrazioni rendano nota, con mezzi idonei, solo la loro intenzione di indire una gara
D. Le amministrazioni rendano nota, con mezzi idonei, la loro intenzione di indire una gara e le condizioni di svolgimento della stessa.

17. Con riferimento alle procedure di appalto, la possibilità di accesso civico risponde soltanto ai canoni generali di "controllo diffuso sul perseguimento dei compiti istituzionali e sull'utilizzo delle risorse pubbliche"?
A. Sì, sempre
B. Sì, salvo nell'ipotesi in cui la gara sia conclusa, laddove viene meno la tutela della "par condicio" dei concorrenti e si deve rispettare il principio di trasparenza
C. Sì, anche quando la gara è conclusa
D. Nessuna delle risposte precedenti è corretta.

18. Tra le diverse ipotesi, in quali dei seguenti casi la P.A. deve respingere una richiesta di accesso libero e universale?

A. Per evitare un pregiudizio concreto alla tutela di interessi pubblici inerenti alla sicurezza e all'ordine pubblico
B. Per sanzionare un pregiudizio concreto alla tutela di interessi pubblici inerenti alla sicurezza e all'ordine pubblico
C. Per evitare un pregiudizio concreto alla tutela di interessi personali di un singolo soggetto privato
D. Per evitare un pregiudizio non concreto, meramente eventuale, alla tutela di interessi individuali, seppur appartenenti a più soggetti.

19. L'Autorità Nazionale Anticorruzione (ANAC) è...
A. Un'autorità governativa gestita direttamente dallo Stato, che svolge un'attività di mera vigilanza
B. Un'autorità amministrativa indipendente, che svolge attività di controllo, prevenzione e contrasto della corruzione
C. Un'autorità amministrativa indipendente, che svolge un'attività di prevenzione senza vigilare sulla trasparenza in tutti gli aspetti gestionali
D. Un ente pubblico che svolge solo un'attività di controllo sull'operato degli altri enti pubblici.

20. Il potere di vigilanza e di controllo dell'ANAC è stato complessivamente rafforzato, nel 2016, da,,,,
A. Il nuovo Codice dei Contratti Pubblici
B. L'Indice di Percezione della Corruzione nel settore pubblico
C. Il nuovo Codice di Comportamento
D. Non è stato rafforzato da nessuno dei suddetti interventi legislativi.

21. Nell'ipotesi di accoglimento della richiesta di accesso civico, l'Amministrazione deve sempre trasmettere direttamente al richiedente i dati o i documenti richiesti?
A. Sì, sempre
B. No, mai
C. Sì, salvo nel caso in cui si tratti di dati, informazioni o documenti oggetto di pubblicazione obbligatoria attraverso la pubblicazione sul sito del documento stesso
D. Sì, anche nei casi in cui i dati, le informazioni o i documenti siano oggetto di una pubblicazione obbligatoria su un diverso sito.

22. La funzione di vigilanza c.d. collaborativa assegnata all'Autorità Nazionale Anticorruzione dal Codice dei contratti pubblici si tratta di...
A. Una forma di ricerca e studio sui costi marginali e i prezzi, di norma è preferita dal contribuente, attraverso l'utilizzo di indagini statistiche
B. Una forma di assistenza/supporto prestata alle stazioni appaltanti per affidamenti di particolare interesse, attraverso la stipula di protocolli di azione volti a coadiuvarle nella predisposizione degli atti di gara e nelle attività di gestione dell'intero procedimento
C. Una forma di assistenza/supporto prestata agli enti pubblici per qualsivoglia affidamento
D. Nessuna delle risposte precedenti.

23. L'inconferibilità di un incarico, secondo le disposizioni in materia contenute nel Codice di comportamento dei dipendenti pubblici, comporta...
A. La permanente preclusione a conferire gli incarichi previsti dal presente decreto a coloro che abbiano riportato condanne penali per i reati contro la pubblica amministrazione
B. La preclusione solo temporanea a conferire gli incarichi previsti dal presente decreto a coloro che abbiano

riportato condanne penale per i reati contro l'ordine pubblico

C. La preclusione - permanente o temporanea – a conferire gli incarichi previsti dal presente decreto a coloro che abbiano riportato condanne penale per i reati contro la pubblica amministrazione

D. Nessuna delle risposte precedenti.

24. Il Responsabile della prevenzione della corruzione e della trasparenza (RPCT) ha il ruolo di...

A. Agire sui modelli comportamentali dei privati, non dipendenti della pubblica amministrazione, arginando il rischio di comportamenti illeciti attraverso il monitoraggio dell'attività e la pianificazione degli interventi

B. Agire sui documenti adottati dai funzionari, sorvegliando il rispetto delle regole nell'esercizio delle loro funzioni

C. Agire sui modelli comportamentali dei funzionari e dei soggetti privati, sanzionando eventuali comportamenti illeciti, a prescindere da un attivo monitoraggio dell'attività e la pianificazione degli interventi

D. Agire sui modelli comportamentali dei funzionari, arginando il rischio di comportamenti illeciti attraverso il monitoraggio dell'attività e la pianificazione degli interventi.

25. Il principio sul quale si basa il regime normativo per il trattamento di dati personali da parte di soggetti pubblici ....

A. È quello per cui il trattamento è consentito unicamente se ammesso da una norma di legge o, nei casi previsti dalla legge, di regolamento

B. È quello per cui il trattamento è sempre consentito, anche se non ammesso da una norma di legge o di regolamento

C. È quello per cui il trattamento è consentito unicamente se ammesso da una norma di legge, purché non di regolamento

D. È quello per cui il trattamento è sempre consentito.

26. Qual è il compito principale del Piano Nazionale Anticorruzione (PNA) che l'ANAC adotta a cadenza triennale?

A. Promuovere, presso le persone giuridiche private, l'adozione di misure e di strategia di prevenzione della corruzione

B. Autorizzare, presso le amministrazioni pubbliche, le misure adottate in contrasto alla corruzione

C. Ridurre, presso le amministrazioni pubbliche, le misure e le strategie adottate di sanzione ai fenomeni corruttivi

D. Promuovere, presso le amministrazioni pubbliche, l'adozione di misure e di strategia di prevenzione della corruzione.

27. Tra gli obblighi di pubblicazione disciplinati dal d. lgs. 33/2013, rientra l'*Obbligo di pubblicazione concernenti l'organizzazione delle pubbliche amministrazioni?*

A. Sì, all'art. 13

B. Sì, desumibile da un'altra norma

C. No

D. No, salvo in un'ipotesi prevista da una diversa disposizione normativa

28. Il responsabile della prevenzione della corruzione e della trasparenza (RPCT), nel caso in cui non adempie alle prescrizioni previste, è gravato da una responsabilità per l'altrui condotta corruttiva?

A. Sì, risponde sempre personalmente

B. No, mai

C. Sì, risponde personalmente qualora all'interno dell'amministrazione sia

stato commesso un reato di corruzione, accertato con sentenza passata in giudicato
D. Sì, risponde personalmente qualora all'interno dell'amministrazione sia stato commesso un reato di corruzione, anche se non ancora accertato con sentenza passata in giudicato.

29. All'obbligo delle pubbliche amministrazioni di pubblicare dei documenti, delle informazioni e dei dati, concernenti l'organizzazione e l'attività delle stesse, nella *home page* dei propri siti istituzionali, corrisponde…
A. Il diritto dei soli pubblici funzionari di accedere ai siti direttamente e immediatamente, senza autenticazione né identificazione
B. Il diritto di accedere ai siti direttamente e immediatamente, solo ai titolari di una precisa autenticazione o identificazione
C. Il diritto di chiunque di accedere ai siti direttamente e immediatamente, purché dotati di autenticazione o identificazione
D. Il diritto di chiunque di accedere ai siti direttamente e immediatamente, senza autenticazione né identificazione.

30. L'accesso civico semplice che permette di evitare l'individuazione di soggetti controinteressati….
A. Presuppone la pubblicazione di dati e informazioni sul sito istituzionale dell'Amministrazione
B. Presuppone la pubblicazione di dati strettamente personali e individuali sul sito istituzionale dell'Amministrazione
C. Presuppone la divulgazione di informazioni personali sui siti ministeriali
D. Presuppone la divulgazione di dati comuni sui siti nazionali.

31. Le pubbliche amministrazioni procedono alla pubblicazione dei documenti, delle informazioni e dei dati oggetto degli obblighi di pubblicazione concernenti l'organizzazione e l'attività delle stesse, nella *home page* dei propri siti istituzionali in un'apposita sezione denominata...
A. Amministrazione operativa
B. Amministrazione trasparente
C. Amministrazione diligente
D. Amministrazione competente

32. L'istituto giuridico della *corruption*, nell'ordinamento giuridico del Regno Unito, corrisponde, nel nostro ordinamento, all'istituto….
A. Della concussione
B. Della corruzione
C. Dell'induzione
D. dell'abuso di ufficio

33. L'Autorità Nazionale Anticorruzione è…
A. Un organo collegiale composto dal Consiglio dell'Autorità e la Camera Arbitrale
B. Un organo non collegiale, governato solo da un Consiglio dell'Autorità
C. Un organo collegiale composto dal Consiglio dell'Autorità, la Camera Arbitrale e la Camera di Sorveglianza
D. Un organo collegiale composto dal Consiglio dell'Autorità, la Camera Arbitrale, la Camera di Sorveglianza e la Camera di Prevenzione.

34. Per effetto del nuovo Codice dei contratti pubblici, vengono attribuiti all'ANAC….
A. Funzioni contenziose
B. Funzioni sanzionatorie
C. Funzioni disciplinari
D. Funzioni precontenziose

35. Il Responsabile della prevenzione della corruzione (RPC) è...
A. Un soggetto, di norma un dirigente,

che, avendo avuto il compito di redigere e applicare il Piano, di fronte al verificarsi di episodi di corruzione dovrà dimostrare di aver adottato le misure necessarie alla prevenzione ed al contenimento del rischio
B. Un soggetto, di norma un dirigente, che, non ha avuto il compito di redigere e applicare il Piano, ma è chiamato a valutarne la correttezza nelle ipotesi di episodi corruttivi
C. Un soggetto, di norma un docente universitario, che ha solo il compito di redigere e applicare il Piano nazionale anticorruzione
D. Un soggetto, di norma un docente universitario, che di fronte al verificarsi di episodi di corruzione, dovrà dimostrare che gli organi hanno sviluppato un Piano nazionale anticorruzione corrispondente alle Linee Guida.

36. **Secondo il Codice di comportamento dei dipendenti pubblici…**
A. Il dipendente pubblico non deve chiedere ma può accettare, per sé o per altri, regali o altre utilità
B. Il dipendente pubblico non deve né chiedere né accettare, per sé o per altri, regali o altre utilità, fatti salvi i regali d'uso di modico valore
C. Il dipendente pubblico non deve accettare ma può chiedere per altri regali o altre utilità
D. Il dipendente pubblico non deve né chiedere ne accettare, per sé o per altri, regali o altre utilità, nemmeno i regali d'uso di modico valore.

37. **Il nucleo centrale dell'ANAC nasce…**
A. Nel 2009
B. Nel 2001
C. Nel 2014
D. Nel 1996

38. **Nell'ordinamento giuridico tedesco si parla di corruzione quando…**
A. Un soggetto privato agisca contro i propri doveri o obblighi, in cambio di denaro o altra utilità
B. Un pubblico ufficiale, ancorché non più titolare di un ufficio, agisca contro i propri doveri o obblighi, in cambio di denaro o altra utilità
C. Un pubblico ufficiale titolare di un ufficio o un deputato eletto agisca contro i propri doveri o obblighi, in cambio di denaro o altra utilità
D. Un pubblico ufficiale titolare di un ufficio o un deputato eletto agisca contro i propri doveri o obblighi, in cambio esclusivamente di denaro.

39. **Entro quanti giorni l'Amministrazione è chiamata a rispondere a una richiesta di accesso, prima che il richiedente sia autorizzato a presentare istanza per il riesame?**
A. Entro 30 giorni
B. Entro 60 giorni
C. Entro 10 giorni
D. Entro 90 giorni

40. **Su cosa deve fondarsi una segnalazione delle condotte illecite o della violazione del modello di organizzazione e gestione dell'ente?**
A. Su elementi di fatto apparentemente rilevanti
B. Su elementi di fatto precisi e concordanti
C. Su elementi di fatto precisi ma non concordanti
D. Su elementi di fatto concordanti ancorché non precisi

41. **Tra gli organi di cui si compone l'Autorità Nazionale Anticorruzione, la Camera Arbitrale è composta da…**
A. Dieci docenti universitari competenti in materie giuridiche
B. Cinque docenti universitari competenti in materie giuridiche
C. Cinque docenti universitari competenti in materie giuridiche e cinque

docenti universitari compenti in materie economiche

D. Tre docenti universitari competenti in materie giuridiche e due magistrati

42. A chi devono essere segnalati eventuali comportamenti discriminatori perpetrati a danno del RPCT per motivi collegati allo svolgimento delle sue funzioni?

A. All'ANAC

B. All'Organismo indipendente di valutazione

C. Al Ministero dell'Economia e delle Finanze

D. All'organo di indirizzo politico

43. Accanto alla tradizionale forma di vigilanza successiva, il Codice dei contratti pubblici assegna all'ANAC…

A. Compiti di vigilanza collaborativa

B. Compiti di vigilanza preventiva

C. Compiti di vigilanza attuativa

D. Compiti di vigilanza sanzionatoria

44. Secondo la disciplina contenuta nel Codice di comportamento dei dipendenti pubblici, nell'ipotesi di incompatibilità…

A. Il soggetto interessato può scegliere, senza essere obbligato, quale incarico mantenere in caso di altra carica di vertice in un'amministrazione pubblica ovvero in enti di diritto privato sottoposti a controllo pubblico o finanziati

B. Il soggetto interessato è obbligato a scegliere quale incarico mantenere in caso di altra carica di vertice in un'amministrazione pubblica ovvero in enti di diritto privato sottoposti a controllo pubblico o finanziati

C. Il soggetto interessato è obbligato a scegliere quale incarico mantenere solo se ricopre un'altra carica di vertice in un'amministrazione pubblica

D. Il soggetto interessato è obbligato a scegliere quale incarico mantenere solo se ricopre un'altra carica di vertice in un ente di diritto privato.

45. In quali ipotesi il dipendente pubblico non può accettare regali di modico valore?

A. Laddove i regali di modico valore rappresentino il corrispettivo per compiere o per aver compiuto un atto del proprio ufficio da coloro che possano trarre benefici da decisioni o attività inerenti all'ufficio medesimo

B. In qualsivoglia ipotesi, il dipendente pubblico non può chiedere né accettar alcun tipo di regale, nemmeno quelli di modico valore

C. Laddove i regali di modico valore rappresentino il corrispettivo per compiere, in futuro, un atto del proprio ufficio, mentre possono accettare quelli dati da coloro hanno tratto beneficio da decisioni adottate in passato

D. In nessuna delle ipotesi precedenti.

46. A cosa si riferisce, nel Regno Unito, il termine *corruption*?

A. All'atto di chi, abusando dei propri poteri o qualità, induce taluno a dare, senza promessa, a lui o a un terzo, uno specifico quantitativo di denaro

B. All'atto di chi, senza abusare dei propri poteri o qualità, induce taluno a dare o a promettere indebitamente, a lui o a un terzo, denaro o altri benefici

C. All'atto di chi, abusando dei propri poteri o qualità, induce taluno a dare o a promettere indebitamente, a lui o a un terzo, denaro o altri benefici

D. All'atto di chi, abusando dei propri poteri o qualità, induce taluno a dare per un terzo, denaro o altri benefici.

47. Il Piano nazionale anticorruzione deve necessariamente contenere un nucleo comune dato da:

A. Identificazione del rischio e analisi del livello di rischio e sua valutazione
B. Identificazione del rischio e esclusivo contenimento del rischio
C. Identificazione del rischio, analisi del livello di rischio e sua valutazione, contenimento del rischio con misure adeguate.
D. Contenimento del rischio con misure adeguate e predisposizione delle sanzioni.

48. L'interesse pubblico inerente alla conduzione di indagini sui reati e al loro perseguimento rientra tra quelli che devono essere tutelati dalla P.A. nella valutazione di una richiesta di accesso libero e universale?

A. Sì, sempre
B. Sì, purché rischi di subire un pregiudizio concreto
C. No, in nessuna ipotesi
D. No, salvo i casi espressamente previsti dalla legge.

49. Quali sono gli organi amministrativi che compongono la governance creata nel nostro ordinamento per prevenire la corruzione?

A. L'Autorità Nazionale Anticorruzione, il Dipartimento della Finanza Pubblica (DEP) e il Comitato interministeriale per la prevenzione e il contrasto della corruzione e dell'illegalità nella p.a.
B. Solo l'Autorità Nazionale Anticorruzione e il Dipartimento della Finanza Pubblica (DEP)
C. Solo il Dipartimento della Finanza Pubblica (DEP) e il Comitato interministeriale per la prevenzione e il contrasto della corruzione e dell'illegalità nella p.a.
D. Nessuno dei precedenti

50. Che ruolo svolge la Camera Arbitrale, quale organo dell'Autorità Nazionale Anticorruzione (ANAC)?

A. Un ruolo di organo ausiliario al Consiglio dell'Autorità
B. Un ruolo di organo direttivo, unitamente al Consiglio dell'Autorità
C. Un ruolo di organo scientifico, destinato alla ricerca e allo studio delle tecniche di prevenzione
D. Un ruolo di organo autonomo e indipendente, quale unico all'interno dell'ANAC.

RISPOSTE

1. C
2. A
3. C
4. C
5. A
6. A
7. D
8. B
9. C
10. A
11. C
12. A
13. D
14. A
15. D
16. D
17. B
18. A
19. B
20. A
21. C
22. B
23. C
24. D
25. A
26. D
27. A
28. C
29. D
30. A
31. B
32. A
33. A
34. D
35. A
36. B
37. A
38. C
39. A
40. B
41. B
42. A
43. A
44. B
45. A
46. C
47. C
48. A
49. A
50. A

PARTE IV
SERVIZI DI CANCELLERIA

Capitolo 1 DISPOSIZIONI GENERALI SULLE CANCELLERIE E RELATIVE FIGURE PROFESSIONALI

1. Gli uffici giudiziari amministrativi: la cancelleria e la segreteria.

Per uffici giudiziari amministrativi si intende gli uffici che svolgono la **funzione di amministrare e gestire** i lavori degli uffici giudiziari.
Il funzionario che svolge funzioni corrispondenti a quelle del cancelliere **presso l'ufficio del pubblico ministero** (Procura generale presso la Suprema corte di cassazione, procura generale presso la corte d'appello, procura della Repubblica presso il tribunale ordinario) era denominato **segretario giudiziario fino al 1972**, quando gli fu **estesa la denominazione di cancelliere**. Resta, tuttavia, la denominazione di segreteria giudiziaria per l'ufficio al quale è addetto o responsabile.

1.1. Le funzioni del cancelliere.

Il termine cancelliere risale ai tempi dell'antica Roma, ove venivano denominati "*cancellarii*" coloro che erano posti accanto al "*cancellus*", ossia la barriera che separava il giudice dal pubblico, e coadiuvavano il giudice durante la celebrazione delle udienze.
Il cancelliere è un **funzionario pubblico** che, attraverso le funzioni e i compiti demandati dall'ordinamento, **integra la funzione giurisdizionale** mediante l'adozione di atti assunti in **piena autonomia funzionale**.
Compito principale del cancelliere è **assistere il giudice**, monocratico o collegiale, in tutti gli atti e le attività che devono essere documentate attraverso la **redazione di un processo verbale**. Quest'ultimo è redatto e firmato dal cancelliere che in tal modo gli attribuisce **pubblica fede**, sicché il verbale è atto pubblico che fa piena prova fino a querela di falso.
Oltre alla verbalizzazione, il cancelliere ha una serie di **altre competenze**, tra le quali:

- il rilascio di copie ed estratti autentici dei documenti prodotti;
- l'iscrizione a ruolo della causa;
- la verifica della corresponsione del contributo unificato prescritto;
- la formazione del fascicolo d'ufficio e, nel processo civile, la conservazione dei fascicoli di parte;
- le comunicazioni e notificazioni prescritte dalla legge o dal giudice, ivi compresa la comunicazione alle parti dei provvedimenti del giudice;

- la pubblicazione della sentenza e gli adempimenti connessi, come la trascrizione presso la conservatoria dei registri immobiliari delle sentenze implicanti trasferimenti di proprietà immobiliare o iscrizioni di ipoteche giudiziali;
- le attività prodromiche e successive all'esecuzione dei provvedimenti giudiziari, segnatamente in materia civile.

I cancellieri che operano nelle **segreterie giudiziarie delle Procure della Repubblica** presso i Tribunali hanno il compito di documentare tutte le attività del pubblico ministero, oltre a rilasciare i certificati del casellario giudiziario; svolgere, su provvedimento del pubblico ministero, gli adempimenti per l'esecuzione delle sentenze di condanna e apporre le cosiddette apostille agli atti amministrativi o giudiziari provenienti da ordinamenti esteri.

Vi sono poi una serie di **funzioni amministrative** svolte dalla cancelleria non come ufficio ausiliario del giudice, ma come **articolazione locale del Ministero della Giustizia**. Tra queste funzioni rientrano:

- la redazione di atti di notorietà;
- la ricezione di giuramenti su perizie stragiudiziali e su traduzioni di atti e documenti;
- il rilascio di copie autentiche di documenti e autenticazione di sottoscrizioni;
- la tenuta del registro pubblico dei privilegi speciali;
- le rinunzie alle eredità;
- le accettazioni delle eredità con beneficio d'inventario;
- la redazione dei relativi inventari;
- il recupero dei crediti dello Stato nati nel corso dei procedimenti giudiziari;
- la custodia dei corpi di reato;
- il rilascio di certificazioni.

▶ 1.2. Il personale amministrativo degli uffici giudiziari.

Ai sensi dell'art. 8 del R.D. 30 gennaio 1941, n. 12, il personale delle cancellerie e segreterie giudiziarie appartiene all'**ordine giudiziario**, essendo inquadrati come **ausiliari del giudice** pur non facendo parte della magistratura italiana.

La prima disciplina della figura del cancelliere e del segretario giudiziario dell'Italia unita risale al regio decreto 6 dicembre 1865, n. 2626, in base al quale l'ammissione al concorso per il grado iniziale della carriera (vicecancelliere) non era subordinata al possesso di alcun titolo di studio, ma al solo superamento di un esame di cultura generale. Il cancelliere era remunerato in parte con una retribuzione pagata dallo Stato e in parte con diritti di cancelleria, pagati dagli utenti per il rilascio di copie, e percentuali sulle somme riscosse a favore dello Stato.

La classificazione del personale e la disciplina delle carriere è stata più volte modificata nel tempo. A seguito del d.lgs. 3 febbraio 1993 n. 29, e successive modifiche, tutte raccolte nel d.lgs. 30 marzo 2001 n. 165, la disciplina è ora contenuta nel vigente **Contratto collettivo nazionale di lavoro del comparto "Ministeri"** del 14 settembre 2007 e nel **Contratto collettivo nazionale integrativo per il personale non dirigenziale del Ministero della giustizia**, stipulato il 29 luglio 2010.

Il personale, ad oggi, risulta diviso in **tre aree professionali**, suddivise in profili professionali, cui corrispondono diversi livelli retributivi:

- **Area I**: corrispondente al profilo di ausiliario;
- **Area II**: corrispondente ai profili di operatore giudiziario, assistente giudiziario e cancelliere;
- **Area III**: corrispondente ai profili di funzionario giudiziario e direttore amministrativo.

Appartengono alla **prima area funzionale** i lavoratori che svolgono attività ausiliarie e di supporto.

Appartengono alla **seconda area funzionale** i lavoratori che, con conoscenze teoriche e pratiche di medio livello, svolgono attività lavorative anche specialistiche connesse al proprio settore di competenza.
Appartengono alla **terza area funzionale** i lavoratori che, nel quadro di indirizzi generali e con conoscenze teoriche e pratiche di alto livello, svolgono funzioni di direzione, coordinamento e controllo di attività di importanza rilevante, ovvero lavoratori che svolgono funzioni che si caratterizzano per il loro elevato contenuto specialistico, il tutto finalizzato al conseguimento degli obiettivi assegnatigli.
Il personale delle cancellerie e segreterie giudiziarie è reclutato tramite **concorso pubblico**, indetto dal Ministero della giustizia.
L'ammissione al concorso è subordinata al possesso del diploma di:

- scuola secondaria di primo grado, per il profilo di operatore giudiziario;
- scuola secondaria di secondo grado, per i profili di assistente giudiziario e cancelliere;
- laurea triennale, laurea magistrale o secondo il vecchio ordinamento in giurisprudenza, economia e commercio, scienze politiche o equipollenti, per il profilo di funzionario giudiziario;
- laurea magistrale o secondo il vecchio ordinamento in giurisprudenza (con aggiunta di abilitazione all'albo preposto agli avvocati), economia e commercio, scienze politiche o equipollenti, per il profilo di direttore amministrativo.

▶ 1.3. I profili professionali dell'amministrazione giudiziaria.

Con decreto 9 novembre 2017 – recante "*Rimodulazione dei profili professionali del personale non dirigenziale dell'Amministrazione giudiziaria, nonché individuazione di nuovi profili ai sensi dell'articolo 1, comma 2-octies, del decreto-legge 30 giugno 2016, n. 117, convertito, con modificazioni, dalla legge 12 agosto 2016, n. 161*" – si è provveduto alla **rimodulazione dei profili professionali** del personale non dirigenziale dell'Amministrazione giudiziaria, anche mediante ridenominazione e individuazione di nuovi profili professionali, nel rispetto dell'ordinamento professionale vigente del comparto Ministeri.
Nello specifico, i **nuovi profili professionali** introdotti con decreto corrispondono all'**assistente tecnico in Area II** e al **funzionario tecnico in Area III**, mentre i profili professionali previsti dal CCNL ed oggetto di rimodulazione sono l'ausiliario, l'operatore giudiziario, l'assistente giudiziario, il cancelliere, il funzionario giudiziario, il direttore amministrativo. L'allegato A al decreto descrive compiutamente le competenze possedute e i contenuti delle attività svolte dalle figure professionali testé indicate, oltre ai requisiti di accesso alle singole professioni, come di seguito riportato.

▶ 1.3.1. L'ausiliario.

L'ausiliario appartiene alla prima area professionale e deve possedere **conoscenze generali di base** e **capacità manuali generiche** per lo svolgimento di attività semplici. Nello specifico, l'ausiliario svolge attività ausiliarie e di supporto ai processi organizzativi e gestionali del proprio settore di competenza mediante gli strumenti in dotazione, anche informatici, nonché attraverso il compimento di operazioni di tipo semplice e/o ripetitivo connesse all'utilizzo di programmi informatici, quali: movimentazione di fascicoli, oggetti, documenti, e materiale librario; fotocopiatura e fascicolazione copie anche in modalità digitale, ritiro e consegna della corrispondenza, ricevimento al pubblico.
Attesa la **limitata complessità** del lavoro da svolgere e dei problemi da affrontare, il solo requisito per l'accesso dall'esterno è costituito dall'assolvimento dell'obbligo scolastico e l'inquadramento

avviene alla fascia retributiva F1 della prima area funzionale, attraverso le procedure di cui alla legge n. 56/1987 e successive modificazioni.

1.3.2. L'operatore giudiziario.

L'operatore giudiziario appartiene alla seconda area professionale e possiede conoscenze tecniche di base per lo svolgimento dei compiti assegnati, acquisibili con la scuola dell'obbligo, oltre che capacità manuali e/o tecnico-operative riferite alla propria qualificazione e/o specializzazione e capacità organizzative di tipo semplice.

Egli svolge attività lavorative di **collaborazione**, amministrativa e/o tecnica, ai processi organizzativi e gestionali connessi al proprio settore di competenza; attività di **sorveglianza degli accessi**, di **regolazione del flusso del pubblico**, cui forniscono eventualmente le opportune indicazioni, di chiamata all'utenza; di **reperimento**, **riordino** ed elementare **classificazione** dei fascicoli, atti e documenti, dei quali curano ai fini interni la tenuta e custodia; attività d'ufficio di tipo semplice che richieda anche l'uso di sistemi informatici; attività di ricerca ed ordinata presentazione, anche a mezzo dei necessari supporti informatici, dei diversi dati necessari per la formazione degli atti attribuiti alla competenza delle professionalità superiori.

L'operatore giudiziario **supporta le professionalità superiori**, seguendone le direttive, nell'attività di digitalizzazione e nella gestione telematica non complessa degli atti anche avvalendosi dei sistemi informatici in uso; è incaricato della custodia e della vigilanza dei beni e degli impianti dell'amministrazione ed è adibito ad una postazione telefonica con compiti di inoltrare le relative comunicazioni e di fornire eventualmente le opportune indicazioni al pubblico.

Il requisito d'accesso dall'esterno è costituito dal diploma di istruzione secondaria di primo grado e l'inquadramento avviene alla fascia retributiva F1 della seconda area funzionale mediante le procedure previste dalla legge n. 56/1987 e successive modificazioni.

1.3.3. L'assistente giudiziario.

Questa figura professionale appartiene alla seconda area professionale e possiede **conoscenze teoriche e pratiche di medio livello**, capacità di coordinamento di unità operative interne con assunzione di responsabilità dei risultati e capacità organizzative di media complessità.

L'assistente giudiziario svolge, sulla base di istruzioni, anche a mezzo dei necessari supporti informatici, **attività di collaborazione** in compiti di natura giudiziaria, contabile, tecnica o amministrativa attribuiti agli specifici profili previsti nella medesima area e **attività preparatoria o di formazione** degli atti attribuiti alla competenza delle professionalità superiori, curando l'aggiornamento e la conservazione corretta di atti e fascicoli; può essere adibito all'assistenza al magistrato nell'attività istruttoria o nel dibattimento, con compiti di **redazione e sottoscrizione dei relativi verbali**. Tali attività possono essere svolte anche in modalità telematica.

Attesa la discreta complessità dei processi e delle problematiche da gestire, i requisiti d'accesso dall'esterno sono costituiti dal possesso del diploma di istruzione secondaria di secondo grado, dalla conoscenza di una lingua straniera e dalla conoscenza dell'uso delle apparecchiature e delle applicazioni informatiche di *office automation* più diffuse, mentre l'inquadramento avviene alla fascia retributiva F2 della seconda area mediante pubblico concorso.

1.3.4. Il nuovo profilo dell'assistente tecnico.

Tale figura professionale appartiene alla seconda area professionale e possiede **conoscenze tecniche di settore**, teoriche e pratiche, **di medio livello**, capacità di coordinamento di unità operative interne con assunzione di responsabilità dei risultati e capacità organizzative di media complessità.

L'assistente tecnico svolge attività di **esecuzione di operazioni** nel campo edile, tecnico anche di riparazione di beni e impianti, di esecuzione di prove di valutazione sugli interventi effettuati, anche con l'ausilio di apparecchiature di tipo complesso ed informatico; fornisce tutte le attività supporto ai profili dell'area superiore.
Stante la **discreta complessità** dei processi e delle problematiche da gestire, l'accesso dall'esterno è subordinato al possesso del diploma di scuola secondaria di secondo grado ed eventuali titoli professionali o abilitazioni previsti dalla legge per lo svolgimento dei compiti assegnati; alla conoscenza di una lingua straniera e alla conoscenza dell'uso delle apparecchiature e delle applicazioni informatiche di *office automation* più diffuse. L'inquadramento avviene alla fascia retributiva F2 della seconda area mediante pubblico concorso.

▶ 1.3.5. Il cancelliere esperto.

Tale figura professionale appartiene alla seconda area professionale e possiede **conoscenze teoriche e pratiche di medio livello**, capacità di coordinamento di unità operative interne con assunzione di responsabilità dei risultati e capacità organizzative di media complessità.
Il cancelliere esperto svolge, secondo le direttive ricevute ed avvalendosi anche degli strumenti informatici in dotazione all'ufficio, **compiti di collaborazione qualificata** al magistrato nei vari aspetti connessi all'attività dell'ufficio, anche assistendolo nell'attività istruttoria o nel dibattimento, con compiti di redazione e sottoscrizione dei relativi verbali, nonché di rilascio di copie conformi e di ricezione di atti, anche in modalità telematica, e tutte le altre attività che la legge attribuisce al cancelliere. A coloro che sono risultati idonei nelle procedure selettive di cui all'art. 21-*quater* del decreto-legge 27 giugno 2015, n. 83, convertito, con modificazioni, dalla legge 6 agosto 2015, n. 132 e a coloro che abbiano maturato 2 anni di anzianità in tale profilo, può essere affidata attività di collaborazione qualificata al magistrato nell'ambito dell'Ufficio per il processo e nei servizi analoghi, al fine di assicurare il coordinamento delle attività e dei servizi nell'ambito di tale modalità organizzativa.
Attesa la **discreta complessità** dei processi e delle problematiche da gestire, per l'accesso dall'esterno è indispensabile il possesso del diploma di istruzione secondaria di secondo grado, la conoscenza di una lingua straniera e la conoscenza dell'uso delle apparecchiature e delle applicazioni informatiche di *office automation* più diffuse. L'inquadramento avviene alla fascia retributiva F3 della seconda area mediante pubblico concorso.

▶ 1.3.6. Il funzionario giudiziario.

Questa figura professionale appartiene alla terza area professionale e possiede un **elevato grado** di conoscenze ed esperienze teorico-pratiche dei processi organizzativi e gestionali in materie amministrative-giudiziarie; si occupa del coordinamento, della direzione e del controllo, ove previsto, di unità organiche, anche a rilevanza esterna, di gruppi di lavoro e di studio; svolge attività di **elevato contenuto tecnico**, gestionale, specialistico con assunzione diretta di responsabilità di risultati.
Il funzionario giudiziario svolge **attività di contenuto specialistico**, con assunzione di compiti di gestione per la realizzazione delle linee di indirizzo e degli obiettivi dell'ufficio definiti dal dirigente. Nell'ambito di direttive di massima ed avvalendosi anche degli strumenti informatici in dotazione all'ufficio, tale figura professionale fornisce una **collaborazione qualificata alla giurisdizione** assicurando il presidio delle attività che la legge attribuisce alla competenza del cancelliere esperto; svolge attività di direzione di una sezione o reparto nell'ambito degli uffici di cancelleria; partecipa all'attività didattica dell'Amministrazione per le materie di competenza. In relazione all'esperienza maturata in almeno 7 anni di servizio nel profilo, possono essere adibiti, su

base volontaria, alle attività connesse alla tutela dei crediti erariali e delle spese di giustizia, anche coordinando le professionalità inferiori.
I requisiti per l'accesso dall'esterno sono costituiti dal possesso di una laurea triennale, laurea magistrale o diploma di laurea (vecchio ordinamento) in giurisprudenza, economia e commercio, scienze politiche o equipollenti per legge; dalla conoscenza di una lingua straniera e dalla conoscenza dell'uso delle apparecchiature e delle applicazioni informatiche di *office automation* più diffuse. L'inquadramento avviene alla fascia retributiva F1 della terza area funzionale mediante pubblico concorso.

▶ 1.3.7. La nuova figura del funzionario tecnico.

La nuova figura del funzionario tecnico appartiene alla terza area professionale e possiede un **elevato grado** di conoscenze ed esperienze teorico pratiche dei processi gestionali; capacità di coordinamento, direzione e controllo, ove previsto, di unità organiche anche a rilevanza esterna, di gruppi di lavoro e di studio; svolge attività di **elevato contenuto** tecnico, gestionale, specialistico con assunzione diretta di responsabilità di risultati.
Il professionista svolge attività ad elevato contenuto specialistico nell'ambito della specifica professionalità tecnica posseduta, al fine della realizzazione delle linee di indirizzo e degli obiettivi dell'ufficio definiti dal dirigente; svolge attività di natura logistica e tecnica legata all'acquisizione e alla gestione dei beni; ricerca le soluzioni più idonee per le esigenze delle strutture dell'Amministrazione giudiziaria; svolge attività di partecipazione alle commissioni di gara per l'appalto di lavori, di effettuazione del collaudo degli stessi, di progettazione delle opere da eseguire e di assunzione della direzione dei lavori; garantisce la manutenzione ordinaria e straordinaria del patrimonio immobiliare tecnico e tecnologico.
I requisii per l'accesso dall'esterno sono rappresentati dal possesso di una Laurea triennale, laurea magistrale o diploma di laurea (vecchio ordinamento) in ingegneria, architettura, o equipollenti per legge ed eventuali titoli professionali o abilita-zioni previsti dalla legge per lo svolgimento dei compiti assegnati, in relazione al ruolo per cui è bandita la procedura di concorso; dalla conoscenza di una lingua straniera e dalla conoscenza dell'uso delle apparecchiature e delle applicazioni informatiche di *office automation* più diffuse. L'inquadramento avviene alla fascia retributiva F1 della terza area funzionale mediante pubblico concorso.

▶ 1.3.8. Il direttore.

Tale figura professionale appartiene alla terza area professionale e possiede un **elevato grado** di conoscenze ed esperienze teorico pratiche in campo amministrativo, giudiziario e dell'organizzazione; capacità di coordinamento, direzione e controllo, ove previsto, di unità organiche, anche a rilevanza esterna, di gruppi di lavoro e di studio; svolge attività di elevato contenuto tecnico, gestionale, specialistico e di programmazione, con assunzione diretta di responsabilità di risultati.
Il direttore svolge attività ad **elevato contenuto specialistico** nell'ambito delle procedure amministrative o giudiziarie al fine della realizzazione delle linee di indirizzo e degli obiettivi dell'ufficio definiti dal dirigente; a lui è affidata la direzione e/o il coordinamento degli Uffici di cancelleria o, nel loro ambito, di più reparti, quando la direzione dell'Ufficio nel suo complesso sia riservata a professionalità appartenenti al ruolo dirigenziale e sono affidate funzioni vicarie del dirigente. Il direttore svolge attività connesse alla formazione del personale. Nell'ambito delle proprie attribuzioni rappresenta l'Amministrazione e ne cura gli interessi. Nell'attività di collaborazione specializzata svolge compiti di studio e ricerca e partecipa all'elaborazione dei programmi dell'Amministrazione, la realizzazione dei quali cura nell'ambito della propria competenza. Partecipa all'attività didattica dell'Amministrazione. Svolge, dietro incarico, attività

ispettiva in settori specifici attinenti alle proprie funzioni. Fa parte di organi collegiali, commissioni e comitati operanti in seno all'Amministrazione ovvero ne curano la segreteria con piena autonomia organizzativa.
I requisiti per l'accesso dall'esterno sono costituiti da possesso di una Laurea magistrale o diploma di laurea (vecchio ordinamento) in giurisprudenza, scienze politiche, economia e commercio o equipollenti; dalla conoscenza di una lingua straniera e dalla conoscenza dell'uso delle apparecchiature e delle applicazioni informatiche di *office automation* più diffuse. L'inquadramento avviene alla fascia retributiva F3 della terza area mediante pubblico concorso.

▶ 1.4. Il dirigente amministrativo.

Il dirigente amministrativo è un lavoratore **dipendente di una amministrazione pubblica**, centrale o locale, in possesso di apposita qualifica e incaricato di dirigere un ufficio.
Il d.lgs. 25 luglio 2006, n. 240 ha stabilito una **divisione dei compiti tra magistrati a capo degli uffici giudiziari** (tribunali ordinari e per i minorenni, procure della Repubblica, corti d'appello, procure generali della Repubblica e Suprema Corte di Cassazione) **e i dirigenti amministrativi degli stessi uffici**, personale non appartenente alla magistratura e dipendente organicamente dal Dipartimento dell'Organizzazione Giudiziaria del Ministero della Giustizia. In particolare, sono attribuite al magistrato capo dell'ufficio giudiziario la titolarità e la rappresentanza dell'ufficio, nei rapporti con enti istituzionali e con i rappresentanti degli altri uffici giudiziari, nonché la competenza ad adottare i procedimenti necessari per l'organizzazione dell'attività giudiziaria e, comunque, concernenti la gestione del personale di magistratura e il suo stato giuridico, mentre al **dirigente amministrativo** spettano la **gestione delle risorse umane**, **finanziarie e strumentali**. Ogni anno i due soggetti sono tenuti a redigere concordemente un programma delle attività da svolgersi nel corso dell'anno.
Più in particolare, il dirigente amministrativo svolge le **funzioni** di adozione di atti e provvedimenti amministrativi, compresi tutti gli atti che impegnano l'amministrazione verso l'esterno, nonché di gestione finanziaria, tecnica e amministrativa mediante autonomi poteri di spesa di organizzazione delle risorse umane, strumentali e di controllo ed è **responsabile in via esclusiva** dell'attività amministrativa, della gestione e dei relativi risultati.
Sul piano della responsabilità, il **mancato raggiungimento** degli obiettivi – accertato attraverso le risultanze del sistema di valutazione – ovvero l'**inosservanza** delle direttive imputabili al dirigente – previa contestazione e ferma restando l'eventuale responsabilità disciplinare secondo la disciplina contenuta nel contratto collettivo – comportano l'impossibilità di rinnovo dello stesso incarico dirigenziale. In relazione alla gravità dei casi, l'amministrazione può inoltre, previa contestazione e nel rispetto del principio del contraddittorio, **revocare** l'incarico collocando il dirigente a disposizione dei ruoli ovvero recedere dal rapporto di lavoro secondo le disposizioni del contratto collettivo.
Al di fuori di questi casi, al dirigente nei confronti del quale sia stata accertata – previa contestazione e nel rispetto del principio del contraddittorio secondo le procedure previste dalla legge e dai contratti collettivi nazionali – la **colpevole violazione** del dovere di vigilanza sul rispetto, da parte del personale assegnato ai propri uffici, degli standard quantitativi e qualitativi fissati dall'amministrazione, la retribuzione di risultato è decurtata, sentito il Comitato dei garanti, in relazione alla gravità della violazione di una quota fino all'ottanta per cento.
Inoltre, la **mancata emanazione di provvedimenti amministrativi** nei termini costituisce elemento di valutazione della responsabilità dirigenziale, in quanto il rispetto dei termini per la conclusione dei procedimenti amministrativi rileva al fine della corresponsione della retribuzione di risultato.
La qualifica dirigenziale è unica, ma articolata, in **due fasce**:

- **dirigenti di I fascia**: nella quale sono collocati soggetti cui è attribuita la responsabilità di direzione di un ufficio dirigenziale generale;
- **dirigenti di II fascia**: nella quale sono collocati soggetti cui è attribuita la responsabilità di direzione di un ufficio dirigenziale non generale.

I **requisiti necessari** per l'accesso a una posizione di dirigente pubblico sono il possesso di un diploma di laurea e di un'adeguata esperienza. Nello specifico, il sistema di reclutamento e formazione dei dipendenti pubblici è stato modificato dal D.P.R. 16 aprile 2013 n. 70, e può avvenire secondo diverse modalità: per **concorso pubblico** o per **assunzione diretta**.
L'accesso alla qualifica di dirigente di ruolo nelle amministrazioni statali per concorso è disciplinato dall'art. 28 del d.lgs. 165/2001 e avviene normalmente tramite concorso bandito dalle singole amministrazioni pubbliche, oppure per corso-concorso selettivo di formazione bandito dalla scuola nazionale dell'amministrazione (SNA).
Invece, per quanto riguarda il reclutamento tramite assunzione diretta, ossia non subordinato all'esperimento del concorso per esami oppure al corso-concorso, esso è disciplinato all'art. 19 del D.lgs. 165/2001, in base al quale ciascuna amministrazione, entro determinati limiti, può conferire incarichi dirigenziali a soggetti esterni, individuati tra:

- chi è già dirigente presso altra pubblica amministrazione italiana, ovvero di organi costituzionali;
- chi, anche non dirigente, sia in possesso di particolare e comprovata qualificazione professionale;
- abbia svolto attività in organismi ed enti pubblici o privati ovvero aziende pubbliche o private con esperienza acquisita per almeno un quinquennio in funzioni dirigenziali;
- abbia conseguito una particolare specializzazione professionale, culturale o scientifica desumibile dalla formazione universitaria e post universitaria, da pubblicazioni scientifiche o da concrete esperienze di lavoro maturate, anche presso amministrazioni statali, in posizioni funzionali previste per l'accesso alla dirigenza;
- provenga da settori di ricerca, della docenza universitaria, delle magistrature e dei ruoli degli avvocati e dei procuratori dello Stato.

Tali incarichi sono a tempo determinato e non possono comunque eccedere il termine di cinque anni.
Ai dirigenti incaricati può essere riconosciuta, oltre al normale trattamento economico una **indennità** commisurata alla specifica qualificazione professionale, tenendo conto della temporaneità del rapporto e delle condizioni di mercato relative alle specifiche competenze professionali.
Il **rapporto di lavoro** dei dirigenti con l'amministrazione di appartenenza, così come quello della generalità dei dipendenti pubblici, è ora un **rapporto di diritto privato**, instaurato in virtù del processo di **contrattualizzazione del pubblico impiego**. Superata la precedente impostazione che lo delineava come rapporto di diritto pubblico, instaurato e gestito mediante atti amministrativi, anche il rapporto di lavoro dei dirigenti pubblici è ora oggetto di disciplina da parte della contrattazione collettiva, come tale rientrante nella disciplina generale civilistica del lavoro dipendente per gli aspetti non disciplinati da norme speciali. Ai sensi della legge 6 novembre 2012, n. 190, si prevede inoltre la possibilità che i dirigenti possano ruotare, venendo assegnati a diverso ufficio, al fine di prevenire e contrastare fenomeni di corruzione.
Prima dell'attuazione della riforma Brunetta (D.Lgs. n. 150/2009) la contrattazione collettiva per la dirigenza era divisa in 8 aree, cui corrispondono i comparti del pubblico impiego:

- I (Aziende, Ministeri);
- II (Regioni e Autonomie locali);
- III (Sanità – amministrativa, sanitaria, tecnica e professionale);

- IV (Sanità – medica e veterinaria);
- V (Scuola);
- VI (Agenzie fiscali, Enti pubblici non economici);
- VII (Ricerca, Università);
- VIII (Presidenza del Consiglio dei ministri).

La riforma Brunetta ha previsto la **riduzione dei comparti a quattro aree** (mediante la riformulazione del comma 2 dell'art. 40 del D.Lgs. n. 165/2001).

L'accordo in tal senso è stato raggiunto tra ARAN e sindacati, in data 5 aprile 2016 e con il successivo C.C.N.Q. del 13 luglio 2016 l'ARAN e le firme sindacali hanno ridefinito i comparti e le aree di contrattazione, dando attuazione alla legge Brunetta.

Le **nuove aree**, valevoli sia per il personale dirigenziale che non dirigenziale sono le seguenti: **Funzioni centrali, Funzioni Locali, Istruzione e ricerca, Sanità**.

Capitolo 2 ORDINAMENTO DEGLI ARCHIVI

SOMMARIO:

1. Gli archivi giudiziari.

Per archivio si intende la raccolta ordinata e sistematica di atti e documenti la cui conservazione certo ordine, determinato dal collegamento con un ente o una persona.
Gli atti e documenti da sistemare in archivio devono essere catalogati ed ordinati e la loro conservazione deve corrispondere ad una utilità della collettiva o di singolo.

Negli archivi giudiziari si conservano:
- sentenze civili, decreti di ingiunzione e verbali di conciliazione;
- sentenze penali e decreti penali di condanna;
- i fascicoli e gli atti in materia civile, ripartiti secondo l'iscrizione nei diversi ruoli generali (affari contenziosi, affari non contenziosi o di volontaria giurisdizione, esecuzione) e sistemati secondo l'ordine progressivo annuale di iscrizione;
- gli atti relativi ai procedimenti penali definiti;
- i fascicoli relativi al recupero dei crediti vantati dall'erario, già denominati fascicoli di campione, civile e penale;
- tutti i registri di cancelleria, quando risultino definiti tutti gli affari che vi sono iscritti;
- la corrispondenza di ufficio evasa;
- le istanze presentate dalle parti per ottenere la visione di atti o il rilascio di copie e certificati;
- le circolari, raccolte in ordine cronologico e con elenco indicativo;
- la corrispondenza evasa;
- gli ordini di servizio;
- i verbali di immissione in possesso dei funzionari ed impiegati;
- i verbali di giuramento di persone estranee alla amministrazione giudiziaria.

L'archivio giudiziario è di regola suddiviso in tre sezioni:
- archivio degli atti civili;
- archivio degli atti penali;
- archivio degli atti amministrativi e vari.

È istituito un archivio corrente per custodire gli atti relativi ad affari definiti nell'ultimo triennio.
Presso i Tribunali sono conservati anche gli atti ed i registri relativi allo stato civile, mentre per l'ufficio del giudice di pace sono custoditi gli atti relativi agli uffici di conciliazione, definitivamente poi soppressi ai sensi dell'art. 3, L. 16.12.1999, n. 479.

Gli atti degli uffici giudiziari relativi ad affari definiti devono essere raccolti possibilmente in unica locale o più locali comunicanti, collocati per materia e raccolti per anno in apposite cartelle portanti sul dorso l'indicazione del loro contenuto, ed affidati alla custodia di un solo funzionario.
Di tutto il materiale raccolto in archivio deve prendersi nota nell'Elenco generale degli atti di archivio, che deve essere costantemente aggiornato e contenere tutte le indicazioni utili per un agevole reperimento del materiale archiviato.

2. La commissione di vigilanza.

L'archivio giudiziario è soggetto al controllo da parte dell'amministrazione degli archivi di Stato.
Esso fa parte del demanio pubblico e gli atti e i documenti ivi custoditi restano di proprietà dello Stato.
Pertanto, gli atti e i documenti e sono inalienabili, non venga disposto diversamente *ex lege*.
Stante la peculiarità della funzione ricoperta dagli archivi sono istituite apposite Commissioni di sorveglianza:
- presso gli uffici centrali, interregionali, regionali, interprovinciali e provinciali delle amministrazioni dello Stato;
- presso gli uffici giudiziari non inferiori ai tribunali: e quindi sono presso le Corti di Appello, i Tribunali di Sorveglianza, i Tribunali peri minorenni, i Tribunali ordinari ei rispettivi uffici di Procura, i Commissariati per gli usi civici, nonché la Corte di Cassazione e la Procura Generale presso la stessa Corte quali uffici centrali.

Restano senz'altro escluse le sezioni distaccate dei tribunali, costituendo esse, sul piano dell'organizzazione amministrativa, articolazioni dell'unico ufficio centrale di tribunale.

La Commissione è chiamata a svolgere i compiti previsti dall'art. 41, comma 5, D.lgs. 22-1-2004, n. 42 (denominato Codice dei beni culturali e del paesaggio):
- vigilare sulla corretta tenuta degli archivi correnti e di deposito;
- collaborare alla definizione dei criteri di organizzazione, gestione e conservazione dei documenti;
- proporre lo scarto di archivio;
- curare il versamento all'Archivio di Stato;
- identificare gli atti di natura riservata.

I Capi degli uffici sono responsabili della conservazione e della corretta gestione degli archivi, nonché della regolare tenuta degli inventari e degli altri strumenti necessari all'esercizio del diritto di accesso ai documenti amministrativi.

3. La conservazione e il versamento degli atti negli archivi.

La conservazione degli atti e dei registri presso gli archivi giudiziari deve avvenire per almeno un arco temporale che va dai dieci a trent'anni.
Nei primi mesi di ogni anno, gli uffici giudiziari debbono versare all'archivio di Stato gli atti concernenti affari definiti da oltre quarant'anni, unitamente agli strumenti che ne garantiscono la consultazione.
Il Soprintendente all'Archivio centrale dello Stato ei Direttori degli Archivi di Stato possono accettare versamenti di documenti più recenti, quando vi sia pericolo di dispersione o di danneggiamento, come previsto dall'art. 41, D.lgs. 42/2004.
Gli uffici giudiziari debbono spedire al direttore dell'archivio di Stato il relativo inventario di

consistenza, affinché sia esaminato se il versamento possa farsi in ragione dello spazio disponibile e siano stabiliti i modi per accertarlo ordinatamente.
Non si può far luogo al suddetto versamento se prima non si sia proceduto alle operazioni di scarto (che si approfondiranno al paragrafo 5) e se non risulti che i detti siano accompagnati dagli indici o protocolli relativi, nonché da un inventario firmato dal capo dell'ufficio che esegue il versamento. Della consegna viene redatto processo verbale.
Gli atti che hanno carattere di riservatezza possono rimanere presso l'ufficio giudiziario fino a quando sia ritenuto prudente, nell'interesse sia pubblico sia dei privati, dal Ministero della Giustizia.
Le spese per il versamento sono a carico dell'amministrazione versante.

4. La consultabilità dei documenti.

I documenti conservati negli archivi di Stato sono liberamente consultabili, ad eccezione:
- di quelli contenenti i dati sensibili;
- i dati relativi a provvedimenti di natura penale espressamente indicati dalla normativa in materia di trattamento dei dati personali. Questa tipologia di documenti diventano consultabili quaranta anni dopo la loro data. Il termine è di settanta anni sei dati sono idonei a rivelare lo stato di salute, la vita sessuale o rapporti riservati di tipo familiare;
- di quelli versati all'archivio di Stato prima della scadenza del termine di quaranta anni previsto dall'art. 41, D.lgs. 42/2004 fino allo scadere del predetto termine (art. 122, D.lgs. 42/2004).

I direttori degli archivi di Stato possono rilasciare copia degli atti dichiarati pubblici.
Per il rilascio di copie degli altri atti e dei certificati occorre l'autorizzazione del capo dell'ufficio giudiziario da cui gli atti medesimi provengono.
I detti funzionari possono rilasciare anche copie delle sentenze in forma esecutiva, ma soltanto dopo che il cancelliere avrà apposto in calce ai documenti la formula di cui all'all'art. 475 c.p.c.

5. La procedura di eliminazione degli atti di ufficio.

Il materiale d'archivio da eliminare è individuato dalla competente commissione di sorveglianza, nel rispetto dei criteri eventualmente fissati da un apposito piano di conservazione degli archivi, redatto secondo le disposizioni dell'art. 68, D.P.R. 28-12-2000, n. 445.
Gli elenchi relativi al predetto materiale devono essere accompagnati:
- da una relazione illustrativa contenente le motivazioni dello scarto;
- dall'indicazione della data iniziale e finale di ciascuna serie;
- della quantità, almeno approssimativa dei documenti da eliminare.

I suddetti elenchi devono essere trasmessi, anche a mezzo informatico, al Ministero per i beni e le attività culturali, il quale decide sulle proposte di scarto entro centoventi giorni.
Il nulla osta allo scarto viene comunicato all'ufficio giudiziario interessato e al Ministero della Giustizia e stabilisce le modalità di eliminazione dei documenti (bruciatura, macero o cessione in libero uso)
Se il nulla osta non viene rilasciato dal Ministero competente entro i 120 giorni previsti, il materiale contenuto negli elenchi si intende destinato al macero, come previsto dall'art. 6, D.P.R. 37/2001).

Capitolo 3 REGISTRI DI CANCELLERIA

SOMMARIO:

1. Cenni introduttivi.

Per ogni ramo di servizio, civile, penale ed amministrativo, sono prescritti appositi registri.
Come più volte anticipato, i registri prima di essere messi in uso debbono essere numerati e vidimati in ogni mezzo foglio e sull'ultimo di essi deve risultare in tutte lettere l'attestazione del numero dei fogli di cui il registro si compone e la firma del funzionario che ha provveduto alla vidimazione.
La numerazione dei registri, in genere, è progressiva annuale.
Le eccezioni alla numerazione sono previste da specifiche norme di settore, come nel caso dei registri dei depositi giudiziari e per alcuni registri del servizio patrimoniale.
I registri non devono presentare spazi vuoti tra le indicazioni successive degli atti, né contenere alterazioni o abrasioni. Le eventuali cancellazioni si fanno con annotazione alla fine di ogni iscrizione.
La L. 2-12-1991, n. 399 relativa alla "Delegificazione delle norme concernenti i registri che devono essere tenuti presso gli uffici giudiziari e l'amministrazione penitenziaria" ha innovato la precedente disciplina in materia di registri di cancelleria.
L'art. 28 disp. att. c.p.c. prevede che con decreto del Ministero della giustizia, o con decreto del Ministero delle finanze, nei casi di sua competenza, di concerto con il Ministero della giustizia, devono essere individuati i registri che devono essere tenuti, a cura delle cancellerie, presso gli uffici giudiziari.

Nel settore in commento, il D.M. del Ministero della Giustizia, adottato di concerto col Ministro del tesoro ed il Ministro delle finanze, del 27.3.2000, n. 264, (G.U. 26-9-2000, n. 225) ha dato esecuzione a quanto disposto dalla L. 399/1991.
Segnatamente il decreto ha disciplinato:

- la tenuta dei registri, di regola in modo informatizzato;
- il numero e tipo di registri che ciascun ufficio giudiziario deve tenere;
- la raccolta dei provvedimenti nell'archivio digitale.

Il citato decreto riguarda sia la materia civile che penale, anche se l'individuazione dei registri di fatto è stata prevista solo per il settore civile. Pertanto, quale clausola di rinvio esterno, per quanto non specificato in tale decreto trovano ancora applicazione le disposizioni precedentemente vigenti, che nel presente capitolo verranno approfondite soprattutto con riguardo al settore penale.
Con il D.M. del Ministero della Giustizia del 27.4.2009 sono state dettate le regole procedurali relative alla tenuta dei registri informatizzati dell'amministrazione della giustizia.

2. Registri in materia civile.

Secondo i disposti del D.M. 264/2000, i registri sono tenuti su base annua ed in modo da garantire l'integrità, la completezza, la disponibilità e la riservatezza di iscrizioni ed annotazioni e l'identificazione del soggetto che accede ai registri.
Dopo l'avvento dell'informatizzazione amministrativa, i registri sono attualmente tenuti in modo informatizzato.
L'esatta individuazione dei registri tenuti dalle cancellerie giudiziarie per il settore civile è contenuta nell'art. 13 del citato D.M. 264/2000, i quali così individuati possono consistere di uno o più modelli, approvati con D.M. (Giustizia) 1-12-2001, e posti in uso a decorrere dal 1° gennaio 2002.
Il suddetto art. 13 individua i seguenti modelli di registri tenuti dalle cancellerie civili:

— Presso il tribunale sono tenuti i seguenti registri:

- ruolo generale degli affari civili - cause ordinarie (uffici non articolati in sezioni Mod. l/A; uffici articolati in sezioni Mod. l/B);
- ruolo generale degli affari civili - procedimenti speciali sommari Mod. 2;
- ruolo generale degli affari civili - controversie in materia di lavoro e di previdenza e di assistenza obbligatorie Mod. 3;
- ruolo generale degli affari civili - controversie agrarie Mod. 4;
- ruolo sezionale per le cause ordinarie Mod. 5;
- ruolo delle cause assegnate a ciascun giudice Mod. 6;
- ruolo delle controversie in materia di lavoro e di previdenza e di assistenza obbligatoria assegnate a ciascun giudice Mod. 7;
- ruolo delle udienze per ciascun giudice istruttore Mod. 8;
- ruolo delle udienze in materia lavoro e di previdenza o assistenza obbligatoria Mod. 9;
- registro dei provvedimenti di cui agli articoli 186-bis, ISG-ter, 186-quater del codice di procedura civile Mod. 10;
- registro dei provvedimenti cautelari e d'urgenza Mod. 11;
- registro del deposito delle ordinanze pronunziate fuori udienza Mod. 12;
- ruolo dei reclami avverso i provvedimenti cautelari e d'urgenza Mod. 13;
- ruolo delle udienze collegiali Mod. 14
- ruolo delle udienze collegiali per le controversie agrarie Mod. 15;
- registro delle sentenze e degli altri provvedimenti emessi e pubblicati Mod. 16;
- registro degli affari amministrativi e stragiudiziali Mod. 17;
- ruolo generale degli affari civili non contenziosi e da trattarsi in camera di consiglio Mod. 18;
- ruolo generale delle esecuzioni civili Mod. 19;
- ruolo generale delle espropriazioni immobiliari Mod. 20;
- registro degli incarichi conferiti e dei compensi liquidati ai notai per le operazioni di vendita Mod. 21
- ruolo delle istanze per la dichiarazione di fallimento Mod. 22;
- registro dei fallimenti dichiarati Mod. 23
- registro dei concordati preventivi Mod. 25
- registro delle liquidazioni coatte amministrative Mod. 27
- registro delle amministrazioni straordinarie Mod. 28
- registro delle adozioni Mod. 30

- registro degli interdetti e degli inabilitati Mod. 31
- registro delle tutele dei minori e degli interdetti Mod. 32
- registro delle curatele (dei minori emancipati e) degli inabilitati Mod. 33
- registro delle istanze al giudice tutela re Mod. 34
- registro delle successioni Mod. 35
- [Mod. 36: tenuto dagli Uffici Territoriali del Governo]
- registro per la trascrizione delle vendite con patto di riservato dominio Mod. 37
- registro degli incarichi affidati e dei compensi liquidati ai consulenti tecnici, ai legali e ai curatori, commissari e liquidatori fallimentari Mod. 38
- registro per la pubblicazione di giornali e periodici Mod. 43
- registro cronologico dei provvedimenti e degli altri atti originali Mod. 44
- registro repertorio degli atti soggetti a registrazione Mod. 45
- registro per la trascrizione dei contratti e degli atti costitutivi di privilegi

Si evidenzia che i registri: pubblico registro dei falliti: soppresso - Mod. 24, il registro delle amministrazioni concordate Mod. 26, il Mod. 29, registro Mod. 39, 40, 41 e 42 risultano soppressi.
Con riferimento ai registri relativi a vendita o locazione di macchine utensili odi produzione di valore non inferiore a € 516.46 Mod. 46, presso il tribunale è tenuto il registrc generale dei testamenti Mod. 47; mentre il mod. 48 è stato soppresso.
Dei suddetti registri, ad eccezione di quelli contraddistinti dai modelli 8, 9, 12, 14, 15, 16, 24, 34, 37, 44, 45, e 46, quando tenuti su supporto cartaceo, sono corredati da rubrica alfabetica.

I registri sono ubicati presso gli uffici giudiziari secondo il seguente ordine:
— Presso le sezioni staccate dei tribunali, prima della loro soppressione, erano tenuti i medesimi registri previsti dai precedenti numeri 1, 2, 6, 8, 10, 11, 12, 16, 17, 18, 19, 20, 21, 32, 33, 34, 35, 38, 44 e 45.
— Presso la Corte di Appello sono tenuti i registri previsti dai precedenti numeri 1, 3, 4, 5, 6,8, 11, 12, 13, 14, 15, 16, 18, 38, 44 e 45.
— Presso la Suprema Corte di cassazione sono tenuti i seguenti registri:
l) ruolo generale degli affari civili Mod. 1/Cass
2) ruolo di udienza per ciascuna sezione Mod. 2/Cass
3) registro cronologico dei provvedimenti e degli atti originali Mod. 44
4) registro repertorio degli atti soggetti a registrazione Mod. 45
— Presso il Giudice di pace sono tenuti i seguenti registri:
1) ruolo generale degli affari contenziosi civili (per le cause ordinarie Mod. l/A G.P. peri procedimenti speciali sommari Mod. l/B GP.
2) registro dei provvedimenti ex art. ISG-bis, ISG-ter, ISG-quater Mod. 10
3) registro del deposito delle ordinanze pronunziate fuori udienza Mod. 12
4) registro delle sentenze e degli altri provvedimenti emessi e pubblicati Mod. 16
5) ruolo di udienza Mod. 5 GP.
6) ruolo generale degli affari amministrativi, stragiudiziali e non contenziosi e relativa rubrica alfabetica Mod. 6 GP.
7) registro cronologico dei provvedimenti e degli altri atti originali Mod. 44
8) registro repertorio degli atti soggetti a registrazione Mod. 45
9) registro degli incarichi conferiti e dei compensi liquidati ai consulenti tecnici Mod. 11 GP.

Dai registri cartacei si distinguono i registri informatizzati, che operano sull'intero territorio nazionale:

- Il **SICID** (Sistema Informativo del Contenzioso civile distrettuale), costituito su base distrettuale, che ha raggruppato con la sua implementazione i precedenti registri informatici in uso presso i singoli reparti: il SIC - sistema informatico contenzioso ordinario civile - il SIL - sistema informatico lavoro il SVG - sistema informatico volontaria giurisdizione;
- Il **SIECIC** (Sistema Informativo perle Esecuzioni Civili Individuali e Concorsuale) che ha unificato i precedenti applicativi SIEC e APC, relativi alle procedure esecutive immobiliari e alle procedure concorsuali. Esso ed è suddiviso nei Registri: Procedure Concorsuali, Esecuzioni Immobiliari, Esecuzioni Mobiliari.

L'informatizzazione ha consentito di inserire in un unico Data-Base tutti i dati relativi ai fascicoli, al fine di consentirne una loro immediata individuazione ed estrapolazione: i registri informatici sono quindi il luogo in cui sono contenuti tutti i dati.
Nei registri informatizzati vengono raccolti:
- I dati essenziali (nr. ruolo, sezione, giudice, udienza, ordinanza riservata, provvedimento definitorio, ecc.);
- dati che riguardano "il merito" del fascicolo (es. valore del credito, tipo di oggetto pignorato e dati identificativi, al tipo di udienza, contenuto del provvedimento).

Questi registri sono strutturati con la logica della c.d. "macchina stato-evento": ciò significa che il processo si suddivide in vari "stati" o "fasi.
Il compito di inserimento dei dati in maniera completa e corretta è di fondamentale importanza, ma alle volte non di agevole assolvimento perché spesso il provvedimento del giudice risulta articolato: le variabili sono infinite e il sistema richiede l'inserimento nel Data-Base degli eventi (e dei dati) relativi.
L'importanza di una corretta tenuta dei registri è resa evidente dal fatto che i dati in essi contenuti sono la fonte di alimentazione dell'applicativo gestionale del giudice (c.d. Consolle).
Entrambi gli applicativi sono predisposti per le varie funzioni del processo civile telematico.

3. I registri.

Presso la cancelleria della sezione fallimentare di ogni tribunale è prescritta la tenuta dei seguenti registri:

a) il ruolo delle istanze per la dichiarazione di fallimento - Mod. 22;
b) il registro dei fallimenti dichiarati - Mod. 23;
c) il registro dei concordati preventivi - Mod. 25;
d) il registro delle liquidazioni coatte amministrative - Mod. 27;
e) il registro delle amministrazioni straordinarie - Mod. 28.

La riforma del 2006 ha invece soppresso il pubblico registro dei falliti - Mod. 24
Tutti i registri indicati hanno numerazione annuale: con i nuovi modelli approvati dal D.M. (Giustizia) 1-12-2002, è venuta meno la tipica doppia numerazione, annuale e all'infinito, del registro dei fallimenti dichiarati.
Tutti i registri in argomento, se tenuti su supporto cartaceo, devono essere corredati da rubrica alfabetica (art. 13, comma 2, Decr. Min. giust. 27-3-2000, n. 264).
È previsto infine che per il ruolo delle istanze per la dichiarazione di fallimento, il registro dei fallimenti dichiarati ei registri delle altre procedure concorsuali, la cancelleria alla fine di ogni anno rediga l'elenco numerico delle iscrizioni relative alle procedure ancora in corso (Istruzioni allegate al citato D.M. 1-12-2002).

Con l'informatizzazione dei servizi anche per le procedure concorsuali i registri cartacei non sono più in uso.
La gestione informatizzata degli stessi avviene, allo stato, attraverso il SIECIC, (Sistema Informativo per le Esecuzioni Civili Individuali e Concorsuali) che, sostituendo e aggiornando i precedenti applicativi SIEC e APC, fornisce funzioni e utilità in logica PCT.

4. Procedura dichiarazione di fallimento.

L'imprenditore che si trova in stato d'insolvenza è dichiarato fallito.
Lo stato d'insolvenza si manifesta con inadempimenti od altri fatti esteriori, i quali dimostrino che il debitore non è più in grado di soddisfare regolarmente le proprie obbligazioni (art. 5 LF.)
Il fallimento è dichiarato su ricorso del debitore, di uno o più creditori o su richiesta del pubblico ministero. È stata invece soppressa dalla riforma del 2006 la possibilità di dichiarare il fallimento d'ufficio.

Nel ricorso l'istante può indicare il recapito telefax o l'indirizzo di posta elettronica presso cui dichiara di voler ricevere le comunicazioni e gli avvisi previsti dalla legge.
Competente alla dichiarazione di fallimento è il tribunale del luogo dove l'imprenditore ha la sede principale dell'impresa.
All'atto della presentazione del ricorso, da iscriversi nel ruolo delle istanze per la dichiarazione di fallimento, il ricorrente deve effettuare il versamento del contributo unificato previsto per i procedimenti da trattarsi in camera di consiglio e provvedere all'anticipazione forfetaria all'erario per le notificazioni a richiesta dell'ufficio.
Il procedimento perla dichiarazione di fallimento si svolge dinanzi al tribunale in composizione collegiale con le modalità dei procedimenti in camera di consiglio.
Il tribunale, con decreto sottoscritto dal presidente del tribunale o dal giudice relatore se vi è delega alla trattazione del procedimento, convoca il debitore ed i creditori istanti per il fallimento; nel procedimento interviene il pubblico ministero che ha assunto l'iniziativa per la dichiarazione di fallimento.
Il ricorso e il decreto devono essere notificati, a cura della cancelleria, all'indirizzo di posta elettronica certificata del debitore risultante dal registro delle imprese ovvero dall'Indice nazionale degli indirizzi di p.e.c. delle imprese e dei professionisti.

L'esito della comunicazione è trasmesso, con modalità automatica, direttamente dal sistema informatico che gestisce i registri di cancelleria, all'indirizzo di posta elettronica certificata del ricorrente.
Quando, per qualsiasi ragione, la notificazione non risulta possibile o non ha esito positivo, la notifica, a cura del ricorrente, del ricorso e del decreto si esegue esclusivamente di persona a mezzo ufficiale giudiziario, presso la sede risultante dal registro delle imprese.
Quando la notificazione non può essere compiuta con queste modalità (ad es. sede inesistente o occupata da diverso imprenditore), si esegue con il deposito dell'atto nella casa comunale della sede che risulta iscritta nel registro delle imprese e si perfeziona nel momento del deposito stesso.
L'udienza è fissata non oltre quarantacinque giorni dal deposito del ricorso e tra la data della comunicazione o notificazione e quella dell'udienza deve intercorrere un termine non inferiore a quindici giorni.
I termini possono essere abbreviati dal presidente del tribunale, con decreto motivato, se ricorrono particolari ragioni di urgenza. In tali casi, il presidente del tribunale può disporre che il ricorso e il

decreto di fissazione dell'udienza siano portati a conoscenza delle parti con ogni mezzo idoneo, omessa ogni formalità non indispensabile alla conoscibilità degli stessi.
Il tribunale, ad istanza di parte, può emettere i provvedimenti cautelari o conservativi a tutela del patrimonio o dell'impresa oggetto del provvedimento, che hanno efficacia limitata alla durata del procedimento e vengono confermati o revocati dalla sentenza che dichiara il fallimento, ovvero revocati con il decreto che rigetta l'istanza.
Non si fa luogo alla dichiarazione di fallimento se l'ammontare dei debiti scaduti e non pagati risultanti dagli atti dell'istruttoria prefallimentare è complessivamente inferiore a euro trentamila, importo periodicamente aggiornato con decreto del Ministro della giustizia, sulla base della media delle variazioni degli indici ISTAT dei prezzi al consumo per le famiglie d gli operai ed impiegati intervenute nel periodo di riferimento (art. 15 LF, come sostituito dall'art. 2, D.lgs. 169/2007).
Il tribunale dichiara il fallimento con sentenza, con la quale:

1. nomina il giudice delegato per la procedura;
2. nomina il curatore;
3. ordina al fallito il deposito dei bilanci e delle scritture contabili e fiscali obbligatorie, nonché dell'elenco dei creditori, entro tre giorni, se non è stato ancora eseguito a norma dell'art. 14 LF;
4. stabilisce il luogo, il giorno e l'ora dell'adunanza in cui si procederà all'esame dello stato passivo, entro il termine perentorio di non oltre centoventi giorni dal deposito della sentenza, o centottanta giorni in caso di particolare complessità della procedura;
5. assegna ai creditori e ai terzi, che vantano diritti reali o personali su cose in possesso del fallito, il termine perentorio di trenta giorni prima della predetta adunanza perla presentazione in cancelleria delle domande di insinuazione.

La sentenza produce i suoi effetti dalla data della pubblicazione ai sensi dell'art. 133 c.p.c., mentre nei riguardi dei terzi gli effetti decorrono dalla data di iscrizione della sentenza nel registro delle imprese.

▶ 4.1. Il registro delle successioni.

Presso la cancelleria di ogni tribunale è tenuto, a cura del cancelliere, il registro delle successioni - Mod. 35 - corredato da rubrica alfabetica (se tenuto in forma cartacea), destinato a dare pubblicità a determinati atti relativi alle successioni apertesi nella circoscrizione di competenza dell'ufficio giudiziario.
Il registro delle successioni tenuto in forma cartacea, prima di essere posto in uso, deve essere numerato e vidimato in ciascun foglio dal cancelliere, il quale deve indicare nell'ultima pagina il numero dei fogli di cui è composto (art. 53 disp. att. c.c.).
Il registro, la cui numerazione è annuale, la relativa rubrica, la rubrica dei testamenti depositati in cancelleria dai notai sono pubblici per cui possono essere esaminati da chiunque ne faccia domanda e la cancelleria è tenuta a rilasciare, a chiunque ne faccia richiesta, estratti e certificati relativi a quanto risulta nel registro in argomento (art. 53 disp. att. c.c.).
Il registro delle successioni, il cui fine è quello di rendere pubblici ed opponibili ai terzi i fatti in esso iscritti, è diviso in tre parti:

- nella prima parte: sono registrate le dichiarazioni di accettazione dell'eredità con beneficio d'inventario e tutti gli atti e le dichiarazioni relative al beneficio d'inventario e all'amministrazione e liquidazione delle eredità beneficiarie, comprese le nomine del curatore previste dagli artt. 508 e 509 c.c.
- nella seconda parte: sono registrate le dichiarazioni di rinunzia all'eredità;
- nella terza parte: sono registrati i provvedimenti di nomina dei curatori delle eredità giacenti; nonché gli atti relativi alla curatela e le dichiarazioni di accettazione o di rinunzia

degli esecutori testamentari.

L'iscrizione nel registro è fatta:
- d'ufficio dal cancelliere, se si tratta di dichiarazioni da lui ricevute 0 di provvedimenti del giudice;
- su istanza di parte e dietro produzione di copia autentica dell'atto, negli altri casi.

Gli atti in argomento devono essere altresì iscritti nel ruolo generale degli affari civili non contenziosi e da trattarsi in camera di consiglio - Mod. 18.

▶4.2. La raccolta dei testamenti.

L'art. 622 c.c. impone ai notai di trasmettere alla cancelleria del tribunale, nella cui giurisdizione si è aperta la successione, copia in carta libera dei verbali previsti dagli articoli 620 e 621 c.c. e del testamento pubblico.
Le suddette copie dei verbali e dei testamenti devono, a cura del cancelliere, essere raccolte in appositi volumi ed annotate in una rubrica alfabetica generale. Le copie possono essere esaminate da chiunque ne faccia richiesta (art. 55 disp. att. c.c.).
Il D.M. 27-3-2000, n. 264 - Regolamento recante norme perla tenuta dei registri presso gli uffici giudiziari - ha istituito uno specifico registro generale dei testamenti (da non confondersi con l'omonimo registro di cui si dirà) - Mod. 47'", che deve essere tenuto dalla cancelleria del tribunale.

▶4.3. I registri in materia penale.

Con il D.M. 30-9-1989 sono stati disciplinati i registri in materia penale, poi in parte modificato dal D.M. 17.12.1999, a seguito dell'entrata in vigore del giudice unico anche in materia penale, che ha reso necessaria l'eliminazione dei registri in uso alle sole preture.
Successivamente con l'art. 3 D.M. del Ministero della Giustizia del 26.6.2003, n. 201 ha introdotto i registri per le annotazioni relative al procedimento di accertamento degli illeciti amministrativi dipendenti da reato e all'applicazione delle sanzioni amministrative - di cui al D. Lgs. 8-6-2001, n. 231.
Questa la normativa vigente con riferimento ai registri penali tenuti presso le cancellerie penali, i quali sono
- modello 1 - Registro delle richieste di riparazione degli errori giudiziari;
- modello 2 - Registro delle richieste di riparazione per ingiusta detenzione;
- modello 3 - Registro del riconoscimento delle sentenze penali straniere;
- modello 4 - Registro della esecuzione all'estero di sentenze penali italiane;
- modello 5 - Registro delle rogatorie dall'estero;
- modello 6 - Registro delle estradizioni per l'estero;
- modello 7- Registro generale;
- modello 8 - Registro delle indagini avocate (dalla procura della Repubblica presso il tribunale);
- modello 10 - Registro delle estradizioni dall'estero;
- modello 11 - Registro delle estradizioni per l'estero;
- modello 12 - Registro delle rogatorie dall'estero;
- modello 13 - Registro della esecuzione all'estero di sentenze penali italiane;
- modello 14 - Registro del riconoscimento delle sentenze penali straniere;
- modello 15 - Registro delle domande di grazia;
- modello 16 - Registro generale;

- modello 17 - Registro delle impugnazioni delle misure cautelari personali;
- modello 18 - Registro delle impugnazioni delle misure cautelari reali;
- modello 19 - Registro generale;
- modello 20 - Registro generale dell'ufficio del giudice per le indagini preliminari;
- modello 21 - Registro delle notizie di reato;
- modello 24 - Registro di deposito delle dichiarazioni e degli atti relativi a procedimenti davanti ad altre autorità giudiziarie;
- modello 25 - Registro delle deleghe per le funzioni di RM. in udienza;
- modello 27 - Registro delle richieste di ammissione al gratuito patrocinio;
- modello 28 - Registro delle comunicazioni di atti;
- modello 29 - Registro di passaggio degli atti per notifiche;
- modello 30 - Registro di deposito delle sentenze;
- modello 31 - Registro di deposito degli atti di impugnazione presso l'autorità giudiziaria che ha emesso il provvedimento;
- modello 32 - Registro del giudice dell'esecuzione;
- modello 33 - Registro delle udienze dibattimentali;
- modello 34 - Registro delle udienze in camera di consiglio;
- modello 35 - Registro dell'esecuzione di provvedimenti irrevocabili (pene detentive e accessorie)
- modello 36 - Registro dell'esecuzione delle pene pecuniarie;
- modello 37 - Registro delle intercettazioni di conversazioni o comunicazioni;
- modello 38 - Registro dell'esecuzione delle misure di sicurezza personali;
- modello 39 - Registro degli atti da assumere su richiesta di autorità giudiziarie di altre circoscrizioni;
- modello 40 - Registro delle rogatorie all'estero;
- modello 41 - Registro dei corpi di reato (ordinari e di valore). Tale registro è diviso in due parti, la prima (A) peri corpi di reato ordinari e la seconda (B) per i corpi di reato di valore. Si precisa che gli Uffici con ingenti reperti in deposito possono adottare distinti registri;
- modello 42 - Registro delle cose sequestrate e affidate in custodia a terzi;
- modello 43 - Registro dei decreti penali di condanna;
- modello 44 - Registro delle notizie di reato (ignoti);
- modello 45 - Registro degli atti non costituenti notizia di reato;
- modello 46 - Registro delle denunce e degli altri documenti anonimi;
- modello 47 - Registro generale;
- modello 48 - Registro delle udienze dibattimentali;
- modello 49 - Registro delle udienze in camera di consiglio;
- modello 50 - Registro delle riabilitazioni speciali;
- modello 51 - Registro delle misure di sicurezza;
- modello 52 - Registro delle notizie di reato;
- modello 53 - Registro delle riabilitazioni speciali;
- modello 54 - Registro delle misure di sicurezza applicate provvisoriamente;
- modello 55 - Registro generale del giudice per le indagini preliminari;
- modello 56 - Registro generale del giudice per le indagini preliminari. Udienza preliminare;
- modello S 1 - Registro generale dei procedimenti;

- modello S 2 - Registro generale dei provvedimenti in camera di consiglio;
- modello S 3 - Registro di deposito delle ordinanze e dei provvedimenti camerali;
- modello S 4 - Registro delle udienze camerali;
- modello S 5 - Registro di passaggio degli atti per le notifiche;
- modello S 6 - Registro di comunicazioni degli atti;
- modello S 7 - Registro delle impugnazioni;
- modello S 8 - Registro generale dei procedimenti per le misure di sicurezza;
- modello S 9 - Registro dell'esecuzione delle misure di sicurezza;
- modello S 10 - Registro dei procedimenti di rateizzazione e conversione delle pene pecuniarie;
- modello S 11 - Registro dei procedimenti delle sanzioni sostitutive;
- modello S 12 - Registro dell'esecuzione delle sanzioni sostitutive;
- modello S 13 - Registro dei ricoveri per infermità psichica;
- modello S 14 - Registro delle remissioni del debito;
- modello S 15 - Registro dei reclami in materia di lavoro e di provvedimenti disciplinari;
- modello S 16 - Registro degli atti da assumere su richiesta di altre autorità giudiziarie e delle dichiarazioni del condannato contumace;
- modello S 17 - Registro di deposito delle ordinanze;
- modello S 18 - Registro dei permessi;
- modello S 19 - Registro dei rinvii provvisori dell'esecuzione;
- modello S 20 - Registro delle istruttorie delle richieste di grazia;
- modello S 21 - Registro dei provvedimenti di ricovero in luogo esterno di cura;
- modello S 22 - Registro di esecuzione delle misure alternative;
- modello S 23 - Registro delle licenze a semiliberi e internati;
- modello S 24 - Registro dei programmi di trattamento e delle ammissioni al lavoro esterno;
- modello S 25 - Registro delle autorizzazioni ai prelievi dal fondo vincolato;
- modello S 26 - Registro delle autorizzazioni all'ingresso negli istituti e delle proposte di nomina ad assistente volontario;
- modello S 27 - Registro dei controlli sulla corrispondenza e delle autorizzazioni alla corrispondenza telefonica;
- modello S 28 - Registro dei reclami generici e dei provvedimenti atipici.

I registri sopra elencati sono tenuti presso i seguenti uffici giudiziari:

- modelli da 1 a 6: corti di appello;
- modello 7: corti di appello e corti di assise di appello;
- modelli 8 e da 10 a 15: procure generali presso le corti di appello;
- modello 16: tribunali;
- modelli 17 e 18: tribunali e tribunali per i minorenni;
- modello 19: corti di assise;
- modello 20: uffici del giudice per le indagini preliminari presso i tribunali;
- modello 21: procure della Repubblica presso i tribunali;
- modelli 24 e 25: tribunali;
- modelli da 27 a 32: corti di appello, corti di assise di appello, tribunali, tribunali per i minorenni, corti di assise, uffici del giudice per le indagini preliminari presso i tribunali e presso i tribunali peri minorenni;

- modelli 33 e 34: corti di appello, corti di assise di appello, tribunali, corti di assise e uffici del giudice per le indagini preliminari presso i tribunali;
- modelli 35 e 36: procure generali, procure della Repubblica presso i tribunali e presso i tribunali peri minorenni;
- modelli 37 e 38: procure generali, procure della Repubblica presso i tribunali e, per effetto del D.M. (Giustizia) 29-5-1997, presso i tribunali peri minorenni;
- modelli 39 e 40: procure generali, procure della Repubblica presso i tribunali e presso i tribunali peri minorenni, uffici del giudice per le indagini preliminari presso i tribunali;
- modello 41: tribunali e tribunali peri minorenni;
- modello 42: tribunali, tribunali per i minorenni, procure della Repubblica presso i tribunali e presso i tribunali per i minorenni;
- modello 43: uffici del giudice per le indagini preliminari presso i tribunali;
- modelli da 44 a 46: procure della Repubblica presso i tribunali e i tribunali peri minorenni; modelli da 47 a 51: tribunali per i minorenni;
- modelli da 52 a 54: procure della Repubblica presso i tribunali peri minorenni;
- modelli 55 e 56: uffici del giudice per le indagini preliminari presso i tribunali peri minorenni;
- modelli da S1 a S3: tribunali di sorveglianza;
- modelli da S4 a S7: tribunali ed uffici di sorveglianza;
- modelli da S8 a S28: uffici di sorveglianza.

Sono pertanto risultati soppressi i seguenti registri: modello 9: Registro delle indagini evocate dalla procura della Repubblica presso la pretura tenuto dalle procure generali presso le corti di appello; modello 22: Registro delle notizie di reato - tenuto dalle procure della Repubblica presso le preture; modello 23: Registro generale - tenuto dalle preture; modello 26: Registro generale dell'ufficio del giudice per le indagini preliminari – tenuto dagli uffici G.I.P. delle preture. Tali modelli continuano ad essere tenuti (eventualmente, dagli uffici assorbenti), per l annotazioni relative ai procedimenti che proseguono col rito «pretorile», ai sensi dell'art. 219 comma 1, D.lgs. 51/1998.
Sono altresì sostituiti i modelli 8, 16, 20 e 21, mentre i pregressi modelli devono essere ancora utilizzati per i procedimenti vecchio rito, come disposto dalla disciplina transitoria del D.lgs. 51/1998.

Infine, nei modelli 30 e 32, considerato che questi devono essere utilizzati sia per il giudice collegiale che monocratico, le annotazioni effettuate devono contenere anche la composizione del giudicante.
Per gli istituti penitenziari i tipi di registri sono:

- modello IP1 - Registro delle dichiarazioni e richieste di persone detenute o internate;
- modello IP2 - Registro della consegna all'imputato detenuto di atti notificati e dell'informazione all'imputato legittimamente assente;
- modello IP3 - Registro matricola.

In attuazione dell'art. 51, D.lgs. 28-8-2000, n. 274, con riferimento alle materie di competenza del giudice di pace penale, il D.M. del Ministero della Giustizia del 14-3-2001 ha approvato i tipi di registro, nonché i relativi modelli, che in ordine alla predetta competenza gli uffici giudiziari devono obbligatoriamente tenere.
E precisamente:

- Modello 7 bis - Registro delle impugnazioni davanti al tribunale in composizione monocratica;

- Modello 16 bis - Registro generale del giudice di pace;
- Modello 20 bis - Registro generale del giudice di pace competente nella fase delle indagini preliminari;
- Modello 21 bis - Registro delle attività del pubblico ministero nei procedimenti davanti al giudice di pace;
- Modello 32 bis - Registro del giudice di pace dell'esecuzione;
- Modello 33 bis - Registro delle udienze dibattimentali;
- Modello 36 bis - Registro dell'esecuzione di provvedimenti irrevocabili.

I registri sopra elencati, nella forma cartacea, vanno numerati in ciascun foglio prima di essere messi in uso e devono essere conformi ai modelli approvati.
Peri registri c.d. generali e per quelli indicati nell'art. 3, D.M. 30-9-89 n. 334 (Mod. da 16 a 21, 25, da 30 a 32, da 35 a 45, 47, da 50 a 56, 51, 52, da 57 a 59, da 521 a 524, 527 e 528), tenuti su supporto cartaceo, è prevista l'istituzione di distinte rubriche alfabetiche, indispensabili per agevolare la ricerca e la consultazione di dati riguardanti procedimenti iscritti.
Alla fine di ciascun anno solare sono previsti riepiloghi numerici dei processi e degli affari rimasti pendenti per tutti i registri sopra indicati peri quali, se tenuti in forma cartacea, è prescritta la rubrica alfabetica.
Annotazione a parte va fatta per i processi pendenti relativi a persone in stato di custodia cautelare.

Infine, per i registri modd. 17, 18 e 31 (registro impugnazioni), nonché il registro mod. 24 (registro di deposito delle dichiarazioni e degli atti relativi a procedimenti davanti ad altre autorità giudiziarie), tenuti su supporto cartaceo, è previsto l'obbligo della chiusura giornaliera, e cioè l'obbligo di annotare, in calce all'ultima iscrizione di ciascun giorno, il numero d'ordine corrispondente, con la data e la firma del dirigente la cancelleria (art. 4, D.M. 30-9-1989, come modificato dal D.M. 27-9-2000).

Anche nel settore penale sono previsti i Registri penali informatizzati, entrati in funzione su tutto il territorio nazionale.
Il **Sistema Informativo della Cognizione Penale (SICP)**, che ha sostituito i precedenti programmi informatizzati in materia penale, ha introdotto diverse innovazioni rispetto alla precedente versione dei registri, atteso che i registri integrati nell'attuale sistema non presentano più una struttura stratificata e reciprocamente impermeabile.
I registri sono divenuti parte integrante di una piattaforma comune di informazioni ed annotazioni interdipendenti, indipendentemente dall'ufficio che è tenuto ad immettere dei dati in ragione della fase del procedimento in cui si versa.
Tale struttura impone agli operatori di non far più riferimento alle definizioni ed i "campi" precedentemente previsti nelle colonne dei registri cartacei e di porre la massima attenzione nella tempestività e completezza dei dati registrati nel sistema, rendendoli gestibili dall'ufficio destinatario, il quale solo da tale momento potrà procedere, a sua volta, agli adempimenti di propria competenza.
Il mancato aggiornamento dei dati causa il blocco delle attività dell'ufficio diverso da quello inadempiente e determina una gestione non corretta del fascicolo anche all'interno dello stesso ufficio.
A seguito dell'introduzione del SICP, registri ora gestiti all'interno del sistema informatico sono:

- modello 5 - registro delle rogatorie all'estero;
- modello 6 - registro delle estradizioni per l'estero;
- modello 7 - registro generale della corte di appello;
- modello 7-bis - registro generale del tribunale come giudice di appello delle sentenze del

giudice di pace;
- modello 8 - registro delle indagini avocate dalla procura generale;
- modello 10 - registro delle estradizioni dall'estero;
- modello 11 - registro delle estradizioni per l'estero;
- modello 12 - registro delle rogatorie dall'estero;
- modello 16 - registro generale del tribunale;
- modello 17 - registro delle impugnazioni delle misure cautelari personali;
- modello 18 - registro delle impugnazioni delle misure cautelari reali;
- modello 20 - registro generale del giudice delle indagini preliminari; 5
- modello 21 - registro generale delle notizie di reato; Ì
- modello 21-bis - registro generale delle notizie di reato in ambito giudice di pace;
- modello 28 - registro delle comunicazioni atti;
- modello 30 - registro delle sentenze;
- modello 31 - registro del deposito degli atti di impugnazione presso l'autorità giudiziaria che ha emesso il provvedimento;
- modello 33 - registro delle udienze dibattimentali;
- modello 34 - registro delle udienze in camera di consiglio;
- modello 40 - registro dei corpi di reato;
- modello 42 - registro delle cose sequestrate ed affidate in custodia a terzi;
- modello 44 - registro delle notizie di reato - ignoti;
- modello 45 - registro degli atti non costituenti notizie di reato.

Tutti i restanti registri utilizzati dagli uffici in fase di cognizione del procedimento penale continuano ad essere utilizzati su supporto cartaceo, anche se alcune informazioni saranno disponibili anche in SICP.

Il SICP consente, altresì, lo scambio di informazioni con altri sistemi informativi quali:
- la Banca dati per le misure cautelari personali ex art. 97 disp. att. c.p.p.;
- il sistema informativo del casellario centrale per la creazione della Banca dati nazionale dei carichi pendenti;
- il sistema informativo di Equitalia Giustizia per la gestione del Fondo Unico Giustizia (F.U.G.).

Con l'entrata in esercizio del SICP non è più consentita la tenuta di registri cartacei e delle relative rubriche in quanto oramai gestiti in via informatica dal sistema.
Inoltre, non è più prevista, di regola, la stampa del registro. Ciò comporta che:
- ai fini della iscrizione e della tenuta dei dati non si farà più riferimento a tali registri o modelli citati,
- ai fini ispettivi e di monitoraggio è previsto un sistema SIRIS (sistema informativo relazionale integrazione sistemi) di aggregazione e di estrazione in riferimento alla classe di interesse.

Si precisa che ai sensi del combinato disposto degli artt. 28, 29 e 46, D.lgs. 196/2003 e dell'art. 13, comma 3, D.M. 27-04-2009 relativo alle Nuove regole procedurale relative alla tenuta dei registri informatizzati dell'amministrazione della giustizia, il dirigente amministrativo, quale responsabile della qualità dei dati, può designare, con apposito provvedimento, le persone autorizzate alle operazioni di immissione, cancellazione, variazione ed esibizione dei dati nel sistema informatico, nonché ad ogni altro trattamento previsto dall'art. 4, comma 1, lett. a), D. Lgs. 196/2003.

Capitolo 4 IL CONTRIBUTO UNIFICATO ED ALTRI ONERI A CARICO DEI PRIVATI

SOMMARIO:

1. Cenni introduttivi.

Come anticipato nel capitolo precedente, il soggetto interessato che decide di adire la giustizia per la tutela dei propri diritti soggettivi ed interessi legittimi è chiamato a sostenere i costi e le spese di giustizia.

Il pagamento delle spese varia dal tipo di processo, sia esso pendente in materia penale o in quello civile.

In questo capitolo affronteremo le differenze di specie.

A titolo introduttivo, bisogna dapprima considerare che in caso di ammissione al patrocinio a spese dello Stato, quest'ultimo è chiamato a versare tutte le spese, ivi comprese quelle che di norma devono essere sostenute dal soggetto privato.

Nei casi invece dove il soggetto non è ammesso al beneficio del gratuito patrocinio:

- in ambito penale, le spese sono normalmente a carico dell'erario, ma le parti private (indagato, imputato, parte civile, ecc.) devono sopportare le spese e i costi per gli atti da esse richiesti.
- in ambito civile vige il principio secondo cui ciascuna parte è tenuta a sostenere alle spese degli atti processuali che compie e di quelli che chiede, mentre deve anticiparle per gli atti necessari al processo quando l'anticipazione è posta a suo carico dalla legge o dal magistrato (ad. Es. i compensi del CTU). Tra i costi a carico del privato figurano naturalmente i diritti, le tasse e le imposte di vario genere che gravano sui procedimenti e che costituiscono effettivamente una «spesa» per il cittadino.

Stante la fonte di entrata rappresentata dai costi di giustizia versati dai soggetti privati, l'Ordinamento statale, salvo che la legge riconosca l'espressa esenzione e che per ammissione al patrocinio a spese dello Stato o per altra eccezionale previsione normativa, in luogo dell'esazione, l'Amministrazione si limita a «prenotare a debito», cioè ad annotare semplicemente il tributo non pagato, ai fini dell'eventuale futuro recupero.

2. Il pagamento contributo unificato e per l'iscrizione a ruolo e gli importi.

L'art. 9 della L. n. 488/1999, poi trasfuso nel D.P.R. n. 115/2002, ha introdotto il **contributo unificato** di iscrizione a ruolo per le cause civili.
Scopo della novella era ed è quello di unificare in un unico importo -calcolato forfetariamente per ciascun grado di giudizio- tutti gli incombenti di natura fiscale che gravano sul procedimento in diversi momenti ed a differente titolo.
Il contributo unificato varia in base al valore del procedimento stesso, indipendentemente dal numero di atti, dei relativi fogli, e in generale delle attività che fino alla conclusione si sarebbero potuti compiere.
Il contributo unificato deve essere versato anticipatamente, al momento dell'iscrizione a ruolo della controversia ed è dovuto, per ciascun grado di giudizio, nel processo civile, compresa la procedura concorsuale e di volontaria giurisdizione, nonché nel processo amministrativo.
L'obbligo del pagamento del contributo è posto a carico:

- della parte che instaura il giudizio, con l'atto introduttivo (sia esso atto di citazione o ricorso),
- nei processi esecutivi di espropriazione forzata, di chi fa istanza per l'assegnazione o la vendita dei beni pignorati.

Come anticipato il contributo unificato da versare è stabilito in base al valore della controversia, pertanto nell'atto introduttivo è obbligo del difensore della parte dichiarare il valore della controversia nonché la sussistenza di ipotesi in cui sia prevista la prenotazione a debito del tributo, e quindi manchi, almeno inizialmente, un materiale esborso di danaro.
È comunque considerata valida la dichiarazione resa ai di fuori dell'atto introduttivo - quale dichiarazione integrativa dello stesso - purché la medesima sia antecedente all'iscrizione a ruolo della causa e sia sottoscritta dal difensore.
In tal caso la dichiarazione integrativa deve essere inserita nel fascicolo d'ufficio.

In ambito penale il contributo unificato non è dovuto.
Occorre però specificare che nel caso di esercizio dell'azione civile nel processo penale non è previsto il pagamento del tributo in argomento solo se è chiesta la mera condanna generica del responsabile. Se invece è chiesta, anche in via provvisionale, la condanna al pagamento di una somma a titolo di risarcimento del danno, il contributo è dovuto, in caso di accoglimento della domanda, in base al valore dell'importo liquidato e secondo i medesimi scaglioni di valore previsti per il processo civile.
Il D.L. n. 132/2014 (decreto giustizia), convertito con modificazioni dalla L. n. 162/2014 e al D.L. 90/2014, convertito con modificazioni dalla L. n. 114/2014, hanno previsto i seguenti importi del contributi unificati, in vigore anche per l'anno 2017:

Processo civile ordinario			
Valore	**1° grado**	**Impugnazione**	**Cassazione**
Per i processi di valore fino a € 1.100,00	€ 43,00	€ 64,50	€ 86,00
Per i processi di valore superiore a € 1.100,00 e fino a € 5.200,00	€ 98,00	€ 147,00	€ 196,00
Per i processi di valore superiore a € 5.200,00 e fino a € 26.000,00	€ 237,00	€ 355,50	€ 474,00

Per i processi di valore superiore a € 26.000,00 e fino a € 52.000,00	€ 518,00	€ 777,00	€ 1.036,00
Per i processi di valore superiore a € 52.000,00 e fino a € 260.000,00	€ 759,00	€ 1.138,50	€ 1.518,00
Per i processi di valore superiore a € 260.000,00 e fino a € 520.000,00	€ 1.214,00	€ 1.821,00	€ 2.428,00
Per i processi di valore superiore a € 520.000,00	€ 1.686,00	€ 2.529,00	€ 3.372,00
Il contributo è aumentato della metà per i **giudizi di impugnazione** (quindi non solo l'**Appello** ma anche il Reclamo, come confermato da circolare ministeriale) ed è raddoppiato per i processi dinanzi alla **Corte di Cassazione**.			

Attenzione: Nell'atto introduttivo del giudizio: - Ove il difensore non indichi il proprio **numero di fax** ai sensi degli artt. 125, co. 1 c.p.c. e 16 co. 1 bis, del D.lgs. n. 546/1992 - ovvero qualora la parte ometta di indicare il **codice fiscale**	Il C.U. è aumentato della metà

Valore Indeterminabile			
Valore	**1° grado**	**Impugnazione**	**Cassazione**
Per i processi civili di valore indeterminabile (si prende lo scaglione fra € 26.000,00 ed € 52.000,00)	€ 518,00	€ 777,00	€ 1.036,00
Per i processi di valore indeterminabile **di competenza esclusiva del Giudice di Pace**	€ 237,00	€ 355,50	€ 474,00
Per i processi di valore indeterminabile innanzi alle Commissioni Tributarie Provinciali e Regionali (si prende lo scaglione fra € 5.000,00 ed € 25.000,00)			€ 120,00

Valore <u>non</u> dichiarato	
Per i processi civili in cui **manca la dichiarazione del valore** si prende lo scaglione più alto	€ 1.686,00
Per i processi amministrativi in cui **manca la dichiarazione del valore** si prende lo scaglione più alto	€ 6.000,00
Per i processi tributari in cui **manca la dichiarazione del valore** si prende lo scaglione più alto	€ 1.500,00

Giudice di Pace	
I processi avanti il Giudice di Pace seguono le tabelle ordinarie	C.U. Ordinario

Contributo al 50% rispetto al processo civile ordinario		
Per i procedimenti Speciali previsti nel Libro IV titolo I c.p.c. anche se proposti nella causa di merito. Ad Esempio: • accertamento tecnico preventivo; • procedimento per ingiunzione; • procedimento per convalida di sfratto; • procedimenti cautelari; • procedimenti possessori.		al 50%
Per il giudizio di opposizione a decreto ingiuntivo *In aggiunta a quanto corrisposto al deposito del ricorso monitorio.*		al 50%
Per il giudizio di sfratto per morosità (v. anche Tabella Locazione)	Ai fini del contributo dovuto il valore si determina in base all'importo dei canoni non corrisposti alla data di notifica dell'atto di citazione per la convalida	al 50%
Per il giudizio di sfratto per finita locazione (v. anche Tabella Locazione)	Ai fini del contributo dovuto, il valore si determina in base all'ammontare del canone annuale	al 50%
Per i processi di opposizione alla sentenza dichiarativa di fallimento		al 50%
Per il nuovo procedimento sommario (702 bis c.p.c.) *vedi* Circolare Ministeriale *del 4.8.2008*		al 50%
Per le controversie individuali di lavoro o concernenti rapporti di pubblico impiego, salvo quanto previsto dall'art. 9 co. 1 bis del D.P.R. n. 115/2002		al 50%

Procedimenti riguardanti la Locazione, il Comodato, etc.		
Per i processi in materia di locazione	Esente prima della Finanziaria 2010	C.U. ordinario
Per i processi in materia di comodato	Esente prima della Finanziaria 2010	C.U. ordinario
Per i processi in materia di occupazione senza titolo	Esente prima della Finanziaria 2010	C.U. ordinario
Per i processi in materia di impugnazione di delibere condominiali	Esente prima della Finanziaria 2010	C.U. ordinario

Procedimenti di Separazione e di Divorzio	
Per i procedimenti di cui all'art. 711 del c.p.c. (separazione consensuale) *(non sono dovute le anticipazioni forfettarie)*	€ 43,00

Per i procedimenti di cui all'art. 4 co. 16 della Legge 1° dicembre 1970, n. 898 (domanda congiunta dei coniugi di scioglimento o cessazione degli effetti civili del matrimonio) *(non sono dovute le anticipazioni forfettarie)*	€ 43,00
Per i processi contenziosi di cui all'art. 4 della Legge n. 898/1970 (in materia di scioglimento o cessazione degli effetti civili del matrimonio) *(non sono dovute le anticipazioni forfettarie)*	€ 98,00
Per i processi speciali di cui al libro IV, titolo II, capo I c.p.c. -separazione personale dei coniugi *(non sono dovute le anticipazioni forfettarie)*	€ 98,00

Altri Procedimenti	
Per i processi di volontaria giurisdizione	€ 98,00
Per i processi speciali di cui al libro IV, titolo II, capo VI c.p.c. *(procedimenti in Camera di Consiglio)*	€ 98,00
Reclami contro i provvedimenti cautelari *(Circolare Ministeriale n. 5 del 31-07-02)*	€ 147,00
Regolamento di competenza	C.U. ordinario
Regolamento di giurisdizione	C.U. ordinario
Processi innanzi alla Corte di Cassazione	C.U. ordinario oltre ad un importo pari all'imposta fissa di registrazione dei provv. giudiziari

Procedimenti di Esecuzione		
Per i processi di esecuzione per consegna o rilascio	D.L. 78/10 prevede genericamente il pagamento ... per gli altri processi esecutivi ..., non distinguendo fra vari tipi di esecuzione come accadeva in precedenza.	€ 139,00
Per i processi di esecuzione mobiliare di valore inferiore a € 2.500,00		€ 43,00
Per i processi di esecuzione mobiliare di valore superiore a € 2.500,00		€ 139,00
Esecuzione forzata di obblighi di fare o non fare	D.L. 78/10 prevede genericamente il pagamento ... per gli altri processi esecutivi ..., non distinguendo fra vari tipi di esecuzione come accadeva in precedenza.	€ 139,00
Per i processi di esecuzione immobiliare		€ 278,00
Per i processi di opposizione agli atti esecutivi		€ 168,00
Per i processi ex art. 492-bis (Ricerca con modalità telematiche dei beni da pignorare) - *non si applica l'anticipazione forfettaria*		€ 43,00

Procedure di Diritto Fallimentare	
Insinuazione tempestiva al passivo	NON SI ISCRIVE A RUOLO ESENTE
Dalla sentenza dichiarativa di fallimento alla chiusura	€ 851,00
Per i processi di opposizione alla sentenza dichiarativa di fallimento	Il contributo è ridotto della metà
Istanza di fallimento	€ 98,00
Per l'opposizione allo stato passivo	Ad oggi non ancora chiarito

Riepilogo Procedimenti esenti	
Per i processi già esenti, secondo previsione legislativa e senza limiti di competenza o di valore, dall'imposta di bollo o da ogni spesa, tassa o diritto di qualsiasi specie e natura	ESENTE
Per i processi di rettificazione di stato civile	ESENTE
Per i processi in materia tavolare	ESENTE
Per i processi di cui al libro IV, titolo II, capi II, III, IV e V, del c.p.c. • dell'interdizione e dell'inabilitazione; • disposizioni relative all'assenza e alla dichiarazione di morte presunta; • disposizioni relative ai minori, agli interdetti e agli inabilitati; • dei rapporti patrimoniali dei coniugi;	ESENTE
Per i processi in materia di assegni per il mantenimento della prole o riguardanti la stessa.	ESENTE
Per i processi di cui all'art. 3, della legge 24 marzo 2001, n. 89 (*Legge "Pinto"*)	ESENTE
Procedure di Lavoro con i requisiti di cui all'art. 9 comma 1-bis TU Sp Giust Procedimenti relativi alla esecuzione mobiliare o immobiliare delle sentenze o ordinanze emesse nei giudizi di lavoro.	ESENTE
Procedimenti di responsabilità dei magistrati	ESENTE
Procedimenti elettorali	ESENTE
Procedimenti contro il decreto di espulsione dello straniero	ESENTE

Opposizione a Ordinanza-ingiunzione - Art 23 L. 689/81	
Per le procedure di opposizione a ordinanza-ingiunzione	C.U. ordinario oltre a spese forfetizzate secondo l'importo di cui all'art. 30 D.P.R. 115/2002

Per i Giudizi di Diritto del Lavoro e di Previdenza e Assistenza obbligatoria		
Per le controversie di Previdenza ed assistenza obbligatorie Per i decreti ingiuntivi l'importo sarà ridotto della metà	Salvo che le parti non siano titolari di un reddito imponibile ai fini dell'imposta personale sul reddito non superiore a tre volte l'importo per l'ammissione al Gratuito Patrocinio. Vedi terza voce di questa sotto-Tabella.	€ 43,00
Per le controversie individuali di lavoro o concernenti rapporti di pubblico impiego Per i decreti ingiuntivi, in questo caso è esclusa una doppia riduzione (v. Circolare 11 maggio 2012)	Salvo che le parti non siano titolari di un reddito imponibile ai fini dell'imposta personale sul reddito non superiore a tre volte l'importo per l'ammissione al Gratuito Patrocinio. Vedi terza voce di questa sotto-Tabella.	C.U. al 50% rispetto al processo civile ordinario
Nei procedimenti relativi alla esecuzione mobiliare o immobiliare delle sentenze o ordinanze emesse nei giudizi di lavoro.		ESENTE
Per le controversie individuali di lavoro o concernenti rapporti di pubblico impiego, e per le controversie di Previdenza ed assistenza obbligatorie, se le parti siano titolari di un reddito imponibile ai fini dell'imposta personale sul reddito, risultante dall'ultima dichiarazione, non superiore a tre volte l'importo previsto dall'art. 76 del D.P.R. n. 115/2002 (per l'ammissione al Gratuito Patrocinio)		ESENTE
Avanti la **Corte di Cassazione** sia le controversie individuali di lavoro o concernenti rapporti di pubblico impiego sia le controversie di Previdenza ed assistenza obbligatorie non subiscono alcuna riduzione dovendosi applicare la tabella ordinaria.		TABELLA ORDINARIA
In queste materie non è dovuta la marca per Anticipazioni Forfettarie		

Ricorsi davanti ai Tribunali Amministrativo Regionali e al Consiglio di Stato	
Per i ricorsi in materia di accesso ai documenti amministrativi (art. 116 del D.lgs. n.104/2010)	€ 300,00
Per i ricorsi avverso il silenzio (art. 117 del D.lgs. n.104/2010)	€ 300,00
Per i ricorsi aventi ad oggetto il diritto di cittadinanza, diritto di residenza	€ 300,00
Per i ricorsi aventi ad oggetto il diritto di soggiorno o il diritto di ingresso nel territorio dello Stato	€ 300,00
Per i ricorsi di esecuzione della sentenza o ottemperanza del giudicato	€ 300,00
Per i ricorsi previsti dall'articolo 25 della legge 7 agosto 1990, n. 241 avverso il diniego di accesso alle informazioni di cui al D. Lgs n.	ESENTE

195/2005, di attuazione della direttiva 2003/4/CE sull'accesso del pubblico all'informazione ambientale	
Per i ricorsi aventi ad oggetto rapporti di pubblico impiego	Contributo ridotto a metà, salvo quanto previsto dall'art 9, co 1-bis
Per ricorsi cui si applica il rito abbreviato	€ 1.800,00
Per i ricorsi ex art. 119 co. 1 lett. a) e b) del D.lgs. n. 104/2010	
quando il valore della controversia è pari o inferiore ad euro 200.000	€ 2.000,00
quando il valore della controversia è compreso tra euro 200.000 e 1.000.000	€ 4.000,00
quando il valore della controversia supera euro 1.000.000	€ 6.000,00
Nel processo amministrativo per valore della lite: *- nei ricorsi di cui all'articolo 119, comma 1, **lettera a)** del decreto legislativo 2 luglio 2010, n. 104, si intende l'importo posto a base d'asta individuato dalle stazioni appaltanti negli atti di gara, ai sensi dell'articolo 29, del decreto legislativo 12 aprile 2006, n. 163.* *- Nei ricorsi di cui all'articolo 119, comma 1, **lettera b)** del decreto legislativo 2 luglio 2010, n. 104, in caso di controversie relative all'irrogazione di sanzioni, comunque denominate, il valore è costituito dalla somma di queste.*	
Per il ricorso straordinario al Presidente della Repubblica	€ 650,00
Per tutti gli altri ricorsi *(per ricorsi si intendono quello principale, quello incidentale e i motivi aggiunti che introducono domande nuove)*	€ 650,00
Il contributo **è aumentato della metà per i giudizi di impugnazione**.	
- Ove il difensore non indichi il proprio **indirizzo di posta elettronica certificata** e il proprio **recapito fax** ai sensi dell'art. 136 del Codice del Processo Amministrativo di cui al D. Lgs. 104/10; ovvero qualora la parte ometta di indicare il codice fiscale nel ricorso	Il C.U. è aumentato della metà

Azione civile nel procedimento penale	
Il contributo unificato è dovuto solo se è formulata richiesta di condanna al pagamento di una somma di danaro e la domanda è accolta	C.U. Ordinario
Nel caso sia richiesta solo la condanna generica del responsabile	ESENTE

Ricorso principale e incidentale avanti alle Commissioni Tributarie Provinciali e Regionali	
Controversie di valore fino a euro 2.583,28	€ 30,00
Controversie di valore superiore a euro 2.582,28 e fino a euro 5.000	€ 60,00
Controversie di valore superiore a 5.000 e fino a euro 25.000 e per le controversie tributarie di valore indeterminabile	€ 120,00
Controversie di valore superiore a euro 25.000 e fino a euro 75.000	€ 250,00
Controversie di valore superiore a 75.000 e fino a euro 200.000	€ 500,00
Controversie di valore superiore a euro 200.000	€ 1.500,00
Attenzione: Il Valore della lite va determinato **per ciascun atto impugnato anche in appello**, ai sensi del comma 5 dell'articolo 12 del decreto legislativo 31 dicembre 1992, n. 546, e successive modificazioni, come da Legge Stabilità 2014 - v. At 14 co. 3-bis TU Spese Giustizia	
Attenzione: Nel ricorso introduttivo del giudizio: - Ove il difensore non indichi il proprio **numero di fax** ai sensi degli artt. 125, co. 1 c.p.c. ovvero qualora la parte ometta di indicare il **codice fiscale** (l'abrogazione del comma 1-bis dell'art. 16 del D.lgs. 546/1992 comporta il venir meno definitivo della sanzione per la mancata indicazione della PEC)	Il C.U. è aumentato della metà

Materia di Impresa	
Per i processi di competenza delle sezioni specializzate in materia di impresa	Il C.U. è il doppio rispetto al processo ordinario *(per effetto della Legge 24 marzo 2012, n. 27)*

Oltre al contributo unificato il soggetto è chiamato a depositate unitamente all'atto introduttivo una **marco da bollo da 27 euro** a titolo di anticipazione forfettaria.

3. Le modalità di pagamento.

Al fine di rendere quanto più possibile facile, diversificato e diffuso sul territorio l'accesso al pagamento, è previsto che il contributo unificato possa essere corrisposto mediante versamento:

- presso le rivendite di generi di monopolio e di valori bollati;
- presso i concessionari della riscossione, utilizzando l'apposito mod. F23;
- presso gli uffici postali, sul conto corrente postale intestato alla sezione di tesoreria provinciale dello Stato.

Negli ultimi due casi, la ricevuta del versamento deve contenere, a titolo di causale, l'ufficio giudiziario adito, le generalità e il codice fiscale dell'attore o ricorrente, ed infine le generalità delle altre parti.

In caso di pluralità di convenuti o resistenti va indicato per esteso il nominativo del primo dei medesimi recato dall'atto introduttivo del processo ed il numero in cifra dei restanti

La ricevuta del versamento o il modello contenente il contrassegno devono essere allegati all'atto introduttivo per il quale è stato effettuato il versamento e inseriti nel fascicolo d'ufficio.
Come rimedio all'eventuale perdita della ricevuta, è previsto che il cancelliere ne annoti gli estremi sul relativo registro del ruolo generale.
Con l'avvento del processo civile telematico, particolari disposizioni sono previste per le modalità di pagamento del contributo unificato e per le spese di giustizia.
All'art. 26 del provvedimento del 16 aprile 2014 del responsabile per i sistemi informativi automatizzati del Ministero della giustizia (recante «Specifiche tecniche previste dall'art. 34, comma 1, del decreto del Ministro della giustizia del 21 febbraio 2011 n. 44»), sono state specificate le modalità di pagamento.
Pertanto, l'attestazione e la comunicazione all'ufficio giudiziario del pagamento delle spese dei diritti e del contributo unificato devono essere effettuate a mezzo dell'allegazione della ricevuta di pagamento alla busta telematica con cui viene inoltrato l'atto, oppure la ricevuta deve essere allegata alla richiesta telematica nel caso di istanza gestita tramite un flusso sincrono.

Il servizio di pagamento è in modalità telematica ed è messo a disposizione dei soggetti abilitati nell'ambito delle funzionalità del punto di accesso e del portale dei servizi telematici, con lo scopo di permettere il pagamento attraverso strumenti telematici e di ottenere la ricevuta di pagamento attraverso il medesimo canale telematico.
Le regole per l'esecuzione del pagamento, le modalità di interconnessione tra sistemi nonché le modalità di rendicontazione dei pagamenti rispettano le Linee Guida emanate dall'Agenzia per l'Italia Digitale ai sensi dell'art 5 del D. Lgs. N. 82/2005.
Il portale dei servizi telematici si avvale dell'infrastruttura e della piattaforma tecnologica messa a disposizione dall'Agenzia per l'Italia Digitale, attraverso il Sistema Pubblico di Connettività (Nodo dei Pagamenti-SPC), allo scopo di garantire l'interconnessione e l'intera operabilità tra le Pubbliche Amministrazioni e i Prestatori di Servizi di Pagamento.
I punti di accesso possono mettere a disposizione dei propri utenti il servizio di pagamento telematico, definendo opportuni accordi con uno o più prestatori di servizi di pagamento.
Il punto di accesso è garante nei confronti del Ministero della giustizia del rispetto delle Linee Guida, relativamente alle modalità di riversamento verso la banca tesoriera e alla rendicontazione; il punto di accesso rispetta quanto indicato nelle Linee Guida relativamente al flusso di rendicontazione nei confronti del Ministero della giustizia.
Il processo di pagamento consente all'utente di scegliere tra diverse modalità di pagamento messe a sua disposizione da una molteplicità di prestatori di servizi di pagamento che aderiscono all'infrastruttura del Nodo dei Pagamenti-SPC. La ricevuta di pagamento restituita all'utente a fronte del pagamento effettuato in via telematica costituisce prova del trasferimento dell'importo versato sul conto corrente intestato alla Tesoreria dello Stato. Per il recupero delle somme erroneamente versate procede secondo le modalità previste dalla legge.

4. Omesso o insufficiente pagamento del contributo unificato.

Al momento dell'iscrizione a ruolo, al cancelliere spettano i compiti:

- di verificare l'esistenza della dichiarazione della parte in ordine al valore della causa;
- di verificare la produzione della ricevuta di versamento del contributo unificato;
- di verificare se l'importo risultante dalla dichiarazione di valore sia diverso dal corrispondente scaglione di valore della causa. La medesima verifica è effettuata anche ogni volta che viene introdotta nel processo una domanda idonea a modificare il valore della causa;
- di annotare nel fascicolo con la dovuta evidenza l'esito del controllo eseguito.

In caso di omessa o insufficiente pagamento del contributo unificato, la cancelleria competente che dovrà provvedere al recupero delle somme non versate è quella presso il magistrato dove è stato depositato l'atto che ha reso necessario il pagamento o l'integrazione del contributo unificato.
Nel suddetto caso è altresì applicata la sanzione prevista dall'art. 71, D.P.R. n. 131/86 (testo unico sull'imposta di registro), secondo cui "*il valore definitivamente accertato dei beni o diritti di cui al terzo e al quarto comma dell'articolo 51, ridotto di un quarto, supera quello dichiarato, si applica la sanzione amministrativa dal cento al duecento per cento della maggiore imposta dovuta. Per i beni e i diritti di cui al quarto comma dell'articolo 52 la sanzione si applica anche se la differenza non è superiore al quarto del valore accertato*".
Tale sanzione, che trova applicazione esclusivamente nel processo civile, viene irrogata direttamente dagli uffici giudiziari.
Entro trenta giorni dal deposito dell'atto per cui è richiesto il pagamento, l'ufficio deve notificare alla parte l'invito al pagamento dell'importo dovuto, quale risulta dal raffronto tra il valore della causa (determinato ai sensi dell'art. 10 c.p.c.) ed il corrispondente scaglione, ovvero secondo quanto previsto per il caso di mancata dichiarazione, con espressa avvertenza che si procederà ad iscrizione a ruolo, con addebito degli interessi al saggio legale, in caso di mancato pagamento entro un mese.
Nell'invito devono essere indicati il termine e le modalità per il pagamento, nonché l'avvertenza che il mancato pagamento nel termine comporterà l'applicazione della sanzione prevista dall'art. 71, D.P.R. 131/86 comunicata con separato provvedimento; al debitore deve essere inoltre richiesto di depositare la ricevuta di versamento entro dieci giorni dall'avvenuto pagamento.

L'invito va notificato alla parte nel domicilio eletto o, nel caso di mancata elezione di domicilio, depositato presso l'ufficio.
Alla riscossione del contributo unificato si applicano le disposizioni relative alla riscossione mediante ruolo, contenute nello stesso testo unico o comunque da esso richiamate, e riferite al recupero dei crediti vantati dall'erario in materia di spese processuali e pene pecuniarie, comprese quelle relative all'annullamento del credito e al discarico automatico dal ruolo.

In caso di ritardato o omesso pagamento anche a seguito dell'invito, l'ufficio applica la sanzione prevista dall'art. 71, D.P.R. n. 131/86. Il provvedimento che irroga la sanzione va notificato alla parte personalmente presso la sua residenza e deve contenere l'espressa indicazione della impugnabilità innanzi al giudice tributario (entro 60 gg.).
In presenza di debitori solidali, è irrogata una sola sanzione. Se il debitore presenta deduzioni, l'ufficio, entro un anno dalla presentazione, irroga la sanzione con atto motivato a pena di nullità anche in ordine alle deduzioni. La sanzione ex art. 71, D.P.R. n. 131/86 si applica ai processi iscritti successivamente al 12 agosto 2006 e cioè successivamente all'entrata in vigore della legge n. 248/06.

5. Rimborso del contributo unificato erroneamente versato.

Per il rimborso del Contributo Unificato erroneamente versato, il Ministero dell'economia e delle finanze ha emanato un'apposita circolare con la quale è stata compiutamente regolata la relativa procedura.
Il rimborso del contributo unificato è dovuto a favore dei soggetti che abbiano effettuato il versamento del tributo indebitamente o in misura superiore a quella dovuta.
Pertanto, in caso di:

- versamento di somme eccedenti lo scaglione di riferimento;

- duplicazione dei versamenti;
- versamento effettuato a fronte di procedimento giurisdizionale esente;
- versamento al quale non ha fatto seguito il deposito e l'iscrizione a ruolo dell'atto introduttivo del giudizio.

Il diritto al rimborso deve essere esercitato, a mezzo apposita istanza, entro il termine di decadenza di due anni, decorrente dal giorno in cui è stato eseguito il versamento (art. 21, comma 2, D.lgs. n. 546/92).
L'istanza di rimborso, in carta semplice (art. 5 Tabella all. al D.P.R. n. 642/72), è prodotta - con presentazione diretta o con spedizione di plico senza busta a mezzo raccomandata A/R - all'ufficio giudiziario competente in base al procedimento iscritto ovvero, in mancanza, all'indicazione contenuta sul bollettino di conto corrente postale o sul mod. F23.
Se presentata ad ufficio incompetente, lo stesso provvede al successivo inoltro alla cancelleria dell'ufficio giudiziario competente, dandone notizia al contribuente.
Qualora non risultasse possibile l'individuazione, l'ufficio comunica al contribuente, a mezzo raccomandata A/R, che, salvo diversa utile indicazione da fornire entro trenta giorni, l'istanza sarà inoltrata per l'istruttoria alla cancelleria del Tribunale Ordinario del proprio circondario.

Per i versamenti eseguiti a mezzo F23, l'erronea indicazione del codice ufficio, come anche quella del codice tributo non costituisce una ragione sufficiente a generare il diritto al rimborso (per riutilizzare il versamento, infatti, è sufficiente una comunicazione agli uffici giudiziari coinvolti e all'Agenzia delle Entrate competente).
Condizioni imprescindibili per richiedere il rimborso sono l'univoca identificabilità dell'ufficio giudiziario competente, del contribuente che ha effettuato il versamento e del giudizio di riferimento (nei soli casi in cui questo sia stato effettivamente incardinato).
Di conseguenza, nel caso di mancato deposito dell'atto introduttivo del giudizio a fronte di versamento eseguito presso le ricevitorie di generi di monopolio e di valori bollati, è preclusa la possibilità di ottenere la restituzione delle somme versate.
Non va dato corso alle richieste di rimborso di importo complessivo inferiore a dodici euro (art. 25, L. n. 289/02).

6. Le esenzioni.

T.U. n. 115/2002 individua alcuni casi di esenzione dal pagamento del contributo unificato.
Rientrano nella prima categoria dell'esenzione i processi già esenti, secondo previsione legislativa e senza limiti di competenza di valore dall'imposta di bollo o da ogni spesa, tassa o diritto di qualsiasi specie e natura, tra cui:

- cause aventi ad oggetto controversie individuali in materia di lavoro e pubblico impiego, di previdenza ed assistenza obbligatoria (art. 10, L. 11-8-1973, n. 533) entro i limiti reddituali previsti dall'art. 9, comma l-bis, T.U., introdotto con D.L. 6-7-2011, n. 98, convertito con modificazioni dalla L. 15-7-2011, n. 111;
- i procedimenti relativi all'azione di risarcimento del danno cagionato nell'esercizio delle funzioni giudiziarie (art. 15, comma 2, L. 13-4-1988, n. 117);
- cause di scioglimento di matrimonio o di cessazione dei suoi effetti civili (art. 19, L. 6-3-1987, n. 74), nonché di separazione dei coniugi (Corte Cost., Sent. 29-4/10-5-1999, n. 154);
- procedimenti relativi all'affrancazione di fondi enfiteutici (art. 10, L. 22-7-1966, n. 607);
- procedure intraprese per il recupero dei crediti professionali vantati dai difensori d'ufficio

nei confronti degli indagati, degli imputati e dei condannati inadempienti (art. 32 disp. att.);
- procedimenti relativi all'impugnazione del decreto di espulsione dello straniero (artt. 13 e 13 bis, D.lgs. 25-7-1998, n. 286);
- atti e provvedimenti relativi ai procedimenti relativi tutela degli interdetti, alla curatela degli inabilitati e all'amministrazione di sostegno e previsti dal titolo XII del libro I del codice civile (art. 46 bis disp. att. c.c., introdotto dalla L. 9-1-2004, n. 6);
- procedimenti relativi alle controversie in materia di masi chiusi (art. 35, comma 3, L. 24-11-2000, n. 340);
- procedimenti contenziosi in materia elettorale (D.lgs. 104/2010);
- procedimenti nell'ambito della negoziazione assistita di cui all'art 6, comma 2, L. 10.11.2014 (in vista della separazione personale, della cessazione degli effetti civili del matrimonio, dello scioglimento del matrimonio nei casi di cui all'art. 3, primo comma, numero 2), lettera b), L. 1-12-1970, n. 898), nei quali non è dovuto il contributo unificato sia nella fase innanzi al Procuratore della repubblica per autorizzazione o nullaosta, sia nella eventuale fase successiva innanzi al Presidente del tribunale (circolare DAG.29/7/2015.0111198.U);
- il procedimento innanzi al giudice tutelare per l'autorizzazione all'interruzione di gravidanza relativa a minorenne, di cui alla L. 22-5-1978, n. 194.

Una seconda categoria concerne i processi individuati in riferimento all'oggetto o alla natura:
- il processo di rettificazione di stato civile;
- il processo in materia tavolare;
- il processo esecutivo per consegna e rilascio;
- il processo in materia di equa riparazione per la violazione del termine ragionevole dei processi,
- il processo, anche esecutivo, di opposizione e cautelare, in materia di assegni per il mantenimento della prole, e quello comunque riguardante la stessa;
- il procedimento di interdizione o inabilitazione;
- il procedimento per la dichiarazione di assenza o di morte presunta;
- i procedimenti relativi ai minori, agli interdetti e agli inabilitati.

La ragione dell'esenzione deve comunque risultare da apposita dichiarazione resa dalla parte nelle conclusioni dell'atto introduttivo.

7. Anticipazione forfettaria per le notificazioni a richiesta dell'ufficio.

Il contributo unificato, nell'ambito del processo civile, non comprende anche la forfettizzazione dei diritti, le indennità di trasferta e le spese postali per la notificazione dei biglietti di cancelleria e degli atti del procedimento eseguiti su richiesta del cancelliere, come nella precedente disciplina.
Pertanto il Testo Unico n. 115/2002 ha imposto l'anticipazione dei diritti, delle indennità di trasferta e delle spese di spedizione per la notificazione eseguita su richiesta del cancelliere al soggetto che deposita il ricorso introduttivo, o che, nei processi esecutivi di espropriazione forzata, fa istanza per l'assegnazione o la vendita di beni pignorati.
L'anticipazione avviene mediante il pagamento di una marca da bollo con un importo nella misura forfetaria di 27,00 euro.
Si precisa che le modalità di pagamento dell'importo avrebbero devono essere stabilite con decreto del Presidente della Repubblica, che al momento non è stato ancora emanato. Pertanto, nelle more,

è richiesto il pagamento mediante marche da bollo, che la parte obbligata deve applicare sulla nota di iscrizione a ruolo o su atto equipollente.
Al momento della ricezione dell'atto, il cancelliere dovrà annullare - mediante timbro a secco dell'ufficio- le marche utilizzate per il pagamento ed è chiamato a rifiutare di ricevere gli atti se le marche mancano o sono di importo inferiore a quello stabilito.
L'anticipazione è dovuta altresì dalla parte civile che si costituisce nell'ambito del processo penale, salvo che la stessa parte abbia ottenuto l'ammissione al patrocinio a spese dello Stato, nel qual caso il relativo importo va prenotato a debito, ai sensi dell'art. 108 T.U. mediante registrazione sul relativo registro Mod. 2/A/SG.

L'esenzione dal pagamento dell'anticipazione in argomento, le uniche ipotesi riguardano:
- i procedimenti in materia di lavoro, previdenza e assistenza, di cui all'articolo unico della L. 2-4-1958, n. 319, e quelli a cui si applica lo stesso articolo (in sostanza, i procedimenti relativi all'azione di risarcimento del danno cagionato nell'esercizio delle funzioni giudiziarie, regolati dalla L. 13-4-1988, n. 117);
- i procedimenti introdotti con l'istanza di cui all'art. 492-bis, primo comma, c.p.c. (Ricerca con modalità telematiche dei beni da pignorare) (art. 13, comma l-quater, T.U.).

8. Le spese per le notifiche a richiesta delle parti.

Ai sensi dell'art. 32 T.U. n. 155/2002, le parti private devono anticipare agli ufficiali giudiziari i diritti e le indennità di trasferta o le spese di spedizione relativi agli atti richiesti.
Per le notificazioni effettuate, invece, direttamente dagli avvocati ai sensi della L. 21-1-1994, n. 53, è dovuta la corresponsione dei diritti previsti dall'art. 2 del D.M. (Giustizia) 27-5-94. Il pagamento avviene mediante marche da bollo.
Gli uffici giudiziari sono tenuti a vigilare sull'esatta corresponsione dei predetti diritti: per le relative violazioni si applicano le sanzioni previste per l'imposta di bollo, con le stesse modalità e procedure, in quanto applicabili (art. 10, comma 2, L. n. 53/94).
Le marche da bollo apposte agli atti di cui sopra devono essere annullate, prima dell'uso, nei modi previsti dalle disposizioni sull'imposta di bollo.
Il D.L. 18-10-2012, n. 179 (conv. con mod. dalla L. 17-12-2012, n. 221), ha modificato la L. n. 53/1994 introducendo la facoltà per l'avvocato di notificare in proprio anche mediante posta elettronica certificata, secondo le modalità di cui all'art. 3-bis della L. n. 53/1994, all'art. 18 del D.M. 44/2011 e all'art. 19 e 19-bis delle specifiche tecniche di cui al D.M. 16-4-2014.
Inoltre, il D.L. n. 90 del 24-6-2014 «Misure urgenti per la semplificazione e la trasparenza amministrativa e per l'efficienza degli uffici giudiziari», conv. con mod. dalla L. 11-8-2014, n. 114 ha ulteriormente semplificato le procedure di notifica.

9. Imposte di bollo.

A seguito dell'introduzione del contributo unificato, non è più applicabile l'imposta di bollo ai procedimenti giurisdizionali.
Più precisamente:
- per il processo penale la regola dell'esclusione è assoluta e riguarda anche le sentenze e i decreti penali;
- per gli atti ei provvedimenti del processo civile, compresa la procedura concorsuale e quelle di volontaria giurisdizione, e del processo amministrativo, tale regola è limitata a quelli soggetti al contributo unificato.

Per i processi già iscritti a ruolo alla data del 1° marzo 2002, se nessuna delle parti del processo si avvale della facoltà di passare al regime del contributo unificato, si applicano le disposizioni vigenti relative all'imposta di bollo.
L'imposta di bollo non si applica:

- alle copie autentiche, comprese quelle esecutive, degli atti e dei provvedimenti del processo, purché richieste dalle parti processuali;
- sulla sentenza spedita in forma esecutiva
- sulla copia conforme uso impugnazione, anche se relative a procedimenti esclusi dal contributo unificato.

Pertanto, l'imposta di bollo è ancora applicabile:

- agli atti e provvedimenti dei procedimenti civili, qualora non siano soggetti al contributo unificato (perché iscritti a ruolo prima del 1° marzo 2002);
- alle istanze e le domande che provengono da terzi estranei al rapporto processuale e che pertanto non beneficiano dal particolare regime conseguente al pagamento del predetto contributo;
- agli atti non giurisdizionali compiuti dagli uffici (in quanto esclusi dalla disciplina del contributo unificato per mancanza del criterio oggettivo), che sono il rilascio di certificati, la rinuncia all'eredità o l'accettazione con beneficio di inventario, l'atto notorio, le dichiarazioni sostitutive, il verbale di asseverazione stragiudiziale, l'iscrizione all'albo dei periti, la trascrizione delle macchine con riserva di proprietà ecc.

L'imposta fissa di bollo in qualsiasi modo dovuta è stabilita in euro 16,00, mentre per gli altri atti indicati dall'art. 13 della Tariffa bollo, tra cui rientrano le quietanze, l'imposta è stabilita in euro 2,00, come previsto dal D.L. n. 43 del 26-4-201, conv. con L. n. 71/2013.

10. L'imposta di registro.

Il D.P.R. 26-4-1986, n. 131 prevede i casi in cui è dovuta l'imposta di registro.
L'imposta di registro si applica agli atti dei quali la tariffa allegata, impone la registrazione, nonché a quelli volontariamente presentati per la registrazione.
La registrazione consiste nell'annotazione nell'apposito registro e nell'apposizione sull'atto di una stampigliatura attestante la data, il numero della registrazione e l'imposta pagata.
La sede locale dell'Agenzia delle entrate nella cui circoscrizione risiede il pubblico ufficiale obbligato a richiedere la registrazione è competente a registrare:

- gli atti pubblici,
- le scritture private autenticate;
- gli atti degli organi giurisdizionali.

La registrazione di tutti gli altri atti può essere eseguita da qualsiasi ufficio del registro, ai sensi dell'art. 9, D.P.R. n. 131/1986.
Inoltre, come previsto dall'art. 8 Tariffa all. D.P.R. n. 131/86, **sono soggetti a registrazione in termine fisso** gli atti dell'autorità giudiziaria ordinaria e speciale in materia di controversie civili che definiscono, anche parzialmente, il giudizio, quali:

- i decreti ingiuntivi esecutivi, che sono registrati sulla base dell'esecutività (cfr. Cass. Civ. n. 11663/01);
- i provvedimenti di aggiudicazione e quelli di assegnazione, anche in sede di scioglimento di comunioni;

- le sentenze che rendono efficaci nello Stato sentenze straniere;
- i provvedimenti che dichiarano esecutivi i lodi arbitrali;
- atti diversi da quelli prima indicati aventi per oggetto prestazioni a contenuto patrimoniale (art. 9 Tariffa all. D.P.R. n. 131/86);
- altri atti formati dal cancelliere quale pubblico ufficiale, in quanto riconducibili alla categoria degli atti pubblici (art. 11 della Tariffa all. D.P.R. n. 131/86)

Nei suddetti casi la registrazione è dovuta anche qualora gli atti siano stati impugnati o siano impugnabili, fatto salvo il conguaglio o rimborso (art. 37, D.P.R. n. 131/86).

In base al D.P.R. 131/1986 sono atti soggetti a registrazione:

- le sentenze civili, ad esclusione di quelle di mero rito, anche se non passate in giudicato, ma non gli altri provvedimenti che dichiarano l'estinzione dei giudizi civili;
- i decreti ingiuntivi esecutivi, compresi quelli emessi in sostituzione di quelli divenuti inefficaci ai sensi dell'art. 644 c.p.c. i verbali di conciliazione;
- i provvedimenti cautelari (ma non quelli che non hanno carattere anticipatorio, come ad esempio il sequestro conservativo e quello giudiziario), nonché i provvedimenti possessori;
- i provvedimenti ingiuntivi ex art. 186 bis, ter (se dichiarati provvisoriamente esecutivi) e quater;
- le sentenze penali, quando sono passate in giudicato, recanti condanna, anche generica, al risarcimento del danno o alla restituzione, ma non quelle che si limitano a statuire sulle spese (come nel patteggiamento);
- nel processo esecutivo, l'ordinanza di assegnazione di beni mobili o immobili pignorati e di crediti pignorati presso terzi e l'atto di aggiudicazione nella vendita, ma non l'ordinanza di assegnazione somme né il provvedimento relativo alla conversione del pignoramento;
- la rinuncia all'eredità ed i verbali di inventario in materia successoria (compresi i verbali di inventario nelle eredità giacenti), ma non quelli in materia fallimentare e di apposizione dei sigilli nella stessa materia;
- il decreto di omologazione del concordato preventivo previsto in materia fallimentare;
- le ordinanze, aventi contenuto decisorio, che concludono i procedimenti di cui all'art. 29, L. n. 794/42 (liquidazione degli onorari di avvocato), nonché i procedimenti di cui all'art. 170 T.U. n. 115/02 (opposizione al decreto di pagamento) e all'art. 99 T.U. 115/02 (ricorso avverso il rigetto dell'istanza di ammissione al patrocinio a spese dello Stato).
- l'ordinanza di riparazione per ingiusta detenzione ex art. 314 c.p.p. e di riparazione dell'errore giudiziario ex art. 643 c.p.p., nonché i decreti emessi in materia di equa riparazione ex L. n. 89/01 (mediante prenotazione a debito trattandosi di procedimenti in cui è parte lo Stato), compresi quelli di «rigetto».

Gli Atti soggetti a registrazione ma esenti dall'imposta di registro sono:

- i verbali di conciliazione di valore non superiore ad euro 51.645,69 (art. 9, comma 9, L. n. 488/99);
- i documenti ed i provvedimenti relativi al procedimento di scioglimento o di cessazione degli effetti civili del matrimonio ed a quello di separazione personale dei coniugi, nonché relativi ai procedimenti anche esecutivi e cautelari diretti ad ottenere la corresponsione e la revisione degli assegni di cui agli artt. 5 e 6, L. n. 898/70 (art. 19, L. n. 74/87; Corte Cost., Sent. 29-4/10-5-99, n. 154);
- gli atti, i documenti ed i provvedimenti relativi alle cause per controversie individuali di lavoro o concernenti rapporti di pubblico impiego, nonché alle cause per controversie di previdenza e assistenza obbligatoria (art. 10, L. n. 533/73);
- gli atti ed i provvedimenti relativi alle cause ovvero alle attività conciliative in sede non

contenziosa innanzi al giudice di pace il cui valore non ecceda euro 1033,00 (art. 46, L. n. 374/91). L'esenzione si estende al giudizio di appello presso il tribunale avverso i provvedimenti del giudice di pace (v. Risoluzione Agenzia delle Entrate n. 48 del 18-4-2011, sentenza Corte Cassazione n. 16310 del 16-7-2014, nota DAG prot. n. 005233.U del 21-3-2016);
- i provvedimenti emessi ai sensi dell'art. 148 c.c. - concorso negli oneri di mantenimento, istruzione ed educazione della prole - (Sent. Corte Cost. n. 202, dep. 11-6-03);
- gli atti delle procedure di riscossione coattiva, ivi compreso le sentenze emesse nelle cause in cui è parte l'Agente della riscossione;
- gli atti ed i provvedimenti previsti dal titolo XII del libro I del codice civile (art. 46 bis disp. att. c.c.): interdizione, inabilitazione, tutela degli interdetti, curatela degli inabilitati, amministrazione di sostegno, compresi gli inventari. L'esenzione dall'imposta non si estende all'inventario redatto nell'ambito della tutela dei minori (Nota prot. n.m dg.DAG.327/07/2006.80510.U, del Dip. Aff. Giust., D.G. Giust. Civ., Uff. I);
- i provvedimenti della Corte di cassazione (art. 73, comma 2 bis, T.U. 115/2002, introdotto dall'art. 67, comma 3, L. 18-6-2009, n. 69);
- gli atti del processo di opposizione ad ordinanza-ingiunzione (art. 23 L. n. 689/1981; art. 10, comma 6 bis T.U. n. 115/2002).

11. Gli adempimenti di cancelleria.

L'imposta di registro è riscossa dall'ufficio finanziario, che cura in toto la formalità della registrazione.
Il D.P.R. n. 131/1986 stabilisce alcuni adempimenti a carico della cancelleria, quale l'invio all'Agenzia delle Entrate competente del provvedimento soggetto all'imposta, nonché altri adempimenti connessi. Tale invio riguarda, peraltro, solo gli atti e i provvedimenti concretamente soggetti all'imposta (art. 73, D.P.R. n. 115/02).
Ai sensi dell'art. 10 L. Registro, sono obbligati a richiedere la registrazione (tra l'altro):
a) i pubblici ufficiali per gli atti da essi redatti, ricevuti o autenticati;
b) i cancellieri e i segretari per le sentenze, i decreti e gli altri atti degli organi giurisdizionali alla cui formazione hanno partecipato nell'esercizio delle loro funzioni.
Per gli atti sub b), esclusi i decreti di trasferimento e gli atti ricevuti dai cancellieri, la registrazione deve essere richiesta entro cinque giorni da quello in cui il provvedimento è stato pubblicato o emanato, mentre per gli altri atti, il termine è di venti giorni (art. 13 L. Registro).
Per la registrazione degli atti è riscosso un diritto di registrazione (pari ad euro 4,13), nei soli procedimenti già iscritti a ruolo alla data del 28 febbraio 2002, anche se conclusi successivamente all'entrata in vigore delle norme sul contributo unificato, a meno che le parti non abbiano optato per il nuovo regime. Il diritto viene percepito all'udienza di discussione ed assegnazione della causa a sentenza o, in mancanza, nel momento in cui viene depositata.
Ai sensi dell'art. 66 L. Registro, i pubblici ufficiali possono rilasciare originali, copie ed estratti degli atti soggetti a registrazione in termine fisso da loro formati o autenticati solo dopo che gli stessi sono stati registrati, indicando gli estremi della registrazione, compreso l'ammontare dell'imposta, con apposita attestazione da loro sottoscritta.

Il divieto di rilascio non si applica:
- agli originali, copie ed estratti di sentenze ed altri provvedimenti giurisdizionali, o di atti formati dagli ufficiali giudiziari, che siano rilasciati perla prosecuzione del giudizio;
- agli atti richiesti d'ufficio ai fini di un procedimento giurisdizionale;

- alle copie degli atti destinate alla trascrizione o iscrizione nei registri immobiliari;
- alle copie degli atti occorrenti per l'approvazione od omologazione;
- alle copie di atti che il pubblico ufficiale è tenuto per legge a deposita re presso pubblici uffici.

Ai sensi dell'art. 67 L. Registra, il cancelliere deve iscrivere gli atti soggetti a registrazione in termine fisso nell'apposito registro repertorio (mod. 45). Il registro, prima dell'uso, deve essere numerato e vidimato in ogni mezzo foglio dal Dirigente della Cancelleria o da persona da lui delegata (D.M. n. 264/2000). L'eventuale duplicazione del registro deve essere autorizzata dall'Ufficio finanziario (art. 67, comma, 3, L. Registro).
Gli atti vanno annotati giorno per giorno, senza spazi in bianco né interlinee e per ordine di numero, con l'indicazione della data dell'atto o della sua iscrizione, delle generalità e del domicilio a residenza delle parti, della natura e del contenuto dell'atto.
Il cancelliere desume gli elementi riguardanti il domicilio o la residenza anagrafica delle parti dagli atti del procedimento.
Se ciò non è possibile e vi è elezione di domicilio, tali elementi vanno acquisiti tramite il domiciliatario o gli organi di polizia tributaria. In tal caso, il termine per la registrazione decorre dalla data di acquisizione dei predetti elementi.
I cancellieri devono, entro il mese successivo a ciascun quadrimestre solare nei giorni indicati dall'Agenzia delle Entrate competente per territorio, presentare il repertorio all'ufficio stesso, che ne rilascia ricevuta (art. 68, L. Registro).
L'ufficio finanziario, dopo aver controllato la regolarità della tenuta del repertorio e della registrazione degli atti in esso iscritti, nonché la corrispondenza degli estremi di registrazione ivi annotati con le risultanze dei propri registri e dopo aver rilevato le eventuali violazioni e tutte le notizie utili, appone il proprio visto dopo l'ultima iscrizione indicando la data di presentazione e il numero degli atti iscritti o dichiarando che non ha avuto luogo alcuna iscrizione.
L'ufficio non può trattenere il repertorio oltre il terzo giorno non festivo successivo a quello di presentazione.
L'art. 73 L. Registro individua la sanzione (pecuniaria, ma anche la sospensione dalla funzione fino a sei mesi), a carico del pubblico ufficiale, per l'omessa o irregolare tenuta o presentazione del repertorio.

L'art. 73, D.P.R. n. 115/02 dispone che la trasmissione all'ufficio finanziario dei provvedimenti e gli atti giudiziari soggetti ad imposta di registro deve avvenire secondo le regole tecniche telematiche da stabilirsi con decreto dirigenziale del Ministero dell'economia e delle finanze.
Tuttavia, fino all'attivazione delle procedure di trasmissione telematica, la trasmissione va effettuata mediante copia autentica e non più con l'originale dell'atto (art. 278, D.P.R. n. 115/2002).
L'ufficio finanziario, curata la formalità della registrazione, deve comunicare alla cancelleria gli estremi di protocollo e di registrazione; il citato art. 73 indica anche un termine: dieci giorni, decorrenti dalla ricezione dell'atto se la registrazione avviene con prenotazione a debito della relativa imposta, e dal pagamento negli altri casi.

Ricevuta la comunicazione, la cancelleria deve infine annotare i dati della registrazione in calce all'originale degli atti (art. 73, D.P.R. n. 115/2002) e nel registro repertorio (art. 67, D.P.R. n. 131/1986).
I pubblici ufficiali devono indicare negli atti da loro formati gli estremi della registrazione degli atti soggetti alla formalità in termine fisso menzionati negli atti stessi (art. 64 L. Registro). Per contro, essi non possono menzionare negli atti non soggetti a registrazione in termine fisso da loro formati, né allegare agli stessi, né ricevere in deposito, né assumere a base dei loro provvedimenti, atti

soggetti a registrazione in termine fisso qualora non siano stati registrati.
Tuttavia, il cancelliere, nell'ambito del controllo della regolarità fiscale degli atti e dei documenti depositati dalle parti previsto dall'art. 74 disp. att. c.p.c., non può rifiutarsi di ricevere atti soggetti a registrazione in termine fisso non registrati. Quando però il provvedimento è emesso in base a tali atti, il cancelliere, ai fini della registrazione d'ufficio ex art. 15 L. Registro, deve trasmettere gli atti non registrati, in originale o in copia conforme, alla competente Agenzia delle Entrate insieme con il provvedimento. Qualora il provvedimento non sia soggetto a registrazione, gli atti devono essere inviati all'Ufficio finanzia rio entro trenta giorni dalla data di pubblicazione del provvedimento.

A norma dell'art. 22 L. Registro, se in un atto sono enunciate disposizioni contenute in atti scritti o contratti verbali non registrati e posti in essere fra le stesse parti intervenute nell'atto che contiene la enunciazione, l'imposta si applica anche alle disposizioni enunciate. Se l'atto enunciato era soggetto a registrazione in termine fisso è dovuta anche la pena pecuniaria prevista dal successivo art. 69.

Tuttavia, se l'enunciazione di un atto non soggetto a registrazione in termine fisso è contenuta in uno degli atti dell'autorità giudiziaria soggetto a registrazione, l'imposta si applica sulla parte dell'atto enunciato non ancora eseguita.

Inoltre, non si può procedere a tassazione degli atti enunciati la cui formazione risalga ad oltre il quinquennio stabilito per la decadenza dell'azione della finanza. Peraltro, poiché gli atti non soggetti ad imposta di registro non devono essere sottoposti alla formalità della registrazione, nei casi di esenzione dall'imposta non si applica il richiamato art. 22 per carenza del presupposto della registrazione dell'atto enunciante (cfr. Risoluzione 31.3.03, n. 77/E, dell'Agenzia delle Entrate).

12. Diritti di cancelleria.

Prima dell'introduzione del contributo unificato, le cancellerie e segreterie giudiziarie, per il compimento di talune attività di carattere processuale o amministrativo, percepivano, a norma della L. 24-12-1976, n. 900, specifici diritti di cancelleria; questi costituivano vere e proprie «tasse» che il cittadino doveva pagare in riferimento ad una prestazione richiesta (l'iscrizione del procedimento, la fascicolazione, l'iscrizione nel registro cronologico, ecc.).

Il testo unico in materia di spese di giustizia ha espressamente abrogato la L. 900/1976 e, di conseguenza, ha eliminato dalle disposizioni già in vigore qualsiasi riferimento ai diritti di cancelleria, con la sola eccezione del diritto di copia e del diritto di certificato, che rappresentano quindi le uniche ipotesi di diritto ancora applicabile.

12.1. Il diritto di copia.

Per la disciplina del **diritto di copia** e quello di certificato, il testo unico in materia di spese di giustizia ha rinviato ad un apposito regolamento - al momento non ancora adottato – con il quale si individueranno i relativi importi, nonché le modalità di pagamento, anche con riferimento all'estensione dei collegamenti telematici. Con il predetto regolamento l'importo del diritto di copia rilasciata su supporto cartaceo dovrà essere fissato in misura superiore di almeno il cinquanta per cento di quello previsto per il rilascio di copie in formato elettronico. In attesa dell'emanazione delle disposizioni definitive, valgono le seguenti disposizioni transitorie.

Il diritto di copia è dovuto per il rilascio di copie di documenti senza certificazione di conformità,

di copie autentiche di documenti e di copie di documenti su supporto diverso da quello cartaceo è dovuto il diritto forfetario nelle misure stabilite rispettivamente dalle tabelle che si riportano nel successivo paragrafo. Nei processi dinanzi al giudice di pace tutti i diritti di copia sono ridotti alla metà.
Le copie autentiche sono quelle in calce alle quali il cancelliere attesta la conformità delle stesse agli originali, previo accertamento di tale corrispondenza; nella certificazione di conformità devono essere indicati la data e il luogo di rilascio, il numero di fogli impiegati, il cognome e nome del funzionario, la qualifica rivestita, oltre all'apposizione della firma per esteso e del timbro dell'ufficio.

L'art. 4 del D.L. 29-12-2009, n. 193, integrato dalla legge di conversione 22-2-2010, n. 24, ha stabilito che i diritti di copia per il rilascio senza certificazione di conformità (all. 6) e quelli di copia autentica (all. 7) siano aumentati del cinquanta per cento rispetto agli importi originariamente previsti dalle citate tabelle. Invece, peri diritti di copia rilasciata in formato elettronico di atti esistenti nell'archivio informatico dell'ufficio giudiziario è previsto che gli importi siano determinati, in ragione del numero delle pagine memorizzate, nella misura precedentemente fissata perle copie cartacee.
In sostanza, è stato disposto un considerevole aumento degli importi dei diritti per le copie in formato cartaceo al fine di incentivare il ricorso alle copie rilasciate in formato elettronico. Conseguentemente, viene disposta la sospensione dell'applicazione della tabella prevista per il rilascio di copie su supporto diverso da quello cartaceo, limitatamente, peraltro, ai supporti che contengono dati informatici peri quali è possibile calcolare le pagine memorizzate.

Con il successivo decreto interministeriale 7-5-2015, il diritto di copia e di certificato da percepire a far data dal 15 luglio 2015 sono stati adeguati ai sensi dell'art. 274 del TU.

Ai fini del calcolo dell'importo dei diritti da percepire, si deve tener presente che, qualora vengano richiesti più atti relativi al medesimo procedimento e si tratta di copie da rilasciare con certificazione di conformità, ciascun atto sarà assoggettato ai relativi diritti (oltre che al bollo se si tratta di processo soggetto al regime previgente), giacché l'attività di certificazione di conformità (ed il relativo diritto) è collegata ad ogni singolo atto, indipendentemente poi dal numero di pagine di cui esso si compone.
Per il rilascio entro due giorni di copie su supporto cartaceo, senza e con certificazione di conformità, il diritto dovuto è triplicato.
La triplicazione dell'importo base per il rilascio entro due giorni non è applicabile alla copia rilasciata su supporto non cartaceo (Circolare Min. Giust., 2-4-2014).
Nei processi dinanzi al giudice di pace tutti i diritti di copia sono ridotti alla metà.

▶ 12.2. Il diritto di certificato.

Riguardo al diritto di certificato, questo è dovuto solo nell'ambito di certificazioni richieste nella materia penale o civile, e non anche per attività di natura amministrativa. Tale diritto è così transitoriamente regolato:

- per ogni certificato richiesto dalle parti, compreso il certificato del casella rio giudiziale, quello dei carichi pendenti e quello delle sanzioni amministrative dipendenti da reato, è dovuto un diritto pari a euro 3,84 (importo così elevato dall'art. 1, comma 1, Decreto 7-5-2015);
- per il certificato del casellario giudiziale, per quello dei carichi pendenti e per quello delle sanzioni amministrative dipendenti da reato, se si richiede il rilascio immediato e si ottiene il certificato nel medesimo giorno della richiesta, è dovuto un ulteriore diritto di euro 3,84.

E stato inoltre chiarito che la comunicazione prevista dall'art. 335, comma 3 c.p.p. (relativa alle iscrizioni nel registro delle notizie di reato), non può essere assimilata alla certificazione vera e propria per la quale è richiesta la riscossione del diritto di certificato. Più precisamente, quando la comunicazione è fatta prima della formulazione del capo di imputazione, la stessa non raggiunge quella certezza giuridica propria del certificato. Infatti al PM è riconosciuta un margine di discrezionalità tale da consentirgli di nega re, seppure con decreto motivato, l'informativa richiesta; pertanto, a differenza della comunicazione effettuata dopo l'esercizio dell'azione penale, durante le indagini preliminari il diritto di certificato non è dovuto.

Riguardo al pagamento del diritto di copia e di certificato, questo per il momento deve essere effettuato mediante l'applicazione di marche da bollo, anzi, più precisamente mediante i contrassegni emessi in via telematica, giacché le vecchie marche da bollo sono state dichiarate fuori corso a decorrere dal 1° settembre 2007. Solo perla copia su compact disk (a cui è equiparato il DVD) è previsto che il diritto sia corrisposto con le modalità stabilite per il pagamento del contributo unificato.

Se il pagamento avviene in marche (oggi contrassegni), questa sono applicate sull'originale o sull'istanza.
Il cancelliere annulla mediante il timbro a secco dell'ufficio le marche, attesta l'avvenuto pagamento sulla copia o sul certificato, rifiuta di rilasciare la copia o il certificato se le marche mancano o sono di importo inferiore a quello stabilito.

Riguardo ai diritti per il **rilascio di copie su supporto informatico** diverso dal floppy-disc, si riporta un interessante passaggio della nota DAG 20-10-2015, n. 0157302.U: «L'evoluzione della tecnologia informatica che tende a disancorare le informazioni disponibili dalla tipologia dei supporti meccanici e dai tempi di duplicazione delle informazioni medesime introduce frequenti criticità nella gestione del servizio di "rilascio copie" da parte delle cancellerie posto che non sono disciplinate le modalità nelle ipotesi di utilizzo ad es. di hard disk esterni, chiavette USB, duplicazione attraverso siti, etc. che hanno notoriamente una capacità di memoria considerevolmente più ampia rispetto ai cd e che consentono di riversare in copia una gran quantità di atti (anche contenuti in file originariamente formati) in tempi limitati ed in una unica soluzione. La mancata pubblicazione a tutt'oggi del regolamento previsto nell'art. 40 IU. e le diverse pronunce della giustizia amministrativa che hanno visto soccombente il Ministero della Giustizia (Consiglio di Stato n. 4408 depositata il 21 settembre 2015 ed ancora TAR Reggio Calabria n. 195 del 1 7 febbraio 201 6), hanno reso necessario il superamento delle iniziali indicazioni fornite in via interpretativa dai competenti uffici ministeriali (note n. 67227 del 16-5-2012 e 1/71867U/44 NV del 28 giugno 2005) secondo cui per il rilascio di copia su supporto informatico diverso dal floppy da 1,44 MB e dai cd potesse farsi riferimento all'importo forfettizzato previsto in tabella per ogni cd. Tenuto con to della lacuna legislativa, si è ritenuto opportuno per quantificare l'importo richiedibile dall'amministrazione, superare il concetto di "capienza" del supporto per far spazio e quello di "costo del servizio" necessario per approntare le strumentazioni informatiche necessarie per garantire il servizio all'utenza. Pertanto, gli uffici giudiziari, ove non sia possibile calcolare il numero delle pagine memorizzate sul supporto informatico, possono chiedere esclusivamente e per una sola volta l'importo forfettario di € 320,48 per ogni singola richiesta presentata dalla medesima parte».

D'altra parte, con riferimento al processo civile telematico, il D.L. n. 90 del 24-6-2014, convertito con modificazione nella L. 11-8-2014 n. 114, ha introdotto modiche agli artt. 40, 268 e 269 T.U. per cui «il diritto di copia senza certificazione di conformità non è dovuto quando la copia è estratto dal fascicolo informatico dai soggetti abilitati ad accedervi» e «Il diritto di copia autentica non è dovuto nei casi previsti dall'articolo 16-bis, comma 9-bis, del decreto-legge 18 ottobre 2012, n. 179, convertito, con modificazioni, dalla legge 17 dicembre 2012, n. 221». Il comma 9-bis, nella sua attuale formulazione, prevede che le copie informatiche, anche per immagine, di atti processuali di parte e degli ausiliari del giudice nonché dei provvedimenti di quest'ultimo, presenti nei fascicoli informatici o trasmessi in allegato alle comunicazioni telematiche dei procedimenti civili, equivalgono all'originale anche se prive della firma digitale del cancelliere di attestazione di conformità all'originale. Il difensore, il dipendente di cui si avvale la pubblica amministrazione per stare in giudizio personalmente, il consulente tecnico, il professionista delegato, il curatore ed il commissario giudiziale possono estrarre con modalità telematiche duplicati, copie analogiche o informatiche degli atti e dei provvedimenti predetti ed attestare la conformità delle copie estratte ai corrispondenti atti contenuti nel fascicolo informatico. Le copie analogiche ed informatiche, anche per immagine, estratte dal fascicolo informatico e munite della predetta attestazione di conformità, equivalgono all'originale. Il duplicato informatico di un documento informatico deve essere prodotto mediante processi e strumenti che assicurino che il documento informatico ottenuto sullo stesso sistema di memorizzazione o su un sistema diverso contenga la stessa sequenza di bit del documento informatico di origine.

Capitolo 5 PATROCINIO A SPESE DELLO STATO

SOMMARIO:
I ● **1.** Principi generali di applicazione della normativa del patrocinio a spese dello Stato. - **2.** Requisiti ammissione al beneficio. - **3.** Istanza di ammissione al patrocinio. **4.** La scelta del difensore. - **5.** I consulenti tecnici di parte e investigatori privati. - **6.** Liquidazione dei compensi. - **7.** Benefici derivanti dall'ammissione al patrocinio dello stato nel processo civile. - **8.** Revoca del decreto di ammissione e recupero delle spese processuali. - **9.** Casi di esenzione parziale dell'applicazione della normativa del patrocinio a spese dello stato. **II** ● **1.** Istanza di ammissione. Accoglimento della richiesta. Rigetto della richiesta ed impugnazione. - **2.** Benefici derivanti dall'ammissione al patrocinio dello Stato. - **3.** Revoca del decreto di ammissione e recupero delle spese processuali.

I ▶ PRINCIPI GENERALI

1. Principi generali di applicazione della normativa del patrocinio a spese dello Stato.

In ossequio ai principi costituzionali di uguaglianza, formale e sostanziale, sanciti dall'art. 3 della Costituzione e in attuazione del diritto di difesa di cui all'art. 24 Cost., l'ordinamento giuridico garantisce a tutti coloro che non hanno i mezzi economici sufficienti per nominare un avvocato ed affrontare i costi di un processo, la possibilità di essere rappresentati in giudizio, sia per agire che per difendere i propri diritti ed interessi legittimi, usufruendo dell'istituto del patrocinio a spese dello Stato (o gratuito patrocinio).
La disciplina del gratuito patrocinio è contenuta nel D.P.R. 30.5.2002, n. 115, "*Testo unico in materia di spese di giustizia*" (modificato da ultimo dalla l. 27.12.2013, n. 147), dall'art. 74 all'art. 141.
Il gratuito patrocinio è assicurato nei processi civili, amministrativi, contabili, tributari e nelle cause di volontaria giurisdizione (ad esempio, separazioni consensuali, divorzi congiunti, ecc.), purché non si tratti di questioni manifestamente infondate.
È, altresì, previsto il gratuito patrocinio nel processo penale per la difesa del cittadino non abbiente, indagato, imputato condannato, persona offesa da reato, danneggiato che intenda costituirsi parte civile, responsabile civile o civilmente obbligato per la pena pecuniaria.
L'ammissione è valida, ex art. 75 del D.p.r. n. 115/2002, in ogni grado e fase del processo (anche in Cassazione, purché il legale sia abilitato al patrocinio) e per tutte le procedure, derivate e accidentali, comunque connesse.
L'istituto è ammissibile solo per l'attività giudiziale (e non per quella stragiudiziale), ritenendo ivi comprese sia le azioni strettamente processuali che quelle prestate dal legale, in esecuzione del mandato conferito, al di fuori del giudizio purché direttamente collegate allo stesso.

2. Requisiti ammissione al beneficio.

Per essere ammessi al patrocinio a spese dello Stato è necessario che il richiedente sia titolare di un reddito annuo imponibile, risultante dall'ultima dichiarazione, non superiore a euro 11.746,68.

Ex artt. 74 e 119 del D.p.r. n. 115/2002, Possono richiedere l'ammissione al patrocinio a spese dello Stato:

- i cittadini italiani
- gli stranieri, regolarmente soggiornanti sul territorio nazionale al momento del sorgere del rapporto o del fatto oggetto del processo da instaurare
- gli apolidi
- gli enti o associazioni che non perseguano fini di lucro e non esercitino attività economica.

Ai fini del computo, il reddito considerato è quello imponibile, risultante dall'ultima dichiarazione Irpef.
Se l'interessato convive con il coniuge e/o con altri familiari il reddito considerato è quello risultante dalla somma dei redditi dell'intero nucleo familiare.
L'art. 76 del T.U. n. 115/2002 prevede che si tenga conto solo del reddito dell'interessato nelle cause che hanno per oggetto diritti della personalità ed in quelle in cui vi è conflitto di interessi con gli altri componenti del nucleo familiare.
Per il patrocinio in ambito penale, ex art. 92 T.U. n. 115/2002, il limite reddituale è elevato di euro 1.032,91 per ognuno dei familiari conviventi.
Si precisa che ai fini dell'ammissione al gratuito patrocinio, si tiene conto del solo reddito personale quando sono oggetto della causa diritti della personalità, ovvero nei processi in cui gli interessi del richiedente sono in conflitto con quelli degli altri componenti il nucleo familiare con lui conviventi.
L'ammissione può essere richiesta in ogni stato e grado del processo ed è valida per tutti i successivi gradi del giudizio. Se la parte ammessa al beneficio rimane soccombente, non può utilizzare il beneficio per proporre impugnazione.

3. Istanza di ammissione al patrocinio.

Ai sensi dell'art. 79 del T.U. n. 115/2002, l'istanza, debitamente sottoscritta dall'interessato, deve essere redatta in carta semplice e deve contenere a pena di inammissibilità:

- la richiesta di ammissione al patrocinio;
- l'indicazione del processo cui si riferisce, ove già pendente;
- la data della prossima udienza
- generalità e residenza della controparte
- ragioni di fatto e diritto utili a valutare la fondatezza della pretesa da far valere;
- se trattasi di causa già pendente, prove (documenti, contatti, testimoni, consulenza tecniche, ecc. da allegare in copia);
- le generalità anagrafiche e il codice fiscale del richiedente e dei componenti il nucleo familiare;
- la dichiarazione sostitutiva di certificazione ai sensi del D.P.R. n. 445/2000 che attesti i redditi percepiti l'anno precedente alla domanda;
- l'impegno a comunicare le eventuali variazioni di reddito (rilevanti ai fini dell'ammissione al beneficio o della eventuale revoca) entro trenta giorni dalla scadenza del termine di un anno, dalla data di presentazione della domanda o della comunicazione della precedente variazione.

Occorre, inoltre, allegare:

- copia di un valido documento di identità;
- l'eventuale documentazione richiesta dal Consiglio dell'Ordine o dal magistrato a sostegno di quanto dichiarato nell'istanza (nei moduli prestampati disponibili presso le relative segreterie sono indicati tutti i documenti necessari).

I moduli per le domande sono disponibili presso le stesse Segreterie del Consiglio dell'Ordine degli Avvocati.
La domanda deve essere presentata personalmente dall'interessato con allegata fotocopia di un documento di identità valido, oppure può essere presentata dal difensore che dovrà autenticare la firma di chi sottoscrive la domanda.
Può essere inviata a mezzo raccomandata A/R con allegata fotocopia di un documento di identità valido del richiedente.
A seguito della ricezione dell'istanza di ammissione al gratuito patrocinio, il Consiglio dell'Ordine è chiamato a

- valutare la fondatezza delle pretese da far valere e se ricorrono le condizioni per l'ammissibilità,
- emettere entro 10 giorni uno dei seguenti provvedimenti:
  - accoglimento della domanda
  - non ammissibilità della domanda
  - rigetto della domanda
- trasmettere copia del provvedimento all'interessato, al giudice competente e all'Ufficio delle Entrate, per la verifica dei redditi dichiarati.

4. La scelta del difensore.

I soggetti ammessi al patrocinio possono nominare un difensore scelto tra gli iscritti negli elenchi degli avvocati per il patrocinio a spese dello Stato, istituiti presso i consigli dell'ordine del distretto di corte di appello nel quale ha sede il magistrato competente a conoscere del merito o il magistrato davanti al quale pende il processo.
Se si procede innanzi la Corte di cassazione, il Consiglio di Stato, o le sezioni riunite o le sezioni giurisdizionali centrali presso la Corte dei conti, gli elenchi sono quelli istituiti presso i consigli dell'ordine del distretto di corte di appello del luogo dove ha sede il giudice che ha emesso il provvedimento impugnato.
Ad ogni modo, colui che è ammesso al patrocinio può nominare un difensore iscritto negli elenchi degli avvocati per il patrocinio a spese dello Stato scelto anche al di fuori dei suddetti distretti, così come previsto dal terzo comma dell'art. 80 del T.U. n. 115/2002.

L'elenco degli avvocati per il patrocinio a spese dello Stato è formato dagli avvocati che ne fanno domanda e che siano in possesso dai seguenti requisiti, la cui sussistenza in capo ad ogni avvocato richiedente è valutata dal consiglio dell'ordine, che delibera poi l'inserimento nell'apposito elenco:

- attitudini ed esperienza professionale specifica, distinguendo tra processi civili, penali, amministrativi, contabili, tributari ed affari di volontaria giurisdizione;
- assenza di sanzioni disciplinari superiori all'avvertimento irrogate nei cinque anni precedenti la domanda;
- iscrizione all'Albo degli avvocati da almeno due anni.

I suddetti requisiti sono previsti dall'art. 81 del T.U. n. 115/2002, il quale prosegue poi ad indicare le cause di cancellazione dall'elenco e la tempistica di aggiornamento dello stesso.
Nello specifico, è cancellato di diritto dall'elenco l'avvocato per il quale è stata disposta una sanzione disciplinare superiore all'avvertimento.
L'elenco è rinnovato entro il 31 gennaio di ogni anno, è pubblico, e si trova presso tutti gli uffici giudiziari situati nel territorio di ciascuna provincia
I suddetti requisiti sono stati modificati dalla Legge 24 febbraio 2005, n. 25, che ha apportato rilevanti modifiche al Testo Unico n. 115/2002.

In particolare:

- è stata ridotta da sei a due anni l'anzianità di iscrizione all'Albo degli Avvocati necessaria per l'inserimento negli Elenchi dei difensori abilitato al patrocinio a spese dello Stato;
- è stato considerata condizione ostativa all'iscrizione solo l'irrogazione, nei cinque anni precedenti la domanda, di sanzione disciplinare più grave dell'avvertimento.

La riduzione del periodo di anzianità professionale impone al Consiglio dell'Ordine una maggiore ed attenta verifica circa le attitudini e l'esperienza professionale specifica richieste per l'inserimento nell'elenco.

Il difensore che assiste il soggetto beneficiario di gratuito patrocinio non può chiedere e percepire dal proprio assistito compensi o rimborsi a qualunque titolo, diversi da quelli previsti dalla presente parte del testo unico. Ogni patto contrario è nullo. La violazione del divieto previsto dall'art. 85 del T.U. n. 115/2002, costituisce grave illecito disciplinare professionale.

Il beneficiario potrà essere assistito da un solo difensore.

Ed infatti, nel caso in cui il richiedente è assistito da più di un difensore, gli effetti dell'ammissione al gratuito patrocinio cessano a partire dal momento in cui la persona alla quale il beneficio è stato concesso nomina un secondo difensore di fiducia, così come previsto dall'art. 91 del T.U. n. 115/2002, eccettuati però i casi di cui all'articolo 100 del medesimo T.U. n. 115/2002.

I casi di esenzioni del divieto sancito dal citato art. 91 del T.U. n. 115/2002 sono previsti dall'art. 100, secondo cui, nei casi di partecipazione al procedimento a distanza, l'indagato, l'imputato o il condannato può nominare un secondo difensore per la partecipazione a distanza al processo penale, limitatamente agli atti che si compiono a distanza.

5. I consulenti tecnici di parte e investigatori privati.

In piena attuazione del diritto di difesa sancito dall'art. 24 della Costituzione, il beneficio del gratuito patrocinio è stato esteso anche alla facoltà della parte di farsi assistere da consulenti tecnici, sia in materia civile, amministrativa e penale con Legge n. 134 del 29 marzo 2001.

A differenza di quanto previsto per la nomina del difensore, non vige per i CTP disponibili ad operare in regime di gratuito patrocinio uno specifico Albo messo a disposizione dagli Ordini professionali a cui è iscritto il professionista.

La scelta del CTP avverrà dunque su base fiduciaria, così come accade per la designazione del consulente tecnico di parte ordinario.

Trattandosi a tutti gli effetti di una consulenza tecnica di parte, analogamente non vi sono requisiti specifici per operare in regime di gratuito patrocinio, valendo per ciascun professionista il precetto di prestare la sua opera *"secondo scienza e coscienza"*, garantendo al cliente una prestazione al massimo livello di competenza.

6. Liquidazione dei compensi.

L'onorario e le spese spettanti al difensore sono liquidati dall'autorità giudiziaria con decreto di pagamento, osservando la tariffa professionale in modo che, in ogni caso, non risultino superiori ai valori medi delle tariffe professionali vigenti relative ad onorari, diritti ed indennità, tenuto conto della natura dell'impegno professionale, in relazione all'incidenza degli atti assunti rispetto alla posizione processuale della persona difesa.

Nel caso in cui il difensore nominato dall'interessato sia iscritto in un elenco degli avvocati di un distretto di corte d'appello diverso da quello in cui ha sede il magistrato competente a conoscere del merito o il magistrato davanti al quale pende il processo, non sono dovute le spese e le indennità di trasferta previste dalla tariffa professionale.

Il decreto di pagamento è comunicato al difensore e alle parti, compreso il pubblico ministero.
Di recente il legislatore, nella legge di stabilità per il 2016 (L. 28/12/2015, n. 208), ha riconosciuto la possibilità per gli avvocati di essere ammessi alla compensazione dei crediti vantati nei confronti dello Stato con quanto dovuto per ogni imposta e tassa, compresa l'imposta sul valore aggiunto, ed i contributi previdenziali per i dipendenti mediante cessione, anche parziale, di tali crediti (art. 1, co. 778-779).

La L. 28/12/2015, n. 208 ha altresì previsto che il giudice provveda alla determinazione dei compensi spettanti al difensore della parte ammessa al patrocinio a spese dello Stato, ed all'emissione del relativo decreto di pagamento, contestualmente alla pronuncia del provvedimento che chiude la fase cui si riferisce la relativa richiesta (art. 1, co. 783).
A tale meccanismo si aggiunge la possibilità per i Consigli dell'Ordine di sottoscrivere protocolli con i capi degli uffici giudiziari interessati per impiegare il proprio personale negli uffici per il pagamento delle spese di giustizia, nell'arco temporale massimo dei prossimi tre anni, al fine di accelerare i tempi procedimentali. Il legislatore dispone che tali protocolli, redatti nell'ambito di una Convenzione quadro da stipularsi tra il Ministero della Giustizia e il CNF, siano previamente approvati dal Ministero (art. 1, co. 784-787).
L'onorario e le spese spettanti all'ausiliario del magistrato e al consulente tecnico di parte, come anche per il difensore, sono liquidati dall'autorità giudiziaria con decreto di pagamento, secondo le norme del presente testo unico.
La liquidazione è effettuata al termine di ciascuna fase o grado del processo e, comunque, all'atto della cessazione dell'incarico, dall'autorità giudiziaria che ha proceduto.
Per il giudizio di cassazione, alla liquidazione procede il giudice di rinvio, ovvero quello che ha pronunciato la sentenza passata in giudicato.
In ogni caso, il giudice competente può provvedere anche alla liquidazione dei compensi dovuti per le fasi o i gradi anteriori del processo, se il provvedimento di ammissione al patrocinio è intervenuto dopo la loro definizione.
Il decreto di pagamento è comunicato al beneficiario e alle parti, compreso il pubblico ministero ed è emesso dal giudice contestualmente alla pronuncia del provvedimento che chiude la fase cui si riferisce la relativa richiesta.

7. Benefici derivanti dall'ammissione al patrocinio dello stato nel processo civile.

L'ammissione al patrocinio alle spese dello Stato giova per tutti i gradi di giurisdizione, salvo che sia rimasta soccombente la parte che l'ha ottenuta.
Ai sensi dell'art. 131 del T.U. n. 115/2002, L'ammissione al beneficio comporta che le spese che in via ordinaria sarebbero a carico della parte ammessa e possono essere:

- prenotate a debito
- il contributo unificato nel processo civile, nel processo amministrativo e nel processo tributario;
- l'imposta di bollo, ai sensi dell'articolo 17, del decreto del Presidente della Repubblica 26 ottobre 1972, n. 642, nel processo contabile;
- le spese forfettizzate per le notificazioni a richiesta d'ufficio nel processo civile;
- l'imposta di registro ai sensi dell'articolo 59, comma 1, lettere a) e b), del decreto del Presidente della Repubblica 26 aprile 1986, n. 131, nel processo civile e amministrativo;
- l'imposta ipotecaria e catastale ai sensi dell'articolo 16, comma 1, lettera e), del decreto legislativo 31 ottobre 1990, n. 347;

- i diritti di copia.

anticipate dall'erario:

- gli onorari e le spese dovuti al difensore;
- le indennità e le spese di viaggio spettanti ai magistrati, agli appartenenti agli uffici e agli ufficiali giudiziari per le trasferte relative al compimento di atti del processo fuori dalla sede in cui si svolge, nel processo civile;
- le indennità e le spese di viaggio spettanti a testimoni, a notai, a consulenti tecnici di parte e ausiliari del magistrato, nonché le spese sostenute per l'adempimento dell'incarico da parte di questi ultimi;
- spese per gli strumenti di pubblicità legale dei provvedimenti del magistrato nel processo civile;
- le spese per il compimento dell'opera non eseguita o per la distruzione di quella compiuta nel processo civile;
- le spese per le notificazioni a richiesta d'ufficio.

Gli onorari dovuti al consulente tecnico di parte e all'ausiliario del magistrato sono prenotati a debito, a domanda, anche nel caso di transazione della lite, se non è possibile la ripetizione dalla parte a carico della quale sono poste le spese processuali, o dalla stessa parte ammessa, per vittoria della causa o per revoca dell'ammissione. Lo stesso trattamento si applica agli onorari di notaio per lo svolgimento di funzioni ad essi demandate dal magistrato nei casi previsti dalla legge e all'indennità di custodia del bene sottoposto a sequestro.

Sono prenotati a debito o anticipati ai sensi dell'articolo 33 del T.U. n. 115/2002, i diritti e le indennità di trasferta o le spese di spedizione degli ufficiali giudiziari per le notificazioni e gli atti di esecuzione.

8. Revoca del decreto di ammissione e recupero delle spese processuali.

Se nel corso del processo sopravvengono modifiche delle condizioni reddituali rilevanti ai fini dell'ammissione al patrocinio, il magistrato che procede revoca il provvedimento di ammissione, come prevede l'art. 136 del T.U. n. 115/2002.

Con decreto il magistrato revoca l'ammissione al patrocinio provvisoriamente disposta dal consiglio dell'ordine degli avvocati, se risulta l'insussistenza dei presupposti per l'ammissione ovvero se l'interessato ha agito o resistito in giudizio con mala fede o colpa grave.

La revoca ha effetto dal momento dell'accertamento delle modificazioni reddituali, indicato nel provvedimento del magistrato; in tutti gli altri casi ha efficacia retroattiva.

Il provvedimento che pone a carico della parte soccombente non ammessa al patrocinio la rifusione delle spese processuali a favore della parte ammessa dispone che il pagamento sia eseguito a favore dello Stato, come sancito ai sensi dell'art. 133 T.U. n. 115/2002.

Con riferimento al recupero delle spese, l'art. 134 del T.U. n. 115/2002, Se lo Stato non recupera ai sensi dell'articolo 133 e se la vittoria della causa o la composizione della lite ha messo la parte ammessa al patrocinio in condizione di poter restituire le spese erogate in suo favore, su di questa lo Stato ha diritto di rivalsa.

La rivalsa può essere esercitata per le spese prenotate e anticipate quando per sentenza o transazione la parte ammessa ha conseguito almeno il sestuplo delle spese, o nel caso di rinuncia all'azione o di estinzione del giudizio; può essere esercitata per le sole spese anticipate indipendentemente dalla somma o valore conseguito.

Nelle cause che vengono definite per transazione, tutte le parti sono solidalmente obbligate al pagamento delle spese prenotate a debito, ed è vietato accollarle al soggetto ammesso al patrocinio. Ogni patto contrario è nullo.

Quando il giudizio è estinto o rinunciato l'attore o l'impugnante diverso dalla parte ammessa al patrocinio è obbligato al pagamento delle spese prenotate a debito.
Nelle ipotesi di cancellazione ai sensi dell'articolo 309 del codice di procedura civile e nei casi di estinzione diversi da quelli previsti nei commi 2 e 4, tutte le parti sono tenute solidamente al pagamento delle spese prenotate a debito.

9. Casi di estensione parziale dell'applicazione della normativa del patrocinio a spese dello Stato.

In materia civile, sono previsti casi di estensione parziale del beneficio del patrocinio a spese dello stato nei seguenti casi:

- Adozione ed affidamento di minori. L'ammissione al beneficio prevede: Gli onorari e le spese del difensore, del consulente tecnico e dell'ausiliario del magistrato. La liquidazione dei compensi segue i disposti del T.U. n. 115/2002. Le indennità e le spese di viaggio dei magistrati, appartenenti agli uffici, le trasferte dei funzionari di cancelleria per il compimento di atti fuori dalla sede lavorativa; Indennità di viaggio per testimoni e notai; I diritti e le indennità per le trasferte degli ufficiali giudiziari per la notificazione di atti a richiesta dell'ufficio e a richiesta di parte. La disciplina dei requisiti per l'ammissione al patrocinio segue le disposizioni del T.U. n. 115/2002 sopra richiamate.
- Processi di interdizione o inabilitazione su istanza del P.M. Le spese del giudizio di interdizione o inabilitazione seguono le disposizioni del T.U. n. 115/2002. Anche nel caso di specie, l'ammissione al patrocinio opera *ex lege*, non essendo necessario un provvedimento di ammissione. A termine del giudizio, il tutore o il curatore è tenuto a presentare la documentazione contabile dell'interdetto o dell'inabilitato al fine di verificare la sussistenza dei requisiti economici per godere del gratuito patrocinio. Nel caso in cui i requisiti non sussistano, lo Stato ha diritto di ripetere le spese nei confronti di tutori o curatori, quando il giudice accerti il superamento dei requisiti previsti per legge.
- Giudizi in cui si costituisce una curatela fallimentare. Se il giudice delegato decreta che la curatela fallimentare non è nella disponibilità economica per affrontare le spese di un giudizio, il fallimento è ammesso al patrocinio gratuito;
- Impugnazione del decreto di espulsione per i cittadini di Stati non appartenenti all'Unione Europea. Ai sensi del D.lgs. n. 286/1998, lo straniero è ammesso al gratuito patrocinio a spese dello Stato sia se è o non è assistito da un difensore. L'ammissione ai benefici opera senza bisogno di un formale provvedimento di ammissione e senza essere legato ad un requisito reddituale. Nei casi di specie non sono applicabili le norme relative al recupero degli importi liquidati.

II ▶ IL PATROCINIO A SPESE DELLE STATO NEL PROCESSO PENALE

1. Istanza di ammissione. Accoglimento della richiesta. Rigetto della richiesta ed impugnazione.

Nell'ambito del processo penale, la richiesta può essere presentata:

- dal difensore,
- dall'interessato

o inviata a mezzo raccomandata all'ufficio del magistrato presso cui pende il processo.
Quando l'istanza di ammissione è presentata nelle fasi di indagini preliminari, la competenza a decidere è del G.I.P..
Nel caso di giudizi innanzi la Corte di Cassazione, l'istanza va presentata al giudice che ha emesso il provvedimento impugnato.
Se il richiedente è detenuto, internato, in stato di arresto o di arresti domiciliari, custodito in luogo di cura, la domanda di ammissione può essere presentata a mezzo del direttore o dell'ufficiale di polizia giudiziaria, che provvederanno poi ad inviarla – a mezzo A/R- o a presentarla al magistrato competente.
Il cancelliere, quando la domanda viene depositata in cancelleria, è tento a formare il fascicolo contenente la domanda e tutti gli atti relativi al procedimento di ammissione della stessa. Il sub-procedimento deve essere iscritto nel registro Mod. 27 e nella rubrica alfabetica.
Il fascicolo afferente alla domanda di ammissione al gratuito patrocinio, sia nel corso del sub procedimento che una volta definito, viene custodito separatamente dal fascicolo dell'affare principale, ai fini della tutela della privacy dell'interessato. Nel fascicolo principale verrà solamente conservato il provvedimento di ammissione e l'eventuale revoca, e le annotazioni sulla copertina.
Una volta formato, il fascicolo viene posto all'attenzione del magistrato procedente per la decisione in merito all'accoglimento o meno dell'istanza. Quest'ultimo può richiedere all'interessato la produzione di documenti necessari per accertare la veridicità di quanto dichiarato nella domanda. L'interessato è tenuto a metter a disposizione del giudice quanto richiesto. Nel caso di impossibilità a produrre la documentazione richiesta, l'interessato può rilasciare una dichiarazione sostitutiva di certificazione, a pena di inammissibilità della domanda presentata.
Nei dieci giorni successivi alla presentazione dell'istanza, il magistrato procede a verificare l'ammissibilità della domanda e provvede ad ammettere l'interessato a godere del beneficio del gratuito patrocinio, ove ricorrano i requisiti di reddito previsti dall'art. 76 del T.U. n. 115/2002.

Il magistrato rigetta la domanda quando l'interessato non abbia i requisiti previsti per l'ammissione, tenuto conto:

- del casellario giudiziale;
- del tenore di vita;
- delle condizioni personali e dei familiari;
- delle attività economiche eventualmente svolte.

Il magistrato procedente può trasmettere la domanda e la dichiarazione sostitutiva alla Guardi di Finanza affinché proceda alle dovute verifiche.
Quando Il magistrato dichiara inammissibile l'istanza ovvero concede o nega l'ammissione al patrocinio con decreto motivato, l'interessato o per il suo difensore hanno la facoltà di estrarne copia.
Il deposito del decreto è comunicato tramite avviso all'interessato.
Il decreto pronunciato in udienza è letto e inserito nel processo verbale. La lettura sostituisce l'avviso di deposito se l'interessato è presente all'udienza.
Se l'interessato è detenuto, internato, in stato di arresto o di detenzione domiciliare ovvero è custodito in un luogo di cura, la notificazione di copia del decreto è eseguita a norma dell'articolo 156 del codice di procedura penale.
Il provvedimento di rigetto della richiesta di ammissione al gratuito patrocinio può essere impugnato dall'interessato entro 20 giorni dalla comunicazione di deposito del decreto motivato o dalla lettura in udienza.
Il ricorso è proposto innanzi al Presidente del tribunale o al Presidente della corte d'appello ai quali appartiene il magistrato che ha emesso il decreto di rigetto.
Il ricorso è notificato all'ufficio finanziario che è parte nel relativo processo. Il processo è quello

speciale previsto per gli onorari di avvocato e l'ufficio giudiziario procede in composizione monocratica.
L'ordinanza che decide sul ricorso è notificata entro dieci giorni, a cura dell'ufficio del magistrato che procede, all'interessato e all'ufficio finanziario, i quali, nei venti giorni successivi, possono proporre ricorso per cassazione per violazione di legge. Il ricorso non sospende l'esecuzione del provvedimento.

2. Benefici derivanti dall'ammissione al patrocinio dello Stato.

L'art. 107 del T.U. n. 15/2002 precisa che, per effetto dell'ammissione al patrocinio alcune spese sono gratuite, altre sono anticipate dall'erario.
Sono spese gratuite le copie degli atti processuali, quando sono necessarie per l'esercizio della difesa.
Sono spese anticipate dall'erario:
- le indennità e le spese di viaggio spettanti ai magistrati, agli appartenenti agli uffici e agli ufficiali giudiziari per le trasferte relative al compimento di atti del processo fuori dalla sede nella quale si svolge;
- le indennità e le spese di viaggio spettanti ai testimoni;
- le indennità di trasferta, i diritti, le spese di spedizione per le notifiche degli ufficiali giudiziari a richiesta d'ufficio o di parte;
- le indennità e le spese di viaggio per trasferte, nonché le spese sostenute per l'adempimento dell'incarico, e l'onorario ad ausiliari del magistrato, a consulenti tecnici di parte e a investigatori privati autorizzati;
- l'indennità di custodia;
- l'onorario e le spese agli avvocati;
- le spese per gli strumenti di pubblicità legale dei provvedimenti dell'autorità giudiziaria.

3. Revoca del decreto di ammissione e recupero delle spese processuali.

Il decreto di ammissione al gratuito patrocinio è revocato quando:
- entro trenta giorni dal termine di u anno dalla data di presentazione della domanda, l'interessato non provvede a comunicare le intervenute variazioni di reddito;
- a seguito della comunicazione delle intervenute variazioni reddituali, non sussistano più le condizioni economiche per godere del beneficio.
- Il detenuto non cittadino dell'Unione Europea detenuto, internato, in stato di arresto o di detenzione domiciliare, viene provata la mancanza della certificazione dell'autorità consolare, che attesti le dichiarazioni dell'interessato;
- Mancanza delle condizioni di reddito, accertata d'ufficio o a seguito dell'ufficio finanziario competente. Accertamento che deve intervenire entro 5 anni dalla definizione del procedimento.

Capitolo 6 SPESE DI GIUSTIZIA PAGATE DALL'ERARIO

SOMMARIO:

1. Cenni introduttivi.

La macchina della giustizia, sia penale che civile, nell'ordimento italiano viene azionata dal soggetto che ha interesse affinché la sua domanda venga accertata dall'Autorità giurisdizionale.
Il c.d. principio della domanda è ben definito dall'art. 100 del codice di procedura civile, ai sensi del quale *"Per proporre una domanda o per contraddire alla stessa è necessario avervi interesse"*.
Pertanto, il rapporto tra i soggetti interessati e l'esercizio della funzione giurisdizionale è quello dell'iniziativa di parte.
Solo a seguito della proposizione della domanda del soggetto che chiede la tutela giurisdizionale dei propri interessi, l'autorità giudiziaria è chiamata ad esercitare le proprie funzioni attribuite *ex lege*.
Il principio della domanda è valevole sia nell'ambito della giurisdizione civile, penale ed amministrativa, con alcune precisazioni, che qui di seguito si esporranno.
Nell'ambito civile ed amministrativo la domanda è azionata dal soggetto titolare del diritto soggettivo o dell'interesse legittimo, asserito violato dall'interessato e ritenuto meritevole di tutela dall'ordinamento
Nell'ambito penale, ove fine ultimo dell'ordinamento è attuare la tutela dell'interesse collettivo a seguito della commissione del reato, è lo STATO medesimo chiamato a proporre l'**iniziativa della domanda**, il quale esercita il relativo potere a mezzo del Pubblico Ministero, titolare dell'azione penale.
All'interesse della proposizione della domanda è annesso **l'onere del pagamento delle spese**, dovute a titolo di anticipazione del costo del processo (contributo unificato e marche da bollo per il deposito della domanda e relative alle spese di notificazione), come meglio precisato dall'artt. 4 e ss. del D.P.R. 115/2002 (Testo unico delle spese di giustizia).
La novella legislativa del Testo unico delle spese di giustizia ha provveduto ad espandere il

concetto di spese di giustizia, il quale, ad oggi, comprendere anche i diritti, le tasse ed in genere i tributi che di norma sono a carico della parte privata, la quale in alcuni casi non paga e l'amministrazione si limita a «prenotare a debito» per l'eventuale futuro recupero.
Nel presente capitolo si provvederà ad affrontare l'argomento delle spese di giustizia che sono dovute dall'Erario, provvedendo al pagamento di somme di denaro in favore di vari soggetti, secondo le procedure indicate dalla legge (es. ammissione al gratuito patrocinio a spese dello Stato).

2. Spese di giustizia in materia civile.

Nel processo civile, ciascuna parte (sia essa l'attore propositore della domanda, che il convenuto che propone domanda incidentale, o ancora l'interveniente) è chiamata a versare le spese degli atti processuali che compie e di quelli che chiede, dovendo anticipare -per gli atti necessari- al processo quando l'anticipazione è posta a suo carico dalla legge o dal magistrato.
Nel caso in cui la parte è però ammessa a godere dei benefici del gratuito patrocinio a spese dello Stato, le spese processuali sono anticipate dall'Erario, tranne nel caso in cui sia prevista la mera prenotazione a debito.

Come anticipato nel precedente Capitolo II, nel caso di ammissione al gratuito patrocinio, L'erario è chiamato a versare:

- gli onorari e le spese dovuti al difensore;
- le indennità e le spese di viaggio spettanti ai magistrati, ali appartenenti agli uffici e agli ufficiali giudiziari per le trasferte relative al compimento di atti del processo fuori dalla sede in cui si svolge, nel processo civile;
- le indennità e le spese di viaggio spettanti a testimoni, a notai, a consulenti tecnici di parte e ausiliari del magistrato, nonché le spese sostenute per l'adempimento dell'incarico da parte di questi ultimi;
- le spese per gli strumenti di pubblicità legale dei provvedimenti del magistrato nel processo civile;
- le spese per il compimento dell'opera non eseguita o per la distruzione di quella compiuta nel processo civile;
- le spese per le notificazioni a richiesta di ufficio;
- le indennità di trasferta o le spese di spedizione per le notificazioni degli atti di esecuzione a richiesta di parte.

Oltre ai casi di ammissione al gratuito patrocinio, l'Erario dovrà pagare:

- le spese processuali relative ad procedura fallimentare;
- le spese dovute per la procedura di vendita di beni sequestrati e di quelli confiscati
- le spese processuali in cui è parte una Pubblica Amministrazione;
- le spese relative alle controversie in materia di eredità giacente attivata d'ufficio;
- le indennità spettanti alla magistratura onoraria, ai giudici popolari e agli esperti componenti degli uffici giudiziari.

3. Spese di giustizia in materia penale.

Nei procedimenti e processi penali, si distinguono tre tipi di spese:

- le spese ripetibili, che possono essere recuperate nei confronti del condannato, nei casi e nelle modalità previste dalla legge;

- le spese non ripetibili, che sono a definitivo carico dello Stato;
- spese non incluse nel novero delle spese di giustizia.

Per **spese ripetibili** si intendono:

- le spese di spedizione, i diritti e le indennità di trasferta degli ufficiali giudiziari per le notificazioni;
- le spese relative alle trasferte per il compimento di atti fuori dalla sede in cui si svolge il processo;
- le spese e le indennità per i testimoni;
- gli onorari, le spese e le indennità di trasferta e le spese per l'adempimento dell'incarico degli ausiliari del magistrato;
- le indennità di custodia;
- le spese per la pubblicazione dei provvedimenti del magistrato;
- le spese per la demolizione di opere abusive e la riduzione in pristino dei luoghi;
- le spese straordinarie.
- le spese di mantenimento dei detenuti;
- le spese relative alle prestazioni previste dall'art. 96 del D.lgs. n.259/2003 e quelle funzionali all'utilizzo delle prestazioni medesime (intercettazioni telefoniche, telematiche ed ambientali).

Le **spese non ripetibili** sono invece:

- le indennità dei magistrati onorari, dei giudici popolari nei collegi di assise e degli esperti;
- le spese relative alle trasferte dei magistrati professionali di corte di assise per il dibattimento tenuto in luogo diverso da quello di normale convocazione;
- le spese per le rogatorie dall'esterno o per le estradizioni da e per l'estero (cfr. art. 696 c.p.p.).

Si specifica che non rientrano nel novero **delle spese di giustizia**:

- la traduzione dei detenuti;
- il trasporto, la custodia e la sepoltura delle persone decedute nella pubblica via o in luogo pubblico;
- il trasporto degli atti processuali e degli oggetti che servano al processo;
- la sepoltura dei detenuti.

4. Registro delle spese.

Con riferimento alle spese dovute dall'Erario, gli uffici che svolgono le relative funzioni devono tenere, tra gli altri, i seguenti modelli di registri delle spese pagate dall'erario:

- Mod. 1/A/SG (per gli uffici giudiziari);
- Mod. 1/B/SG (per gli uffici Notificazioni e Protesti - NEP).

Gli uffici chiamati a tenere e compilare il **Registro delle spese pagate dall'erario** sono i seguenti:

- I tribunali ordinari;
- Le Procure generali presso le corti di appello;
- Le Procure della Repubblica presso i tribunali ordinari;
- I tribunali per i minorenni;
- Le Procure della Repubblica presso i tribunali per i minorenni;

- Gli uffici del Giudice di pace;
- I tribunali e gli uffici di sorveglianza;
- Gli uffici UNEP
- Le Corti di appello.

Al *registro delle spese pagate dall'erario* si applicano le disposizioni previste per la tenuta dei registri in **modo informatizzato** e su base annua, nonché quelle relative all'obbligo, se tenuti in forma cartacea, della vidimazione e della numerazione in ogni mezzo foglio, da effettuarsi a cura del dirigente o da persona da lui delegata prima di essere posti in uso (o dall'ufficiale giudiziario dirigente per quelli posti in uso presso gli uffici UNEP).
Grazie alla progressiva informatizzazione del servizio, il registro cartaceo non è più in uso nella quasi totalità degli uffici giudiziari, avendo questi reso operante l'uso della piattaforma SIAMM-ARSPG (Spese di Giustizia modulo registro Mod.1.SG).
Ed inoltre si specifica che è stata realizzata una interfaccia web che consente agli utenti esterni (operatori di telefonia, ausiliari del magistrato ed altre categorie professionali) di operare da remoto con l'utilizzo dell'applicativo "istanza online" di liquidazione, dialoga tematicamente con il sistema SIAMM-ARSPG.

5. Il foglio delle notizie.

Il **foglio delle notizie** previsto nei fascicoli processuali attiene all'indicazione spese ripetibili della procedura, essendo le spese irripetibili per definizione escluse da qualsiasi recupero) da parte della cancelleria o segretaria dell'ufficio che è chiamata ad annotare le spese prenotate a debito.
Al momento in cui verrà completa e generalizzata informatizzazione del sistema di gestione delle spese di giustizia, l'annotazione effettuata sul relativo registro è sufficiente a garantire l'esatta individuazione dell'importo delle spese anticipate che, unitamente a quelle prenotate a debito, devono essere eventualmente recuperate.

6. Ordini e decreti di pagamento e pagamento delle spese.

Il D.P.R n. 115/2002 ha individuato in capo al solo **funzionario amministrativo** (e non al dirigente amministrativo) la competenza alla quantificazione della spesa da anticipare e all'emissione del relativo *ordine di pagamento*.
Nell'eventualità in cui debba essere precisato il *quantum* dovuto, la liquidazione deve essere effettuata dal magistrato, il cui *decreto di pagamento* costituisce titolo per il pagamento, senza bisogno di un ulteriore ordine da parte del funzionario.
Le **ipotesi di liquidazione ad opera del magistrato** e a mezzo decreto di pagamento sono:

- le spettanze agli ausiliari del magistrato;
- l'indennità ai custodi;
- le spese perla demolizione e la riduzione in pristino dei luoghi;
- le spese straordinarie, nelle quali vanno comprese le intercettazioni telefoniche.

Il decreto di pagamento e l'ordine dello stesso dovranno evidenziare le sole spettanze e non tutte le voci accessorie, quali ritenute fiscali e previdenziali, IVA, imposta di bollo che saranno calcolate ed indicate dall'ufficio contabile competente.

7. Il pagamento delle spese.

Il Pagamento delle spese di giustizia da parte dell'Erario viene effettuato con i fondi costituiti mediante la emissione di ordini di accreditamento da parte della Amministrazione centrale in favore dei funzionari delegati, così come previsto dal sistema di pagamento delle spese di giustizia, introdotto dall'art. 21 del D.L. n. 223/2006, conv. con mod. con L. n. 248/2006 il quale ha precisato che le predette spese devono essere effettuate *"secondo le ordinarie procedure stabilite dalla vigente normativa materia in materia di contabilità di Stato"*.
I funzionari delegati sono:

- i dirigenti amministrativi preposti alle corti di appello e alle procure generali;
- i dirigenti amministrativi preposti alla corte di cassazione, alla procura generale presso la stessa, al tribunale superiore delle acque pubbliche e la Procura nazionale Antimafia;
- i dirigenti amministrativi preposti ad alcuni importanti tribunali e rispettive Procure.

Qui di seguito di esporrà **la procedura di pagamento** prevista dal sistema di pagamento delle spese di giustizia.

L'ufficio competente istituisce le pratiche relative alle spese di giustizia, provvedendo senza ritardo alle relative liquidazioni, nonché all'annotazione dell'ordine o del decreto di pagamento nell'apposito registro delle spese pagate dall'erario.
Con cadenza quindicinale, è necessario trasmettere ai relativi uffici del funzionario delegato:

- I provvedimenti di liquidazione della spesa;
- la documentazione probatoria della liquidazione stessa;
- l'ordinativo di pagamento mod. 31 CG compilato e predisposto – su base cartacea nelle more della automazione del servizio – per la firma da parte del funzionario delegato.

Ricevuta la documentazione ivi compreso degli ordinativi di pagamento già predisposti ed eseguiti i necessari riscontri, i **funzionari delegati provvedono alla emissione dei predetti ordinativi** – tratti sugli ordini di accreditamento ricevuti – rispettando scrupolosamente l'ordine cronologico con cui la documentazione di spesa è pervenuta all'ufficio ed **inviano ai beneficiari l'avviso di pagamento.**
Dall'avvenuto pagamento, il funzionario delegato dovrà dare comunicazione all'ufficio giudiziario che ha liquidato la spesa (avviso di pagamento) e al beneficiario.
A tal fine il funzionario delegato potrà valutare di provvedere restituendo l'elenco riepilogativo dei pagamenti disposti dall'ufficio giudiziario con l'indicazione dell'importo corrisposto e delle ritenute operate.
Attualmente, l'informatizzazione del servizio è arricchita anche dell'implementazione, presso tutti gli uffici giudiziari sede di «funzionario delegato», della piattaforma «SICOGE» (Sistema di contabilità gestionale elaborato dalla Ragioneria Generale dello Stato), che consente, quale unica piattaforma contabile per i Ministeri, di gestire in maniera integrata tutte le fasi in cui si articola il processo di spesa sia da parte degli ordinatori primari che da parte degli ordinatori secondari (quali sono i funzionari delegati, operano sulle aperture di credito – Ordini di Accreditamento – di contabilità ordinaria effettuate a proprio favore dall'amministrazione centrale).
Il SICOGE consente l'utilizzo della firma della firma digitale da apporre all'ordinativo di pagamento emesso (mod.31 CG) e garantisce la piena validità legale dei documenti conservati digitalmente.
Le ulteriori linee evolutive, alla luce del D.P.C.M. 13-11-2014 (che detta regole tecniche in materia di documenti informatici che applicano dal 12-8-2016) conducono alla completa

dematerializzazione del flusso di spesa con l'invio telematico non solo dei rendiconti ma anche di tutta la documentazione giustificativa in formato digitale; ciò significa che il rendiconto telematico sarà firmato digitalmente dal funzionario delegato su SICOGE e inviato con flusso informatico al sistema "SPESE" unitamente alle informazioni contabili dei titoli estinti, alle fatture elettroniche e alla documentazione correlata in formato digitale (cfr. circolari n. 17 e 18 MEF rispettivamente del 6 giugno e 8 giugno 2016).

7.1. Pagamenti in favore della magistratura onoraria.

Limitatamente ai pagamenti delle indennità in favore della magistratura onoraria (giudici di pace, giudici onorari di tribunale, viceprocuratori onorari e), a decorrere dal primo gennaio 2007 è stata avviata una nuova procedura di spesa mediante l'utilizzo dell'applicativo «*GiudiciNet*» che consente di gestire le retribuzioni attraverso ruoli di spesa fissi amministrati direttamente dal Ministero dell'economia e delle finanze.

Tuttavia, la nuova procedura è ammessa sempre per i pagamenti che riguarda gli uffici giudiziari (quali sostituti di imposta), i redditi assimilati a quelli di lavoro dipendente, ma anche altri (si pensi ai compensi - qualificati come redditi di lavoro autonomo - ai difensori dovuti per l'ammissione al patrocinio a spese dello Stato).

La dichiarazione deve essere presentata all'Agenzia delle entrate, entro il 30 giugno dell'anno successivo a quello di erogazione, esclusivamente per via telematica.

La trasmissione può avvenire ricorrendo ad intermediari abilitati (a cui non compete, al contrario, la materiale redazione del modello), ovvero richiedendo direttamente l'abilitazione all'Amministrazione finanziaria.

L'onere relativo al ricorso ad intermediari grava sulle spese di ufficio.

Inoltre, l'art. 24, D.P.R. 600/1973 ha disposto che peri redditi assimilati a quelli dei lavoratori dipendenti, si proceda annualmente, quali sostituti di imposta, alle prescritte operazioni di conguaglio, con rilascio della relativa certificazione unica dei redditi (oggi c.d. Modello "CU"). Nell'ipotesi in cui la prestazione si esaurisca in una singola operazione (es. nell'ipotesi di incarichi una tantum), gli uffici potranno procedere al prelievo dell'IRPEF, nonché delle addizionali regionale, comunale e provinciale dovute, in un'unica soluzione all'atto delle operazioni di conguaglio, da effettuarsi alla cessazione del rapporto.

Nel caso di compensi accessori erogati a personale appartenente all'amministrazione giudiziaria, è necessario che le relative ritenute fiscali e previdenziali siano comunicate alle rispettive direzioni provinciali del Tesoro, tramite l'ufficio di appartenenza, in occasione del conguaglio fiscale di fine anno.

Gli uffici che utilizzano la piattaforma SIAM M-ARSPG, inoltre, hanno la possibilità di richiedere al sistema la compilazione ed il successivo rilascio in forma di traccia informatica sia del Mod. 770 che dei Modd. CU relativi ai beneficiari dei pagamenti.

Si chiarisce infine che gli adempimenti fiscali di cui si è detto non riguardano i compensi spettanti alla magistratura onora ria gestiti con l'applicativo «GiudiciNet» (v. *supra*); in tal caso, infatti, il Mod. CU ed il Mod. 770 vengono gestiti attraverso il medesimo applicativo, così come il calcolo ed il versamento delle ritenute.

7.2. Trasferte per atti compiuti fuori dalla sede del processo.

Per il compimento di atti al di fuori dalla sede in cui si svolge il processo penale o civile, i magistrati professionali (giudici e pubblici ministeri) e onorari (giudici di pace, giudici onorari aggregati, giudici onorari di tribunale, viceprocuratori onorari) hanno diritto alle spese di viaggio e alle indennità di trasferta secondo le norme che disciplinano la missione dei dipendenti statali.

Se il dibattimento è tenuto in luogo diverso da quello di normale convocazione della corte, i magistrati professionali di corte di assise e di corte di assise di appello hanno diritto alle spese di viaggio e alle indennità di trasferta secondo le norme che disciplinano la missione dei dipendenti statali.

Per il compimento di atti del processo penale e civile fuori dalla sede in cui si svolge, gli appartenenti all'ufficio, nonché gli ufficiali ed agenti di polizia giudiziaria per gli atti ad essi direttamente delegati dal magistrato, hanno diritto alle spese di viaggio e alle indennità di trasferta secondo le norme che disciplinano la missione dei dipendenti statali.

▶ 7.3. Indennità e spese ai testimoni.

Le indennità e le spese ai testimoni nel processo penale sono anticipate dall'erario e costituiscono spesa ripetibile; tuttavia, se si tratta di testimone citato a richiesta di parte, le spese di viaggio e le indennità sono semplicemente quantificate dal funzionario addetto all'ufficio, il quale emette il relativo ordine di pagamento a carico della parte richiedente e la loro quantificazione è rimessa direttamente alla parte e al testimone nell'ambito dei rapporti tra privati salvo il caso in cui la parte sia stata ammessa al patrocinio a spese dello Stato.
Le indennità e le spese ai testimoni nel processo civile sono a carico della parte richiedente, salvo che questa sia stata ammessa al patrocinio a spese dello Stato.

Ai testimoni residenti nel comune in cui ha sede l'ufficio presso il quale sono sentiti, ovvero anche non residenti, quando la residenza dista dallo stesso non oltre due chilometri e mezzo, spetta l'indennità di euro 0,36 al giorno.
Nessuna indennità spetta al testimone minore degli anni quattordici. Il rimborso spese e le indennità precedentemente indicati spettano agli accompagnatori di testimoni minori degli anni quattordici o invalidi gravi, sempre che essi stessi non siano testimoni.
Se si tratta di dipendenti pubblici, chiamati come testimoni per fatti inerenti al servizio, sono dovuti il rimborso spese e le indennità nella medesima misura, salva comunque l'integrazione, sino a concorrenza dell'ordinario trattamento di missione, corrisposta dall'amministrazione di appartenenza.
Se un testimone si trova nell'impossibilità di sostenere le spese per raggiungere il luogo dell'esame, il funzionario addetto all'ufficio del luogo di residenza del testimone emette l'ordine di pagamento prima della testimonianza e lo comunica all'ufficio davanti al quale il testimone è citato a comparire.
Alle persone offese dal reato, ai denunzianti e ai querelanti spettano le normali indennità; tuttavia, la persona offesa che si sia costituita in parte civile, non ne avrà diritto, tranne che non sia stata ammessa al patrocinio a spese dello Stato.
Nel caso di testi provenienti dall'estero, sono rimborsabili le spese di viaggio per intero e, se provenienti dai paesi aderenti alla Convenzione europea di assistenza giudiziaria in materia penale, le spese di soggiorno effettivamente sostenute, purché debitamente giustificate.
Nell'ipotesi di accompagnamento coattivo dei testi, la spesa occorsa per il trasporto attraverso mezzi diversi da quelli ordinariamente previsti è considerata spesa straordinaria, se ritenuta indispensabile dal magistrato, e da questi liquidata. Le spese e le indennità spettanti ai militari che hanno operato l'accompagnamento sono invece a carico dell'amministrazione di appartenenza. Resta comunque salva la facoltà del giudice di porre le spese a carico del soggetto che le ha provocate a causa della mancata comparizione, secondo il disposto dell'art. 133 c.p.p.

▶ 7.4. Compensi agli ausiliari del magistrato.

L'Ausiliario del magistrato è il perito (il consulente tecnico, l'interprete, il traduttore) e qualunque altro soggetto competente, in una determinata arte o professione o comunque idoneo al compimento di atti, che il magistrato o il funzionario addetto all'ufficio può nominare a norma di legge.

Agli ausiliari del magistrato spettano l'onorario, l'indennità di viaggio e di soggiorno, le spese di viaggio e il rimborso delle spese sostenute per l'adempimento dell'incarico.
Gli onorari sono fissi, variabili e a tempo.
La misura degli onorari è stabilita mediante apposite tabelle, da approvarsi con decreto del Ministro della Giustizia, di concerto con il Ministro dell'Economia e delle Finanze.
Transitoriamente, sino all'emanazione del predetto decreto, la misura degli onorari è disciplinata dalle tabelle allegate al D. M. (Giustizia) 30.5.2002, riguardo invece agli onorari a tempo, disciplinati col sistema c.d. «delle vacazioni».
Con lo stesso D.M. 30.5.2002 sono stati aggiornati gli importi delle vacazioni.
Con riferimento alla vacazione e agli onorari per essi previsti, occorre precisare che la vacazione è di due ore.
L'onorario per la prima vacazione è di euro 14,68 e per ciascuna delle successive è di euro 8,15.
L'onorario per la vacazione può essere raddoppiato quando per il compimento delle operazioni è fissato un termine non superiore a cinque giorni. Questo può essere aumentato fino alla metà quando è fissato un termine non superiore a quindici giorni.
L'onorario per la vacazione non si divide che per la metà: trascorsa un'ora e un quarto è dovuto interamente.
Il magistrato non può liquidare più di quattro vacazioni al giorno per ciascun incarico. Tale limitazione però non si applica agli incarichi che vengono espletati alla presenza dell'autorità giudiziaria, peri quali deve farsi risultare dagli atti e dal verbale di udienza il numero delle vacazioni.
Nel determinare gli onorari variabili il magistrato deve tener conto delle difficoltà, della prestazione fornita (completezza e pregio). Gli onorari fissi e variabili possono essere aumentati, sino al venti per cento, se il magistrato dichiara l'urgenza dell'adempimento con decreto motivato.
Per le prestazioni di eccezionale importanza, complessità e difficoltà gli onorari fissi, variabili e a tempo possono essere aumentati sino al doppio.
Se la prestazione non è completata nel termine originariamente stabilito o entro quello prorogato per fatti sopravvenuti e non imputabili all'ausiliario del magistrato, per gli onorari a tempo non si tiene conto del periodo successivo alla scadenza del termine e gli altri onorari sono ridotti di un terzo.
In ogni caso rientrano nell'onorario tutte le attività necessarie per l'espletamento dell'incarico (es. la partecipazione alle udienze, visite domiciliari, acquisizione di documenti, sopralluoghi).

Se l'incarico è stato conferito ad un collegio di ausiliari, il compenso globale è determinato sulla base di quello spettante al singolo, aumentato del 40% per ciascuno degli altri componenti del collegio, tranne nel caso in cui il magistrato disponga che ognuno degli incaricati debba svolgere personalmente e per intero l'incarico affidatogli.

Al fine del calcolo l'indennità di viaggio e di soggiorno, si applica il trattamento previsto peri dipendenti statali. L'incaricato è equiparato al dirigente di seconda fascia, tranne nel caso di l'eventuale maggiore indennità spettante all'incaricato dipendente pubblico.
Le spese di viaggio, anche in mancanza di relativa documentazione, sono liquidate in base alle

tariffe di prima classe sui servizi di linea, esclusi quelli aerei.
Le spese di viaggio con mezzi aerei o con mezzi straordinari sono rimborsate se preventivamente autorizzate dal magistrato.
Gli ausiliari del magistrato devono presentare una nota specifica delle altre spese sostenute per l'adempimento dell'incarico e procedere allegare la corrispondente documentazione. Il magistrato accerta le spese sostenute ed esclude dal rimborso quelle non necessarie.
Se gli ausiliari del magistrato sono stati autorizzati ad avvalersi di altri prestatori d'opera per attività strumentale rispetto ai quesiti posti con l'incarico, la relativa spesa è determinata sulla base delle medesime tabelle degli onorari.
Il magistrato procedere incarico autonomo, quando le prestazioni di carattere intellettuale o tecnico hanno propria autonomia rispetto all'incarico affidato.
Il magistrato procede a liquidare le spettanze agli ausiliari con decreto di pagamento, motivato. Il decreto è poi comunicato al beneficiario e alle parti, compreso il pubblico ministero, ed è titolo provvisoriamente esecutivo.
Nel processo penale il decreto è titolo provvisoriamente esecutivo solo se sussiste il segreto sugli atti di indagine o sulla iscrizione della notizia di reato ed è comunicato al beneficiario.
Alla cessazione del segreto è comunicato alle parti, compreso il pubblico ministero, nonché nuovamente al beneficiario ai fini dell'opposizione.
Nel titolo è necessario indicare il tempo occorso per l'espletamento della perizia.
Sulle somme imponibili vanno operate le prescritte ritenute fiscali e conteggiate le voci accessorie (I.V.A., contributi previdenziali).
Avverso il decreto di pagamento, il beneficiario e le parti processuali, compreso il PM, possono proporre opposizione, entro venti giorni dall'avvenuta comunicazione, al presidente dell'ufficio giudiziario competente.

▶ 7.5. Compensi ai custodi.

Al custode, diverso dal proprietario o avente diritto, di beni sottoposti a sequestro penale probatorio e preventivo, e, nei soli casi previsti dal codice di procedura civile, al custode di beni sottoposti a sequestro penale conservativo e a sequestro giudiziario e conservativo, spetta un'indennità per la custodia e la conservazione.

L'indennità è determinata sulla base delle tariffe contenute in apposite tabelle. Quelle attualmente in vigore sono state approvate con decreto del Ministro della giustizia, di concerto con il Ministro dell'economia e delle finanze, n. 265 del 2.9.2006. Le tabelle individuano le indennità per la custodia dei veicoli a motore e quelli per la custodia dei natanti, nonché le riduzioni dell'indennità in relazione allo stato di conservazione del bene custodito. Di contro, per tutte le altre categorie di beni il decreto fa espresso riferimento agli usi locali.

L'indennità di custodia è liquidata su domanda del custode, successiva alla cessazione della custodia, presentata al magistrato che procede; a richiesta, sono liquidati acconti sulle somme dovute. La liquidazione è effettuata dal magistrato con decreto di pagamento motivato. Il decreto è comunicato al beneficiario e alle parti, compreso il pubblico ministero, ed è titolo provvisoriamente esecutivo.
Nel processo penale la provvisoria esecuzione è riconosciuta solo se sussiste il segreto sugli atti di indagine o sulla iscrizione della notizia di reato: in tal caso il decreto è comunicato al beneficiario.
Dopo la cessazione del segreto è poi comunicato alle parti, compreso il pubblico ministero, nonché nuovamente al beneficiario ai fini dell'opposizione.
Per il trattamento fiscale, valgono le medesime considerazioni espresse a proposito degli ausiliari del magistrato.

Avverso il decreto di pagamento, il beneficiario e le parti processuali, compreso il pubblico ministero, possono proporre opposizione, entro venti giorni dall'avvenuta comunicazione, al presidente dell'ufficio giudiziario competente.

▶ 7.6. Compensi per i componenti dei collegi e dei magistrati ordinari, per i giudici popolari e per gli esperti.

I compensi spettanti ai componenti dei collegi e ai magistrati onorari ai giudici popolari, agli esperti rientrano nelle spese di giustizia non ripetibili, in quanto assimilabili ai costi di funzionamento ordinario.
Procediamo qui di seguito ad analizzare le varie categorie ed i compensi previsti dalla normativa di settore.

Per **i Giudici ausiliari presso la Corte d'Appello,** l'art. 72 del D.L. n. 69/2013, conv. con mod. con la L. n. 98/2013 prevede un'indennità onnicomprensiva, da corrispondere ogni 3 mesi, di 200 euro per ogni provvedimento che definisce –anche in parte o nei confronti di alcune parti – il processo. Per provvedimenti a definizione del processo si intendono le sentenze, le ordinanza, i decreti e i verbali di conciliazione.
Occorre, inoltre, specificare che nel caso in cui il provvedimento emesso riguarda un giudizio prelativo all'equa riparazione (legge Pinto), il compenso previsto per ogni decreto è pari a 25 euro.
Il legislatore pone il limite dei 20.000 euro annui per i giudici ausiliari presso la Corte d'Appello, ed inoltre non sono dovuti i contributi previdenziali.
Sia per l'ambito penale che per quello civile, ai **Giudici di pace** sono previsti i seguenti compensi:

- **36,15 euro** per l'attività di udienza e per l'attività di apposizione dei sigilli;
- **20 euro** per le udienze di processi attinenti la materia dell'immigrazione;
- **56,81 euro** per i processi definiti o cancellati;
- **10 euro** per i processi in materia di immigrazione;
- **10,30 euro** per l'emissione dei decreti di archiviazione, per i decreti di incompetenza, per il provvedimento di inammissibilità, per il decreto e l'ordinanza del procedimento di esecuzione, provvedimento di modifica della modalità di esecuzione della permanenza domiciliare e del lavoro di pubblica utilità, ordinanza di rinvio degli atti al P.M. per ulteriori indagini, decreto di sequestro preventivo e conservativo e rigetto della richiesta di emissione del decreto di sequestro preventivo e conservativo, decisione sulla richiesta delle indagine, autorizzazione a disporre le operazioni di intercettazione delle conversazioni telefoniche, informatiche o telematiche, o il provvedimento di rigetto motivato dell'autorizzazione alle predette indagini.

Con riferimento ai provvedimenti in materia civile, ai GDP è riconosciuto il diritto all'indennità ance in caso di emissione di ordinanze estintivi del processo ex art. 308 cpc; per le ordinanze ex art. 186 quater cpc, per le ordinanze di cancellazione dal ruolo e per quelle inerenti le attività conciliative in sede non contenziosa ex art. 322 c.p.c.
In materia penale, è stato riconosciuto il diritto a più indennità, se con una sentenza si definiscono più processi riuniti.
Ai **giudici popolari** è riconosciuta una indennità di euro 25,82 per ogni giorno di effettivo esercizio della loro funzione. Tale indennità è aumentata a euro 51,65 giornaliere per le prime cinquanta udienze, a euro 56,81 giornaliere per le cinquanta udienze successive, e a euro 61,97 perle altre, se i giudici popolari sono lavoratori autonomi o lavoratori dipendenti senza diritto alla retribuzione nel periodo in cui esercitano le proprie funzioni.
Ai giudici popolari è altresì corrisposta un'indennità speciale così come prevista dall'art. 3, comma 1, della L. n. 27/81 e rapportata ai giorni di effettivo servizio della funzione.
I compensi spettanti ai **giudici onorari dei tribunali (G.O.T)** sono pari a 98 euro per ogni udienza

tenuta, ed un'ulteriore indennità giornaliera di 98 euro qualora l'impegno lavorativo dell'attività di udienza superi le 5 ore.
Per i **viceprocuratori onorari (V.P.O.),** i compensi previsti sono 98 euro giornaliere, indipendentemente dalle udienze svolte e da ogni altra attività delegata ai sensi della normativa di legge. Anche nel caso dei V.P.O, nel caso in cui l'attività di udienza giornaliera superi le 5 ore, è prevista un'indennità giornaliera di 98 euro.
Sia per i GOT che per i VPO la durata dell'attività di udienza viene desunta dai verbali di udienza, prendendo in considerazione il primo e l'ultimo del ruolo a cui hanno assistito i suddetti soggetti.
Per i GOT in alternativa può prendersi in considerazione l'orario di apertura e chiusura del ruolo giornaliero delle cause trattate, i quali dovranno corrispondere a quelli effettivi.
L'art. 80 della L. 354/1975 interviene per disciplinare il trattamento economico degli **esperti** nominati nell'ambito dei giudizi **dei tribunali di sorveglianza**. Agli esperti che prestino servizio fuori dai comune di residenza sono riconosciute le spese le indennità previste per le trasferte dei giudici popolari della corte d'assise.
Per gli **esperti dei tribunali e delle sezioni delle corti d'appello dei minori** sono previste le indennità previste per i giudici onorari dei tribunali.
Gli **esperti delle sezioni agrarie** dispongono di un'indennità di 1,55 euro per ogni udienza. Nel caso di trasferte o di attività fuori dal comune di residenza, è previsto il riconoscimento delle spese di viaggio e di trasferta riconosciute per i dipendenti statali aventi la qualifica dei dirigenti di seconda fascia.

▶7.7. Le spese per la demolizione opere abusive e riduzione in ripristino dei luoghi.

Nei casi in cui occorra procedere all'esecuzione di sentenze recanti o aventi ad oggetto o recanti l'ordine di demolizione di opere abusive e di riduzione in pristino dello stato dei luoghi, il magistrato adito può chiedere:

- l'intervento delle strutture tecnico-operative del Ministero della Difesa tramite i provveditorati alle opere pubbliche;
- o in alternativa, affidare l'incarico ad imprese private, quando -sulla base di valutazioni oggettive- risulti più oneroso l'azione delle strutture tecnico operative del Ministro suddetto.

Con la convenzione organizzativa del 15.12.2005 stipulata dal Ministero della giustizia, dal Ministero delle infrastrutture e dei trasporti e dal Ministero della difesa, sono state disciplinate:

- le procedure per l'intervento delle strutture tecnico-operative del Ministero della difesa;
- la quantificazione preventiva e successiva delle spese nonché gli eventuali acconti;
- le regolazioni contabili, anche con riferimento all'esito dell'eventuale recupero delle spese nei confronti del soggetto obbligato;
- la liquidazione delle spettanze per le attività svolte, che il giudice procedente liquida in favore del Ministero della difesa, a titolo di acconto, l'importo dovuto per l'intervento, sulla base delle indicazioni di costi trasmesse con il parere di fattibilità;
- la liquidazione del saldo, ad opera sempre del giudice competente in favore del Ministero della Difesa.

Per la liquidazione dell'importo da corrispondere alle imprese private cui è affidato l'incarico si seguono i criteri oggettivi e predeterminati del prezzario per le opere edili e impiantistiche dei provveditorati alle opere pubbliche delle Regioni.
In ultimo, in entrambi i casi, il giudice competente per l'esecuzione liquida con decreto di pagamento motivato l'importo riconosciuto per l'attività svolta.

8. Le disposizioni in materia di riordino delle spese per le prestazioni obbligatorie di cui all'art. 96 d.lgs. 259/2003. Il D.M. 28 dicembre 2017.

Il decreto interministeriale del 28 dicembre 2017, emanato dal Ministro della giustizia e dal Ministro dello sviluppo economico di concerto con il Ministro dell'economia e delle finanze, recante "*Disposizioni di riordino delle spese per le prestazioni obbligatorie di cui all'art. 96 d.lgs. n.259 del 2003*", è entrato in vigore il 23 gennaio 2018.
Il decreto, adottato in attuazione della delega contenuta nel comma 91 dell'articolo unico della legge n. 103 del 2017, introduce e disciplina una **apposita procedura per la liquidazione delle spese relative alle prestazioni a fini di giustizia** effettuate a fronte di **richieste di intercettazioni e di informazioni** da parte delle competenti autorità giudiziarie. Nello specifico, infatti, l'articolo 96 del decreto legislativo 1° agosto 2003, n. 259 (Codice delle comunicazioni elettroniche), come modificato dal comma 88 dell'articolo unico della legge 23 giugno 2017, n. 103 (c.d. legge Orlando), ricomprende, fra le prestazioni obbligatorie per gli operatori telefonici, le prestazioni a fini di giustizia effettuate a fronte di richieste di intercettazioni e di informazioni da parte delle competenti autorità giudiziarie.
All'art. 1, il D.M. definisce le **prestazioni obbligatorie** come il **complesso delle attività di captazione** e **trasmissione** ai luoghi di registrazione, conservazione e archiviazione, realizzate dagli operatori di telecomunicazioni, di ogni comunicazione o scambio di dati comunque generati o veicolati dai sistemi di telecomunicazione, compresi i dati inerenti alle **operazioni di intercettazione**, in esecuzione dei decreti di intercettazione, di informazione, di consegna dati e di supporto – indipendentemente dal luogo di esecuzione dell'attività e dal soggetto incaricato della stessa – emessi dalle competenti Autorità giudiziarie.
L'articolo 2 – rubricato "*Revisione delle voci del listino per le prestazioni obbligatorie*" – dispone che le prestazioni obbligatorie e le relative tariffe sono individuate nel Listino delle prestazioni obbligatorie fornite dagli operatori di telecomunicazioni allegato al decreto, di cui fa parte integrante.
Il listino è disponibile presso il Ministero della giustizia - Direzione generale della giustizia civile - e presso il Ministero dello sviluppo economico - Direzione Generale per i servizi di comunicazione elettronica, di radiodiffusione e postali e gli operatori di telecomunicazioni sono tenuti a munirsene.
Per quanto attiene ai **soggetti** tenuti alle prestazioni obbligatorie, l'art. 3 prevede che sono tenuti alle prestazioni obbligatorie gli operatori e i fornitori di servizi di telecomunicazioni le cui infrastrutture, temporaneamente o stabilmente presenti sul territorio nazionale, consentono l'accesso alla rete o la distribuzione dei contenuti informativi o comunicativi all'identità di rete oggetto della richiesta. Sono, altresì, tenuti alle prestazioni obbligatorie, in ragione delle identità di rete assegnate dal fornitore del servizio, tutti i soggetti che a qualunque titolo forniscono servizi di comunicazione elettronica o applicazioni, anche se utilizzabili attraverso reti di accesso o trasporto non proprie.
Ai sensi dell'art. 4, nell'esecuzione delle prestazioni obbligatorie, gli operatori di telecomunicazioni assicurano:

- l'immediata attivazione delle operazioni di intercettazione su tutti i possibili servizi di rete fruibili dalla identità di rete oggetto della richiesta, indipendentemente dalla tecnologia di rete impiegata o dal tipo di rete di accesso;
- la tempestiva trasmissione e consegna, mediante canali cifrati, dei contenuti intercettati e dei dati correlati alle operazioni di intercettazione, secondo procedure di natura informatica approvate dal Ministero della giustizia, in grado di assicurare all'Autorità giudiziaria l'originalità, l'integrità e la fruibilità dei dati trasmessi e/o ricevuti dall'identità

di rete, senza impiego di sistemi informatici interposti di trattazione degli stessi, in conformità ai modelli ed ai protocolli definiti dall'ETSI;

- la tempestiva trasmissione e consegna ai punti di registrazione di ogni altro dato o evento riferibile all'identità di rete monitorata;
- la trasmissione delle informazioni anagrafiche e di localizzazione relative alle identità di rete dei soggetti coinvolti nella comunicazione;
- il corretto e tempestivo adempimento, anche a fronte di richieste contemporanee, provenienti da distinte Autorità giudiziarie, sulle medesime identità di rete.

In quest'ultima ipotesi, gli operatori assicurano che:

- i contenuti intercettati per la medesima identità di rete siano consegnati, separatamente e contestualmente, ai distinti punti di registrazione indicati dall'Autorità giudiziaria;
- il numero complessivo delle intercettazioni attivabili sia sempre garantito;
- il numero complessivo delle intercettazioni attivabili per gli operatori di trasporto di comunicazioni internazionali sia garantito, per ogni nodo di rete, nel medesimo numero delle connessioni contemporaneamente configurabili sul singolo nodo.

Nella **trasmissione** e nella **gestione delle comunicazioni di natura amministrativa** è assicurato il rispetto delle procedure informatiche approvate dal Ministero della giustizia (art. 5).

L'attivazione delle prestazioni obbligatorie è effettuata utilizzando i parametri tecnici con i quali il bersaglio è identificato univocamente dalla rete, ovvero mediante le informazioni adeguatamente corrispondenti alle esigenze dell'operatore per l'esatta individuazione del servizio richiesto.

Con riferimento alle prestazioni obbligatorie di intercettazione, attraverso i sistemi ministeriali coerenti con quanto previsto dagli organismi internazionali di standardizzazione nelle telecomunicazioni, sono scambiati i seguenti dati:

- data di emissione del provvedimento del magistrato;
- numero di registrazione del provvedimento e tipologia di registro;
- numero del procedimento e tipologia di registro;
- nome e funzioni del magistrato firmatario del decreto che dispone le operazioni;
- descrizione della prestazione obbligatoria richiesta, durata e codice identificativo della prestazione;
- natura della richiesta (attivazione, proroga, o cessazione anticipata);
- tipologia e identità del bersaglio;
- data ed orario di attivazione;
- centro di intercettazione delle telecomunicazioni, oppure, se necessario, ubicazione degli impianti cui consegnare i risultati della prestazione con i dati tecnici per stabilire il collegamento;
- data e orario di trasmissione della richiesta all'operatore, nonché indicazione del funzionario amministrativo responsabile del centro di intercettazione delle telecomunicazioni;
- indicazione di richiesta urgente;
- polizia giudiziaria delegata e relativo recapito telefonico.

La richiesta delle altre prestazioni obbligatorie contiene le medesime informazioni testé elencate, in quanto compatibili.

Quanto alla **razionalizzazione e semplificazione** delle procedure e degli adempimenti di fatturazione, l'art. 6 prevede che ciascuna richiesta di prestazione obbligatoria sia identificata dall'Autorità giudiziaria mediante un **codice univoco di riferimento**, costituito dall'indicazione dell'Autorità giudiziaria e dal numero R.I.T. (numero/anno) abbinato al servizio reso.

Il codice è indicato per ciascuna prestazione, dal momento dell'attivazione sino alla cessazione delle operazioni tecniche ed identifica anche la documentazione di liquidazione della relativa spesa.

Il codice, associato alla prestazione cui si riferisce, è annotato nel registro per le intercettazioni di cui all'articolo 267, comma 5, del codice di procedura penale.
La procedura di liquidazione è attivata con l'inoltro a mezzo dei sistemi ministeriali della rendicontazione relativa alla richiesta di pagamento. L'Autorità giudiziaria comunica il corrispondente decreto di liquidazione con apposito elenco allegato al fornitore, il quale trasmette la relativa fattura in formato elettronico a mezzo del sistema S.D.I.; il competente ufficio del funzionario delegato emette l'ordinativo di pagamento entro trenta giorni dalla ricezione.
L'indicazione nella fattura del codice univoco esonera dall'allegazione di ulteriore documentazione.
Al fine di consentire un **costante monitoraggio** del sistema delle prestazioni obbligatorie e delle relative tariffe, che tenga conto dell'evoluzione tecnologica ed organizzativa del settore delle telecomunicazioni e delle variazioni dei costi dei servizi, l'art. 7 prevede che, con decreto del Ministro della giustizia, è istituito presso il Ministero della giustizia un **tavolo tecnico permanente**, cui partecipa il Ministero dello sviluppo economico ed aperto alla consultazione degli operatori di telecomunicazioni.
Il Tavolo tecnico permanente, ferme restando le competenze delle singole amministrazioni, dell'Autorità giudiziaria e delle Autorità indipendenti:

- monitora il sistema delle prestazioni obbligatorie in relazione alla qualità, all'efficienza e alla sicurezza dei servizi forniti, affinché sia garantita un'esecuzione ottimale, uniforme e razionale;
- monitora le modalità di trasmissione e gestione delle comunicazioni amministrative relative alle prestazioni obbligatorie, promuovendo, ove necessario, la diffusione di prassi operative omogenee da parte di tutti gli operatori coinvolti nel circuito amministrativo;
- valuta l'opportunità di un aggiornamento del listino;
- valuta l'introduzione di meccanismi di tipo forfettario nella determinazione dei costi complessivi delle prestazioni obbligatorie.

9. I depositi giudiziari.

Questi depositi sono denominati "giudiziari" perché **eseguiti per legge** o **per disposizione del giudice** e rappresentano una speciale categoria di **depositi vincolati** in virtù dei quali il rapporto tra il depositante e il depositario può essere modificato o estinto solo per ordine del giudice e a seguito di un suo provvedimento.
I depositi giudiziari debbono essere costituiti da denaro contante o da somme ricavate da vendita forzata di corpi di reato e sono eseguiti allo **scopo di garanzia** imposta dalla legge. Essi, infatti, sono costituiti da valori (somma di denaro o di altre cose mobili) sottratti per cautela alla disponibilità delle parti o accantonati e presi in custodia dall'autorità giudiziaria nel corso di procedimenti giudiziari civili, penali, di volontaria giurisdizione o di natura amministrativa in attesa della determinazione legale della loro destinazione.
Pertanto, la funzione principale del deposito è di **natura cautelare**, essendo rivolta a garantire determinati interessi di natura processuale o sostanziale e ad assicurare l'efficacia concreta di un provvedimento giurisdizionale, oltre che a perseguire altri scopi, come quello, per esempio, di rendere temporaneamente indisponibile una somma di cui è controversa la proprietà.
Il deposito giudiziale può essere **volontario**, quando ai soggetti è concessa la facoltà di effettuarlo, quanto meno in rapporto all'ammontare, o **obbligatorio** quando è imposto direttamente dalla legge (deposito legale) o dal giudice. Il deposito legale, a sua volta, si distingue in **sussidiario o amministrativo**, se ha per oggetto la carta bollata e le spese di cancelleria necessarie per il procedimento, e in **deposito principale**, se ha per oggetto una cauzione, in denaro o in titoli del

debito pubblico (titoli di credito dello Stato o garantiti dallo Stato), che costituisce il deposito giudiziale in senso stretto e che di solito è a tempo indeterminato.
Oggetto dei depositi giudiziari possono essere denaro, titoli del debito pubblico, buoni del tesoro a lunga scadenza o buoni fruttiferi, oltre che eventualmente titoli fondiari o di enti locali.
Per quanto riguarda i **soggetti**, i depositi giudiziari possono essere effettuati, a seconda dei casi:

- dalla parte o il suo procuratore;
- dal cancelliere;
- dall'ufficiale giudiziario;
- dal commissionario;
- dall'istituto di vendite giudiziarie;
- dalla Polizia Giudiziaria (per il denaro sequestrato che non costituisce corpo di reato).

Essi vanno effettuati presso i **seguenti pubblici istituti**:

- **Cassa Depositi e Prestiti**;
- **Casse di risparmio postali**;
- **Cassa delle ammende**.

In alcuni casi, previsti dalla legge o autorizzati dal giudice, possono essere effettuati **anche presso banche o istituti di credito in genere**.
Mentre i depositi presso le Casse postali sono infruttiferi, i titoli depositati presso la Cassa Depositi e Risparmi conservano la loro qualità di titoli produttivi di interessi. I depositi presso banche o altri istituti di credito sono sempre fruttiferi.
I depositi giudiziari devono essere **eliminati** quando è cessata la causa per la quale vennero costituiti e, comunque, non appena definito il procedimento cui si riferiscono. Le disposizioni che regolano l'eliminazione dei depositi variano col variare della specie, della materia cui si riferiscono e della consistenza dei depositi stessi. È generalmente prevista l'eliminazione del deposito col decorso di un determinato periodo di tempo di inattività delle parti. La costituzione dei depositi è disciplinata da numerose e specifiche disposizioni che variano a seconda dell'ente presso cui devono eseguirsi.

▶ 9.1. I depositi presso gli istituti di credito.

La procedura per i depositi presso gli istituti di credito prevede che il depositante, munito del provvedimento del giudice, effettui il versamento ricevendo un comune libretto di deposito nominativo, con l'annotazione del vincolo imposto dal giudice. Il libretto di solito viene depositato in cancelleria ed allegato al fascicolo anche se è prassi nelle procedure concorsuali che i libretti siano conservati dal curatore del fallimento.
In quanto **depositi vincolati**, qualsiasi modificazione della destinazione e della consistenza dei depositi giudiziali è subordinata ad un provvedimento del giudice e all'adempimento di talune formalità che variano col variare della specie del deposito. I prelevamenti di somme depositate sui libretti nominativi e vincolati avvengono con l'emissione di apposito provvedimento autorizzativo del giudice e la presentazione del libretto per l'annotazione delle operazioni o estinzione del deposito. Nelle procedure fallimentari è prescritto che per ogni pagamento deve essere emesso dal giudice delegato un mandato direttamente al nome della persona cui deve essere effettuato il pagamento, ed il mandato è comunicato dal cancelliere al beneficiario e all'istituto di credito.

▶ 9.2. I depositi presso gli uffici postali.

Le principali caratteristiche dei depositi giudiziari effettuati presso gli uffici postali consistono nel fatto che si tratta di depositi senza interessi, che vanno in prescrizione dopo trent'anni a favore dell'amministrazione postale e che, contrariamente ai depositi normali, non sono soggetti ad alcun limite di somma.

L'ufficio postale, presso il quale il deposito giudiziario è effettuato, rilascia al depositante, gratuitamente, un libretto (Mod. B-1) su cui segna il cognome, il nome, la data e il luogo di nascita nonché la condizione e il domicilio della persona a favore della quale il libretto è rilasciato con l'importo della somma depositata nella parte interna riservata ai movimenti. Come regola generale, i libretti Mod. B-1 devono essere sempre intestati alle parti, anche quando i depositi siano effettuati dai loro procuratori, dai cancellieri e da altri funzionari giudiziari. L'ufficio postale invia all'intestatario del deposito conferma dell'avvenuto deposito con Mod. V-I.

I libretti devono rimanere fino all'estinzione dei depositi presso la cancelleria, quando sono estinti per atti giudiziari debbono essere restituiti all'ufficio postale.

Quando un libretto è andato smarrito o è stato sottratto o distrutto è possibile chiederne un duplicato all'ufficio postale previa domanda munita del nulla osta dell'autorità giudiziaria. L'amministrazione centrale autorizza la duplicazione dei libretti esauriti, smarriti, distrutti o sottratti, su richiesta delle parti e previo nulla osta del capo dell'ufficio giudiziario presso cui il libretto si trova depositato.

Il visto del magistrato competente deve essere apposto sul libretto infruttifero non soltanto per la prima operazione di deposito, ma anche per ogni singola operazione di pagamento e la firma e bollo a data dell'ufficiale postale per le operazioni di deposito.

I rimborsi delle somme depositate sui libretti Mod. B-1 devono essere effettuati a mezzo di mandati emessi dall'autorità giudiziaria competente e staccati dal registro Mod. IV. Nello specifico, i mandati del Mod. IV si compongono di quattro parti e cioè:

- parte I - matrice che resta alla cancelleria, attaccata al registro;
- parte II - avviso all'intestatario del libretto che sarà prelevata dal suo deposito una determinata somma;
- parte III - avviso di emissione del mandato, destinato all'ufficio postale;
- parte IV - mandato vero e proprio destinato al beneficiario.

Le parti II e III sono rimesse dalla cancelleria all'ufficio postale, che ne invia in raccomandata di servizio la parte II all'intestatario e archivia la III; il mandato vero e proprio, ossia la parte IV, viene inviato alla persona o all'ente a cui favore è stato tratto il mandato.

L'ufficio postale non può effettuare il pagamento di un mandato se non abbia ricevuto dalla cancelleria quanto appena indicato.

Di regola, i mandati sono rilasciati a favore delle parti, ma possono essere intestati anche a favore:

- degli ufficiali giudiziari, soltanto per il pagamento delle indennità di trasferta e dei diritti di tariffa;
- dei difensori, per il pagamento delle spese eventualmente anticipate, nonché degli onorari spettanti, disposti dal giudice e comunicate al titolare del deposito.

In caso di **morte del beneficiano**, la cancelleria deve provvedere a intestare o a rinnovare il mandato a nome degli eredi. Nel caso in cui il titolare del deposito abbia da eccepire sulla regolarità del mandato, il reclamo deve essere rivolto al capo dell'ufficio giudiziario che ha emesso il mandato.

Le quietanze sui mandati di pagamento emessi a favore di privati, o a favore di uffici postali per la commutazione in versamenti su conto corrente o in vaglia ordinari a favore degli aventi diritto, sono soggette alla imposta di bollo per quietanza.

Le relative marche da bollo, da applicarsi sui mandati in prossimità della quietanza, devono essere annullate, non con la firma del percipiente ma col bollo dell'ufficio in modo che il bollo resti impresso in parte sulla marca e in parte sul mandato (ricevuta verde Mod.C con marca da bollo).

I depositi giudiziari devono essere liquidati subito dopo la definizione dei relativi procedimenti in via ordinaria con restituzione o attribuzione delle somme depositate alle parti o per confisca a favore dell'Erario.

▶ 9.3. I depositi presso la cassa delle ammende.

La Cassa delle ammende è un ente pubblico italiano dotato di personalità giuridica di diritto pubblico, istituito con la legge 9 maggio 1932, n. 547 e ss. mm. presso il Ministero della giustizia e dallo stesso vigilato.
Organi della Cassa delle ammende sono il Presidente, il Consiglio di amministrazione, il Segretario generale e il Collegio dei revisori dei conti.
Sulla base di quanto previsto nello Statuto, introdotto con D.P.C.M. 10 aprile 2017 n. 102, possono essere finanziati con i fondi della Cassa i seguenti interventi:

- programmi di reinserimento di detenuti e di internati, consistenti nell'attivazione di percorsi di inclusione lavorativa e di formazione, anche comprensivi di eventuali compensi a favore dei soggetti che li intraprendono, e finalizzati all'acquisizione di conoscenze teoriche e pratiche di attività lavorative che possano essere utilizzate nel mercato del lavoro;
- programmi di reinserimento socio-lavorativo delle persone in misura alternativa alla detenzione o sottoposta a sanzioni di comunità, consistenti in percorsi di inclusione lavorativa e di formazione per la qualificazione professionale, anche comprensivi di compensi a favore dei soggetti che li intraprendono;
- programmi per la sperimentazione di protocolli di valutazione del rischio, presa in carico ed intervento delle persone condannate;
- programmi di assistenza ai detenuti, agli internati e alle persone in misura alternativa alla detenzione o soggette a sanzioni di comunità e alle loro famiglie, contenenti, in particolare, iniziative educative, culturali e ricreative;
- programmi di recupero dei soggetti tossicodipendenti o assuntori abituali di sostanze stupefacenti o psicotrope o alcoliche;
- programmi di integrazione degli stranieri sottoposti ad esecuzione penale, di cura ed assistenza sanitaria;
- progetti di edilizia penitenziaria di riqualificazione e ampliamento degli spazi destinati alla vita comune e alle attività lavorative dei ristretti ovvero di miglioramento delle condizioni igieniche degli ambienti detentivi;
- programmi finalizzati allo sviluppo di percorsi di giustizia riparativa e di mediazione penale;
- programmi a sostegno dell'attività volontaria gratuita o del lavoro di pubblica utilità.

Il **patrimonio** della Cassa è costituito da:

- beni mobili e immobili in proprietà;
- titolarità di concessioni e diritti acquisiti a qualunque titolo;
- beni di qualsiasi natura che a essa pervengano per donazione o altro titolo;
- titoli pubblici e privati acquisiti per eventuale investimento di disponibilità finanziarie;
- fondi in deposito presso la Cassa depositi e prestiti o anche presso istituti di credito e in Cassa.

Le **entrate** della Cassa si distinguono in **entrate correnti** ed **entrate in conto capitale**.
Le entrate correnti sono costituite:

- dalle rendite patrimoniali;
- dagli interessi sui depositi e su titoli;
- dai proventi o altre entrate espressamente devolute o assegnate dalla legge, o da altre fonti normative, direttamente alla Cassa;
- dai depositi costituiti presso la Cassa e a essa devoluti per disposizione dell'autorità giudiziaria;

- dai proventi delle manifatture carcerarie assegnati in base alla normativa vigente;
- dalla vendita di beni mobili fuori uso di proprietà della Cassa;
- da entrate eventuali e diverse.

Le entrate in conto capitale, invece, sono costituite da:

- ricavi per vendite di beni immobili ed altri beni fruttiferi;
- rimborsi di titoli di proprietà;
- finanziamenti.

La **dotazione finanziaria** della Cassa è costituita dal **conto depositi** e dal **conto patrimoniale**.
Al conto depositi affluiscono tutti i versamenti effettuati a **titolo provvisorio o cauzionale**.
Sul conto patrimoniale sono versate tutte le altre somme, ed in particolare quelle devolute alla Cassa per disposizione di legge o per disposizione dell'autorità giudiziaria.
I fondi patrimoniali e i depositi cauzionali della Cassa sono depositati in conto fruttifero presso la Cassa depositi e prestiti.

▶ 9.4. I depositi presso la Cassa Depositi e Prestiti.

La Cassa Depositi e Prestiti e l'organo finanziario del Tesoro, ordinato sul modello dell'amministrazione autonoma con personalità giuridica propria e autonomia "ordinamentale", organizzativa, patrimoniale e di bilancio. La Cassa è un apparato strumentale dell'Amministrazione centrale dello Stato, destinato ad assolvere funzioni statali (specialmente di finanziamento degli enti locali), non è ente pubblico economico e nemmeno una banca. Come tale essa è sottratta alla vigilanza della Banca d'Italia ed è soggetta al controllo della Corte dei Conti e del Parlamento.

La Cassa DDPP nasce nel 1850 con l'obiettivo di fornire, in un Paese privo di una rete bancaria efficiente e diffusa, uno sportello pubblico per i depositi che devono essere costituiti per legge o per disposizione della Pubblica amministrazione e per i depositi volontari. L'assetto attuale è stato realizzato col d.lgs. 30.7.1989 n. 284 emanato in applicazione della legge Bassanini.
Essa svolge, nel rispetto dell'equilibrio gestionale e garantendo la propria solidità patrimoniale, le seguenti attività e servizi di interesse economico generale:

a) ricevere direttamente depositi, con la garanzia dello Stato, da amministrazioni statali, regioni, enti locali e altri enti pubblici, oltre che di privati nei casi prescritti da leggi o da regolamenti ovvero su disposizione dell'autorità amministrativa o giudiziaria;
b) concedere finanziamenti, sotto qualsiasi forma, allo Stato, alle regioni, agli enti locali, agli altri enti pubblici, ai gestori di pubblici servizi, alle società a cui la Cassa partecipa e agli altri soggetti indicati dalla legge;
c) gestire fondi e svolgere attività per conto delle amministrazioni pubbliche e, nei casi e per le finalità previsti dalla legge, di altri soggetti;
d) svolgere altre attività e altri servizi ad essa assegnati.

La Cassa può esercitare attività strumentali, connesse o accessorie ai suoi compiti istituzionali attraverso la costituzione o la partecipazione, anche di controllo, in società di capitali. La provvista della Cassa DDPP è costituita, attualmente, dai depositi di cui alla lett. a), dalla raccolta postale, dal saldo debitore dei conti correnti postali e da fondi provenienti dalla assunzione di prestiti. I tassi di interesse praticati dalla Cassa sono fissati con d.m. del Tesoro.
La Cassa può acquistare titoli, obbligazioni e altri strumenti finanziari emessi o garantiti dai soggetti da essa finanziabili, da istituzioni finanziarie e creditizie, da enti e organismi pubblici comunitari o internazionali e dagli Stati membri dell'Unione europea. I prestiti accordati dalla Cassa DDPP, i relativi mandati di pagamento, le delegazioni di pagamento rilasciate dagli enti locali per l'ammortamento dei prestiti stessi sono insequestrabili e impignorabili; ogni atto compiuto in violazione del divieto è nullo e la nullità deve essere rilevata d'ufficio dal giudice.

Col d.l. 30.9.2003 n. 269 (conv, nella l. 24.11.2003 n. 326, modif. dalla l. 24.12.2003 n. 350) la Cassa è stata trasformata in spa con la denominazione di **Cassa depositi e prestiti società per azioni** (CDP S.p.a.), lasciando **inalterate le finalità pubbliche e di interesse generale dell'Istituto**.

Missione della CDP è di favorire lo sviluppo degli investimenti pubblici, delle opere infrastrutturali destinate alla fornitura dei servizi pubblici a carattere locale e delle grandi opere di interesse nazionale, assicurando un adeguato ritorno economico agli azionisti e, allo stesso tempo, preservando in modo durevole l'equilibrio economico- finanziario-patrimoniale. L'attività della CDP si svolge in **due distinti rami di azienda**:

- Il primo, denominato **gestione separata**, persegue una missione di interesse economico generale. Esso continua a gestire il finanziamento degli investimenti dello Stato, delle regioni, degli enti locali, degli enti pubblici e degli organismi di diritto pubblico. In questa attività, la CDP rispetta i principi di accessibilità, uniformità di trattamento, predeterminazione e non discriminazione, trasparenza ed economicità, adottando un sistema di contabilità separata. La raccolta del risparmio postale, garantito dallo Stato, continua a rappresentare la maggiore fonte di provvista. I poteri di indirizzo e di vigilanza, anche regolamentari, restano al Ministero dell'economia e delle finanze, con il controllo da parte della Commissione Parlamentare di Vigilanza.
- Il secondo ramo, denominato **gestione ordinaria**, provvede al finanziamento di opere, di impianti, di reti e di dotazioni destinati alla fornitura di servizi pubblici e alle bonifiche. Per questa attività, la CDP può raccogliere fondi con emissione di titoli, assunzione di finanziamenti e altre operazioni finanziarie, senza garanzia dello Stato. È vietata la raccolta di fondi a vista.

9.5. I versamenti al Fondo Unico Giustizia.

Nell'anno 2008 è stato istituito e disciplinato il Fondo Unico Giustizia (FUG), con l'obiettivo di centralizzare e rendere più efficiente la gestione delle somme recuperate dallo Stato, soprattutto a seguito di sequestri e confische antimafia. La gestione delle risorse del Fondo è affidata a Equitalia Giustizia, una società per azioni interamente posseduta da Equitalia S.p.A.; i rapporti istituzionali tra Equitalia e l'Ufficio Giudiziario sono curati dai Responsabili del Servizio F.U.G. (iscrizione iniziale e comunicazione finale in sede di esecuzione del provvedimento giurisdizionale).

Il Fondo Unico Giustizia (FUG) è stato istituito con Decreto legge n. 112/08, conv. dalla l. n. 133/08, con l'**obiettivo** di farvi confluire le somme di denaro contante e i titoli (Bot, CCT, obbligazioni, azioni etc.) sequestrati, confiscati o comunque presenti a vario titolo nell'ambito di procedimenti giudiziari civili, penali e amministrativi.

Prima della modifica normativa, il denaro e i titoli appresi nell'ambito di diverse tipologie di procedimenti erano depositati su libretti postali (infruttiferi) e in alcuni casi su conti correnti bancari ove rimanevano bloccati, senza alcuna possibilità di essere utilizzati, in attesa della definizione del procedimento. Analogamente, i titoli di diversa natura rimanevano bloccati, generalmente sui depositi titoli degli istituti di credito e, se soggetti a scadenza (BOT, CCT, obbligazioni, polizze accumulative, etc.), una volta monetizzati seguivano la medesima sorte del denaro contante.

Questo sistema presentava numerose criticità, costituite dal sostanziale abbandono del denaro (e dei titoli) per l'intera durata dei procedimenti giudiziari, talvolta oltre il decennio e dalla mancanza di produttività del denaro (e dei titoli quando venuti a scadenza), con conseguente beneficio diretto delle Poste italiane e degli istituti di credito depositari. Si era in presenza, dunque, di una gestione in cui somme e titoli d'importo molto consistente erano gestiti in modo confuso e, soprattutto, rimanevano inutilizzati per tempi lunghissimi.

Il FUG veniva pertanto istituito proprio per intervenire su queste criticità e per perseguire gli **obiettivi**:

- di censire e gestire in modo centralizzato il denaro e i titoli sequestrati (e poi confiscati);
- di mettere a reddito il denaro e, per quanto possibile, i titoli;
- di utilizzare almeno il denaro, sia quello dimenticato nei procedimenti, sia quello sequestrato, anticipandone la destinazione prima della confisca definitiva.

Va ribadito che il sequestro è un provvedimento che sottrae provvisoriamente il bene (denaro o titoli) che può, all'esito del procedimento, o essere restituito al titolare o essere confiscato con definitiva acquisizione nelle casse dello Stato. Per tutta la durata del procedimento questo denaro ben può essere utilizzato.

Nello specifico, al FUG confluiscono le somme e i relativi proventi, ivi compresa ogni altra attività finanziaria a contenuto monetario o patrimoniale (titoli al portatore, a quelli emessi o garantiti dallo Stato anche se non al portatore, i valori di bollo, i crediti pecuniari, i conti correnti, conti di deposito titoli, libretti di deposito) presenti:

- nei procedimenti penali, per l'applicazione di misure di prevenzione patrimoniali, di irrogazione di sanzioni amministrative (ivi comprese quelle derivanti dalla responsabilità dell'Ente ex d.lgs. n. 231/2001), o sequestrate o confiscate;
- nei procedimenti penali, devoluti allo Stato *ex* art. 263, comma 3-*bis*, c. p. p. trascorsi cinque anni dalla sentenza non più soggetta a impugnazione, qualora non sia stata chiesta la restituzione;
- nei procedimenti civili di cognizione, esecutivi, non riscossi o non reclamati dagli aventi diritto entro cinque anni dalla data di definizione;
- nei procedimenti fallimentari, le somme depositate a seguito della ripartizione dell'attivo fallimentare e non richieste dai creditori, trascorsi cinque anni dal deposito;
- nei procedimenti finanziari, sequestrate dall'Agenzia delle Dogane e dalla Guardia di Finanza nell'ambito delle attività di controllo sul denaro contante in entrata e in uscita ai confini comunitari.

La gestione del Fondo Unico Giustizia è stata attribuita a **Equitalia Giustizia** (art. 2 d.l. n. 143/08, cit.), società del Gruppo Equitalia, interamente posseduta da Equitalia SpA, che, a sua volta, è partecipata al 51% dall'Agenzia delle Entrate e al 49% dall'INPS. Equitalia giustizia deve assicurare:

- la tenuta dell'anagrafe delle risorse (somme e titoli) intestate al Fondo;
- la gestione amministrativa delle risorse intestate al Fondo, curando i relativi adempimenti in ordine al versamento, alla custodia, etc.;
- la gestione finanziaria delle risorse sequestrate, rendendole produttive (con modalità prive di rischio), utilizzando operatori finanziari;
- la destinazione finale delle risorse all'esito della definizione del procedimento: versamento allo Stato di quanto confiscato ovvero restituite agli aventi diritto;
- il versamento allo Stato del denaro sequestrato, che rappresenta il *quantum* di risorse che ben possono essere utilizzate invece che rimanere bloccate sui conti.

L'attuale normativa, infatti, prevede che solo una quota molto limitata delle somme sequestrate possa essere utilizzata (mentre la parte restante rimane conferita a titolo precauzionale nel Fondo fino al termine del procedimento, per far fronte a eventuali cambiamenti delle sentenze nei vari gradi di giudizio) fino ad una percentuale non superiore al 30 per cento relativamente **alle sole risorse** oggetto di **sequestro penale o amministrativo**, disponibili per massa, in base a criteri statistici e con modalità rotativa" (art. 2, comma 7, del d.l. 143/08).

Una volta individuato l'importo prelevabile, questo è ripartito, secondo quanto stabilito da un decreto del Presidente del Consiglio di Ministri, nel seguente modo:

• in misura non inferiore ad un terzo, al Ministero dell'interno per la tutela della sicurezza pubblica e del soccorso pubblico, fatta salva l'alimentazione del Fondo di solidarietà per le vittime delle richieste estorsive e delle vittime dei reati di tipo mafioso;
• in misura non inferiore ad un terzo, al Ministero della giustizia per assicurare il funzionamento e il potenziamento degli uffici giudiziari e degli altri servizi istituzionali;
• per la parte residua all'entrata del bilancio dello Stato.

Ai sensi di decreti del 30 novembre 2010, del 22 luglio 2011 e del 30 ottobre 2012 il riparto è previsto nella misura del 49% al Ministero dell'Interno, del 49% al Ministero della Giustizia, del 2% all'entrata del bilancio dello Stato.

Capitolo 7 CASELLARIO GIUDIZIALE, ANAGRAFE DELLE SANZIONI AMMINISTRATIVE E RELATIVI CARICHI PENDENTI

1. Cenni introduttivi.

Per casellario giudiziale si intende quel servizio gestito dagli uffici giudiziari finalizzato alla raccolta e conservazione delle notizie relative ad alcuni provvedimenti in materia penale, civile ed amministrativa, nonché al rilascio, a richiesta di uffici o enti pubblici e di privati, delle relative certificazioni.
Con D.P.R. 14-11-2002, n. è stato approvato il Testo unico delle disposizioni legislative e regolamentari in materia di casellario giudiziale, di anagrafe delle sanzioni amministrative dipendenti da reato e dei relativi carichi pendenti.
Con la novella del 2002, sono state introdotte le norme che disciplinano l'iscrizione, l'eliminazione, la trasmissione e conservazione dei dati del casellario giudiziale, del casellario dei carichi pendenti, dell'anagrafe delle sanzioni amministrative dipendenti da reato, dell'anagrafe dei carichi pendenti degli illeciti amministrativi dipendenti da reato, nonché quelle che disciplinano i relativi servizi certificativi e le procedure degli e tra gli uffici coinvolti.
Attraverso il servizio dei carichi pendenti sono rilasciate le certificazioni riguardanti la presenza o meno, nel registro delle notizie di reato, di iscrizioni relative a procedimenti penali in cui l'interessato ha assunto la qualità di imputato.
Con l'istituzione dell'anagrafe delle sanzioni amministrative finalizzata a svolgere le medesime funzioni del casellario giudiziale, ma con specifico riferimento alle sanzioni inflitte agli enti per illeciti amministrativi dipendenti da reato.
Con il T.U. 313/2002 è stata effettuata una notevole attività di riordino della materia e di armonizzazione della materia trattata con le modifiche intervenute in settori contigui dell'ordinamento, non perdendo di vista la semplificazione e razionalizzazione dell'assetto preesistente.
L'innovazione è basata sul sistema informativo automatizzato, che supporta tutte le procedure per le attività degli uffici coinvolti concernenti l'iscrizione, eliminazione, scambio, trasmissione, conservazione dei dati e dei servizi certificativi, anche nei rapporti con l'utenza.
La disciplina transitoria inoltre prevede, che sino alla completa operatività e funzionalità del sistema, le regole tecniche di cui agli artt. 39 e 42 T.U. sono disciplinate in modo che, a seconda delle concrete possibilità tecniche, le procedure possano svolgersi su supporto cartaceo o

informatico, anche con differenziazioni territoriali.
L'accesso al sistema da parte degli utenti è subordinato all'espletamento di una procedura atta a consentirne l'identificazione e la registrazione da parte del sistema, secondo le modalità indicate dal decreto del direttore generale della giustizia penale, in data 25-1-2007.
Gli uffici interessati che richiedono la registrazione per l'accesso al sistema, devono comunicare preliminarmente all'ufficio centrale il nominativo di un referente, che assume la responsabilità della gestione degli accessi al sistema, con riferimento a tutte le utenze assegnate all'ufficio.
Le definizioni degli istituti e le terminologie sono specificate nell'art. 2 del T.U., così come modificato da ultimo dal D.lgs. 74/2016.
Segnatamente:

- «casellario giudiziale» è il registro nazionale che contiene l'insieme dei dati relativi a provvedimenti giudiziari e amministrativi riferiti a soggetti determinati;
- «casellario giudiziale europeo» è l'insieme dei dati relativi a provvedimenti giudiziari di condanna adottati negli Stati membri dell'Unione europea nei confronti di cittadini italiani;
- «casellario dei carichi pendenti» è l'insieme dei dati relativi a provvedimenti giudiziari riferiti a soggetti determinati che hanno la qualità di imputato;
- «anagrafe delle sanzioni amministrative dipendenti da reato» è l'insieme dei dati relativi a provvedimenti giudiziari che applicano, agli enti con personalità giuridica e alle società e associazioni anche prive di personalità giuridica, le sanzioni amministrative dipendenti da reato, ai sensi del D.lgs. 8-6-2001, n. 231;
- «anagrafe dei carichi pendenti degli illeciti amministrativi dipendenti da reato» è l'insieme dei dati relativi a provvedimenti giudiziari riferiti agli enti con personalità giuridica e alle società e associazioni anche prive di personalità giuridica, cui è stato contestato l'illecito amministrativo dipendente da reato, ai sensi del D.lgs. 8-6-2001, n. 231.

Nel **casellario giudiziale** si iscrivono per estratto i seguenti provvedimenti:

- i provvedimenti giudiziari penali di condanna definitivi, anche pronunciati da autorità giudiziarie straniere se riconosciuti ai sensi degli artt. 730 e ss. c.p.p., salvo quelli concernenti contravvenzioni perle quali la legge ammette la definizione in via amministrativa, o l'ablazione limitatamente alle ipotesi di cui all'art. 162 c.p., sempre che per quelli esclusi non sia stata concessa la sospensione condizionale della pena;
- i provvedimenti giudiziari definitivi concernenti le pene, compresa la sospensione condizionale e la non menzione, le misure di sicurezza personali e patrimoniali, gli effetti penali della condanna, l'amnistia, l'indulto, la grazia, la dichiarazione di abitualità, di professionalità nel reato, di tendenza a delinquere;
- i provvedimenti giudiziari concernenti le pene accessorie;
- i provvedimenti giudiziari concernenti le misure alternative alla detenzione;
- i provvedimenti giudiziari concernenti la liberazione condizionale;
- i provvedimenti giudiziari definitivi che hanno prosciolto l'imputato o dichiarato non luogo a procedere per difetto di imputabilità, o disposto una misura di sicurezza, nonché quelli che hanno dichiarato la non punibilità ai sensi dell'articolo 131-bis c.p.;
- i provvedimenti giudiziari definitivi di condanna alle sanzioni sostitutive e i provvedimenti di conversione di cui all'art. 66, comma 3, e all'art. 108, comma 3, della L. 24-11-1981, n. 689;
- i provvedimenti giudiziari emessi dal pubblico ministero nella fase dell'esecuzione della pena ai sensi degli artt. 656, comma 5, 65 7 e 663 c.p.p.;
- I provvedimenti giudiziari di conversione delle pene pecuniarie;
- l'ordinanza che ai sensi dell'articolo 464-quater c.p.p. dispone la sospensione del

procedimento con messa alla prova;
- i provvedimenti con cui il giudice dispone la sospensione del procedimento ai sensi dell'art. 420-quater c.p.p.
- i provvedimenti giudiziari definitivi concernenti le misure di prevenzione della sorveglianza speciale semplice o con divieto a obbligo di soggiorno;
- i provvedimenti giudiziari concernenti la riabilitazione;
- i provvedimenti giudiziari di riabilitazione in materia di misure di prevenzione personali, di cui all'art. 15, della legge 3 agosto 1988, n. 327;
- i provvedimenti giudiziari di riabilitazione speciale relativi ai minori, di cui all'art. 24, R. D. L. 20-7-1934, n. 1404, convertito, con modificazioni, dalla L. 27-5-1935, n. 835, e successive modificazioni;
- i provvedimenti giudiziari definitivi di interdizione e inabilitazione e quelli di revoca, nonché i decreti che istituiscono, modificano o revocano l'amministrazione di sostegno;
- i provvedimenti giudiziari relativi all'espulsione dello straniero a titolo di sanzione sostitutiva o alternativa alla detenzione, ai sensi dell'art. 16, D.lgs. 25-7-1998, n. 286, come sostituito dall'art. 15, L. 30-7-2002, n. 189;
- i provvedimenti amministrativi di espulsione dello straniero e i provvedimenti giudiziari che decidono il ricorso avverso i primi, ai sensi dell'art. 13, D.lgs. 25- 7-1998, n. 286, come modificato dall'art. 12, L. 30-7-2002, n. 189;
- i provvedimenti di correzione, a norma di legge, dei provvedimenti già iscritti;
- qualsiasi altro provvedimento che concerne a norma di legge i provvedimenti già iscritti, come individuato con decreto del Presidente della Repubblica, su preposta del Ministro della giustizia.

Nel **casellario dei carichi pendenti** si iscrivono per estratto i provvedimenti in virtù dei quali si assume la qualità di imputato o comunque si incide su tale qualità, e quindi:
- i provvedimenti giudiziari di cui all'art. 60, comma 1, c.p.c., il provvedimento di revoca della sentenza di non luogo a procedere, il decreto di citazione di cui all'art. 636, comma 1, c. p. p. questi ultimi due in quanto comportano la riassunzione della qualità di imputato - nonché i provvedimenti giudiziari previsti dall'art. 3, D.lgs. 28-8-2000, n. 274 nell'ambito dei procedimenti penali innanzi al giudice di pace;
- ogni altro provvedimento giudiziario che decide sull'imputazione, emesso nelle fasi e nei gradi successivi.

Nell'anagrafe delle sanzioni amministrative dipendenti da reato si iscrivono per estratto i provvedimenti rilevanti emessi nell'ambito delle procedure relative alla responsabilità delle persone giuridiche, delle società e delle associazioni anche prive di personalità giuridica, per gli illeciti amministrativi dipendenti da reato, e nello specifico:
- i provvedimenti giudiziari definitivi che applicano agli enti le sanzioni amministrative di cui al D.lgs. 8-6-2001, n. 231;
- i provvedimenti giudiziari definitivi relativi all'esecuzione delle stesse sanzioni;
- qualsiasi altro provvedimento che concerne a norma di legge i provvedimenti già iscritti, come individuato con decreto del Presidente della Repubblica, su proposta del Ministro della giustizia.

Nell'anagrafe dei carichi pendenti degli illeciti amministrativi dipendenti da reato che ha una funzione speculare rispetto al casellario dei carichi pendenti - si iscrivono per estratto:
- i provvedimenti giudiziari con i quali viene contestato all'ente l'illecito amministrativo

dipendente da reato;
- ogni altro provvedimento giudiziario che decide sulla contestazione dell'illecito amministrativo emesso nelle fasi e nei gradi successivi.

2. Contenuto degli estratti dei provvedimenti iscrivibili.

Ai sensi dell'art. 4 del T.U., ogni provvedimento giudiziario e amministrativo è iscritto nel casellario giudiziale per estratto contenente i seguenti dati:
- cognome, nome, luogo e data di nascita, codice identificativo della persona cui si riferisce il provvedimento;
- il codice identificativo è il codice fiscale per il cittadino italiano e per il cittadino di Stato dell'Unione europea che abbia il domicilio fiscale in Italia; per il cittadino di Stato dell'Unione europea che non abbia il codice fiscale e per il cittadino di Stato non appartenente all'Unione europea, è il codice individuato attraverso l'utilizzazione del sistema di riconoscimento delle impronte digitali esistente presso il Ministero dell'interno;
- numero identificativo del procedimento. Esso corrisponde al numero del procedimento assegnato dal sistema al momento dell'iscrizione nel registro delle notizie di reato, che identifica il procedimento per tutta la sua durata, anche quando a questo se ne aggiungono altri relativi ad ulteriori stadi e gradi del processo;
- autorità che ha emesso il provvedimento;
- data, dispositivo del provvedimento e norme applicate.

L'estratto del provvedimento giudiziario penale contiene, in base al tipo di provvedimento, i seguenti dati:
- luogo, data dell'infrazione e norme applicate, con riferimento a ciascun reato;
- pena principale e pena accessoria, circostanze, sanzione sostitutiva, sospensione condizionale della pena e non menzione della condanna nel certificato del casellario giudiziale, misure alternative alla detenzione, con riferimento a ciascun reato, anche nelle ipotesi di concorso formale o di reato continuato, di cui all'art. 81 c.p. e nell'ipotesi di connessione tra procedimenti, alcuni dei quali di competenza del giudice di pace;
- misura di sicurezza, dichiarazione di abitualità o professionalità, dichiarazione di tendenza a delinquere.

I medesimi dati devono essere contenuti nell'estratto dei provvedimenti iscritti nel casellario dei carichi pendenti, a norma dell'art. 5 T.U.
Nell'estratto da iscrivere nell'anagrafe delle sanzioni amministrative dipendenti da reato, a norma dell'art. 10 T.U., accanto alla denominazione e al codice identificativo dell'ente cui si riferisce il provvedimento giudiziario - e cioè il suo codice fiscale - e agli altri dati indicati dall'art. 4 (ma in riferimento alla violazione amministrativa e non alla commissione di reati), sono richiesti anche quelli relativi al rappresentante legale. Allo stesso modo, l'indicazione della sanzione amministrativa applicata dovrà fare riferimento a ciascun illecito amministrativo dipendente da reato, anche nelle ipotesi di pluralità di illeciti (di cui all'art. 21, D.lgs. 231/2001), in maniera del tutto speculare a quanto previsto in riferimento all'art. 81 c.p.
La disposizione è ricalcata anche nell'art. 13 T.U., con riguardo ai dati contenuti nell'estratto da iscrivere nell'anagrafe dei carichi pendenti degli illeciti amministrativi dipendenti da reato.
Anche in tal caso, vale il richiamo ai diversi tipi di provvedimenti, secondo quanto è stato precisato a proposito del casellario dei carichi pendenti.

3. L'eliminazione delle iscrizioni.

Le iscrizioni nel casellario giudiziale sono eliminate al compimento dell'ottantesimo anno di età o per morte della persona alla quale si riferiscono.
Sono, inoltre, eliminate le iscrizioni relative:

- ai provvedimenti giudiziari revocati a seguito di revisione, o per abolizione del reato;
- ai provvedimenti giudiziari dichiarati mancanti o non esecutivi o dei quali il giudice dell'esecuzione ha sospesa l'esecuzione o disposto la restituzione nel termine, ai sensi dell'art. 670 c.p.p.;
- ai provvedimenti giudiziari di proscioglimento o di non luogo a procedere per difetto di imputabilità, trascorsi dieci anni in caso di delitto o tre anni in caso di contravvenzione dal giorno in cui il provvedimento è divenuto irrevocabile o, nel caso di non luogo a procedere, dal giorno in cui è scaduto il termine per l'impugnazione;
- ai provvedimenti giudiziari di condanna per contravvenzioni per le quali è stata inflitta la pena dell'ammenda, trascorsi dieci anni dal giorno in cui la pena è stata eseguita o si è in altro modo estinta;
- ai provvedimenti giudiziari che hanno dichiarato la non punibilità ai sensi dell'articolo 131-bis c.p., trascorsi dieci anni dalla pronuncia;
- ai provvedimenti giudiziari di proscioglimento per difetto di imputabilità emessi dal giudice di pace o da altro giudice, limitatamente però ai reati di competenza del giudice di pace - trascorsi tre anni dal giorno in cui il provvedimento è divenuto irrevocabile;
- ai provvedimenti giudiziari di condanna emessi dal giudice di pace - ovvero da altro giudice, limitatamente però ai reati di competenza del giudice di pace - trascorsi cinque anni dal giorno in cui la sanzione è stata eseguita se è stata inflitta la pena pecuniaria, o dieci anni se è stata inflitta una pena diversa, se nei periodi indicati non è stato commesso un ulteriore reato;
- ai provvedimenti amministrativi di espulsione dello straniero, quando sono annullati con provvedimento giudiziario o amministrativo definitivo;
- ai provvedimenti con cui il giudice dispone la sospensione del procedimento ai sensi dell'articolo 42 quater c.p.p., quando il provvedimento è revocato.

Qualora siano state applicate misure di sicurezza, i termini indicati in precedenza decorrono dalla data della revoca della misura di sicurezza e, se questa è stata applicata o sostituita con provvedimento giudiziario di esecuzione, è eliminata anche l'iscrizione relativa a quest'ultimo.
Le iscrizioni di provvedimenti giudiziari relativi a minori di età sono eliminate al compimento del diciottesimo anno di età della persona cui si riferiscono, eccetto quelle relative al perdono giudiziale, che sono eliminate al compimento del ventunesimo anno, ed eccetto quelle relative ai provvedimenti di condanna a pena detentiva, anche se condizionalmente sospesa.
Per quanto riguarda le iscrizioni nel casellario dei carichi pendenti, queste sono eliminate quando viene meno il principale presupposto dell'iscrizione, e quindi alla cessazione della qualità di imputato, che si realizza, a norma dell'art. 60, comma 2, c.p.p., quando non è più soggetta a impugnazione la sentenza di non luogo a procedere, ovvero è divenuta irrevocabile la sentenza di proscioglimento o di condanna o divenuto esecutivo il decreto penale di condanna.
Inoltre, in corrispondenza a quanto previsto per il casellario giudiziale le iscrizioni vengono eliminate al compimento dell'ottantesimo anno di età o per morte della persona alla quale si riferiscono.
Per ciò che riguarda le iscrizioni nell'anagrafe delle sanzioni amministrative, l'art. 11 del T.U. prevede che le predette iscrizioni sono eliminate trascorsi cinque anni dal giorno in cui è stata eseguita la sanzione pecuniaria, o trascorsi dieci anni dal giorno in cui è cessata l'esecuzione di

qualunque altra diversa sanzione, se negli stessi periodi non è stato commesso un ulteriore illecito amministrativo.
Mentre, in parallelo a quanto previsto per il casellario dei carichi pendenti, le iscrizioni dell'anagrafe dei carichi pendenti delle sanzioni amministrative sono eliminate alla cessazione della qualità di ente sottoposto al procedimento di accertamento relativo agli illeciti amministrativi dipendenti da reato.

4. Casellario giudiziario europeo.

Il Casellario giudiziario europeo è entrato in vigore con il D.lgs. 74/2016, che ha attuato nell'ordinamento interno le disposizioni della decisione quadro 2009/315/GAI del Consiglio, del 26 febbraio 2009, relative all'organizzazione e al contenuto degli scambi fra gli Stati membri di informazioni estratte dal casellario giudiziario.
Tra le novità contenute nel provvedimento in esame si segnala l'introduzione nel T.U. 313/2002 di un nuovo titolo II-bis (artt. 5-bis-S-quater) ai sensi del quale nel casellario giudiziale europeo si iscrivono per estratto

- le condanne pronunciate in un altro Stato membro dell'Unione europea nei confronti di cittadini italiani trasmesse all'Ufficio centrale;
- le successive decisioni concernenti l'esecuzione della pena 0 che modificano o eliminano le condanne iscritte.

Inoltre, ogni estratto di condanna ricevuto è conservato integralmente attraverso l'iscrizione dei seguenti dati:

a) informazioni obbligatorie necessariamente trasmesse dallo Stato di condanna:
   1) nome completo (cognome, nome, eventuale secondo cognome, eventuale secondo nome), data di nascita, luogo di nascita, composto di città e Stato, sesso, cittadinanza ed eventuali nomi precedenti;
   2) data della condanna, nome dell'organo giurisdizionale, data in cui la decisione è diventata definitiva;
   3) data del reato, qualificazione giuridica del fatto, riferimento alle disposizioni giuridiche applicabili;
   4) pena, principale ed accessoria, misure di sicurezza e decisioni successive che modificano l'esecuzione della pena.

b) informazioni facoltative trasmesse se iscritte nel casellario giudiziale dello Stato di condanna:
   1) nome dei genitori della persona condannata;
   2) numero di riferimento della condanna;
   3) luogo del reato;
   4) interdizioni derivanti dalla condanna.

c) informazioni supplementari che devono essere trasmesse se sono a disposizione dell'autorità centrale dello Stato di condanna:
   1) numero di identità o tipo e numero del documento di identificazione della persona condannata;
   2) impronte digitali della persona condannata, conservate ai sensi dell'articolo 43;
   3) gli eventuali pseudonimi della persona condannata.

Infine, le iscrizioni nel casellario giudiziale europeo sono eliminate a seguito di identica eliminazione comunicata dall'autorità centrale di altro Stato membro di condanna.

5. Le competenze degli uffici.

Il titolo VI del T.U. n. 313/2002 individua le competenze dei diversi uffici coinvolti nella materia in argomento, distinti tra uffici centrali, quali l'ufficio iscrizione, che provvedono all'inserimento dei dati nel sistema e alla loro eliminazione ed uffici territoriali e locali, che rilasciano certificati e consentono la visura delle iscrizioni.
Ai fini del controllo e della verifica degli accessi al sistema e delle operazioni svolte dai diversi uffici coinvolti e dai diversi utenti all'interno degli uffici, sono stati istituiti, a norma dell'art. 10 D.Dir.le 25 gennaio 2007, i seguenti registri informatizzati:

- il registro delle attività, che consente agli uffici, attraverso l'utilizzo di appositi strumenti di controllo, il costante monitoraggio dei soggetti che compiono le attività di acquisizione dei dati, della data e della tipologia delle stesse;
- il registro dei certificati e delle visure, che consente agli uffici, attraverso l'utilizzo di appositi strumenti di controllo, il costante monitoraggio dei soggetti che compiono le attività di certificazione e visura dei dati.

L'integrità dei predetti registri è verificata dall'ufficio centrale con frequenza almeno mensile. Le registrazioni contenute nei registri e nei log del sistema sono conservate per un periodo di dieci anni.

5.1. L'ufficio iscrizione.

Per **ufficio iscrizione** si intende l'ufficio presso l'autorità giudiziaria che ha emesso il provvedimento giudiziario soggetto a iscrizione o a eliminazione. Esso ha il compito di iscrivere l'estratto nel sistema ed eliminare dal sistema le iscrizioni di tutti i provvedimenti, esclusi quelli che sono di competenza dell'ufficio centrale.
Con riferimento all'eliminazione la competenza dell'ufficio è determinata a seconda del tipo di eliminazione che si verifica:

- per le eliminazioni basate sul decorso del tempo, l'ufficio iscrizione è quello presso l'autorità giudiziaria che ha emesso il provvedimento soggetto ad eliminazione;
- mentre per le altre eliminazioni, è l'ufficio presso l'autorità giudiziaria che ha emesso il provvedimento da cui deriva l'eliminazione dell'iscrizione.

In particolare, per consentire l'eliminazione delle iscrizioni collegate al decorso del tempo dall'esecuzione della pena, la cancelleria del giudice dell'esecuzione è tenuta a comunicare all'ufficio iscrizione l'avvenuta esecuzione della pena pecuniaria e di ogni altra pena.
Ai fini dell'eliminazione, il sistema, mediante procedure automatizzate, rende disponibile per ciascun ufficio iscrizione l'elenco dei provvedimenti da eliminare, ad eccezione di quelli di competenza dell'ufficio centrale.
L'elenco è consultabile dall'ufficio iscrizione in tempo reale attraverso le procedure rese disponibili sul sistema.
L'ufficio iscrizione, verificata la correttezza della segnalazione, provvede ad eliminare fisicamente le iscrizioni dal sistema.
A seguito di tale procedura sono eliminati automaticamente anche tutti i provvedimenti collegati.
Il sistema conserva, solo a fini statistici, in modo anonimo, i dati eliminati.
L'iscrizione o l'eliminazione è effettuata quando il provvedimento giudiziario è definitivo.
L'ufficio iscrizione:

- verifica l'esistenza nel fascicolo dei codici identificativi delle persone e degli enti, nonché del numero identificativo del procedimento;
- verifica, inoltre, la completezza nel provvedimento dei dati utili ai fini dell'estratto.

Dopo le operazioni di verifica:

- se riscontra nel fascicolo la mancanza del codice identificativo delle persone o degli enti o del numero identificativo del procedimento provvede ad inserirlo secondo le modalità previste dai decreti dirigenziali emanati ai sensi degli artt. 42 e 43 T.U. In proposito si segnala che a seguito dell'intervento del D.lgs. 74/2016, le regole procedurali di carattere tecnico-operativo relative agli scambi tra i casellari giudiziali europei sono stabilite con decreto del Ministero della giustizia, da emanarsi entro sei mesi dalla data di entrata in vigore della presente disposizione, nell'ambito della disciplina generale di cui all'articolo 41, comma 3, del T.U., sentiti l'Agenzia per l'Italia digitale e il Garante per la protezione dei dati personali;
- se riscontra nel provvedimento dati mancanti o incompleti, lo segnala all'autorità competente alla correzione, e in particolare, a seconda della natura del provvedimento, al giudice penale ai sensi dell'art. 130 cpp, al giudice civile o amministrativo ai sensi dell'art. 288, secondo comma, c.p.c., o all'autorità amministrativa che ha emesso il provvedimento;
- se riscontra contrasti tra il provvedimento da iscrivere e quelli già iscritti nel sistema, dopo aver verificato che il contrasto non derivi da errori materiali di inserimento dei dati nel sistema ovvero da errori sanabili mediante la procedura della correzione di errore materiale, effettua la segnalazione al pubblico ministero competente ai fini della risoluzione della questione concernente l'iscrizione, ai sensi dell'art. 40 T.U.

Nel caso di correzione di errore materiale relativo a un provvedimento già iscritto da altro ufficio iscrizione, l'ufficio presso l'autorità giudiziaria che ha emesso il provvedimento di correzione ne cura l'iscrizione nel sistema e ne trasmette l'estratto all'ufficio che ha iscritto il provvedimento oggetto della correzione, affinché proceda senza ritardo alla rettifica dei dati. La medesima procedura si applica anche nel caso di provvedimenti che decidono sulle questioni concernenti le iscrizioni ai sensi dell'art. 40 del T.U..
Fuori dei casi sopra indicati, alla correzione di errori materiali incorsi al momento dell'inserimento dei dati nel sistema e rilevati dopo la validazione, provvede senza ritardo lo stesso ufficio iscrizione su disposizione del dirigente o di persona da lui delegata, anche a seguito di segnalazione di terzi.

Per le **procedure di iscrizione**, l'ufficio iscrizione iscrive nel sistema informativo automatizzato i provvedimenti soggetti ad iscrizione nel casellario giudiziale e nell'anagrafe delle sanzioni amministrative dipendenti da reato, previa verifica della completezza dei dati a tal fine necessari.
Conclusa l'iscrizione l'ufficio procede alla validazione dei dati relativi al provvedimento che ha iscritto per estratto nel sistema.
A tale operazione consegue l'immodificabilità dei dati iscritti e, contestualmente, la disponibilità informatica di questi ai fini del rilascio dei relativi certificati.
La validazione è consentita solo in assenza di errori o in presenza di anomalie che l'ufficio dichiara accettate.
Il provvedimento iscritto risulta nella fase denominata «in lavorazione» finché non è completata la procedura di verifica e di validazione.
Fino al completamento della procedura, il provvedimento è visibile all'autorità giudiziaria peri certificati che essa acquisisce per ragioni di giustizia ma, con riguardo a tali provvedimenti in fase di lavorazione, senza efficacia certificativa e con apposita avvertenza - nonché agli uffici iscrizione, ai soli fini del completamento della iscrizione.
I dati relativi ai provvedimenti validati possono essere modificati solo a seguito di «svalidazione» da parte dell'ufficio iscrizione. Il sistema consente la svalidazione del provvedimento solo se ne viene indicata la relativa motivazione.
Il sistema autorizza la modifica del dato anagrafico da parte dell'ufficio iscrizione o dell'ufficio

locale solo se tra le iscrizioni presenti a carico del soggetto riscontra almeno un provvedimento iscritto dall'ufficio e comunque previa operazione di svalidazione.
La modifica del dato anagrafico comporta la creazione di un nuovo soggetto e il trasferimento a suo carico dei provvedimenti svalidati o che risultano in lavorazione.
Della modifica suddetta deve essere data comunicazione agli uffici interessati.

Qualora l'ufficio iscrizione, nel momento di curare l'iscrizione di un provvedimento giudiziario collegato ad altro provvedimento, dovesse riscontrare la mancata iscrizione del provvedimento giudiziario da collegare, esso dovrà provvedere:

a) ad inserire un provvedimento denominato provvisorio ovvero fittizio. Il provvedimento è «fittizio» solo nei casi in cui il provvedimento mancante non sia iscrivibile ai sensi degli artt. 3 e 9 T.U. o risulti eliminato dalla banca dati del casellario giudiziale per motivi diversi dal compimento dell'ottantesimo anno di età, o del diciottesimo anno peri provvedimenti riguardanti minori, o ancora dalla morte della persona iscritta;
b) a sollecitare, senza ritardo, l'ufficio iscrizione competente, anche per via telematica e limitatamente ai provvedimenti provvisori;
c) a validare il provvedimento di sua pertinenza appena pervenuta la comunicazione dell'avvenuto inserimento del provvedimento mancante.

L'ufficio iscrizione competente provvede, senza ritardo e comunque entro e non oltre dieci giorni dal ricevimento del relativo sollecito, ad iscrivere il provvedimento mancante ovvero a comunicare per via telematica all'ufficio iscrizione che ha effettuato il sollecito i motivi del rifiuto dell'iscrizione.
Nel caso di accertata impossibilità di portare a termine la procedura, l'ufficio iscrizione ne dà comunicazione all'ufficio centrale.

Ai sensi dell'art. 18 D. Dir.le 25-1-2007, in attesa della realizzazione delle funzioni di interconnessione telematica con i sistemi fonte- che sono i sistemi informatici interni al Dominio Giustizia da cui sono generati i dati per l'iscrizione, l'aggiornamento e l'eliminazione dei provvedimenti (Re.Ge., SICP, SIES, ecc.) e che in futuro dovranno garantire l'alimentazione «automatica» della banca dati del sistema informativo - i provvedimenti soggetti ad iscrizione nel casellario giudiziale e nell'anagrafe delle sanzioni amministrative vengono transitoriamente iscritti nel sistema dall'ufficio iscrizione competente, per via telematica, mediante funzioni di immissione dei dati.

Sempre transitoriamente ed in deroga alla disciplina che regola le competenze tra i vari uffici, tenuto conto della non completa operatività del sistema di interconnessione tra le diverse articolazioni degli uffici giudiziari e le altre pubbliche amministrazioni, il menzionato art. 18 stabilisce che per l'inserimento dei dati nel sistema.
Gli uffici iscrizione presso le autorità giudiziarie militari e quelli del giudice di pace non connessi alla «Rete Unitaria della Giustizia -RUG», non potendo direttamente provvedere all'iscrizione, devono trasmettere senza ritardo, anche avvalendosi di mezzi tecnici idonei, l'estratto del provvedimento da iscrivere all'ufficio locale nel cui ambito territoriale è nata la persona cui è riferita l'iscrizione.
Gli uffici iscrizione presso gli uffici e i tribunali di sorveglianza devono trasmettere senza ritardo, anche avvalendosi di mezzi tecnici idonei, l'estratto del provvedimento da iscrivere all'ufficio locale nel cui ambito territoriale è nata la persona cui è riferita l'iscrizione.
Gli uffici iscrizione presso le autorità giudiziarie requirenti devono trasmettere senza ritardo, banche avvalendosi di mezzi tecnici idonei, l'estratto del provvedimento da iscrivere all'ufficio locale presso il Tribunale coincidente con la sede dell'autorità giudiziaria che ha emesso il

provvedimento.
Per le persone nate all'estero, o delle quali non è stato accertato il luogo di nascita nel territorio dello Stato, la trasmissione va fatta all'ufficio locale presso il Tribunale di Roma.

In via transitoria, in attesa della realizzazione del nuovo sistema informativo della Corte di cassazione e delle relative funzioni di interconnessione telematica con gli altri sistemi fonte e con il casellario, la competenza per l'iscrizione del provvedimento divenuto irrevocabile a seguito della pronuncia della Corte di cassazione è individuata secondo le modalità finora osservate.
I provvedimenti sono iscritti nel sistema dall'ufficio competente, senza ritardo e, comunque, entro dieci giorni dalla data in cui il provvedimento è divenuto definitivo o, nel caso di provvedimenti non definitivi, dalla data in cui il provvedimento è pubblicato nelle forme di legge.
Infine, l'iscrizione nel sistema dei dati relativi ai provvedimenti iscrivibili nel casellario dei carichi pendenti e nell'anagrafe dei carichi pendenti degli illeciti amministrativi ai sensi degli artt. 6 e 12 del T.U., di competenza dell'ufficio iscrizione, è assicurata dal momento dell'acquisizione delle relative informazioni a seguito dell'operatività delle funzioni di interconnessione telematica con i sistemi fonte.

▶ 5.2. L'ufficio centrale.

Per ufficio centrale si intende l'ufficio presso il Ministero della giustizia, che ha competenze in materia.

Come si è visto, sia l'ufficio iscrizione che l'ufficio centrale provvedono all'inserimento dei dati nel sistema e alla loro eliminazione; tuttavia, tale funzione è svolta principalmente dall'ufficio iscrizione, che ha competenza generale, mentre l'ufficio centrale la svolge solo in casi determinati, quando cioè, per diverse ragioni, il legislatore ha ritenuto non opportuna la ripartizione della funzione tra tutti gli uffici che emettono il provvedimento.
Per l'ufficio centrale, poi, questa funzione residuale in tema di iscrizione ed eliminazione si aggiunge alla funzione cruciale nell'ambito del sistema informativo automatizzato, cui si collegano diversi compiti, e a quella collegata di supporto alle competenze istituzionali del Ministero della giustizia.

L'ufficio centrale svolge i seguenti compiti:
- raccoglie e conserva i dati immessi nel sistema del casellario giudiziale e dei carichi pendenti, trattando separatamente quelli delle iscrizioni relative ai minorenni;
- raccoglie e conserva i dati immessi nell'anagrafe delle sanzioni amministrative dipendenti da reato e nell'anagrafe dei carichi pendenti delle sanzioni amministrative dipendenti da reato;
- conserva i dati suddetti adottando le più idonee modalità tecniche al fine di consentirne l'immediato utilizzo perla reintegrazione di quelli eventualmente andati persi e per la compilazione dei certificati di emergenza;
- conserva a fini statistici, in modo anonimo, i dati eliminati;
- concorre ad elaborare le modalità tecniche di funzionamento del sistema informativo automatizzato, relative all'iscrizione, eliminazione, scambio, trasmissione e conservazione dei dati nelle procedure degli e tra gli uffici;
- vigila sull'attività degli uffici, adottando le misure necessarie per prevenire o rimuovere eventuali irregolarità;
- adotta le iniziative necessarie e promuove gli interventi opportuni per garantire il pieno svolgimento delle funzioni del casellario giudiziale, del casellario dei carichi pendenti,

dell'anagrafe delle sanzioni amministrative dipendenti da reato, dell'anagrafe dei carichi pendenti delle sanzioni amministrative dipendenti da reato.

Ed ancora, per quanto riguarda l'attività residuale di iscrizione, previa verifica dei dati nelle stesse forme e modalità previste per l'ufficio iscrizione, l'ufficio centrale:

- iscrive nel sistema l'estratto ed elimina dal sistema le iscrizioni dei provvedimenti amministrativi di espulsione e dei provvedimenti giudiziari che decidono il ricorso avverso questi;
- iscrive nel sistema l'estratto delle decisioni definitive adottate dalla Corte europea dei diritti dell'uomo nei confronti dello Stato italiano, concernenti i provvedimenti giudiziali ed amministrativi definitivi delle autorità nazionali già iscritti, di seguito alla preesistente iscrizione cui esse si riferiscono, su richieste del Dipartimento per gli affari di giustizia del Ministero della giustizia.

L'iscrizione può essere effettuata anche su istanza del soggetto o dei soggetti interessati.

In tale caso, l'istanza è presentata direttamente all'ufficio centrale ovvero, qualora si tratti di decisioni della Corte europea dei diritti dell'uomo relative a provvedimenti giudiziari, all'ufficio iscrizione del casellario giudiziale presso l'autorità giudiziaria che ha emesso il provvedimento cui la decisione si riferisce.

L'ufficio iscrizione trasmette senza indugio la richiesta all'ufficio centrale, che provvede alla successiva iscrizione, acquisito il parere del Dipartimento per gli affari di giustizia del Ministero della giustizia.

L'ufficio centrale inoltre iscrive nel sistema l'estratto del decreto di grazia comunicato senza ritardo dal Ministero della giustizia.

Riguardo, ancora, all'attività di eliminazione, l'ufficio centrale provvede ad eliminare dal sistema, mediante procedura automatizzata, le iscrizioni relative a persone morte, la cui notizia è ricevuta dai comuni competenti, le iscrizioni relative a persone che hanno compiuto ottanta anni, nonché le iscrizioni dei provvedimenti giudiziari relativi a minori.

Il Ministero della giustizia, con decreto dirigenziale 19-3-2014, ha dettato le regole procedurali di carattere tecnico operativo perla trasmissione telematica - mediante posta elettronica certificata (PEC) – a Sistema Informativo del Casellario delle informazioni concernenti l'avvenuta morte della persona da parte dei comuni.

A seguito dell'intervento del D.lgs. 12-5-2016, n. 74, l'Ufficio centrale svolge, altresì, i seguenti compiti:

a) raccoglie e conserva i dati immessi nel sistema del casellario giudiziale europeo, ricevuti dalle autorità centrali degli altri Stati membri di condanna;
b) trasmette le informazioni relative alle condanne pronunciate nel proprio territorio nei confronti di cittadini di altro Stato membro dell'Unione europea;
c) rivolge all'autorità centrale degli altri Stati membri richiesta di estrazione di informazioni sulle condanne in ordine a cittadini di tali Stati, a cittadini di Paesi terzi e ad apolidi;
d) riceve dall'autorità centrale degli altri Stati membri le risposte alle richieste di estrazione di informazioni sulle condanne da esso formulate in ordine a cittadini di tali Stati, a cittadini di Paesi terzi e ad apolidi;
e) risponde alle richieste di informazioni sulle condanne degli organi della giurisdizione penale italiana relative a cittadini italiani, cittadini di Paesi terzi e apolidi;
f) risponde alle richieste di informazioni sul casellario giudiziale europeo formulate da un cittadino italiano o risponde alla richiesta di informazioni sulle condanne presentata da un cittadino di altro Stato membro rivolgendo istanza all'autorità centrale dello Stato membro

di cittadinanza di quest'ultimo;

g) risponde alle richieste di informazioni sulle condanne formulate dalle autorità centrali di altri Stati membri, per fini diversi da un procedimento penale.

L'ufficio centrale svolge anche le seguenti attività di supporto:

a) fornisce al Ministero della giustizia i dati relativi all'esecuzione dei provvedimenti giudiziari in materia penale;

b) fornisce all'autorità giudiziaria e alla pubblica amministrazione, in modo anonimo a fini statistici, dati in ordine all'andamento dei fenomeni criminali, utilizzando anche le informazioni relative alle iscrizioni eliminate, fatte salve le norme a tutela del trattamento dei dati personali;

c) in applicazione di convenzioni internazionali 0 per ragioni di reciprocità e, in quest'ultimo caso, nei limiti ed alle condizioni di legge, fornisce alle competenti autorità straniere i dati relativi a decisioni riguardanti cittadini stranieri.

▶ 5.3. L'ufficio territoriale e l'ufficio locale.

L'ufficio territoriale è l'ufficio presso il giudice di pace che ha competenza in materia.
L'ufficio territoriale rilascia i certificati, esclusi quelli richiesti da autorità straniere, e consente la visura delle iscrizioni.
Invece, per **ufficio locale** si intende l'ufficio presso il tribunale e presso il tribunale per i minorenni, che ha competenze in materia.
L'ufficio locale rilascia i certificati, compresi quelli richiesti da autorità straniere e consente la visura delle iscrizioni.
Tale ufficio, a differenza di quello territoriale, rilascia anche i certificati richiesti da autorità straniere perché si è ritenuto di concentrare in meno uffici quest'ultima competenza, occorrendo maggiori competenze per il rilascio.
Quando transitoriamente è previsto che all'immissione dei dati nel sistema e alla loro eliminazione provvede l'ufficio locale, questo assume altresì tutte le funzioni dell'ufficio iscrizioni.

In via transitoria, l'art. 23 del decreto 25-1-2007 stabilisce che agli uffici locali sono affidati:

- in materia di casellario giudiziale, il rilascio dei certificati richiesti dall'interessato, quelli richiesti dal difensore, i certificati per uso elettorale, i certificati richiesti dall'autorità giudiziaria - limitatamente agli uffici che esercitano la giurisdizione penale e di quelli del pubblico ministero non collegati alla RUG - nonché dei certificati richiesti dalle autorità straniere;
- in materia di anagrafe delle sanzioni amministrative dipendenti da reato, il rilascio dei certificati richiesti dall'ente interessato, nonché quelli richiesti dall'autorità giudiziaria - limitatamente agli uffici che esercitano la giurisdizione penale e di quelli del pubblico ministero non collegati alla RUG.

Inoltre, sempre in via transitoria, sono competenti a consentire la visura (di cui si approfondirà nel par. 6) i soli uffici locali.

6. I servizi certificativi.

Il titolo VII, capo I, del testo unico, come modificato dal D.lgs. 74/2016, disciplina il contenuto e le modalità di rilascio dei certificati del casellario giudiziale, del casellario giudiziale europeo e del casellario dei carichi pendenti richiedibili dall'autorità giudiziaria, dal difensore, dagli interessati, dalle amministrazioni pubbliche e dai gestori di pubblici servizi, da autorità particolari nel caso di

certificato per ragioni di elettorato.
Il testo unico riprende la disciplina originaria relativa solo ai certificati del casellario giudiziale e la estende all'analoga ipotesi dei certificati del casellario dei carichi pendenti. Inoltre, equipara i certificati richiedibili dalle amministrazioni e dai gestori di pubblici servizi a quelli richiedibili dall'interessato, distinguendoli da quelli richiedibili dall'autorità giudiziaria, cui rimane equiparato quello richiesto dal difensore in casi particolari.

Il capo Il disciplina invece i servizi certificativi dell'anagrafe delle sanzioni amministrative dipendenti da reato e dell'anagrafe dei carichi pendenti degli illeciti amministrativi dipendenti da reato. Peraltro, anche in tal caso il testo unico ha equiparato i certificati richiedibili dalle amministrazioni e dai gestori di pubblici servizi a quelli richiedibili dall'ente interessato, distinguendoli da quelli richiedibili dall'autorità giudiziaria.

Si tenga però presente che la certificazione su base nazionale relativa al casellario dei carichi pendenti e all'anagrafe dei carichi pendenti degli illeciti amministrativi potrà essere assicurata solo dal momento dell'acquisizione delle relative informazioni a seguito dell'operatività delle funzioni di interconnessione telematica con i sistemi fonte da cui derivano tali informazioni. Fino a quel momento, il predetto certificato riguarderà le iscrizioni relative ai procedimenti penali pendenti nel registro generale delle notizie di reato tenuto dalla Procura della Repubblica a cui è richiesto il rilascio, in conformità alle disposizioni del pubblico ministero.

È stata invece ritenuta superata la limitazione che, per disposizione ministeriale, vedeva competente al rilascio la sola Procura della Repubblica competente in base al luogo di residenza del richiedente. Infatti, con nota prot. m_dg.DAG.OOBTIO9.U, in data 19-7-2010, il Ministero della giustizia ha specificato che nelle more non sussiste alcun divieto al rilascio del certificato dei carichi pendenti anche a persone non residenti nei comuni compresi nell'ambito territoriale dell'ufficio a cui lo stesso è richiesto.
Sono competenti al rilascio dei certificati, nonché delle visure senza efficacia certificativa tutti gli uffici territoriali e tutti gli uffici locali.
Per il rilascio dei certificati richiesti dalle autorità interessate d gli Stati dell'Unione europea, nei casi previsti dal testo unico, o da altre autorità straniere, nei casi previsti dalle convenzioni internazionali, sono competenti tutti gli uffici locali.
Nel caso di totale o parziale non operatività del sistema informativo automatizzato, l'ufficio che riceve la richiesta rilascia un certificato di emergenza che contiene i dati acquisiti presso l'ufficio centrale.
Se, alla data del ripristino del sistema, è riscontrata qualsiasi discordanza nei dati rispetto alla data di richiesta del certificato, l'ufficio che ha rilasciato il certificato di emergenza provvede all'invio al richiedente del certificato ordinario, che sostituisce quello di emergenza.
Tutti i certificati sono rilasciati nello stesso giorno della richiesta, eccetto il certificato di emergenza che è rilasciato non appena sono acquisiti i dati necessari.

Peraltro, sino alla data di entrata in vigore del regolamento di cui all'art. 40 D.P.R. 30-5- 2002, n. 115 – che dovrà disciplinare ex novo il diritto di certificato e individuarne i nuovi importi - il certificato è rilasciato entro il giorno successivo o, se è richiesto il rilascio immediato, nel medesimo giorno.
Al fine di rispettare la normativa sul trattamento dei dati personali, dal certificato non deve risultare il codice identificativo della persona o dell'ente cui si riferisce il provvedimento.
Per i Certificati acquisiti dall'autorità giudiziaria, gli uffici che esercitano la giurisdizione penale e quelli del pubblico ministero possono acquisire dal sistema informativo, per ragioni di giustizia, il

certificato di tutte le iscrizioni esistenti riferite ad un determinato soggetto o a un determinato ente.

Il pubblico ministero può altresì acquisire dal sistema il certificato del casellario giudiziale e del casellario dei carichi pendenti concernente la persona offesa dal reato o il testimone, per le finalità riconosciute dal codice di procedura penale, previa però autorizzazione del giudice procedente. La medesima facoltà è riconosciuta anche al difensore.
Le modalità tecnico operative per consentire all'autorità giudiziaria l'acquisizione dei predetti certificati sono state dettate dall'art. 25, D. Dir.le 25-1-2007.
Secondo la disciplina introdotta dal D.lgs. 74/2016, gli uffici che esercitano la giurisdizione penale in uno Stato membro dell'Unione europea, per ragioni di giustizia, possono richiedere e acquisire, tramite la propria autorità centrale competente, dall'Ufficio centrale le informazioni sulle condanne relative a un cittadino italiano con riferimento:

a) ai provvedimenti giudiziari iscritti nel casellario giudiziale italiano;
b) alle condanne iscritte nel casellario giudiziale europeo (nuovo art. 21-bis T.U.).

Per i **Certificati richiesti dall'interessato**, quest'ultimo ha il diritto di ottenere il certificato del casellario giudiziale e dei carichi pendenti senza motivare la richiesta. La medesima regola vale anche per l'ente interessato che richiede il certificato dell'anagrafe delle sanzioni amministrative dipendenti da reato e dell'anagrafe dei carichi pendenti degli illeciti amministrativi dipendenti da reato.
La richiesta deve essere fatta per iscritto unitamente alla esibizione o allegazione di copia del documento di riconoscimento.
La persona che agisce per conto dell'interessato esibisce o allega copia della procura, o una delega sottoscritta in presenza di un incaricato o sottoscritta e presentata unitamente a copia fotostatica non autenticata di un documento di riconoscimento dell'interessato. Se l'interessato è un ente, la richiesta deve essere avanzata dalla persona fisica legittimata in base ai rispettivi statuti od ordinamenti.
Il certificato del casellario giudiziale a richiesta dell'interessato può essere generale, penale o civile.

Nel certificato generale sono riportate le iscrizioni esistenti nel casellario giudiziale ad eccezione di quelle relative:

- alle condanne delle quali è stato ordinato che non si faccia menzione nel certificato a norma dell'art. 175 c.p., purché il beneficio non sia stato revocato;
- alle condanne per contravvenzioni punibili con la sola ammenda e alle condanne per reati estinti a norma dell'art. 167, comma 1, c.p. a seguito della concessione del beneficio della sospensione condizionale della pena;
- alle condanne peri reati di bigamia per i quali si è verificata la causa speciale di estinzione prevista dall'art. 556 c.p.;
- alle condanne in relazione alle quali è stata definitivamente applicata l'amnistia e a quelle perle quali è stata dichiarata la riabilitazione, senza che questa sia stata in seguito revocata;
- ai provvedimenti previsti dall'art. 445 c.p.p. (sentenze di patteggiamento) e ai decreti penali;
- alle condanne per fatti che la legge ha cessato di considerare come reati, quando la relativa iscrizione non è stata eliminata;
- ai provvedimenti giudiziari che hanno dichiarato la non punibilità ai sensi dell'articolo 131-bis, c.p., quando la relativa iscrizione non è stata eliminata;
- ai provvedimenti riguardanti misure di sicurezza conseguenti a sentenze di proscioglimento

o di non luogo a procedere, quando le misure sono state revocate;
- ai provvedimenti che riguardano l'applicazione delle misure di prevenzione della sorveglianza speciale semplice o con divieto o obbligo di soggiorno;
- ai provvedimenti giudiziari emessi dal giudice di pace;
- ai provvedimenti giudiziari relativi ai reati di competenza del giudice di pace emessi da un giudice diverso, limitatamente alle iscrizioni concernenti questi reati;
- ai provvedimenti di interdizione, di inabilitazione e relativi all'amministrazione di sostegno, quando esse sono state revocate.

Inoltre, se è stata dichiarata la riabilitazione speciale in favore di soggetti minori prevista dalla normativa di settore, non è riportata alcuna iscrizione relativa al minore.
Nel certificato penale sono riportate le iscrizioni esistenti nel casellario giudiziale ad eccezione di quelle già viste per il certificato generale ed inoltre quelle relative ai provvedimenti amministrativi di espulsione dello straniero e ai provvedimenti giudiziari che decidono il ricorso avverso i primi.
Nel certificato civile sono riportate le iscrizioni esistenti nel casellario giudiziale relative:
- ai provvedimenti giudiziari definitivi di interdizione e inabilitazione, salvo che siano stati revocati;
- ai decreti che istituiscono o modificano l'amministrazione di sostegno, salvo che siano stati revocati;
- ai provvedimenti amministrativi di espulsione dello straniero e ai provvedimenti giudiziari che decidono il ricorso avverso i primi;
- ai provvedimenti concernenti le pene accessorie portanti limitazioni alla capacità del condannato.

Nel certificato del casellario dei carichi pendenti a richiesta dell'interessato sono riportate le iscrizioni esistenti ad accezione di quelle relative:
- alle condanne delle quali è stato ordinato che non si faccia menzione nel certificato a norma dell'art 175 c.p., purché il beneficio non sia stato revocato;
- alle condanne per contravvenzioni punibili con la sola ammenda;
- alle condanne per i reati di bigamia per i quali si è verificata la causa speciale di estinzione prevista dall'art. 556 c.p.;
- ai provvedimenti previsti dall'art. 445 cpp. (sentenze di patteggiamento) e ai decreti penali;
- ai provvedimenti giudiziari emessi dal giudice di pace;
- ai provvedimenti giudiziari relativi ai reati di competenza del giudice di pace emessi da un giudice diverso, limitatamente alle iscrizioni concernenti questi reati.

Infine, nel certificato dell'anagrafe delle sanzioni amministrative dipendenti da reato e dell'anagrafe dei carichi pendenti degli illeciti amministrativi dipendenti da reato, quando è richiesto dall'ente interessato, sono rispettivamente riportate le iscrizioni ivi esistenti, ad accezione di quelle relative ai provvedimenti di applicazione della sanzione su richiesta e ai provvedimenti di applicazione della sanzione pecuniaria all'esito del procedimento per decreto.
Per il Certificato penale richiesto dal datore di lavoro, ai sensi dell'art. 25-bis T.U., il certificato penale del casellario giudiziale deve essere richiesto dal soggetto che intenda impiegare al lavoro una persona per lo svolgimento di attività professionali o attività volontarie organizzate che comportino contatti diretti e regolari con minori, al fine di verificare l'esistenza di condanne per taluno dei reati di cui agli artt. GOO-bis, GDO-ter, GOD-quater, GDO-quinquies e 609-undecies c.p., ovvero l'irrogazione di sanzioni interdittive all'esercizio di attività che comportino contatti diretti e regolari con minori.

Per il Certificato del casellario giudiziale europeo richiesto dall'interessato, ai sensi del nuovo art. 25-ter, T.U., introdotto dal D.lgs. 74/2016, il cittadino italiano ha diritto di ottenere, senza motivare la richiesta, il rilascio del certificato contenente le iscrizioni esistenti nel casellario giudiziale europeo, nella misura in cui il diritto dello Stato membro di condanna ne preveda la menzione.
Inoltre, il cittadino di altro Stato membro dell'Unione europea che rivolge richiesta di informazioni all'Ufficio centrale acquisisce da esso le informazioni relative alle condanne pronunciate nello Stato membro di cittadinanza e a quelle dallo stesso ricevute e conservate, nella misura in cui il diritto dello Stato membro di condanna ne preveda la menzione.

Per i certificati richiesti dalle amministrazioni pubbliche e dai gestori di pubblici servizi, Le amministrazioni pubbliche e i gestori di pubblici servizi hanno diritto di ottenere i medesimi certificati richiedibili dai soggetti interessati, purché relativi a persone maggiori di età, e dagli enti interessati, quando tali certificati sono necessari per l'esercizio delle loro funzioni, come previsto ai sensi dell'art. 39 T.U. (modificato da ultimo dal D.lgs. 74/2016), realizzata con i decreti dirigenziali 1-4-2003 e 11-2-2004.
Successivamente, con il decreto dirigenziale 5-12-2012 sono state stabilite le modalità tecnico operative per consentire alle amministrazioni pubbliche ed ai gestori di pubblici servizi la consultazione diretta, per via telematica, del sistema informativo del casellario (SIC), qualora per lo svolgimento dei propri compiti istituzionali abbiano necessità di procedere:

- alle acquisizioni d'ufficio di informazioni concernenti stati, qualità e fatti, ai sensi dell'art. 43 D.P.R. 445/2000, che risultino elencati all'art. 46 del medesimo testo normativo;
- ai controlli delle dichiarazioni sostitutive di certificazioni, di cui all'art. 71 del citato decreto 445/2000;
- all'acquisizione dei certificati di cui agli artt. 28 e 32 del TU. (che si riferiscono ai certificati richiesti dall'interessato, nonché ai certificati dell'anagrafe delle sanzioni amministrative richiesti dall'ente interessato);
- all'acquisizione del certificato del casellario giudiziale per ragioni di elettorato;
- all'acquisizione del certificato previsto dalle disposizioni in materia di appalti pubblici (ora D.lgs. 18-04-2016, n.50).

La consultazione diretta del sistema è limitata all'acquisizione delle certificazioni del casellario giudiziale, relative a persone di maggiore età (salvo le richieste giustificate dalla necessità di aggiornare le liste elettorali) e di quelle relative all'anagrafe delle sanzioni amministrative dipendenti da reato.
La certificazione in materia di casellario dei carichi pendenti e di anagrafe dei carichi pendenti degli illeciti amministrativi dipendenti da reato, in attesa della realizzazione delle funzioni di interconnessione telematica tra il SIC (sistema informativo del casellario) ed i sistemi fonte, continua ad essere assicurata su base locale dagli uffici delle procure della Repubblica presso i tribunali in conformità alle disposizioni del pubblico ministero, secondo le modalità finora osservate.
Le amministrazioni interessate all'accesso al SIC devono formulare apposita richiesta, riportando le norme che ne regolamentano gli specifici procedimenti amministrativi ed, in modo analitico e puntuale, le fattispecie di reato e le condizioni ostative per la definizione positiva di ciascuno di essi e comunque ogni ulteriore indicazione necessaria per la realizzazione di una procedura informatica per un accesso selettivo.
Per consentire l'accesso al sistema sono stipulate tra il Ministero della giustizia e le amministrazioni interessate apposite convenzioni, anche mediante adesione, finalizzate ad assicurare la fruibilità dei dati nel rispetto delle normative in materia di protezione dei dati

personali, di accesso ai documenti amministrativi, di tutela del segreto e di divieto di divulgazione.
Le convenzioni sono redatte su schemi tipo, distinti eventualmente secondo l'ambito territoriale di competenza dell'amministrazione richiedente (nazionale, regionale, comunale) in base alle linee guida della DigitPA (ente nazionale perla digitalizzazione della pubblica amministrazione) e sentito il Garante per la protezione dei dati personali.
Nelle stesse sono stabiliti, tra l'altro, i termini, le condizioni, i vincoli normativi nonché le regole tecniche necessarie per garantire il rilascio di un certificato che contenga solo dati pertinenti e coerenti con i compiti istituzionali delle amministrazioni interessate.

Fino a quando non saranno definite le convenzioni e realizzate le procedure informatiche in relazione alle regole tecniche ivi individuate, le amministrazioni interessate continuano ad acquisire i certificati previsti dal T.U., presso gli uffici locali del casellario, secondo le disposizioni transitorie dettate dal decreto dirigenziale 11-02-2004.
L'accesso al SIC da parte delle amministrazioni interessate è subordinato all'espletamento di una procedura di registrazione sul sistema. In via transitoria, le amministrazioni interessate che non hanno ancora attivato tale procedura, richiedono i certificati secondo quanto disposto nel citato decreto dirigenziale 1-02-2004, con le modalità dettate dall'art. 16 del decreto dirigenziale 5-12-2012, e precisamente:

- L'acquisizione del certificato avviene previa richiesta all'ufficio locale del casellario giudiziale. La richiesta è formulata secondo i modelli in uso e può essere inoltrata via PEC, qualora riguardi categorie o gruppi di persone numerosi.
- Per le richieste concernenti un solo soggetto l'ufficio locale del casellario giudiziale provvede all'estrazione del certificato direttamente dal SIC, alla sua stampa, all'apposizione di firma autografa e timbro dell'ufficio e alla successiva consegna all'amministrazione richiedente.
- Perle richieste concernenti categorie o gruppi di persone numerosi, limitatamente ai certificati in materia di casellario giudiziale, le amministrazioni interessate possono utilizzare apposito software. L'ufficio locale del casellario controlla chela richiesta riporti il numero e la data di protocollo e trasmette al SIC, attraverso l'apposita funzione disponibile sul sistema, il file contenente i dati anagrafici dei soggetti.

Il sistema elabora le informazioni ricevute e consente l'estrazione dei certificati, che potranno essere prodotti:

- in formato PDF con firma autografa del responsabile del servizio certificativo sostituita, ai sensi dell'art. 3, D. Lgs. 12-02-1993, n. 39, dall'indicazione a stampa del nominativo dello stesso, nell'ipotesi in cui l'amministrazione interessata abbia optato, nella richiesta, perla consegna dei certificati su carta;
- in formato PDF con firma digitale del direttore dell'ufficio del casellario centrale, qualora l'amministrazione interessata abbia optato per l'invio dei certificati tramite PEC.

Se la trasmissione dei certificati è effettuata tramite PEC, il relativo file è protetto da una password appositamente creata dal sistema. Qualora la numerosità dei certificati contenuti nel file non ne consenta la trasmissione via PEC lo stesso, sempre protetto da password, potrà essere consegnato su supporto magnetico.
Queste disposizioni transitorie saranno valide fino al 30 giugno 2017.

La pubblica amministrazione di altro Stato membro dell'Unione europea che rivolge richiesta di informazioni all'Ufficio centrale nei confronti di un cittadino italiano acquisisce da esso le informazioni relative alle condanne iscritte:
a) nel casellario giudiziale;

b) nel casellario giudiziale europeo, nella misura in cui il diritto dello Stato membro di condanna ne preveda la menzione.
Le modalità di rilascio dei certificati di cui agli artt. 21-bis, 25-ter e 28-bis, T.U. sono stabilite con il decreto dirigenziale di cui all'art. 42, comma 1-bis, T.U, come modificato da ultimo dal D.lgs. 74/2016.

Il certificato per ragioni di elettorato contiene solo le iscrizioni esistenti nel casellario giudiziale che incidono sul diritto elettorale.
L'interessato ha diritto di ottenere il certificato senza motivare la richiesta, mentre i soggetti diversi dall'interessato possono richiedere lo stesso certificato previsto nell'ambito della disciplina dell'elettorato attivo e della tenuta e revisione delle liste elettorali.

L'art. 33 T.U. ha introdotto lo strumento della visura questi possono conoscere tutte le iscrizioni esistenti a loro carico nel sistema, comprese, quindi, quelle che non compaiono nel certificato richiesto dall'interessato, dalle pubbliche amministrazioni e dai gestori di pubblici servizi, e che compaiono invece nei certificati acquisiti dall'autorità giudiziaria.
L'interessato ha il vantaggio di non veder comparire sul certificato stesso alcuni reati di minore gravità, ma tale esclusione può anche produrre effetti dannosi al medesimo interessato, il quale non è in grado di controllare l'esattezza delle iscrizioni a suo carico risultanti nel sistema e che l'autorità giudiziaria utilizza. D'altra parte, la conoscenza di tutte le iscrizioni a proprio carico è in conformità con i principi della tutela delle persone rispetto al trattamento dei dati personali.
Al fine quindi di consentire all'interessato di conoscere tutte le iscrizioni esistenti e nello stesso tempo di distinguere questa possibilità dal diritto al certificato, viene espressamente precisato che tale conoscenza non ha efficacia certificativa.
La visura può essere rilasciata da tutti gli uffici territoriali e tutti gli uffici locali.
La visura può essere chiesta dalla sola persona o ente interessato, e cioè il soggetto cui si riferiscono le iscrizioni presenti nel sistema. Se riguarda un ente, la richiesta è avanzata dalla persona fisica legittimata in base ai rispettivi statuti odo ordinamenti.

7. Norme fiscali dei certificati richiesti.

I certificati richiesti dagli interessati del casellario giudiziale sono soggetti all'imposta di bollo in misura fissa.
Anche peri certificati in materia penale, per effetto della modifica dell'art. 18, D.P.R. 115/2002, introdotta dall'art. 1, comma 486, L. 228/2012.
Le istanze per il rilascio di qualsiasi tipo di certificato sono esenti da bollo.
Alla stessa disciplina sono soggetti i certificati richiesti per uso lavoro, mentre l'esenzione dal bollo sussiste peri certificati necessari per l'iscrizione nelle liste di collocamento presso gli uffici del lavoro e della massima occupazione e per i certificati per uso adozione.
Per ogni tipo di certificato richiesto dall'interessato è dovuto un diritto di certificato di euro 3,84.
Se si richiede il rilascio immediato e si ottiene il certificato nel medesimo giorno della richiesta, è dovuto un ulteriore diritto di euro 3,84 (art. 273, D.P.R. n. 115/2002).
Sino all'emanazione del regolamento previsto dall'art. 196, D.P.R. 115/2002, il pagamento del diritto di certificato è effettuato mediante l'applicazione di marche da bollo (oggi, contrassegni di bollo), da applicarsi sull'istanza di rilascio.
Il funzionario addetto all'ufficio annulla mediante il timbro a secco dell'ufficio le marche e attesta l'avvenuto pagamento del diritto sul certificato rilasciato. Lo stesso funzionario è chiamato invece a rifiutare di rilasciare il certificato se le marche mancano o sono di importo inferiore a quello stabilito (artt. 284 e 285, D.P.R. 115/2002).

8. Controversie in materia di iscrizioni e certificati.

Il tribunale del luogo dove ha sede l'ufficio locale nel cui ambito territoriale è nata la persona cui è riferita l'iscrizione o il certificato è competente sulle questioni concernenti le iscrizioni e i certificati del casellario giudiziale.
Il Tribunale di Roma è invece competente:

- per le medesime questioni per le persone nate all'estero, o delle quali non è stato accertato il luogo di nascita nel territorio dello Stato.
- sulle questioni concernenti le iscrizioni e i certificati dell'anagrafe delle sanzioni amministrative dipendenti da reato e dell'anagrafe dei carichi pendenti degli illeciti amministrativi dipendenti da reato.

In ogni caso, il tribunale decide in composizione monocratica e con le forme stabilite dall'art. 666 c.p.p. per il procedimento di esecuzione.

LE CANCELLERIE

Il Cancelliere →

Assiste il giudice in tutti gli atti e le attività che devono essere documentate attraverso la redazione di un processo verbale. Si occupa:
- della verbalizzazione;
- del rilascio di copie ed estratti autentici dei documenti prodotti;
- di iscrivere la causa a ruolo;
- di comunicazioni e notificazioni

I cancellieri delle segreterie giudiziarie delle Procure della Repubblica presso i Tribunali
- documentano le attività del pubblico ministero;
- rilasciano certificati del casellario giudiziario;
- curano gli adempimenti delle sentenze di condanna;
- appongono le apostille agli atti

- Svolge funzioni amministrative non come ufficio ausiliario del giudice, ma come articolazione locale del Ministero della Giustizia:
- redazione di atti di notorietà;
- ricezione di giuramenti su perizie stragiudiziali e su traduzioni di atti e documenti;
- rilascio di copie autentiche di documenti e autenticazione di sottoscrizioni;
- tenuta del registro pubblico dei privilegi speciali;
- Adempimenti eredità;
- recupero dei crediti dello Stato nati nel corso dei procedimenti giudiziari;
- custodia dei corpi di reato;
- rilascio di certificazioni.

↓

Il personale delle cancellerie e segreterie giudiziarie appartiene all'ordine giudiziario.

↓

È diviso in tre aree professionali, suddivise in profili professionali, cui corrispondono diversi livelli retributivi:

Area I: corrispondente al profilo di ausiliario;
Area II: corrispondente ai profili di operatore giudiziario, assistente giudiziario e cancelliere;
Area III: corrispondente ai profili di funzionario giudiziario e direttore amministrativo.

↓

Il personale delle cancellerie e segreterie giudiziarie è reclutato tramite concorso pubblico, indetto dal Ministero della giustizia.

L'ausiliario → Svolge attività ausiliarie e di supporto ai processi organizzativi e gestionali del proprio settore di competenza mediante gli strumenti in dotazione, anche informatici, nonché attraverso il compimento di operazioni di tipo semplice e/o ripetitivo connesse all'utilizzo di programmi informatici.

L'operatore giudiziario → Svolge attività lavorative di collaborazione, amministrativa e/o tecnica, ai processi organizzativi e gestionali connessi al proprio settore di competenza; attività di sorveglianza degli accessi, di regolazione del flusso del pubblico; reperimento, riordino ed elementare classificazione dei fascicoli, atti e documenti, dei quali curano ai fini interni la tenuta e custodia; attività d'ufficio di tipo semplice che richieda anche l'uso di sistemi informatici.

L'assistente giudiziario → Svolge, sulla base di istruzioni, anche a mezzo dei necessari supporti informatici, attività di collaborazione in compiti di natura giudiziaria, contabile, tecnica o amministrativa, curando l'aggiornamento e la conservazione corretta di atti e fascicoli; può essere adibito all'assistenza al magistrato nell'attività istruttoria o nel dibattimento, con compiti di redazione e sottoscrizione dei relativi verbali.

L'assistente tecnico →	Svolge attività di esecuzione di operazioni nel campo edile, tecnico anche di riparazione di beni e impianti, di esecuzione di prove di valutazione sugli interventi effettuati, anche con l'ausilio di apparecchiature di tipo complesso ed informatico; fornisce tutte le attività supporto ai profili dell'area superiore.
Il cancelliere esperto →	Svolge compiti di collaborazione qualificata al magistrato nei vari aspetti connessi all'attività dell'ufficio, anche assistendolo nell'attività istruttoria o nel dibattimento, con compiti di redazione e sottoscrizione dei relativi verbali, nonché di rilascio di copie conformi e di ricezione di atti e altre attività previste dalla legge.
Il funzionario giudiziario →	Svolge attività di contenuto specialistico, con assunzione di compiti di gestione per la realizzazione delle linee di indirizzo e degli obiettivi dell'ufficio definiti dal dirigente. Svolge attività di direzione di una sezione o reparto nell'ambito degli uffici di cancelleria; partecipa all'attività didattica dell'Amministrazione per le materie di competenza.
Funzionario tecnico →	Svolge attività ad elevato contenuto specialistico; svolge attività di natura logistica e tecnica legata all'acquisizione e alla gestione dei beni; ricerca le soluzioni più idonee per le esigenze delle strutture dell'Amministrazione giudiziaria; svolge attività di partecipazione alle commissioni di gara per l'appalto di lavori, di effettuazione del collaudo degli stessi, di progettazione delle opere da eseguire e di assunzione della direzione dei lavori; garantisce la manutenzione ordinaria e straordinaria del patrimonio immobiliare tecnico e tecnologico.

Il direttore →

Svolge attività ad elevato contenuto specialistico nell'ambito delle procedure amministrative o giudiziarie al fine della realizzazione delle linee di indirizzo e degli obiettivi dell'ufficio definiti dal dirigente; dirige e/o coordina gli Uffici di cancelleria o più reparti. Nell'ambito delle proprie attribuzioni rappresenta l'Amministrazione e ne cura gli interessi. Nell'attività di collaborazione specializzata svolge compiti di studio e ricerca e partecipa all'elaborazione dei programmi dell'Amministrazione, la realizzazione dei quali cura nell'ambito della propria competenza.

Il dirigente amministrativo →

Svolge le funzioni di adozione di atti e provvedimenti amministrativi, compresi tutti gli atti che impegnano l'amministrazione verso l'esterno, nonché di gestione finanziaria, tecnica e amministrativa mediante autonomi poteri di spesa di organizzazione delle risorse umane, strumentali e di controllo ed è responsabile in via esclusiva dell'attività amministrativa, della gestione e dei relativi risultati.

La qualifica dirigenziale è unica, ma articolata, in due fasce.

GLI ARCHIVI

↓

Per archivio si intende la raccolta ordinata e sistematica di atti e documenti.

↓

L'archivio giudiziario è di regola suddiviso in tre sezioni:

- archivio degli atti civili;
- archivio degli atti penali;
- archivio degli atti amministrativi e vari.

↓

È soggetto al controllo da parte dell'amministrazione degli archivi di Stato per mezzo di Commissioni di sorveglianza

La conservazione degli atti e dei registri presso gli archivi giudiziari deve avvenire per almeno un arco temporale che va dai dieci a trent'anni.

↓

Nei primi mesi di ogni anno, gli uffici giudiziari debbono versare all'archivio di Stato gli atti concernenti affari definiti da oltre quarant'anni, unitamente agli strumenti che ne garantiscono la consultazione.

↓

I documenti conservati negli archivi di Stato sono liberamente consultabili, ad eccezione

- di quelli contenenti i dati sensibili;
- i dati relativi a provvedimenti di natura penale espressamente indicati dalla normativa in materia di trattamento dei dati personali
- di quelli versati all'archivio di Stato prima della scadenza del termine di quaranta anni fino allo scadere del predetto termine (art. 41,42 D.lgs. 42/2004).

↓

La Commissione di sorveglianza individua il materiale d'archivio da eliminare.

Gli elenchi relativi al predetto materiale devono essere accompagnati:

- da una relazione illustrativa contenente le motivazioni dello scarto;
- dall'indicazione della data iniziale e finale di ciascuna serie;
- della quantità, almeno approssimativa dei documenti da eliminare.

↓

I suddetti elenchi devono essere trasmessi, anche a mezzo informatico, al Ministero per i beni e le attività culturali, il quale decide sulle proposte di scarto entro centoventi giorni, trascorso tale termine il materiale contenuto negli elenchi si intende destinato al macero.

I REGISTRI

↓

- I registri devono essere numerati e vidimati in ogni mezzo foglio e sull'ultimo di essi deve risultare in tutte lettere l'attestazione del numero dei fogli di cui il registro si compone e la firma del funzionario che ha provveduto alla vidimazione.
- La numerazione dei registri, in genere, è progressiva annuale.
- I registri non devono presentare spazi vuoti tra le indicazioni successive degli atti, né contenere alterazioni o abrasioni. Le eventuali cancellazioni si fanno con annotazione alla fine di ogni iscrizione.

↓

Per ogni ramo di servizio, civile, penale ed amministrativo, sono prescritti appositi registri.

Dai registri cartacei si distinguono i registri informatizzati, che operano sull'intero territorio nazionale:

- Il SICID e Il SIECIC in ambito civile;
- Il Sistema Informativo della Cognizione Penale (SICP) in ambito penale.

SPESE DI GIUSTIZIA

↓

Il soggetto interessato che decide di adire la giustizia per la tutela dei propri diritti soggettivi ed interessi legittimi è chiamato a sostenere i costi e le spese di giustizia

↓

Il contributo unificato

Varia in base al valore del procedimento stesso, indipendentemente dal numero di atti, dei relativi fogli, e in generale delle attività che fino alla conclusione si sarebbero potuti compiere.

Deve essere versato anticipatamente, al momento dell'iscrizione a ruolo della controversia ed è dovuto, per ciascun grado di giudizio, nel processo civile, compresa la procedura concorsuale e di volontaria giurisdizione, nonché nel processo amministrativo.

L'obbligo del pagamento del contributo è posto a carico:

- della parte che instaura il giudizio, con l'atto introduttivo
- nei processi esecutivi di espropriazione forzata, di chi fa istanza per l'assegnazione o la vendita dei beni pignorati.

↓

In ambito penale il contributo unificato non è dovuto

Tuttavia in caso di esercizio dell'azione civile nel processo penale non è previsto il pagamento del tributo in argomento solo se è chiesta la mera condanna generica del responsabile. Se invece è chiesta, anche in via provvisionale, la condanna al pagamento di una somma a titolo di risarcimento del danno, il contributo è dovuto, in caso di accoglimento della domanda, in base al valore dell'importo liquidato e secondo i medesimi scaglioni di valore previsti per il processo civile.

↓

In caso di omessa o insufficiente pagamento, la cancelleria competente dovrà provvedere al recupero delle somme non versate.

↓

Entro trenta giorni dal deposito dell'atto per cui è richiesto il pagamento, l'ufficio deve notificare alla parte l'invito al pagamento dell'importo dovuto

In caso di mancato pagamento entro un mese si procederà ad iscrizione a ruolo, con addebito degli interessi al saggio legale.

Nell'invito al pagamento devono essere indicati il termine e le modalità per il pagamento, nonché l'avvertenza che il mancato pagamento nel termine comporterà l'applicazione della sanzione prevista dall'art. 71, D.P.R. 131/86 comunicata con separato provvedimento; al debitore deve essere inoltre richiesto di depositare la ricevuta di versamento entro dieci giorni dall'avvenuto pagamento.

Il Testo Unico n. 115/2002 ha imposto l'anticipazione dei diritti, delle indennità di trasferta e delle spese di spedizione per la notificazione eseguita su richiesta del cancelliere al soggetto che deposita il ricorso introduttivo, o che, nei processi esecutivi di espropriazione forzata, fa istanza per l'assegnazione o la vendita di beni pignorati. L'anticipazione avviene mediante il pagamento di una marca da bollo con un importo nella misura forfetaria di 27,00 euro.

Al momento della ricezione dell'atto, il cancelliere dovrà annullare - mediante timbro a secco dell'ufficio- le marche utilizzate per il pagamento ed è chiamato a rifiutare di ricevere gli atti se le marche mancano o sono di importo inferiore a quello stabilito.

Ai sensi dell'art. 32 T.U. n. 155/2002, le parti private devono anticipare agli ufficiali giudiziari i diritti e le indennità di trasferta o le spese di spedizione relativi agli atti richiesti.

Per le notificazioni effettuate, invece, direttamente dagli avvocati ai sensi della L. 21-1-1994, n. 53, è dovuta la corresponsione dei diritti previsti dall'art. 2 del D.M. (Giustizia) 27-5-94. Il pagamento avviene mediante marche da bollo.

A seguito dell'introduzione del contributo unificato, non è più applicabile l'imposta di bollo ai procedimenti giurisdizionali.

Per il processo penale la regola dell'esclusione è assoluta e riguarda anche le sentenze e i decreti penali

Per gli atti ed i provvedimenti del processo civile, compresa la procedura concorsuale e quelle di volontaria giurisdizione, e del processo amministrativo, tale regola è limitata a quelli soggetti al contributo unificato.

Per i processi già iscritti a ruolo alla data del 1° marzo 2002, se nessuna delle parti del processo si avvale della facoltà di passare al regime del contributo unificato, si applicano le disposizioni vigenti relative all'imposta di bollo.

L'imposta di bollo non si applica

alle copie autentiche, comprese quelle esecutive, degli atti e dei provvedimenti del processo, purché richieste dalle parti processuali;

- sulla sentenza spedita in forma esecutiva
- sulla copia conforme uso impugnazione, anche se relative a procedimenti esclusi dal contributo unificato.

L'imosta di bollo è ancora applicabile:

- agli atti e provvedimenti dei procedimenti civili, qualora non siano soggetti al contributo unificato (perché iscritti a ruolo prima del 1° marzo 2002);
- alle istanze e le domande che provengono da terzi estranei al rapporto processuale e che pertanto non beneficiano dal particolare regime conseguente al pagamento del predetto contributo;
- agli atti non giurisdizionali compiuti dagli uffici

L'imposta fissa di bollo in qualsiasi modo dovuta è stabilita in euro 16,00, mentre per gli altri atti indicati dall'art. 13 della Tariffa bollo, l'imposta è stabilita in euro 2,00, (D.L. n. 43 del 26-4-201, conv. con L. n. 71/2013)

L'imposta di registro

L'imposta di registro (D.P.R. 26-4-1986, n. 131) si applica agli atti dei quali la tariffa allegata, impone la registrazione, nonché a quelli volontariamente presentati per la registrazione.

La registrazione consiste nell'annotazione nell'apposito registro e nell'apposizione sull'atto di una stampigliatura attestante la data, il numero della registrazione e l'imposta pagata.

È demandata ad un regolamento ancora da attuare l'importo del diritto di copia rilasciata su supporto cartaceo, il quale dovrà essere fissato in misura superiore di almeno il cinquanta per cento di quello previsto per il rilascio di copie in formato elettronico.

Il diritto di certificato

È dovuto solo nell'ambito di certificazioni richieste nella materia penale o civile, e non anche per attività di natura amministrativa. Tale diritto è così transitoriamente regolato:

- per ogni certificato richiesto dalle parti, compreso il certificato del casella rio giudiziale, quello dei carichi pendenti e quello delle sanzioni amministrative dipendenti da reato, è dovuto un diritto pari a euro 3,84 (importo così elevato dall'art. 1, comma 1, Decreto 7-5-2015);
- per il certificato del casellario giudiziale, per quello dei carichi pendenti e per quello delle sanzioni amministrative dipendenti da reato, se si richiede il rilascio immediato e si ottiene il certificato nel medesimo giorno della richiesta, è dovuto un ulteriore diritto di euro 3,84.

↓

Il pagamento del diritto di copia e di certificato, deve essere effettuato mediante l'applicazione di marche da bollo, anzi, più precisamente mediante i contrassegni emessi in via telematica, giacché le vecchie marche da bollo sono state dichiarate fuori corso a decorrere dal 1° settembre 2007. Solo perla copia su compact disk (a cui è equiparato il DVD) è previsto che il diritto sia corrisposto con le modalità stabilite per il pagamento del contributo unificato.

PATROCINIO A SPESE DELLO STATO

↓

Ex art 3 della Costituzione e in attuazione del diritto di difesa di cui all'art. 24 Cost., l'ordinamento giuridico garantisce a tutti coloro che non hanno i mezzi economici sufficienti per nominare un avvocato ed affrontare i costi di un processo, la possibilità di essere rappresentati in giudizio, sia per agire che per difendere i propri diritti ed interessi legittimi, usufruendo dell'istituto del patrocinio a spese dello Stato (o gratuito patrocinio).

↓

La disciplina del gratuito patrocinio è contenuta nel D.P.R. 30.5.2002, n. 115, "Testo unico in materia di spese di giustizia" (modificato da ultimo dalla l. 27.12.2013, n. 147), dall'art. 74 all'art. 141.

↓

Il gratuito patrocinio è assicurato nei processi civili, amministrativi, contabili, tributari e nelle cause di volontaria giurisdizione purché non si tratti di questioni manifestamente infondate.

È, altresì, previsto il gratuito patrocinio nel processo penale per la difesa del cittadino non abbiente, indagato, imputato condannato, persona offesa da reato, danneggiato che intenda costituirsi parte civile, responsabile civile o civilmente obbligato per la pena pecuniaria.

↓

L'istituto è ammissibile solo per l'attività giudiziale e non per quella stragiudiziale

↓

Requisiti

- Il richiedente deve possedere un reddito annuo imponibile, risultante dall'ultima dichiarazione, non superiore a euro 11.746,68.
- i cittadini italiani
- gli stranieri, regolarmente soggiornanti sul territorio nazionale al momento del sorgere del rapporto o del fatto oggetto del processo da instaurare
- gli apolidi
- gli enti o associazioni che non perseguano fini di lucro e non esercitino attività economica

↓

Ai fini del computo, il reddito considerato è quello imponibile, risultante dall'ultima dichiarazione Irpef.

Se l'interessato convive con il coniuge e/o con altri familiari il reddito considerato è quello risultante dalla somma dei redditi dell'intero nucleo familiare.

Nelle cause che hanno per oggetto diritti della personalità ed in quelle in cui vi è conflitto di interessi con gli altri componenti del nucleo familiare si tiene conto solo del reddito dell'interessato.

↓

Per il patrocinio in ambito penale, ex art. 92 T.U. n. 115/2002, il limite reddituale è elevato di euro 1.032,91 per ognuno dei familiari conviventi.

↓

Se la parte ammessa al beneficio rimane soccombente, non può utilizzare il beneficio per proporre impugnazione.

↓

DOMANDA

La domanda deve essere presentata personalmente dall'interessato con allegata fotocopia di un documento di identità valido, oppure può essere presentata dal difensore che dovrà autenticare la firma di chi sottoscrive la domanda.
Può essere inviata a mezzo raccomandata A/R con allegata fotocopia di un documento di identità valido del richiedente.
A seguito della ricezione dell'istanza di ammissione al gratuito patrocinio, il Consiglio dell'Ordine è chiamato a

- valutare la fondatezza delle pretese da far valere e se ricorrono le condizioni per l'ammissibilità,
- emettere entro 10 giorni uno dei seguenti provvedimenti:
- accoglimento della domanda
- non ammissibilità della domanda
- rigetto della domanda
- trasmettere copia del provvedimento all'interessato, al giudice competente e all'Ufficio delle Entrate, per la verifica dei redditi dichiarati.

↓

I soggetti ammessi al patrocinio possono nominare un difensore scelto tra gli iscritti negli elenchi degli avvocati per il patrocinio a spese dello Stato, istituiti presso i consigli dell'ordine del distretto di corte di appello nel quale ha sede il magistrato competente a conoscere del merito o il magistrato davanti al quale pende il processo.

↓

Il beneficio del gratuito patrocinio è stato esteso anche alla facoltà della parte di farsi assistere da consulenti tecnici per cui non esiste però uno specifico Albo messo a disposizione dagli Ordini professionali a cui è iscritto il professionista.
La scelta del CTP avverrà dunque su base fiduciaria, così come accade per la designazione del consulente tecnico di parte ordinario.

L'onorario e le spese spettanti al difensore sono liquidati dall'autorità giudiziaria con decreto di pagamento, osservando la tariffa professionale.
L'onorario e le spese spettanti all'ausiliario del magistrato e al consulente tecnico di parte, come anche per il difensore, sono liquidati dall'autorità giudiziaria con decreto di pagamento, secondo le norme del presente testo unico.

↓

Revoca del decreto di ammissione e recupero delle spese processuali

Se nel corso del processo sopravvengono modifiche delle condizioni reddituali rilevanti ai fini dell'ammissione al patrocinio, il magistrato che procede revoca il provvedimento di ammissione, come prevede l'art. 136 del T.U. n. 115/2002.

- La revoca ha effetto dal momento dell'accertamento delle modificazioni reddituali, indicato nel provvedimento del magistrato; in tutti gli altri casi ha efficacia retroattiva.
- Si determina il diritto dello Stato a ricevere il costo delle spese processuali sostenute.
- Lo Stato potrà rivalersi, in caso di mancato recupero, sulle somme ricevute a seguito di vittoria
- Nelle definite per transazione, tutte le parti sono solidalmente obbligate al pagamento delle spese prenotate a debito, ed è vietato accollarle al soggetto ammesso al patrocinio. Ogni patto contrario è nullo.
- Quando il giudizio è estinto o rinunciato l'attore o l'impugnante diverso dalla parte ammessa al patrocinio è obbligato al pagamento delle spese prenotate a debito.
- Nelle ipotesi di cancellazione ai sensi dell'articolo 309 del codice di procedura civile e nei casi di estinzione diversi da quelli previsti nei commi 2 e 4, tutte le parti sono tenute solidamente al pagamento delle spese prenotate a debito

↓

Nell'ambito del processo penale, la richiesta può essere presentata:
- dal difensore,
- dall'interessato

o inviata a mezzo raccomandata all'ufficio del magistrato presso cui pende il processo

↓

- Quando l'istanza di ammissione è presentata nelle fasi di indagini preliminari, la competenza a decidere è del G.I.P..
- Nel caso di giudizi innanzi la Corte di Cassazione, l'istanza va presentata al giudice che ha emesso il provvedimento impugnato.
- Se il richiedente è detenuto, internato, in stato di arresto o di arresti domiciliari, custodito in luogo di cura, la domanda di ammissione può essere presentata a mezzo del direttore o dell'ufficiale di polizia giudiziaria

Il cancelliere, quando la domanda viene depositata in cancelleria, è tento a formare il fascicolo contenente la domanda e tutti gli atti relativi al procedimento di ammissione della stessa. Essa sarà poi valutata dal magistrato nei dieci giorni successivi alla presentazione dell'istanza.

↓

Il magistrato rigetta la domanda quando l'interessato non abbia i requisiti previsti per l'ammissione, tenuto conto:

- del casellario giudiziale;
- del tenore di vita;
- delle condizioni personali e dei familiari;
- delle attività economiche eventualmente svolte.

↓

Il provvedimento di rigetto della richiesta di ammissione al gratuito patrocinio può essere impugnato dall'interessato entro 20 giorni dalla comunicazione di deposito del decreto motivato o dalla lettura in udienza.
Il ricorso è proposto innanzi al Presidente del tribunale o al Presidente della corte d'appello ai quali appartiene il magistrato che ha emesso il decreto di rigetto.

↓

L'ordinanza che decide sul ricorso è notificata entro dieci giorni, a cura dell'ufficio del magistrato che procede, all'interessato e all'ufficio finanziario, i quali, nei venti giorni successivi, possono proporre ricorso per cassazione per violazione di legge. Il ricorso non sospende l'esecuzione del provvedimento.

↓

Il decreto di ammissione al gratuito patrocinio è revocato quando:

- entro trenta giorni dal termine di u anno dalla data di presentazione della domanda, l'interessato non provvede a comunicare le intervenute variazioni di reddito;
- a seguito della comunicazione delle intervenute variazioni reddituali, non sussistano più le condizioni economiche per godere del beneficio.
- Il detenuto non cittadino dell'Unione Europea detenuto, internato, in stato di arresto o di detenzione domiciliare, viene provata la mancanza della certificazione dell'autorità consolare, che attesti le dichiarazioni dell'interessato;
- Mancanza delle condizioni di reddito, accertata d'ufficio o a seguito dell'ufficio finanziario competente. Accertamento che deve intervenire entro 5 anni dalla definizione del procedimento.

SPESE DI GIUSTIZIA PAGATE DALL'ERARIO

Nel caso in cui la parte è ammessa a godere dei benefici del gratuito patrocinio a spese dello Stato, le spese processuali sono anticipate dall'Erario, tranne nel caso in cui sia prevista la mera prenotazione a debito

- Spese ripetibili
- Spese non ripetibili
- Spese non incluse nel novero delle spese di giustizia.

Con riferimento alle spese dovute dall'Erario, gli uffici che svolgono le relative funzioni devono tenere, tra gli altri, i seguenti modelli di registri delle spese pagate dall'erario:
- Mod. 1/A/SG (per gli uffici giudiziari);
- Mod. 1/B/SG (per gli uffici Notificazioni e Protesti - NEP).

Gli uffici chiamati a tenere e compilare il Registro delle spese pagate dall'erario sono
- I tribunali ordinari;
- Le Procure generali presso le corti di appello;
- Le Procure della Repubblica presso i tribunali ordinari;
- I tribunali per i minorenni;
- Le Procure della Repubblica presso i tribunali per i minorenni;
- Gli uffici del Giudice di pace;
- I tribunali e gli uffici di sorveglianza;
- Gli uffici UNEP
- Le Corti di appello.

Il foglio delle notizie previsto nei fascicoli processuali attiene all'indicazione spese ripetibili della procedura da parte della cancelleria o segretaria dell'ufficio che è chiamata ad annotare le spese prenotate a debito.

Il Pagamento delle spese di giustizia da parte dell'Erario viene effettuato con i fondi costituiti mediante la emissione di ordini di accreditamento da parte della Amministrazione centrale in favore dei funzionari delegati.

L'ufficio competente istituisce le pratiche relative alle spese di giustizia, provvedendo senza ritardo alle relative liquidazioni, nonché all'annotazione dell'ordine o del decreto di pagamento nell'apposito registro delle spese pagate dall'erario.

Con cadenza quindicinale, è necessario trasmettere ai relativi uffici del funzionario delegato:
- I provvedimenti di liquidazione della spesa;
- la documentazione probatoria della liquidazione stessa;
- l'ordinativo di pagamento

↓

Ricevuta la documentazione i funzionari delegati provvedono alla emissione dei predetti ordinativi rispettando l'ordine cronologico di ricezione della domanda e inviano ai beneficiari l'avviso di pagamento.
Dall'avvenuto pagamento, il funzionario delegato dovrà dare comunicazione all'ufficio giudiziario che ha liquidato la spesa (avviso di pagamento) e al beneficiario.
Viene utilizzata la piattaforma SICOGE

↓

La procedura di spesa mediante l'utilizzo dell'applicativo «GiudiciNet» riguarda i pagamenti delle indennità in favore della magistratura onoraria
- La dichiarazione deve essere presentata all'Agenzia delle entrate, entro il 30 giugno dell'anno successivo a quello di erogazione, esclusivamente per via telematica.
- La trasmissione può avvenire tramite intermediari abilitati (cui non compete la materiale redazione del modello), o richiedendo direttamente l'abilitazione all'Amministrazione finanziaria.
- Per i redditi assimilati a quelli dei lavoratori dipendenti, si procede annualmente, quali sostituti di imposta, alle prescritte operazioni di conguaglio, con rilascio della relativa certificazione unica dei redditi;
- Nel caso di compensi accessori erogati a personale appartenente all'amministrazione giudiziaria, è necessario che le relative ritenute fiscali e previdenziali siano comunicate alle rispettive direzioni provinciali del Tesoro, tramite l'ufficio di appartenenza, in occasione del conguaglio fiscale di fine anno.

↓

Trasferte per atti compiuti fuori dalla sede del processo

Hanno diritto alle spese di viaggio e alle indennità di trasferta
- i magistrati professionali (giudici e pubblici ministeri) e onorari per il compimento di atti al di fuori dalla sede in cui si svolge il processo penale o civile;
- i magistrati professionali di corte di assise e di corte di assise di appello se il dibattimento è tenuto in luogo diverso da quello di normale convocazione della corte;

- gli appartenenti all'ufficio Per il compimento di atti del processo penale e civile fuori dalla sede in cui si svolge:
- gli ufficiali ed agenti di polizia giudiziaria per gli atti ad essi direttamente delegati dal magistrato

Indennità e spese ai testimoni	Le spese di viaggio e le indennità - nel processo penale sono anticipate dall'erario e costituiscono spesa ripetibile; - se si tratta di testimone citato a richiesta di parte, sono semplicemente quantificate dal funzionario addetto all'ufficio; - nel processo civile sono a carico della parte richiedente, salvo che questa sia stata ammessa al patrocinio a spese dello Stato; - Ai testimoni residenti nel comune in cui ha sede l'ufficio presso il quale sono sentiti, ovvero anche non residenti, quando la residenza dista dallo stesso non oltre due chilometri e mezzo, spetta l'indennità di euro 0,36 al giorno. - Nessuna indennità spetta al testimone minore degli anni quattordici in quanto spettano agli accompagnatori (anche di invalidi gravi) sempre che essi stessi non siano testimoni; - Se si tratta di dipendenti pubblici, chiamati come testimoni per fatti inerenti al servizio, sono dovuti il rimborso spese e le indennità nella medesima misura
Compensi agli ausiliari del magistrato	Agli ausiliari del magistrato (il consulente tecnico, l'interprete, il traduttore) spettano l'onorario, l'indennità di viaggio e di soggiorno, le spese di viaggio e il rimborso delle spese sostenute per l'adempimento dell'incarico. Gli onorari sono fissi, variabili e a tempo. La misura degli onorari è stabilita mediante apposite tabelle, da approvarsi con decreto del Ministro della Giustizia, di concerto con il Ministro dell'Economia e delle Finanze. Gli onorari a tempo sono disciplinati col sistema delle vacazioni La vacazione è di due ore. L'onorario per la prima vacazione è di euro 14,68 e per ciascuna delle successive è di euro 8,15.

Compensi ai custodi

spetta un'indennità determinata sulla base delle tariffe contenute in apposite tabelle:

- al custode, diverso dal proprietario o avente diritto, di beni sottoposti a sequestro penale probatorio e preventivo;
- nei soli casi previsti dal codice di procedura civile, al custode di beni sottoposti a sequestro penale conservativo e a sequestro giudiziario e conservativo, per la custodia e la conservazione
- L'indennità di custodia è liquidata su domanda del custode;
- La liquidazione è effettuata dal magistrato con decreto di pagamento motivato;
- Il decreto è comunicato al beneficiario e alle parti, compreso il pubblico ministero, e costituisce titolo provvisoriamente esecutivo;
- Nel processo penale la provvisoria esecuzione è riconosciuta solo se sussiste il segreto sugli atti di indagine o sulla iscrizione della notizia di reato;
- Avverso il decreto di pagamento, il beneficiario e le parti processuali, compreso il pubblico ministero, possono proporre opposizione, entro venti giorni dall'avvenuta comunicazione, al presidente dell'ufficio giudiziario competente.

Compensi per i componenti dei collegi e dei magistrati ordinari, per i giudici popolari e per gli esperti

- rientrano nelle spese di giustizia non ripetibili, in quanto assimilabili ai costi di funzionamento ordinario;
- per i Giudici ausiliari viene prevista un'indennità onnicomprensiva, da corrispondere ogni 3 mesi, di 200 euro per ogni provvedimento che definisce –anche in parte o nei confronti di alcune parti – il processo.
- I compensi spettanti ai giudici onorari dei tribunali (G.O.T) sono pari a 98 euro per ogni udienza tenuta, ed un'ulteriore indennità giornaliera di 98 euro qualora l'impegno lavorativo dell'attività di udienza superi le 5 ore.
- Per i viceprocuratori onorari (V.P.O.), i compensi previsti sono 98 euro giornaliere, indipendentemente dalle udienze svolte

- Ai giudici popolari è riconosciuta una indennità di euro 25,82 per ogni giorno di effettivo esercizio della loro funzione;
- Ai giudici popolari è altresì corrisposta un'indennità speciale così come prevista dall'art. 3, comma 1, della L. n. 27/81 e rapportata ai giorni di effettivo servizio della funzione;
- Agli esperti che prestino servizio fuori dai comune di residenza sono riconosciute le spese le indennità previste per le trasferte dei giudici popolari della corte d'assise;
- Per gli esperti dei tribunali e delle sezioni delle corti d'appello dei minori sono previste le indennità previste per i giudici onorari dei tribunali;
- Gli esperti delle sezioni agrarie dispongono di un'indennità di 1,55 euro per ogni udienza.

D.M. 28 dicembre 2017

- definisce le prestazioni obbligatorie come il complesso delle attività di captazione e trasmissione ai luoghi di registrazione, conservazione e archiviazione, realizzate dagli operatori di telecomunicazioni;
- dispone che le prestazioni obbligatorie e le relative tariffe sono individuate nel Listino delle prestazioni obbligatorie fornite dagli operatori di telecomunicazioni ;
- sono tenuti alle prestazioni obbligatorie gli operatori e i fornitori di servizi di telecomunicazioni le cui infrastrutture, temporaneamente o stabilmente presenti sul territorio nazionale, consentono l'accesso alla rete o la distribuzione dei contenuti informativi o comunicativi all'identità di rete oggetto della richiesta;
- Sono, altresì, tenuti alle prestazioni obbligatorie, in ragione delle identità di rete assegnate dal fornitore del servizio, tutti i soggetti che a qualunque titolo forniscono servizi di comunicazione elettronica o applicazioni, anche se utilizzabili attraverso reti di accesso o trasporto non proprie;
- L'art 4, elenca gli obblighi degli operatori di telecomunicazioni;
- ciascuna richiesta di prestazione obbligatoria deve essere identificata dall'Autorità giudiziaria mediante un codice univoco di riferimento, costituito dall'indicazione dell'Autorità giudiziaria e dal numero R.I.T. (numero/anno) abbinato al servizio reso.

I depositi giudiziari

Sono detti giudiziari i depositi eseguiti per legge o per disposizione del giudice.
I depositi giudiziari debbono essere costituiti da denaro contante o da somme ricavate da vendita forzata di corpi di reato e sono eseguiti allo scopo di garanzia imposta dalla legge. Hanno funzione cautelare.

Il deposito giudiziale può essere
- Volontario se ai soggetti è concessa la facoltà di effettuarlo;
- sussidiario o amministrativo, se ha per oggetto la carta bollata e le spese di cancelleria necessarie per il procedimento;
- principale, se ha per oggetto una cauzione, in denaro o in titoli del debito pubblico

Oggetto dei depositi giudiziari possono essere:
- Denaro;
- titoli del debito pubblico;
- buoni del tesoro a lunga scadenza;
- buoni fruttiferi;
- titoli fondiari o di enti locali.

i depositi giudiziari possono essere effettuati, a seconda dei casi:
- dalla parte o il suo procuratore;
- dal cancelliere;
- dall'ufficiale giudiziario;
- dal commissionario;
- dall'istituto di vendite giudiziarie;
- dalla Polizia Giudiziaria (per il denaro sequestrato che non costituisce corpo di reato).

Essi vanno effettuati presso i seguenti pubblici istituti:
- Cassa Depositi e Prestiti;
- Casse di risparmio postali;
- Cassa delle ammende.

I depositi presso gli istituti di credito

Il depositante, munito del provvedimento del giudice, effettua il versamento ricevendo un libretto di deposito nominativo, con l'annotazione del vincolo imposto dal giudice.
In quanto depositi vincolati, qualsiasi modificazione della destinazione e della consistenza dei depositi giudiziali è subordinata ad un provvedimento del giudice e all'adempimento di talune formalità che variano col variare della specie del deposito.

I depositi presso gli uffici postali

- Si tratta di depositi senza interessi;
- vanno in prescrizione dopo trent'anni a favore dell'amministrazione postale;
- non sono soggetti ad alcun limite di somma;
- Al depositante è rilasciato un libretto (Mod. B-1) su cui è indicato il cognome, il nome, la data e il luogo di nascita nonché la condizione e il domicilio della persona a favore della quale il libretto è rilasciato con l'importo della somma depositata nella parte interna riservata ai movimenti;
- In caso di morte del beneficiano, la cancelleria deve provvedere a intestare o a rinnovare il mandato a nome degli eredi.

I depositi presso la cassa delle ammende

La Cassa delle ammende è un ente pubblico italiano dotato di personalità giuridica di diritto pubblico, istituito con la legge 9 maggio 1932, n. 547 e ss. mm. presso il Ministero della giustizia e dallo stesso vigilato.
Organi della Cassa delle ammende sono il Presidente, il Consiglio di amministrazione, il Segretario generale e il Collegio dei revisori dei conti.
Il D.P.C.M. 10 aprile 2017 n. 102, elenca gli interventi finanziati con i fondi della Cassa.
Le entrate della Cassa si distinguono in entrate correnti ed entrate in conto capitale.

I depositi presso la Cassa Depositi e Prestiti

La Cassa Depositi e Prestiti e l'organo finanziario del Tesoro, con personalità giuridica propria e autonomia ordinamentale, organizzativa, patrimoniale e di bilancio. Essa:

- riceve direttamente depositi
- concede finanziamenti
- gestisce fondi e svolge attività per conto delle amministrazioni pubbliche
- svolge altre attività e altri servizi ad essa assegnati.

Missione della CDP è di favorire lo sviluppo degli investimenti pubblici, delle opere infrastrutturali e delle grandi opere di interesse nazionale.
L'attività della CDP si svolge in due distinti rami di azienda:

- gestione separata, persegue una missione di interesse economico generale.
- gestione ordinaria, provvede al finanziamento di opere, di impianti, di reti e di dotazioni destinati alla fornitura di servizi pubblici e alle bonifiche.

I versamenti al Fondo Unico Giustizia

Il Fondo Unico Giustizia (FUG), ha come fine di centralizzare e rendere più efficiente la gestione delle somme recuperate dallo Stato. La gestione delle risorse del Fondo è affidata a Equitalia Giustizia.
Il Fondo Unico Giustizia (FUG) è stato istituito con Decreto legge n. 112/08, conv. dalla l. n. 133/08, con l'obiettivo di farvi confluire le somme di denaro contante e i titoli (Bot, CCT, obbligazioni, azioni etc.) sequestrati, confiscati o comunque presenti a vario titolo nell'ambito di procedimenti giudiziari civili, penali e amministrativi.
Tra i suoi fini vi sono:
censire e gestire in modo centralizzato il denaro e i titoli sequestrati (e poi confiscati);
mettere a reddito il denaro e, per quanto possibile, i titoli.

Per casellario giudiziale si intende quel servizio gestito dagli uffici giudiziari finalizzato alla raccolta e conservazione delle notizie relative ad alcuni provvedimenti in materia penale, civile ed amministrativa, nonché al rilascio, a richiesta di uffici o enti pubblici e di privati, delle relative certificazioni
Nel casellario dei carichi pendenti si iscrivono per estratto i provvedimenti in virtù dei quali si assume la qualità di imputato o comunque si incide su tale qualità

Nell'anagrafe delle sanzioni amministrative dipendenti da reato si iscrivono per estratto i provvedimenti rilevanti emessi nell'ambito delle procedure relative alla responsabilità delle persone giuridiche, delle società e delle associazioni anche prive di personalità giuridica, per gli illeciti amministrativi dipendenti da reato.

Nell'anagrafe dei carichi pendenti degli illeciti amministrativi dipendenti da reato si iscrivono per estratto:
- i provvedimenti giudiziari con i quali viene contestato all'ente l'illecito amministrativo dipendente da reato;
- ogni altro provvedimento giudiziario che decide sulla contestazione dell'illecito amministrativo emesso nelle fasi e nei gradi successivi

Ai sensi dell'art. 4 del T.U., ogni provvedimento giudiziario e amministrativo è iscritto nel casellario giudiziale per estratto contenente i seguenti dati:
- cognome, nome, luogo e data di nascita, codice identificativo della persona cui si riferisce il provvedimento;
- il codice identificativo è il codice fiscale;

- numero identificativo del procedimento;
- autorità che ha emesso il provvedimento;
- data, dispositivo del provvedimento e norme applicate.

L'estratto del provvedimento giudiziario penale contiene, in base al tipo di provvedimento, i seguenti dati:

- luogo, data dell'infrazione e norme applicate, con riferimento a ciascun reato;
- pena principale e pena accessoria, circostanze, sanzione sostitutiva, sospensione condizionale della pena e non menzione della condanna nel certificato del casellario giudiziale, misure alternative alla detenzione, con riferimento a ciascun reato, anche nelle ipotesi di concorso formale o di reato continuato, di cui all'art. 81 c.p. e nell'ipotesi di connessione tra procedimenti, alcuni dei quali di competenza del giudice di pace;
- misura di sicurezza, dichiarazione di abitualità o professionalità, dichiarazione di tendenza a delinquere.

L'eliminazione delle iscrizioni

- Le iscrizioni **nel casellario giudiziale** sono eliminate al compimento dell'ottantesimo anno di età o per morte della persona alla quale si riferiscono o nei casi tassativamente previsti.
- Le iscrizioni nel **casellario dei carichi pendenti**, queste sono eliminate quando viene meno il principale presupposto dell'iscrizione, nonché compimento dell'ottantesimo anno di età o per morte della persona alla quale si riferiscono.
- Le iscrizioni **nell'anagrafe delle sanzioni amministrative** sono eliminate trascorsi cinque anni dal giorno in cui è stata eseguita la sanzione pecuniaria, o trascorsi dieci anni dal giorno in cui è cessata l'esecuzione di qualunque altra diversa sanzione, se negli stessi periodi non è stato commesso un ulteriore illecito amministrativo;
- Le iscrizioni **dell'anagrafe dei carichi pendenti delle sanzioni amministrative** sono eliminate alla cessazione della qualità di ente sottoposto al procedimento di accertamento relativo agli illeciti amministrativi dipendenti da reato.

Casellario giudiziario europeo

In esso si iscrivono per estratto:

- le condanne pronunciate in un altro Stato membro dell'Unione europea nei confronti di cittadini italiani trasmesse all'Ufficio centrale;
- le successive decisioni concernenti l'esecuzione della pena 0 che modificano o eliminano le condanne iscritte.

Gli uffici che si occupano dei casellari hanno due registri:

- il registro delle attività (permette il monitoraggio dei soggetti che compiono le attività di acquisizione dei dati, della data e della tipologia delle stesse);
- il registro dei certificati e delle visure (permette il monitoraggio dei soggetti che compiono le attività di certificazione e visura dei dati)

↓

L'ufficio iscrizione

Per ufficio iscrizione si intende l'ufficio presso l'autorità giudiziaria che ha emesso il provvedimento giudiziario soggetto a iscrizione o a eliminazione. Esso ha il compito di iscrivere l'estratto nel sistema ed eliminare dal sistema le iscrizioni di tutti i provvedimenti, esclusi quelli che sono di competenza dell'ufficio centrale.

↓

Per le procedure di iscrizione, l'ufficio iscrizione iscrive nel sistema informativo automatizzato i provvedimenti soggetti ad iscrizione nel casellario giudiziale e nell'anagrafe delle sanzioni amministrative dipendenti da reato, previa verifica della completezza dei dati a tal fine necessari.

Conclusa l'iscrizione l'ufficio procede alla validazione dei dati relativi al provvedimento che ha iscritto per estratto nel sistema.

A tale operazione consegue l'immodificabilità dei dati iscritti e, contestualmente, la disponibilità informatica di questi ai fini del rilascio dei relativi certificati.

↓

Qualora l'ufficio iscrizione, nel momento di curare l'iscrizione di un provvedimento giudiziario collegato ad altro provvedimento, dovesse riscontrare la mancata iscrizione del provvedimento giudiziario da collegare, esso dovrà provvedere:

a) ad inserire un provvedimento denominato provvisorio ovvero fittizio.

b) a sollecitare, senza ritardo, l'ufficio iscrizione competente;

c) a validare il provvedimento di sua pertinenza appena pervenuta la comunicazione dell'avvenuto inserimento del provvedimento mancante.

L'ufficio iscrizione competente provvede, senza ritardo e comunque entro e non oltre dieci giorni dal ricevimento del relativo sollecito, ad iscrivere il provvedimento mancante ovvero a comunicare per via telematica all'ufficio iscrizione che ha effettuato il sollecito i motivi del rifiuto dell'iscrizione.

Nel caso di accertata impossibilità di portare a termine la procedura, l'ufficio iscrizione ne dà comunicazione all'ufficio centrale.

↓

L'ufficio centrale

Per ufficio centrale si intende l'ufficio presso il Ministero della giustizia, che ha competenze in materia.

Esso provvede all'inserimento dei dati nel sistema e alla loro eliminazione solo in casi determinati. Ha poi altri compiti tra cui raccogliere e conservare i dati immessi nel sistema del casellario giudiziale e dei carichi pendenti, conservare a fini statistici, in modo anonimo, i dati eliminati.

L'ufficio territoriale e l'ufficio locale

L'ufficio territoriale è l'ufficio presso il giudice di pace che ha competenza in materia. L'ufficio territoriale rilascia i certificati, esclusi quelli richiesti da autorità straniere, e consente la visura delle iscrizioni.

Invece, per ufficio locale si intende l'ufficio presso il tribunale e presso il tribunale per i minorenni, che ha competenze in materia.

L'ufficio locale rilascia i certificati, compresi quelli richiesti da autorità straniere e consente la visura delle iscrizioni.

- Sono competenti al rilascio dei certificati, nonché delle visure senza efficacia certificativa tutti gli uffici territoriali e tutti gli uffici locali.
- Per il rilascio dei certificati richiesti dalle autorità interessate e gli Stati dell'Unione europea, nei casi previsti dal testo unico, o da altre autorità straniere, nei casi previsti dalle convenzioni internazionali, sono competenti tutti gli uffici locali.
- Tutti i certificati sono rilasciati nello stesso giorno della richiesta, eccetto il certificato di emergenza che è rilasciato non appena sono acquisiti i dati necessari.
- Al fine di rispettare la normativa sul trattamento dei dati personali, dal certificato non deve risultare il codice identificativo della persona o dell'ente cui si riferisce il provvedimento.

Gli uffici che esercitano la giurisdizione penale in uno Stato membro dell'Unione europea, per ragioni di giustizia, possono richiedere e acquisire, tramite la propria autorità centrale competente, dall'Ufficio centrale le informazioni sulle condanne relative a un cittadino italiano con riferimento:

a) ai provvedimenti giudiziari iscritti nel casellario giudiziale italiano;
b) alle condanne iscritte nel casellario giudiziale europeo (nuovo art. 21-bis T.U.)

- Per i Certificati richiesti dall'interessato, quest'ultimo ha il diritto di ottenere il certificato del casellario giudiziale e dei carichi pendenti senza motivare la richiesta.
- Per il Certificato penale richiesto dal datore di lavoro il certificato penale del casellario giudiziale deve essere richiesto dal soggetto che intenda impiegare al lavoro una persona per lo svolgimento di attività professionali.

Per il Certificato del casellario giudiziale europeo richiesto dall'interessato il cittadino italiano ha diritto di ottenere, senza motivare la richiesta, il rilascio del certificato contenente le iscrizioni esistenti nel casellario giudiziale europeo, nella misura in cui il diritto dello Stato membro di condanna ne preveda la menzione.

- Le amministrazioni pubbliche e i gestori di pubblici servizi hanno diritto di ottenere i medesimi certificati richiedibili dai soggetti interessati, purché relativi a persone maggiori di età, e dagli enti interessati, quando tali certificati sono necessari per l'esercizio delle loro funzioni

↓

- I certificati richiesti dagli interessati del casellario giudiziale sono soggetti all'imposta di bollo in misura fissa.
- Le istanze per il rilascio di qualsiasi tipo di certificato sono esenti da bollo.
- Alla stessa disciplina sono soggetti i certificati richiesti per uso lavoro, mentre l'esenzione dal bollo sussiste peri certificati necessari per l'iscrizione nelle liste di collocamento presso gli uffici del lavoro e della massima occupazione e per i certificati per uso adozione.
- Per ogni tipo di certificato richiesto dall'interessato è dovuto un diritto di certificato di euro 3,84.
- Se si richiede il rilascio immediato e si ottiene il certificato nel medesimo giorno della richiesta, è dovuto un ulteriore diritto di euro 3,84 (art. 273, D.P.R. n. 115/2002).
- Sino all'emanazione del regolamento previsto dall'art. 196, D.P.R. 115/2002, il pagamento del diritto di certificato è effettuato mediante l'applicazione di marche da bollo (oggi, contrassegni di bollo), da applicarsi sull'istanza di rilascio.
- Il funzionario addetto all'ufficio annulla mediante il timbro a secco dell'ufficio le marche e attesta l'avvenuto pagamento del diritto sul certificato rilasciato. Deve rifiutare di rilasciare il certificato se le marche mancano o sono di importo inferiore a quello stabilito (artt. 284 e 285, D.P.R. 115/2002).

↓

È competente sulle questioni concernenti le iscrizioni e i certificati del casellario giudiziale il tribunale del luogo dove ha sede l'ufficio locale nel cui ambito territoriale è nata la persona cui è riferita l'iscrizione o il certificato.

Il Tribunale di Roma è invece competente:

- per le medesime questioni per le persone nate all'estero, o delle quali non è stato accertato il luogo di nascita nel territorio dello Stato.
- sulle questioni concernenti le iscrizioni e i certificati dell'anagrafe delle sanzioni amministrative dipendenti da reato e dell'anagrafe dei carichi pendenti degli illeciti amministrativi dipendenti da reato.

QUIZ

1. **Tra le funzioni amministrative del cancelliere vi è quella:**
   A. della verbalizzazione
   B. dell'iscrizione a ruolo della causa
   C. della redazione di atti di notorietà

2. **Il personale delle cancellerie e segreterie giudiziarie:**
   A. appartiene all'ordine giudiziario
   B. non appartiene all'ordine giudiziario
   C. fa parte della magistratura italiana

3. **In quante aree professionali è suddiviso personale delle cancellerie e segreterie giudiziarie?**
   A. due
   B. in una sola area
   C. tre

4. **Il personale delle cancellerie e segreterie giudiziarie è reclutato mediante:**
   A. Agenzie per il lavoro
   B. concorso pubblico indetto dal Ministero della Giustizia
   C. riviste e quotidiani di annunci

5. **L'ausiliario:**
   A. Svolge attività ausiliarie e di supporto ai processi organizzativi e gestionali del proprio settore di competenza
   B. Svolge attività lavorative di collaborazione, amministrativa e/o tecnica, ai processi organizzativi e gestionali connessi al proprio settore di competenza
   C. può essere adibito all'assistenza al magistrato nell'attività istruttoria o nel dibattimento

6. **L'operatore giudiziario:**
   A. può essere adibito all'assistenza al magistrato solo nell'attività istruttoria
   B. Svolge attività lavorative di collaborazione, amministrativa e/o tecnica, ai processi organizzativi e gestionali connessi al proprio settore di competenza
   C. può essere adibito all'assistenza al magistrato nell'attività istruttoria o nel dibattimento

7. **Il funzionario giudiziario:**
   A. garantisce la manutenzione ordinaria e straordinaria del patrimonio immobiliare tecnico e tecnologico.
   B. svolge attività di natura logistica e tecnica legata all'acquisizione e alla gestione dei beni
   C. Svolge attività di direzione di una sezione o reparto nell'ambito degli uffici di cancelleria

8. **Il dirigente amministrativo:**
   A. Svolge le funzioni di adozione di atti e provvedimenti amministrativi, compresi tutti gli atti che impegnano l'amministrazione verso l'esterno
   B. Svolge attività ausiliarie e di supporto ai processi organizzativi e gestionali
   C. svolge attività di natura logistica e tecnica legata all'acquisizione e alla gestione dei beni

9. **L'archivio giudiziario è di regola suddiviso in:**
   A. archivio degli atti civili; archivio degli atti penali
   B. archivio degli atti civili; archivio degli atti penali; archivio degli atti amministrativi e vari
   C. archivio degli atti civili; archivio degli atti amministrativi

10. **L'archivio giudiziario è soggetto al controllo per mezzo di:**

A. Commissioni di sorveglianza
B. Comitati di magistrati
C. Funzionari giudiziari

11. La conservazione degli atti e dei registri presso gli archivi giudiziari deve avvenire per almeno un arco temporale che va:
A. dai tre ai cinque anni
B. dai cinque ai dieci anni
C. dai dieci ai trent'anni

12. I documenti conservati negli archivi di Stato sono liberamente consultabili:
A. ad eccezione, tra gli altri, di quelli contenenti dati sensibili
B. no, mai
C. sì, sempre

13. Nei primi mesi di ogni anno, gli uffici giudiziari debbono versare all'archivio di Stato gli atti concernenti affari definiti da oltre:
A. dieci anni
B. vent'anni
C. quarant'anni

14. Per il profilo di assistente giudiziario è richiesto, per l'accesso al concorso, il possesso di:
A. diploma di scuola secondaria di secondo grado
B. diploma di scuola secondaria di primo grado
C. laurea triennale

15. Gli atti degli uffici giudiziari relativi ad affari definiti devono essere raccolti:
A. possibilmente in più locali, non comunicanti
B. possibilmente in un unico locale o più locali comunicanti
C. solo digitalmente

16. L'archivio giudiziario:
A. fa parte del demanio pubblico
B. è sempre alienabile
C. non è soggetto a controllo

17. I direttori degli archivi di Stato possono rilasciare copia degli atti?
A. no, mai
B. sì, sempre
C. solo degli atti dichiarati pubblici

18. I funzionari possono rilasciare copie delle sentenze in forma esecutiva?
A. no, mai
B. soltanto dopo che il cancelliere avrà apposto in calce ai documenti la formula di cui all'art. 475 c.p.c
C. sì, sempre

19. Il materiale d'archivio da eliminare è individuato:
A. dal singolo magistrato
B. dal funzionario giudiziario
C. dalla competente commissione di sorveglianza

20. Il materiale contenuto negli elenchi si intende destinato al macero se il nulla osta non viene rilasciato dal Ministero competente entro i previsti:
A. 180 giorni
B. 120 giorni
C. 90 giorni

21. Sono prescritti appositi registri per quali rami di servizio?
A. il ramo di penale e civile
B. il ramo amministrativo
C. il ramo penale, civile e amministrativo

22. I registri devono essere numerati e vidimati:
A. in ogni mezzo foglio
B. in ogni fine pagina
C. in ogni inizio pagina

23. I registri non devono presentare:
A. solo spazi vuoti
B. spazi vuoti, alterazioni o abrasioni
C. solo abrasioni

24. I registri informatizzati, che operano sull'intero territorio nazionale sono:

A. Il SICID, Il SIECIC e il SICP
B. Il SICID e Il SIECIC
C. Il SICP in ambito civile

25. I registri sono tenuti:
A. su base mensile
B. su base annua
C. su base giornaliera

26. La riforma del 2006 ha soppresso:
A. il pubblico registro dei falliti
B. il registro dei concordati preventivi
C. il registro delle amministrazioni straordinarie

27. Il registro delle successioni è diviso in:
A. tre parti
B. due parti
C. quattro parti

28. L'iscrizione nel registro delle successioni è fatta:
A. d'ufficio dal cancelliere dietro produzione di copia autentica
B. su istanza di parte e dietro produzione di copia autentica se non si tratta di dichiarazioni ricevute dal cancelliere
C. d'ufficio dal cancelliere se si tratta di dichiarazioni da lui ricevute o di provvedimenti del giudice

29. Con riferimento ai registri penali tenuti presso le cancellerie penali, il modello 3 corrisponde:
A. al registro delle richieste di riparazione degli errori giudiziari
B. al registro del riconoscimento delle sentenze penali straniere
C. al registro delle impugnazioni delle misure cautelari reali

30. Il soggetto interessato che decide di adire la giustizia per la tutela dei propri diritti soggettivi ed interessi legittimi:
A. è chiamato a sostenere i costi e le spese di giustizia
B. non è mai tenuto a sostenere i costi e le spese di giustizia
C. è chiamato a sostenere i costi e le spese di giustizia solo per la tutela dei propri interessi legittimi

31. Il contributo unificato:
A. è di importo fisso
B. varia in base al valore del procedimento e del numero di atti
C. varia in base al valore del procedimento, indipendentemente dal numero di atti

32. Il contributo unificato deve essere versato:
A. alla conclusione del processo
B. anticipatamente, al momento dell'iscrizione a ruolo della controversia
C. al momento della pubblicazione della sentenza

33. In ambito penale il contributo unificato:
A. non è dovuto
B. è dovuto in una misura ridotta del 50%
C. è dovuto per ciascun grado di giudizio

34. Entro quanti giorni dal deposito dell'atto per cui è richiesto il pagamento, l'ufficio deve notificare alla parte l'invito al pagamento dell'importo dovuto?
A. quindici giorni
B. trenta giorni
C. venti giorni

35. In caso di mancato pagamento del contributo unificato:
A. entro un mese si procederà ad iscrizione a ruolo, con addebito degli interessi al saggio legale
B. non si procederà ad iscrizione a ruolo
C. si procederà ad iscrizione a ruolo senza addebito di interessi

36. Nell'invito al pagamento devono essere indicati il termine e le modalità per il pagamento, nonché l'avvertenza che il mancato pagamento nel termine comporterà l'applicazione della sanzione prevista:

A. dall'art. 70, D.P.R. 131/86
B. dall'art. 73, D.P.R. 131/86
C. dall'art. 71, D.P.R. 131/86

37. L'imposta di registro si applica:

A. agli atti dei quali la tariffa allegata, impone la registrazione, nonché a quelli volontariamente presentati per la registrazione.
B. agli atti volontariamente presentati per la registrazione.
C. a tutti gli atti

38. Nell'ambito dell'imposta di registro, la registrazione consiste:

A. nell'annotazione nell'apposito registro della data
B. nell'annotazione nell'apposito registro e nell'apposizione sull'atto di una stampigliatura attestante la data, il numero della registrazione e l'imposta pagata.
C. nell'annotazione nell'apposito registro e nell'apposizione sull'atto di una stampigliatura attestante solo l'imposta pagata.

39. Il diritto di certificato è dovuto solo per certificazioni richieste:

A. in materia penale o civile
B. solo in materia amministrativa
C. solo in materia penale

40. Il pagamento del diritto di copia e di certificato, deve essere effettuato mediante:

A. pagamento in contanti
B. bonifico
C. l'applicazione di marche da bollo

41. Il patrocinio a spese dello Stato costituisce attuazione del diritto di difesa sancito:

A. dall'art. 5 Cost
B. dall'art. 24 Cost.
C. dall'art. 1 delle preleggi

42. Il gratuito patrocinio è assicurato:

A. nei processi civili, amministrativi, contabili, tributari e nelle cause di volontaria giurisdizione purché non manifestatamente infondate
B. solo nei processi civili e amministrativi
C. solo nelle cause di volontaria giurisdizione purché non si tratti di questioni manifestamente infondate.

43. L'istituto del patrocinio a spese dello Stato è ammissibile:

A. solo per l'attività stragiudiziale
B. solo per l'attività giudiziale
C. per l'attività giudiziale e stragiudiziale

44. L'istanza di ammissione al gratuito patrocinio è valutata nella sua fondatezza:

A. dal giudice competente
B. dal Consiglio dell'Ordine
C. dall'Ufficio delle Entrate

45. I soggetti ammessi al patrocinio possono nominare un difensore:

A. a proprio piacimento
B. scelto tra gli iscritti negli elenchi degli avvocati per il patrocinio a spese dello Stato
C. scelto tra gli avvocati iscritti all'ordine da più di dieci anni

46. Il decreto di ammissione al patrocinio a spese dello Stato può essere revocato?

A. se nel corso del processo sopravvengono modifiche delle condizioni reddituali rilevanti ai fini dell'ammissione al patrocinio
B. no, mai
C. sì, anche a parità di condizioni reddituali

47. La revoca del patrocinio a spese dello Stato ha effetto:
A. dal momento dell'accertamento delle modificazioni reddituali, indicato nel provvedimento del magistrato; in tutti gli altri casi ha efficacia retroattiva.
B. sempre retroattivo
C. dal provvedimento del magistrato

48. Nel processo penale, la richiesta di ammissione al patrocinio a spese dello Stato può essere presentata:
A. solo dal difensore
B. solo dall'interessato
C. dal difensore o dall'interessato

49. Nell'ambito del patrocinio a spese dello Stato, le copie degli atti processuali sono gratuite?
A. no, mai
B. solo quando sono necessarie per l'esercizio della difesa
C. sì, sempre

50. Il provvedimento di rigetto della richiesta di ammissione al gratuito patrocinio può essere impugnato dall'interessato entro quanti giorni dalla comunicazione di deposito del decreto motivato o dalla lettura in udienza?
A. entro 20 giorni
B. entro 30 giorni
C. entro 60 giorni

51. Quali tipi di spese si distinguono nei procedimenti e processi penali?
A. spese ripetibili e spese non ripetibili
B. spese non ripetibili e spese non incluse
C. spese ripetibili, spese non ripetibili e spese non incluse

52. Sono a carico dello Stato:
A. le spese ripetibili
B. le spese non ripetibili
C. le spese non incluse

53. Possono essere recuperate nei confronti del condannato, nei casi e nelle modalità previste dalla legge:
A. le spese ripetibili
B. le spese non ripetibili
C. le spese non incluse

54. Tra le spese non ripetibili sono incluse:
A. le spese di spedizione
B. le spese e le indennità per i testimoni
C. le spese per le rogatorie dall'estero o per le estradizioni da e per l'estero

55. Non rientrano tra le spese di giustizia:
A. la traduzione dei detenuti
B. le indennità dei magistrati onorari
C. le indennità di custodia

56. Il foglio delle notizie previsto nei fascicoli processuali attiene all'indicazione delle spese della procedura da parte della cancelleria o segreteria dell'ufficio:
A. ripetibili
B. non ripetibili
C. non incluse

57. La competenza alla quantificazione della spesa da anticipare e all'emissione del relativo ordine di pagamento spetta:
A. al funzionario amministrativo
B. al dirigente amministrativo
C. all'operatore giudiziario

58. Nell'eventualità in cui debba essere precisato il quantum dovuto, la liquidazione deve essere effettuata:
A. dal funzionario amministrativo
B. dal dirigente amministrativo
C. dal magistrato

59. Il decreto di pagamento delle spese:
A. necessita di ulteriore ordine da parte del funzionario
B. costituisce titolo per il pagamento, senza bisogno di un ulteriore ordine da parte del funzionario

C. non costituisce titolo per il pagamento

60. Il decreto di pagamento e l'ordine dello stesso dovranno evidenziare:
A. le sole spettanze
B. anche tutte le voci accessorie, quali ritenute fiscali e previdenziali
C. anche l'IVA e l'imposta di bollo

61. I provvedimenti di liquidazione della spesa, la documentazione probatorie della liquidazione e l'ordinativo di pagamento dovranno essere trasmessi ai relativi uffici del funzionario delegato ogni:
A. ogni trenta giorni
B. ogni quindici giorni
C. ogni venti giorni

62. La procedura di spesa mediante l'utilizzo dell'applicativo «Giudici-Net» riguarda i pagamenti delle indennità in favore:
A. della magistratura amministrativa
B. della magistratura onoraria
C. della magistratura ordinaria

63. 63. Hanno diritto alle spese di viaggio e alle indennità di trasferta per il compimento di atti al di fuori dalla sede in cui si svolge il processo penale o civile:
A. solo i magistrati professionali (giudici e pubblici ministeri)
B. solo i magistrati onorari
C. i magistrati professionali e onorari

64. Nell'ambito delle indennità e spese per i testimoni, nel processo penale le spese di viaggio e le indennità sono qualificate come:
A. spese ripetibili
B. spese non ripetibili
C. spese non incluse

65. Nell'ambito delle indennità e spese per i testimoni, nel processo civile le spese di viaggio e le indennità sono a carico:
A. della parte richiedente, salvo che questa sia stata ammessa al patrocinio a spese dello Stato
B. della parte soccombente
C. dei testimoni

66. Agli ausiliari del magistrato (il consulente tecnico, l'interprete, il traduttore) spettano:
A. l'onorario, l'indennità di viaggio ma non il rimborso delle spese sostenute per l'adempimento dell'incarico
B. l'onorario, l'indennità di viaggio e di soggiorno, le spese di viaggio e il rimborso delle spese sostenute per l'adempimento dell'incarico
C. solo il rimborso delle spese sostenute per l'adempimento dell'incarico

67. Gli onorari degli ausiliari del magistrato (il consulente tecnico, l'interprete, il traduttore) sono:
A. variabili e a tempo
B. fissi
C. fissi, variabili e a tempo

68. Quante vacazioni al giorno può liquidare il magistrato per ciascun incarico?
A. non più di due
B. non più di quattro
C. non più di sei

69. Se il magistrato dichiara l'urgenza dell'adempimento con decreto motivato, gli onorari fissi e variabili possono essere aumentati sino:
A. al venti per cento
B. al dieci per cento
C. al trenta per cento

70. L'indennità di custodia è liquidata su domanda del custode, successiva alla cessazione della custodia, presentata:
A. al cancelliere
B. al funzionario giudiziario
C. al magistrato che procede

71. Avverso il decreto di pagamento dell'indennità di custodia, il beneficiario e le parti processuali possono proporre opposizione entro:
A. dieci giorni dall'avvenuta comunicazione
B. venti giorni dall'avvenuta comunicazione
C. trenta giorni dall'avvenuta comunicazione

72. I compensi spettanti ai componenti dei collegi e ai magistrati onorari e ai giudici popolari rientrano nelle spese di giustizia:
A. ripetibili
B. non ripetibili
C. non incluse

73. Per i giudici ausiliari viene prevista un'indennità onnicomprensiva, da corrispondere:
A. ogni 3 mesi, di 200 euro per ogni provvedimento che definisce – anche in parte o nei confronti di alcune parti – il processo
B. ogni 3 mesi, di 300 euro per ogni provvedimento che definisce – anche in parte o nei confronti di alcune parti – il processo
C. ogni 2 mesi, di 300 euro per ogni provvedimento che definisce – anche in parte o nei confronti di alcune parti – il processo

74. Ai giudici popolari è riconosciuta una indennità per ogni giorno di effettivo esercizio della loro funzione pari a:
A. 51, 68 euro
B. 61, 97 euro
C. 25, 82 euro

75. I compensi spettanti ai giudici onorari dei tribunali (G.O.T.) sono pari a:
A. 98 euro qualora l'impegno lavorativo dell'attività dell'udienza superi le 5 ore
B. 61, 97 euro qualora l'impegno lavorativo dell'attività dell'udienza superi le 5 ore
C. 78 euro qualora l'impegno lavorativo dell'attività dell'udienza superi le 5 ore

76. Nei casi in cui occorra procedere all'esecuzione di sentenze aventi ad oggetto l'ordine di demolizione di opere abusive e di riduzione in pristino dello stato dei luoghi, il magistrato può chiedere:
A. solo l'intervento delle strutture tecnico-operative del Ministero della Difesa
B. l'intervento di imprese private
C. solo l'intervento delle strutture tecnico-operative del Ministero della Giustizia

77. Il D.M. 28 dicembre 2017 definisce le prestazioni obbligatorie come:
A. il complesso delle attività di captazione e trasmissione ai luoghi di registrazione, conservazione e archiviazioni, realizzate dagli operatori di telecomunicazioni
B. unicamente le attività di captazione e trasmissione realizzate dagli operatori di telecomunicazioni
C. unicamente le attività di registrazione, conservazione e archiviazione realizzate dagli operatori di telecomunicazioni

78. I depositi giudiziari devono essere costituiti:
A. da denaro contante o da somme ricavate da vendita forzata di corpi di reato
B. dai corpi di reato
C. da denaro contante o corpi di reato

79. Il deposito giudiziario può essere:
A. solo volontario
B. solo sussidiario o amministrativo
C. principale, volontario e sussidiario o amministrativo

80. I depositi giudiziari possono essere effettuati:

A. solo dal cancelliere
B. solo dal commissario
C. anche dalla Polizia Giudiziaria

RISPOSTE

1. C
2. A
3. C
4. B
5. A
6. C
7. C
8. A
9. B
10. A
11. C
12. A
13. C
14. A
15. B
16. A
17. C
18. B
19. C
20. B
21. C
22. A
23. B
24. A
25. B
26. A
27. A
28. C
29. B
30. A
31. C
32. B
33. A
34. B
35. A
36. C
37. A
38. B
39. A
40. C
41. B
42. A
43. B
44. B
45. B
46. A
47. A
48. C
49. B
50. A
51. C
52. B
53. A
54. C
55. A
56. A
57. A
58. C
59. B
60. A
61. B
62. B
63. C
64. A
65. A
66. B
67. C
68. B
69. A
70. C
71. B
72. B
73. A
74. C
75. A
76. B
77. A
78. A
79. C
80. C

PARTE V
LINGUA INGLESE

Capitolo 1 | L'ALFABETO INGLESE

SOMMARIO:
1. I segni grafici per i "suoni intermedi".

A	[ei]	**F**	[ef]	**K**	[kei]	**P**	[pi:]	**U**	[ju:]	**Z**	[zed]
B	[bi:]	**G**	[gi:]	**L**	[el]	**Q**	[kju:]	**V**	[vi:]		
C	[si:]	**H**	[eic]	**M**	[em]	**R**	[a:/ar]	**W**	[d^blju:]		
D	[di:]	**I**	[ai]	**N**	[en]	**S**	[es]	**X**	[eks]		
E	[i:]	**J**	[gei]	**O**	[∂u]	**T**	[ti:]	**Y**	[wai]		

1. I segni grafici per i "suoni intermedi".

La Lingua inglese si caratterizza per una varietà di "suoni intermedi" che richiedono l'uso di particolari segni grafici. Di seguito indichiamo i più ricorrenti:

1) SUONI VOCALICI

1. **Λ** è un suono tra l'eu francese e una a italiana pronunciata in fondo alla gola con la bocca semiaperta, simile a quella di cappello ma meno limpida:
kΛp - cup (tazza);
Λp – up (su);
sΛn – son (figlio);
lΛv – love (amore).

2. **æ** suono dell'unione di a+e, un' e tanto aperta da tendere quasi ad a:
kæt – cat (gatto); *kæb* – cab (vettura); *mæd* – mad (pazzo); *mæn* – man (uomo).

3. *∂* è il suono dell'eu francese di fleur, o dell'oe tedesca di Goethe:
gh∂:l – girl (ragazza); s*∂*: - sir (signore);
f∂: - fir (abete);
n∂:s – nurse (bàlia);

I due punti (:) indicano che la vocale che li precede è lunga.

4. **O** suono di o molto aperta, tendente leggermente ad a, simile alla o di botta:
dog - dog (cane); *stop* – stop (punto); *pot* – pot (vaso); *lo:d* – lord (signore).

2) SUONI CONSONANTICI

1. ʃ è il suono dell'inglese sh, uguale a quello dell'italiano in sc in sci:
ʃi: - she (ella);

ʃo:t – short (corto).

2. **Θ** è il suono sordo o aspro del th inglese. Per pronunciarlo si appoggi la punta della lingua contro i denti inferiori e si cerchi di pronunciare la s di soldato: il suono tra t ed s che ne esce è quello del th sordo o aspro.
Θænk – thank (ringraziare);
Θik – thick (folto);
Θink – think (pensare).

3. **ϑ** è il suono sonoro o dolce del th inglese. Per pronunciarla si chiusa la punta della lingua fra i denti e si cerchi di pronunciare la z: il suono che ne esce, fra de z, è quello del th sonoro o dolce.
is –This (questo);
æt – that (quello).

4. **3** è il suono del francese in jour:
me3∂: - measure (misura);
ju:3∂li – usually (solitamente).

5. I suoni **c** e **g** hanno, anche in inglese, la forma dura o gutturale (i suoni /c/ di cane e /g/ di gatto) e la forma dolce o palatale (la /c/ di cena e la/g/ di gelato). Nell'alfabeto fonetico inglese, rispettivamente:

- i suoni /c/ e /g/ si indicano con k e g.

kæn – can (potere); *pi:k* – peak (picco); *ghet* - get, ottenere; *egh* - egg, uovo.

- i suoni /**c**/ e /**g**/ si indicano con tʃ e d3

ri:tʃ - rich (ricco); *pi:tʃ* peach (pesca); *tʃe∂* - chair (sedia);
spond3 – sponge (spugna);
eid3 - age (età);
d3æm – jam (marmellata).

MAPPE

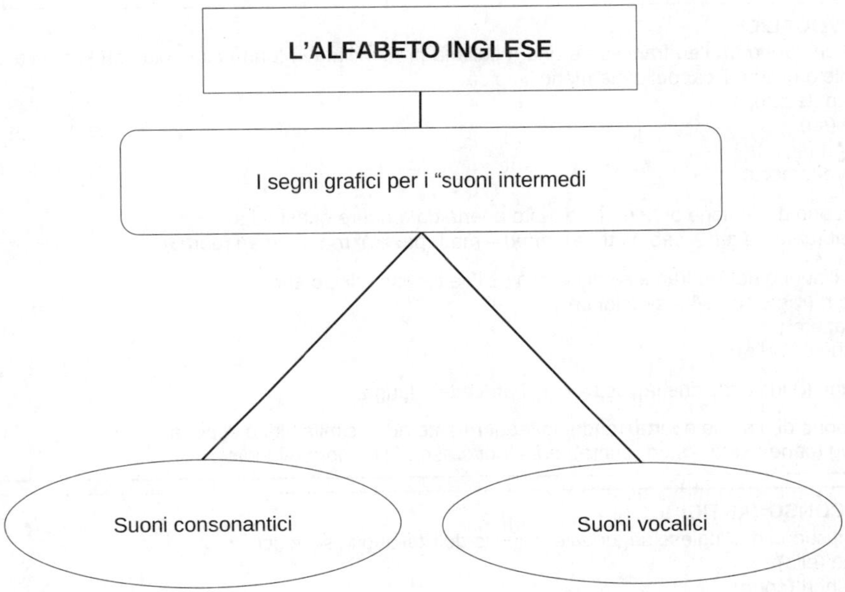
L'ALFABETO INGLESE
I segni grafici per i "suoni intermedi
Suoni consonantici
Suoni vocalici

La Lingua inglese si caratterizza per una varietà di "suoni intermedi" che richiedono l'uso di particolari segni grafici.

SUONI VOCALICI

- **Λ** è un suono tra l'eu francese e una a italiana pronunciata in fondo alla gola con la bocca semiaperta, simile a quella di cappello ma meno limpida:

kΛp - cup (tazza);
Λp – up (su);
sΛn – son (figlio);
lΛv – love (amore).

- **æ** suono dell'unione di a+e, un' e tanto aperta da tendere quasi ad a:

kæt – cat (gatto); *kæb* – cab (vettura); *mæd* – mad (pazzo); *mæn* – man (uomo).

- *∂* è il suono dell'eu francese di fleur, o dell'oe tedesca di Goethe:

gh∂:l – girl (ragazza); *s∂*: - sir (signore);
f∂: - fir (abete);
n∂:s – nurse (bàlia);

I due punti (:) indicano che la vocale che li precede è lunga.

- **O** suono di o molto aperta, tendente leggermente ad a, simile alla o di botta:

dog - dog (cane); *stop* – stop (punto); *pot* – pot (vaso); *lo:d* – lord (signore).

SUONI CONSONANTICI

1. ʃ è il suono dell'inglese sh, uguale a quello dell'italiano in sc in sci:
ʃi: - she (ella);
ʃo:t – short (corto).

2. **Θ** è il suono sordo o aspro del th inglese. Per pronunciarlo si appoggi la punta della lingua contro i denti inferiori e si cerchi di pronunciare la s di soldato: il suono tra t ed s che ne esce è quello del th sordo o aspro.
Θænk – thank (ringraziare);
Θik – thick (folto);
Θink – think (pensare).

3. **ϑ** è il suono sonoro o dolce del th inglese. Per pronunciarla si chiusa la punta della lingua fra i denti e si cerchi di pronunciare la z: il suono che ne esce, fra de z, è quello del th sonoro o dolce.
θis –This (questo);
θæt – that (quello).

4.**3** è il suono del francese in jour:
me3∂: - measure (misura);
ju:3∂li – usually (solitamente).

5.I suoni **c** e **g** hanno, anche in inglese, la forma dura o gutturale (i suoni /c/ di cane e /g/ di gatto) e la forma dolce o palatale (la /c/ di cena e la/g/ di gelato). Nell'alfabeto fonetico inglese, rispettivamente:

- i suoni /c/ e /g/ si indicano con k e g.
kæn – can (potere); *pi:k* – peak (picco); *ghet* - get, ottenere; *egh* - egg, uovo.

- i suoni /**c**/ e /**g**/ si indicano con tʃ e d3
ri:tʃ - rich (ricco); *pi:tʃ* peach (pesca); *tʃe∂* - chair (sedia);
spond3 – sponge (spugna);
eid3 - age (età);
d3æm – jam (marmellata).

Capitolo 2 | LO SPELLING

SOMMARIO:
1. Tre regole di pronuncia. - **2.** La pronuncia delle consonanti.

Lo "spelling" – in italiano "compitazione" – consiste nel pronunciare a una a una, con il suono che hanno nell'alfabeto, le lettere di cui una parola composta. Così per esempio, lo spelling di *love* sarà: èl – òu – vi – i; quello di *cat* sarà: si – ei – ti; quello *sir* sarà ès – ai – a: , e così via.

1. Tre regole di pronuncia.

1) **ee** suona sempre i, cioè una i lunga e limpida come nella parola italiana *pino: di:p* – deep (profondo);
sti:l - steel (acciaio);
stri:t – street (strada).

2) **oo** suona normalmente u lunga, scritto u: ; u breve davanti a k e in qualche altro caso:
spu:n – spoon (cucchiaio);
ru:m - room (stanza); *ru:f* – roof (tetto); *buk* – book (libro); *kuk* - cook (cuoco); *gud* – good (buono).

Osservazione – **oo** si pronuncia o aperta se precede una r:
fl :r - floor, pavimento
d :r - door, porta

3) La **e finale** è muta: *ci:s* - cheese, formaggio *lu:s* - to loose, perdere
Osservazione – Nei monosillabi la **e** si pronuncia i:
Tu bi - To be (essere);
i: - he (egli).

2. La pronuncia delle consonanti.

C
1. **c** seguito da e, i, y suona s
selà – cellar (cantina);
siti - city (città);
saipres – cypress (cipresso).

2. **c** davanti ad a, o, u suona k:
ka: - car (auto);
kould – cold (freddo).

3. **cc** seguiti da e, i suonano ks: *eksent* – accent (accento); *eksident* – accident (incidente).
4.
5. **ch** si pronuncia /c/ come in cena:
ric – rich (ricco)
ciaild – child (bambino).

g

6. Davanti ad a, o, u, la **g** suona dura:
ga:lik – garlic (aglio); *gould* - gold (oro); *gou* - to go (andare).

7. Davanti a e, **i** suona dolce in vocaboli di origine latina o francese (quelle che richiamano l'italiano):
gèm – gem (gemma); *gèneral* – general (generale); *eingel* – angel (angelo).

8. Davanti a e, **i** suona dura nelle parole di origine germanica (quelle che non richiamano l'italiano):
ghift – gift (dono); *ghə:l* – girl (ragazza); *ghet* - to get (ottenere).

9. Nel gruppo **gn** la g si pronuncia /g/ staccata dalla n
ig-nərənt – ignorant (ignorante);
dig-niti – dignity (dignità).

J

10. Ha il suono della g dolce italiana in gemma:
gioi – joy (gioia);
gem - jam (marmellata).

Ph

11. Suona come la /f/ in italiano:
fisiks – physics (fisica);
fentəm – phantom (fantasma);

Sh

12. Suona sempre ʃ, come il gruppo sc in italiano, sci:
ʃell – shell (conchiglia);
ʃΛt – shut (chiudi);
uiʃ - wish (augurio).

W

13. Quando è iniziale di parola la **w** è consonante ed ha il suono di u brevissima. La voce non indugia su di essa ma si appoggia sulla vocale che segue:
uain – wine (vino);
u tə - water (acqua).

MAPPE

LO SPELLING

Lo "spelling" – in italiano "compitazione" – consiste nel pronunciare a una a una, con il suono che hanno nell'alfabeto, le lettere di cui una parola composta

Tre regole di pronuncia

- ee suona sempre i, cioè una i lunga e limpida come nella parola italiana *pino: di:p* – deep (profondo)
- oo suona normalmente u lunga, scritto u: ; u breve davanti a k e in qualche altro caso
- La e finale è muta: ci:s

Tre regole di pronuncia

1. ee suona sempre i, cioè una i lunga e limpida come nella parola italiana *pino*

2. oo suona normalmente u lunga, scritto u: ; u breve davanti a k e in qualche altro caso

3. La **e finale** è muta: *ci:s* - cheese, fɔrmaggio *lu:s* - to loose, perdere

Capitolo 3 | I SOSTANTIVI

SOMMARIO:
1. Genere dei sostantivi. - **2.** I plurali. - **3.** Sostantivi numerabili e non numerabili.

1. Genere dei sostantivi.

I sostantivi rispondono alle domande **"Che cos'è?"** e **"Chi è?"** e designano cose, persone e luoghi.
Esempi

- dog
- bicycle
- Mary
- girl
- beauty
- France
- world

In genere i sostantivi inglesi non si differenziano tra maschile e femminile. Tuttavia, per esprimere il genere si usano a volte forme o parole diverse quando ci si riferisce a persone o animali.

ESEMPI

Maschile	**Femminile**	**Neutro**
man	woman	person
father	mother	parent
boy	Girl	child

Maschile	**Femminile**	**Neutro**
uncle	Aunt	
husband	Wife	spouse
actor	Actress	
prince	princess	
waiter	waitress	server
rooster	Hen	chicken
stallion	Mare	horse

Molti sostantivi che si riferiscono a professioni o ruoli possono designare sia soggetti femminili che maschili come, per esempio, *cousin, teenager, teacher, doctor, student, friend, colleague*

ESEMPI

- Mary is my friend. She is a doctor.
- Peter is my cousin. He is a doctor.

- Arthur is my friend. He is a student.
- Jane is my cousin. She is a student.

Quando si utilizzano questi termini neutri, è possibile fare una distinzione aggiungendo le parole *male* per il maschile o *female* per il femminile.

ESEMPI

- Sam is a female doctor.
- No, he is not my boyfriend, he is just a male friend.
- I have three female cousins and two male cousins.

Raramente si può attribuire un genere a un sostantivo utilizzato per descrivere un oggetto neutro, per dimostrare un certo affetto o familiarità verso tale oggetto. In alternativa, si può usare il pronome neutro (it).

ESEMPI

- I love my car. **She** (the car) is my greatest passion.
- France is popular with **her** (France's) neighbours at the moment.
- I travelled from England to New York on the Queen Elizabeth; **she** (the Queen Elizabeth) is a great ship.

2. I plurali.

SOSTANTIVI REGOLARI

La maggior parte dei sostantivi forma il plurale aggiungendo **-s** alla fine della parola.

ESEMPI

Singolare	**Plurale**
boat	Boats
house	Houses
Cat	Cats
river	Rivers

I sostantivi che terminano in **s, x, z, ch, sh** formano il plurale aggiungendo **-es**.

ESEMPI

Singolare	**Plurale**
Bus	Buses
wish	Wishes
pitch	pitches
Box	Boxes

I sostantivi che terminano in una consonante seguita da **y** formano il plurale perdendo la y e aggiungendo **-ies**.

ESEMPI

Singolare	**Plurale**
penny	pennies
spy	spies
baby	babies
city	cities
daisy	daisies

SOSTANTIVI IRREGOLARI

Alcuni sostantivi formano il plurale in modo irregolare. Eccone alcuni dei più comunemente usati.

ESEMPI

Singolare	**Plurale**
Woman	Women
man	Men
child	Children

Singolare	**Plurale**
tooth	Teeth
foot	Feet
person	People
leaf	Leaves
mouse	Mice
goose	Geese
half	Halves
knife	Knives
wife	Wives
life	Lives
elf	Elves
loaf	Loaves
potato	Potatoes
tomato	Tomatoes
cactus	Cacti
focus	Foci
fungus	Fungi
nucleus	Nuclei
syllabus	syllabi/syllabuses
analysis	Analyses
diagnosis	Diagnoses
oasis	Oases
thesis	Theses
crisis	Crises
phenomenon	phenomena
criterion	Criteria
datum	Data

Alcuni sostantivi rimangono invariati al plurale.

ESEMPI

Singolare	Plurale
sheep	sheep
fish	Fish
deer	Deer
species	species
aircraft	aircraft

ACCORDI IRREGOLARI VERBO/SOSTANTIVO
Alcuni sostantivi hanno una forma plurale ma si coniugano al singolare.

Sostantivi al plurale coniugati al singolare	Frase
News	The news is at 6.30 p.m.
Athletics	Athletics is good for young people.
Linguistics	Linguistics is the study of language.
Darts	Darts is a popular game in England.
Billiards	Billiards is played all over the world.

Alcuni nomi sono sempre al plurale e si coniugano al plurale. Questi sostantivi non sono usati al singolare, oppure hanno un significato diverso quando sono usati al singolare. Per esempio: *trousers, jeans, glasses, savings, thanks, steps, stairs, customs, congratulations, tropics, wages, spectacles, outskirts, goods, wits*

Sostantivo plurale con verbo al plurale	Frase
Trousers	My trousers are too tight.
Jeans	Her jeans are black.
Glasses	Those glasses are his.

3. Sostantivi numerabili e non numerabili.

In inglese è importante imparare a distinguere i sostantivi numerabili e non numerabili poiché si impiegano in modo diverso.

SOSTANTIVI NUMERABILI
I sostantivi numerabili designano cose che si possono contare. Essi hanno una forma singolare e una plurale; la forma singolare può essere usata con l'articolo "a" o "an". Per chiedere la quantità di un sostantivo numerabile, si usa l'espressione "How many?" seguito dal sostantivo al plurale.

Singolare	Plurale
one dog	two dogs
one horse	two horses
one man	two men

one idea	two ideas
one shop	two shops

ESEMPI

- She has **three dogs**.
- I own **a house**.
- I would like **two books** please.
- **How many friends** do you have?

SOSTANTIVI NON NUMERABILI

I sostantivi non numerabili designano cose che non possono essere contate. Possono riferirsi a idee astratte o qualità, oppure oggetti fisici troppo piccoli o senza forma per essere contati (liquidi, polveri, gas, ecc.). I sostantivi non numerabili sono usati con il verbo al singolare e, in genere, non dispongono di una forma plurale.

ESEMPI

- tea
- sugar
- water
- air
- rice
- knowledge
- beauty
- anger
- fear
- love
- money
- research
- safety
- evidence

Non è possibile utilizzare *a/an* con i sostantivi non numerabili. Per esprimere la quantità di un sostantivo non numerabile si usano parole o espressioni come *some, a lot of, much, a bit of, a great deal of* oppure una misura esatta come *a cup of, a bag of, 1kg of, 1L of, a handful of, a pinch of, an hour of, a day of*. Per chiedere la quantità di un sostantivo non numerabile, si si usa l'espressione "How much?"

ESEMPI

- There has been **a lot of research** into the causes of this disease.
- He gave me **a great deal of advice** before my interview.
- Can you give me **some information** about uncountable nouns?
- He did not have **much sugar** left.
- Measure **1 cup of water, 300g of flour, and 1 teaspoon of salt**.
- How much rice do you want?

TRANELLI

Alcuni sostantivi sono numerabili in altre lingue ma non sono numerabili in inglese e quindi bisogna usarli applicando le regole per i sostantivi non numerabili. I principali sono: *accommodation, advice, baggage, behavior, bread, furniture, information, luggage, news, progress, traffic, travel, trouble, weather, work*

ESEMPI

- I would like to give you **some advice**.
- **How much bread** should I bring?
- I didn't make **much progress** today.
- This looks like **a lot of trouble** to me.
- We did **an hour of work** yesterday.

Attenzione al sostantivo *hair*. In inglese è generalmente non numerabile e quindi non prevede un plurale. Ma diventa numerabile quando si riferisce a singoli peli o capelli.

ESEMPI

- She has long blond hair.
- The child's hair was curly.
- I washed my hair yesterday.
- My father is getting a few grey hairs now. (riferito ad alcuni capelli singoli)
- I found a hair in my soup! (riferito a un singolo capello)

MAPPE

I sostantivi rispondono alle domande **"Che cos'è?"** e **"Chi è?"** e designano cose, persone e luoghi.

In genere i sostantivi inglesi non si differenziano tra maschile e femminile. Tuttavia, per esprimere il genere si usano a volte forme o parole diverse quando ci si riferisce a persone o animali.

Molti sostantivi che si riferiscono a professioni o ruoli possono designare sia soggetti femminili che maschili come, per esempio, *cousin, teenager, teacher, doctor, student, friend, colleague*

I SOSTANTIVI REGOLARI

- La maggior parte dei sostantivi forma il plurale aggiungendo **-s** alla fine della parola.
- I sostantivi che terminano in **s, x, z, ch, sh** formano il plurale aggiungendo **-es**.
- I sostantivi che terminano in una consonante seguita da **y** formano il plurale perdendo la y e aggiungendo

I SOSTANTIVI IRREGOLARI

- **Alcuni sostantivi formano il plurale in modo irregolare. Eccone alcuni dei più comunemente usati.**
- **Alcuni sostantivi rimangono invariati al plurale.**

Accordi irregolari verbo/sostantivo

- **Alcuni sostantivi hanno una forma plurale ma si coniugano al singolare.**
- Alcuni nomi sono sempre al plurale e si coniugano al plurale
- Questi sostantivi non sono usati al singolare, oppure hanno un significato diverso quando sono usati al singolare. Per esempio: *trousers, jeans, glasses, savings, thanks, steps, stairs, customs, congratulations, tropics, wages, spectacles, outskirts, goods, wits*

In inglese è importante imparare a distinguere i sostantivi numerabili e non numerabili poiché si impiegano in modo diverso.

I SOSTANTIVI NUMERABILI

I sostantivi numerabili designano cose che si possono contare

➔ Essi hanno una forma singolare e una plurale; la forma singolare può essere usata con l'articolo "a" o "an". Per chiedere la quantità di un sostantivo numerabile, si usa l'espressione "How many?" seguito dal sostantivo al plurale.

I SOSTANTIVI NON NUMERABILI

I sostantivi non numerabili designano cose che non possono essere contate.

➔ Possono riferirsi a idee astratte o qualità, oppure oggetti fisici troppo piccoli o senza forma per essere contati (liquidi, polveri, gas, ecc.).

➔ I sostantivi non numerabili sono usati con il verbo al singolare e, in genere, non dispongono di una forma plurale.

Non è possibile utilizzare *a/an* con i sostantivi non numerabili.

- Per esprimere la quantità di un sostantivo non numerabile si usano parole o espressioni come *some, a lot of, much, a bit of, a great deal of* oppure una misura esatta come *a cup of, a bag of, 1kg of, 1L of, a handful of, a pinch of, an hour of, a day of*. Per chiedere la quantità di un sostantivo non numerabile, si si usa l'espressione "How much?

Alcuni sostantivi sono numerabili in altre lingue ma non sono numerabili in inglese e quindi bisogna usarli applicando le regole per i sostantivi non numerabili. I principali sono: *accommodation, advice, baggage, behavior, bread, furniture, information, luggage, news, progress, traffic, travel, trouble, weather, work*

Capitolo 4 | I DETERMINANTI

SOMMARIO:
1. L'articolo determinativo. - **2.** Articoli indeterminativi. - **3.** I dimostrativi. - **4.** I pronomi. - **5.** I numeri in inglese. - **6.** I distributivi. - **7.** Esprimere la differenza. - **8.** I predeterminanti. - **9.** Parole composte. - **10.** Il genitivo sassone.

I determinanti sono parole collocate davanti a un sostantivo per precisare a cosa si riferisce il sostantivo. Queste pagine vi spiegheranno come usare in modo corretto i determinanti in inglese.

- Articolo determinativo in inglese: the
- Articoli indeterminativi in inglese: a, an
- I dimostrativi: this, that, these, those
- I possessivi: my, your, his, her, its, our, their
- I quantificatori: a few, a little, much, many, a lot of, most, some, any, enough
- I numerali: one, ten, thirty
- I distributivi: all, both, half, either, neither, each, every
- Esprimere la differenza: other, another
- I predeterminanti: such, what, rather, quite

1. L'articolo determinativo.

La parola *the* è una delle parole più usate in inglese. È il solo e unico articolo determinativo usato in inglese e rimane invariato a prescindere dal numero e dal genere del sostantivo che accompagna. In inglese, i sostantivi sono preceduti da un articolo determinativo quando la persona che parla pensa che il suo interlocutore sappia già di cosa si stia parlando. Questo può avvenire per diverse ragioni, elencate qui di seguito.

QUANDO SI USA "THE"

● Regole generali

► *The* si usa per fare riferimento a qualcosa che è già stato menzionato in precedenza.

ESEMPI

- On Monday, an unarmed man stole $1,000 from the bank. **The thief** hasn't been caught yet.
- I was walking past Benny's Bakery when I decided to go into **the bakery** to get some bread.
- There's a position available in my team. **The job** will involve some international travel.

► *The* si usa quando si presume che ci sia un solo esemplare di qualcosa alla quale si fa riferimento, anche se non è stata menzionata in precedenza.

ESEMPI

- We went on a walk in **the forest** yesterday.
- Where is **the bathroom**?
- Turn left and go to number 45. Our house is across from **the Italian restaurant**.
- My father enjoyed **the book** you gave him.

▶ *The* si usa in frasi o clausole nelle quali si vuole definire o identificare una persona o un oggetto specifici.

ESEMPI

- **The man** who wrote this book is famous.
- I scratched **the red car** parked outside.
- I live in **the small house** with a blue door.
- He is **the doctor** I came to see.

▶ *The* si usa per fare riferimento a persone o cose uniche al mondo.

ESEMPI

- **The sun** rose at 6:17 this morning.
- You can go anywhere in **the world**.
- Clouds drifted across **the sky**.
- **The president** will be speaking on TV tonight.
- **The CEO** of Total is coming to our meeting.

▶ *The* si usa davanti ai superlativi e ai numeri ordinali.

ESEMPI

- This is **the highest building** in New York.
- She read **the last chapter** of her new book first.
- You are **the tallest person** in our class.
- This is **the third time** I have called you today.

▶ *The* si usa davanti a determinati aggettivi per fare riferimento a un intero gruppo di persone.

ESEMPI

- **The French** enjoy cheese.
- **The elderly** require special attention.
- She has given a lot of money to **the poor**.

▶ *The* si usa per esprimere i decenni.

ESEMPI

- He was born in **the seventies**.
- This is a painting from **the 1820's**.

▶ *The* si usa con le clausole introdotte da *only*.

ESEMPI

- This is **the only day** we've had sunshine all week.
- You are **the only person** he will listen to.
- **The only tea** I like is black tea.

● Nomi propri

▶ *The* si usa con i nomi propri di zone geografiche, fiumi, catene montuose, gruppi di isole, canali e oceani.

ESEMPI

- They are travelling in **the Arctic**.
- Our ship crossed **the Atlantic** in 7 days.
- I will go on a cruise down **the Nile**.
- Hiking across **the Rocky Mountains** would be difficult.

▶ *The* si usa con i nomi di paesi al plurale.

ESEMPI

- I have never been to **the Netherlands**.
- Do you know anyone who lives in **the Philippines**?

▶ *The* si usa con nomi di paesi che includono le parole "republic", "kingdom" o "states".

ESEMPI

- She is visiting **the United States**.
- James is from **the Republic of Ireland**.

▶ *The* si usa con i nomi di giornali e riviste.

ESEMPI

- I read it in **the Guardian**.
- She works for **the New York Times**.

▶ *The* si usa con i nomi di edifici famosi, opere d'arte, musei o monumenti.

ESEMPI

- Have you been to **the Vietnam Memorial**?
- We went to **the Louvre** and saw **the Mona Lisa**.
- I would like to visit **the Eiffel Tower**.
- I saw King Lear at **the Globe**.

▶ *The* si usa con i nomi di alberghi e ristoranti, tranne quando questi prendono il nome di una persona.

ESEMPI

- They are staying at **the Hilton** on 6th street.
- We ate at **the Golden Lion**.

▶ *The* si usa con i cognomi ma non con i nomi propri.

ESEMPI

- We're having dinner with **the Smiths** tonight.
- **The Browns** are going to the play with us.

QUANDO NON SI USA "THE"

▶ *The* non si usa con i nomi di paesi (escluse le eccezioni qui sopra).

ESEMPI

- Germany is an important economic power.
- He's just returned from Zimbabwe.

The non si usa con i nomi delle lingue.

ESEMPI

- French is spoken in Tahiti.
- English uses many words of Latin origin.
- Indonesian is a relatively new language.

▶ *The* non si usa con i nomi dei pasti.

ESEMPI

- Lunch is my favorite meal.
- I like to eat breakfast early.

▶ *The* non si usa con i nomi propri.

ESEMPI

- John is coming over later.
- Mary Carpenter is my boss.

▶ *The* non si usa con i titoli seguiti da un nome.

ESEMPI

- Prince Charles is Queen Elizabeth's son.
- President Kennedy was assassinated in Dallas.

▶ *The* non si usa dopo il genitivo sassone.

ESEMPI

- His brother's car was stolen.
- Peter's house is over there.

▶ *The* non si usa con le professioni.

ESEMPI

- Engineering is a well-paid career.
- He'll probably study medicine.

▶ *The* non si usa con i nomi dei negozi.

ESEMPI

- I'll get the card at Smith's.
- Can you go to Boots for me? *The* non si usa con gli anni. **Esempi**
- 1948 was a wonderful year.
- He was born in 1995.

▶ *The* non si usa con i sostantivi non numerabili.

ESEMPI

- Rice is an important food in Asia.
- Milk is often added to tea in England.
- War is destructive.

▶ *The* non si usa con in nomi di singole montagne e isole e di laghi.

ESEMPI

- Mount McKinley is the highest mountain in Alaska.
- She lives near Lake Windermere.
- Have you visited Long Island?

▶ *The* non si usa con la maggior parte dei nomi di città, strade, stazioni e aeroporti.

ESEMPI

- Victoria Station is in the centre of London.
- Can you direct me to Bond Street?
- She lives in Florence.
- They're flying into Heathrow.

2. Articoli indeterminativi.

I due articoli indeterminativi della lingua inglese sono *a* e *an*. L'articolo indeterminativo rimane invariato a prescindere dal genere del sostantivo che lo accompagna, così come avviene per l'articolo determinativo. La scelta dell'articolo da usare dipende dalla lettera con la quale inizia la parola successiva, per facilitarne la pronuncia. Si usa *a* quando la parola che segue inizia per consonante o per il suono come *you* dato dalla lettera *u* e dal dittongo *eu*. Si usa *an* quando la parola che segue inizia per vocale *(a,e,i,o,u)* o per *h* muta.

ESEMPI

- a boy
- an apple
- a car

- a helicopter
- an elephant
- a big elephant
- an itchy sweater
- an ugly duck
- a european
- a university
- a unit
- an hour
- an honor

L'articolo indeterminativo è usato quando ci si riferisce a qualcosa per la prima volta, o per riferirsi a un componente specifico di un gruppo o di una classe. Alcuni esempi e casi sono riportati qui di seguito.

▶ Si usa *a* quando ci riferisce a qualcosa per la prima volta.

ESEMPI

- Would you like **a drink**?
- I've finally got **a good job**.
- An elephant and **a mouse** fell in love.

● Designazione di un membro di un gruppo

▶ Si usa *a/an* per specificare una professione.

ESEMPI

- John is **a doctor**.
- Mary is training to be **an engineer**.
- He wants to be **a dancer**.

▶ Si usa *a/an* con le nazionalità e le religioni al singolare.

ESEMPI

- John is **an Englishman**.
- Kate is **a Catholic**.

▶ Si usa *a* con i giorni della settimana quando non ci riferisce a una data precisa.

ESEMPI

- I was born on **a Thursday**.
- Could I come over on **a Saturday** sometime?

▶ Si usa Use *a/an* quando si fa un esempio.

ESEMPI

- The mouse had **a tiny nose** .
- The elephant had **a long trunk** .

- It was **a very strange car** .

▶ Si usa *a/an* con i sostantivi singolari dopo le parole *what* e *such*.

ESEMPI

- What **a shame** !
- She's such **a beautiful girl** .
- What **a lovely day** !

▶ Si usa *a/an* con il significato di "uno" quando ci si riferisce a un singolo oggetto, persona o unità di misura. In questi casi, è grammaticalmente corretto usare anche *one* per dare enfasi al numero o per correggere una quantità errata.

ESEMPI

- I'd like **an orange** and two lemons please.
- I'd like **one orange** and two lemons please.
- The burglar took **a diamond necklace** and some valuable paintings.
- I can think of **a hundred reasons** not to come.
- I need **a kilogram** of sugar.
- Would you like two kilograms of sugar? No, I need **one kilogram** of sugar.
- You can't run **a mile** in 5 minutes!

3. I dimostrativi.

I dimostrativi indicano dove si trova un oggetto, una persona o un evento rispetto alla persona che parla. I dimostrativi possono riferirsi a una vicinanza o lontananza fisica o psicologica. Quando si parla di eventi, i dimostrativi di vicinanza sono generalmente usati per riferirsi al presente mentre quelli di lontananza per riferirsi al passato.

	Vicino alla persona che parla	**Lontano dalla persona che parla**
Avverbio	Here	There
Dimostrativo con sostantivi singolari e non numerabili	This	That
Dimostrativo con sostantivi plurali	These	Those

USO DEI DIMOSTRATIVI

ESEMPI

Vicino alla persona che parla	**Lontano dalla persona che parla**
Is **this** John's house?	Is **that** John's house over there?
This is a nice surprise!	**That** must have been a nice surprise for you.
These apples are mine.	**Those apples** are yours.
What are you up to **these days**?	**Those days** are long gone.

This time I won't be late.	We really surprised you **that time**.
This sugar is for my crepes.	You can use **that sugar** for your cake.

COSTRUZIONE DELLA FRASE

▶I dimostrativi possono essere posti davanti al sostantivo o davanti all'aggettivo che altera il nome.

ESEMPI

- **This blue car** needs to be washed next.
- **Those people** were here first.
- **That metal rod** should work.
- **These oranges** are delicious.

▶I dimostrativi possono anche apparire davanti a un numero da solo quando il sostantivo è comprensibile dal contesto.

ESEMPI

- I'd like to try on **that one**.
- **This one** is broken.
- I'll take **these three**.
- **Those two** are not as pretty as **these two**.

▶I dimostrativi possono essere usati come pronomi quanto il nome che alterano è comprensibile dal contesto.

ESEMPI

- I'll never forget **this**.
- **That** has nothing to do with me.
- I didn't ask for **these**.
- **Those** aren't mine.

4. I pronomi.

I pronomi sostituiscono il sostantivo. Per utilizzare il pronome giusto si devono tenere in considerazione due elementi: il sostantivo che sostituisce e la funzione che tale sostantivo ha nella frase. In inglese, i pronomi prendono il genere del sostantivo che sostituiscono solo alla 3a persona singolare. I pronomi della 2a persona plurale sono identici a quelli della 2a persona singolare, ad esclusione dei pronomi riflessivi.

	Pronome soggetto	**Pronome oggetto**	**Aggettivo possessivo**	**Pronome possessivo**	**Pronome riflessivo o intensivo**
1a persona singolare	I	me	my	mine	myself
2a persona singolare	You	you	your	yours	yourself

3a persona singolare, maschile	He	him	his	his	himself
3a persona singolare, femminile	She	her	her	hers	herself

	Pronome soggetto	**Pronome oggetto**	**Aggettivo possessivo**	**Pronome possessivo**	**Pronome riflessivo o intensivo**
3a persona singolare, neutro	It	it	its		itself
1a persona plurale	We	us	our	ours	ourselves
2a persona plurale	You	you	your	yours	yourselves
3a persona plurale	They	them	their	theirs	themselves

PRONOMI PERSONALI SOGGETTO

I pronomi soggetto sostituiscono i sostantivi che svolgono funzione di soggetto della frase. Alla 3a persona, i pronomi soggetto son spesso usati per evitare ripetizioni.

ESEMPI

- **I** am 16.
- **You** seem lost.
- Jim is angry, and **he** wants Sally to apologize.
- This table is old. **It** needs to be repainted.
- **We** aren't coming.
- **They** don't like pancakes.

PRONOMI PERSONALI OGGETTO

I pronomi oggetto sostituiscono i sostantivi che svolgono funzione di complemento, sia diretto che indiretto, in una frase.

ESEMPI

- Give the book to **me**.
- The teacher wants to talk to **you**.
- Jake is hurt because Bill hit **him**.
- Rachid recieved a letter from **her** last week.
- Mark can't find **it**.
- Don't be angry with **us**.
- Tell **them** to hurry up!

AGGETTIVI POSSESSIVI

Gli aggettivi possessivi non sono pronomi ma determinanti. E' tuttavia utile impararli insieme ai pronomi perché sono simili. Gli aggettivi possessivi sono aggettivi a tutti gli effetti, quindi si collocano davanti al nome che alterano, ma non sostituiscono il sostantivo come i pronomi.

ESEMPI

- Did mother find **my shoes**?
- Mrs. Baker wants to see **your homework**.
- Can Jake bring over **his baseball cards**?
- Samantha will fix **her bike** tomorrow.
- The cat broke **its leg**.
- This is **our house**.
- Where is **their school**?

PRONOMI POSSESSIVI

I pronomi possessivi sostituiscono i sostantivi, sia in funzione di soggetto sia di oggetto della frase. Il sostantivo sostituito non appare nella frase, quindi deve risultare chiaro dal contesto.

ESEMPI

- This bag is **mine**.
- **Yours** is not blue.
- That bag looks like **his**.
- These shoes are not **hers**.
- That car is **ours**.
- **Theirs** is parked in the garage.

PRONOMI RIFLESSIVI E INTENSIVI

I pronomi riflessivi e intensivi sono identici ma svolgono funzioni diverse all'interno della frase.

I pronomi riflessivi si riferiscono direttamente al soggetto della frase, in quanto l'azione espressa dal verbo riguarda direttamente il soggetto che la esegue, che diventa anche complemento oggetto diretto o indiretto. Solo certi verbi specifici possono essere riflessivi. Non è possibile rimuovere il pronome dalla frase perché il testo rimanente non sarebbe più grammaticalmente corretto.

ESEMPI

- I told **myself** to calm down.
- You cut **yourself** on this nail?
- He hurt **himself** on the stairs.
- She found **herself** in a dangerous part of town.
- The cat threw **itself** under my car!
- We blame **ourselves** for the fire.
- The children can take care of **themselves**.

I pronomi intensivi sottolineano il soggetto di una frase. Non sono l'oggetto dell'azione espressa dal verbo. I pronomi intensivi possono sempre essere rimossi senza che la frase cambi di significato, ma si perde l'enfasi data al soggetto. I pronomi intensivi possono essere collocati immediatamente dopo il soggetto o alla fine della frase.

ESEMPI

- I made these cookies **myself**.
- You **yourself** asked Jake to come.
- The Pope **himself** pardoned Mr. Brown.
- My teacher didn't know the answer **herself**.
- The test **itself** wasn't scary, but my teacher certainly is.
- We would like to finish the renovation before Christmas **ourselves**.
- They **themselves** told me the lost shoe wasn't a problem.

5. I numeri in inglese.

I numeri cardinali (uno, due, tre, ecc.) sono aggettivi che indicano una quantità precisa, mentre i numeri ordinali (primo, secondo, terzo, ecc.) indicano il posto in una successione.

Numero	**Cardinale**	**Ordinale**
1	One	First
2	Two	Second
3	Three	Third
4	Four	Fourth
5	Five	Fifth
6	Six	Sixth
7	Seven	Seventh
8	Eight	Eighth
9	Nine	Ninth
10	Ten	Tenth
11	Eleven	eleventh
12	Twelve	Twelfth
13	Thirteen	thirteenth
14	Fourteen	fourteenth
15	Fifteen	fifteenth
16	sixteen	sixteenth
17	seventeen	seventeenth
18	eighteen	eighteenth
19	nineteen	nineteenth
20	twenty	twentieth
21	twenty-one	twenty-first

Numero	**Cardinale**	**Ordinale**
22	twenty-two	twenty-second
23	twenty-three	twenty-third
24	twenty-four	twenty-fourth
25	twenty-five	twenty-fifth
26	twenty-six	twenty-sixth

27	twenty-seven	twenty-seventh
28	twenty-eight	twenty-eighth
29	twenty-nine	twenty-ninth
30	thirty	Thirtieth
31	thirty-one	thirty-first
40	forty	Fortieth
50	fifty	Fiftieth
60	sixty	Sixtieth
70	seventy	seventieth
80	eighty	eightieth
90	ninety	ninetieth
100	one hundred	hundredth
500	five hundred	five hundredth
1,000	one thousand	thousandth
1,500	one thousand five hundred, or fifteen hundred	one thousand five hundredth
100,000	one hundred thousand	hundred thousandth
1,000,000	one million	millionth

ESEMPI

- There are **twenty-five** people in the room.
- He was the **fourteenth** person to win the award.
- **Six hundred thousand** people were left homeless after the earthquake.
- I must have asked you **twenty** times to be quiet.
- He went to Israel for the **third** time this year.

I DECIMALI IN INGLESE

In inglese, i numeri decimali si leggono pronunciando il punto "point" e quindi leggendo ogni cifra decimale separatamente. Il denaro si legge invece in modo diverso.

Scritto	**Orale**
0.5	point five
0.25	point two five
0.73	point seven three
0.05	point zero five
0.6529	point six five two nine
2.95	two point nine five

LE FRAZIONI IN INGLESE

Le frazioni si leggono usando il numero cardinale per il numeratore e il numero ordinale per il denominatore. Se il numeratore è superiore a 1 il denominatore deve essere volto al plurale. Questo vale per tutte le cifre ad eccezione del 2, che viene letto "half" al denominatore e "halves" al plurale.

Scritto	Orale
1/3	one third
3/4	three fourths
5/6	five sixths
1/2	one half
3/2	three halves

LE PERCENTUALI IN INGLESE

Le percentuali sono facili da leggere in inglese: basta dire il numero e aggiungere la parola "percent".

Scritto	Orale
5%	five percent

Scritto	Orale
25%	twenty-five percent
36.25%	thirty-six point two five percent
100%	one hundred percent
400%	four hundred percent

COME PARLARE DI DENARO IN INGLESE

Per leggere una somma di denaro, si legge prima il numero intero seguito dal nome della valuta. Se il numero ha dei decimali, i decimali vengono letti dopo la valuta come un numero intero. Se i decimali hanno un nome proprio nella valuta, il nome della valuta si aggiunge alla fine.

Scritto	Orale
25$	twenty-five dollars
52€	fifty-two euros
140£	one hundred and forty pounds
$43.25	forty-three dollars and twenty-five cents (generalmente abbreviato a "forty-three twenty-five")
€12.66	twelve euros sixty-six
£10.50	ten pounds fifty

LE MISURE IN INGLESE

Basta leggere il numero e quindi pronunciare l'unità di misura, che sarà spesso riportata in forma abbreviata allo scritto.

Scritto	Orale
60m	sixty meters
25km/h	twenty-five kilometers per hour
11ft	eleven feet
2L	two liters
3tbsp	three tablespoons
1tsp	one teaspoon

COME PRONUNCIARE GLI ANNI

Leggere correttamente gli anni in inglese non è particolarmente facile. In generale, quando l'anno è composto da quattro cifre, si leggono le prime due cifre come un numero intero e quindi le altre due cifre come un altro numero intero. Esistono tuttavia delle eccezioni: i primi 100 anni di un millennio possono essere pronunciati come numeri interi anche se sono composti da quattro cifre, oppure come due numeri da due cifre. I millenni sono sempre pronunciati come numeri interi a quattro cifre. Anche i nuovi secoli possono essere letti come numeri interi, ma sono espressi in centinaia e non in migliaia.

Gli anni composti da tre cifre possono essere letti come un numero a tre oppure come un numero a una cifra seguito da un numero a due cifre. Gli anni che sono a una o due cifre sono letti come un numero intero. Si può precedere un anno con l'espressione "the year" per rendere il senso più chiaro, in particolare per gli anni a due e tre cifre. Gli anni prima dell'anno 0 sono seguiti da BC, pronunciato come le due lettere dell'alfabeto.

Queste regole si applicano anche alla lettura dei numeri civici nei paesi anglofoni.

Scritto	**Orale**
2014	twenty fourteen or two thousand fourteen
2008	two thousand eight
2000	two thousand
1944	nineteen forty-four
1908	nineteen o eight
1900	nineteen hundred
1600	sixteen hundred
1256	twelve fifty-six
1006	ten o six
866	eight hundred sixty-six or eight sixty-six
25	twenty-five
3000 BC	three thousand BC
3250 BC	thirty two fifty BC

COME SI PRONUNCIA 0 IN INGLESE

Ci sono diversi modi per pronunciare la cifra 0 in inglese, a seconda del contesto in cui ci si trova. Sfortunatamente per gli studenti di inglese, questo uso varia da un paese anglofono all'altro. Le seguenti regole si applicano ai paesi dove si parla l'inglese americano.

Pronuncia	**Uso**
zero	Per leggere il numero da solo, per i decimali e le percentuali, per i numeri di telefono e in alcuni modi di dire.
o (la lettera)	Per leggere gli anni, i numeri civici, l'ora, le temperature e il denaro
nil	Esclusivamente per il risultato di un gioco o di una partita
nought	Sconosciuto negli Stati Uniti, ma usato in altri paesi anglofoni per i decimali

ESEMPI

Scritto	**Orale**
3.04+2.02=5.06	Three point zero four plus two point zero two makes five point zero six.
There is a 0% chance of rain.	There is a zero percent chance of rain.
The temperature is -20°C.	The temperature is twenty degrees below zero.
You can reach me at 0171 390 1062.	You can reach me at zero one seven one, three nine zero, one zero six two
I live at 4604 Smith Street.	I live at forty-six o four Smith Street
He became king in 1409.	He became king in fourteen o nine.
I waited until 4:05.	I waited until four o five.
The score was 4-0.	The score was four nil.

6. I distributivi.

USO DI "EACH" E "EVERY".

Each si usa per parlare dei singoli individui che compongono un gruppo, mentre *every* si usa per parlare di un gruppo come composto da una serie di elementi. Questi distributivi possono essere usati esclusivamente con i sostantivi numerabili. In genere si usano con il sostantivo al singolare e si collocano davanti al sostantivo, In molti casi, sono intercambiabili fra loro.

ESEMPI

- **Each child** received a present.
- **Every child** received a present.
- I gave **each plant** some water.
- I gave **every plant** some water.

▶ *Each* può essere usato con i sostantivi plurali e deve essere seguito da 'of'. *Every* non può essere usato con i sostantivi plurali.

ESEMPI

- **Each of the children** received a present.
- I gave **each of the plants** some water.
- He told **each of us** our jobs.
- I gave **each of them** a kiss.

▶ *Every* può esprimere diversi elementi in una serie, in particolare nelle espressioni di tempo. Questo vale anche per *each* ma è meno utilizzato.

ESEMPI

- **Every morning** John goes jogging.
- This magazine is published **every week**.
- I have my coffee here **every day**.
- I go visit my mother **each week**.
- **Each Monday**, he buys a kilo of apples.

DISTRIBUTIVI PER COPPIE DI ELEMENTI

I determinanti distributivi *both, either* e *neither* esprimono la distribuzione tra coppie di elementi. In genere, questi termini non possono essere usati per riferirsi a un gruppo composto da tre o più elementi o da un numero indefinito di elementi. Questi distributivi possono essere usati esclusivamente con i sostantivi numerabili.

USO DI "BOTH"

Both si riferisce alla coppia intera e significa letteralmente "sia uno che l'altro". *Both* può essere usato da solo con sostantivi plurali, oppure può essere seguito da *of,* con o senza articolo. Quando è seguito da un pronome soggetto plurale, *both* deve essere seguito da *of* . *Both* non può mai essere usato con i sostantivi al singolare perché si riferisce sempre a una coppia di elementi.

ESEMPI

- **Both children** were born in Italy.
- **Both the children** were born in Italy.
- **Both of the children** were born in Italy.
- **Both my parents** have fair hair.
- **Both of my parents** have fair hair.
- **Both of us** like skiing.
- I told **both of them** to calm down.

USO DI "EITHER"

Either è positivo quando si usa da solo e si riferisce a un elemento di una coppia. Significa letteralmente "uno o l'altro". *Either* deve sempre essere usato davanti a un sostantivo al singolare perché si riferisce a un singolo elemento di una coppia. *Either* può essere usato con un sostantivo o un pronome plurale se seguito da *of.*

ESEMPI

- I can stay at **either hotel**.
- **Either day** is fine for me.
- There are two chairs here. You can take **either of them**.
- **Either of you** can come.
- **Either of the hotels** will be fine.
-
- I can eat **either of the salads**.

▶ *Either* può anche essere usato con *or* per significare un elemento a turno di una coppia. In questo caso *either* non è un distributivo ma una congiunzione, anche se il significato non cambia.

ESEMPI

- You can have **either** ice cream **or** chocolate cake.
- I will come on **either** Thursday **or** Friday.
- You can **either** come inside **or** put on your raincoat.

USO DI "NEITHER"

Neither è una negazione. Quando viene usato da solo si riferisce alla coppia intera e significa "né uno né l'altro". *Neither* da solo può essere usato esclusivamente con i sostantivi singolari perché si riferisce a un solo elemento della coppia. Con i sostantivi o i pronomi plurali, *neither* deve essere seguito da *of.*

ESEMPI

- **Neither chair** is any good.
- **Neither brother** came.
- Which bag do you want? **Neither of them**.
- **Neither of us** were on time.
- I think **neither of these dresses** fits me.
- **Neither of the children** wanted to go.

▶ *Neither* può anche essere usato con *nor* a significare che nessuna delle due opzioni è corretta o possibile. In questo caso *neither* non è un distributivo ma una congiunzione, anche se il significato non cambia.

ESEMPI

- You can have **neither** cookies **nor** candy.
- It is **neither** raining **nor** snowing.
- She is **neither** tall **nor** short.

USO DI "ALL" COME DISTRIBUTIVO

Il determinante distributivo *all* si usa per parlare dell'intero gruppo ed enfatizzare che niente o nessuno è stato escluso. Esistono molte forme diverse di usare *all* come distributivo.

▶ *All* può essere usato da solo con i sostantivi non numerabili e con i sostantivi numerabili plurali. In questi casi, si riferisce al gruppo come concetto piuttosto che come a un'unione di individui.

ESEMPI

- **All cheese** contains protein.
- I like **all dogs**.
- **All children** need affection.
- This soap is for **all purposes**.

▶ *All* può essere usato con i sostantivi non numerabili e con i sostantivi numerabili plurali seguito da *the* o da un possessivo. In questo caso, il gruppo è considerato come un qualcosa di fisico e concreto piuttosto che un concetto. In questi casi, *all* può essere seguito dalla parola *of* senza cambiare il significato della frase.

ESEMPI

- **All the people** in the room were silent.
- **All of the birds** flew away.
- Have you eaten **all the bread**?
- I will need **all of the sugar**.
- I've invited **all my friends** to the party.
- I've used up **all of our eggs**.
- You wasted **all your time**.

▶ *All* può essere usato con i pronomi personali plurali preceduto da *of*.

ESEMPI

- **All of us** are going.

- He scolded **all of you**.
- Did you find **all of them**?

▶ *All* può essere usato nelle frasi interrogative ed esclamative con i sostantivi non numerabili preceduto da *this* o *that*. In questi casi, *all* può essere seguito dalla parola *of* senza cambiare il significato della frase.

ESEMPI

- Who has left **all this paper** on my desk?
- Look at **all this snow**!
- Why is **all of that sugar** on the floor?
- Where did **all of this confetti** come from?

▶ *All* può essere usato nelle frasi interrogative ed esclamative con i sostantivi numerabili preceduto da *these* o *those*. In questi casi, *all* può essere seguito dalla parola *of* senza cambiare il significato della frase.

ESEMPI

- Look at **all those balloons**!
- Where did **all of those books** come from?
- Why are **all these children** crying?

USO DI "HALF" COME DISTRIBUTIVO

Il determinante distributivo *half* è usato per parlare di un intero gruppo diviso in due. Esistono diverse forme diverse di usare *half* come distributivo. È inoltre possibile applicare lo stesso modello per altre frazioni, anche se il loro uso è meno frequente.

▶ *Half* può essere usato con le unità di misura preceduto da un articolo indefinito (*a* o *an*). In questo caso esprime una quantità.

ESEMPI

- I had **half a cup** of milk left.
- I bought **half a kilo** of flour.
- He ran **half a mile** this morning.
- I will be back in **half a minute**.

▶ *Half* può essere usato con i sostantivi preceduto da *the, a,* un dimostrativo o un possessivo. In questi casi, si riferisce a una divisione fisica e concreta. *Half* può essere seguito dalla parola *of* senza cambiare il significato della frase.

ESEMPI

- **Half the people** have already left.
- **Half of an apple** isn't very much lunch.
- Did you use **half my sugar**?
- I will need **half of the flour** for my cake.
- I earned **half of that money** last summer.
- She found **half these frogs** in the river.

- I spent **half that time** on my project.
- You can take **half of those books** back.
- I've invited **half my friends** to the party.
- I've used up **half of our eggs**.
- You wasted **half your money** on that!

▶ *Half* può essere usato con pronomi personali plurali preceduto da *of*.

ESEMPI

- **Half of us** are going.
- He scolded **half of you** but he let the rest off.
- You couldn't find **half of them**?

7. Esprimere la differenza.

Gli aggettivi indefiniti *other* e *another* si riferiscono a qualcosa di diverso, di residuo o di supplementare e si collocano davanti al sostantivo. *The other* si usa in modo leggermente diverso e per questo viene trattato separatamente.

Other	Sostantivi numerabili al plurale e tutti i sostantivi non numerabili
Another	Sostantivi numerabili al singolare
The other	Qualsiasi nome che può essere preceduto dall'articolo definito "the"

USO DI "OTHER"

Other può seguire i determinanti *some, any* e *no*.

ESEMPI

- Do you have **other shoes**?
- There are **other jobs** you could try.
- Is there **any other bread**?
- I have **some other sugar** we could use.
- We have **no other ideas**.

Quando *other* è preceduto da *some, any* e *no* e seguito da un sostantivo numerabile al plurale, il sostantivo può essere omesso se è comprensibile dal contesto. In questo caso, *other* diventa plurale. Questo avviene anche quando *other* viene usato da solo, anche se l'uso è meno frequente.

ESEMPI

- Do you have **any others**?
- I know **some others** who might like to come.
- There are **no others** in this box.
- I know **others** like vanilla, but I prefer chocolate.
- She doesn't have to wear that dress. She has **others**.

USO DI "ANOTHER"

Another si usa con i sostantivi numerabili al singolare. Con i sostantivi non numerabili, *another* viene spesso usato con unità di misura al singolare.

ESEMPI

- Have **another cookie**.
- Would you like **another cup of tea**?
- He has **another brother**.
- I don't have **another car**.
- I'll come by **another time**.

USO DI "THE OTHER"

Quando *the other* altera un sostantivo numerabile al plurale, il sostantivo sostantivo può essere omesso se è comprensibile dal contesto. In questo caso, *other* diventa plurale.

ESEMPI

- Where is **the other box** of cereal?
- I work on the weekend and go to school on **the other days** of the week.
- May I use **the other honey** for my recipe?
- I enjoyed the first book but
- I didn't read **the other books** in the series.
- Have you seen **the others**?
- Jim ate two cookies. I ate **the others**.

8. I predeterminanti.

I cosiddetti predeterminanti in inglese sono generalmente collocati davanti alla costruzione **articolo indefinito + aggettivo + sostantivo** per esprimere un'opinione sul sostantivo che alterano. *Such* e *what* sono usati per esprimere sorpresa o emozioni.

ESEMPI

- **What a lovely day**!
- She's **such a beautiful woman**.
- You can't imagine **what an incredible meal** I just ate.
- I've had **such a good time** today!

I termini *rather* e *quite* sono usati per commentare il grado di una qualità particolare espressa dall'aggettivo che altera il sostantivo. Essi possono esprimere delusione, piacere o altre emozioni, in funzione dell'aggettivo a cui si riferiscono. Nell'inglese britannico, *rather* è usato come predeterminante, mentre in inglese americano è esclusivamente un avverbio. Gli esempi seguenti sono in inglese britannico.

ESEMPI

- It was **quite a nice day**.
- He's had **quite a bad accident**.
- It's **rather a small car**.
- I've just met **rather a nice man**.

9. Parole composte.

Le parole possono essere unite fra loro per creare delle parole composte. Le parole composte sono molto usate nella lingua inglese e nuove combinazioni di parole vengono create quasi quotidianamente. Queste parole sono composte generalmente da due parole: la prima indica di quale tipo di persona o di oggetto si parla, o a cosa serve; la seconda identifica la parola o la cosa in questione. Le parole composte hanno spesso un significato diverso, o più specifico, delle due parole separate.

Prima parola: tipo o scopo	**Seconda parola: cosa o chi**	**Parola composta**
Police	man	policeman
Boy	friend	boyfriend
Fish	tank	water tank
Dining	table	dining-table

La parola composta può essere scritta come un'unica parola, come due parole unite da un trattino oppure come due parole separate. Non vi sono regole precise a riguardo. Di norma si consiglia di scrivere le parole composte più utilizzate come parola unica e le altre come due parole separate.
Le parole composte possono essere formate combinando diverse parti del discorso.

Componente	**Esempi**
nome + nome	bedroom water tank motorcycle printer cartridge
nome + verbo	rainfall haircut train-spotting
nome + avverbio	hanger-on passer-by
verbo + nome	washing machine driving licence swimming pool
verbo + avverbio	lookout take-off drawback
avverbio + nome	onlooker

Componente	**Esempi**
bystander	
aggettivo + verbo	dry-cleaning public speaking
aggettivo + nome	greenhouse software redhead
avverbio + verbo	output overthrow upturn input

PRONUNCIA

L'accento è importante nella pronuncia di queste parole, in quanto permette di distinguere una parola composta da un nome con aggettivo. Nelle parole composte l'accento è in genere sulla prima sillaba.

ESEMPI

- a 'greenhouse = luogo dove si coltivano le piante (parola composta)
- a green 'house = una casa dipinta di verde (aggettivo e nome)
- a 'bluebird = una specie di uccello (parola composta)
- a blue 'bird = qualsiasi uccello con le piume blu (aggettivo e nome)

10. Il genitivo sassone.

La forma possessiva si usa con i nomi che si riferiscono a persone, gruppi di persone, paesi e animali. Indica un rapporto di appartenenza tra una cosa e un'altra. Per formare il possessivo, si aggiunge un apostrofo + s al nome. Se il nome è plurale, oppure se termina in s, è sufficiente aggiungere un apostrodo dopo la s. Questa costruzione è nota con il nome di genitivo sassone.

ESEMPI

- the car of John = **John's car**
- the room of the girls = **the girls' room**
- clothes for men = **men's clothes**
- the boat of the sailors = **the sailors' boat**

Per i nomi propri che terminano in s, è possibile formare il genitivo sassone aggiungendo un apostrofo + s oppure solo un apostrofo, sebbene la prima opzione sia la più comune.

Quando si pronuncia un nome proprio con il genitivo sassone, si deve aggiungere il suono /z/ alla fine del nome.

ESEMPI

- Thomas's book (o Thomas' book)
- James's shop (o James' shop)
- the Smiths's house (o the Smiths' house)

FUNZIONI DEL POSSESSIVO

La relazione più comune espresssa dal genitivo sassone è "appartenenza a' oppure 'proprietà'.

ESEMPI

- John owns a car. = It is **John's car**.
- America has some gold reserves. = They are **America's gold reserves**.

▶ Il genitivo sassone può anche esprimere un luogo di lavoro, di studio o di svago

ESEMPI

- John goes to this school. = This is **John's school**.
- John sleeps in this room. = This is **John's room**.

▶ Il genitivo sassone può esprimere il rapporto tra due persone.

ESEMPI

- **John's mother** is running late.
- **Mrs Brown's colleague** will not be coming to the meeting.

▶ Il genitivo sassone può esprimere anche cose intangibili.

ESEMPI

- **John's patience** is running out.
- **The politician's hypocrisy** was deeply shocking.

MODI DI DIRE

Il genitivo sassone è inoltre usato in alcuni modi di dire.

Espressioni di tempo

- a day's work
- a month's pay
- today's newspaper
- in a year's time

Altri esempi

- For God's sake! (= esclamazione di esasperazione)
- a stone's throw away (= molto vicino)
- at death's door (= molto malato)
- in my mind's eye (= immagino)

▶ Il possessivo sassone viene infine utilizzato per identificare negozi, ristoranti, chiese e scuole, usando il loro nome o la professione del proprietario.

ESEMPI

- Shall we go to **Luigi's** for lunch?
- I've got an appointment at the **dentist's** at eleven o'clock.
- Is **Saint Mary's** an all-girls school?

MAPPE

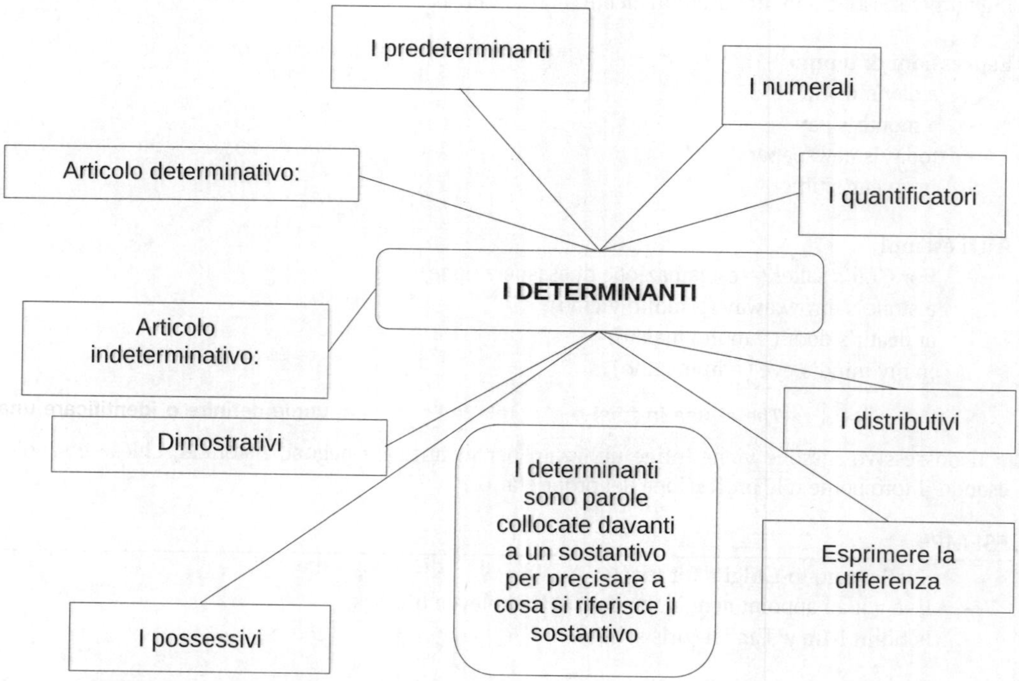
I predeterminanti
I numerali
Articolo determinativo:
I quantificatori
I DETERMINANTI
Articolo indeterminativo:
I distributivi
Dimostrativi
I determinanti sono parole collocate davanti a un sostantivo per precisare a cosa si riferisce il sostantivo
Esprimere la differenza
I possessivi

I determinanti sono parole collocate davanti a un sostantivo per precisare a cosa si riferisce il sostantivo.

La parola *the* è una delle parole più usate in inglese.

- **È il solo e unico articolo determinativo usato in inglese e rimane invariato a prescindere dal numero e dal genere del sostantivo che accompagna.**

In inglese, i sostantivi sono preceduti da un articolo determinativo quando la persona che parla pensa che il suo interlocutore sappia già di cosa si stia parlando. Questo può avvenire per diverse ragioni, elencate qui di seguito.

QUANDO SI USA *THE*

▶ ***The* si usa per fare riferimento a qualcosa che è già stato menzionato in precedenza.**

▶ ***The* si usa quando si presume che ci sia un solo esemplare di qualcosa alla quale si fa riferimento, anche se non è stata menzionata in precedenza.**

▶ ***The* si usa in frasi o clausole nelle quali si vuole definire o identificare una persona o un oggetto specifici.**

▶ ***The* si usa per fare riferimento a persone o cose uniche al mondo.**

▶ ***The* si usa davanti ai superlativi e ai numeri ordinali.**

▶ ***The* si usa davanti a determinati aggettivi per fare riferimento a un intero gruppo di persone.**

▶ ***The* si usa per esprimere i decenni.**

▶ ***The* si usa con le clausole introdotte da *only.***

▶ ***The* si usa con i nomi propri di zone geografiche, fiumi, catene montuose, gruppi di isole, canali e oceani.**

▶ ***The* si usa con i nomi di paesi al plurale.**

▶ ***The* si usa con nomi di paesi che includono le parole "republic", "kingdom" o "states".**

▶ *The* si usa con i nomi di giornali e riviste.

▶ ***The* si usa con i nomi di edifici famosi, opere d'arte, musei o monumenti.**

▶ ***The* si usa con i nomi di alberghi e ristoranti, tranne quando questi prendono il nome di una persona.**

▶ ***The* si usa con i cognomi ma non con i nomi propri.**

▶ ***The*** **non si usa con i nomi di paesi (escluse le eccezioni qui sopra).**

▶ ***The*** **non si usa con i nomi dei pasti.**

▶ *The* non si usa con i nomi propri.

▶ ***The*** **non si usa con i titoli seguiti da un nome.**

▶ ***The*** **non si usa dopo il genitivo sassone.**

▶ *The* non si usa con le professioni.

▶ *The* non si usa con i nomi dei negozi.

▶ ***The*** **non si usa con i sostantivi non numerabili.**

▶ ***The*** **non si usa con in nomi di singole montagne e isole e di laghi.**

▶ ***The*** **non si usa con la maggior parte dei nomi di città, strade, stazioni e aeroporti.**

I due articoli indeterminativi della lingua inglese sono *a* e *an*.

L'articolo indeterminativo è usato quando ci si riferisce a qualcosa per la prima volta, o per riferirsi a un componente specifico di un gruppo o di una classe. Alcuni esempi e casi sono riportati qui di seguito.

▶ **Si usa *a* quando ci riferisce a qualcosa per la prima volta.**

L'articolo indeterminativo rimane invariato a prescindere dal genere del sostantivo che lo accompagna, così come avviene per l'articolo determinativo.

- **La scelta dell'articolo da usare dipende dalla lettera con la quale inizia la parola successiva, per facilitarne la pronuncia. Si usa *a* quando la parola che segue inizia per consonante o per il suono come *you* dato dalla lettera *u* e dal dittongo *eu*. Si usa *an* quando la parola che segue inizia per vocale *(a,e,i,o,u)* o per *h* muta.**

▶ Si usa *a/an* con le nazionalità e le religioni al singolare.

▶ Si usa *a* con i giorni della settimana quando non ci riferisce a una data precisa.

▶ Si usa Use *a/an* quando si fa un esempio.

▶ Si usa *a/an* con i sostantivi singolari dopo le parole *what* e *such*.

▶ Si usa *a/an* con il significato di "uno" quando ci si riferisce a un singolo oggetto, persona o unità di misura. In questi casi, è grammaticalmente corretto usare anche *one* per dare enfasi al numero o per correggere una quantità errata.

▶ Si usa *a/an* per specificare una professione.

I DIMOSTRATIVI

I dimostrativi indicano dove si trova un oggetto, una persona o un evento rispetto alla persona che parla.

I dimostrativi possono riferirsi a una vicinanza o lontananza fisica o psicologica.
Quando si parla di eventi, i dimostrativi di vicinanza sono generalmente usati per riferirsi al presente mentre quelli di lontananza per riferirsi al passato.

▶ **I dimostrativi possono essere posti davanti al sostantivo o davanti all'aggettivo che altera il nome**

▶ **I dimostrativi possono anche apparire davanti a un numero da solo quando il sostantivo è comprensibile dal contesto.**

▶ **I dimostrativi possono essere usati come pronomi quanto il nome che alterano è comprensibile dal contesto.**

I PRONOMI

I pronomi sostituiscono il sostantivo.

Per utilizzare il pronome giusto si devono tenere in considerazione due elementi: il sostantivo che sostituisce e la funzione che tale sostantivo ha nella frase. In inglese, i pronomi prendono il genere del sostantivo che sostituiscono solo alla 3a persona singolare.
I pronomi della 2a persona plurale sono identici a quelli della 2a persona singolare, ad esclusione dei pronomi riflessivi.

PRONOMI PERSONALI SOGGETTO

I pronomi soggetto sostituiscono i sostantivi che svolgono funzione di soggetto della frase.

Alla 3a persona, i pronomi soggetto son spesso usati per evitare ripetizioni.

PRONOMI PERSONALI OGGETTO

I pronomi oggetto sostituiscono i sostantivi che svolgono funzione di complemento, sia diretto che indiretto, in una frase.

AGGETTIVI POSSESSIVI

Gli aggettivi possessivi non sono pronomi ma determinanti.
È tuttavia utile impararli insieme ai pronomi perché sono simili. Gli aggettivi possessivi sono aggettivi a tutti gli effetti, quindi si collocano davanti al nome che alterano, ma non sostituiscono il sostantivo come i pronomi.

PRONOMI POSSESSIVI

I pronomi possessivi sostituiscono i sostantivi, sia in funzione di soggetto sia di oggetto della frase.

Il sostantivo sostituito non appare nella frase, quindi deve risultare chiaro dal contesto.

PRONOMI RIFLESSIVI E INTENSIVI

I pronomi riflessivi e intensivi sono identici ma svolgono funzioni diverse all'interno della frase.

I pronomi riflessivi si riferiscono direttamente al soggetto della frase, in quanto l'azione espressa dal verbo riguarda direttamente il soggetto che la esegue, che diventa anche complemento oggetto diretto o indiretto. Solo certi verbi specifici possono essere riflessivi. Non è possibile rimuovere il pronome dalla frase perché il testo rimanente non sarebbe più grammaticalmente corretto.

PRONOMI RIFLESSIVI E INTENSIVI

I pronomi riflessivi e intensivi sono identici ma svolgono funzioni diverse all'interno della frase.

I pronomi riflessivi si riferiscono direttamente al soggetto della frase, in quanto l'azione espressa dal verbo riguarda direttamente il soggetto che la esegue, che diventa anche complemento oggetto diretto o indiretto. Solo certi verbi specifici possono essere riflessivi. Non è possibile rimuovere il pronome dalla frase perché il testo rimanente non sarebbe più grammaticalmente corretto.

I NUMERI

COME PARLARE DI DENARO IN INGLESE

Per leggere una somma di denaro, si legge prima il numero intero seguito dal nome della valuta. Se il numero ha dei decimali, i decimali vengono letti dopo la valuta come un numero intero. Se i decimali hanno un nome proprio nella valuta, il nome della

LE MISURE IN INGLESE

Basta leggere il numero e quindi pronunciare l'unità di misura, che sarà spesso riportata in forma abbreviata allo scritto.

COME PRONUNCIARE GLI ANNI

Leggere correttamente gli anni in inglese non è particolarmente facile. In generale, quando l'anno è composto da quattro cifre, si leggono le prime due cifre come un numero intero e quindi le altre due cifre come un altro numero intero. Esistono tuttavia delle eccezioni: i primi 100 anni di un millennio possono essere pronunciati come numeri interi anche se sono composti da quattro cifre, oppure come due numeri da due cifre. I millenni sono sempre pronunciati come numeri interi a quattro cifre. Anche i nuovi secoli possono essere letti come numeri interi, ma sono espressi in centinaia e non in migliaia.

COME SI PRONUNCIA 0 IN INGLESE

Ci sono diversi modi per pronunciare la cifra 0 in inglese, a seconda del contesto in cui ci si trova. Sfortunatamente per gli studenti di inglese, questo uso varia da un paese anglofono all'altro. Le seguenti regole si applicano ai paesi dove si parla l'inglese americano.

I DISTRIBUTIVI

Uso di "each" e "every".

- ***Each*** **si usa per parlare dei singoli individui che compongono un gruppo;**
- ***Every*** **si usa per parlare di un gruppo come composto da una serie di elementi.**

Questi distributivi possono essere usati esclusivamente con i sostantivi numerabili. In genere si usano con il sostantivo al singolare e si collocano davanti al sostantivo, In molti casi, sono intercambiabili fra loro.

▶ ***Each*** **può essere usato con i sostantivi plurali e deve essere seguito da 'of'.** ***Every*** **non può essere usato con i sostantivi plurali.**

▶ ***Every*** **può esprimere diversi elementi in una serie, in particolare nelle espressioni di tempo. Questo vale anche per** ***each*** **ma è meno utilizzato.**

DISTRIBUTIVI PER COPPIE DI ELEMENTI

I determinanti distributivi ***both, either*** **e** ***neither*** **esprimono la distribuzione tra coppie di elementi. In genere, questi termini non possono essere usati per riferirsi a un gruppo composto da tre o più elementi o da un numero indefinito di elementi. Questi distributivi possono essere usati esclusivamente con i sostantivi numerabili.**

USO DI "BOTH"

Both **si riferisce alla coppia intera e significa letteralmente "sia uno che l'altro".**

- ***Both*** **può essere usato da solo con sostantivi plurali, oppure può essere seguito da** ***of*****, con o senza articolo.**
- **Quando è seguito da un pronome soggetto plurale,** ***both*** **deve essere seguito da** ***of*** **.**
- ***Both*** **non può mai essere usato con i sostantivi al singolare perché si riferisce sempre a una coppia di elementi.**

USO DI "EITHER"

- ***Either*** **è positivo quando si usa da solo e si riferisce a un elemento di una coppia. Significa letteralmente "uno o l'altro".**
- ***Either*** **deve sempre essere usato davanti a un sostantivo al singolare perché si riferisce a un singolo elemento di una coppia.**
- ***Either*** **può essere usato con un sostantivo o un pronome plurale se seguito da** ***of.***

▶ ***Either*** **può anche essere usato con** ***or*** **per significare un elemento a turno di una coppia. In questo caso** ***either*** **non è un distributivo ma una congiunzione, anche se il significato non cambia.**

USO DI "NEITHER"

Neither **è una negazione. Quando viene usato da solo si riferisce alla coppia intera e significa "né uno né l'altro".**

- ***Neither*** **da solo può essere usato esclusivamente con i sostantivi singolari perché si riferisce a un solo elemento della coppia. Con i sostantivi o i pronomi plurali,** ***neither*** **deve essere seguito da** ***of.***

▶ ***Neither*** **può anche essere usato con** ***nor*** **a significare che nessuna delle due opzioni è corretta o possibile. In questo caso** ***neither*** **non è un distributivo ma una congiunzione, anche se il significato non cambia.**

USO DI "ALL" COME DISTRIBUTIVO

Il determinante distributivo *all* si usa per parlare dell'intero gruppo ed enfatizzare che niente o nessuno è stato escluso. Esistono molte forme diverse di usare *all* come distributivo.

▶ ***All* può essere usato da solo con i sostantivi non numerabili e con i sostantivi numerabili plurali. In questi casi, si riferisce al gruppo come concetto piuttosto che come a un'unione di individui.**

▶ ***All* può essere usato con i sostantivi non numerabili e con i sostantivi numerabili plurali seguito da *the* o da un possessivo. In questo caso, il gruppo è considerato come un qualcosa di fisico e concreto piuttosto che un concetto. In questi casi, *all* può essere seguito dalla parola *of* senza cambiare il significato della frase.**

▶ *All* può essere usato con i pronomi personali plurali preceduto da *of*.

▶ ***All* può essere usato nelle frasi interrogative ed esclamative con i sostantivi non numerabili preceduto da *this* o *that*. In questi casi, *all* può essere seguito dalla parola *of* senza cambiare il significato della frase.**

▶ ***All* può essere usato nelle frasi interrogative ed esclamative con i sostantivi numerabili preceduto da *these* o *those*. In questi casi, *all* può essere seguito dalla parola *of* senza cambiare il significato della frase.**

USO DI "HALF" COME DISTRIBUTIVO

Il determinante distributivo *half* è usato per parlare di un intero gruppo diviso in due.

- **Esistono diverse forme diverse di usare *half* come distributivo.**
- **È inoltre possibile applicare lo stesso modello per altre frazioni, anche se il loro uso è meno frequente.**

▶ ***Half* può essere usato con le unità di misura preceduto da un articolo indefinito (*a* o *an*). In questo caso esprime una quantità.**

▶ ***Half* può essere usato con i sostantivi preceduto da *the*, *a*, un dimostrativo o un possessivo. In questi casi, si riferisce a una divisione fisica e concreta. *Half* può essere seguito dalla parola *of* senza cambiare il significato della frase.**

▶ ***Half* può essere usato con pronomi personali plurali preceduto da *of*.**

ESPRIMERE LA DIFFERENZA ➡

Gli aggettivi indefiniti *other* e *another* si riferiscono a qualcosa di diverso, di residuo o di supplementare e si collocano davanti al sostantivo.

➔ *The other* si usa in modo leggermente diverso e per questo viene trattato separatamente.

USO DI "OTHER"

Other può seguire i determinanti *some*, *any* e *no*.
Quando *other* è preceduto da *some, any* e *no* e seguito da un sostantivo numerabile al plurale, il sostantivo può essere omesso se è comprensibile dal contesto. In questo caso, *other* diventa plurale. Questo avviene anche quando *other* viene usato da solo, anche se l'uso è meno frequente.

USO DI "ANOTHER"

***Another* si usa con i sostantivi numerabili al singolare. Con i sostantivi non numerabili, *another* viene spesso usato con unità di misura al singolare.**

USO DI "THE OTHER"

Quando *the other* altera un sostantivo numerabile al plurale, il sostantivo sostantivo può essere omesso se è comprensibile dal contesto. In questo caso, *other* diventa plurale.

I PREDETERMINATI ➡

I cosiddetti predeterminanti in inglese sono generalmente collocati davanti alla costruzione **articolo indefinito + aggettivo + sostantivo** per esprimere un'opinione sul sostantivo che alterano. *Such* e *what* sono usati per esprimere sorpresa o emozioni.

I termini *rather* e *quite* sono usati per commentare il grado di una qualità particolare espressa dall'aggettivo che altera il sostantivo.
Essi possono esprimere delusione, piacere o altre emozioni, in funzione dell'aggettivo a cui si riferiscono.

- ➔ Nell'inglese britannico, *rather* è usato come predeterminante, mentre in inglese americano è esclusivamente un avverbio.

LE PAROLE COMPOSTE ➡

Le parole possono essere unite fra loro per creare delle parole composte. Le parole composte sono molto usate nella lingua inglese e nuove combinazioni di parole vengono create quasi quotidianamente. Queste parole sono composte generalmente da due parole: la prima indica di quale tipo di persona o di oggetto si parla, o a cosa serve; la seconda identifica la parola o la cosa in questione.

- ➔ Le parole composte hanno spesso un significato diverso, o più specifico, delle due parole separate.

La parola composta può essere scritta come un'unica parola, come due parole unite da un trattino oppure come due parole separate. Non vi sono regole precise a riguardo. Di norma si consiglia di scrivere le parole composte più utilizzate come parola unica e le altre come due parole separate.

- ➔ Le parole composte possono essere formate combinando diverse parti del discorso.

IL GENITIVO SASSONE ➡

La forma possessiva si usa con i nomi che si riferiscono a persone, gruppi di persone, paesi e animali.

- ➔ Indica un rapporto di appartenenza tra una cosa e un'altra. Per formare il possessivo, si aggiunge un apostrofo + s al nome. Se il nome è plurale, oppure se termina in s, è sufficiente aggiungere un apostrodo dopo la s.
- ➔ Questa costruzione è nota con il nome di genitivo sassone.

- ➔ Per i nomi propri che terminano in s, è possibile formare il genitivo sassone aggiungendo un apostrofo + s oppure solo un apostrofo, sebbene la prima opzione sia la più comune.
- ➔ Quando si pronuncia un nome proprio con il genitivo sassone, si deve aggiungere il suono /z/ alla fine del nome.

Capitolo 5 | GLI AGGETTIVI

SOMMARIO:
1. Uso degli aggettivi inglesi. - **2.** Ordine di priorità degli aggettivi. - **3.** Comparativi e superlativi.

1. Uso degli aggettivi inglesi.

Gli aggettivi inglesi sono invariabili, cioè non variano in funzione del genere o del numero del sostantivo.

ESEMPI

- This is a **hot** potato.
- Those are some **hot** potatoes.

▶ Per enfatizzare o rafforzare il significato di un aggettivo si utilizzano gli avverbi *very* o *really* davanti all'aggettivo che si desidera rafforzare.

ESEMPI

- This is a **very hot** potato
- Those are some **really hot** potatoes.

▶ Gli aggettivi inglesi di norma precedono il sostantivo a cui si riferiscono.

ESEMPI

- The **beautiful** girl ignored me.
- The **fast red** car drove away.

▶ Gli aggettivi possono anche seguire i verbi di stato e di percezione, come *to be*, *tc seem*, *to look* e *to taste*.

ESEMPI

- Italy is **beautiful**.
- I don't think she seems **nice** at all.
- You look **tired**.
- This meat tastes **funny**.

ALCUNE ECCEZIONI

Aggettivi che seguono il sostantivo in alcune espressioni idiomatiche.

ESEMPI

- The **Princess Royal** is visiting Oxford today.
- The **President elect** made a speech last night.
- He received a **court martial** the following week.

▶ Gli aggettivi *involved, present* e *concerned* possono trovarsi prima o dopo il sostantivo a cui si riferiscono, ma esprimono un significato diverso secondo la posizione.

ESEMPI

Aggettivo che segue il sostantivo	**Significato**	**Aggettivo che precede il sostantivo**	**Significato**
I want to see the people **involved**.	Vorrei vedere le persone coinvolte in questa faccenda.	It was an **involved** discussion.	Si è trattata di una discussione dettagliata e complessa.
Here is a list of the people **present** at the meeting.	Ecco l'elenco delle persone che hanno partecipato alla riunione.	The **present** situation is not sustainable.	La situazione attuale non è sostenibile.
I need to see the man **concerned** by this accusation.	Devo vedere l'uomo che è stato accusato.	A **concerned** father came to see me today.	Un padre molto preoccupato è venuto a trovarmi oggi.

2. Ordine di priorità degli aggettivi.

Quando si utilizzano più aggettivi per uno stesso sostantivo, la priorità dipende dalla funzione attribuita all'aggettivo. Si tende di norma a seguire questo schema:

QUANTITÀ, VALORE/OPINIONE, DIMENSIONE, TEMPERATURA, ETÀ, FORMA, COLORE, ORIGINE, MATERIALE

Cosa esprime l'aggettivo	**Esempi**
Quantità	four, ten, a few, several
Valore/opinione	delicious, charming, beautiful
Dimensione	tall, tiny, huge
Temperatura	hot, cold
Età	old, young, new, 14-year-old
Forma	square, round
Colore	red, purple, green
Origine	Swedish, Victorian, Chinese
Materiale	glass, silver, wooden

ESEMPI

- They have a **lovely old red** post-box.
- The playroom has **six small round plastic** tables.
- I bought **some charming Victorian silver** ornaments at the flea market.

- She is selling her **flashy 3-year-old Italian** car.
- It was a **beautiful cold** day.

3. Comparativi e superlativi.

AGGETTIVI COMPARATIVI

Gli aggettivi comparativi sono usati per esprimere un confronto fra i due termini ai quali si riferiscono (*larger*, *smaller*, *faster*, *higher*). Gli aggettivi comparativi vengono utilizzati in frasi che confrontano i due sostantivi, in questo modo:
Sostantivo (soggetto) + verbo + aggettivo comparativo + ***than*** **+ sostantivo (oggetto).**
Il secondo termine di paragone può essere omesso se risulta chiaro dal contesto (ultima frase di esempio).

ESEMPI

- My house is **larger** than hers.
- This box is **smaller** than the one I lost.
- Your dog runs **faster** than Jim's dog.
- The rock flew **higher** than the roof.
- Jim and Jack are both my friends, but I like Jack **better**. ("than Jim" è sottointeso)

AGGETTIVI SUPERLATIVI

Gli aggettivi superlativi sono utilizzati per descrivere una qualità posseduta al massimo o al minimo grado (*the tallest, the smallest, the fastest, the highest*). Gli aggettivi superlativi sono usati in frasi nelle quali un'unità viene comparata a un gruppo di persone o cose.

Sostantivo (soggetto) + verbo + the + aggettivo superlativo + sostantivo (oggetto).
Il gruppo di confronto può essere omesso se risulta chiaro dal contesto (ultima frase di esempio).

ESEMPI

- My house is the **largest** one in our neighborhood.
- This is the **smallest** box I've ever seen.
- Your dog ran the **fastest** of any dog in the race.
- We all threw our rocks at the same time. My rock flew the **highest**. ("of all the rocks" è sottinteso)

COME FORMARE I COMPARATIVI E I SUPERLATIVI REGOLARI

Formare i comparativi e i superlativi è facile. La forma dipende dal numero di sillabe dell'aggettivo originale.

Aggettivi a una sillaba

Aggiungere *-er* per il comparativo e *-est* per il superlativo. Se l'aggettivo presenta una consonante + vocale singola + consonante, si deve raddoppiare la consonante finale prima di aggiungere il suffisso.

Aggettivo	**Comparativo**	**Superlativo**
tall	taller	tallest
fat	fatter	fattest
big	Bigger	biggest
sad	Sadder	saddest

Due sillabe

Gli aggettivi con due sillabe possono formare il comparativo aggiungendo *-er* oppure anteponendo *more* all'aggettivo. Questi aggettivi formano il superlativo aggiungendo *-est* oppure anteponendo *most* all'aggettivo. In molti casi, è possibile utilizzare entrambe le forme, anche se una forma è più comune dell'altra. In caso di dubbi se un aggettivo a due sillabe può prendere il suffisso comparativo o il suffisso superlativo, andate sul sicuro e usate *more* and *most*. Gli aggettivi che terminano per *y* cambiano la y in i prima del suffisso.

Aggettivo	**Comparativo**	**Superlativo**
happy	Happier	happiest
simple	Simpler	simplest
busy	Busier	busiest
tilted	more tilted	most tilted
tangled	more tangled	most tangled

Tre o più sillabe

Gli aggettivi con tre o più sillabe formano il comparativo anteponendo *more* all'aggettivo e formano il superlativo anteponendo *most*.

Aggettivo	**Comparativo**	**Superlativo**
important	more important	most important

Aggettivo	**Comparativo**	**Superlativo**
expensive	more expensive	most expensive

COMPARATIVI E SUPERLATIVI IRREGOLARI

Le forme di questi aggettivi molto utilizzati sono completamente irregolari.

Aggettivo	**Comparativo**	**Superlativo**
good	better	best
bad	worse	worst
little	less	least
much	more	most
far	further / farther	furthest / farthest

ESEMPI

- Today is the **worst** day I've had in a long time.
- You play tennis **better** than I do.
- This is the **least** expensive sweater in the store.
- This sweater is **less** expensive than that one.
- I ran pretty far yesterday, but I ran even **farther** today.

AGGETTIVI COMPARATIVI.

Per comparare una qualità indicata dall'aggettivo relativa a cose o persone, in inglese si utilizzano delle costruzioni standard.

Qualità uguali

Esprimere una qualità presente in misura uguale nei due termini di paragone è facile. Per esprimere una qualità uguale si usa la forma:
as + *aggettivo specificativo* + as

ESEMPI

- Tom is **as tall as** his brother.
- I am **as hungry as** you are.
- Sally is **as nice as** Jane.

Qualità non uguali

Quando le due qualità non sono presenti in misura uguale, è possibile usare tre costruzioni con significato equivalente.

Si può usare la costruzione:
not as + *aggettivo qualificativo* + as

Oppure la costruzione:
less + *aggettivo qualificativo* + than. Questa costruzione è più utilizzata con determinati aggettivi che con altri.

Oppure la costruzione:
***aggettivo comparativo* + than**. Questa costruzione potrebbe richiedere di modificare l'ordine della frase o l'uso dell'aggettivo di significato contrario.

ESEMPI

- Mont Blanc is **not as high as** Mount Everest.
- Mont Blanc is **less high than** Mount Everest.
- Mont Blanc is **lower than** Mount Everest.
- Mount Everest is **higher than** Mont Blanc.
- Norway is **not as sunny as** Thailand.
- Norway is **less sunny than** Thailand.
- Thailand is **sunnier than** Norway.
- Norway is **cloudier than** Thailand.

AGGETTIVI COMPARATIVI PER QUANTITÀ UGUALI.

Per comparare due cose che sono uguali, si usa la formula:
as + *aggettivo quantitativo* + *(sostantivo)* + as

L'aggettivo quantitativo da usare varia se il sostantivo oggetto della comparazione è numerabile o non numerabile.

Sostantivi numerabili

Con i sostantivi numerabili si usa *as many* e *as few*. Il sostantivo può essere omesso se risulta chiaro dal contesto, come nell'ultima frase di esempio.

ESEMPI

- They have **as many children as** we do.
- We have **as many customers as** they do.
- Tom has **as few books as** Jane.

- There are **as few houses in his village as** in mine.
- You know **as many people as** I do.
- I have visited the States **as many times as** he has.
- I have three brothers. That's **as many as** you have. ("brothers" is understood)

Sostantivi non numerabili

Con i sostantivi non numerabili si usa *as much* o *as little*. Il sostantivo può essere omesso se risulta chiaro dal contesto, come nell'ultima frase di esempio.

ESEMPI

- John eats **as much food as** Peter.
- Jim has **as little patience as** Sam.
- You've heard **as much news as** I have.
- He's had **as much success as** his brother has.
- They've got **as little water as** we have.
- I'm not hungry. I've had **as much as** I want. ("food" is understood)

AGGETTIVI COMPARATIVI PER QUANTITÀ DIVERSE.

Per comparare due cose che non sono uguali, si usa la formula:

***aggettivo quantitativo* + *(sostantivo)* + than**

L'aggettivo quantitativo da usare varia se il sostantivo oggetto della comparazione è numerabile o non numerabile.

Sostantivi numerabili

Con i sostantivi numerabili si usa *more* e *fewer*. Il sostantivo può essere omesso se risulta chiaro dal contesto, come nell'ultima frase di esempio.

ESEMPI

- They have **more children than** we do.
- We have **more customers than** they do.
- Tom has **fewer books than** Jane.
- There are **fewer houses in his village than** in mine.
- You know **more people than** I do.
- I have visited the States **more times than** he has.
- I have three brothers. That's **more than** you have. ("brothers" is understood)

Sostantivi non numerabili

Con i sostantivi non numerabili si usa *more* o *less*. Il sostantivo può essere omesso se risulta chiaro dal contesto, come nell'ultima frase di esempio.

ESEMPI

- John eats **more food than** Peter.
- Jim has **less patience than** Sam.
- You've heard **more news than** I have.
- He's had **more success than** his brother has.
- They've got **less water than** we have.
- I'm not hungry at all. I've had **more than** I want. ("food" is understood)

LE MAPPE

Gli aggettivi inglesi sono invariabili, cioè non variano in funzione del genere o del numero del sostantivo.

▶ Per enfatizzare o rafforzare il significato di un aggettivo si utilizzano gli avverbi *very* o *really* davanti all'aggettivo che si desidera rafforzare.

▶ Gli aggettivi inglesi di norma precedono il sostantivo a cui si riferiscono.

▶ Gli aggettivi possono anche seguire i verbi di stato e di percezione, come *to be*, *to seem*, *to look* e *to taste*.

Quando si utilizzano più aggettivi per uno stesso sostantivo, la priorità dipende dalla funzione attribuita all'aggettivo.

➔ Si tende di norma a seguire questo schema:

QUANTITÀ, VALORE/OPINIONE, DIMENSIONE, TEMPERATURA, ETÀ, FORMA, COLORE ORIGINE, MATERIALE

AGGETTIVI COMPARATIVI

Gli aggettivi comparativi sono usati per esprimere un confronto fra i due termini ai quali si riferiscono (*larger, smaller, faster, higher*). Gli aggettivi comparativi vengono utilizzati in frasi che confrontano i due sostantivi, in questo modo:
Sostantivo (soggetto) + verbo + aggettivo comparativo + *than* + sostantivo (oggetto).
Il secondo termine di paragone può essere omesso se risulta chiaro dal contesto (ultima frase di esempio).

AGGETTIVI SUPERLATIVI

Gli aggettivi superlativi sono utilizzati per descrivere una qualità posseduta al massimo o al minimo grado (*the tallest the smallest, the fastest, the highest*). Gli aggettivi superlativi sono usati in frasi nelle quali un'unità viene comparata a un gruppo di persone o cose.
Sostantivo (soggetto) + verbo + the + aggettivo superlativo + sostantivo (oggetto).
Il gruppo di confronto può essere omesso se risulta chiaro dal contesto (ultima frase di esempio).

AGGETTIVI COMPARATIVI.

Per comparare una qualità indicata dall'aggettivo relativa a cose o persone, in inglese si utilizzano delle costruzioni standard.

AGGETTIVI COMPARATIVI PER QUANTITÀ UGUALI.

Per comparare due cose che sono uguali, si usa la formula:
as + *aggettivo quantitativo* + *(sostantivo)* + as
L'aggettivo quantitativo da usare varia se il sostantivo oggetto della comparazione è numerabile o non numerabile.

AGGETTIVI COMPARATIVI PER QUANTITÀ DIVERSE.

Per comparare due cose che non sono uguali, si usa la formula:
***aggettivo quantitativo* + *(sostantivo)* + than**
L'aggettivo quantitativo da usare varia se il sostantivo oggetto della comparazione è numerabile o non numerabile.

Capitolo 6 | LE PROPOSIZIONI

SOMMARIO:
1. Proposizioni relative. - **2.** Proposizioni restrittive non incidentali. - **3.** Proposizioni non restrittive

1. Proposizioni relative.

Le proposizioni relative sono elementi non essenziali di una frase; fornisono informazioni extra ma se vengono rimosse la frase rimane grammaticamente corretta. Esistono due principali tipi di proposizioni relative in inglese. E' importante comprendere la differenza fra l'una e l'altra, perché questo determina il tipo di pronome da usare per introdurre la proposizione.

2. Proposizioni restrittive non incidentali.

Una **proposizione restrittiva** fornisce informazioni indispensabili sulla persona o sulla cosa di cui tratta la frase. Se una proposizione restrittiva viene rimossa, il significato della frase cambia notevolmente. Una proposizione restrittiva è anche non incidentale, vale a dire non è riportata tra virgole o parentesi.

ESEMPI

- The woman **who visited me in the hospital** was very kind.
- The umbrella **that I bought last week** is already broken.
- The man **who stole my backpack** has been arrested.
- The weather **that we had this summer** was beautiful.

3. Proposizioni non restrittive.

Una **proposizione non restrittiva** fornisce informazioni extra sulla persona o sulla cosa trattata dalla frase. Se una proposizione non restrittiva viene rimossa, si perde qualche dettaglio, ma il senso della frase rimane intatto. Le proposizioni non restrittive sono sempre incidentali, vale a dire separate dal resto della frase da virgole o parentesi.

ESEMPI

- The farmer, **whose name was Fred**, sold us 10 pounds of potatoes.
- Elephants, **which are the largest land mammals**, live in herds of 10 or more adults.
- The author, **who graduated from the same university I did**, gave a wonderful presentation.
- My mother, **who is 86**, lives in Paris.

LE MAPPE

PROPOSIZIONI RELATIVE.

Le proposizioni relative sono elementi non essenziali di una frase; fornisono informazioni extra ma se vengono rimosse la frase rimane grammaticamente corretta. Esistono due principali tipi di proposizioni relative in inglese. E' importante comprendere la differenza fra l'una e l'altra, perché questo determina il tipo di pronome da usare per introdurre la proposizione.

PROPOSIZIONI RESTRITTIVE NON INCIDENTALI.

Una proposizione restrittiva fornisce informazioni indispensabili sulla persona o sulla cosa di cui tratta la frase. Se una proposizione restrittiva viene rimossa, il significato della frase cambia notevolmente. Una proposizione restrittiva è anche non incidentale, vale a dire non è riportata tra virgole o parentesi.

PROPOSIZIONI NON RESTRITTIVE.

Una proposizione non restrittiva fornisce informazioni extra sulla persona o sulla cosa trattata dalla frase. Se una proposizione non restrittiva viene rimossa, si perde qualche dettaglio, ma il senso della frase rimane intatto. Le proposizioni non restrittive sono sempre incidentali, vale a dire separate dal resto della frase da virgole o parentesi.

Capitolo 7 | IL VERBO

SOMMARIO:
1. Verbo essere TO BE. - **2.** Verbo avere TO HAVE. - **3.** Verbo TO DO. - **4.** I tempi dei verbi. - **5.** Periodo ipotetico. - **6.** Gerundio. - **7.** Infinito.

1. Verbo essere TO BE.

What is not started today is never finished tomorrow.
Quello che non è iniziato oggi non è mai finito domani
Johann Wolfgang von Goethe

Il verbo to be equivale al verbo essere italiano, ed in genere mostra l'esistenza o la condizione del soggetto.
Può essere il verbo principale di una frase oppure un ausiliare, utilizzato per formare il passivo o la forma progressiva.
Il verbo essere è considerato il verbo più irregolare della lingua inglese, nonchè' il verbo ausiliare per antonomasia, giacché tutti gli altri verbi seguono le sue regole per formare la frase negativa e quella interrogativa.

Interrogativa del verbo essere in inglese: to be + soggetto + complemento
A question that sometimes drives me crazy: am I or are the others crazy?
Una domanda che a volte mi confonde: sono io o gli altri pazzi?
Albert Einstein

Negativa del verbo essere in inglese: soggetto + to be + not + complemento
Only two things are infinite, the universe and human stupidity, and **I'm not** sure about the former.
Solo due cose sono infinite, l'universo e la stupidità umana,e non sono sicuro della prima.
Albert Einstein

In alcuni casi particolari il verbo essere in inglese assume il significato di avere, ad esempio
I'm 40 years old= ho 40 anni
I'm hot= ho caldo.
to be right=avere ragione
Hegel was right when he said that we learn from history that man can never learn anything from history.

Hegel aveva ragione *quando diceva che noi impariamo dalla storia che l'uomo non è mai capace di imparare niente dalla storia.*
George Bernard Shaw

Verbo essere inglese: il present simple
I am you are he is she is it is

we are you are theu are
I am a little pencil in the hand of a writing God who is sending a love letter to the world.
Sono una piccola matita nella mano di un dio che scrive che sta mandando una lettera d'amore al mondo.
Mother Teresa
Verbo essere in inglese: il past simple
I was you were he was she was it was we were you were they were the only winner in the War of 1812 was Tchaikovsky.
Il solo vincitore della guerra del 1812 fu Tchaikovsky.
Solomon Short

Infinito del verbo essere in inglese (infinitive): to be
Ho sempre voluto essere qualcuno, ma sarei dovuta essere stata più specifica.
Jane Wagner

To be: congiuntivo presente (present subjunctive): be
Si forma con be per tutte le persone : I be - you be - he be -
she be- it be - we be you be -they be
let it be = lascia che sia

To be: congiuntivo passato (past subjunctive): were.
Molto usato per formare il condizionale del secondo tipo: I have more memories than if I were a thousand years old.
Ho più memorie di quante ne avrei se io fossi vecchio cento anni
Charles Baudelaire

Il present perfect: I have been
A man who has been the indisputable favourite of his mother keeps for life the feeling of a conqueror.
Un uomo che è stato l'indiscusso favorito di sua madre tiene per la vita il sentimento di un conquistatore.
Sigmund Freud

Imperativo (imperative): be
Enthusiasm is contagious. Be a carrier.
L'entusiasmo è contagioso: sii un portatore
Susan Rabin

Il verbo essere inglese può essere usato come verbo ausiliare per costruire i tempi passivi
I have feelings too. I am still human. All I want is to be loved, for myself and for my talent.
Ho sentimenti anche io. Sono ancora una donna. Tutto quello che voglio è essere amata, per me stessa e per il mio talento.
Marilyn Monroe
I am not interested in money. I just want to be wonderful.
Non sono interessata ai soldi. Voglio solo essere meravigliosa.
Marilyn Monroe

Il presente progressivo
All we are saying is give peace a chance

Tutto quello che stiamo dicendo e' di dare una possibilità alla pace.
John Lennon

Il passato progressivo
A best-seller was a book which somehow sold well simply because it was selling well.
Un best seller era un libro che in qualche modo vendeva bene semplicemente perchè stava vendendo bene.
Daniel J. Boorstin

Particolarità ed eccezioni di to be La struttura: I am to do something
Come verbo principale normalmente il verbo essere inglese, non essendo un action verb ma uno stative verb, non prende la forma progressiva. Ci sono dei casi, tuttavia, dove *to be* ha il significato di act (agire) o behave (comportarsi): con questi verbi, quando ci si riferisce a situazioni temporanee, non sempre vere, possiamo usare il presente progressivo del verbo to be; questo perchè ci stiamo riferendo a delle azioni e non ad uno stato.

You were being really bad.
Ti stavi comportando veramente male.
He is being selfish.
Si sta comportando in maniera egoista (al momento o in questo periodo).

Mentre con i verbi normali gli avverbi di tempo si collocano prima del verbo, con il verbo essere accade il contrario, si collocano dopo il verbo:
I am always ready to learn although I do not always like being taught.
Io sono sempre pronto ad imparare sebbene non sempre mi piace che mi si insegni.
Winston Churchill

I am to do something
Questo costrutto tipico della lingua inglese, simile ad *have to* ma più forte, si usa per dare ordini o in frasi in cui vi sia una forte aspettativa, in genere per via di leggi o regolamenti da rispettare.
Spesso questa costruzione è usata in notiziari per fare capire che quasi certamente qualcosa che è stato previsto succederà.
Arguments are to be avoided; they are always vulgar and often convincing.
Le discussioni devono essere evitate; sono sempre volgari e spesso convincenti. Oscar Wilde

2. Verbo avere TO HAVE.

Uso del verbo have come verbo principale, come ausiliare, have to e altri usi.
Present simple di to have
Forma affermativa I have got
you have got
he-she-it has got we have got
you have got they have got
Forma negativa I haven't got you haven't got
he-she-it hasn't got we haven't got
you haven't got they haven't got

Forma interrogativa Have I got?

have you got? has he-she-it got? have we got? have you got? have they got?
You don't have a soul. You are a Soul. You have a body.
Tu non hai un'anima. Tu sei un'anima. Tu hai un corpo
C.S. Lewis

Il verbo avere è uno dei verbi più usati della lingua inglese; può agire come verbo principale
We **have** the best government that money can buy.
Abbiamo il miglior governo che il denaro può comprare
Mark Twain

O come ausiliario per formare i tempi perfetti
When I think over what **I have said**, I envy dumb people.
*Quando rifletto su quello che **ho detto**, invidio la gente stupida.*
Seneca

Come modale
Faith moves mountains, but you **have to** keep pushing while you are praying.
*la fede muove le montagne, ma **devi** continuare a spingere mentre stai pregando* Mason Cooley

In espressioni particolari per mostrare azione

- have a look=dare un'occhiata
- to have a rest=riposarsi
- to have breakfast = fare colazione
- to have a drink = bere qualcosa
- to have a lunch-meal-etc = mangiare
- to have a chat= chiaccherare
- have a good time/have fun (stare bene, divertirsi)

Try not to have a good time... this is supposed to be educational.
Prova a non divertirti... si suppone che questo sia educativo.
Charles M. Schulz

Come verbo principale, il verbo avere in inglese assume significato di possedere e non prende la forma progressiva (-ing form)

Il verbo avere in inglese, quando non è seguito da got necessita dell'ausiliare do per costruire la forma interrogativa e negativa:
I haven't got= I don't have have you got? = do you have?
If you have integrity, nothing else matters. If you don't have integrity, nothing else matters.
Se hai integrità, niente altro è importante. se non hai integrità, niente altro è importante.
Alan K. Simpson

Il passato semplice, past simple di to have:
Si usa had per tutte le persone. Per la negativa ed interrogativa si usa l'ausiliare did I-you-he-she-it-we-you-they had
I-you-he-she-it-we-you-they didn't have did I-you-he-she-it-we-you-they had?

He and I had an office so tiny that an inch smaller and it would have been adultery.
Lui ed io avevamo un ufficio così piccolo che un pollice più piccolo e sarebbe stato adulterio.
Dorothy Parker

Come ausiliare, serve a costruire i tempi perfetti:
il present perfect, equivalente al nostro passato prossimo
All that we are is the result of what we have thought. The mind is everything. What we think we become.
Quello che siamo è il risultato di quello che abbiamo pensato. La mente è tutto. Quello che pensiamo, diventiamo.
Buddha

il past perfect, equivalente al nostro trapassato prossimo
When I look back on all these worries, I remember the story of the old man who said on his deathbed that **he had had** a lot of trouble in his life, most of which had never happened
*Quando guardo indietro verso tutte queste tribolazioni, ricordo la storia dell'anziano uomo che disse nel suo letto di morte che **lui aveva avuto** molti guai nella sua vita, la maggior parte dei quali non erano mai successi.*
Winston Churchill
il future perfect I will have done
If you find it in your heart to care for somebody else, you will have succeeded.
Se troverai nel tuo cuore il prenderti cura di qualcun altro, avrai avuto successo.
Maya Angelou

il present perfect continuous: I have been doing il past perfect continuous: I had been doing
Have to:
Quando il verbo have inglese è usato come modale, ha il significato di dovere e deve essere sempre seguito da un altro verbo.
I have to do = Devo fare
I don't have to do = Non è necessario fare, è facoltativo fare

Have to è simile a must, ma a differenza di quest'ultimo, in genere non è frutto di decisioni personali, ma di leggi o regolamenti.
You have to learn the rules of the game. And then you have to play better than anyone else.
Devi imparare le regole del gioco. Ed allora devi giocare meglio di chiunque altro.
Albert Einstein

Coniugazione del verbo avere inglese to have. Tutte le forme semplici e composte.
Forme semplici
Present simple I have - io ho you have - tu hai
he/she/it has - egli ha we have - noi abbiamo you have - voi avete they have - essi hanno

Past simple
I had -io avevo you had -tu avevi
he/she/it had - egli aveva we had - noi avevamo you had - voi avevate they had - essi avevano

Infinitive
to have - avere

Imperative
have - abbi
let's have - abbiamo have - abbia

Participle - participio Present: having - avendo Past : had – avuto
Past participle
Having had - avendo avuto

Forme composte
Present continuous
I am having - io sto avendo you are having - tu stai avendo
he/she/it is having - egli asta avendo we are having - noi stiamo avendo you are having - voi state avendo they are having - essi stanno avendo

Present perfect
I have had - io ho avuto you have had -tu hai avuto
he/she/it has had - egli ha avuto we have had - noi abbiamo avuto you have had - tu hai avuto
they have had - essi hanno avuto

Future simple I will have - io avro' you will have - tu avrai
he/she/it will have - egli avra' we will have - noi avremo you will have - voi avrete they will have - essi avranno
Future perfect I will have had - io avro' avuto you will have had - tu avrai avuto
he/she/it will have had -egli avra' avuto we will have had - noi avremo avuto you will have had - voi avrete avuto they will have had - essi avranno avuto

Past continuous I was having - io stavo avendo you were having - tu stavi avendo
he/she/it was having - egli stava avendo we were having - noi stavamo avendo you were having - voi stavate avendo they were having - essi stavano avendo

Past perfect I had had - io avevo avuto you had had - tu avevi avuto
he/she/it had had - egli aveva avuto we had had - noi avevamo avuto you had had - voi avevate avuto they had had - essi avevano avuto

Future continuous
I will be having - io staro' avendo you will be having - tu starai avendo
he/she/it will be having - egli stara' avendo
we will be having - noi staremo avendo you will be having - voi starete avendo they will be having - essi staranno avendo

Present perfect continuous
I have been having you have been having
he/she/it has been having we have been having you have been having they have been having

Past perfect continuous
I had been having you had been having
he/she/it had been having we had been having
you had been having they had been having

Future perfect continuous I will have been having you will have been having
he/she/it will have been having we will have been having
you will have been having they will have been having

3. Verbo TO DO.

Significato del verbo DO. Il verbo do usato come verbo principale o come verbo ausiliare.

Forma affermativa, forma interrogativa
Il verbo DO è uno dei verbi più utilizzati della lingua inglese.
Può essere utilizzato sia come verbo ausiliare che come verbo principale della frase. Lo si incontra e si usa più spesso come verbo ausiliare, quando dobbiamo formare frasi interrogative o negative.
Come verbo principale, invece, il suo significato principale è **fare** , tuttavia può avere tanti altri significati, ecco i più diffusi: **eseguire, compiere, agire.**

Don't watch the clock; do what it does. Keep going.
Non guardare l'orologio; fai quello che fa lui: continua ad andare Sam Levenson

Il paradigma di do
forma base : DO

passato semplice (simple past) DID
participio passato past participle DONE

It always seems impossible until its done.
Sembra sempre impossibile fino a che è fatto.
Nelson Mandela

Il verbo TO DO usato come verbo principale
Il present simple: I do, you do, he/she/it/does,
we do, you do, they do io faccio, tu fai, egli fa,
noi facciamo,voi fate, essi fanno

il past simple:
I did, you did, he/she/it did, we did, you did, they did
Io facevo, lui faceva,
egli faceva,noi facevamo etc

il present continuous progressive:
I am doing, you are doing, he/she/it is doing
we are doing, you are doing, they are doing
Io sto facendo,
tu stai facendo etc

il past continuous:
I was doing, You were doing, he/she/it was doing,
we are doing,you are doing, they are doing

il present perfect:
I have done, you have done, he/she/it has done
we have done, you have done, they have done.
Io ho fatto, tu hai fatto, egli ha fatto etc.

il past perfect:
I had done, you had done, he/she/it had done
we had done, you had done, they had done
Io avevo fatto, tu avevi fatto, essi avevano fatto etc

Il verbo TO DO usato come ausiliare
Come abbiamo già visto, incontriamo l'ausiliare do, quando è usato per comporre le domande o per formare le frasi negative. Le regole sotto valgono per tutti i verbi tranne il verbo essere to be e i verbi modali.

Le frasi interrogative
do + soggetto + verbo + resto della frase
Do you like pizza?
Does he love playing the piano?

Se nella domanda vi è un avverbio di tempo, questo va tra il soggetto e il verbo:
do + soggetto + avverbio + verbo + resto della frase
Do you often go to the cinema?
Does she always go to the sea during the week end.

La forma negativa si usa aggiungendo not. Spesso troviamo la forma contratta: I don't = I do not

La forma negativa del verbo do serve per formare le frasi negative.
I don't do = io non faccio you don't go = tu non vai
he doesn't want= lui non vuole She doesn't ear = lei non sente
we don't need= non abbiamo necessita' you don't let = tu non permetti
they don't come= essi non vengono

It does not matter how slowly you go as long as you do not stop.
Non importa quanto vai lentamente purchè non ti fermi.
Confucius

Verbo do come ausiliare per il simple past
Quando dobbiamo costruire le frasi interrogative e negative del simple past, si usa DID come ausiliare insieme alla forma base del verbo principale. Did si usa sia per i verbi regolari che per quelli irregolari. Mentre per le frasi al present si usano sia do che does, in quelle al passato si usa solo DID per tutte le persone.

Simple past: forma affermativa:
I smiled you smiled
he / she / it smiled we smiled
you smiled they smiled

Nobody made a greater mistake than he who did nothing because he could do only a little. Nessuno fa un errore più grande di coloro che fanno niente perchè possono solo fare poco. Edmund Burke

Simple past - forma interrogativa
DID + SOGGETTO + FORMA BASE
Did you smile yesterday? Hai sorriso ieri sera?

In pratica, la sola differenza tra la domanda al presente e quella al passato è che usiamo Did al posto di do/does
Did you ever stop to think, and forget to start again?
Hai mai smesso di pensare, e dimenticato di riprendere a pensare?
A. Milne

Simple past - forma negativa
SOGG. + DID + NOT + FORMA BASE
forma contratta: DIDN'T I didn't smile yesterday Non ho sorriso ieri sera
Every man is guilty of all the good he did not do.
Ogni uomo è colpevole di tutto il bene che non ha fatto.
Voltaire

4. I tempi dei verbi.

Presenti in inglese	**Esempi**
Simple Present	They **walk** home.
Present progressive	They **are walking** home.

Passati in inglese	
Past simple	Peter **lived** in China in 1965.
Past progressive	I **was reading** when she arrived.
Perfetti in inglese	
Present perfect	I **have lived** here since 1987.
Present perfect continuous	I **have been living** here for years.
Past perfect	We **had been** to see her several times before she visited us.
Past perfect continuous	He **had been watching** her for some time when she turned and smiled.
Future perfect	We **will have arrived** in the States by the time you get this letter.
Future perfect continuous	By the end of your course, you **will have been studying** for five years.
Futuro in inglese	
Futuro	They **will go** to Italy next week.
Futuro progressive	I **will be travelling** by train.
Condizionale in inglese	
Condizionale base	If ice **gets** hot it **melts**.
Condizionale tipo 1	If he **is** late I **will be** angry.
Condizionale tipo 2	If he **was** in Australia he **would be getting up** now.
Condizionale tipo 3	She **would have visited** me if she **had had** time.
Condizionale misto	I **would be playing** tennis if I **hadn't broken** my arm.
Le forme in -ing in inglese	
Gerundio	I like **swimming**.
Participio presente	She goes **running** every morning.

PRESENT SIMPLE.
Il present simple si usa:
- Per esprimere abitudini, azioni generalmente valide, azioni ripetute o situazioni immutevoli,

emozioni e desideri:
I smoke (habit); **I work in London** (unchanging situation); **London is a large city** (general truth)
• Per dare istruzioni o direzioni:
You walk for two hundred meters, then **you turn** left.
• Per esprimere un impegno prefissato, presente o futuro: Your exam **starts** at 09.00
• Per esprimere il futuro, dopo alcune congiunzioni: ***after, when, before, as soon as, until*****: He'll give it to you when you come next Saturday.**

Attenzione! Il *present simple* non si usa per esprimere azioni che si svolgono nel momento in cui si parla.

ESEMPI

- **Abitudini**

He drinks tea at breakfast. She only eats fish.
They watch television regularly.

- **Azioni o avvenimenti ripetuti**

We catch the bus every morning.
It rains every afternoon in the hot season. They drive to Monaco every summer.

- **Per qualcosa di generalmente valido**

Water freezes at zero degrees.
The Earth revolves around the Sun. Her mother is Peruvian.

- **Per istruzioni o direzioni**

Open the packet and pour the contents into hot water.
You take the No.6 bus to Watney and then the No.10 to Bedford.

- **Per accordi prestabiliti**

His mother arrives tomorrow.
Our holiday starts on the 26th March

- **Per esprimere il futuro**

She'll see you before she leaves. We'll give it to her when she arrives.

Come si forma il present simple: to think

Affermativa	**Interrogativa**	**Negativa**
I think	Do I think?	I do not think
You think	Do you think?	You do not think
He thinks	Does he think?	He does not think

Affermativa	**Interrogativa**	**Negativa**
She thinks	Does she think?	She does not think
It thinks	Does it think?	It does not think
We think	Do we think?	We do not think.
They think	Do they think?	They do not think.

Note sul present simple alla terza persona singolare

- Alla terza persona singolare, i verbi endono **terminano sempre in -s**:

he wants, she needs, he gives, she thinks.

- Le forme negative e interrogative usano il DOES (= la terza persona singolare dell'ausiliare 'DO') + il verbo alla forma base.

*He wants ice cream. **Does** he want strawberry? He **does** not want vanilla.*

- I verbi che terminano in **-y**:
- alla terza persona la **-y** diventa **-ies**:

fly --> flies, cry --> cries

Eccezione: in caso di vocale prima della **-y**:
play --> plays, pray --> prays

- Aggiungere **-es** ai verbi che terminano i in:**-ss, -x, -sh, -ch**:

he passes, she catches, he fixes, it pushes

ESEMPI

- **He goes** to school every morning.
- **She understands** English.
- **It mixes** the sand and the water.
- **He tries** very hard.
- **She enjoys** playing the piano.

PRESENT CONTINUOUS.

Come si forma il "present continuous" inglese

Il *present continuous* di qualsiasi verbo è composto da due parti: il presente del verbo *to be* + il participio presente del verbo principale.
(Il participio presente si forma con verbo base+*ing*, ad esempio *talking, playing, moving, smiling*)

Affermativa		
Soggetto	+ ***to be***	**+ base +** ***ing***
She	is	talking.
Negativa		
Soggetto	+ ***to be*** **+ not**	**+ base +** ***ing***
She	is not (isn't)	talking
Interrogative		
to be	**+ soggetto**	**+ base +** ***ing***
Is	she	talking?

ESEMPI

TO GO, present continuous

Affermativa	**Negativa**	**Interrogativa**
I am going	I am not going	Am I going?
You are going	You aren't going.	Are you going?
He, she, it is going	He, she, it isn't going	Is he, she, it going?

We are going	We aren't going	Are we going?
You are going	You aren't going	Are you going?
They are going	They aren't going	Are they going?

Attenzione: contrazioni negative alternative: *I'm not going, you're not going, he's not going etc.*
Funzioni del "present continuous" inglese
Come per tutti i tempi in inglese, ***l'attitudine della persona che parla*** s riveste la stessa importaza del momento in cui si svolge l'azione o l'evento. Il *present continuous* si utilizza per parlare di un'azione ***non ancora completata o terminata.***
Il present continuous si usa:
• per descrivere un'azione in corso mentre si sta parlando: ***You are using*** *the Internet.* ***You are studying*** *English grammar.*
• per descrivere un'azione che si svolge in questo periodo o una tendenza: ***Are you still working*** *for the same company? More and more people* ***are becoming*** *vegetarian.*
• per descrivere un'azione o un evento nel futuro, che è già stato pianificato o preparato: ***We're going***
on holiday tomorrow. ***I'm meeting*** *my boyfriend tonight.* ***Are they visiting*** you next winter?
• per descrivere un evento o una situazione temporanea: *He usually plays the drums, but* ***he's playing***
bass guitar tonight. The weather forecast was good, but ***it's raining*** *at the moment.*
• con *always, forever, constantly* per descrivere e sottolineare una serie di azioni che si ripetono continuamente: *Harry and Sally* ***are always arguing! You're constantly complaining*** *about your mother-in-law!*

ATTENZIONE! Alcuni verbi non vengono praticamente mai usati alla forma progressiva

Verbi che non sono generalmente usati alla forma progressiva
I verbi elencati qui di seguito nono generalmente usati al presente perché si riferiscono a uno *stato* piuttosto che ad azioni o processi:

Sensi / percezioni
- to feel*
- to hear
- to see*
- to smell
- to taste

Opinione
- to assume
- to believe
- to consider
- to doubt
- to feel (= to think)
- to find (= to consider)
- to suppose
- to think*

Stati mentali
- to forget
- to imagine
- to know
- to mean
- to notice
- to recognise
- to remember
- to understand

Emozioni / desideri
- to envy
- to fear
- to dislike
- to hate
- to hope
- to like
- to love

- to mind
- to prefer
- to regret
- to want
- to wish

Misure

- to contain
- to cost
- to hold
- to measure
- to weigh

Altro

- to look (=resemble)
- to seem
- to be *(in most cases)*
- to have*(when it means "to possess")**

Eccezioni

I verbi di percezione (see, hear, feel, taste, smell) sono spesso usati con *can*: *I can see...* Questi verbi possono essere usati alla forma progressiva ma cambiano di significato

- *This coat **feels** nice and warm.* (percezione delle qualità del cappotto)
- ***John's feeling** much better now* (la sua salute sta migliorando)
- *She **has** three dogs and a cat.* (possesso)
- ***She's having** supper.* (Lei sta cenando)
- *I can **see** Anthony in the garden* (percezione)
- ***I'm seeing** Anthony later* (Prevediamo di incontrarci)

SIMPLE PAST.

Funzioni del "Simple Past"

Il *simple past* si usa per parlare di **azioni concluse** che si sono svolte **nel passato**. La durata dell'azione è irrilevante. L'azione può essersi svolta in un passato prossimo o remoto.

ESEMPI

- John Cabot **sailed** to America in 1498.
- My father **died** last year.
- He **lived** in Fiji in 1976.
- We **crossed** the Channel yesterday.

• Il *simple past* si utilizza sempre per indicare **in che momento** si è verificato un avvenimento; pertanto, questo tempo è sempre associato a un determinato tipo di espressioni temporali

• **frequenza**: *often, sometimes, always*

I *sometimes* **walked** home at lunchtime. I *often* **brought** my lunch to school.

• **un momento preciso**: *last week, when I was a child, yesterday, six weeks ago*

We **saw** a good film *last week. Yesterday,* I **arrived** in Geneva.

She **finished** her work at*seven o'clock*

I **went** to the theatre *last night*

• **un momento non preciso***: the other day, ages ago, a long time ago People **lived** in caves a long time ago.*

*She **played** the piano when she was a child.*

Nota: la parola *ago è* un termine utile per esprimere la distanza nel passato. Si colloca **dopo** il periodo di tempo: *a week ago, three years ago, a minute ago.*

Attenzione: Il simple past in inglese può sembrare simile al passato remoto in italiano, ma non sempre il significato è lo stesso.

Come si forma il "Simple Past"
"Simple past" con i verbi regolari

Affermativa		
Soggetto	+ verb + ed	
I	skipped.	
Negativa		
Soggetto	+ did not	+ infinito senza to
They	didn't	go.
Interrogativa		
Did	+ soggetto	+ infinito senza to
Did	She	arrive?
Interrogativa negative		
Did not	+ soggetto	+ infinito senza to
Didn't	You	play?

To walk

Affirmativa	**Negativa**	**Interrogativa**
I walked	I didn't walk	Did I walk?
You walked	You didn't walk	Did you walk?
He walked	He didn't walk	Did he walk?
We walked	We didn't walk	Did we walk?
They walked	They didn't walk	Did they walk?

"Simple past" di to be, to have, to do

Soggetto	**Verbo**
BE	
I	was
You	were
He/She/It	was
We	were
You	were
They	were
HAVE	
I	had
You	had
He/She/It	had
Wehad	
You	had
They	had
DO	
I	did
You	did
He/She/It	did

We did
You did
They did

Note sulle forme affermativa, negativa e interrogativa

Affermativa
La forma affermativa del simple past è semplice.
- I **was** in Japan lastyear
- She **had** a headache yesterday.
- We **did** our homework last night.

Negativa e interrogativa
Le forme negativa e interrogativa al simple past di do, in quanto verbo semplice, si formano usando l'ausiliare do, ad esempio We **didn't do** our homework last night.
La forma negativa di have al simple past si forma solitamente con l'ausiliare do, ma talvolta si aggiunge semplicemente not o la contrazione n't.

La forma interrogativa di have al simple past si forma solitamente con l'ausiliare do.

ESEMPI

- They **weren't** in Rio last summer.
- We **didn't have** any money.
- We **didn't have** time to visit the Eiffel Tower.
- We **didn't do** our exercises this morning.
- **Were** they in Iceland last January?
- **Did you have** a bicycle when you were young?
- **Did you do** much climbing in Switzerland?

Nota: Le forme negativa e interrogativa di **tutti** i verbi al simple past si formano sempre con l'ausiliare **did.**

Simple past e i verbi irregolari.
Alcuni vebri sono irregolari al simple past. Ecco un elenco dei più comuni.

to go
- He **went** to a club last night.
- **Did he go** to the cinema last night?
- He **didn't go** to bed early last night.

to give
- We **gave** her a doll for her birthday.
- They **didn't give** John their new address.
- **Did Barry give** you my passport?

to come
- My parents **came** to visit me last July.

- We **didn't come** because it was raining.
- **Did he come** to your party last week?

PAST CONTINUOUS.

Funzioni del "past continuous"

Il *past continuous* si usa per descrivere azioni o eventi iniziati **nel passato** ma che **continuano e hanno conseguenze** nel presente. In altre parole, esprime **un'azione che è percepita come incompleta o ancora in corso** nel passato.

Viene utilizzato:

• Spesso, per descrivere il contesto di un racconto scritto al passato, per esempio "The sun **was shining** and the birds **were singing** as the elephant came out of the jungle. The other animals **were relaxing** in the shade of the trees, but the elephant moved very quickly. She **was looking** for her baby, and she didn't notice the hunter who **was watching** her through his binoculars. When the shot rang out, she **was running** towards the river..."

• per descrivere un'azione non completata che è stata interrotta dal verificarsi di un altro evento o azione, per esempio: "I **was having** a beautiful dream when the alarm clock rang."

• per esprimere un cambiamento di opinione, ad esempio "I **was going** to spend the day at the beach but I've decided to get my homework done instead."

• con *wonder*, per formulare una domanda in modo estremamente educato: per esempio: "I **was wondering** if you could baby-sit for me tonight."

ESEMPI

- Caroline was skiing when she broke her leg.
- When we arrived he was having a bath.
- When the fire started I was watching television.

Nota: con i verbi che non vengono solitamente usati alla forma progressiva, si utilizza il *simple past*.

Come si forma il *past continuous*

Il *past continuous* di qualsiasi verbo si compone di due parti: il passato del verbo *"to be" (was/were)*
e la forma base del verbo principale *+ing*.

Soggetto	**was/were**	**base + ing**
They	Were	watching
Affirmative		
She	Was	reading
Negative		
She	wasn't	reading
Interrogative		
Was	She	reading?
Interrogative negative		
Wasn't	She	reading?

To play, past continuous

Affermativa	Negativa	Interrogativa
I was playing	I was not playing	Was I playing?
You were playing	You were not playing	Were you playing?
He was playing	He wasn't playing	Was he playing?
We were playing	We weren't playing	Were we playing?
They were playing	They weren't playing	Were they playing?

PRESENT PERFECT.

Come si forma il "Present Perfect"

Il *present perfect* di qualsiasi verbo si compone di due parti: la voce corretta dell'ausiliare ***to have*** (al presente) + il participio passato del verbo principale. Il participio passato di un verbo regolare si compone di ***forma base*+ed**, ad esempio *played, arrived, looked*. Molti verbi formano il participio passato in modo irregolare.

Affermativa		
Soggetto	***to have***	**past participle**
She	has	visited.

Negative		
Subject	***to have + not***	**past participle**
She	has not hasn't)	visited.
Interrogativa		
to have	**subject**	**past participle**
Has	she	visited?
Negativa interrogativa		
***to have* + not**	**subject**	**past participle**
Hasn't	she	visited?

To walk al *present perfect*

Affermativa	Negativa	Interrogativa
I have walked	I haven't walked	Have I walked?
You have walked	You haven't walked.	Have you walked?
He, she, it has walked	He, she, hasn't walked	Has he, she, it walked?
We have walked	We haven't walked	Have we walked?
You have walked	You haven't walked	Have you walked?
They have walked	They haven't walked	Have they walked?

Funzioni del "present perfect"

Il *present perfect* esprime un collegamento tra il presente e il passato. L'azione si svolge **in un momento non precisato del passato.** Chi parla è più interessato al **risultato** dell'azione che all'azione in sé.

ATTENZIONE! In italiano il *present perfect* viene spesso confuso con il passato prossimo; in realtà i due tempi verbali NON hanno lo stesso significato.

Il "Present Perfect" si usa per descrivere

- Un'azione o una situazione iniziata nel passato che continua nel presente. *I **have lived** in Bristol since 1984* (= e ci vivo ancora.)
- Un'azione eseguitda per un periodo di tempo è non ancora terminata.
- *She **has been** to the cinema twice this week* (= e la settimana non è ancora finita.)
- Un'azione ripetuta in un periodo non definito di tempo fra passato e presente. *We **have visited***

Portugal several times.

- Un'azione che si è appena conclusa, espressa con l'avverbio ***just***. *I **have just finished** my work.*
- Un'azione svolta in un tempo irrilevante. *He **has read** 'War and Peace'.* (= ci interessa il risultato, cioè che abbia letto il libro)

Nota: Per dare o richiedere una precisione su quando, dove o chi ha svolto un'azione, si deve usare il *simple past*.

Azione cominciata nel passato che continua nel presente

- They ***haven't lived*** here for years.
- She ***has worked*** in the bank for five years.
- We ***have had*** the same car for ten years.
- ***Have you played*** the piano since you were a child?

Quando il tempo espresso nella frase non è ancora terminato

- ***I have worked*** hard ***this week***.
- It ***has rained*** a lot ***this year***.
- We ***haven't seen*** her ***today***.

Azione ripetuta in un momento non precisato fra il passato e il presente.

- They ***have seen*** that film six times
- It ***has happened*** several times already.
- She ***has visited*** them frequently.
- We ***have eaten*** at that restaurant many times.

Azione appena terminata (+just)

- ***Have you just finished*** work?
- I ***have just eaten***.
- We ***have just seen*** her.
- ***Has he just left***?

Quando il tempo esatto dell'azione non è importante o conosciuto

- Someone ***has eaten*** *my soup*!
- ***Have you seen*** 'Gone with the Wind'?
- ***She's studied*** Japanese, Russian, and English.

PRESENT PERFECT CONTINUOUS.

Come si forma il Present Perfect Continuous

Il *present perfect continuous* è composto da due elementi: il *present perfect* del verbo *to be* (have/has been) e il participio presente del verbo principale (forma base+ing)

Soggetto	has/have been	forma base+ing
She	has been	swimming

Affermativa: She has been / She's been running.
Negativa: She hasn't been running.
Interrogativa: Has she been running?
Interrogativa negativa: Hasn't she been running?
Esempio: present perfect continuous di "TO LIVE"

Affermativa	Negativa	Interrogativa
I have been living	I haven't been living	Have I been living?
You have been living	You haven't been living	Have you been living?
He, she, it has been living	He hasn't been living	Has she been living?
We have been living	We haven't been living	Have we been living?
You have been living	You haven't been living	Have you been living?
They have been living	They haven't been living	Have they been living?

Funzioni del *present perfect continuous*
Il *present perfect continuous* si riferisce a un **periodo non definito del passato** compreso tra 'prima di adesso' e 'adesso'. La persona che parla sta pensando a qualcosa che è iniziata, ma che forse non è terminata, in quel determinato periodo di tempo. La persona è interessata **sia al processo che al risultato;** il processo dell'azione potrebbe essere ancora in corso o potrebbe essersi appena completato.

Azioni iniziate nel passato e che continuano nel presente
She **has been waiting** for you all day (= e sta ancora aspettando).
I've been working on this report since eight o'clock this morning (= e non l'ho ancora terminato).
They have been travelling since last October (= e non sono ancora tornati a casa).

Azioni appena completate, ma quello che interessa è il risultato
She has been cooking since last night (= e il cibo sulla tavola ha un aspetto delizioso).
It's been raining (= le strade sono ancora bagnate).
Someone's been eating my chips (= e ne è sparita la metà).

Verbi senza forma progressiva.
I verbi che non prendono generalmente la forma progressiva si coniugano al *present perfect.* Per esempio: **I've wanted** to visit China for years.
She's known Robert since she was a child. **I've hated** that music since I first heard it. **I've heard** a lot about you recently.
We've understood everything.
we've heard this morning.

PAST PERFECT.
Funzioni del past perfect
Il *past perfect* definisce un tempo **precedente a un altro tempo nel passato**. Si usa per chiarire che **un evento si è verificato prima di un altro evento** nel passato. Non è importante quale evento

viene riportato per primo nella frase: il tempo del verbo chiarisce cosa è successo prima.
Nei seguenti esempi, l'Evento A è l'evento antecendete o quello che si è verificato per prima, mentre l'Evento B è l'evento più recente o il secondo a verificarsi:

Evento A	**Evento B**
John **had gone** out	when I arrived in the office.
Evento A	**Evento B**
I **had saved** my document	before the computer crashed.
Evento B	**Evento A**
When they arrived	we **had already started** cooking.
Evento B	**Evento A**
He was very tired	because he **hadn't slept** well.

Come si forma il past perfect
In inglese, il *past perfect* si compone di due elementi: il *past simple* del verbo *to have (had)* + il participio passato del verbo principale.

Soggetto	**had**	**participio passato**
Affermativa		
She	had	given
Negativa		
She	hadn't	asked.
Interrogativa		
Had	they	arrived?
Interrogative Negativa		
Hadn't	you	finished?

Past perfect del verbo "to decide"

Affermativa	**Negativa**	**Interrogativa**
I had decided	I hadn't decided	Had I decided?
You had decided	You hadn't decided	Had you decided?
She had decided	She hadn't decided	Had she decided?
We had decided	We hadn't decided	Had we decided?
They had decided	They hadn't decided	Had they decided?

Past perfect + just
Just si usa con il *past perfect* per riferirsi a un evento che si è verificato appena prima del momento in cui si sta parlando, ad esempio:

- The train **had just left** when I arrived at the station.
- She **had just left** the room when the police arrived.
- I **had just put** the washing out when it started to rain.

PAST PERFECT CONTINUOUS
Funzioni del past perfect continuous
Il *past perfect continuous* corrisponde al *present perfect continuous,* ma si riferisce a un tempo anteriore "al momento attuale'. Come avviene per il *present perfect continuous,* quello che interessa è il **processo** con cui si svolge un'azione.

ESEMPI

- **Had you been waiting** long before the taxi arrived?
- **We had been trying** to open the door for five minutes when Jane found her key.
- **It had been raining** hard for several hours and the streets were very wet.
- Her friends **had been thinking** of calling the police when she walked in.

Questo tempo si usa anche nel **discorso indiretto** e corrisponde al *past simple continuous* e al *present perfect continuous* nel discorso diretto:

- Jane said, "I have been gardening all afternoon." = Jane said **she had been gardening** all afternoon.
- When the police questioned him, John said, "I was working late in the office that night." = When the police questioned him, John told them **he had been working** late in the office that night.

Come si forma il past perfect continuous

Il *past perfect continuous* si compone di due elementi: il *past perfect* del verbo *to be (=had been)* + il participio presente *(forma base+ing)*.

Soggetto	**had been**	**forma base + ing**
I	had been	walking
Affermativa		
She	had been	trying
Negativa		
She	hadn't been	sleeping
Interrogativa		
Had you	Been	eating?
Interrogativa negativa		
Hadn't they	Been	living?

Past perfect continuous del verbo "to buy"

Affirmative	**Negative**	**Interrogative**
I had been buying	I hadn't been buying	Had I been buying
You had been buying	You hadn't been buying	Had you been buying
She had been buying	She hadn't been buying	Had she been buying
We had been buying	We hadn't been buying	Had we been buying

Affirmative	**Negative**	**Interrogative**
They had been buying	They hadn't been buying	Had they been buying

FUTURE PERFECT.

Come si forma il future perfect

Il *future perfect* è composto da due elementi:

il futuro semplice del verbo *to have* (will have) + il participio passato del verbo principale

Soggetto	**+ will have**	**+ participio passato del verbo principale**
He	will have	finished.
I	will have	finished.

Future perfect *del verbo "to arrive"*

Affermativa	Negativa	Interrogativa	Negativa interrogativa
I will have arrived	I won't have arrived	Will I have arrived?	Won't I have arrived?
You will have arrived	You won't have arrived	Will you have arrived?	Won't you have arrived?
He will have arrived	He won't have arrived	Will he have arrived?	Won't he have arrived?
We will have arrived	We won't have arrived	Will we have arrived?	Won't we have arrived?
They will have arrived	They won't have arrived	Will they have arrived?	Won't they have arrived?

Funzione
Il *future perfect* esprime un'azione completata nel futuro. Quando si usa questo tempo, ci si proietta nel futuro e si parla di un'azione che sarà stata completata in un momento futuro rispetto al momento presente. Il *future perfect* viene spesso usato con espressioni di tempo.

ESEMPI

- **I will have been** here for six months on June 23rd.
- By the time you read this **I will have left.**
- **You will have finished** your report by this time next week.
- **Won't they have arrived** by 5:00?
- **Will you have eaten** when I pick you up?

Future Perfect Continuous

Come si forma il Future Perfect Continuous
Il *future perfect continuous* è composto da due elementi:
il *future perfect* del verbo *to be* (will have been) + il participio presente del verbo principale (forma base + ing)

Soggetto	+ will have been	+ participio presente
He	will have been	playing.
I	will have been	playing.

Future perfect continuous del verbo "to live"

Affermativa	Negativa	Interrogativa	Negativa Interrogativa
I will have been living	I won't have been living	Will I have been living?	Won't I have been living?
You will have been living	You won't have been living	Will you have been living?	Won't you have been living?
He will have been living	He won't have been living	Will he have been living?	Won't he have been living?
We will have been living	We won't have been living	Will we have been living?	Won't we have been living?

They will have been living	They won't have been living	Will they have been living?	Won't they have been living?

Funzioni del future perfect continuous
Come per il *future perfect simple,* questo tempo si usa per parlare di un'azione completata nel futuro. Si riferisce ad eventi o azioni non completate in un tempo compreso tra il momento attuale e un futuro non precisato. Viene spesso usato con espressioni di tempo.

ESEMPI

- **I will have been waiting** here for three hours by six o'clock.
- By 2001 **I will have been living** in London for sixteen years.
- When I finish this course, **I will have been learning** English for twenty years.
- Next year **I will have been working** here for four years.
- When I come at 6:00, **will you have been practicing** long?

SIMPLE FUTURE.
Funzioni del simple future
Il *simple future* si riferisce ad azioni che accadranno in un tempo futuro ed esprime in modo neutro fatti o certezze.

Il *simple future* si usa:
• Per predire un evento futuro: It **will rain** tomorrow.
• Per esprimere una decisione spontanea, con i pronomi *I* o *we*:
I'll pay for the tickets by credit card.
• Quando ci si propone di fare qualcosa: **I'll do** the washing-up.
He'll carry your bag for you.
• Alla forma negativa, per esprimere la mancanza di volontà di fare qualcosa: The baby **won't eat** his soup.
I **won't leave** until I've seen the manager!
• Alla forma interrogativa con *shall,* quando ci si offre di fare qualcosa:
Shall I open the window?
• Alla forma interrogativa con *we* e *shall,* per proporre qualcosa:
Shall we go to the cinema tonight?
• Alla forma interrogativa con *I* e *shall,* per chiedere un consiglio o istruzioni: What **shall I tell** the boss about this money?
• Con *you,* per impartire ordini: You **will do** exactly as I say.
• Con *you* alla forma interrogativa, per fare un invito:
Will you come to the dance with me?
Will you marry me?

Nota: L'inglese moderno preferisce l'uso di ***will*** a ***shall***. *Shall* si usa principalmente con ***I*** e ***we*** per fare un'offerta o dare un suggerimento, oppure per chiedere un consiglio (vedere gli esempi qui sopra). Con gli altri pronomi *(you, he, she, they) shall* viene usato solo in poesia o nell'inglese letterario, per esempio *"With rings on her fingers and bells on her toes, She **shall have** music wherever she goes."*
Come si forma il simple future
Il *simple future* è composto da due elementi: *will / shall* + la forma base del verbo principale

Soggetto	will	forma base
Affirmative		
I	will	go
I	shall	go
Negativa		
They	will not	see
They	won't	see
Interrogativa		
Will	She	ask?
Interrogativa negativa		
Won't	they	try?

Contrazioni
I will = I'll
We will = we'll You will = you'll He will = he'll She will = she'll They will = they'll Will not = won't

La forma *it will* non viene generalmente contratta.
Simple future del verbo "to see"

Affermativa	Negativa	Interrogativa	Interrogativa Negativa
I will see	I won't see	Will I see?	Won't I see?
***I** shall see		*Shall I see?	
You will see	You won't see	Will you see?	Won't you see?
He will see	He won't see	Will he see?	Won't he see?
We will see	We won't see	Will we see?	Won't we see?
***We** shall see		*Shall we see?	
They will see	They won't see	Will they see?	Won't they see?

Shall** è una forma arcaica, ma ancora comunemente usata al posto di *will* nelle frasi affermative o interrogative con i pronomi ***I e ***we*** in determinati casi (vedere sopra).

FUTURE CONTINUOUS.

Come si forma il future continuous

Il *future continuous* è composto da due elementi:
il *simple future* del verbo *to be* + il participio presente (forma base+ing)

Soggetto	***simple future* del verbo *to be***	participio presente
You	will be	watching
I	will be	staying

Future continuous del verbo "to stay"

Affermativa	Negativa	Interrogativa	Negativa Interrogativa
I will be staying.	I won't be staying.	Will I be staying?	Won't I be staying?
You will be staying.	You won't be staying.	Will you be staying?	Won't you be staying?
He will be staying.	He won't be staying.	Will he be staying?	Won't he be staying?

She will be staying.	She won't be staying.	Will she be staying?	Won't she be staying?
It will be staying.	It won't be staying.	Will it be staying?	Won't it be staying?
We will be staying.	We won't be staying.	Will we be staying?	Won't we be staying?
They will be staying.	They won't be staying.	Will they be staying?	Won't they be staying?

Funzioni del future continuous

Il *future continuous* si riferisce a un'azione o a un evento che sarà in corso di svolgimento nel futuro. Il *future continuous* viene utilizzato per esprimere diversi concetti.

Il *future continuous* per proiettarsi nel futuro.

ESEMPI

- This time next week **I will be sun-bathing** in Bali.
- By Christmas **I will be skiing** like a pro.
- Just think, next Monday **you will be working** in your new job.

Il *future continuous* per fare supposizioni su ciò che accadrà nel futuro.

ESEMPI

- **He'll be coming** to the meeting, I expect.
- I guess **you'll be feeling** thirsty after working in the sun.
- **You'll be missing** the sunshine once you're back in England.

Nelle frasi interrogative, il *future continuous* per chiedere, in modo molto educato, un'informazione sul futuro.

ESEMPI

- **Will you be bringing** your friend to the pub tonight?
- **Will Jim be coming** with us?
- **Will she be going** to the party tonight?
- **Will I be sleeping** in this room?

Il *future continuous* per parlare di eventi continuativi che si prevede si verificheranno nel futuro.

ESEMPI

- I'll be seeing Jim at the conference next week.
- When he is in Australia **he will be staying** with friends.
- **I'll be eating** with Jane this evening so I can tell her.

Usato con *still*, il *future continuous* per parlare di eventi già in corso e che si prevede continueranno per un determinato periodo di tempo nel futuro.

ESEMPI

- In an hour **I'll still be ironing** my clothes.
- Tomorrow **he'll still be suffering** from his cold.
- Next year **will she still be wearing** a size six?
- **Won't stock prices still be falling** in the morning?
- Unfortunately, **sea levels will still be rising** in 20 years.

5. Periodo ipotetico.

Il periodo ipotetico, o condizionale, viene usato per speculare su cosa potrebbe succere, cosa sarebbe potuto succedere o cosa vorremmo che succedesse. In inglese, quasi tutti i periodi ipotetici contengono la preposizione *if*. Molte frasi al condizionale impiegano verbi al passato. Questo uso viene definito "il passato irreale" perché viene usato un verbo al passato anche se la frase non si riferisce ad un'azione che si è effettivamente svolta nel passato. Esistono cinque modi principali per formare una frase al condizionale in inglese. In tutti e cinque i casi, i periodi ipotetici sono composti da una proposizione introdotta da *if* e da una proposizione principale. Molte frasi negative al condizionale presentano una costruzione equivalente introdotta da unless invece che da *if*.

Periodo ipotetico	**Uso**	**Tempo proposizione introdotta da *if***	**Tempo proposizione principale**
Tipo 0	Verità di carattere generale	*Simple present*	*Simple present*
Tipo 1	Condizione possibile e conseguenza probabile	*Simple present*	*Simple future*
Tipo 2	Condizione ipotetica e conseguenza probabile	*Simple past*	*Present conditional* o *present continuous conditional*
Tipo 3	Condizione passata improbabile e conseguenza probabile al passato	*Past perfect*	*Perfect conditional*
Tipo misto	Condizione passata improbabile e conseguenza probabile al presente	*Past perfect*	*Present contditional*

Il periodo ipotetico zero.

Il periodo ipotetico 0 viene impiegato quando il tempo a cui si riferisce la frase è **adesso o sempre** e la situazione è **reale e possibile**. Il periodo ipotetico 0 viene spesso usato per esprimere verità di carattere generale. Entrambe le proposizioni della frase sono al presente. Nei periodi ipotetici di tipo 0 la parola *if* può in genere essere sostituita dalla parola *when* wsenza cambiare il significato della frase.

Proposizione con *if*	**Proposizione principale**
If + simple present	***simple present***
If this thing happens	that thing happens.
If you heat ice	it melts.
If it rains	the grass gets wet.

Il periodo ipotetico 1.

Il periodo ipotetico 1 viene impiegato per riferirsi a un tempo **presente o futuro** quando la **situazione è reale**. The Il periodo ipotetico 1 si riferisce a una condizione possibile e alle sue probabili conseguenze. In queste frasi, la proposizione secondaria è al *simple present* e la proposizione principale al *simple future*.

Proposizione con *if*

Proposizione con *if*	**Proposizione principale**
If + simple present	***simple future***
If this thing happens	that thing will happen.
If you don't hurry	you will miss the train.
If it rains today	you will get wet.

Il periodo ipotetico 2.
Il periodo ipotetico 2 viene impiegato per riferirsi a un tempo **presente o qualsiasi** e la situazione è **irreale**. These Queste frasi non si basano su fatti. Il periodo ipotetico 2 viene impiegato per fare riferimento a una condizione ipotetica e alla sua probabile conseguenza. Nei periodici ipotetici 2, se la proposizione secondaria è al *simple past* la proposizione principale è al condizionale presente.

Proposizione con *if*	**Proposizione principale**
If + simple past	**condizionale presente o condizionale presente progressivo**
If this thing happened	that thing would happen. (ma non sono sicuro che questa cosa succederà) OPPURE that thing would be happening.
If you went to bed earlier	you would not be so tired.
If it rained	you would get wet.
If I spoke Italian	I would be working in Italy.

Il periodo ipotetico 3.
Il periodo ipotetico 3 viene impiegato per riferirsi a un tempo **passato** e la situazione è **contraria alla realtà**. I fatti su cui si basa la frase sono il contrario di quanto viene espresso. Il periodo ipotetico 3 viene impiegato per riferirsi a una condizione passata non reale e alla sua possibile conseguenza passata. Nei periodi ipotetici 3, la proposizione introdotta da *if* è al *past perfect* e la proposizione principale è al condizionale passato.

Proposizione con *if*	**Proposizione principale**
If + past perfect	***conditional passato* o *condizionale passato progressivo***
If this thing had happened	that thing would have happened. (ma nessuna delle due cose è davvero successa) OPPURE that thing would have been happening.
If you had studied harder	you would have passed the exam.
If it had rained	you would have gotten wet.
If I had accepted that promotion	I would have been working in Milan.

Il periodo ipotetico misto.
Il periodo ipotetico misto è usato per esprimere un tempo **passato** e una situazione che **continua nel presente**. I fatti su cui si basa facts sono il contrario di quanto viene espresso. Il periodo ipotetico misto viene usato per riferirsi a una condizione passata irreale e alla sua probabile conseguenza nel presente. Nei periodi ipotetici misti, se la proposizione è al *past perfect* la proposizione principale al condizionale presente.

Proposizione con *if*	Proposizione principale
If + past perfect* o *simple past	**condizionale presente o condizionale passato**
If this thing had happened	that thing would happen. (but this thing didn't happen so that thing isn't happening)
If I had worked harder at school	I would have a better job now.
If we had looked at the map	we wouldn't be lost.
If you weren't afraid of spiders	you would have picked it up and put it outside.

PERIODO IPOTETICO ZERO

Come si forma

Nel periodo ipotetico zero, le proposizioni principale e secondaria sono al *simple present.*

Proposizione con *if* (condizione)	Proposizione principale (risultato)
If + simple present	***simple present***
If this thing happens	that thing happens.

Come per i periodi ipotetici di tutti i tipi, l'ordine delle proposizioni può variare. Quando si inverte l'ordine delle proposizioni, potrebbe essere necessario modificare i pronomi e la punteggiatura, ma il significato della frase non cambia. Nei periodi ipotetici zero, è sempre possibile sostituire *if* con *when,* perché si esprimono verità di carattere generale. Il significato non cambia.

ESEMPI

- If you heat ice, it melts.
- Ice melts if you heat it.
- When you heat ice, it melts.
- Ice melts when you heat it.
- If it rains, the grass gets wet.
- The grass gets wet if it rains.
- When it rains, the grass gets wet.
- The grass gets wet when it rains.

Funzione

Il periodo ipotetico zero è usato per fare dichiarazioni sul mondo reale e spesso si riferisce a verità di carattere generale, come un fatto scientifico. In questi tipi di frasi, il tempo è **adesso o sempre** e la situazione è **reale e possibile**.

ESEMPI

- If you freeze water, it becomes a solid.
- Plants die if they don't get enough water.
- If my husband has a cold, I usually catch it.
- If public transport is efficient, people stop using their cars.
- If you mix red and blue, you get purple.

Il periodo ipotetico zero è spesso usato per dare istruzioni, usando l'imperativo nella proposizione principale.

ESEMPI

- If Bill phones, tell him to meet me at the cinema.
- Ask Pete if you're not sure what to do.
- If you want to come, call me before 5:00.
- Meet me here if we get separated.

PERIODO IPOTETICO 1

Come si forma

Nel periodo ipotetico 1, la proposizione introdotta da *if* è al *simple present* e la proposizione principale al *simple future*.

Proposizione con if (condizione)	**Proposizione principale (risultato)**
If + simple present	***simple future***
If this thing happens	that thing will happen.

Come per i periodi ipotetici di tutti i tipi, l'ordine delle proposizioni può variare. Quando si inverte l'ordine delle proposizioni, potrebbe essere necessario modificare i pronomi e la punteggiatura, ma il significato della frase non cambia.

ESEMPI

- If it rains, you will get wet.
- You will get wet if it rains.
- If Sally is late again I will be mad.
- I will be mad if Sally is late again.
- If you don't hurry, you will miss the bus.
- You will miss the bus if you don't hurry.

Funzione

Il periodo ipotetico 1 si riferisce a una condizione possibile e alle sue probabili conseguenze. Queste frasi sono basate su fatti e sono usate per fare dichiarazioni sul mondo reale e su situazioni particolari. Queste frasi sono spesso usate per dare degli avvisi. I periodi ipotetici 1 sono al **presente o al futuro** e **la situazione è reale**.

ESEMPI

- If I have time, I'll finish that letter.
- What will you do if you miss the plane?
- Nobody will notice if you make a mistake.
- If you drop that glass, it will break.
- If you don't drop the gun, I'll shoot!
- If you don't leave, I'll call the police.

Nella proposizione principale dei periodi ipotetici 1 è possibile usare un verbo modale al posto del futuro, per esprimere un grado di certezza, un permesso o una raccomandazione sul risultato.

ESEMPI

- If you drop that glass, it might break.
- I may finish that letter if I have time.

- If he calls you, you should go.
- If you buy my school supplies for me, I will be able to go to the park.

PERIODO IPOTETICO 2

Come si forma

Nel periodo ipotetico 2, la proposizione introdotta da if è al *simple past* e la proposizione principale al condizionale presente o al condizionale presente progressivo.

Proposizione con *if* (condizione)	**Proposizione principale (risultato)**
If + simple past	**condizionale presente o condizionale presente progressivo**
If this thing happened	that thing would happen.

Come per i periodi ipotetici di tutti i tipi, l'ordine delle proposizioni può variare. Quando si inverte l'ordine delle proposizioni, potrebbe essere necessario modificare i pronomi e la punteggiatura, ma il significato della frase non cambia.

ESEMPI

- If it rained, you would get wet.
- You would get wet if it rained.
- If you went to bed earlier you wouldn't be so tired.
- You wouldn't be so tired if you went to bed earlier.
- If she fell, she would hurt herself.
- She would hurt herself if she fell.

Funzione

Il periodo ipotetico 2 si riferisce a una condizione improbabile o immaginaria e alle sue probabili conseguenze. Queste frasi non si basano su situazioni reali. I periodi ipotetici 2 sono al **presente o in qualsiasi momento** e **la situazione è immaginaria**.

ESEMPI

- If the weather wasn't so bad, we would go to the park. (But the weather is bad so we can't go.)
- If I was the Queen of England, I would give everyone a chicken. (But I am not the Queen.)
- If you really loved me, you would buy me a diamond ring.
- If I knew where she lived, I would go and see her.

L'uso dell'espressione *if I were* invece di *if I was* è corretta e molto comune.

ESEMPI

- If I were taller, I would buy this dress.
- If I were 20, I would travel the world.
- If I were you, I would give up smoking.
- If I were a plant, I would love the rain.

Nella proposizione principale dei periodi ipotetici 2 è possibile usare un verbo modale al posto di *would*, per esprimere un grado di certezza, un permesso o una raccomandazione sul risultato.

ESEMPI

- We might buy a larger house if we had more money
- He could go to the concert if you gave him your ticket.
- If he called me, I couldn't hear.

Il condizionale presente
Il condizionale presente di tutti i verbi è composto da due elementi:
***would* + la forma base del verbo principale**

Soggetto	**+ *would***	**+ forma base**
He	would	go
They	would	stay

Condizionale presente del verbo "to go"

Affermativa	**Negativa**	**Interrogativa**	**Interrogativa Negativa**
I would go	I wouldn't go	Would I go?	Wouldn't I go?
You would go	You wouldn't go	Would you go?	Wouldn't you go?
He would go	He wouldn't go	Would he go?	Wouldn't he go?
She would go	She wouldn't go	Would she go?	Wouldn't she go?
We would go	We wouldn't go	Would we go?	Wouldn't we go?
They would go	They wouldn't go	Would they go?	Wouldn't they go?

PERIODO IPOTETICO 3

Come si forma
Nel periodo ipotetico 3, la proposizione introdotta da *if* è al *past perfect* e la proposizione principale è al condizionale passato o al condizionale passato progressivo.

Proposizione con *if* (condizione)	**Proposizione principale (risultato)**
If + past perfect	**condizionale passato o condizionale passato progressivo**
If this thing had happened	that thing would have happened.

Come per i periodi ipotetici di tutti i tipi, l'ordine delle proposizioni può variare. Quando si inverte l'ordine delle proposizioni, potrebbe essere necessario modificare i pronomi e la punteggiatura, ma il significato della frase non cambia.

ESEMPI

- If it had rained, you would have gotten wet.
- You would have gotten wet if it had rained.
- You would have passed your exam if you had worked harder.
- If you had worked harder, you would have passed your exam.
- I would have believed you if you hadn't lied to me before.
- If you hadn't lied to me before, I would have believed you.

Funzione
Il periodo ipotetico 3 si riferisce a una condizione passata impossibile e alle sue probabili conseguenze passate. Queste frasi sono veramente immaginarie e irreali, poiché quando vengono espresse è troppo tardi per modificare la condizione o il risultato. Il periodo ipotetico 3 esprime sempre una sorta di pentimento e

di rimorso; la realtà è l'opposto o il contrario di quello che esprime la frase. Nei periodi ipotetici 3, il tempo è il **passato** e la situazione è **immaginaria**.

ESEMPI

- If I had worked harder I would have passed the exam. (ma non ho studiato abbastanza e non ho passato l'esame.)
- If I had known you were coming I would have baked a cake. (ma non lo sapevo e quindi non ho preparato una torta.)
- I would have been happy if you had called me on my birthday. (ma non mi hai chiamato e quindi non sono contento.)

Nella proposizione principale dei periodi ipotetici 3 è possibile usare un verbo modale al posto di *would*, per esprimere un grado di certezza, un permesso o una raccomandazione sul risultato.

ESEMPI

- If I had worked harder I might have passed the exam.
- You could have been on time if you had caught the bus.
- If he called you, you could go.
- If you bought my school supplies for me, I might be able to go to the park.

Contrazioni
Sia *would* che *had* possono essere contratte con *'d*, e questo può creare confusione se si hanno dei dubbi sul periodo ipotetico 3. In effetti è semplice, basta ricordare queste due regole:

1. ***would* non si usa mai nella proposizione introdotta da *if*** ; se la proposizione contiene una contrazione con *'d*, allora si tratta sicuramente della contrazione di *had*.
2. ***had* non appare mai prima di *have;*** se *'d* segue un pronome e si trova prima di *have*, si tratta sicuramente della contrazione di *would*.

ESEMPI

- If **I'd** known you were in hospital, **I'd** have visited you.
- If **I had** known you were in hospital, **I would** have visited you.
- **I'd** have bought you a present if **I'd** known it was your birthday.
- **I would** have bought you a present if **I had** known it was your birthday.
- If **you'd** given me your e-mail, **I'd** have written to you.
- If **you had** given me your e-mail, **I would** have written to you.

IL CONDIZIONALE PASSATO

Il condizionale passato di tutti i verbi è composto da tre elementi:
***would* + *have* + participio passato**
Have seguito dal participio passato viene usato anche in altre costruzioni e viene chiamato il *perfect infinitive*.

Soggetto	+ ***would***	+ ***have***	**+ participio passato**
He	would	have	gone
They	would	have	stayed

Condizionale passato del verbo "to go"

Affermativa	**Negativa**	**Interrogativa**	**Interrogativa Negativa**
I would have gone	I wouldn't have gone	Would I have gone?	Wouldn't I have gone?
You would have gone	You wouldn't have gone	Would you have gone?	Wouldn't you have gone?
He would have gone	He wouldn't have gone	Would he have gone?	Wouldn't he have gone?
She would have gone	She wouldn't have gone	Would she have gone?	Wouldn't she have gone?
We would have gone	We wouldn't have gone	Would we have gone?	Wouldn't we have gone?
They would have gone	They wouldn't have gone	Would they have gone?	Wouldn't they have gone?

PERIODO IPOTETICO MISTO

È possibile che le due proposizioni di un periodo ipotetico si riferiscano a tempi diversi: la frase che ne risulta è un periodo ipotetico "misto". Esistono due tipi di periodo ipotetico misto.

Conseguenza presente di una condizione passata

Come si forma

In questo tipo di periodo ipotetico misto, la proposizione introdotta da *if* è al *past perfect* mentre la proposizione principale è al condizionale presente.

Proposizione con if (condizione)	**Proposizione principale (risultato)**
If + past perfect	**condizionale presente**
If this thing had happened	that thing would happen.

Come per i periodi ipotetici di tutti i tipi, l'ordine delle proposizioni può variare. Quando si inverte l'ordine delle proposizioni, potrebbe essere necessario modificare i pronomi e la punteggiatura, ma il significato della frase non cambia.

ESEMPI

- If I had worked harder at school, I would have a better job now.
- I would have a better job now if I had worked harder at school.
- If we had looked at the map we wouldn't be lost.
- We wouldn't be lost if we had looked at the map.
- If you had caught that plane you would be dead now.
- You would be dead now if you had caught that plane.

Funzione

Questo tipo di periodo ipotetico misto si riferisce a una condizione passata irreale e alla sua probabile conseguenza presente. Queste frasi esprimono una situazione che è contraria alla realtà, sia presente che passata. In questi periodi ipotetici misti, la proposizione introdotta da *if* è al **passato** mentre la proposizione principale è al **presente**.

ESEMPI

- If I had studied I would have my driving license. (but I didn't study and now I don't have my license)
- I would be a millionaire now if I had taken that job. (but I didn't take the job and I'm not a millionaire)
- If you had spent all your money, you wouldn't buy this jacket. (but you didn't spend all your money and now you can buy this jacket)

Nella proposizione principale dei periodi ipotetici misti è possibile usare un verbo modale al posto di *would*, per esprimere un grado di certezza, un permesso o una raccomandazione sul risultatodi certezza, un permesso o una raccomandazione sul risultato.

ESEMPI

- If you had crashed the car, you might be in trouble.
- I could be a millionaire now if I had invested in ABC Plumbing.
- If I had learned to ski, I might be on the slopes right now.

Conseguenza passata di una condizione presente o continuativa

Come si forma

In questo secondo tipo di periodo ipotetico misto, la proposizione introdotta da *if* è al *simple past* mentre la proposizione principale è al condizionale passato.

Proposizione con if (condizione)	Proposizione principale (risultato)
If + simple past	**condizionale passato**
If this thing happened	that thing would have happened.

Come per i periodi ipotetici di tutti i tipi, l'ordine delle proposizioni può variare. Quando si inverte l'ordine delle proposizioni, potrebbe essere necessario modificare i pronomi e la punteggiatura, ma il significato della frase non cambia.

ESEMPI

- If I wasn't afraid of spiders, I would have picked it up.
- I would have picked it up if I wasn't afraid of spiders.
- If we didn't trust him we would have sacked him months ago.
- We would have sacked him months ago if we didn't trust him.
- If I wasn't in the middle of another meeting, I would have been happy to help you.
- I would have been happy to help you if I wasn't in the middle of another meeting.

Funzione

Questi periodi ipotetici misti si riferiscono a una situazione presente non reale e alla sua probabile (ma non reale) conseguenza passata. In questi periodi ipotetici misti, il tempo della proposizione introdotta da *if* è **adesso o sempre** mentre il tempo della proposizione principale è **prima di adesso**. Ad esempio, *If I wasn't afraid of spiders* esprime qualcosa che non corrisponde alla realtà presente - in quanto io ho effettivamente paura dei ragni - *I would have picked it up* esprime il contrario di quanto è sucesso in realtà nel passato. In effetti, non ho preso in mano il ragno.

ESEMPI

- If she wasn't afraid of flying she wouldn't have travelled by boat.

- I'd have been able to translate the letter if my Italian was better.
- If I was a good cook, I'd have invited them to lunch.
- If the elephant wasn't in love with the mouse, she'd have trodden on him by now.

LE FORME IN -ING

Le forme verbali che terminano in *-ing* sono al participio presente o al gerundio. Queste due forme sono ortograficamente identiche ma rivestono una diversa funzione sintattica.

Participio presente

Il participio presente viene generalmente utilizzato nella forma progressiva di un verbo, dopo i verbi di percezipne, di movimento o come aggettivo.

Participio presente nella forma progressiva di un verbo

Il participio presente è un elemento di tutte le forme progressive di una voce verbale (passato, presente, futuro, condizionale, ecc.). L'ausiliare indica il tempo mentre il participio presente rimane invariato.

ESEMPI

- He **is painting**.
- She **was waiting**.
- They **will be coming**.
- We **would be staying**.
- I **would have been leaving**.

▶ *Participio presente dopo i verbi di percezione*

Il participio presente può essere usato nella struttura *verbo + complemento oggetto + participio presente* per indicare un'azione percepita.

ESEMPI

- We **saw him swimming** across the pond.
- I **watched her painting** Sarah's portrait.
- I couldn't **hear her singing** because of the noise.
- I would like to **see you knitting** sometime.

▶ *Participio presente dopo i verbi di movimento, azione o posizione per indicate un'attività parallela.*

ESEMPI

- She **sat looking** at the sea.
- He **walks reading** his newspaper.
- I **cook listening** to the radio.
- Sally **lay listening** to the bugs in the grass.

▶ *Participio presente usato come aggettivo*

ESEMPI

- Did you read that **amazing** book?
- This movie is so **exciting**!
- His economics class is **boring**.

6. Gerundio.

Il gerundio è sempre soggetto o oggetto anche se sembra un verbo. Può essere utilizzato come un sostantivo.

▶ *Gerundio utilizzato come soggetto della frase*

ESEMPI

- **Eating** people is wrong.
- **Driving** too fast is dangerous.
- **Walking** is good for you.
- Your **knitting** it beautiful.

▶ *Uso del gerundio dopo le preposizioni*

ESEMPI

- Can you sneeze **without opening** your mouth?
- She is good **at painting**.
- I was the fastest **at climbing** the rope.
- He learns music **by listening** to the chords.

▶ *Uso del gerundio dopo alcuni verbi specifici*

ESEMPI

- I **like cooking**.
- He **enjoys walking**.
- They **hate milking** cows.
- I can **imagine drifting** away in a balloon.

▶ *Gerundio nei nomi composti*

ESEMPI

- I took her to her **driving lessons**.
- We are going to the **swimming pool**.
- My uncle does a lot of **bird-watching**.
- I found this pie by **dumpster-diving**.

Verbi seguiti da gerundio

Molti verbi diversi reggono il gerundio. I verbi principali sono i seguenti. Tutti questi verbi possono reggere un sostantivo al posto del gerundio. Il gerundio è sempre utilizzato con funzione di verbo sostantivato. Alcuni di questi verbi possono anche essere seguiti da that + frase semplice.

▶ *Verbi che possono essere seguiti da un sostantivo o dal gerundio*

Avoid	celebrate	consider	contemplate	defer	delay	detest
Dislike	Dread	enjoy	entail	escape	excuse	finish
forgive	Involve	keep	loathe	mind	miss	pardon
postpone	Prevent	resent	resist	risk	save	stop

ESEMPI

- **I avoid going** to the dentist.
- **I avoid** chocolate.
- **I miss taking** walks in the morning.
- **I miss** England.
- **I have finished working**.
- **I have finished** the cake.

▶ *Verbi che possono essere seguiti da sostantivi, gerundio o that + frase semplice*

acknowledge	admit	anticipate	appreciate	deny	imagine	mean
Mention	Propose	recall	recollect	report	suggest	understand

ESEMPI

- **I can't imagine living** in that big house.
- **I can't imagine** a purple unicorn in my yard.
- **I can't imagine that** he lied on purpose.
- **I understand** French.
- **I understand fishing** pretty well.
- **I understand that** you would prefer to stay.

Alcuni verbi possono reggere il gerundio o l'infinito. Il verbo può mantenere lo stesso significato oppure assumere un significato diverso a seconda della struttura da cui è seguito.

GERUNDIO

Non c'è nessuna differenza formale tra gerundio e il participio presente, ma le due forme verbali vengono usate in modo molto diverso. Il gerundio ha sempre funzione di soggetto od oggetto (anche se sembra un verbo Di seguito si riportano alcuni usi del gerundio.

▶ *Esempi di gerundio inglese utilizzato come soggetto*

ESEMPI

- **Eating** people is wrong.
- **Hunting** tigers is dangerous.
- **Flying** makes me nervous.
- **Brushing** your teeth is important.
- **Smoking** causes lung cancer.

▶ *Il gerundio come complemento del verbo 'to be'*

ESEMPI

- One of his duties **is attending** meetings.
- The hardest thing about learning English **is understanding** the gerund.
- One of life's pleasures **is having** breakfast in bed.

▶ *Il gerundio dopo una preposizione*

Il gerundio deve essere utilizzato quando un verbo è seguito da una preposizione. Questo vale anche per certe espressioni che terminano con una preposizione, come per esempio le espressioni *in spite of* & *there's no point in.*

ESEMPI

- Can you sneeze **without opening** your mouth?
- She is good **at painting**.
- She avoided him **by walking** on the opposite side of the road.
- We arrived in Madrid **after driving** all night.
- My father decided **against postponing** his trip to Hungary.
- There's no point **in waiting**.
- In spite **of missing** the train, we arrived on time.

▶ *Il gerundio dopo i "phrasal verbs"*

I phrasal verbs sono verbi composti da **verbo + una preposizione o un avverbio**.

ESEMPI

- When will you **give up smoking**?
- She always **puts off going** to the dentist.
- He **kept on asking** for money.
- Jim **ended up buying** a new TV after his old one broke.

Alcuni phrasal verbs includono la particella to come preposizione, ad esempio *to look forward to, to take to, to be accustomed to, to get around to* e *to be used to*. È importante ricordare che in questi casi la particella *to* è una preposizione e che quindi deve essere seguita dal gerundio. Non si tratta della particella *to* usata per formare l'infinito del verbo. Per verificare se *to* è una preposizione o se fa parte dell'infinito, basta mettere il pronome *it* dopo la particella *to* e verificare se la frase ha un senso compiuto. In caso positivo, la particella *to* è una preposizione e deve essere seguita dal gerundio.

ESEMPI

- I **look forward to hearing** from you soon.
- I **look forward to it**.
- I am **used to waiting** for buses.
- I am **used to it**.
- She didn't really **take to studying** English.
- She didn't really **take to it**.
- When will you **get around to mowing** the grass?
- When will you **get around to it**?

▶ *Il gerundio nei nomi composti*

Nei nomi composti che utilizzano il gerundio appare subito chiaro che il gerundio ha funzione di sostantivo e non di verbo che indica un'azione che si sta compiendo. Per esempio, la parola *swimming pool* indica una piscina nella quale si può nuotare e non una piscina che sta nuotando.

ESEMPI

- I am giving Sally a **driving lesson**.
- They have a **swimming pool** in their back yard.

- I bought some new **running shoes**.

▶ *Il gerundio dopo alcune espressioni*
Il gerundio deve essere utilizzato dopo le espressioni *can't help, can't stand, to be worth* e *it's no use*.

ESEMPI

- She **couldn't help falling** in love with him.
- I **can't stand being** stuck in traffic jams.
- It's **no use trying** to escape.
- It might **be worth phoning** the station to check the time of the train.

PARTICIPIO PRESENTE
Il participio presente della maggior parte dei verbi si forma con il verbo alla **forma base + ing**. Il participio presente è usato per esprimere molti significati diversi.

▶ *Il participio presente nella forma progressiva di un verbo*

ESEMPI

- I **am working**.
- He **was singing**.
- They **have been walking**.
- We **will be staying**.
- She **would have been expecting** me.

▶ *Il participio presente dopo i verbi di movimento e di posizione*
Questa costruzione è particolarmente utile con il verbo *to go*.

ESEMPI

- She **went shopping**.
- I **go running** every morning.
- He **lay looking** up at the clouds.
- She **came running** towards me.

▶ *Il participio presente dopo i verbi di percezione*
Il modello verbale in questi casi è **verbo + complemento oggetto + participio presente**. Il verbo assume un diverso significato a seconda della struttura da cui è seguito, forma base o participio presente. La forma base indica un'azione terminata mentre il participio presente indica un'azione in corso.

ESEMPI

- I heard someone **singing**.
- He saw his friend **walking** along the road.
- I can smell something **burning**!
- I watched the birds **flying** away.

▶ *Il participio presente usato come aggettivo*

ESEMPI

- It was an **amazing** film.
- Dark **billowing** clouds often precede a storm.
- He was trapped inside the **burning** house.
- Many of his paintings show the **setting** sun.

▶ *Il participio presente con i verbi* spend *e* waste

La costruzione con questi verbi è **verbo + espressioni di tempo/denaro + participio presente**.

ESEMPI

- My boss **spends two hours a day travelling** to work.
- Don't **waste time playing** computer games!
- They've **spent the whole day shopping**.
- I **wasted money buying** this game.

▶ *Il participio presente con i verbi* catch *e* find

La costruzione con questi verbi è **verbo + complemento oggetto + participio presente**. Con il verbo *catch*, il participio si riferisce sempre a un'azione che causa disturbo o rabbia. Il verbo *find* invece viene utilizzato per azioni neutre.

ESEMPI

- If I **catch you stealing** my apples again, there'll be trouble!
- Don't let him **catch you reading** his letters.
- I **caught him going** through my bag.
- We **found some money lying** on the ground.
- They **found their mother sitting** in the garden.

▶ *Il participio presente per due azioni che si svolgono contemporaneamente*

Quando due azioni si svolgono contemporaneamente e sono svolte dalla stessa persona o cosa, è possibile ustare il participio presente per descriverne una. Quando una stessa persona o cosa svolge due azioni in un brevissimo spazio di tempo, la prima azione può essere espressa al participio presente.

ESEMPI

- **Whistling** to himself, he walked down the road. = He whistled to himself as he walked down the road.
- They went **laughing** out into the snow. = They laughed as they went out into the snow.
- **Dropping** the gun, she put her hands in the air. = She dropped the gun and put her hands in the air.
- **Putting** on his coat, he left the house. = He put on his coat and left the house.

▶ *Il participio presente per spiegare una ragione*

Il participio presente può essere utilizzato per iniziare una frase al posto della particella *as*, *since*, o *because*. In questi casi, il participio presente spiega la causa o la ragione di un'azione.

ESEMPI

- **Feeling** hungry, he went into the kitchen and opened the fridge.
- **Being** poor, he didn't spend much on clothes.

- **Knowing** that his mother was coming, he cleaned the flat.
- He whispered, **thinking** his brother was still asleep.

7. Infinito.

Come si forma l'infinito

L'infinito è la forma di base di un verbo. In inglese, quando si parla di infinito si intende in genere l'infinito presente, che è la forma più usata. Ci sono tuttavia quattro altri tempi di infinito: l'infinito passato, l'infinito perfetto progressivo, l'infinito progressivo, l'infinito passivo.

L'infinito inglese ha due forme:

- **Infinito** = to + forma base
- **Infinito base** = forma base

La forma base di un verbo è quella data dal dizionario.

Infinito	**Infinito base**
to sit	Sit
to eat	Eat
to have	Have
to remember	remember

La forma negativa dell'infinito si ottiene aggiungendo la negazione *not* davanti a qualsiasi tipo di infinito.

ESEMPI

- I decided **not to go** to London.
- He asked me **not to be** late.
- I'd like you **not to sing** so loudly.
- I'd rather **not eat** meat.
- I might **not come.**

Funzioni dell'infinito

L'infinito si usa in diversi tipi di costruzioni, in particolare nelle proposizioni finali per esprimere lo scopo di un'azione o l'opinione di qualcuno. L'infinito può essere usato dopo numerosi verbi d'azione.

L'infinito per indicare lo scopo o l'intenzione di un'azione

In questo caso la particella *to* ha lo stesso significato di *in order to* o *so as to*.

ESEMPI

- She **came to collect** her pay cheque.
- The three bears **went to find** firewood.
- I am **calling to ask** you about dad.
- You sister has **gone to finish** her homework.

▶ *L'infinito come soggetto di una frase*

Questa forma è molto formale e viene usata principalmente nell'inglese scritto.

ESEMPI

- **To be** or not to be, that is the question.
- **To know** her is to love her.
- **To visit** the Grand Canyon is my life-long dream.
- **To understand** statistics, that is our aim.

▶ *L'infinito nelle proposizioni modali*

In questi casi, l'infinito indica cosa serve per completare una determinata azione. L'infinito segue un sostantivo o un pronome.

ESEMPI

- The children need a garden **to play** in.
- I would like a sandwich **to eat**.
- I don't have anything **to wear**.
- Would you like something **to drink**?

▶ *L'infinito dopo un aggettivo*

L'infinito è spesso usato nella dopo un aggettivo. La costruzione di queste frasi è la seguente:
soggetto + to be + aggettivo + (for/of qualcuno) + infinito + (complementi)

Soggetto	**+ to be**	**+ aggettivo**	**(+ for/of qualcuno)**	**+ infinito**	**(+ complementi)**
It	is	good		to talk.	
It	is	good	of you	to talk	to me.
It	is	important		to be patient.	
It	is	important	for Jake	to be patient	with his little brother.
I	am	happy		to be	here.
The dog	is	naughty		to destroy	our couch.

▶ *L'infinito per esprimere un commento o un giudizio*

L'infinito può essere utilizzato per esprimere un commento o un giudizio su qualcosa o qualcuno. In questi casi la costruzione è la seguente:
soggetto + to be + sintagma nominale + infinito

Soggetto	**+ to be**	**+ sintagma nominale**	**+ infinito**
It	Was	a stupid place	to park.
That	Is	a dangerous way	to behave.
What you said	Was	a rude thing	to say.
This	Is	the right thing	to do.
Those	were	the wrong kind of eggs	to buy.
Jim	Is	the best person	to hire.

▶ *L'infinito con gli avverbi*

L'infinito viene spesso usato con gli avverbi *too* e *enough* per esprimere soddisfazione o insoddisfazione. La costruzione prevede che gli avverbi *too* e *enough* siano posti prima o dopo l'aggettivo, l'avverbio o il sostantivo che modificano, rispettando la posizione che avrebbero se non ci fosse l'infinito. Si prosegue quindi con l'infinito che spiega la ragione per la quale la quantità è eccessiva, sufficiente o insufficiente. In generale, è possibile eliminare la parte della frase che inizia con l'infinito e la frase rimane corretta.

ESEMPI

- There's **too much** sugar **to put** in this bowl.
- I had **too many** books **to carry**.
- This soup is **too hot to eat**.
- She was **too tired to work**.
- He arrived **too late to see** the actors.
- I've had **enough food to eat**.
- She's **old enough to make up** her own mind.
- There **isn't enough** snow **to ski** on.
- You're **not old enough to have** grand-children!

▶ *L'infinito con i pronomi interrogativi*
I verbi *ask, decide, explain, forget, know, show, tell, & understand* possono essere seguiti da un pronome interrogativo come *where, how, what, who, & when* + l'infinito.

ESEMPI

- She asked me how to use the washing machine.
- Do you understand what to do?
- Tell me when to press the button.
- I've forgotten where to put this little screw.
- I'm not sure I know who to call.

Funzioni della forma base (infinito senza particella to)
▶ *La forma base dopo gli ausiliari*

ESEMPI

- She **can't speak** to you.
- He **should give** her some money.
- **Shall** I **talk** to him?
- **Would** you **like** a cup of coffee?
- I **might stay** another night in the hotel.
- They **must leave** before 10.00 a.m.

▶ *La forma base dopo i verbi di sensazione*
La costruzione della frase con un verbo di sensazione è la seguente: **verbo + complemento oggetto + forma base.**

ESEMPI

- He **saw her fall** from the cliff.
- We **heard them close** the door.
- They **saw us walk** toward the lake.
- She **felt the spider crawl** up her leg. *La forma base dopo i verbi 'make' e 'let'*

ESEMPI

- Her parents **let her stay** out late.
- **Let's go** to the cinema tonight.
- You **made me come** with you.
- Don't **make me study** that boring grammar book!

▶ *La forma base dopo la locuzione 'had better'*

ESEMPI

- We **had better take** some warm clothing.
- She **had better ask** him not to come.
- We **had better reserve** a room in the hotel.
- You'**d better give** me your address.
- They **had better work** harder on their homework.

▶ *La forma base con 'why'*
Il pronome interrogativo *why* regge la forma base quando viene utilizzato per dare un suggerimento.

ESEMPI

- **Why wait** until tomorrow?
- **Why not ask** him now?
- **Why leave** before the end of the game?
- **Why walk** when we can go in the car?
- **Why not buy** a new bed?

FORMA PASSIVA

Funzioni della forma passiva

La forma passiva si utilizza per manifestare un interesse verso la persona o l'oggetto che subisce l'azione piuttosto che verso la persona o l'oggetto che compie l'azione. In altre parole, la cosa o la persona più importante diventa il soggetto della frase.

ESEMPI

- The passive voice **is used** frequently. (= ci interessa la forma passiva, non in chi la utilizza.)
- The house **was built** in 1654. (= ci interessa la casa, non chi l'ha costruita.)
- The road **is being repaired**. (= ci interessa la strada, non chi la sta riparando.)

A volte la forma passiva viene utilizzata quando non si sa, o non si vuole specificare, chi ha compiuto l'azione.

ESEMPI

- I noticed that a window **had been left** open.
- Every year thousands of people **are killed** on our roads.
- All the cookies **have been eaten**.
- My car **has been stolen**!

La forma passiva è spesso utilizzata nel linguaggio formale. Trasformando queste frasi in forma attiva, il testo diventa più chiaro e semplice da leggere.

Passivo	Attivo
A great deal of meaning **is conveyed** by a few well- chosen words.	A few well-chosen words **convey** a great deal of meaning.
Our planet **is wrapped** in a mass of gases.	A mass of gases **wrap** around our planet.
Waste materials **are disposed** of in a variety of ways.	The city **disposes** of waste materials in a variety of ways.

Se si desidera specificare chi o che cosa ha eseguito l'azione usando la forma passiva, si deve usare la preposizione *by*. Tuttavia, quando si sa chi ha eseguito l'azione e si desidera dargli importanza, è sempre meglio impiegare la forma attiva.

Passivo	Attivo
"A Hard Day's Night" **was written by** the Beatles.	The Beatles **wrote** "A Hard Day's Night".
The movie ET **was directed by** Spielberg.	Spielberg **directed** the movie ET.
This house **was built by** my father.	My father **built** this house.

Come si costruisce la forma passiva
In inglese la forma passiva si forma con il verbo:
il verbo 'to be' + participio passato

Affermativa	Negativa	Interrogativa	Interrogativa negativa
The house was built in 1899.	The house wasn't built in 1899.	Was the house built in 1899?	Wasn't the house built in 1899?
These houses were built in 1899.	These houses weren't built in 1899.	Were these houses built in 1899?	Weren't these houses built in 1899?

To clean, forma passiva

Soggetto	+ to be (coniugato)	+ participio passato	+ resto della frase
Present simple			
The house	Is	cleaned	every day.
Present continuous			
The house	is being	cleaned	at the moment.
Simple past			
The house	Was	cleaned	yesterday.
Past continuous			
The house	was being	cleaned	last week.
Present perfect			
The house	has been	cleaned	since you left.
Past perfect			
The house	had been	cleaned	before they arrived.
Futuro			
The house	will be	cleaned	next week.

Futuro progressivo			
The house	will be being	cleaned	tomorrow.
Condizionale presente			
The house	would be	cleaned	if they had visitors.
Condizionale passato			
The house	would have been	cleaned	if it had been dirty.
Infinito			
The house	must be	cleaned	before we arrive.

▶ *Forma passiva con l'infinito*
La forma passiva all'infinito viene utilizzata dopo i verbi modali e i verbi che normalmente reggono l'infinito.

ESEMPI

- You **have to be tested** on your English grammar.
- John **might be promoted** next year.
- She **wants to be invited** to the party.
- I **expect to be surprised** on my birthday.
- You **may be disappointed**.

▶ *Forma passiva al gerundio*
La forma passiva al gerundio viene utilizzata dopo una preposizione e dopo i verbi che reggono il gerundio.

ESEMPI

- I **remember being taught** to drive.
- The children are excited **about being taken** to the zoo.
- The children are excited **to be taken** to the zoo.
- Most film stars **hate being interviewed**.
- Most film stars **hate to be interviewed**.
- Poodles **like to be pampered**.
- Poodles **like being pampered**.

▶ *La locuzione "to be born"*
La locuzione "to be born" è una forma passiva e viene utilizzata principalmente al passato. Tuttavia, a volte è possibile usarla anche al presente o al futuro.

ESEMPI

- I **was born** in 1976.
- Where **were you born**?
- Around 100 babies **are born** in this hospital every week.
- We don't know on exactly which day the baby **will be born**.

La forma passiva può anche essere formata con i verbi *to get* o *to have* al posto dell'ausiliare *to be*.

Alternative per creare la forma passiva
Il verbo *to get* e il verbo *to have* possono essere usati per formare frasi di forma attiva con significato

passivo al posto del verbo *to be*. Queste costruzioni sono spesso utilizzate per descrivere quando vogliamo che qualcuno faccia qualcosa per noi o quando impieghiamo qualcuno per fare qualcosa la posto nostro. Il soggetto regge una frase attiva, ma la sua azione si limita al "far fare". È la persona sottintesa e coinvolta che effettivamente esegue l'azione espressa dal verbo principale della frase. Questa seconda persona rimane implicita nella frase a senso passivo. Siamo più interessati al risultato dell'azione che nella persona che la esegue.

ESEMPI

- I must **get my hair cut.**
- I must **have my hair cut**.
- When are you going to **get that window mended**?
- We're **having the house painted**.

Questo tipo di costruzione può fare riferimento al completamento di un'azione, in particolare se viene usato un indicatore temporale.

ESEMPI

- We'll **get the work done** as soon as possible.
- I'll **get those letters typed** before lunchtime.
- She said she'd **have my lunch delivered** by noon.
- You should **have your roof repaired** before next winter.

▶ Se il verbo fa riferimento a un'azione indesiderata, esso ha lo stesso significato di una frase passiva.

ESEMPI

- Jim **had his car stolen** last night.
- Jim's car **was stolen**.
- They **had their roof blown off** in the storm.
- Their roof **was blown off** in the storm.

▶ *Uso di "to need" nelle frasi passive*

È possibile formare frasi di forma attiva con significato passivo anche utilizzando il verbo *to need* + gerundio. Il messaggio importante comunicato da queste frasi è la persona o la cosa che subisce l'azione e non l'esecutore dell'azione.

ESEMPI

- The ceiling **needs painting**.
- The ceiling **needs to be painted**.
- My hair **needs cutting**.
- My hair **needs to be cut**.
- That faucet **needs fixing**.
- That faucet **needs to be fixed**.

DISCORSO DIRETTO E INDIRETTO

Esistono due modi per rispondere alla domanda "Che cosa ha detto?":

- ripetendo le parole dette (discorso diretto)
- riportando le parole dette (discorso indiretto).

Discorso diretto

Il discorso diretto ripete, o cita, le parole esatte che sono state pronunciate. Nello scritto, le parole citate nel discorso diretto sono delimitate da virgolette " .... " e non subiscono alcuna modifica. Il discorso diretto può essere usato per riportare quello che viene detto IN QUEL MOMENTO (ad esempio, una conversazione telefonica), oppure riportare a qualcuno una conversazione che si è tenuta qualche tempo prima.

ESEMPI

- She says, "What time will you be home?"
- She said, "What time will you be home?" and I said, "I don't know! "
- "There's a fly in my soup!" screamed Simone.
- John said, "There's an elephant outside the window."

Discorso indiretto

Il discorso indiretto si usa generalmente per parlare del passato, quindi diventa necessario modificare il tempo dei verbi riportati. Per introdurre un discorso indiretto si usano i verbi tipo *say*, *tell*, *ask* insieme alla parola *that*, che però non è obbligatoria. Nel discorso indiretto non si usano le virgolette.

She said, "I saw him." (discorso diretto) = She said ***that she had seen him****. (discorso indiretto)*
That può essere omesso:
She told him that she was happy. = She told him she was happy.

'Say' e 'tell'
Il verbo *say* si usa quando non è espressa la persona con cui si parla:
He said that he was tired.

Il verbo *tell* si usa sempre quando è espressa la persona con cui si parla (complemento indiretto):
He told me that he was tired.

'Talk' e 'speak'
Questi verbi descrivono l'azione del comunicare:
He talked to us.
She was speaking on the telephone.

Questi verbi sono seguiti dalla preposizione *about* per fare riferimento a cosa è stato detto: *He talked (to us) about his parents*

Il tempo dei verbi nel discorso indiretto
Di norma, nel discorso indiretto è necesario retrocedere di un tempo rispetto al tempo del discorso diretto:
She said, "I ***am*** *tired." = She said that she* ***was*** *tired.*

Frase nel discorso diretto	**Equivalente nel discorso indiretto**
Simple present	**Simple past**
"I always **drink** coffee", she said	She said that she always **drank** coffee.

Present continuous	**Past continuous**
"I **am reading** a book", he explained.	He explained that he **was reading** a book
Simple past	**Past perfect**
"Bill **arrived** on Saturday", he said.	He said that Bill **had arrived** on Saturday.
Present perfect	**Past perfect**
"I **have been** to Spain", he told me.	He told me that he **had been** to Spain.
Past perfect	**Past perfect**
"I **had just turned out** the light," he explained.	He explained that he **had just turned out** the light.
Present perfect continuous	**Past perfect continuous**
They complained, "We **have been waiting** for hours".	They complained that they **had been waiting** for hours.
Past continuous	**Past perfect continuous**
"We **were living** in Paris", they told me.	They told me that they **had been living** in Paris.
Futuro	**Condizionale presente**
"I **will be** in Geneva on Monday", he said.	He said that he **would be** in Geneva on Monday.
Futuro progressive	**Condizionale progressivo**
She said, **"I'll be using** the car next Friday".	She said that she **would be using** the car next Friday.

Non è necessario cambiare il tempo se il verbo che introduce il discorso indiretto è al presente, oppure se la dichiarazione originale tratta un argomento generalmente valido, ad esempio:

- He says **he has missed** the train but **he'll catch** the next one.
- We explained that **it is** very difficult to find our house.

I verbi modali rimangono invariati nel discorso indiretto: *might, could, would, should, ought to*:

- We explained, "It **could** be difficult to find our house." = We explained that it **could** be difficult to find our house.
- She said, "I **might** bring a friend to the party." = She said that she **might** bring a friend to the party.

MAPPE

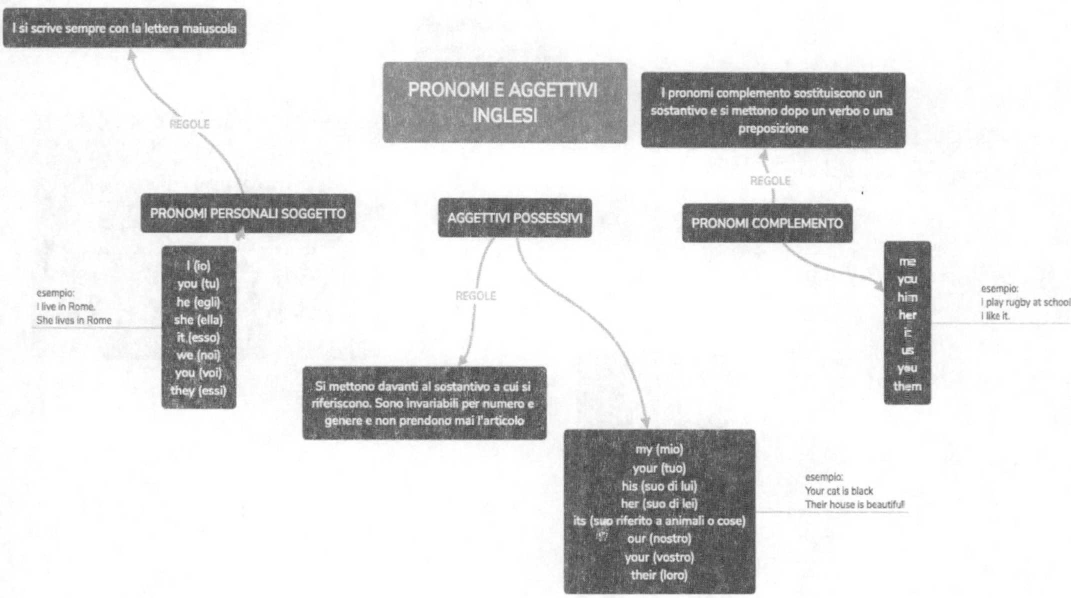
PRONOMI E AGGETTIVI INGLESI
PRONOMI PERSONALI SOGGETTO
REGOLE
I si scrive sempre con la lettera maiuscola
I (io)
you (tu)
he (egli)
she (ella)
it (esso)
we (noi)
you (voi)
they (essi)
esempio:
I live in Rome.
She lives in Rome
AGGETTIVI POSSESSIVI
REGOLE
Si mettono davanti al sostantivo a cui si riferiscono. Sono invariabili per numero e genere e non prendono mai l'articolo
my (mio)
your (tuo)
his (suo di lui)
her (suo di lei)
its (suo riferito a animali o cose)
our (nostro)
your (vostro)
their (loro)
esempio:
Your cat is black
Their house is beautiful!
PRONOMI COMPLEMENTO
REGOLE
I pronomi complemento sostituiscono un sostantivo e si mettono dopo un verbo o una preposizione
me
you
him
her
it
us
you
them
esempio:
I play rugby at school.
I like it.

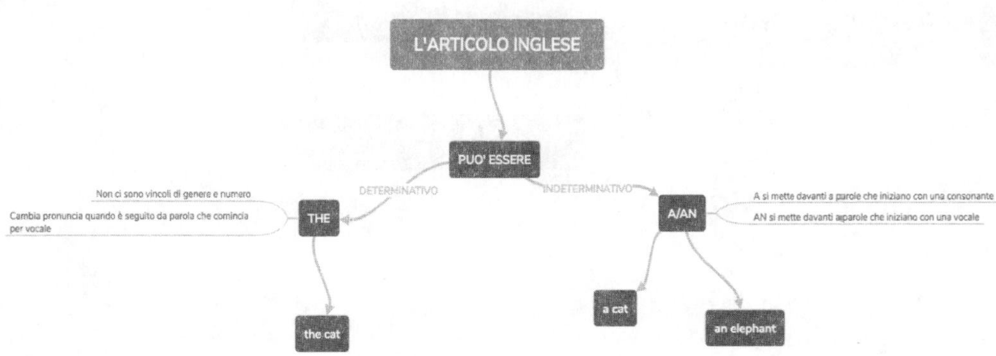
L'ARTICOLO INGLESE
PUO' ESSERE
DETERMINATIVO
THE
Non ci sono vincoli di genere e numero
Cambia pronuncia quando è seguito da parola che comincia per vocale
the cat
INDETERMINATIVO
A/AN
A si mette davanti a parole che iniziano con una consonante
AN si mette davanti aparole che iniziano con una vocale
a cat
an elephant

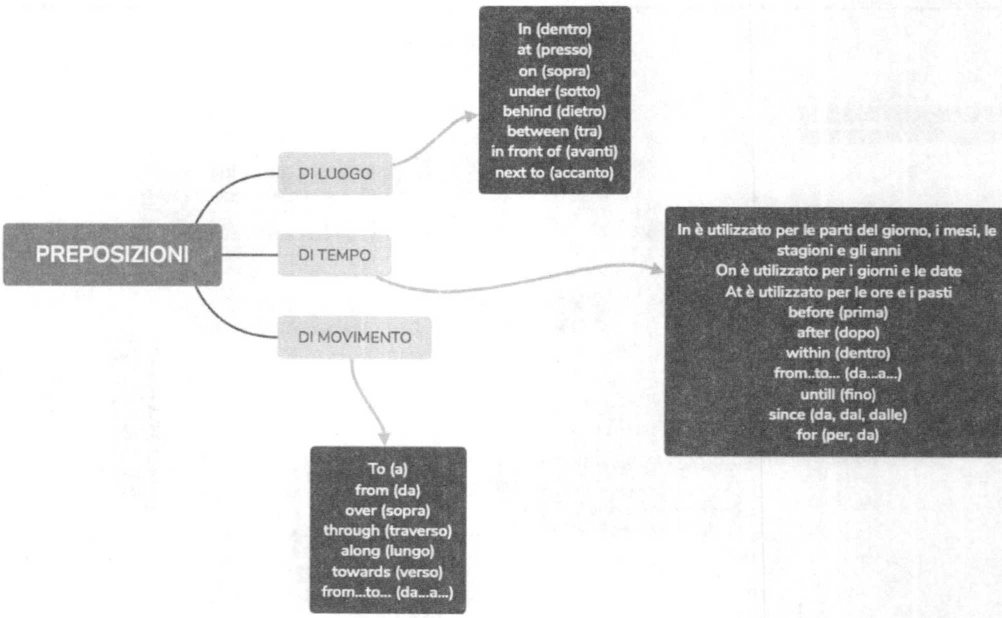
PREPOSIZIONI
DI LUOGO
In (dentro)
at (presso)
on (sopra)
under (sotto)
behind (dietro)
between (tra)
in front of (avanti)
next to (accanto)
DI TEMPO
In è utilizzato per le parti del giorno, i mesi, le stagioni e gli anni
On è utilizzato per i giorni e le date
At è utilizzato per le ore e i pasti
before (prima)
after (dopo)
within (dentro)
from..to... (da...a...)
untill (fino)
since (da, dal, dalle)
for (per, da)
DI MOVIMENTO
To (a)
from (da)
over (sopra)
through (traverso)
along (lungo)
towards (verso)
from...to... (da...a...)

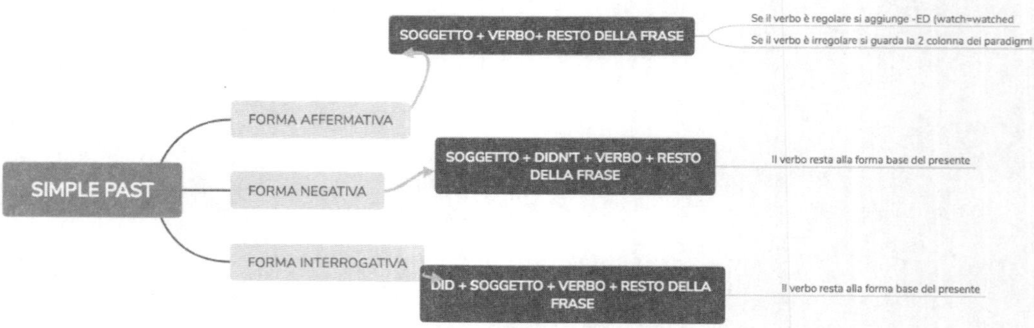
SIMPLE PAST
FORMA AFFERMATIVA
SOGGETTO + VERBO+ RESTO DELLA FRASE
Se il verbo è regolare si aggiunge -ED (watch=watched
Se il verbo è irregolare si guarda la 2 colonna dei paradigmi
FORMA NEGATIVA
SOGGETTO + DIDN'T + VERBO + RESTO DELLA FRASE
Il verbo resta alla forma base del presente
FORMA INTERROGATIVA
DID + SOGGETTO + VERBO + RESTO DELLA FRASE
Il verbo resta alla forma base del presente

Verbo essere TO BE.

Il verbo to be equivale al verbo essere italiano, ed in genere mostra l'esistenza o la condizione del soggetto.
Può essere il verbo principale di una frase oppure un ausiliare, utilizzato per formare il passivo o la forma progressiva.

- ➔ Il verbo essere è considerato il verbo più irregolare della lingua inglese, nonchè' il verbo ausiliare per antonomasia, giacché tutti gli altri verbi seguono le sue regole per formare la frase negativa e quella interrogativa.

Verbo avere TO HAVE.

Il verbo avere è uno dei verbi più usati della lingua inglese; può agire come verbo principale

- ➔ O come ausiliario per formare i tempi perfetti
- ➔ Come modale
- ➔ Come verbo principale, il verbo avere in inglese assume significato di possedere e non prende la forma progressiva (-ing form)

Verbo TO DO.

Il verbo do usato come verbo principale o come verbo ausiliare.

MAPPE

PRESENT SIMPLE.

Il present simple si usa:

- Per esprimere abitudini, azioni generalmente valide, azioni ripetute o situazioni immutevoli, emozioni e desideri:
I smoke (habit); **I work in London** (unchanging situation); **London is a large city** (general truth)
- Per dare istruzioni o direzioni:
You walk for two hundred meters, then **you turn** left.
- Per esprimere un impegno prefissato, presente o futuro: Your exam **starts** at 09.00
- Per esprimere il futuro, dopo alcune congiunzioni: ***after, when, before, as soon as, until***: **He'll give it to you when you come next Saturday.**

ATTENZIONE! Il *present simple* non si usa per esprimere azioni che si svolgono nel momento in cui si parla.

PAST CONTINUOUS.

Funzioni del "past continuous"

Il *past continuous* si usa per descrivere azioni o eventi iniziati **nel passato** ma che **continuano e hanno conseguenze** nel presente. In altre parole, esprime **un'azione che è percepita come incompleta o ancora in corso** nel passato.

Viene utilizzato:

- Spesso, per descrivere il contesto di un racconto scritto al passato, per esempio "The sun **was shining** and the birds **were singing** as the elephant came out of the jungle. The other animals **were relaxing** in the shade of the trees, but the elephant moved very quickly. She **was looking** for her baby, and she didn't notice the hunter who **was watching** her through his binoculars. When the shot rang out, she **was running** towards the river..."
- per descrivere un'azione non completata che è stata interrotta dal verificarsi di un altro evento o azione, per esempio: "I **was having** a beautiful dream when the alarm clock rang."
- per esprimere un cambiamento di opinione, ad esempio "I **was going** to spend the day at the beach but I've decided to get my homework done instead."
- con *wonder*, per formulare una domanda in modo estremamente educato: per esempio: "I **was wondering** if you could baby-sit for me tonight."

PRESENT CONTINUOUS.

Come si forma il "present continuous" inglese

Il *present continuous* di qualsiasi verbo è composto da due parti: il presente del verbo *to be* + il participio presente del verbo principale.

Attenzione: contrazioni negative alternative: *I'm not going, you're not going, he's not going etc.*

Funzioni del "present continuous" inglese

Come per tutti i tempi in inglese, ***l'attitudine della persona che parla*** s riveste la stessa importaza del momento in cui si svolge l'azione o l'evento. Il *present continuous* si utilizza per parlare di un'azione ***non ancora completata o terminata.***

Il present continuous si usa:

- per descrivere un'azione in corso mentre si sta parlando: ***You are using*** *the Internet*. ***You are studying*** *English grammar.*
- per descrivere un'azione che si svolge in questo periodo o una tendenza: ***Are you still working*** *for the same company? More and more people* ***are becoming*** *vegetarian.*
- per descrivere un'azione o un evento nel futuro, che è già stato pianificato o preparato: ***We're going***
on holiday tomorrow. ***I'm meeting*** *my boyfriend tonight.* ***Are they visiting*** you next winter?
- per descrivere un evento o una situazione temporanea: *He usually plays the drums, but* ***he's playing***
bass guitar tonight. The weather forecast was good, but ***it's raining*** *at the moment.*
- con *always, forever, constantly* per descrivere e sottolineare una serie di azioni che si ripetono continuamente: *Harry and Sally* ***are always arguing****!* ***You're constantly complaining*** *about your mother-in-law!*

ATTENZIONE! Alcuni verbi non vengono praticamente mai usati alla forma progressiva

SIMPLE PAST.

Funzioni del "Simple Past"

Il *simple past* si usa per parlare di **azioni concluse** che si sono svolte **nel passato**. La durata dell'azione è irrilevante. L'azione può essersi svolta in un passato prossimo o remoto.

- Il *simple past* si utilizza sempre per indicare **in che momento** si è verificato un avvenimento; pertanto, questo tempo è sempre associato a un determinato tipo di espressioni temporali
- **frequenza**: *often, sometimes, always*

I *sometimes* **walked** home at lunchtime. I *often* **brought** my lunch to school.

- **un momento preciso**: *last week, when I was a child, yesterday, six weeks ago*

PRESENT PERFECT.

Come si forma il "Present Perfect"

Il *present perfect* di qualsiasi verbo si compone di due parti: la voce corretta dell'ausiliare ***to have*** (al presente) + il participio passato del verbo principale. Il participio passato di un verbo regolare si compone di ***forma base*+ed**, ad esempio *played, arrived, looked*. Molti verbi formano il participio passato in modo irregolare.

Funzioni del "present perfect"

Il *present perfect* esprime un collegamento tra il presente e il passato. L'azione si svolge **in un momento non precisato del passato.** Chi parla è più interessato al **risultato** dell'azione che all'azione in sé.

ATTENZIONE! In italiano il *present perfect* viene spesso confuso con il passato prossimo; in realtà i due tempi verbali NON hanno lo stesso significato.

PRESENT PERFECT CONTINUOUS.

Come si forma il Present Perfect Continuous

Il *present perfect continuous* è composto da due elementi: il *present perfect* del verbo *to be* (have/has been) e il participio presente del verbo principale (forma base+ing)

Funzioni del *present perfect continuous*

Il *present perfect continuous* si riferisce a un **periodo non definito del passato** compreso tra 'prima di adesso' e 'adesso'. La persona che parla sta pensando a qualcosa che è iniziata, ma che forse non è terminata, in quel determinato periodo di tempo. La persona è interessata **sia al processo che al risultato;** il processo dell'azione potrebbe essere ancora in corso o potrebbe essersi appena completato.

PAST PERFECT.

Funzioni del past perfect

Il *past perfect* definisce un tempo **precedente a un altro tempo nel passato**. Si usa per chiarire che **un evento si è verificato prima di un altro evento** nel passato. Non è importante quale evento viene riportato per primo nella frase: il tempo del verbo chiarisce cosa è successo prima.

Come si forma il past perfect

In inglese, il *past perfect* si compone di due elementi: il *past simple* del verbo *to have (had)* + il participio passato del verbo principale.

PAST PERFECT CONTINUOUS

Funzioni del past perfect continuous

Il *past perfect continuous* corrisponde al *present perfect continuous,* ma si riferisce a un tempo anteriore "al momento attuale'. Come avviene per il *present perfect continuous,* quello che interessa è il **processo** con cui si svolge un'azione.

Questo tempo si usa anche nel **discorso indiretto** e corrisponde al *past simple continuous* e al *present perfect continuous* nel discorso diretto:

- Jane said, "I have been gardening all afternoon." = Jane said **she had been gardening** all afternoon.
- **When the police questioned him, John said, "I was working late in the office that night." = When the police questioned him, John told them he had been working late in the office that night.**

Come si forma il past perfect continuous

Il *past perfect continuous* si compone di due elementi: il *past perfect* del verbo *to be (=had been)* + il participio presente *(forma base+ing)*.

FUTURE PERFECT.

Come si forma il future perfect

Il *future perfect* è composto da due elementi:

il futuro semplice del verbo *to have* (will have) + il participio passato del verbo principale

Funzione

Il *future perfect* esprime un'azione completata nel futuro. Quando si usa questo tempo, ci si proietta nel futuro e si parla di un'azione che sarà stata completata in un momento futuro rispetto al momento presente. Il *future perfect* viene spesso usato con espressioni di tempo.

FUTURE PERFECT CONTINUOUS

Come si forma il Future Perfect Continuous

Il *future perfect continuous* è composto da due elementi:

il *future perfect* del verbo *to be* (will have been) + il participio presente del verbo principale (forma base + ing)

Funzioni del future perfect continuous

Come per il *future perfect simple,* questo tempo si usa per parlare di un'azione completata nel futuro. Si riferisce ad eventi o azioni non completate in un tempo compreso tra il momento attuale e un futuro non precisato. Viene spesso usato con espressioni di tempo.

SIMPLE FUTURE.

Funzioni del simple future

Il *simple future* si riferisce ad azioni che accadranno in un tempo futuro ed esprime in modo neutro fatti o certezze.

Nota: L'inglese moderno preferisce l'uso di ***will*** a ***shall***. *Shall* si usa principalmente con ***I*** e ***we*** per fare un'offerta o dare un suggerimento, oppure per chiedere un consiglio (vedere gli esempi qui sopra). Con gli altri pronomi (*you, he, she, they) shall* viene usato solo in poesia o nell'inglese letterario, per esempio *"With rings on her fingers and bells on her toes, She* ***shall have*** *music wherever she goes."*

Come si forma il simple future

Il *simple future* è composto da due elementi: *will / shall* + la forma base del verbo principale

QUIZ LINGUA INGLESE

1 **.... your cold .... better?**
A. Does / get
B. Is / get
C. Is / getting

2. **Ellis .... coffee .... often.**
A. not drink / much
B. doesn't drink / much
C. doesn't drink / very

3. **.... Haley .... Scotland or Ireland?**
A. Isdoes / from
B. Does / come from
C. Does / is from

4. **Marilyn Monroe .... only 36 years old when she ....**
A. was / died
B. had / died
C. had / haddied

5. **.... you .... travelled abroad in winter?**
A. Have / never
B. Have / ever
C. Have / yet

6. **I told him I .... love him until the end of time.**
A. had
B. would
C. not

7. **My mother wishes that she .... gone to university.**
A. had
B. was
C. is

8. **Pavel wishes .... the director of the institute.**
A. seeing
B. seen
C. to see

9. **Kristen married Stephen, ... made Charlie unhappy.**
A. whom
B. because
C. which

10. **We met a girl .... name was unfamiliar to us.**
A. that
B. who
C. whose

11. **The interview _____ be published in the _____ edition of the newspaper.**
A. will / near
B. will / next
C. willnot / yesterday

12. **There are _____ mistakes _____ thissummary**
A. some / to
B. a lot / for
C. lots of / in

13. **The director _____ the employees _____ extra hours**
A. wantsthat / work
B. want / to
C. wants / to work

14. **______ at night is bad for ______.**
A. Student / the eye
B. Studying / see
C. Studying / the eyes

15. **Is Mrs. Parker ______ the conference ______?**
A. attend / yesterday
B. attending / tomorrow
C. at / Mondays

16. **Mr Smith and ____ will visit you on ____.**
A. me / Weneday
B. I / Wednesday

C. my / Uednesday

17. **Next Christmas I am going _____ my _____.**
A. at / cousins
B. by / cousin
C. to / cousin's

18. **Peter's office is much _____ than _____.**
A. the larger / mine
B. too large / my
C. larger / mine

19. **This car is ____ expensive ____ that one**
A. less / than
B. last / that
C. much / then

20. **He _____ been a member of the European parliament ______ 1995**
A. has / since
B. was / for
C. is / since

21. **Four hundred and thirteen means:**
A. 413
B. 403
C. 4013

22. **Fill in the blank. "More people live in Rome..."**
A. than in Milan
B. then in Milan
C. then Milan

23. **If you are "broad-minded" you are:**
A. strict
B. clever
C. open

24. **Fill in the blank. "How many hours...the show last?"**
A. did
B. do
C. has

25. **Fill in the blank. "I don't sleep well because I suffer from..."**
A. insomnia
B. coffee
C. cigarettes

26. **Fill in the blank. "Marketers have to anticipate...needs"**
A. consumers
B. consumers's
C. consumers'

27. **Find the opposite meaning of the word "far"**
A. near
B. away
C. fur

28. **Fill in the blank. "...are you coming back from England?"**
A. when
B. whom
C. what

29. **Fill in the blank. "They congratulated him...winning the award".**
A. in
B. on
C. of

30. **Fill in the blank. "Where...you born?". "In Birmingham".**
A. are
B. were
C. was

RISPOSTE

1. C
2. C
3. B
4. A
5. B
6. B
7. A
8. C
9. C
10. C
11. B
12. C
13. C
14. C
15. B
16. B
17. C
18. C
19. A
20. A
21. A
22. A
23. C
24. A
25. A
26. C
27. A
28. A
29. B
30. B

QUIZ COMPRENSIONE DI UN TESTO

The office photocopiers may be operated by authorised personnel only. If an employee requires copies for office use, he/she must fill in the appropriate Photocopy Request Form and deliver it promptly to the Department Secretary. The form must specify for which project the copies are required, and it must be signed and dated. If the copies are required urgently, the employee must tick the appropriate box. In all other cases, the Secretary will deliver the copies within four hours from receipt of the form. It is absolutely forbidden to make photocopies for personal use. A token-operated photocopier is situated in Reception for this purpose. Tokens may be purchased directly from the Receptionists.

1. **If an employee requires photocopies at 4 pm, when should he/she deliver the Photocopy Request Form to the Department Secretary?**
   A. No later than noon
   B. At exactly 1 pm
   C. The next morning
   D. At any time of the day, as long as the form is signed and dated

2. **Which details must the Photocopy Request Form contain in non-urgent cases?**
   A. Surname in block capitals, date and project name
   B. Project name, date and signature
   C. Name and surname in block capitals and time of delivery
   D. Department and project name

3. **What do employees need to purchase in order to use the photocopier in Reception?**
   A. A special badge which operates the photocopier
   B. A type of coin
   C. A plastic identification card
   D. A Photocopy Request Form for personal use

4. **What must an employee do if he/she needs a photocopy urgently?**
   A. Deliver the form to the Receptionists
   B. Ask the Secretary for a specific form
   C. Tick the appropriate box on the Photocopy Request Form
   D. Use the token-operated photocopier in Reception

5. **Which members of staff are allowed to use the office photocopiers?**
   A. Employees with special permission from the Personnel Department
   B. Secretaries only
   C. In urgent cases, any employee with access to the photocopiers
   D. Personnel authorised to do so

6. **Where is it possible to buy tokens?**
   A. At the Departement Secretary
   B. At the Reception
   C. At the Office
   D. At the Request Form

7. **Photocopies for personal uses**
   A. A cannot be done in the office
   B. could not be done using a token-operated photocopier
   C. must be done using a token-operated photocopier
   D. should be done using a token-operated photocopier

8. **A form is a**
   A. shape

B. frame
C. person
D. document with blank spaces

Burglaries took place in five separate houses on Westwood Avenue last night, between midnight and four thirty in the morning. The following are accurate descriptions of articles taken during the burglaries. If you think you have seen any of these items in shops or markets, or if you have any useful information to give, please contact Fairburn Road Police Station immediately. 18k gold Rolex watch with "To Peter" engraved on the back; jade bead necklace with silver clasp and safety chain; antique gold carriage clock (c. 1820) with floral engravings on the sides and top; smoke grey Saba 12inch screen portable television; pearl and diamond studded lady's ring bearing the word "Sarah - George 14th June 1974" on the band; small silver and ivory jewellery case with a green velvet lining and one hinge missing.

9. **Who does the Rolex belong to?**
A. A man named Peter
B. Somebody wealthy
C. Sarah and George
D. The burglar

10. **What further details can you give about the carriage clock?**
A. A That it was made exactly in 1820
B. That it has engravings of birds on the sides and top
C. That it has flowers engraved on the sides and top
D. That it is shaped like a carriage

11. **Sarah Lewis got engaged in June 1974. Could any of the articles listed be hers?**
A. No, none of them
B. Yes, the portable television
C. Yes, the pearl and diamond ring
D. No, because she is divorced

12. **What happened on Westwood Avenue last night?**
A. Five houses were damaged and stolen
B. Five properties were stolen
C. A burglary took place
D. Several houses were broken into and burgled

13. **Who would the police like to hear from?**
A. The burglar
B. People with helpful information to give
C. People who know which houses were burgled
D. The residents of Westwood Avenue

14. **The crime has been committed**
A. after midnight
B. at noon
C. in the afernoon
D. in the morning

15. **The text contains a description of**
A. merchandise for sale
B. lost articles
C. merchandise on sale
D. stolen objects

16. **Which object is missing a hinge?**
A. A the jewellery case
B. the door
C. the green velvet lining
D. D the portable television

The passenger must affix a label with his name and surname on his cabin and/or checked baggage.
Baggage presented by the passenger without a name label will not be accepted by the carrier. Identification labels are available at any sales office and airport. Fragile or perishable articles, money, jewellery, precious metals, silverware, negotiable papers, securities or other valuables, business documents, passports

and other identification documents or samples shall not be accepted as checked baggage.

17. **In which circumstance will the carrier refuse to accept luggage?**
A. If it has not been labelled by the passenger
B. If it has not been labelled with the flight number
C. If the identification label was not purchased in a sales office or airport
D. If the luggage bears more than one identification label

18. **How must cheques and bonds be carried?**
A. Safely hidden inside your suitcase
B. In your hand luggage
C. In separate clearly identified checked baggage
D. Inside the safety deposit box on the aircraft

19. **Who is 'the carrier'?**
A. The company which deals with passenger luggage
B. The airline with which you are flying
C. The travel agency where you booked your ticket
D. A passenger travelling with sample products

20. **Are you allowed to put fruit and vegetables in checked baggage?**
A. Yes, but only certain types
B. Yes, but only if travelling in EEC countries
C. No, never
D. No, because of security precautions

21. **If you are carrying 20 bottles of perfume, in which circumstance must you put them in your hand luggage?**
A. If they are for personal use only
B. If you do not own a rigid-type suitcase
C. If they are samples of products destined to be sold
D. If they are products which you have purchased with foreign currency

22. **What is a label?**
A. A lace
B. A luggage
C. A ticket
D. A tag

23. **Which information should be written on the tag?**
A. Surname and address
B. Name and surname
C. Name, surname and date of birth
D. Surname and destination

24. **Can labels be found in the airport?**
A. Yes, always
B. It depends
C. No
D. Only sometimes

BRITISH TELECOM NOTICE TO THE PUBLIC

a) Ensure that the red light on the telephone display is not flashing. A flashing light indicates that the equipment is out of order and cannot be used.
b) Lift the receiver. You will hear three short beeps. A telephone card or valid credit card may now be inserted in the slot marked "IN".
c) Wait for the display to state "line ready" and then dial the required number.
d) If you hear a high pitch tone during your call, it means that the telephone card you are using is about to run out. Insert a new card within thirty seconds and continue your call.

25. **Can you use a credit card with this equipment?**
A. No
B. Cannot say
C. Yes, if it is valid
D. Yes, if it has run out

26. **When can you dial?**
A. Right after the high pitch tone
B. Right after inserting the telephone card
C. Right after hearing three short beeps
D. After seeing "line ready" on the display

27. **What does a high pitch tone indicate?**
A. That you must finish your call
B. That your telephone card has nearly run out
C. That your telephone card is valid
D. That your telephone card is about to run away

28. **What indicates that the telephone cannot be used?**
A. A flashing red light
B. The telephone display
C. Three short beeps
D. A flashing white light

29. **Where should the telephone card be inserted?**
A. In the display
B. In the "IN" slot
C. In the dial
D. In the slot marked "line ready"

30. **The verb 'to dial' means**
A. To reject a call
B. To register a call
C. To establish a connection by operating the dial on a telephone
D. To call back

31. **What do you have to do to continue your call?**
A. A Wait for a high pitch tone
B. Lift the receiver
C. Wait for a beep
D. D Insert a new card

32. **This procedure is valid**
A. In the USA
B. All over the world
C. In the UK
D. In Canada

Adequate ventilation is essential to prevent failure in the electrical components. Avoid direct sunlight on the cabinet, and on the face of the picture tube. Adjust lamps or the position of the set to avoid undesirable reflections of light and place the set on a completely horizontal surface. Ensure that there are no external magnetic materials e.g. loudspeakers near the TV. The cabinet can be kept in good condition simply by wiping with a clean, damp and soft cloth. Do not use solutions containing benzol, petroleum or any chemical cleaning cloths. The screen face may be cleaned with a damp, soft cloth and mild soap.

33. **What is essential to prevent failure of the electrical components?**
A. The position of the TV
B. Adequate ventilation
C. Direct sunlight
D. Chemical solutions

34. **Can soap be used for cleaning the screen?**
A. Yes, as long as it is mild
B. Yes, unless it is mild
C. Absolutely not
D. No, you must use alcohol

35. **What type of surface must the set be placed on?**
A. A soft surface
B. A rigid surface

C. A horizontal surface
D. A clean surface

36. Is it wise to place this TV next to your stereo speakers?
A. Yes, it is
B. Not really
C. No, absolutely not
D. It is perfectly alright to do so

37. Can direct sunlight damage the face of the picture tube?
A. Cannot say
B. Yes, it should be avoided
C. No
D. No, it is good for it

38. What is a cloth?
A. A dress
B. An outfit
C. A fabric
D. A cover

39. Can petrochemicals be used for cleaning the screen?
A. Yes, as long as they are mild
B. Yes, unless they are mild
C. Absolutely not
D. No, you must use alcohol

40. 'Damp' is a synonym for
A. Wet
B. Hard
C. Thick
D. Rough

BUS SERVICE DURING THE CHRISTMAS AND NEW YEAR PERIOD
December 24th Normal service until 9pm. From 9pm to 6am (December 25th) buses will be available every half hour.
December 25th From 6am to noon SERVICE SUSPENDED. From noon to midnight buses will be available every hour.
December 26th Normal service.
December 31st Normal service until noon. From noon to 6am (January 1st) SERVICE SUSPENDED.
January 1st From 6am onwards, normal service.

41. Is it possible to take a bus at 11am on Christmas Day?
A. Yes, but you must wait 30 minutes
B. No, it takes too long
C. Yes, but the buses run every hour
D. No, it's impossible

42. How often do the buses run on Christmas Eve?
A. Every 30 minutes until 9pm
B. Every 30 minutes after 9pm
C. Every hour
D. Every hour after 9pm

43. When will buses only be available every hour?
A. From noon to midnight on Christmas Eve
B. From midday to midnight on Christmas Day
C. On December 26th
D. From 9pm onwards on Christmas Eve

44. What time do the buses start running on New Year's Day?
A. A 6am
B. They don't, as the service is suspended
C. At the normal time
D. Noon

45. When is the service suspended from 6am to midday?
A. On Christmas Day
B. On Christmas Eve
C. On New Year's Day
D. On December 26th

46. What is 'eve'?
A. A special occasion

B. The day before an event
C. A female name
D. D A word meaning 'life'

47. Is it possible to take a bus at noon the day after Christmas Day?
A. Yes, but you must wait 30 minutes
B. No, it takes too long
C. Yes, regularly
D. No, it's impossible

48. 'Onwards' is a synonym for
A. On ahead
B. In front of
C. Behind
D. After

This telephone can only be used for internal calls. When making a call follow the instructions below:
(i) Lift the receiver and wait for the high pitch tone.
(ii) Press R and then dial the required number.
(iii) When the telephone is answered press S and speak.
(iv) When finishing the call, replace the receiver and press F.
When answering a call follow the instructions below:
(i) Lift the receiver and press A.
(ii) When finishing the call replace the receiver and press F.

49. When finishing a call what button do you press?
A. R
B. F
C. S
D. A

50. What type of calls can be made with this telephone?
A. All calls
B. External calls only
C. Internal calls only
D. Long distance calls only

51. How do you answer a call?
A. By lifting the receiver and pressing R
B. Just by lifting the receiver
C. By replacing the receiver
D. By lifting the receiver and pressing A

52. If you are making a call, when will you be able to speak?
A. After pressing F
B. After pressing S
C. Just after lifting the receiver
D. After pressing A

53. When making a call, before dialling the required number what do you need to do?
A. Lift the receiver, wait for the high pitch tone and press R
B. Lift the receiver only
C. Lift the receiver and press S
D. You do not need to do anything before dialling the number

54. The 'receiver' is
A. A person
B. A part of a telephone
C. A player
D. An electrical signal

55. This is a list of instructions to
A. Make and miss a call
B. Transfer a call
C. Make and answer a call
D. Return a call

56. The verb 'to dial' means
A. To reject a call
B. To register a call
C. To establish a connection by operating the dial on a telephone
D. To call back

HOW TO SAFEGUARD YOUR FILM
Never leave rolls of film in a car during

the summer or near sources of heat.
Do not store your film in excessively dusty or damp places.
On no account must the film become wet.
In hot months, it can be useful to keep unused rolls of film in the refrigerator.
If your luggage contains film to be developed, check with the airport staff that the X-ray equipment is the modern type and therefore harmless to film.
Once a roll of film has been used, get it developed as promptly as possible.
Always check the expiry date on rolls of film before you buy them!

57. **How should a film be developed?**
A. As well as possible
B. As easily as possible
C. As quickly as possible
D. As carefully as possible

58. **Is it wise to keep your film on a shelf?**
A. Not if the shelf is air-conditioned
B. Yes, as shelves are damp
C. Yes, as shelves are dusty
D. You can keep it anywhere that's cool

59. **Should you still use the film if it happens to fall in a puddle?**
A. No
B. At times
C. Yes, but only in certain conditions
D. Yes

60. **What do you need to do when buying a film?**
A. Check the brand
B. Check the date within which it should be used
C. Check the production date
D. Check the type

61. **Which of the following is a bad place to leave rolls of film?**
A. Next to a radiator
B. In a drawer
C. On a shelf in the refrigerator
D. In a cupboard

62. **'To safeguard' means**
A. To keep secret
B. To damage
C. To prevent
D. To protect

63. **'Damp' is a synonym for**
A. Hot
B. Hard
C. Wet
D. Rough

64. **'Harmless' means**
A. Innocuous
B. Dangerous
C. Difficult
D. Good

Please note that you should read the kit instructions carefully before making any attempt to mount these bookshelves without the help of a trained carpenter.
Use two-inch nails made of steel only, as iron nails will splinter the wood surface.
Ensure that the wall chosen for the bookshelves has a solid plaster finish, as a cracked or damaged wall cannot bear the weight of the vertical support rods. Mount the lower shelves first, as stated in the kit instructions.
Sandpaper each surface before applying paint.

65. **What should be mounted first?**
A. The vertical support rods
B. The upper shelves
C. The lower shelves
D. The wood surface

66. **Who is a carpenter?**
A. Somebody who makes things using wood
B. Somebody who mounts bookshelves only

C. Somebody who builds things in steel
D. Somebody who is trained

67. Can the shelves be mounted anywhere?
A. Yes, if the space is adequate
B. No, they will get damaged
C. No, they cannot be mounted on a damaged wall
D. Yes, unless the wall has a solid plaster finish

68. Before painting the shelves, what must be done?
A. They must be mounted only
B. They must be sandpapered
C. They must not be sandpapered
D. They must be papered

69. What could damage the surface of the wood?
A. Sandpaper
B. Iron nails
C. Cracked plaster
D. Steel nails

70. 'To splinter' means
A. To break
B. To cut
C. To safeguard
D. To stop

71. These instructions are useful to
A. Damage a wall
B. Assemble a piece of furniture
C. Fix a bookshelf
D. Mount a bicycle

72. The kit instructions should be read
A. Before mounting the bookshelf
B. Only if necessary
C. After any attempt
D. With the help of a carpenter

The large red main power switch must be turned on before loading the machine. As soon as the main power is on the loading hatch will open automatically. Place the laundry inside basket "A" and be certain to distribute it evenly. Failure to do so may cause system blockage. Note: only basket "B" must be used for synthetic materials and laundry with metal buttons or zips. System failure will result if this instruction is ignored. Close the hatch and be certain to insert the locking mechanism by pushing the small red button on the right of the hatch. If the centrifuge is not required you should press the button marked "C".

73. How do you lock the hatch?
A. By pushing the small red button on the right
B. By pushing the large red switch
C. By closing it
D. By pushing the small red button marked 'Lock'

74. In which part of the machine should you place a nylon skirt?
A. Anywhere, as long as it doesn't have metal buttons or zips
B. Only basket 'A'
C. Only basket 'B'
D. In basket 'A', because the skirt is made of synthetic material

75. Before loading the machine, what must you do?
A. You must distribute the laundry evenly
B. You must press the button marked 'C'
C. You must turn on the main power
D. You must switch off the locking mechanism

76. In which circumstance could the system get blocked?
A. If the locking mechanism is not inserted
B. If the laundry is not distributed evenly

C. If the red switch is not turned on
D. If basket 'B' is used for synthetic materials

77. **What will happen if you put a jacket with metal buttons in basket 'A'?**
A. The loading hatch will open automatically
B. The system will break down
C. The jacket will be damaged
D. The system will break out

78. **What will you do if you don't need the centrifuge?**
A. You will turn on the main power
B. You will switch off the locking mechanism
C. You will press the button marked 'C'
D. You will open the hatch

79. **'Laundry' is a synonym for**
A. Lavatory
B. Clothes
C. Lavender
D. Dry-cleaner

80. **These instructions are useful to**
A. Fix a washing machine
B. Damage a dishwasher
C. Activate a washing machine
D. Open a laundry

CROYDON TECHNICAL INSTITUTE TO TEACHING STAFF:
Tuesday 4th October. The staff meeting scheduled for tomorrow at 6.30 pm has been called off until further notice. Teachers who have urgent matters to discuss with the Headmaster should contact Mrs Grimes in Administration. Appointments with the Headmaster cannot be arranged for Tuesdays or Thursdays.

81. **When was the staff meeting due to be held?**
A. Wednesday 5/10 at 6.30 pm
B. Wednesday 4/10 at 6.30 am
C. Tuesday 4th October
D. Wednesday 15/10 at 6.30 pm

82. **Who should contact Mrs Grimes?**
A. Teachers who need an appointment on Thursday
B. Anybody
C. Teachers with urgent matters to be discussed
D. Anybody who wants a staff meeting

83. **What subjects are taught in this institute?**
A. All subjects
B. Art subjects
C. Technical subjects
D. Teaching subjects

84. **When is the next staff meeting scheduled for?**
A. It is scheduled for Tuesday 11th October
B. Cannot say
C. It is scheduled for urgent matters
D. Tomorrow at 6.30 pm

85. **On which of these days is it possible for teachers to have an appointment with the Headmaster?**
A. 11th October
B. 13th October
C. 6th October
D. 7th October

86. **'Headmaster' is a synonym for**
A. Director
B. Administrative office
C. Assistant principal
D. Janitor

87. **Where can teachers find Mrs Grimes?**
- A. In teachers' room
- B. In Presidency
- C. In Administration
- D. At Croydon Technical Institute

88. **This piece of information is addressed to**
- A. Teachers and students
- B. Anybody
- C. Students
- D. Teachers

NOTES ON CONNECTION

- **Turn off the power of each unit before making connections.**
- **Connect the AC power cord last. For the model supplied with the plug adaptor, use it if the plug of the power cord does not match your wall outlet.**
- **Insert the AC power cord firmly into the AC IN jack on the rear panel of the unit before you connect it to an AC outlet.**
- **Be sure to insert the plugs firmly into the jacks. Loose connection may cause hum and noise.**
- **Leave a little slack in the connecting cord to allow for inadvertent shock or vibration.**
- **Cord plugs and jacks are colour coded. Red plugs and jacks are for the right channel and white ones for the left channel.**

89. **What colour are the right channel jacks?**
- A. White
- B. Impossible to say
- C. Red
- D. Any colour

90. **What will you do if the plug of the power cord doesn't match the wall?**
- A. You will use the plug adaptor
- B. You will choose another wall
- C. You will lose connection
- D. You will insert the AC power cord into the AC IN jack

91. **What should be done before making connections?**
- A. The AC power cord should be connected
- B. The plugs should be inserted into the jacks
- C. The adaptor should be checked
- D. The power of each unit should be turned off

92. **Where can the AC IN jack be found?**
- A. Near the AC outlet
- B. On the back panel of the unit
- C. Inside the unit
- D. Next to the left channel jack

93. **What could be a possible cause of noise?**
- A. A slack connecting cord
- B. Loose connection of plugs in the jacks
- C. Loose connection of jacks in the plugs
- D. A wall outlet which does not match

94. **'Inadvertent' is a synonym for**
- A. Uncertain
- B. Unconventional
- C. Unintentional
- D. Careless

95. **A 'plug' is**
- A. A fruit
- B. An attachment at the end of an electrical cord
- C. A technological device
- D. A Tv wire

96. A ‘jack’ is

A. A connecting device
B. A playing card
C. A portable device
D. D A sailor

In addition to the free baggage allowance, the following articles may be carried free of charge:

- **one piece of hand baggage not exceeding the weight of 5 Kg and the total dimensions of cm 115 (sum of length + height + width);**
- **a handbag, pocketbook or purse;**
- **an overcoat or blanket;**
- **an umbrella or walking stick;**
- **a camera or a pair of binoculars;**
- **reading matter for the flight;**
- **an infant carrying basket and baby food;**
- **fully collapsible wheelchair, crutches or other prosthetic devices provided the passenger is dependent upon them.**

97. Are you allowed to use a suitcase for hand luggage?

A. No, because it would cause identification problems
B. Yes, provided it weighs less than 8 Kg
C. No, unless its width does not exceed 115 cm
D. Yes, provided it weighs less than 5 Kg and has a total dimension of 115 cm or less

98. What are mothers with small children allowed to take on board?

A. An infant carrying a basket and baby food
B. A pram
C. Only baby food
D. An infant carrying basket and baby food

99. Are handicapped people allowed on aircraft?

A. Yes, provided they are confined to a wheelchair
B. Yes, of course
C. No, as they are part of a special requirements category
D. Yes, provided they are accompanied by a qualified nurse

100. What are passengers afflicted by mobility problems allowed to carry on board?

A. A walking stick only
B. Any device which they require for mobility
C. The medications which they may need during the flight
D. Reading matter and special food

101. If the passenger thinks he/she will feel cold during the flight, what can they carry on board with them?

A. An overcoat, blanket and sleeping bag
B. Several blankets
C. An overcoat or blanket
D. Both an overcoat and a blanket

102. Where could you read this informative text?

A. In a medical clinic
B. At the supermarket
C. At the airport
D. At the customs

103. A ‘crutch’ is

A. A support to assist a person in walking
B. A part of the human body
C. A kind of food
D. A special baggage

104. This text contains a list of objects that

A. Are not allowed on aircraft
B. Are not allowed on aircraft for

free
C. Are allowed on aircraft for free
D. Must be present in the aircraft

INSTRUCTIONS FOR USE:

- **Rinse off any food left on the articles to be washed.**
- **Place large articles and those which are very dirty in the lower basket.**
- **Place lightweight, fragile and small articles in the upper basket.**
- **All containers, such as cups, glasses, pans, etc. must be loaded with the open side facing downwards.**
- **Tall articles must be placed in the centre of the baskets.**

105. Which part of the machine should be used for crystal glasses?
A. Any part, as long as they are loaded facing downwards
B. The centre of the lower basket
C. The upper basket
D. The machine cannot wash crystal glasses

106. What is the central part of the baskets designed for?
A. Small and lightweight articles
B. Tall articles
C. Saucepans
D. Very dirty articles

107. Should you put a heavy frying pan in the upper basket?
A. Yes, in the central part of the basket
B. No, the machine cannot wash frying pans
C. No, in the lower basket
D. Yes, of course

108. When should any article be rinsed?
A. When it has food particles on it
B. After it has been washed
C. After placing it in the basket
D. When it is dirty

109. How must open-ended containers be loaded?
A. Carefully
B. Open side down
C. Closed side facing downwards
D. Without their lids

110. 'To rinse' means
A. To clean
B. To cut
C. To eat
D. To keep

111. 'Lightweight' means
A. transparent
B. not serious
C. brilliant
D. not heavy

112. These instructions are useful to
A. Fix a washing machine
B. Use a dishwasher
C. Open a laundry
D. Use a washing machine

Any accumulation of litter in work areas must be reported to the Shift Foreman and the Fire Inspector. Employees must never let litter accumulate at the bottom of lift shafts, as this can be a serious fire risk.
Litter must not be stored in cardboard boxes or paper sacks but in the storage bins provided.
These storage bins must not be left uncovered at any time.

113. What can be a serious fire risk?
A. Storage bins
B. Litter at the bottom of lift shafts
C. Work areas
D. Lift shafts

114. When can litter be allowed to accumulate in lift shafts?
A. Never
B. When there is no serious fire risk
C. When there is an accumulation of

litter
D. Always

115. Bins for storing litter must be:
A. A serious fire risk
B. Reported to the Shift Foreman and Fire Inspector
C. Covered at all times
D. Kept well away from lift shafts

116. What should you do if you find an accumulation of litter in a work area?
A. Ensure that there are covered storage bins available
B. Tell your supervisor
C. Ensure that it is not a fire risk
D. Report it to the Shift Foreman and Fire Inspector

117. Can you store litter in cardboard boxes?
A. No, only in paper sacks
B. Yes, if there is an accumulation
C. No, only in storage bins
D. Yes, if the boxes are kept away from lift shafts

118. 'Litter' is a synonym for
A. Measure
B. Unit of capacity
C. Rubbish
D. Container

119. A 'foreman' is
A. A person in charge of a particular department
B. A person from another country
C. A person that makes predictions
D. A pioneer

120. 'Employee' is a synonym for
A. Customer
B. Consumer
C. Worker
D. Colleague

RISPOSTE

1.	A	**46.**	B	**91.**	D
2.	B	**47.**	C	**92.**	B
3.	A	**48.**	A	**93.**	B
4.	C	**49.**	B	**94.**	C
5.	D	**50.**	C	**95.**	B
6.	B	**51.**	D	**96.**	A
7.	C	**52.**	B	**97.**	D
8.	D	**53.**	A	**98.**	D
9.	A	**54.**	B	**99.**	B
10.	C	**55.**	C	**100.**	B
11.	C	**56.**	C	**101.**	C
12.	D	**57.**	C	**102.**	C
13.	B	**58.**	D	**103.**	A
14.	A	**59.**	A	**104.**	C
15.	D	**60.**	B	**105.**	C
16.	A	**61.**	A	**106.**	B
17.	A	**62.**	D	**107.**	C
18.	B	**63.**	C	**108.**	A
19.	A	**64.**	A	**109.**	B
20.	C	**65.**	C	**110.**	A
21.	C	**66.**	A	**111.**	D
22.	D	**67.**	D	**112.**	B
23.	B	**68.**	B	**113.**	B
24.	A	**69.**	B	**114.**	A
25.	C	**70.**	A	**115.**	C
26.	D	**71.**	B	**116.**	D
27.	B	**72.**	A	**117.**	C
28.	A	**73.**	A	**118.**	C
29.	B	**74.**	C	**119.**	A
30.	C	**75.**	C	**120.**	C
31.	D	**76.**	B		
32.	C	**77.**	B		
33.	B	**78.**	C		
34.	A	**79.**	B		
35.	C	**80.**	C		
36.	C	**81.**	A		
37.	B	**82.**	C		
38.	C	**83.**	C		
39.	C	**84.**	B		
40.	A	**85.**	D		
41.	D	**86.**	A		
42.	B	**87.**	C		
43.	B	**88.**	D		
44.	A	**89.**	C		
45.	A	**90.**	A		

scopri il nostro

SIMULATORE ON LINE

Per accedere al servizio

1. Registrati gratuitamente su **shop.enneditore.it** nell'area

my Account

2. Entra nella sezione **"La mia libreria"**
3. Attiva il servizio utilizzando la seguente password

DF25IO78